개정판

새 한국행정론

김 태 룡

도서출판 대영문화사

개정판 머리말

새 한국행정론이 출간된 지도 여러 해가 지났다. 그간 정권의 변동과 함께 한국 행정에 많은 변화가 있어 개정의 필요성을 느끼고는 있었지만 차일피일 미루다 보니 이제야 개정판을 내게 되었다.

개정판을 내면서 초판 작업에서 추구했던 동기들은 그대로 유지하는 입장을 견지했다. 초판 작업에서 설정했던 책의 구성이나 체제는 개정판에서도 그대로 유지했다는 의미다. 그것은 본서가 개론서가 아니라 한국 행정을 소개하고자 하는 전문서적을 지향한다는 측면에서, 개론서가 갖는 행정의 다양한 모든 것을 담는 대신 절제와 함께 심층적인 논의를 통해 한국 행정을 다뤄보자는 의도였기에 그러했다. 하여 초판과 동일하게 각 분야에 관련된 행정이론을 간략히 소개하고, 그에 대응하는 한국 행정의 모습과 방향을 모색하는 방식을 추구했다.

금번 개정판에서 시도하고자 한 새로운 모습은 이러했다.

첫째, 한국 행정을 설명하기 위해 설정한 구도, 즉 주요 분야별 행정이론과 한국 행정의 실제와의 대비라는 구성 방식을 그대로 유지하고자 했다.

둘째, 이 책이 지닌 성격을 감안해 이론 영역의 확충은 가능한 절제했다. 따라서 부득이 새로운 이론의 등장이나 보충해야 할 부분으로 한정했다.

셋째, 개정판에서 가장 심혈을 기울인 부분은 한국 행정의 변화에 따른 새로운 내용들을 추가하는 데 치중했다. 따라서 초판 이후 변화된 한국 행정의 모습이나 누락되었던 다양한 내용이 개정판에서 보완되었다.

넷째, 한국 행정을 둘러싼 그간의 노력, 예컨대 한국 행정학자들에 의해 묘사된 한국 행정이론의 발달 과정을 추가했다. 그 결과 한국 행정학의 발달 과정을 이해하고, 한국 행정학의 위상과 한계를 직시하는 데 도움을 줄 것으로 생각된다.

다만 이러한 개정 노력에도 불구하고 개정판 작업에서 고민했던 부분은 한국 행정의 범위에 관한 문제였다. 제한된 지면과 독자들의 편의성을 고려할 때 범위를 좁히면 되나, 범위를 너무 좁히게 되면 담는 내용이 한계를 지닌다는 것이 그것이었다. 반대로 범위를 너무 넓히면 초점이 흐려지고, 담는 내용이 너무 방대하다는 문제가 그것이었다.

하여 개정판에서도 지방자치 부분은 과감히 생략하고 가능하면 중앙정부만 담기로 했다. 이와 함께 전자정부와 관련된 부분에 대해서는 아직은 독립된 내용으로 담는 것이 적절치 않다는 판단에 따라 생략했다. 다만 과학기술이라는 부분에서 어느 정도 소개하는 것으로 만족했다.

초판에서도 밝힌 바와 같이 이 책의 주된 목적 중의 하나가, 체계적이고 통일적인 관점에서 한국 행정에 대한 이해를 높이고자 하는 의도에서 시도된 작업이었다. 하지만 아직도 많은 부분에서 저자의 의도와는 달리 미흡한 부분이나 논란을 일으킬 여지가 있을 것으로 생각된다. 이 모든 것이 저자의 부족한 탓에서 기인하는 것이기에 모든 비판을 겸허히 수용하고자 한다. 특히 많은 자료를 인용하는 과정에서 혹 누락되거나 잘못된 것 또한 저자의 탓임을 밝히고자 한다.

늘상 생각하는 것이지만 결실을 맺는 데는 여러 사람의 희생이 필요할 수밖에 없었다. 특히 한국 행정의 다양성을 설명하기 위해 인용된 통계들을 수정하느라 애쓴 제자이자 동료인 안희정 박사에게 감사의 뜻을 표하고자 한다. 그리고 가까이서 놀아주는 시간을 박탈당한 나희에게도 이제는 충분한 시간을 보내줄 것을 약속하며, 미래의 멋진 한국 행정을 꿈꿔본다.

끝으로 어려운 출판 여건 속에서도 개정판을 내 준 대영문화사의 임춘환 사장님과 보잘것없는 원고를 아름답게 꾸며준 편집부 여러분에게도 다시 한 번 감사를 드린다.

2017년 1월

산자락이 보이는 우거에서

김태룡

초판 머리말

지난 2008년은 대한민국 정부가 수립된 지 60주년이 되는 해였다. 그로부터 몇 년이 더 지났으니 한국 행정의 나이는 사람으로 치자면 환갑을 훌쩍 넘어섰다. 왕조 체제의 역사에 비한다면 짧기만 한 세월이지만 이 사이에 대한민국의 변화는 참으로 상전벽해를 연상시킨다.

건국 초기 미국의 원조에 의존해 연명하던 한국 행정의 비참함은 공무원의 해외 출장에서도 드러났다. 공무원이 해외 출장에 사용되는 여비, 즉 달러의 사용을 이승만 대통령이 결재를 해야만 가능했던 시절이다. 그러던 한국 행정의 예산이 이제는 300조 원을 훌쩍 넘었다. 그리고 유엔에서는 한국 행정의 전자정부화 수준을 높이 평가해 상까지 수여했다. 또한 한국 행정의 우수성을 배우고자 발전도상국의 공무원이 수만 명이나 다녀갔다. 참으로 놀라운 성과이자 변화다.

그렇지만 한국 행정의 어두운 그림자가 없는 것은 아니다. 복지부동, 권위주의, 부패, 낮은 성과, 예산 낭비 등 한국 행정과 공무원에게 가해지는 비판과 불평의 소리는 갈수록 늘어만 가고 있다. 이와 함께 5년 단임제의 대통령제가 가져오는 부작용으로 한국 행정은 장기적 목표를 상실한 채, 공무원들은 그저 대통령의 눈치만 보는 수동적 인간형으로 바뀌어 가고 있다.

이에 더해 한국 행정을 둘러싼 환경은 갈수록 녹록지 않은 실정이다. 국제 환경은 끊임없는 경쟁 체제를 강요하고, 국내 환경도 전에 볼 수 없는 다양한 갈등이 분출되고 있다. 그럼에도 이를 해결해야 할 한국 행정의 능력은 크게 나아진 게 없으니, 해는 저무는데 갈 길은 먼 그런 형국이다.

이 책을 쓰게 된 동기는 이러하다. 우선은 한국 행정을 이해하고자 하는 연구자들이나 행정학을 공부하는 학생들이 한국 행정에 대해 마땅히 읽을 만한 전문서적이 없다는 것이 한 이유였다. 다시 말해, 한국의 행정학이 세계를 넘나들 정도로 발전했고 행정학을 연구하는 학자들도 수천 명에 이르는 양적 성장을 해 왔는데, 한국 행정을 정리한 단행본의 성격을 지닌 전문서적이 별로 없다는 것이 출발의 동기였다. 그래서 60년이 넘는 역사를 지닌 한국 행정을 하나의 시각으로 정리해 보자는 것이었다.

다음으로는 분석적 시각으로 한국 행정의 변화 과정과 특징을 끄집어 내보자는 성찰적 발상이 또 다른 동기였다. 현재의 한국 행정도 중요하지만, 지난 세월 동안 한국 행정의 변화 과정에 대한 분석은 미래를 조망해 볼 수 있는 시금석이 되지 않겠는가 하는 생각에서였다.

이를 위해 그간 국내외 행정학자들과 한국 정부에 의해 축적된 연구 결과와 자료를 정리하고, 이들 자료를 토대로 한국 행정에 대한 분석을 시도하고자 했다. 이러한 과정을 통해 나름대로 다른 나라의 행정과는 다른 한국 행정만의 본질이나 특성을 유추해 낼 수 있었던 것은 큰 수확이라고 할 수 있다.

이 책은 이러한 출발 동기를 충족시키기 위해 다음과 같은 점에 유의했다.

첫째, 책의 목적이 한국 행정을 기술하고 분석하는 데 있었기에 기존의 서술 방식과는 차별성을 갖고자 했다. 따라서 기존의 행정학 교과서와 같이 이론 지향적인 면을 지양하고, 한국 행정을 이해하는 데 필요한 기본 이론들만을 소개하는 대신 외국 이론의 방만한 소개는 절제했다.

둘째, 전문서적의 단행본이라는 성격상 한국 행정의 모든 내용을 전부 담을 수는 없었다. 따라서 한국 행정을 기술하는 데 불필요한 부분은 과감히 제외했다. 이로 인해 내용의 절제와 함께 심층적인 논의를 할 수 있게 되었다.

셋째, 기술 방식에서 관련된 기초 행정이론을 간략히 소개하고, 이어서 한국 행정의 실제와 양태를 서술하는 방식을 택했다. 따라서 이는 독자들의 편의를 제공한다는 측면과 함께 교재로 사용하는 데 편리성을 높이고자 했다. 행정학에 대한 기초적인 이해를 위해서는 이론 부분을 중점적으로 읽으면 되고, 한국 행정의 현상을 이해하기 위해서는 이어 기술된 한국 행정에 대한 실제적 내용을 함께 봄으로써 전체적인 이해를 가능하게 했다.

넷째, 특히 한국 행정에 대한 기술 방식의 경우 민주화의 진행 과정에 따라 특징적인 면이 부각된다는 측면에서 가능한 한 민주화 이전 시기와 이후 시기로 나눠 기술했다.

다섯째, 한국 행정을 중앙정부의 관점에서 기술하다 보니 지방자치 부분을 크게 다루지 못했다. 이에는 지면 제약이라는 한계도 함께 작용했는데, 이는 다음의 개정 작업에 반영하고자 한다.

이 책은 전체가 모두 6편 16장으로 구성되었다. 이는 특히 학생들의 경우 수업시간을 고려한 배려로 편리성이 있을 것으로 생각된다.

제1편에서는 한국 행정에 대한 개괄적 모습을 살펴보고, 이어 한국 행정을 살펴보기 위한 다양한 시각과 이 책의 관점을 살펴보았다.

제2편에서는 행정과 환경의 상호작용이라는 측면에서 국내 환경, 국제 환경, 과학/생태환경들이 한국 행정과 어떤 관계를 유지해 왔는가와 함께 향후 상호간에 미칠 영향에 대해 살펴보았다.

제3편은 한국 행정의 존재 이유에 해당하는 부분으로, 한국 행정이 추구하고자 하는 가치 내지는 목표를 목적 가치와 수단 가치라는 차원에서 살펴보았다. 특히 행정이 추구하는 가치에 대한 탐색은 한국 행정이 점차 그 목표를 상실해 가고 있다는 점에서 중요한 부분을 차지한다.

제4편에서는 한국 행정이 추구하는 가치를 실현시키는 데 주체적 역할을 담당하는 공무원과 이를 달성하는 데 소요되는 경비인 예산을 살펴보았다. 그리고 공무원과 예산이 작동하는 활동의 장으로서 조직에 대한 내용을 살펴보았다.

제5편에서는 한국 행정이 추구하는 가치를 실현하기 위한 운영적 측면에서 정책형성과 집행을 살펴보았다. 이와 함께 정책산출에 따른 평가를 살펴보았다.

끝으로 제6편에서는 한국 행정의 바람직한 미래를 위한 장치로서 행정통제와 개혁을 살펴보았다. 그리고 결론으로서 한국 행정의 미래를 조망했다.

이상과 같이 이 책은 한국 행정을 이해하는 데 필수적인 정수만을 선정해, 이들의 상호작용과 변화 과정을 기술함으로써 한국 행정의 특성과 이해를 높이고자 했다. 이와 함께 한국 행정에 새로운 세력으로 등장하고 있는 시민사회의 성장과 영향력을 기술하는 데 상당 부분을 할애했다.

그렇지만 저술 동기에서 말한 바와 같이 지면의 제약 등으로 인해 한국 행정에 대한 많은 부분의 설명이나 기술을 제외할 수밖에 없었다. 그 가운데는 평가의 어려운 부분도 있었고, 자료의 부족일 수도 있었고, 연구 결과가 별로 없는 영역도 있었기 때문이다. 게다가 저자의 게으름과 소홀함으로 인해 제외된 부분도 있을 것이다. 따라서 이런 부분은 다음 기회에 보완해 충실도를 높여 나가고자 한다.

이 책의 주된 목적 중의 하나가 체계적이고 통일적인 관점에서 한국 행정에 대한 이해를 높이고자 하는 의도에서 시도된 작업이기는 하지만, 많은 부분에서 저자의 의도와는 달리 미흡한 부분이나 논란을 일으킬 여지가 있을 것으로 생각된다. 특히 한국 행정의 발전 과정을 둘러싼 기술에서는 어떤 시각을 견지했느냐가 상당히 중요한 영향을 미칠 수 있기 때문에 더욱 그러하다. 이 모든 것이 저자의 부족한 탓에서 기인하는 것이기에 모든 비판을 겸허히 수용하고자 한다. 특히 많은 자료를 인용하는 과정에서 혹 누락되거나 잘못된 것 또한 저자의 탓임을 밝히고자 한다.

늘상 생각하는 것이지만 결실을 맺는 데는 스승의 가르침과 동료들의 격려와 여러 사람의 희생이 필요할 수밖에 없었다. 아마도 이 책을 쓰는 관점이나 해석은 이분들의 가르침 덕일 것이다. 특히 이 시간에도 병마와 씨름하는 선생님의 쾌유를 빌면서, 또한 희생만을 강요받는 가족들의 고통도 해결해야 할 숙제다. 그리고 무더위 속에서 자료의 정리에 애써준 구본희와 박은비 두 조교에게도 감사의 뜻을 표하고자 한다.

이와 함께 한국행정론을 수강한 학생들에도 감사를 표하고자 한다. 그것은 이 책이 나오기까지 원고를 함께 검토해 주고, 많은 부분에서 독자의 눈높이를 고려할 수 있게 도움을 주었기 때문이다.

끝으로 어려운 출판 여건 속에서도 수년간을 묵묵히 기다려 출간을 해 준 대영문화사의 임춘환 사장님과 보잘것없는 원고를 아름답게 꾸며준 편집부 여러분에게도 다시 한 번 감사를 드린다.

2012년 1월
한강변 우거에서
김태룡

차 례

제 2 편 한국 행정과 환경: 소용돌이의 장

제 3 편 한국 행정과 존재 이유: 추구 가치

제 4 편 한국 행정과 관리

제 5 편 한국 행정과 정책

제 6 편 한국 행정과 미래

제 1 편

한국 행정: 어떻게 볼 것인가?

개 관

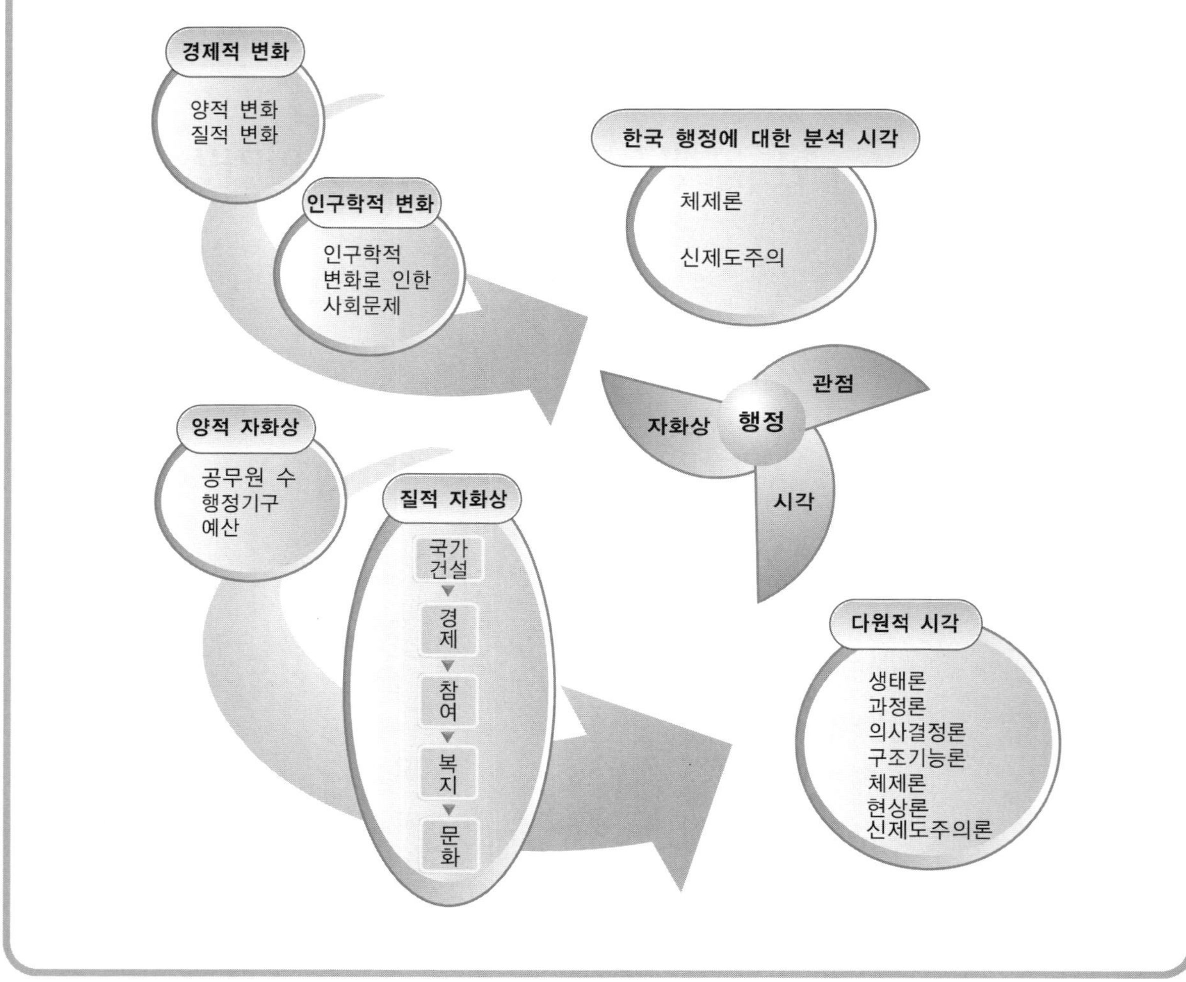

제1편 한국 행정: 어떻게 볼 것인가?

제 1 장 한국 행정의 자화상

2017년은 대한민국 정부가 수립된 지 햇수로 70년이 다 되어 가는 해다. 사람으로 치자면 한국 행정도 어언 칠순에 이른 나이가 된 셈이다. 역대 왕조 체제에 비하면 비록 짧은 나이이기는 하지만, 그래도 이 정도의 시간이 흘렀으면 한국 행정도 무엇인가 새롭게 그려지는 모습이 있을 터다.[1)]

과연 한국 행정은 어떤 모습이며, 어떻게 보아야 할 것인가? 다시 말해, 한국 행정을 어떤 관점에서 어떻게 보아야 그 모습을 제대로 볼 수 있겠느냐는 것이다. 여기서는 한국 행정의 제 모습을 살펴보기 위한 예비 단계로 한국 행정의 자화상을 들여다보고자 한다. 이를 위해 준거 기준이 되는 한국 사회의 변화상을 살펴보고, 이어서 한국 행정의 자화상을 그려보고자 한다.

---

1) 고려나 조선 왕조의 경우 건국 후 60년에서 70년쯤이 지나면 정치적으로나 제도적으로 안정된 통치 체제가 마련되었다. 대체로 묘호(廟號)가 성종인 경우가 이에 해당한다. 예컨대 918년에 건국한 고려의 6대 성종(재위 981~997년) 시기, 1392년에 건국한 조선의 9대 성종(재위 1469~1494년) 시기가 대략 이에 해당한다.

제1절 한국 사회의 자화상

1948년 한국 정부가 수립된 이후 현재에 이르기까지 한국 사회는 실로 상상을 초월할 정도로 변모해 왔다. 이러한 놀라운 변화 가운데 인구·사회학적 측면과 경제적 변화를 중심으로 한국 사회의 자화상을 살펴보고자 한다. 그 이유는 이들의 변화가 국가의 장단기 국가발전 계획을 수립하는 데 가장 기본적이고 근원적인 기초 자료로, 그리고 각종 경제·사회정책을 판단하고 수립하는 데 활용되고 있기 때문이다.

1 인구학적 변화

한국 정부가 수립된 이후 한국 사회가 맞이한 변동 가운데 인구학적 변화는 대단히 역동적이다. 인구학적 특성을 살펴보기 위해 총인구, 가구 수, 평균수명, 노인인구비, 출산율, 생산인구의 변화를 중심으로 한국 사회의 변화 과정을 살펴보면 이러하다.

총인구라는 측면에서 볼 때 한국 사회의 인구성장률은 1970년을 기점으로 이전까지는 성장 추세를 보이다가, 이후부터는 가파르게 둔화 추세를 보이고 있다. 그 결과 2000년에 들어오면서는 0.84%, 2010년에는 0.46%까지 성장세가 둔화되었다. 그리고 2030년에는 인구성장률이 제로 성장(0.01%)에 도달하고, 이후부터는 마이너스 성장을 보일 것으로 추정하고 있다(통계청, 2016). 이에 2030년에 52,160천 명을 정점으로 감소하기 시작한 총인구는 2060년에 43,959천 명에 이를 것으로 전망된다. 이와 함께 다문화사회로 진입함에 따라, 총인구에서 차지하는 외국 노동자의 수가 2백만 명을 넘고 있는 것도 인구학적 특성으로 지적할 수 있다.

그런데 총인구의 변화는 출산율에 영향을 받는데, 출산율의 경우 1966년에는 6.0명이던 것이 2016년에는 1.24명으로 급격한 감소를 보임으로써 초저출산 사회로 접어들고 있다. 또한 이러한 영향은 생산인구에도 영향을 미쳐, 1955년에는 16.7명이던 생산인구가 2016년에는 6.8명으로 급격하게 감소함으로써 노동력의 감퇴가

예상되고 있다.[2)]

반면에 노인인구의 비율은 1955년에 3.4%에 불과하던 것이 2016년에는 13.2%에 달함으로써 급격한 노령사회로 진입했음을 보여 주고 있다. 이 같은 추세로 볼 때 2026년에 이르면 한국 사회에서 65세 이상의 노령인구가 20%를 넘어설 것으로 추정하고 있다(통계청, 2016). 이에 따라 평균수명도 1948년에는 46.8세이던 것이 2016년에는 81.8세의 장수국가로 변모했다.

표 1-1-1 한국 사회의 인구구조적 특성 변화

		1948년	2016년
총인구		20,189,000명	51,069,244명
가구 수	총가구 수	3,791,000가구	19,111,030가구
	1인 가구 비	4.8%(1970년 기준)	27.1%
평균수명		46.8세	81.8세
노인인구 비율		3.4%(1955년 기준)	13.2%
출산율		6.0명(1966년 기준)	1.24명
생산인구		16.7명(1955년 기준)	6.8명

자료: 통계청(2016). e-나라지표. KOSIS 100대 지표.
통계청(2008). 통계로 본 대한민국 60년의 경제・사회상 변화.
보건복지가족부(2008). 통계로 본 건국 60년 보건복지 변화.

노인인구 비율과 관련해서 유소년층 인구(0~14세)에 대한 노년층 인구(65세 이상)의 비율을 나타내는 노령화 정도인 노령화지수가 1960년에는 6.9%이던 것이 2016년에는 99.5%로 나타났고, 2060년에 이르면 무려 394%에 이른다는 예측이다.[3)] 한편 저출산 경향의 심화와 1세대 및 1인 가구의 증가로 가구원 수는 지속적으로 감소해 왔다. 특히 1인 가구의 비중은 1970년 4.8%에서 2016년 27.1%로 급증한 것도 특징적인 면이다.

한국 사회가 맞고 있는 급격한 인구학적 변화로 인해 향후 한국 사회는 이전과

2) 이에 반해 생산인구의 질적 변화를 추정해 볼 수 있는 학력신장률은 경제협력개발기구(OECD)가 2011년도에 발표한 내용을 중심으로 살펴보면, 한국은 25세에서 34세까지 성인 63%가 대졸자로 구성됨으로써 1위를 차지했고, 전체 국민의 평균 교육연수는 14.3년으로 나타났다.

3) 노령화 지수가 100%라는 의미는 유입되는 유소년 인구와 노년층의 인구가 동일하다는 것으로, 유소년층 1명이 향후에는 노인 1명을 부양해야 한다는 의미로 사회적 부담이 대단히 커진다.

는 전혀 다른 차원에서 노동 공급의 감소, 취업자 수의 증가율 감소, 산업인력의 노령화, 노동생산성 저하, 경제 성장 둔화, 재정수지 악화, 사회 부담의 가중, 노인 부양비의 증가, 연금 · 건강보험재정의 악화, 사회복지비용의 급증 등과 같은 사회 문제에 직면할 것으로 보인다.

2 사회적 변화

한국 정부가 수립된 이후 한국 사회가 맞이한 변동 가운데 사회적 변화 또한 가히 역동적이다. 다만 양적 측면에서 사회적 지표의 변화는 역동적인데 반해, 질적 측면에서의 만족도는 이에 상응하지 못한 실정이다. 사회적 특성을 살펴보기 위해 교육, 의료, 주거환경, 교통 등의 변화를 중심으로 한국 사회의 변화 과정을 살펴보면 이러하다.

교육환경이라는 측면에서 교원 1인당 학생 수는 초등학교와 중고등학교에서는 괄목할 만한 양적 변화가 있었다. 교사가 부족해서 2부제와 심지어는 3부제 수업을 면치 못하던 학교들이, 이제는 자못 쾌적한 선진국 수준으로 변모한 것이 그것이다. 다만 대학의 경우 오히려 과거보다 더욱 열악해진 면은 심각히 개선해야 할 문제로 여겨진다.

주거환경의 변화 또한 양적으로는 크나큰 성장을 보여 왔다. 주택보급률은 100%를 넘어선 지가 오래되었으며, 주거환경과 관련된 상수도 보급률의 경우도 거의 100%에 달했다. 교통시설의 경우 도로포장률은 92%에 달하며, 특히 자동차 1대당 인구 수가 2016년에는 2.6명으로 전 세계에서 10위를 차지하고 있다. 따라서 주거와 교통환경과 관련된 양적 인프라는 어느 정도 구비된 모습이다.

보건환경의 경우도 대표적 사회보험인 의료보험제도가 1977년에 500인 이상 사업장 근로자를 대상으로 처음으로 시행되었다. 이후 1988년에는 농어민의료보험을, 1989년에는 도시지역의료보험의 확대 실시로 제도 도입 이래 12년 만에 전국민 건강보험을 달성했다. 이에 따라 전체 인구 대비 건강보험 적용 인구를 의미하는 적용률은 1977년 8.8%에서 2016년에는 99.7%에 달해 거의 모든 국민이 이에 해당하는 혜택을 받고 있다. 의사 인력 수는 그간 22배나 증가함에 따라 의사 1인당 인구 수가 1948년 4,615명에서 2016년에는 301명으로 1/15 수준으로 감소해 의료 서비스의 질이 크게 향상되었다. 다만 가족환경으로서 이혼 건수는 1948년 당시와 비교해 약 4배 수준의 증가를 보임으로써 가족 해체가 증가하고 있는 양상이다.

기반시설이라는 측면에서 사회적 변화는 이같이 크게 향상되었지만, 국내총생산(GDP)에서 차지하는 복지 지출의 비중이 2016년 현재 10.4%로서 OECD 선진국 평균인 21.6%의 절반에도 못 미쳐 가야 할 길은 아직도 멀다. 또한 사회적 유대와 관련된 지표인 자살률, 이혼율, 안전지표 등과 같은 공동체 관련 지표들은 아직도 부진하다. 그중에서도 자살 건수는 OECD 선진국 중 가장 높은 수준이며, 조이혼율도 높은 편에 속하는 실정이다.

표 1-1-2 한국 사회의 사회적 특성 변화

		1948년	2016년
교원 1인당 학생 수	초등학교	60.2명(1952년 기준)	14.9명
	중학교	41.8명(1952년 기준)	14.9명
	고등학교	37.9명(1952년 기준)	13.2명
	대학교	19.9명(1965년 기준)	24.6명
상수도 보급률		16.1%(1955년 기준)	98.1%
의사 1인당 인구 수		4,615명	301명
주택 보급률		78.2%(1970년 기준)	103.5%
도로포장률		3.7%(1960년 기준)	91.9%
이혼 건수 (인구 천 명당)		0.4건(1970년 기준)	2.2건
자동차 등록 대수		18,000대(1955년 기준)	20,990,000대
건강보험 적용률		8.8%(1977년)	99.7%

3 경제적 변화

정부가 수립된 이후 한국 사회가 맞이한 변동 가운데 경제적 변화는 가히 혁명적이다. 가장 대표적 지표인 1인당 국민소득은 1948년 67달러에서, 2016년에는 27,340달러로 거의 400배의 증가가 이뤄졌다. 이를 뒷받침하듯 국내총생산(GDP)도

1948년 13억 달러에서, 2016년에는 1조 7,487억 달러로 약 1,350배가 증가해 전 세계에서 9위를 달성했다.

수출의 경우는 1948년에 비해 2016년에 이르러서는 2만 배가 넘는 증가를 보였다. 이에 따라 무역 규모는 2011년에 1조 달러를 돌파했으나, 2016년에는 이보다 적은 9,720억 달러에 머물렀다.[4] 그 결과 세계무역기구(WTO)의 발표에서 보듯이 우리의 무역 규모는 전 세계에서 수출 순위는 2008년 12위에서 6위로, 수입 순위는 9위, 그리고 수출 비중은 3.46%를 차지하고 있다.

표 1-1-3 한국 사회의 경제적 특성 변화

		1948년	2016년
1인당 국민소득		67달러	27,931달러
국내총생산(GDP)		13억 달러	1조 7,487억 달러
무역 규모	수출	2,200만 달러	5,320억 달러
	수입	2억 800만 달러	4,400억 달러
절대빈곤율		30%(1982년 기준)	4.9%
빈곤탈출률		32.4%(2006년 기준)	22.6%(2014년 기준)

자료: 통계청(2016). e-나라지표. KOSIS 100대 지표
통계청(2008). 통계로 본 대한민국 60년의 경제 · 사회상 변화.
보건복지가족부(2008). 통계로 본 건국 60년 보건복지 변화.

그러나 한국 사회가 경험한 기적에 가까운 양적 성장의 이면에는 분배의 불균형이라는 새로운 사회문제가 도사리고 있다. 실질소득의 증가로 절대 빈곤율은 1982년 30%에서 2006년 4.9%로 1/7 수준으로 크게 감소했다. 반면에 실업과 고용 불안정으로 인한 양극화의 심화와 잠재적 빈곤층의 확대에 따른 영향으로, 상대 빈곤율은 2010년 현재 여전히 10%대를 상회하고 있어 사회 통합을 위한 지속적인 정책 노력이 요구된다.

이를 반영하듯 빈곤탈출률은 2006년에 32.4%에서 2014년에는 22.6%로 급감해 중산층이 급격하게 감소하고 있다. 이에 따라 2014년 기준으로 경제협력개발기구

4) 지금까지 무역 1조 달러를 달성한 나라는 미국, 독일, 중국, 일본, 프랑스, 네덜란드, 이탈리아, 영국 등 8개 국가뿐이었다. 그리고 2013년부터는 전 세계가 불황의 늪에 빠져들어 각국의 무역수지는 모두 악화되었다.

토론 이슈 OECD '2016 더 나은 삶의 지수'

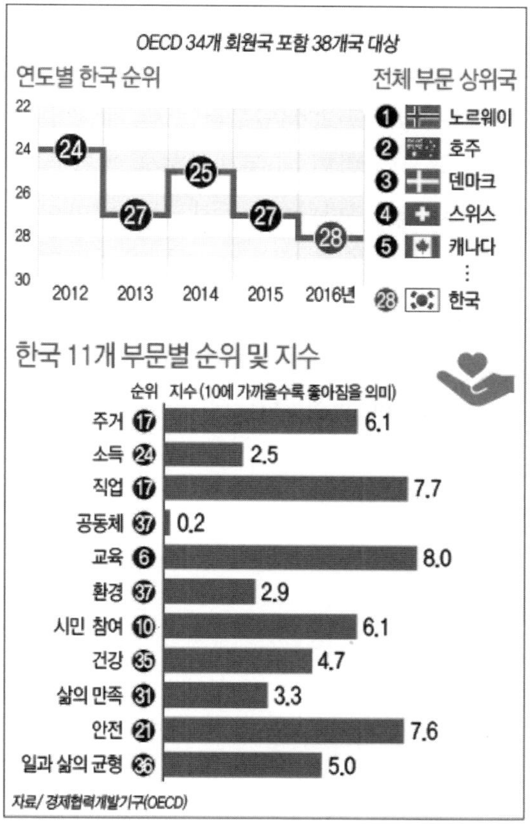

[자료: 연합뉴스, 2016년 6월 5일자에서 발췌]

이슈 제기

1. 한국에 대한 삶의 질 지수가 향상되지 않고 있는 이유를 생각해 보시오.
2. 한국에 대한 삶의 질 지수 가운데 좋은 평가를 받고 있는 지수에 대해 그 이유를 생각해 보시오.
3. 한국에 대한 삶의 질 지수 가운데 나쁜 평가를 받고 있는 지수에 대해 그 이유와 함께 개선안에 대해 생각해 보시오.

(OECD) 회원국 19개국 중 상위 1% 소득점유율은 3위, 상위 10% 소득점유율은 44.87%로 2위를 차지할 정도로 양극화의 문제는 매우 심각하다. 이와 함께 더욱 문

제가 되고 있는 것은 급격한 고령화로 인한 노인빈곤율인데, 경제협력개발기구에 따르면 2014년 기준으로 한국의 노인빈곤율은 48.4%로 조사 대상 36개국 중 1위를 차지하고 있는 현실이다.

한편 경제협력개발기구 34개국 회원국 가운데 한국 근로자들의 평균 근로시간은 2007년까지는 부동의 1위였으나 2008년부터는 한 계단이 떨어진 2위(2,124시간)로 노동시간이 가장 많은 국가인 반면, 노동생산성은 28위로 노동시간에 비해 생산성은 대단히 열악한 수준으로 나타났다. 특히 1년 미만의 단기 근로자 비중은 32.8%로 경제협력개발기구 회원국 중 1위, 10년 이상 장기근속자 비중은 19.7%로 가장 낮은 순위에 위치했다.

이에 따라 경제협력개발기구에서 매년 발표하는 삶의 질 지수(Better Life Index) 순위는 2012년에는 24위, 2013년 27위, 2014년 25위에서 2016년에는 28위로 더 하락했다.

제 2 절 한국 행정의 자화상

정부 수립 이후 현재에 이르기까지 한국 사회가 급격한 변동을 거쳐 오는 동안 한국 사회는 인구구조적으로 생산인구의 감소를 염려해야 하는 상황으로 변모한 반면, 경제적으로는 한강의 기적으로 일컬어지는 발전의 대장정을 거쳤다. 한국 사회가 이러한 과정을 거치는 동안 한국 행정은 어떤 변화를 거쳐 왔을까? 한국 행정의 변화를 양적 측면과 질적 측면으로 나눠 살펴보면 이러하다.

1 양적 자화상

1) 공무원 수의 변화

정부 수립 이후 70년이 다 된 현재, 정부조직을 구성하고 있는 공무원 수는 100만 명 시대를 눈앞에 두고 있다. 다만 공무원 수의 변화를 살펴보는 데 수반되는 문제는 정부 수립 당시를 비롯해 1960년 이전까지는 공무원 정원에 대한 통계자료가 남아 있지 않아 그 이전과의 비교가 어렵다는 한계가 있다.

2016년 12월 현재 행정부와 입법부 그리고 사법부를 포함한 전체 공무원 수는 1,026,840명으로, 이는 1960년의 237,476명에 비해 약 4.3배 증가했다. 같은 기간 우리나라 총인구가 24,989,000명에서 48,875,000명으로 약 1.9배 증가한 것에 비하면 두 배가 넘는 수준이다.[5)]

이 같은 공무원 수의 증가 요인으로 1960~1970년대에는 경제 개발을 포함한 모든 부문의 정책이 국가 주도로 이뤄지면서 정부조직과 인력이 급격하게 팽창할 수밖에 없었다. 특히 전두환 정부가 들어선 제5공화국 출범 전후인 1980년과 1981년에 걸친 2년간에는 무려 124,343명이 신규 충원되면서, 공무원 수는 1979년 541,552명에서 1981년에는 665,895명으로 23.0%나 급증했다. 하지만 1982년에는 사상 처음으로 정부조직 감축과 8,600여 명에 대한 강제 퇴출이 이뤄지면서 전년도에 비해 18,044명이 감소하기도 했다.

이후 전두환 정부 말기인 1987년에는 70만 명을, 노태우 정부 때인 1990년에는 80만 명을, 김영삼 정부 때인 1994년에는 90만 명 수준을 넘어서며 증가세를 유지하던 공무원 수는 1997년에 외환위기 사태를 겪으면서 다시 부침을 겪었다. 1998년 김대중 정부의 출범과 함께 강도 높은 구조조정이 진행되면서, 1997년 936,009명이던 공무원 수는 2001년에는 868,120명으로 4년 동안 7.3%인 67,889명이 감소했다.

그러나 2003년 노무현 정부가 출범한 이후 사회복지 · 교육 · 치안 서비스의 대

---

5) 전체 공무원 수라고 하지만 실제로 행정부를 제외한 입법부나 사법부, 그리고 기타의 공무원 수는 그리 크지 않기에 논의의 편의상 행정부 공무원만을 별개로 설명하지 않고자 한다. 참고로 2016년 12월 현재 부처별 공무원의 수를 살펴보면 다음 표와 같다.

공무원 정원 분포

분야		공무원 수	
행정부	국가공무원	628,496명	1,021,284명
	지방공무원	372,788명	
입법부		4,006명	
사법부		18,435명	
기타 헌법기관		3,115명	
총 공무원 수		1,026,840명	

자료: 행정자치부 정부조직관리정보시스템(2016).

표 1-1-4 주요 연도별 공무원 수의 변화

연도	공무원 수	비고
1960년	237,476명	장면 정부
1961년	237,500명	박정희 전기정부
1972년	438,573명	박정희 후기정부(유신 체제)
1979년	541,552명	〃
1980년	596,431명	전두환 정부
1981년	665,895명	〃
1987년	735,759명	노태우 정부
1997년	936,009명	김영삼 정부
2002년	889,993명	김대중 정부
2007년	953,352명	노무현 정부
2011년	979,583명	이명박 정부
2016년	1,026,840명	박근혜 정부

자료: 행정자치부 정부조직관리정보시스템(2016).
김태룡 외(2014). 한국정부론.

폭 강화로 관련 인력이 대거 충원되면서, 노무현 정부 말기에 이르러서는 공무원 수가 정부 출범 직전인 2003년에 비해 거의 10%나 증가했다. 이후 이명박 정부나 박근혜 정부에서도 유사한 이유로 공무원 수는 지속적으로 증가하는 추세로 현재는 1,026,840명에 이르고 있다.

2) 행정기구의 변화

정부 수립 이래로 크고 작은 정부조직의 개편이 있어 왔지만, 개편에 따른 지향성은 한국 사회의 변화 과정과 어느 정도 맥락을 같이해 왔다. 다시 말해, 사회 변화의 흐름에 따라 조직개편이 이뤄진 흔적들이 존재한다는 의미다. <표 1-1-5>에서 보듯이, 폐지되거나 새로이 신설된 조직들은 대체로 사회의 변화나 요구에 따른 것이 대부분이었다.

예컨대 이승만 정부 때에 외국 원조를 다루기 위한 외자청이나, 경제 개발 과정에서 등장했던 경제기획원이 그 역할을 다함에 따라 폐지된 것이 그것이다. 그리고 지식경제의 강화로 인해 지식경제부가 신설된 것도 한 예라 할 수 있다. 이같이 한국의 정부조직은 정부 수립 이후 70 차례에 가까운 개편을 통해 현재의 모습을 갖췄다. 그 결과 건국 초기 15개로 단출했던 중앙정부조직은 70여 년이 다 된 2016년 현재 38개로 증가했다.

1948년 정부 수립 당시 11부 4처 3위원회로 출발한 작은 정부는 시대 변화와 사회 요구에 부응하기 위해 70여 차례의 조직개편을 통해 진화해 왔다. 한국 정부에서 이뤄진 최초의 조직개편은 1949년 보건부를 신설하는 것이었다. 이후 1954년에는 개헌으로 국무총리제가 폐지되었고, 1955년에는 전란 이후 국토 재건을 위해 부흥부를 신설하는 등 12부 3청 1위원회로 개편되었다.

제2공화국의 장면 정부가 출범함으로써 행정권이 국무원으로 넘어가면서 정부

표 1-1-5 정부기구의 변천

연도	행정조직	비고
1948년	11부 4처	
1954년	12부 3청	부흥부, 전매청, 외자청 신설
1960년	1원 12부 1처 3청	
1961년	1원 12부 2처 3청	경제기획원 신설
1963년	2원 13부 3처 6청	통일원 신설
1970년	2원 13부 4처 12청	
1972년	2원 14부 4처 14청	
1981년	2원 15부 4처 14청	체육부 신설
1987년	2원 16부 4처 13청	통일원 부총리급 승격, 환경청 환경처로 승격, 공보처 신설
1990년	2원 16부 6처 15청	경찰청, 통계청 신설
1991년	2원 16부 6처 12청	
1994년	2원 14부 5처 14청	
1998년	18부 4처 16청	식품의약품안전청 신설
2002년	18부 4처 18청	소방방재청, 방위사업청 신설
2008년	15부 2처 18청	부총리제 폐지, 법제처장과 국가보훈처장의 직급 조정
2016년	17부 5처 16청	미래창조과학부, 국민안전처, 인사혁신처, 식품의약품안전처 신설

자료: 행정자치부 정부조직관리정보시스템(2016).
김태룡 외(2014).

조직은 1원 12부 1처 4청 2위원회로 분화되었다. 그러나 1961년 5월 16일 군사 쿠데타로 들어선 군사정부는 부흥부의 산업정책 기능과 산업개발위원회를 묶어 경제기획원을 신설했다. 1963년에 출범한 제3공화국은 대통령의 권한 강화와 함께 경제부처를 보강하기 위해 2원 13부 4처 12청으로 정비했다.

그후 1972년 유신 체제의 제4공화국은 경제 성장과 행정권 집중을 위한 조직개편을 단행해 공업진흥청과 동력자원부를 신설하는 내용을 담은 정부조직 개편을 통해 2원 14부 4처 14청으로 확대되었다. 이에 따라 박정희 정부는 임기 동안 모두 27차례의 조직개편을 단행했다.

전두환 정부가 들어선 제5공화국은 노동청을 노동부로 승격시키고, 체육부를 신설하는 등 2원 16부 4처 13청 체제를 갖췄다. 노태우 정부의 제6공화국은 내무부 치안본부를 경찰청으로 개편하고, 문화공보부를 문화부와 공보처로 분리하면서 2원 16부 6처 15청으로 재정비했다.

1990년대에 들어서도 정부조직 개편은 더욱 급물살을 타기 시작했다. 김영삼 정부는 경제기획원과 재무부를 재정경제원으로, 교통부와 건설부를 건설교통부로 통합하면서, 대신 해양수산부와 중소기업청을 신설해 정부조직은 2원 14부 5처 14청으로 탈바꿈했다.

김대중 정부에 들어와서는 외환위기에 대한 책임 차원에서 재정경제원을 재정경제부와 기획위원회 그리고 예산청으로 분할했다. 대신 총무처와 내무부를 행정자치부로 통합하는 등의 개편을 단행했다. 이어 여성부, 국정홍보처, 기획예산처, 문화재청 등을 신설함으로써 정부조직은 18부 4처 16청이 되었다.

2003년에 출범한 노무현 정부는 18부 4처 17청으로, 김대중 정부와 비교할 때 큰 폭의 변화는 없었다. 다만 새로운 정부조직을 신설하는 대신 법제처와 국가보훈처를 장관급 기구로 격상시키고 각종 위원회를 대거 양산하는 등의 개편을 단행했다.

2008년에 출범한 이명박 정부는 작은 정부를 기치로 조직의 통폐합을 단행한 것이 특징이다. 기존의 부총리제를 폐지하고, 법제처장과 국가보훈처장의 직급을 조정했다. 그리고 부처 간의 통폐합에 따라 기획재정부, 교육과학기술부, 행정안전부, 문화체육관광부, 농림수산식품부, 지식경제부, 국토해양부 등이 통폐합을 통해 신설되었다.

토론 이슈 정권 말 '몸집 불리기'

일반적으로 정권 말에는 부처 이기주의가 극성을 부리기 마련이다. 올해도 예외가 아니다. 최근 전관예우 파동을 계기로 자성하던 공직사회 분위기는 온데간데없다. 저마다 인력 증원의 필요성을 호소하는 등 몸집 불리기에 안간힘을 쏟고 있다 …(중략).

2012년 공무원 소요 정원을 가장 많이 요청한 중앙행정기관은 표에서 보듯이 경찰청이다 …(중략).

2012년 중앙행정기관 소요 정원 요구 내역/ 상위 6개 기관		
1	경찰청	1만 1,778명
2	교육과학기술부	7,201명
3	법무부	2,409명
4	국세청	1,302명
5	검찰청	987명
6	지식경제부	861명

각 행정기관은 저마다 신규 사업 및 조직 확대 등을 정원 확대 사유로 제시했지만 명확하지 않은 요구도 적지 않다 …(중략). 행안부는 각 부처의 증원 요청을 최대한 억제할 방침이다. 행안부는 ▲법률 제 · 개정에 따라 국가 사무로 확정된 분야의 인력, ▲ 새로운 시설 · 장비 도입에 따른 운용 인력, ▲국정과제 추진을 위한 필수 인력 등을 제외한 분야의 충원 요구는 받아들이지 않을 방침이다…(중략). 행안부는 내년도 신규 증원 규모를 1,200명 선으로 잠정 확정한 것으로 파악되고 있다 …(중략).

김태룡 상지대 행정학과 교수는 중앙행정기관의 이 같은 증원 요구에 대해 "일반적으로 정권 말기가 되면 행정기관들이 필요 이상으로 인력 충원에 나서게 된다"면서 "꼭 필요하지 않은 일반행정직과 같은 경우는 기존 인력을 재배치해 활용하고, 사회복지와 재난관리 등 행정 수요가 증가하는 분야는 요구를 받아줘야 할 것"이라고 말했다.

김 교수는 또 "현 정부가 출범 당시 작은 정부를 지향했다고 해서 단순히 공무원 규모를 가지고 작은 정부를 평가하는 것은 아니다"라며 "행정 수요에 따른 효율적 인력 배치가 관건"이라고 덧붙였다 …(생략).

[자료: 서울신문, 2011년 8월 9일자에서 발췌]

이슈 제기

1. 건국 이후 한국 행정에서 공무원의 변화 과정이 지니는 특징을 토론해 보시오.
2. 역대 정부는 대부분 공무원의 증원을 추구해 왔는데 그 이유에 대해 생각해 보시오.
3. 위의 표에서 각 부처가 요구한 증원에 대한 타당성에 대해 토론해 보시오.
4. 공무원의 증가와 예산과의 관계에 대해 토론해 보시오.

2013년에 출범한 박근혜 정부에서 두 차례에 걸쳐 행해진 조직개편의 특징은 이전 정부들과 큰 차이 없이 구조적 차원에서 정부조직의 기능을 재배열하는 수준에서 이뤄졌다. 다만 특징적인 면은 이명박 정부에서 시도되었던 개편안을 환원시키거나, 세월호 사건을 전후로 다시 복원하는 형태로 진행되었다는 데 있다.

예컨대 경제·교육·통일부총리제도와 관련 부처들이 부활했고 특임장관제가 폐지되었다. 인사혁신처가 분리되면서 행정자치부가 축소된 형태로 원래대로 복원되었고, 소방방재청을 흡수한 국가안전처가 신설되었다. 이와 함께 창조경제를 주도한다는 명분하에 지식경제부와 교육부의 과학기술 기능 등을 통합해 미래창조과학부가 신설되었다. 청와대의 경우는 이명박 정부에서 개편되었던 대통령실을 다시 비서실로 개편했다. 이에 따라 박근혜 정부의 조직은 17부 5처 16청으로 개편되었다.

3) 예산 규모의 변화

정부 수립 당시인 1948년에 일반회계를 기준으로 당시 정부 예산은 300억 3,900만 원에 불과했다. 이 시절에 공무원이 해외 출장을 가려면 이승만 대통령이 직접 결재를 할 정도로 정부 예산은 빈약하기 그지 없었다. 이렇듯 초라했던 정부 예산은 2016년에 이르면 일반회계 예산만 해도 거의 7천 5백 배나 증가했다.

특히 1953년 2월 100원을 1환으로, 1962년 6월 10환을 1원으로 각각 절하하는 화폐 개혁을 단행한 것을 감안하면 성장 규모는 이보다 훨씬 크다. 예컨대 1962년 정부 예산 740억 원은 1961년 5,270억 환에 비해 7분의 1 수준으로 떨어진 것과 같은 착시 효과를 낳고 있기 때문이다. 게다가 정부가 2005년부터 적용하고 있는 일반회계·특별회계·기금을 모두 합한 총지출 방식을 적용할 경우 예산 증가율은 더욱 높아진다.

이승만 정부는 1950년 전시 조달을 위해 국채를 처음으로 발행했다. 1953년부터는 전후 복구와 경제 재건을 위해 산업부흥 국채를 발행했으며, 외국 원조도 본격적으로 도입되었다. 마땅한 세원이 없는 상황이라 일반재정 세입에서 외국 원조가 차지하는 비중은 1953년 11.9%에서 1957년 52.9%까지 증가했다.

하지만 박정희 정부에 들어오면서 특히 1960~1970년대는 비약적인 경제 발전과 더불어 정부 예산도 급팽창하기 시작했다. 정부 예산은 1975년 1조 4,197억 원을 기록하면서 역사상 처음으로 1조 원 시대를 열었다.

이후 전두환 정부 때인 1983년에는 10조 4,167억 원, 김영삼 정부 때인 2002년에는 109조 6,297억 원 등으로 몸집을 키워 나갔다(서울신문, 2011.4.1). 2011년에는 다시 일반회계 예산만 209조 원을 넘어서면서 처음으로 200조 원을 돌파했고, 박근혜 정부 때인 2016년에는 약 386조 원에 달했으며, 2017년에는 드디어 400조 원대를 돌파했다.

표 1-1-6 주요 연도별 예산 규모의 변화

연도	일반회계
1948년	300억 3,900만 원
1950년	105억 5,900만 원
1975년	1조 4,197억 원
1983년	10조 4,167억 원
2002년	109조 6,297억 원
2008년	152조 3,038억 원
2011년	209조 9,302억 원
2016년	386조 4,000억 원
2017년	400조 7,000억 원

자료: 한국산업은행(1955). 한국산업경제10년사.
기획재정부 홈페이지(2017).

2 질적 자화상

한국 정부가 수립되어 오늘에 이르기까지 한국 사회가 급격한 변동을 거쳐 오는 동안, 한국 행정은 양적으로 작은 정부의 형태에서 큰 정부의 형태로 변모했다. 이러한 현상은 한국 사회가 변화함에 따라 새로운 요구에 직면한 한국 행정이 질적 변화를 꾀한 결과이기도 하다. 다시 말해, 한국 행정의 질적 변화를 수행하기 위해 양적 변화가 이뤄졌다는 것이기도 하다. 한국 행정의 질적 변화를 살펴보기 위한 기준이나 대상은 다양한 면이 고려될 수 있다. 예컨대 한국 행정이 추구한 행정 목표들의 변화를 살펴보거나, 또는 한국 사회의 가치나 시민의 욕구 변화를 추적해 보는 것도 방법이 될 수 있다.

여기서는 논의의 편의를 위해 행정 목표의 변화를 통해 한국 행정의 질적 변화 내용을 살펴보고자 한다. 다만 한국 행정의 질적 변화를 기술하는 데 다소 문제가 되는 것은 김영삼 정부 이후부터는 각 정부가 비교적 행정 목표들을 명확하게 밝힌 데 반해, 그 이전 정부들의 경우는 구체화된 것이 별로 없다는 점이다. 따라서 행정 목표가 명료하지 않은 정부들의 경우는 간접적이기는 하지만 대통령의 취임사 내용을 중심으로 행정 목표를 유추했다.

한국 행정의 질적 변화를 역대 정부가 추구한 행정 목표나 이념의 변화를 통해 유추할 때, 각 정부가 추구한 행정 목표나 가치의 변화는 시기별로 차이를 보인다. 이승만 정부 때는 건국기라는 시대적 상황과 6·25전쟁 등의 영향으로 주로 국가와 국민 형성, 전후 복구 등이 행정부의 주된 추구 목표였다. 장면 정부는 이승만 정부가 안고 있던 문제들을 해소하고자 민주주의 구현이나 부패 일소 등이 추구하는 행정 가치였다.

박정희 정부는 근대화라고 하는 기치 아래 자주국방과 자립경제를 강조했다. 전두환 정부에서 노태우 정부에 이르기까지는 화합과 균형 발전이 새로운 가치로 등장했다. 이후 김영삼 정부와 김대중 정부에 이르러서는 국민적 화합, 자율적 시민사회의 형성 등이 주된 가치로 등장하기 시작했다. 노무현 정부에서는 참여와 균형이 주요한 가치로 등장했고, 이명박 정부는 시장경제와 세계국가 등이 추구하는 가치로 등장했다. 그리고 박근혜 정부는 국민 행복과 창조경제 등이 주된 추구 가치였다.

이상과 같이 정부 수립 이후 강조된 행정 가치나 목표의 핵심 내용은 대체로 시간의 경과에 따라 국가 형성, 반공, 근대화, 경제 제일, 권위주의 청산, 개혁, 주권재민, 국민 참여, 복지, 창조와 문화 등으로 전환되고 있음을 알 수 있다. 다시 말해, 한국 정부가 수립된 지 70년의 시간이 흐르면서 추구한 핵심적 가치나 이념은 국가 형성·반공→자립 경제→참여→복지 → 안전·문화 등의 순으로 변화되어 왔다.

한국 행정의 이러한 질적 변화를 반영하듯 UN전자정부보고서에 따르면 한국의 전자정부 평가 순위는 2010년부터 줄곧 전 세계에서 1등을 유지해 오고 있다. 또한

표 1-1-7 정부별 행정 목표의 변화

시기	국정 목표
이승만 정부	국가 건설, 국민 형성, 남북 통일, 경제 안정, 전후 복구
장면 정부	자유민주주의 구현, 경제 개발 우선주의, 반공을 국시로 한 안보정책, 부정부패 일소
박정희 전기정부 (6대, 7대)	자력 전진에 의한 번영, 균형 있는 경제 성장, 평화적인 정권 교체, 근대화
박정희 후기정부 (유신 체제)	완전 자립경제의 달성, 자주국방 태세의 확립, 사회 개발의 확충, 정신문화의 계발
전두환 정부	정의사회 구현, 민주주의의 토착화, 복지사회 건설, 교육 혁신과 문화 창달
노태우 정부	민족자존, 민주화합, 균형발전, 통일 번영
김영삼 정부	깨끗한 정부, 튼튼한 경제, 건강한 사회, 통일된 조국
김대중 정부	창의적인 문화국가, 국민적 화합정치, 민주적 경제 발전, 포괄적 안보 체제, 자율적 시민사회
노무현 정부	국민과 함께 하는 민주주의, 더불어 사는 균형발전사회, 평화와 번영의 동북아 시대
이명박 정부	섬기는 정부, 활기찬 시장경제, 능동적 복지, 인재대국, 성숙한 세계국가
박근혜 정부	일자리 중심의 창조경제, 맞춤형 고용과 복지, 창의교육과 문화가 있는 삶, 안전과 통합의 사회, 행복한 통일 시대의 기반 구축

참고: 이승만 정부에서 박정희 정부까지의 국정 목표는 대통령 취임사에서 발췌했고, 이후 정부의 경우는 각 정부가 밝힌 국정 목표들을 재작성해 제시한 것임.

스위스 국제경영개발원(IMD)이 2016년에 발표한 국가경쟁력 순위에서도, 한국의 전자정부 지수는 193개국 중 3위를 차지했다. 그 결과 많은 개발도상국이 조달행정이나 정보통신(ICT), 그리고 새마을운동과 관련된 개발행정 영역에서 발전된 한국 행정의 전문성을 습득하고자 각종 프로그램에 참여하고 있다.

그렇지만 한국 행정의 지나온 발전 과정에서 이같이 밝은 면만 있는 것은 아니다. 부패문제, 관료의 낮은 경쟁력, 대응성에 둔감한 권력 지향적인 관료 행태 등 어두운 구석이 한두 군데가 아니다. 이를 반영하듯 한국개발연구원이 국제경영개발원의 국가경쟁력보고서를 활용해 선진 21개국을 비교한 결과, 2010년 기준으로 우리나라 공직자의 부패 정도는 심각한 정도로 그리스·이탈리아·포르투갈에 이어 4위를 기록했다. 이에 더해 국제경영개발원이 발표한 투명성 영역은 2016년에 61개국 가운데 43위로, 이전의 40위보다 더욱 열악해져 심각성을 던져 주고 있다(한국무역협회, 2016).

결론적으로 역대 행정부가 추구한 국정 목표와 가치의 변화에 따라 행정 기능과 조직은 이러한 가치나 목표를 수행하기 위해 확장되거나 개편되는 양상을 띠어왔다. 그리고 인력과 예산은 동반적으로 증가해 왔다. 역대 행정부들이 만들어 낸 한국 행정의 자화상은 이처럼 어두운 면과 밝은 면을 동시에 지닌 야누스의 두 얼굴을 하고 있다.

생각할 문제

■ 한국 사회의 자화상

1. 한국 사회의 인구구조의 변화 과정의 특성에 대해 생각해 보시오.
2. 한국 사회의 미래 인구구조에 대해 생각해 보시오.
3. 한국 사회의 인구구조의 변화 과정이 한국 행정에 미친 영향에 대해 생각해 보시오.
4. 한국 사회의 경제적 변화 과정의 특성에 대해 생각해 보시오.
5. 한국 사회의 미래의 경제 모습에 대해 생각해 보시오.
6. 한국 사회의 경제적 변화가 한국 행정에 미친 영향에 대해 생각해 보시오.

■ 한국 행정의 자화상

1. 한국 행정에서 공무원이 증가한 원인에 대해 생각해 보시오.
2. 한국 행정에서 공무원이 증가한 영역을 찾아 조사해 보고, 그 원인에 대해 생각해 보시오.
3. 각 정부별로 공무원이 증가한 이유가 무엇인지에 대해 조사해 보시오.
4. 한국 행정에서 행정기구가 어떻게 변천해 왔는지에 대해 조사해 보시오.
5. 한국 행정에서 행정기구가 변화하는 데 미친 영향이 무엇이었는지를 생각해 보시오.
6. 한국 행정에서 예산이 폭발적으로 팽창하게 된 원인에 대해 생각해 보시오.
7. 한국 행정에서 예산과 인력과 조직의 팽창 간의 관계에 대해 생각해 보시오.
8. 각 정부별로 추구한 행정 목표가 상이한데 그 이유에 대해 생각해 보시오.
9. 한국 행정이 향후 추구해야 할 행정 목표 내지는 국정 목표에 대해 생각해 보시오.
10. 한국 행정이 안고 있는 긍정적 부분과 부정적 부분을 조사해 보고, 이에 대한 개선 방안에 대해 생각해 보시오.

제 2 장 한국 행정을 보는 시각

제 1 절 한국 행정을 보는 다원적 시각

1 다원적 시각의 출발과 동인

어떤 학문 분야를 막론하고 연구 대상을 어떻게 연구할 것인가와 관련해 다양한 견해나 시각이 제시되어 왔다. 이때 견해나 시각 또는 관점을 일반적으로 접근방법이라 한다. 이는 그 분야의 연구 활동을 안내해 주는 일종의 전략이자 지향점(orientation)이다(Isaak, 1981: 191).

이런 측면에서 나름대로의 접근 방법을 통해 한국 행정을 분석하고자 하는 시도는 한국 행정이 출범하고도 한참이 지난 후에 이뤄졌다. 현대적인 의미에서 한국에 행정학이 도입된 시기를 1955년이라고 볼 때, 최소한 이때까지는 한국 행정에 대한 나름대로의 시각이나 분석이 형성되었다고 볼 수는 없었다.

이에 따라 초기에는 주로 미국 중심의 행정이론이 도입·확산되는 과정을 거치다가, 1960년대 후반에 이르러서야 미약하나마 한국 행정에 대한 성찰적인 시도들이 일기 시작했다. 백완기(2005: 295)는 이 시기를 미국의 행정학을 도입해서 배우는 시기라고 했다. 즉, 이 시기는 한국의 행정학과 행정 현상이 서로 떨어져 따로 따로 노는 형국이었다는 것이다.

그렇지만 1970년대를 거치면서 국적이 없는 학문이니 허구성으로 가득 찬 학문이니 하는 자탄과 자성의 패배 의식의 소리에서, 자아준거적 이론의 개발이니 사회과학의 토착화나 한국적 이론의 탐색이니, 학문의 자주성 확립이니 하는 좀 더 적극적이고 진취적인 자세로 전환하는 계기를 맞기 시작했다. 다시 말해, 미국 중심적인 행정이론의 일방적 소개에서 벗어나, 한국의 행정 현상을 설명하고 새로운 대안을 모색하고자 하는 일련의 시도들이 등장하기 시작했다. 한국 행정이라는 연구대상이나 현상에 대해 나름대로의 견해나 시각이 접목된 해석과 성찰이 모색되기 시작했다는 의미다.

이에 따라 나름대로의 시각이나 견해에 해당하는 접근 방법을 활용해 한국의 행정 현상을 분석하고자 하는 시도가 1960년대 후반부터 일기 시작했다. 현재에 이르기까지 한국 행정에 대한 연구 결과는 보는 관점에 따라 다르겠지만 양적으로나 질적으로 상당 부분 축적되었다. 그 결과 단행본에서 개별 연구 논문에 이르기까지, 한국의 행정 현상을 분석하는 데 활용된 접근 방법이나 시각은 매우 다양하다.

활용된 접근 방법이나 시각들은 외국 이론의 모형을 그대로 빌려 한국의 행정 현상을 분석하는 연구에서, 이를 변형해 접목한 연구에 이르기까지 매우 다양하다. 초기에 유행했던 역사 · 제도적 관점이나 체제론 또는 행태론적 시각에서, 최근에는 신제도주의적 관점이나 현상학 또는 포스트모더니티적 접근 등에 이르기까지 한국 행정 현상을 분석하는 데 활용된 접근 방법은 실로 헤아리기도 힘들 정도다.

이에 더해 국내 학자들이 한국의 행정 현상이 지니는 독특성을 분석하기 위해 모색한 딜레마적 시각이나 시차론적 관점에서 분석한 연구까지를 포함하면, 한국의 행정 현상을 분석하는 데 활용된 접근 방법은 행정학에 소개된 거의 모든 방법이 활용되고 있다. 이같이 한국의 행정 현상을 둘러싸고 다양한 접근 시각이 활용되고 있는 유행에 대해 강신택(2005: iii)은 그 이유를 다음과 같이 들고 있다.

첫째는 외국 행정학계에서 사회과학방법론이 실증적 · 경험주의적인 주류의 경향에서, 해석학과 비판이론으로 그 강조점이 추가되거나 변화해 온 것을 한국의 행정학자들이 수용한 것일 수도 있다. 둘째는 국가 성격의 변화에 따라 이론적 경향이 변화된 결과라는 것이다.

또 다른 각도이기는 하지만 백완기(2005: 296－300)는 한국 행정 현상의 분석을 둘러싸고, 다양한 접근 시각이 활용되고 있는 것을 한국 행정학의 성숙에 따른 결과로 평가한다. 백완기는 이 같은 성숙의 결과로 나타난 증상들로 한국 문제를 다루는 주제가 다양해졌고, 이론과 지식의 축적 현상이 가속화되고 있으며, 논문 중심의 연구와 함께 현장성이 중시되는 연구 풍토와 행정학자들의 분산, 그리고 행정학 교육의 성장을 들고 있다(이종범, 2006: 26－27).

2 한국 행정을 보는 다원적 시각

한국의 행정 현상을 분석하는 데 활용된 접근 방법이 다양해졌다는 것은 그만큼 한국 행정을 바라보는 시각이 풍부해졌음을 의미한다. 동시에 현상에 대한 해석물이 많아졌음을 의미한다. 여기서는 이 같은 맥락에서 한국 정부가 수립된 이후 도입된 한국 행정이론의 전개 과정을 살펴봄으로써, 한국 행정을 바라보는 다양한 시각과 흐름을 조망해 보고자 한다.[1)]

1) 건국부터 초기 개발 시기의 행정이론

한국 행정에서 건국부터 초기 개발 연대(1948~1969년)에 이르는 동안은 근대화가 본격화한 시기였다. 이 시기에 행정연구의 최대 화두는 행정의 근대화 혹은 국가 발전과 관련된 행정의 역할이었다(박종민, 2006: 44－46). 발전과 행정이라는 화두에 따라 행정연구의 초점은 근대화를 위한 행정의 역할 모색, 행정의 후진성에 대한 설명, 그리고 행정의 합리화에 놓여졌다.

근대화 시기에 해당하는 이 시기의 주류 행정연구는 근대화 이론의 기본 가정과 핵심 개념 및 정책적 함의를 반영할 수밖에 없었는데, 이러한 주제적 관심은 당시 한국 사회가 직면한 시대적 상황에 대한 지적 반응이기도 했다. 가난하고 분단된 신생국으로서 국가 생존은 시대적 과제였고, 이를 위한 정부기구의 구성과 운영은 시대적 명령이었다. 따라서 이 시기 한국 행정학자들의 지적 관심이 근대 국가

1) 한국 행정이론의 발전 과정에 대한 기술은 김태룡(2017)의 『행정이론』에 의존했음을 밝혀둔다.

행정의 발전과 산업화를 위한 정부행정의 역할에 있었음은 자연스러운 것이었다.

결국 행정제도와 관행의 근대화 혹은 합리화가 중요한 화두였고, 이를 위해 우리보다 앞선 외국의 행정제도와 관행을 소개하는 데 주력할 수밖에 없었다.[2] 근대화 시기 초반에 이뤄진 행정연구는 한국의 행정제도와 과정에 대한 서술과 설명보다는 처방과 개혁에 치중했다. 따라서 이렇게 이뤄진 처방은 우리의 역사와 맥락에 대한 깊은 고려 없이 이뤄질 수밖에 없었다. 이는 다음에 설명하고자 하는 토착화의 문제와 관련해, 한국 행정학이 지닌 규범적 지향성과 외생적 기원으로 말미암아 겪게 되는 어려움을 의미한다.

다시 말해, 행정은 국가 운영에 관한 것이므로 행정학은 국가 발전에 기여해야 한다는 강한 규범적 지향성을 가지고 있는데, 우리가 도입한 행정학은 미국이라는 외국의 특수한 공공 행정학이기 때문이었다. 즉, 보편적 이론을 수용한 것이 아니라 특정 국가의 특수한 이론을 도입했기 때문에, 한국 실정에 맞는 독자적인 이론을 발전시키려는 노력이 계속될 수밖에 없었다. 결국 미국의 특수이론으로부터 보편적 원리를 찾아 한국의 실정에 맞는 특수한 이론을 개발하려는 노력이었다(강신택, 2005: 24).

(1) 한국 행정학의 태동

이 같은 시대적 배경에 따라 특히 1950년대는 행정학이 도입되어 발아하기 시작한 때로, 이 시기의 특징은 주로 미국의 행정이론을 단순하게 소개하고 제도를 모방해 도입하는 데 있었다.[3] 이러한 맥락에서 볼 때 현대적인 의미에서 한국 행정학이 탄생된 시기는 규정하기에 따라서 다를 수 있겠지만, 1955년을 기점으로 추

---

2) 한국 행정학에 대해 미국 행정학은 두 가지의 지적 전통이 영향을 미쳤다고 할 수 있다. 첫째는 행정의 중립적 능력을 강조하고 능률성의 가치를 지향한 행정연구이고, 둘째는 집행적 리더십을 강조하고 정책통합성의 가치를 지향한 행정연구를 들 수 있다. 국가수반에 의해 통제되고 발전목표에 몰입된 행정기구의 선도적 역할에 관심을 두었던 근대화 시기의 한국 행정연구는 이러한 지적 전통을 결합해 행정 원리나 관리 기법만이 아니라 기관 형성, 리더십, 기획과 예산통제 등을 다루게 되었다.

3) 건국 초부터 1950년대 중반 이후까지 일정 기간 동안 행정법적 행정학이 지배적이었다는 사실을 언급하지 않을 수 없다. 이같이 이 시기에 행정법적 행정학이 지배적이었던 이유는 민주국가를 건설했음에도 불구하고, 해방과 전쟁의 와중에서 일제 치하의 관료제적 유산이 남아 있었고 또한 일제 치하의 유산으로서의 관료제는 행정법적으로 운영되어 연구가 이뤄졌기 때문이다(강신택, 2005: 26).

정하는 것이 보편적이다(백완기, 2005; 권경득, 2006). 한국 행정학의 출발점에 대한 논거를 살펴보면 다음과 같다.

첫째, 1955년은 한국에 대한 미국의 행정 기술 원조가 확대되기 시작한 시점이라는 것이다. 이 해에 미국의 국제협력처(ICA)가 한국에 대한 기술원조사업의 일환으로, 대한민국 정부와 서울대학교 그리고 미국 미네소타대학교 간의 교환 프로그램을 체결했다는 사실이다. 이 교환 프로그램에 따라 이듬해인 1956년에는 미네소타대학교 공공행정센터(Public Administration Center)의 행정학과 교수인 워프(G. A. Warp)가 내한해서 구체적인 원조계획에 관한 조사연구를 수행했다.

그 결과 1959년에는 고급공무원을 양성할 목적으로 서울대학교 행정대학원이 설치되었으며,[4] 동시에 총무처 산하에 있는 중앙공무원 훈련기관인 국립중앙공무원교육원의 확충에 대한 원조계획도 추진되었다. 이런 측면에서 볼 때, 1955년은 한국 행정학의 출발 시점으로 중요한 의미를 갖는다.

둘째, 행정학 교과서의 효시라고 볼 수 있는 정인흥의 『행정학원론』이 출간된 해라는 것이다. 그리고 이듬해인 1956년에는 행정학자들의 학문적 공동체라고 할 수 있는 한국행정학회의 전신인 행정연구회가 창립되었다. 이어 1958년에는 김동원·이한빈 등이 공동으로 화이트(Leonard D. White)의 *Introduction to the Study of Public Administration*을 번역해 『행정학 입문』이라는 이름으로 발간했다. 이에 따라 행정학을 독자적으로 교육시키는 학과의 신설이 본격적으로 이뤄지게 되었다. 즉, 서울대를 비롯한 부산대, 고려대, 중앙대 등에 행정학과가 출현한 것을 그 반증으로 들 수 있다.

(2) 미국 행정이론의 본격적 도입과 확산

행정학이 본격적으로 도입·확산되던 1960년대는 박정희 대통령이 경제 개발을 대대적으로 추진하기 시작하던 시기였다. 그러나 당시 행정부에는 경제개발계

4) 서울대학교에 행정대학원을 설치하는 사업은 미국이 후진국에 제공한 기술 원조의 한 유형이었다고 볼 수 있다. 당시 미국 행정학계는 후진국에 미국 행정학을 수출하는 것에 대해 의문을 갖고 있었지만, 그럼에도 불구하고 기술 원조의 차원에서 이를 진행했던 것이다. 당시 미국이 교수요원들에게 전수한 행정학 내용으로는 과학적 관리론, 행정관리론, 인간관계론 등이 주를 이뤘다. 그리고 추가적으로 인사행정, 재무행정, 독립규제위원회, 이익단체, 정치·행정일원론, 행정통제 등이 가미되었다. 따라서 학문의 내용이 당시의 한국 행정과는 유관성이 별로 없었다고 볼 수 있다(조석준, 1986: 38－39).

획을 정책화하고, 이를 효율적으로 집행하기 위한 기획과 자원 배분 및 관리 등을 담당할 수 있는 관료들이 대단히 부족한 실정이었다. 현대적 관리 기법이나 논리와는 거리가 먼 사변적 · 연역적 논리 중심의 법학이 고시 과목의 핵심이었고 그나마 고시 합격자의 수는 극소수에 불과한 실정으로, 거의 모든 관료가 실질적으로 인사권자와의 인연이나 뇌물에 의해 채용되고 발탁되던 환경이었다.

박 대통령이 무능하고 부패한 구관료들을 교육 · 훈련시킬 목적과 경제 발전의 주역이 될 관료를 신규 채용하기 위해 당시로서는 최신의 기획 · 관리 기법이나 논리를 취급하는 관리론 중심의 행정학을 강조하게 된 것은 어찌 보면 자연스러운 현상이었다(정정길, 1994). 이에 더해 박 대통령의 쿠데타 동지였던 군부 지도자들이 미국의 군사영어학교 등에서 유사한 훈련을 받아 이를 충분히 이해하고 있었다는 점도 관리론 중심의 행정학을 강조하게 된 요인의 하나였다(이한빈, 1968).

이에 따라 1960년대는 미국에서 관리론 중심의 행정학을 공부한 1세대 행정학자들을 중심으로 행정학이 도입 · 소개되기 시작했으며, 정부의 적극적인 관심 속에 전국의 각 대학에 행정학과가 설치되면서 행정학은 획기적으로 팽창하게 되었다(정정길 · 이달곤, 1997: 1－2). 이처럼 1960년대는 박정희 정부가 추진한 근대화 전략으로 인해 한국 사회가 탈정치화하면서 동시에 효율적 행정관리와 개발 수단을 필요로 했다.

다시 말해, 당시의 박정희 정부는 종래의 법 집행과 동일시하던 행정의 개념을 관리적인 것으로 전환시켰고, 모든 공무원을 대상으로 행정학 교육을 실시했다는 것이다. 모든 과정에서 행정학의 1세대 교수들이 중심이 되어 행정학 지식, 특히 행정관리 지식과 비교 · 발전행정 이론을 소개했고, 행정은 필요한 제도를 도입했다(박동서, 2004: 26; 강신택, 2005: 169－171).

미국 행정이론의 본격적 도입과 확산으로 대변되는 이 시기의 행정이론의 발달과정상 특징을 살펴보면 이러하다.

첫째, 이한빈이 1968년에 발표한 논문인 「시관(時觀)에 관한 연구」를 제외하면 대부분의 저술이 행정학을 소개하기 위한 것이었다. 특히 이 시기의 특징적인 면으로 행정학원론 교과서들이 많이 발간되었다(이문영, 1968; 윤재풍, 2004: 70).

둘째, 이론적인 측면에서 이한빈, 박동서, 박문옥 등에 의해 도입된 비교 · 발전행정론을 들 수 있다. 그러나 비교 · 발전행정론은 이 시기의 한국 행정학이 지닌 한계처럼, 시대적 상황에서의 발전에 대한 본질적 의미라든가 또는 발전 목표와 상위 논리 내지 기본 정책 형성 등에 대한 폭넓은 논의는 없었다. 더욱이 정치적 리더십에 의해 권위적으로 설정된 과업 성취에만 관심을 기울임으로써, 발전행정의 본질에 대한 이해와 장점을 충분히 살리지 못했다는 한계를 안고 있었다.

또한 미국 행정이론의 지방주의(parochialism)를 극복하고 더 높은 수준의 이론화와 과학화를 지향해, 후진국 행정문제에 깊은 관심을 표명할 수 있는 비교행정으로 승화시키지 못했다는 비판 또한 피할 수는 없다. 대신에 본질을 왜곡하고 경시함으로써, 이러한 모형을 통해 한국적 행정 현상을 주체적으로 이론화하려는 작업이 시도되지 못했다는 비판도 이 시기의 한계였다(이병철, 2005).

셋째, 그 결과 1960년대 후반에 오면서 미국 행정이론에 대한 무비판적 수용과 모방에 대한 반성과, 한국적 현실을 포괄할 수 있는 일반이론이나 또는 적어도 한국적 현실에 적합한 토착화된 중범위 이론의 정립 가능성에 대한 탐색이 시도되기 시작했다. 그런데 이 시기에 이뤄졌던 토착화를 위한 얼마간의 노력은 정부의 발전지향적 논리의 제한과 이론적 차원에서의 토착화라는 복합적 현상, 그리고 과정에 대한 이해와 관심의 저조로 큰 결실을 맺지는 못했다.

또한 결실이 크지 못했던 다른 이유로는 행정학을 도입한 기간이 짧았던 까닭에 양적인 팽창에 질적 향상이 따라가지 못했다는 것이다(안병영, 1983: 152). 따라서 이 시기의 행정이론에서는 철학, 과학, 처방 간의 균형적 발전이나 창조적 업적 또는 독창적 교육은 기대할 수도 없는 형편이었다. 다만 1969년에 이한빈과 박동서 등이 공동으로 편집한 『한국 행정의 역사적 분석』은 한국의 행정 현상을 인식대상으로 역사적 분석을 시도했다는 측면에서 의의를 부여할 수 있을 정도다.

결론적으로 1960년대는 이론화 작업의 부진에도 불구하고, 짧은 시기이지만 상당한 업적의 축적을 바탕으로 공무원을 양성하고 후학을 양성할 수 있는 토양을 구축했다(이종범, 2006: 17-18). 따라서 한국 행정이론의 발달 과정에서 1960년대는 미국 이론과 제도를 단순히 모방해 소개하는 행정학의 도입기이면서, 동시에 이를 교육시키는 데 주력했던 확산기라고 볼 수 있다.

2) 개발 연대 중기부터 민주화 이전 시기의 행정이론

한국 행정이론의 발달 과정에서 이 시기는 개발 연대 중기부터 1987년 6·29

민주화 선언 이전(1971~1987년)까지로 볼 수 있다. 이 시기에 한국 행정학은 대단히 큰 변화를 맞이한다.

(1) 행정학의 이식 그리고 갈등: 모방과 토착화

행정학을 둘러싼 1970년대의 환경은 수출을 주도하고 새마을사업을 일으킴으로써 근대화 작업이 가속화되던 시기였다. 이 시기에 지배적인 행정이론으로서 발전행정론과 행정관리론은 이 같은 환경의 전위부대이자 안내자의 역할을 담당해 왔다. 특히 1970년대의 행정 주도 현상은 행정학이 성장하고 발전할 수 있는 비옥한 토양을 제공하고 마련해 주는 데 주된 역할을 담당했다(백완기, 2005: 21).

행정학을 둘러싼 우호적 환경이 절정에 달했던 1970년대는 행정학의 이식과 갈등, 즉 미국 행정학에 대한 모방과 그에 대한 반발로 나타난 한국 행정학의 토착화에 대한 시도가 꿈틀거린 시기였다. 1960년대가 1세대 중심적인 행정학의 도입 시기라고 한다면, 1970년대는 2세대 학자들이 귀국하면서 주요 대학에 정착하기 시작했고, 국내 학위 과정에서 배출된 인력도 이에 가담하면서 새로운 전기를 맞이한 시기였다.

다시 말해, 1970년대에 접어들면서 1세대 행정학자들은 미국 이론과 제도의 도입 과정에서 나타나는 변이와 제도의 부적합성을 인식하기 시작했는데, 이것은 한국의 실정에 맞는 이론과 제도의 탐색으로 이어질 수밖에 없었다. 이 시기는 철학 – 과학 – 처방의 균형적 발전보다는 미국 이론과 제도를 도입하면서 이의 현실적합성의 탐구에 많은 노력을 기울인 시기로서, 한국적 문제의 탐색과 그것이 연구의 결과물로 나타나는 시기이기도 했다. 이런 점에서 한국 행정이론의 발달 과정에서 1970년대는 1960년대의 시발적 노력을 기반으로 한국 행정 현실을 조망하고, 도입된 미국 행정이론을 새로운 각도에서 성찰하기 시작한 시기였다.

그러나 아직도 독자적인 한국 행정이론이 개발되지 못하고, 원용과 부분적 적용이라는 조건부적 발전을 이루고 있던 때이기도 했다. 그렇지만 한국에 대한 관심, 즉 이 땅의 행정학을 한국적인 것으로 토착화하려는 관심과 열의는 매우 높았다. 특히 이 시기에는 행정학 교육이 법학 교육으로부터 탈피하는 한편 대학원 교육이 점차 정착되기 시작했다. 하지만 이론의 발달 과정상 창조기라고 하기에는 연구의 양이나 질적 측면에서 부족한 면이 많았다(이병철, 2005; 이종범, 2006: 18–19).

1970년대의 한국 행정이론의 발달 과정에 따른 특징을 요약하면 이러하다.

첫째, 1960년대와 유사하게 미국의 행정이론을 소개하는 수준에서 행정학 관련 서적, 특히 교과서인 개론서가 많이 출간되었다(윤재풍, 2004). 이 시기에 출간된 교과서는 박동서의 『한국행정론』을 시작으로 김운태의 『행정학원론』, 유훈의 『행정학원론』, 최창욱 · 정세욱의 『행정학』, 유종해의 『현대행정학』, 김규정의 『신행정학원론』 등이다.

이들 개론서는 주로 미국의 초기 행정이론인 관리이론이나 정치 · 행정이원론에 입각한 관리론적인 내용으로 구성되어 있었다. 다만 이들 가운데 박동서의 『한국행정론』만이 기존의 관리 · 능률적인 내용을 넘어서서, 행정의 정책적인 면을 부각시키고자 노력했다. 예컨대 공익이론이나 과정모형 등과 같은 개념이나 모형은 기존의 관리론적 입장에서는 찾아볼 수 없는 것들이었다(김광웅, 1979: 229).

또한 1973년에 출간된 조석준의 『조직론』은 비록 각론서이기는 하지만 장 말미에 논제를 한국 행정의 차원에서 재조명하고 있고, 새로운 관심 영역인 정책과학에 대해서도 언급했다는 점에서 의의를 부여할 수 있다. 이와 함께 기존의 관리과학이 배제한 가치의 문제는 정책과학이라는 학문에 의해 보완되었는데, 이에 대한 소개가 1976년에 유훈 등에 의해 『정책학개론』으로 출간된 것도 특징적이었다.

둘째, 이 시기의 또 다른 특징으로 한국 행정이론에서 패러다임의 변화가 일기 시작했다. 1970년대에 들어서면서 기존의 관리 · 능률 지향적인 패러다임에서 벗어나려는 움직임이 있었는데, 신행정학과 정책학적 패러다임의 영향을 받기 시작한 것이 그것이다. 그러나 이러한 움직임이 곧 패러다임의 직접적 전이를 의미하는 것은 아니었으며, 변이 과정이라는 과도기를 거치면서 패러다임의 전이가 이뤄지게 된다.

예컨대 1968년에 미국에서 등장한 신행정학이 당시 미국 행정학계에는 많은 영향을 끼쳤지만, 1970년대와 1980년대의 한국 행정이나 정책연구에는 암묵적인 영향만을 주었을 뿐이고, 단지 행정학 교과서에 반영되는 정도에 그친 것이 이를 반증한다(이종범, 2006).[5)]

5) 다만 신행정학이 추구하고자 하는 가치들은 한국이 민주화됨에 따라 시차를 두고 1990년대에 사회적 약자를 위한 행정과 행정절차법과 관련된 과정에 많은 영향을 미쳤는데, 이는 한국에서 민주주의가 정착되면서 비로소 의미를 갖게 되었다.

셋째, 1970년대에 활발하게 전개되었던 토착화에 대한 논의가 다시 일기 시작했다. 문화적 차이를 무시한 미국 행정의 무분별한 이식으로 인한 수정 요소를 고려하고자 시도되었다. 이에 따라 한국의 특수성을 탐색하려는 학자들도 많이 생기게 되었고, 한국에 필요한 문제를 발견하고 그것을 분석하려고 하는 시도가 이뤄졌다(강신택, 1971; 박동서, 1972; 이종범, 1977; 이문영, 1980; 조석준, 1980; 백완기, 1981).[6)]

넷째, 행정연구에서 방법론상의 변화를 들 수 있다. 근대화를 위한 처방과 개혁에 초점을 둔 1960년대의 행정연구들과는 달리 서술과 설명에 초점을 둔 유형의 연구가 1970년대부터 주목받기 시작한 것과, 1960년대에 비해 계량적·실증적인 접근 방법의 비중이 상대적으로 증대한 것이 그것이다.

이들 연구는 특히 한국 행정의 후진적 성격 혹은 전근대적 행정 형태에 대한 설명과 이해에 초점을 두고 이론적 접근을 시도했다. 대표적인 연구로 백완기(1975)의 「한국 행정의 근대화에 대한 문화심리학적 접근법」은 한국 행정의 전근대적 형태를 설명하기 위한 이론적 시도였다. 김봉식(1968)의 「한국인의 사고 방식을 통해 본 한국 행정문화」나 윤우곤(1973)의 「한국 관료의 행태론적 분석」 등도 한국 행정의 비합리적 행태를 설명하기 위한 시도였다.

그러나 전통과 근대를 이분법적으로 구분한 문화 근대화론에 의존한 이들 연구는 유교적 전통문화가 근대 행정에 주는 역기능을 강조한 반면, 순기능의 가능성은 간과했다는 비판에 직면했다(박종민, 2006). 유사한 맥락에서 이들이 지향했던 행정문화론에 대한 강도 높은 비판은 한영환에 의해서도 행해졌다.

그는 서구의 학자들이 서구 중심적 문화 요소군의 비합리적 극단에다 한국 전

6) 그런데 이 같은 행정의 토착화 문제에 대해 박종민(2006)은 대단히 비판적이다. 이에 대한 그의 결론은 간결하다. 이 시기를 포함해서 논의된 모든 한국적 이론 혹은 이론의 토착화 주장은 자기모순적이라는 것이다. 이론은 일반화를 지향하는 데 '한국적' 혹은 '토착화'라는 용어는 특수화를 지향하기 때문에 그렇다는 것이다. 궁극적으로 '좋은' 이론은 개별 기술적 설명이 아니라 일반 법칙적 설명을 지향하기 때문이다. 그래서 한국에 맞는 행정이론을 개발해야 한다는 주장은 자칫 오도적일 수 있다. 외국 이론이 한국의 행정 현상을 제대로 설명하지 못한다면 한국에 적합한 이론을 개발할 수도 있다. 그러나 이것이 한국에만 맞는 이론이 되어서는 곤란하다. 한국적 행정이론이라도 다른 나라에 적용될 수 있는지 평가해 이론의 적용 범위를 확대해 나가야 한다. 이러한 점에서 행정이론의 토착화는 자칫 오도적인 좌표가 될 수 있고, 한국 행정학자들을 학문적 쇼비니즘의 함정에 빠뜨릴 수 있다는 것이다.

통문화를 놓고 평가했기 때문에, 그것이 모두 비합리적으로 보이고 합리주의로 가야 할 과제로 보는 경향이 있었는데 아직도 이러한 논조가 계속되는 것은 잘못이라는 것이다. 이제는 미국에 의존하거나 특정 문화를 부정하는 잘못에서 벗어나 우리 스스로의 문화적 특성을 파악하는 것에서부터 출발해야 한다는 주장이다. 즉, 유교문화적 요소에서 창조적인 대안을 찾을 수 있다는 것이다(강신택, 2005: 33).

(2) 행정이론의 외연 확장

유신정권 말기부터 1987년 6·29 민주화 선언 이전까지로 규정할 수 있는 이 기간은 고도의 경제 성장이 20여 년간 지속된 시기였다. 이 시기는 소득 수준의 향상과 급속한 산업화·도시화로 행정상의 핵심 과제는 행정의 대(對)경제 및 대(對)사회와의 관계에 관한 것으로 변모하기 시작했다. 또한 내부적으로는 실적 제도나 새로운 관리 방식이 어느 정도 정착하기 시작한 시기이기도 하다.

그러나 유신정권 하의 박정희 대통령은 물론이고 전두환 대통령도 독재 체제를 구축하면서 제도권 정치를 행정으로부터 철저하게 배제시켰다. 이때 관료의 손에 장악된 정치 기능은 정책 결정 기능으로 이해할 수 있으나, 행정 속에 내재되어버린 정치 기능을 외부에서는 관찰하기가 힘든 형편이었다. 특히 행정이 담당한 정치 기능은 정치활동 없이 수행되었으므로 더욱 관찰이 힘들었다(정정길·이달곤, 1999: 2-4). 그 결과 행정학자들에게 남긴 지적 과제 중 가장 지대한 것은 발전을 위한 행정이론의 형성이었는데, 1980년대 행정이론의 발달 과정의 특징을 살펴보면 이러하다.

첫째, 행정이론의 외연이 확장되기 시작한 것을 들 수 있다. 개발 연대의 부작용의 증가와 함께 이의 치유책으로서 정책이론이 확산되기 시작했다. 예컨대 1970년대까지는 관리학과 비교·발전행정 연구가 주류를 이뤘으나, 1980년대에는 정책이론이 폭발적으로 소개되었다.

1980년대는 경제 성장의 결과로 사회가 복잡해지고, 개발 연대의 부작용과 관련된 문제들이 급증했다. 그러나 기존의 방법으로 문제들을 해결하는 데는 한계가 있었는데, 이에 대한 대안으로 소개된 것이 정책학이었다. 이는 미국의 현실 문제를 해결하기 위한 지식으로 등장한 정책학이, 한국 사회의 문제를 해결하는 데 필요한 지식으로 작용하게 되었음을 의미한다. 그런데 정책학의 도입은 특히 정책학에 대한 훈련을 받은 학자들이 1980년대에 대거 귀국하게 됨에 따라 가속화되었는데, 이러한 흐름은 한국의 문제를 해결하는 데 행정학이 필요하다는 것을 재인식하도록 하는 데 일조했다(이종범, 2006).

둘째, 1970년대에 시도되었던 행정의 토착화 논의에 대한 새로운 재해석 움직임이 자리를 잡기 시작했다. 1980년대에 들어오면서 외국의 행정이론을 수입하더라도, 그것을 한국의 실정에 합당하게 적용해야 한다는 인식이 점차 높아졌을 뿐 아니라 스스로 한국의 것을 구축하고자 했다.

조석준의 『한국행정학』은 이러한 노력을 반영한 것이었다. 토착화 논의에 대한 새로운 재해석 움직임은 조석준이 『한국행정학보』의 머리말에서 제기한 의견에서도 엿볼 수 있다. 그는 한국을 강조하는 부분이 많다고 해서 그것이 한국적 쇼비니즘은 아니라는 전제 하에, 한국 행정학계에도 온당한 비례 의식(sense of proportion)이 있어야 함을 주장했다.[7] 토착화에 대한 논의는 이후 김번웅(1987)이 제기한 가능성의 모형을 중심으로 한국 행정이론의 토착화 문제가 심도있게 다뤄졌는데, 이후부터는 한국 행정학에서 토착화 문제는 거의 등장하지 않고 있다.

그런데 토착화에 대한 논의가 실종하게 된 원인에 대한 백완기(2005: 44－45)의 설명은 이러했다. 토착화에 대한 논의를 하지 않는 것은 우리 학자들이 토착화 문제를 다룰 능력이 없어서라기보다는 토착화에 대한 논의가 별로 필요하지 않은 수준까지 우리 학문이 성숙했다는 것을 의미한다는 것이다. 즉, 우리 학문이 우리의 현실을 연구의 출발점과 대상으로 삼을 때에 토착화의 논의는 자연스럽게 사라지게 된다는 입장이다.

셋째, 1980년대를 거치면서 산업화(발전)와 국가(정부) 간의 관계를 정치경제학적 시각에서 설명하는 경험 연구들이 나타나기 시작했다(김석준, 1990). 이들 연구는 행정보다는 추상성이 높은 국가라는 개념을 사용했고, 전통적인 행정관리론이나 발전행정론이 아니라 비교정치의 발전국가론이나 정치경제론에 논거를 두었다.

이런 점에서 볼 때 행정문화론이 한국 행정의 저발전의 원인을 전통문화에서

---

7) 조석준은 이를 위해 첫째로 외국의 이론을 수입하더라도 한국의 대상에 적용하는 연구를 많이 해야 하고, 둘째로 외국 이론에 관해서도 온당한 비례 의식을 가져서 미국에 편중되는 현실의 사정에서 탈피해야 하며, 셋째로 외국의 아이디어에 지나친 의존에서 벗어나 한국 학자들의 독창적인 아이디어가 제시되어야 하고, 넷째로 국내 학자 간에 공동 관심사에 대한 토론과 연구의 장이 필요하며, 다섯째로 생산적인 비판 의식이 싹트는 학풍이 이뤄져야 한다고 주장한다.

찾으려 했다면, 발전국가론은 한국의 경제 발전의 원인을 국가(정부)에서 찾으려 했다는 점에서 차이가 있다. 특히 발전국가론은 근대화를 위해 행정의 주도적 역할을 처방한 초기 연구들과는 달리, 설명 지향적인 연구 방식을 채택했다는 점에서도 차이가 있었다. 그렇지만 행정문화론이나 발전국가론 모두 주제적 관심은 발전과 국가(정부) 간의 관계에 있었다.

3) 민주화 이후 시기의 행정이론

1990년대를 전후로 한국의 정치, 사회, 경제 등 모든 분야는 엄청난 변화를 경험하기 시작한 시기였다. 가장 대표적인 것은 1987년 6·29 민주화 선언 이후의 민주화 과정과 1992년의 지방자치의 실시였다. 그리고 민주화에 따라 그동안 축적되었던 사회문제, 특히 노동과 사회보장에 대한 요구가 폭발적으로 분출되었다.

한편 1989년 소련을 중심으로 한 동구권의 몰락과 1997년의 외환위기는 세계화의 표준이나 요구에 부응하라는 신호이자, 동시에 한국 내의 체제 개혁을 요구하는 신호이기도 했다. 그 결과 사회문제를 해결하려는 과정에서 정부만이 아닌 시장-시민사회-정부 간의 경쟁과 협동에 의한 거버넌스 체제로의 변화가 요구되었다(이종범, 2006).

다시 말해 1990년대 이후로 가속화되기 시작한 후기자본주의 사회나 정보화 사회의 도래로 인해, 한국 사회에 대한 성격 규정이 이전 시기와는 확연하게 구분되는 양상을 띠기 시작했다. 이 같은 정치사회의 변화로 인해 시장경제의 원리와 기업가 정신을 강조하는 신공공관리(new public management)와 같은 이론을 수용하면서 작은 정부를 강조하는 분위기와 함께, 제3차적 규제(third order regulation) 방식이라고 할 수 있는 시민사회와의 네트워킹을 포함한 공동 규제 방식으로 거버넌스이론이 등장했다.

민주화 이후 한국 행정을 둘러싼 환경은 세계화·정보화·지방화라는 사회경제적 격랑을 맞아 국가 기능을 재편성하고 재발명해야 하는 상황에 직면해 있었다. 이와 같은 사정으로 인해 과학적 언명(scientific statement)에 대해 특권적 지위를 인정하지 않는 담론의 시대이면서도, 진솔한 담론(authentic discourse)이 잘 이뤄지지 않는 시기가 민주화 이후의 한국 행정을 둘러싼 분위기였다(강신택, 2005:

91-110). 민주화 이후의 한국 행정이론의 발달 과정에 따른 특징은 이러하다.

(1) 민주화와 행정이론

1987년 6·29 민주화 선언을 기점으로 본격화된 민주화 시기에 행정연구의 관심은 정부 권력의 재구조화에 초점을 맞추게 된다. 중앙집권적인 권위주의 통치구조에서 도구적 합리성을 표방한 행정기구는 대의제도의 통제 없이도, 발전사업의 합리적 기획과 자원 배분 및 능률적 집행을 추진할 수 있었다. 그러나 다원적 질서를 정당화하는 정치적 민주화는 다양한 차원에서 정부 권력의 재구조화를 요구하게 되었고, 이러한 시대적 과제를 반영해 행정연구의 주된 관심은 변하기 시작했다.

이에 따라 정책 과정의 역동성을 이해하기 위해, 주요 정부제도 간의 상호작용이 행정연구의 주된 관심으로 등장했다. 이 같은 맥락에서 1992년의 지방의회 구성은 지방자치에 대한 새로운 패러다임을 요구하게 되었고, 동시에 확산되기 시작한 시민사회와 시장 영역의 확대도 새로운 거버넌스를 필요로 하게 되었다. 이 같은 경향으로 인해 1990년대 이후 지방행정 연구가 활발히 이뤄지기 시작했고, 거버넌스와 시민단체에 관한 연구가 새로운 영역으로 등장하기 시작했다(이종범, 2006; 박종민, 2006: 49).

첫째, 권력과 행정은 민주화 시대가 남긴 주요한 화두였다. 그럼에도 지난 반세기 동안 이뤄진 한국의 행정연구 가운데서 권력과 행정에 대한 이론적 접근을 시도한 것은 별로 없었다. 다만 이문영(1980), 김광웅(1986), 김영평(1988), 최병선(1992) 등의 연구만이 이 같은 주제를 다뤘을 뿐이다. 특기할 만한 것으로는 박동서(1988)가 행정연구의 핵심을 행정권의 통제와 민주화, 그리고 분권에 두어야 한다면서, 민주화와 행정권의 통제를 위한 처방 연구를 강조한 것을 들 수 있다. 그럼에도 민주주의에 적합한 행정제도와 과정에 대한 처방 연구는 그다지 활발하지 못했다.

둘째, 민주화의 결실로서 나타난 지방자치의 도래로 인해 지방화는 새로운 학문적 시대를 열어 나가기 시작했다. 이와 관련된 많은 학문적 결과물이 발표되었는데, 조창현의 『지방자치론』이나 손재식의 『현대지방행정론』, 노정현·박우서 등의 『지방자치시대의 도시행정』, 이달곤의 『한국지방정부론』 등의 단행본과 각종 학회보에 게재된 다양한 논문은 이러한 저간의 학문적 사정을 보여 주고 있다.

셋째, 시민단체(NGO)를 중심으로 하는 거버넌스이론이 만개했다는 것을 들 수 있다. 이는 의회를 중심으로 하는 대의제적 민주주의를 뒷받침해 온 대리인모형의 쇠퇴와 맞물려, 강력한 시민 참여적인 민주행정 체제를 정립하는 데 이론적·방법론적 논리를 뒷받침해 주었다.

김석준 외가 공동으로 저술한 『뉴거버넌스 연구』(2000)는 1990년대에 이뤄진 다양한 거버넌스 연구 결과를 정리한 것이다. 또한 안문석의 『정부와 기업 그리고 시민사회』(2001)도 같은 맥락으로 이해할 수 있으며, 김정렬(2000)의 「거버넌스의 구현과 정부간 관계의 미래」나 김영래의 「비정부조직(NGO)과 국가와의 상호작용 연구」(1999) 등과 같은 논문은 이러한 경향을 반영한 결과였다(이병철, 2005).

(2) 세계화와 행정이론

한국 사회가 경험하기 시작한 세계화의 물결은 그동안 한국이 채택해 왔던 발전국가 모형의 한계에서 비롯된 경제 위기의 여파로 급속하게 퍼져 나가기 시작했다. 이는 세계화로 인해 자본, 인력, 기술, 정보 등이 국경을 넘어 자유롭게 이동하게 되면서 탈국민국가화가 촉진되고, 국가 간 상호의존성이 높아지는 동시에 이들 간의 무한경쟁이 심화되는 상황을 한국 정부가 맞이하게 되었음을 의미한다.

개방경제에서 국가 생존과 번영을 위해서는 특히 정부의 경쟁력이 중요해짐에 따라 경쟁력은 곧바로 행정학자들의 화두가 되었다. 세계화 시대에는 정부의 정책능력과 자원·정보 동원 능력은 한계가 있을 수밖에 없다. 그래서 정부가 모든 문제를 단독으로 해결할 수 없기 때문에, 효과적인 국정 운영을 위해 비정부 행위자와의 협력적 통치(shared governance)가 요구되는데 이것이 주제적 관심으로 등장하게 된 것이다. 자율적이고 경쟁적인 민간 부문 행위자들과 정부 간의 조정과 협력이 행정연구의 주요한 관심으로 등장했다.

세계화 시대의 행정연구는 전통적인 행정관리나 접근보다는, 공동선을 달성하기 위한 통치제도와 과정에 초점을 두기 시작했다. 따라서 정책 네트워크, 레짐(régime), 민영화, 민간위탁, 탈관료제, 시민사회와 NGO, 작은 정부, 정부실패 등이 주요한 개념으로 등장하게 되었다. 민주화 시기의 행정연구가 사회통제와 지배의 측면에서 권력의 배분에 관심을 두었다면, 세계화 시기의 행정연구는 공동선을 위한 사회 생산의 측면에서 권력의 행사에 관심이 집중되었다(박종민, 2006: 47－49).

첫째, 지배적인 이론 체계의 이동으로 패러다임의 대이동이 일어나기 시작했다. 예컨대 공공선택이론이나 신제도주의이론은 1980년대 이후 줄기차게 담론적 연구 과제로 회자되어 왔다. 특히 공공선택이론은 한국 행정학에서 시장실패 등 사회문제를 해결하는 이상적인 존재인 정부에 대한 환상을 벗어나게 하는 데 기여했다(이명석, 2016: 50-63). 또한 신제도주의론은 종전의 구제도주의적 입장과 궤를 달리하는 차별화된 접근 방식을 통해 구제도주의가 가지고 있던 장점을 부각시키는 접근으로 좀 더 새로운 적실성과 시의성을 지닌 이론 및 방법론 체계로 다가왔다. 정용덕 외(1999)에 의해 출간된 『합리적 선택과 신제도주의』와 『신제도주의 연구』는 이 같은 경향을 반영한 연구 결과였다.

이 시기의 학문적 패러다임의 이동과 관련해 특기할 만한 것으로, 특히 민주화가 가속화되면서 비판이론이 높은 적실성을 앞세우면서 확산되기 시작했다(강신택, 2005: 171). 비판주의적 입장에서 문태현(1992)은 실증주의에 바탕을 둔 정책분석의 도구성과 전문기술성이 성찰적 판단을 마비시키고 학자들의 사회적 책임을 감소시키고 있다는 비판을 제기한다. 김세진·라영재(2003)도 유사한 맥락에서 개발독재가 물러가자, 가치문제가 중요해졌다는 측면에서 규범적 접근의 필요성을 강조하는 등 비판론적 관점이 증대했다.

패러다임의 이동과 관련해 특기할 만한 또 다른 특징으로, 기존의 학문적 패러다임에 대한 해체주의적 사고가 팽배해지기 시작했다. 패러다임으로서의 적실성과 시의성을 상실하고 있을 뿐만 아니라 현상에 대한 설명 능력까지 상실하고, 나아가 문제 해결 능력조차 잃어버린 학문적 실체에 대한 회의와 의구심이, 결국 기존 학문 체계를 해체적 관점에서 이해하려는 포스트모던적인 접근 사고까지 낳게 했다(강신택, 2005).

이 같은 관점에서 정성호(2001)는 행정학의 실용성과 실천성을 되찾으려면, 미국식 훈련 체계와 금지 기호 및 지적 규율 체제의 삼각관계망이 해체되어야 한다고 주장하면서 포스트모더니즘적 접근 방법을 제안했다.

둘째, 이 시기는 세계화와 지방화, 그리고 정보화라는 시대적 조류에 적응하기 위해 공공 부문의 생산성 증대와 경쟁력 강화가 강조되기 시작했다. 그 결과 이를 위한 방법론으로 기업이나 민간 부문의 조직혁신 방안이 급격하게 도입·수용되었다.[8] 예를 들어 신자유주의 물결의 확산에 따라 생존을 위한 국가혁신 전략으로 신공공관리이론 같은 새로운 관리적 패러다임이 강조되면서, 이에 대한 적실성에 대한 논의가 이뤄지게 된 것도 이 시대의 흐름과 결코 무관하지 않다.

김태룡이 2000년에 한국행정학보에 발표한 「행정학의 신패러다임으로서 신공공관리모형의 적실성에 관한 연구」나 2003년에 발간된 『한국의 정부개혁: 이론과 실제』 등은 이러한 일면을 반영한 결과물이었다. 유사한 맥락에서 임도빈(2000)이 신공공관리이론이 한국에서 한정된 적용성밖에 없다는 비판적인 입장을 견지한 것이나, 배용수(2000)가 한국에서 적실성을 갖기 위해서는 신자유주의 패러다임의 수용이 선행되어야 함을 강조한 것들이 이 같은 분위기를 반영하는 연구였다.

이러한 흐름은 개발 연대에서 요구되던 기능주의적 관점과 달리, 국가재편성기에 들어와서는 신공공관리이론의 영향으로 행정학보다는 경영학의 수요가 더 커졌음을 의미하는 것이다. 그래서 방법론적 개체주의에 기초한 실증적 이론이 여전히 제공되면서도, 또 다른 측면에서는 기능주의적 방법론이 상대적으로 실효성을 인정받지 못하는 상황에 직면하게 되었다(강신택, 2005: 107, 190-191).

다만 김동원(2016: 2-20)은 최근 들어 신공공관리이론에 관한 논의의 열기가 식어가는 데 대해 우려를 표하고 있다. 즉, 누군가는 꾸준히 논의를 이어나가야 하고, 환경의 급속한 변화에 따라 신공공관리이론이 어떻게 진화해 나갈 것인지에 대해서도 진단이 필요하다는 입장이다. 그 이유는 한국적 맥락에서 관리주의에 대한 경계를 느슨히 해서는 아니 되는데, 중요한 점은 정부 내에 시장 논리를 강화해야 하는가 혹은 완화해야 하는가의 문제가 아니라 어느 쪽이라도 사회적 능률 또는 민주주의에 부합한다면 그것을 따라야 하기 때문이라는 것이다.

한편 거버넌스 영역의 확장이라는 측면에서 시민사회와 NGO에 대한 연구가 활발해진 것도 이 시기의 하나의 특징으로 들 수 있다. 이를 반영하듯 김준기의 『정부와 NGO』(2006)는 정책 과정에서 NGO의 역할에 주목했고, 김태룡 외의 『현대사회와 NGO』(2010)는 한국의 시민사회와 NGO의 실체를 해부하는 데 주력했다. 끝으로 한국의 대외 원조 능력이 향상됨에 따라 ODA사업이 활발해지면서, 이에 대한 연구 영역이 넓어지고 있는 것도 한국 행정학의 외연을 넓히는 징표가 되어

---

8) 제3섹터의 강조와 공생산(coproduction), 그리고 경영혁신 기법들, 예컨대 리엔지니어링(reengineering), 벤치마킹(bench-marking), 아웃소싱(out-sourcing), 민간위탁기업, 다운사이징(downsizing), 총체적 품질관리(TQM) 등이 공공 부문에 많이 도입되었다.

가고 있다. 이와 함께 세월호 사건이 발발한 후에는 안전이나 치안문제에 대한 관심의 증가로, 위기관리 연구가 강조되고 있는 것도 새로운 경향이라 할 수 있다.

끝으로 민주화 이후 한국 행정학이 맞이한 또 다른 특징으로 접근 방법의 다양화와 연구 방법의 세련화를 들 수 있다. 한국 행정학에 대한 접근 방법이 균형적으로 발전되었다고 보기는 어렵지만 과거에 비해 많이 다양해졌으며, 구체적인 연구 방법의 경우는 한층 정교해졌다. 예컨대 접근 방법의 경우 경험적·실증주의의 전통에 속하는 관리이론 등과 같은 객관주의적 방법이 아직도 많이 활용되고 있으나, 주관주의적 방법에 해당하는 해석학이나 비판이론도 점차 활용 빈도가 높아지고 있다.[9] 다시 말해 강신택(2005)이 지적하듯이 중간 맥락과 거시 맥락에 대한 연구가 부족한 것은 사실이나, 이에 대한 중요성은 점차 인식되기 시작했다는 것이다.

결론적으로 한국 행정학이 지난 70여 년 동안 양적으로는 가히 세계적인 성장을 이뤄낸 것으로 자부하기에 모자람이 없지만, 정용덕(2016)의 지적처럼 질적 성장이라는 측면에서 적실성과 과학성의 미진함은 핵심 사안으로 지적된다. 이에 대해 박종민(2016)은 과학의 핵심 요인이라는 측면에서 한국 행정학은 지난 70여 년 동안 인과이론의 구축을 위한 집합적 노력이 적어도 외관상 지속적으로 증가는 되어 왔지만, 과학적 지식의 저생산 및 인과이론의 저발전에 자괴감을 떨쳐버릴 수는 없다는 지적은 한국 행정이론이 안고 있는 아픈 부분이기도 하다.

제 2 절 한국 행정에 대한 분석 시각

1 한국 행정을 보는 시각

현대적인 맥락에서 한국에 행정학이 도입된 지도 70여 년이 훌쩍 지나갔다. 앞서 살펴본 대로 그간 한국 행정의 다양한 측면을 분석하기 위해 활용된 이론적 틀

9) 과거에 비해 해석학의 영역에 해당하는 행정사나 행정사상, 철학과 행정윤리, 행정문화에 대한 연구는 그래도 있으나 비판이론적 범주로 볼 수 있는 거버넌스이론은 최근에야 논의되는 분야이고, 아직도 담론이론은 행정학 영역 밖의 논제로 생각하는 경향이 있다(강신택, 2005).

은 대단히 다양하다. 그러나 분석에 활용된 이론적 틀이나 시각은 대체로 연구 대상이 특정적이거나 시간적으로 한정된 상황을 전제로 이뤄진 것들이 대부분이다. 그 결과 70여 년이나 되는 한국 행정의 전체를 대상으로, 그것도 행정을 둘러싼 모든 환경적 요소를 고려한 분석에 활용된 이론적 틀은 한정적일 수밖에 없다. 예컨대 한국 행정을 분석하기 위해 적용된 이론적 틀이나 시각이 대체로 생태론, 과정론, 의사결정론, 구조기능론, 체제론 등에 한정되었던 것이 이를 보여 준다.

이렇게 한정된 시각만이 활용된 가장 큰 이유는 다음과 같은 이유에서 기인한다. 한국 행정이 함축하고 있는 시간과 대상을 모두 담는 데는 무엇보다도 포괄성이 우선되어야 했기 때문이다. 그리고 각 부문과의 상호작용을 담을 수 있는 기술성과 구체성이 요구되었기 때문이다. 이에 따라 한국 행정을 기술하고 분석할 때 다양한 접근 방법이 활용되지 못하고 제한된 접근 방법만이 활용된 이유가 이에 있었던 것이다. 이에 더해 유사한 맥락이기는 하지만 다른 조직과 사회와의 관계를 분석하는 데, 명시적이든 묵시적이든 가장 널리 원용되고 있는 이론적 틀이 체제론 같이 포괄성을 갖는 틀이라는 것도 부인하기가 어려웠다(강인재·이달곤 외, 2003: 47).

여기서는 한국 행정을 바라보는 시각 내지 이론적 틀을 포괄성과 기술의 편리성이라는 기준에 따라 체제론과 신제도주의적 시각에서 접근하고자 한다. 비록 이들이 접근 방법으로서 또는 이론적 틀로서 여러 문제를 안고 있지만, 그러한 문제들보다는 이점이 더 많다는 측면에서 한국 행정을 분석하기 위한 접근 틀로 선정하고자 한다.

체제론을 분석 시각으로 삼는 이유로는 한국 행정을 시간과 환경의 변화에 따라 기술하는 데 유용성이 크다는 측면 때문이다. 이 밖에도 체제론적 시각은 여러 한계에도 불구하고 다음과 같은 이점 때문에 고려했다.

첫째, 체제론적 시각은 여러 가지 부분적 분석 방법[10]을 체제의 존속이라는 광범한 맥락에서 통합해 주는 편리성을 제공해 준다.

둘째, 다양성을 띤 여러 체제를 비교·분석하는 경우 일반적인 기준의 제시가 가능하다. 따라서 보편성을 가진 일반이론을 정립하는 데 도움이 된다.

10) 예컨대 연합이론, 교환이론, 역할이론, 가치 합의 등을 말한다.

셋째, 전체론적 관점에서 변동을 살펴볼 수 있는 이점이 있다. 그래서 체제론적 시각은 동태적이며 과업이나 기능 수행과 같은 실제적 측면에 관심을 갖는다(Holt & Richardson, Jr., 1970; Young, 1968: 19; Varma, 1977: 186-191).

다음으로 신제도주의적 관점을 분석 시각으로 선정한 이유로는 이 시각이 한국 행정의 제도와 상징들이 어떤 변화를 겪어 왔는지를 분석하는 데 유용성이 높다는 데 있다. 따라서 신제도주의적 관점도 여러 한계가 있지만 하지만 다음과 같은 이점 때문에 고려했다.

첫째, 신제도주의가 갖는 시각이 한국 행정에 적합성이 높다는 측면이다. 다시 말해, 제도적 구조가 환경 변화에 단지 적응하기만 하는 것이 아니라 자체의 생명력을 가지고 지속하려 한다는 시각은 한국 행정의 제도 변화를 설명하는 데 유용성을 제공해 줄 수 있다.

둘째, 신제도주의가 지닌 인간 행동의 지속적 구조에 대한 관점이 한국 행정의 변화 과정을 설명하는 데 적합성이 높다는 측면이다. 인간 행동의 지속적 구조가 자원인 규칙이나 가치들을 단지 주어진 것으로 받아들이지 않고, 오히려 이것들을 어떻게 형성해 왔는가를 탐구한다는 측면에서 유용성이 크다는 것이다.[11]

2 한국 행정의 논의를 위한 틀

이론적 틀로 체제론과 신제도주의적 시각에 입각해서 한국 행정을 기술하고 분석하기 위한 논의의 틀은 [그림 1-2-1]과 같다. 한국 행정의 기술과 분석을 위한 준거모형과 관련해 논의의 전제는 이러하다.

행정은 궁극적 목표로서 공공성(publicness)이라는 가치를 실현하는 데 존재 의의가 있다. 이를 위해 행정은 관리 체제 요소인 공무원과 예산 및 물적 자원 등을 토대로 한 행정조직이 환경과의 상호작용과 내적·외적 통제를 통해, 자기수정을 거듭하면서 최종 산출물로서 정책을 산출하는 일련의 과정이라 할 수 있다.

이런 과정을 거쳐 산출된 정책이 체제가 추구하는 최종적 가치인 공공성을 실

---

11) 양 시각이 갖는 장점과 단점에 대해서는 많은 문헌에서 논의하고 있기에 구체적인 논의를 생략하고자 한다. 이에 대한 구체적인 내용에 대해서는 김태룡(2017)의 『행정이론』을 참조.

그림 1-2-1 한국 행정의 논의를 위한 틀

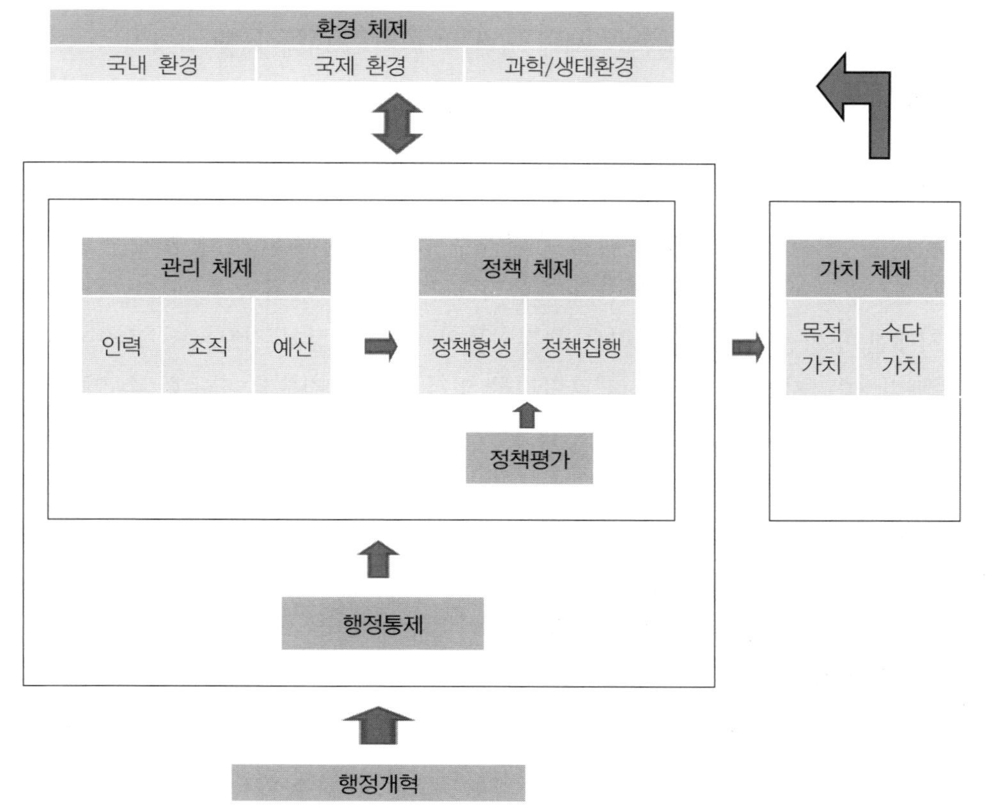

현했을 경우에는 체제에 대한 적극적 지지가 주어진다. 그러나 체제의 요구를 충족하지 못했을 경우에는 개혁을 단행함으로써 체제 능력을 향상시키기 위한 노력을 기울인다. 행정은 이와 같이 끊임없는 변동을 추구함으로써 자기유지적이며 자기수정적인 능력을 배양해 나가는 활동이다.

행정을 이와 같은 시각에서 보는 경우 다음과 같은 체제 요소가 작동하게 되는데, 이때 고려하는 측면은 다음과 같다.

첫째, 행정이 추구하는 궁극적 목표로서 가치에 관한 문제다. 이런 측면에서 한국 행정이 추구하는 가치로는 목적 가치로 공공성과 하위 가치가 포함된다. 그리고 수단 가치로는 민주성, 합법성, 효율성, 효과성 등이 포함된다.

둘째, 행정과 환경과의 상호작용에 관한 문제다. 개방 체제 하에서 행정이 환경과의 상호작용은 필수불가결한 요소일 뿐만 아니라, 행정에 대한 환경의 영향은 시간이 지날수록 더욱 강화되는 추세에 있다. 따라서 고려해야 할 환경적 요소로는 정치환경・경제환경・사회환경・시민환경・법적 환경・국제 환경・과학환경 등이 있다.

셋째, 행정이 작용하는 데 주체적 요소인 활동 주체로서 행정인에 관한 문제다. 공무원의 역할과 사명은 행정 과정 전반에서 가장 중요하다. 이와 함께 이들이 의사를 결정하는 데 소요되는 예산의 효율적 사용 문제는 정책의 효과성을 결정하는 데 지대한 영향을 미친다. 그리고 행정인들의 의사 결정의 장으로서 조직이 이에 포함된다. 따라서 조직이 얼마나 바람직한 의사 결정의 장으로 작동할 수 있느냐가 정책 실현의 정도를 결정한다.

넷째, 행정 체제가 궁극적으로 추구하고자 하는 가치를 산출로 전환시키는 정책 과정이다. 다시 말해, 가치 실현을 위해 어떻게 정책을 형성하고 이를 효율적으로 집행할 수 있는가의 문제가 핵심이다. 그리고 실현하고자 하는 정책 내용의 질적 수준을 제고하기 위한 분석적 측면과 산출물에 대한 평가를 어떻게 환류시킬 것인가의 과정이 이를 구성한다.

다섯째, 행정 체제가 궁극적으로 산출한 정책에 대한 만족도에 관한 문제다. 한국 행정이 추구하고자 하는 공공성 가치를 달성하기 위해 관리 체제 전반에 대한 끊임없는 통제가 이뤄진다. 이 같은 통제행위는 공공성의 가치를 달성하는 데 보완적 기능을 수행한다.

여섯째, 행정 체제가 추구하는 궁극적 가치의 실현을 좀 더 강화하고자 하는 과정이다. 행정 체제는 지속적으로 가치 실현을 점검하고 자기수정적 노력을 가하는데, 행정개혁은 이 같은 기능을 수행하는 데 대단히 중요한 역할을 담당한다.

이상에서와 같이 한국 행정에 대한 논의를 위한 틀(framework)을 체제론과 신제도론적 시각을 혼용한 관점에서 살펴보았다. 즉, 체제론적 시각은 체제 요소와 이들 간의 상호작용을 살펴본다는 관점에서, 그리고 신제도론적 시각은 제도로서 체제 요소가 어떤 변천 과정을 거쳐 왔으며 또한 영향을 미쳐 왔는가를 살펴보는 데 도움이 될 것으로 생각된다.

생각할 문제

■ 한국 행정을 보는 시각

1. 한국 행정을 보는 다원적 시각이 등장하게 된 배경과 그에 따른 적실성을 생각해 보시오.
2. 한국 행정을 보는 한국 학자들의 관점이나 시각을 정리하고, 그에 따른 장단점을 생각해 보시오.
3. 다른 국가의 행정을 보는 시각과 우리의 행정을 보는 시각과의 차이점과 공통점을 살펴보고, 그에 따른 적실성에 대해 생각해 보시오.
4. 한국 행정이론의 발달 과정을 정리해 보고, 시대별에 따른 특징을 생각해 보시오.
5. 한국 행정이론의 발달 과정에서 나타난 문제점을 생각해 보시오.

■ 한국 행정에 대한 분석 시각

1. 한국 행정에 대한 분석을 위한 접근 방법으로 선정한 체제론과 신제도주의가 지닌 장단점에 대해 생각해 보시오.
2. 한국 행정을 분석하는 데 도움이 되는 다른 접근 방법들을 조사해 보고, 이의 타당성에 대해 생각해 보시오.
3. 행정이 추구하는 목적가치와 수단가치에 대해 생각해 보시오.

제 2 편

한국 행정과 환경: 소용돌이의 장

개 관

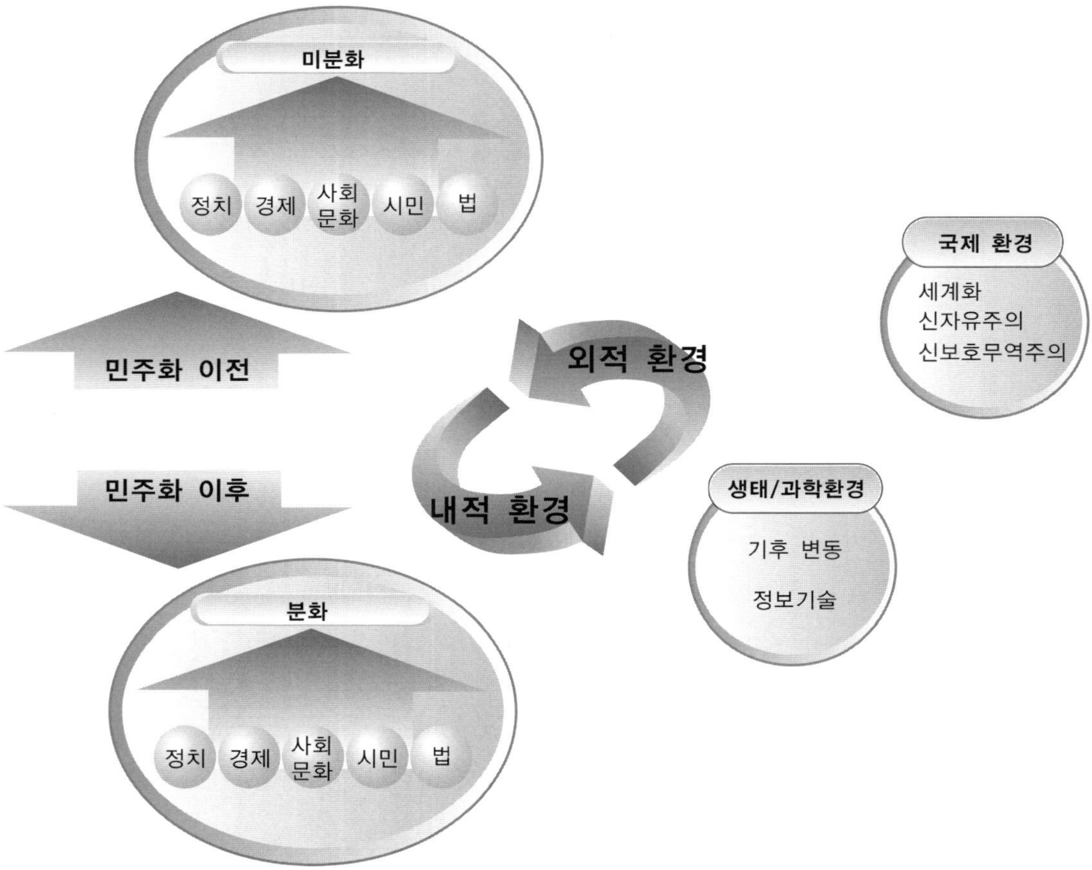

제 2 편 한국 행정과 환경: 소용돌이의 장

제 1 장 한국 행정과 국내 환경

한국 행정을 둘러싼 환경(environment)은 크게 내적 환경과 외적 환경으로 분류할 수 있다. 이때 내적 환경은 행정 체제가 존재하기 위한 사회 내의 환경이고, 외적 환경은 국제 사회적인 환경 등을 의미한다.

제 1 절 한국 행정과 정치환경

1 행정과 정치: 관계를 보는 틀

정치는 행정을 둘러싸고 있는 핵심적인 환경 요소이자 중첩된 영역 속에서 상호작용을 하고 있는 관계다. 그래서 정치와 행정이 각자의 영역과 기능을 어떻게 규정하고 수행하는가에 따라 양자의 관계는 달라져 왔다. 특히 양자의 관계를 분업에 기초한 기능적 관점에서 볼 때, 정치와 행정 간의 역할 분담에 관한 인식이나 현실적 관계는 시대와 국가에 따라 다양하게 변모해 왔다.[1]

1) 정치와 행정 간의 관계를 역할 관계라는 관점 외에, 권력 분립을 전제로 한 입법부와 행정부의 제도적 관계에서 보려고 하는 시각도 있다(이종수 · 윤영진 외, 2009). 그렇지만 실제로는 제도적

이런 관점에서 국가를 구성하는 기관 중 정치기관과 행정기관 간의 관계에 초점을 두고, 정치와 행정의 관계를 모색한 티미시트(Gérard Timisit)의 유형화는 의미가 있다. 그는 양자의 관계를 정치와 행정이 분리된 관계와 행정이 정치에 종속된 관계의 두 가지 유형으로 나눴다. 그리고 국가를 구성하는 기관을 정치기관, 경제기관, 사회기관, 행정기관으로 구분해, 이들이 서로 얼마나 강하게 통합되어 있는가의 정도에 따라 사회주의 모형, 서구 모형, 개발도상국 모형으로 구분했다.

이 가운데 사회주의 모형은 당 중심의 혼합 체제로 기관 간에 완전 통합이 이뤄진 형태로, 개발도상국 모형은 기관 간의 부조화로 인해 통합이 이뤄지지 않은 형태로 규정했다. 이에 반해 서구 모형은 이들 기관 간의 통합 정도가 중간적 상태로 상대적 통합의 형태를 띤 것으로 보았다(Timisit, 1986: 295－306, 1987; 임도빈, 1996: 129－130).

하지만 정치와 행정 간의 관계를 살펴보는 데 문제는 역할 분담에 대한 인식의 틀과 현실적 관계가 티미시트가 유형화한 것처럼 정확하게 부합하지 않는다는 데 있다. 이에 이런 부정합성을 전제하면서 티미시트가 제시한 유형 대신에, 아버바크(Joel D. Aberbach)가 제시한 분석 틀을 중심으로 정치와 행정 간의 관계를 살펴보면 이러하다(Aberbach et al., 1981: ch. Ⅰ, Ⅷ; Aberbach et al., 1991: 203－217).[2)]

아버바크가 제시한 분석 틀에서 기본적인 전제는 관료와 정치가에 대한 견해다. 관료와 정치가는 공통적으로 자신들을 정책결정자(policy-makers)로 생각하고 있으나, 서로 다른 방법으로 정책 결정 과정에 접근한다는 점에서 차이가 있다. 예컨대 관료들은 상대적으로 안정적이고 보수적인 입장을 견지하는 엘리트로서 정책 환경 속에서 균형을 유지하려는 데 반해, 정치가들은 위험을 피하지 않고 받아들이려는(risk-taking) 성향의 소유자들로 정책 과정에서 에너지와 창의성(initiative)을 주입하려고 한다는 점에서 차이점이 있다.

아버바크는 정치와 행정 간의 관계나 차이를 직접적으로 제시하기보다는 역할의 분업(division of labor)에 주목해, 정치가와 관료의 역할 관계를 통해 정치와 행

관계에서 보는 것도 역할 관계로 보는 것과 별 차이는 없다.

2) 양자간의 차이점을 찾아보려는 첫 아버바크의 연구는 관료와 정치가 간의 차이점에 착안한 개념적 모습을 통해 1970년대에 영국, 프랑스, 독일, 이태리, 네덜란드, 스웨덴 그리고 미국을 포함한 7개국을 대상으로 행해졌다. 두 번째 연구는 1980년대 중반에서 1990년대 초에 걸쳐 일본, 독일, 스웨덴, 미국 등 4개국을 대상으로 조사되었다.

정의 관계를 간접적으로 묘사하는 방식을 택했다. 그는 양자의 관계를 네 가지의 개념적 모습(conceptual image)으로 유형화했다.

첫째, 정책·집행형(policy/administration)의 모습이다. 이는 관료와 정치가의 역할 분담을 전제로 한 형태로서, 양자의 권한이 서로 다르기 때문에 역할의 분업이 명료하게 이뤄진다는 입장이다. 관료는 관리와 집행이 주된 역할이고, 정치가는 정책을 설정하고 결정하는 것이 주된 역할이라는 것이다. 그 결과 양자 간의 기능과 책임의 중첩성 문제는 발생하지 않는다.

정치가와 관료의 역할을 규정하는 데 가장 초기에 해당하는 이 모습은 20세기 초까지만 해도 정치와 행정 간의 역할을 구분하는 지배적인 유형이었다. 따라서 정치적 중립이라는 교의에 따라 관료들은 정책 과정에 자신들의 견해를 주입해서는 아니 되는 것으로 생각했다. 더욱이 관료들이 정치활동을 하거나 당파적으로 행동하는 것은 있을 수 없는 일로 인식했다.

이른바 행정의 탈정치화 모형(depoliticized model)에 입각한 베버-윌슨식 행정관이 대표적 형태로, 정치는 행정을 지배하고 행정은 명령을 수행하는 역할을 담당하는 데 그 역할이 있었다. 그 결과 탈정치화된 관료제는 합리성과 능률성 그리고 서비스를 강조하는 전문화된 관료집단으로 탈바꿈함으로써, 신분의 보장과 함께 정치적 비판으로부터 자유로울 수 있는 조건을 보장받게 되었다.

그러나 정치와 행정 간의 이질성에 바탕을 둔 이 유형은 행정국가화가 가속화되고 큰 정부(big government)가 등장하면서, 과연 관료제가 정치제도에 종속될 수 있는지에 대한 의문이 제기되기에 이르렀다. 실제로 고위관료들의 경우 정치적 지도자와 시민 사이의 전략적 지위로 인해, 정치적 지도자로서 역할을 해 온 것이 사실이기 때문이다. 그 결과 정치가나 시민은 관료를 정치 체제의 단순한 도구나 촉매제 또는 중립자로 더 이상 보고 있지 않다는 것이다. 이에 따라 다음에 살펴볼 모습들은 정치와 행정 간의 역할 분업에서 기본적으로 중첩성을 인정하면서, 다만 그 차이를 어떻게 볼 것인가에 따라 구분된다.

둘째, 사실·이익형(facts/interests)의 모습이다. 20세기 전반기에 등장한 이 형태는 정치와 행정 간의 관계에서, 정치는 정책형성을 담당하고 행정은 정책집행을 담당하는 식의 이질적인 역할 분업이 존재하는 것으로는 보지를 않는다. 대신 정책이 형성되는 과정에서 양자 간에 역할 분업이 이뤄지고 있음을 강조한다. 다시 말해, 정치가와 관료가 정책형성 과정 단계부터 함께 관여한다는 전제에서 출발하고 있다. 예컨대 관료는 중립적인 입장에서 전문가로서 사실에 관한 지식을 제공하고, 정치가는 다양한 이해와 가치 및 관련된 문제들에 관여한다. 그 결과 관료는 정책형성 과정에서 기술적 유효성을 주로 강조하는 데 비해, 정치가는 유권자에 대한 대응성(responsiveness)을 강조한다는 점에서 차이가 있다.

셋째, 에너지・균형형(energy/equilibrium)의 모습이다. 정책형성 과정에서 관료의 역할이 존재하는가에 초점을 둔 것이 앞의 두 모습이었다면, 이와는 다른 차원에서 관료들의 정치적 역할을 인정한다는 점에서 이 유형의 차이점이 있다. 따라서 이 유형은 관료와 정치가가 정책형성 과정에 함께 참여함은 물론, 정치 과정에도 동시에 참여한다는 것을 전제로 한다. 그래서 행정의 정치화를 강조하는 유형이라고 할 수 있다.

이 유형에서 정치가는 쇄신적 이슈를 제기하고 정책 체제에 활력을 불러일으키는 방식을 통해 정치 과정에 참여한다. 이에 반해 관료는 점증적 조정이나 정책 균형과 같은 시각을 접목시키는 방식으로 참여한다. 다만 양자 간의 역할에서 차이점이라면 정치가는 광범위하고 비조직화된 개인들의 분산된 이익을 표출하고자 하는 데 반해, 관료는 소속 부처와 관련된 협소한 고객들의 조직화된 이익을 전달하는 데 치중한다는 사실이다.

넷째, 순수 혼합형(pure hybrid)의 모습이다. 이는 20세기 끝 무렵에 등장한 형태로 관료제의 정치화와 정치의 관료제화에 의해 양자의 역할이 수렴되는 것을 상정한 이미지다. 정치가와 관료가 정책형성 과정과 정치 과정에서 긴밀한 협동과 함께 상호 침투적인 혼합형의 관계를 보이는 형태다. 오늘날 각 부처의 고위직 관료가 대내적으로는 행정관으로, 대외적으로는 정치지도자로서 야누스와 같은 두 가지 역할을 동시에 수행하고 있는 것이 이를 반증한다(이종수, 1993: 21－25).

이상으로 아버바크의 분석 틀을 중심으로, 정치가와 관료와의 관계 이미지를 통해 정치와 행정 간의 관계를 유추해 보았다. 그러나 한국 행정을 포함해서 어느 나라의 행정이든 이러한 모습과 완벽하게 부합하는 유형을 찾기란 쉽지 않다. 다만 정치와 행정과의 관계는 행정의 탈정치화에서 행정의 정치화로 그리고 양자의 역할이 수렴하는 진화 과정에 비춰볼 때, 순수 혼합형의 모습이 그나마 가장 흡사한 형태로 볼 수 있다.

결론적으로 백완기(2010: 71－75)의 지적처럼 정치와 행정의 관계는 통합 과정으로 또는 이질적인 성격으로 분리되어야 하는가의 문제가 아니다. 양자는 서로 이질적인 고유한 성격을 지니고 있으면서도 통합될 수밖에 없는 운명으로 보는 것이 바람직하다.

2 한국 행정과 정치

정치가와 관료 간의 모습(image)을 통해 양자의 관계 유형을 살펴보았는데, 한국의 상황과 이들 유형과의 정합성이 그리 크지는 않다. 그것은 한국의 정치와 행정 간의 관계가 미국이나 유럽과는 다른 내재적 특성과 발전 과정을 거쳐온 데서 기인한다. 한국 정부가 건국 이래 이념적으로 표방하고 있는 정체(政體, polity)는 삼권분립과 복수정당제를 기반으로 하는 의회민주정체다. 따라서 정부관료제는 국민에게 궁극적으로 책임을 져야 하며, 입법적・사법적 통제와 대중통제 등 외재적 통제를 받게 되어 있다. 또한 정부의 수뇌부는 국민의 직접선거와 정치 과정을 통해 구성하도록 되어 있다.

그렇지만 표방된 정치 이념과 제도와는 달리 한국의 정치제도를 감싸고 있는 정치문화는 낙후된 가운데, 전통적 요인과 서구적 요인들이 불안정하게 결합한 양상을 보여 왔다(오석홍, 2008a: 22－23).

1) 민주화 이전 시기의 모습

이승만 정부의 제1공화국에서부터 전두환 정부의 제5공화국에 이르기까지 정도의 차이는 있지만, 한국의 정치와 행정 간의 관계는 줄곧 행정의 우위 내지 행정의 정치화라는 특성을 지녀왔다. 비록 이 시기에 수차례의 헌법 개정이 단행되었지만, 대통령에게 과도하게 집중된 권력으로 인해 행정에 대한 정치적 환경의 영향력은 그리 대수로운 것이 못 되었다. 예컨대 이승만 정부 때인 1954년에 도입된 국회의원에 대한 정당공천제는 제도의 취지에도 불구하고, 의회가 대통령에 예속되는 현상만을 강화한 채 오히려 행정 우위적인 입헌군주화의 형태로 변모해 갔다.

이후 등장한 박정희 정부는 행정권뿐만이 아니라 국가긴급권과 입법거부권마저 장악해 행정부에 대한 의회의 통제력을 무력화시켰다. 게다가 대통령이 정당의 당수를 겸직하는 방식을 통해 의회에 대한 통제를 가속화함에 따라 입법부의 대통령에 대한 예속 현상은 공고해졌다. 또한 정부 주도의 성장정책은 관료의 영향력을 급속도로 확장시키는 결과를 가져왔다. 그 결과 관료 지배의 통치구조 하에서 정치적 환경은 더욱 피폐될 수밖에 없었고 관료적 지배는 더욱 공고화되었다.

유신 체제와 전두환 정부의 제5공화국은 전형적인 관료 지배 체제로서, 이 시기에는 국회가 행정부에 거의 예속된 형국이었다. 복수정당제는 실질적 작동이 거의 불가능한 상태로 전락했고, 여당에 대한 대통령의 지배는 고착화되었다. 따라서 입법 과정에서 의회의 기능이 제대로 작동하지 않았음은 말할 것도 없거니와, 입법부에 의한 행정통제는 거의 형식화되었다.

그 결과 민주화 이전 시기의 한국 관료제는 사회문제의 탈정치화와 행정의 정치화를 통해 관료제가 사실상의 지배권을 행사하는 관료 지배(bureaucratic polity)를 구축함으로써 대의 메커니즘을 위축시키고 정치 발전을 저해하는 양상이었다.

2) 민주화 이후 시기의 모습

1987년 6월 10일 민주화운동이 분출된 이후 한국의 정치적 환경은 급격히 변모하기 시작했다. 완전하지는 않지만 정치와 행정 간의 관계가 민주화 이전 시기와 달리 입법부의 권한과 책임이 강화되면서 권력 간의 균형을 찾기 시작했다. 의회의 국정감사권과 국정조사권이 부활되고 대통령의 국회해산권과 비상조치권이 폐기되었다. 의회는 내각불신임권과 탄핵소추권을 행사하게 된 반면, 행정부는 입법부를 해산할 수 없게 되었다. 이에 더해 김영삼 정부 때인 1992년에는 지방자치제가 도입되었고, 1998년에는 여야 간의 수평적 정권 교체로 김대중 정부가 출범했다. 민주주의가 이행에서 공고화로 전환되는 단계로 접어들면서 정치와 행정 간의 관계는 불완전하나마 균형을 찾기 시작했다.

정치적 환경에서 시민단체를 포함한 시민사회의 영향력이 급격하게 증가하기 시작한 것도 이 시기의 특징이다. 특히 김대중 정부 집권 3년차를 맞이하면서 실시된 16대 국회의원 선거에서 시민단체의 정보공개운동이나 낙천·낙선운동은 주된 정치적 주체로서 입법부 외에 시민사회가 대항마로 성장했음을 의미한다. 이를 계기로 한국의 정치적 환경에서 시민사회의 역할이 폭발적으로 증가하게 되었다(김태룡 외, 2010: 126－127).[3)]

1987년의 민주화운동을 통해 한국의 정치적 환경이 변화의 시기에 접어들기는 했지만, 정치적 환경의 변화가 가장 크고 그에 따른 복잡성과 불확실성이 증대하기 시작한 것은 노무현 정부가 집권하면서부터였다(유민봉, 2006: 68－72). 노무현 대통령은 네티즌 세력을 새로운 정치 세력으로 등장시켰으며, 진부하고 부패한 구세대와 진보적이고 도덕적인 신세대라는 대립적인 전선을 형성하며 세대 교체에 나섰다.

특히 한국 사회에 지배적 영향을 행사해 온 일부 언론기관, 야당, 지역(특히 서울 강남), 사법부 등에 대한 지배 세력의 교체를 시도했다. 이러한 변화는 집단 간 이해의 재배분을 초래하게 되었으며, 대립되는 세력 간의 갈등을 심화시켰다. 의회의 다수 세력에 의한 노무현 대통령에 대한 탄핵소추가 그것으로, 정치의 대명사인 타협은 사라지고 갈등공화국이라는 별칭이 생길 정도였다.

대통령을 중심으로 한 새로운 정치 세력이 가져온 복잡성과 불확실성의 증대는 결과적으로 이명박 정부를 탄생시키는 동인으로 작동하게 되었다. 정치적 환경이 가져오는 불확실성과 복잡성 대신에, 다시 안정과 예측성이 요구되는 정치적 이데올로기가 반발적 기류로 형성되는 양태를 초래했다. 그렇지만 이명박 정부도 기대와는 달리 정치와 행정 간의 통합을 시도하기에는 정치에 대한 이해 부족과 정치력의 부재로 효과는 미미했다.

유사한 맥락에서 정치적 환경의 안정성을 이어가고자 한 사회적 분위기는 박근혜 정부를 선택하는 원동력이었다. 그러나 박근혜 정부 또한 의회를 중심으로 한 정치와의 관계 설정에서 정치력을 전혀 보여 주지 못한 채, 행정부 일방의 독주를 지속하다 2016년에 치러진 20대 국회의원 선거에서 집권당인 새누리당이 제2당으로 전락하는 참패를 당하게 되었다. 설상가상으로 이어진 소위 최순실 게이트로 박근혜 대통령의 무능한 정치력은 그나마도 상실되고, 탄핵으로 대통령의 권한이 정지되는 국면으로 접어들면서 정치와 행정 간의 통합은커녕 무정부 상태가 초래되었다.

3) 시민단체의 낙천·낙선운동이 새로운 정치운동으로서 평가를 받기도 하지만, 이로 인해 한국 시민운동의 정치화에 대한 비판은 오히려 시민단체의 영향력을 감퇴시키는 부작용을 초래했다.

민주화가 진행되면서 대통령 중심의 일원적 정치환경은 급속히 다원화되어 가고 있다. 대통령에 대한 여당의 종속적인 형태는 여전한 실정이긴 하지만, 대통령에 대한 고정관념적인 권위주의는 많이 사라졌다. 또한 시민단체와 네티즌 세력의 강화에 따라 시민사회가 활성화되면서, 그동안 유지되어 오던 안정적인 정치환경에도 변화가 일기 시작했다. 국회나 언론도 자신들의 다양한 견해를 공격적으로 정치의 장에 쏟아내고 있는 것이다.

그 결과 정치의 장은 민주화 이전 시기의 왜소하고 안정적이기까지 했던 모습과는 달리, 급속도로 복잡해지고 불확실성은 한층 높아졌다. 행정은 물론이고 기업이나 일반 국민에 이르기까지, 과거와는 또 다른 시각에서 정치를 상당히 불안한 시각으로 바라보고 있다. 특히 국회 내에 정당 간의 협상과 타협을 전제로 해서 정치력을 강화하고자 이명박 정부 때인 2012년도에 마련된 국회선진화법은 이상적 목표와는 달리, 여야 합의 없이는 어떤 것도 할 수 없는 이른바 식물국회를 생산해 행정부로 하여금 아무 일도 하지 못하게 만드는 제도로 전락했다.

정치적 환경의 변화에 따라 행정은 어느 때보다 상이한 환경의 도전에 직면해 있다. 개발 연대를 통해 행정적 자율성이 크게 신장된 한국의 제도적 관료제는 권위주의 체제가 해체되고 상대적으로 민주화된 정부가 들어서면서, 한편으로는 변화된 환경에 대한 부적응을 보이는 동시에 정치 권력에 대한 잠재적 저항 세력으로 등장하기 시작했다. 그래서 정치 권력에 의한 행정통제의 강화 문제는 변화된 환경 속에서 새로운 국가적 과제로 대두하고 있다(이종수, 2003: 38). 이에 대해 한국의 의회는 박근혜 정부 때인 2015년에 '국회법'을 개정해, 행정부의 관할에 속하던 법률시행령(대통령령)의 수정요구권을 국회에 부여함으로써 행정통제를 한층 강화하고자 했다.

정치와 행정이 이질적인 고유 성격을 유지하면서 통합적인 방향으로 이행하는 것이 이상적임에도, 한국의 정치와 행정은 건국 이래 40여 년간을 행정의 정치화로 인해 정치에 대한 행정의 우위 현상이 유지되어 왔다. 민주화가 진행되면서 행정에 대한 정치의 영향력은 이전에 비해 증가했지만, 양자의 관계가 통합으로 가고 있다고 보기에는 시기상조다.

그것은 행정에 대한 정치적 환경의 영향력이 증가하기는 했지만, 입법부나 시민사회의 질적 향상에 따른 영향력 증가라기보다는 오히려 양적 증가에 힘입은 바가 크기 때문이다. 행정의 경우도 과거와는 달리 많은 부분에서 행정의 정치화를 탈색시킨 것은 사실이나, 오히려 정치 권력에 대한 잠재적 저항 세력으로 등장함에 따라 정치와 행정의 통합성이 아직은 완성되지 않은 상태라고 할 수 있다.

이에 더해 민주화 이후 가속화되고 있는 정치권의 지나친 대응적 대중주의(responsive populism)와 관료들이 강조하는 기술적 유효성 간의 괴리는 양자 간의 통합을 더욱 어렵게 하고 있다. 결론적으로 환경으로서 정치와 행정이 우리 사회에서 각각 이질성을 인정하면서, 상호 융합적인 관점에서 통합으로 지향하는 수렴의 관계가 형성되려면 앞으로도 많은 시간이 소요될 것으로 보인다.

제 2 절 한국 행정과 경제환경

1 행정과 경제: 관계를 보는 틀

행정을 둘러싼 정치적 환경이 행정과의 상호작용 과정에서 대체로 독립적으로 영향을 미치는 데 반해, 경제적 환경은 행정에 일방적 영향을 미치기보다는 상호 의존적이거나 오히려 정부에 대한 의존성이 강하다. 행정과 경제와의 관계 역시 다양한 시각이나 틀 속에서 논의되어 왔다.[4]

행정과 경제와의 관계는 연구의 목적과 필요성에 따라 초점이 달라질 수 있다는 점에서, 통일된 시각이나 모형을 구성하는 데 어려움이 있다. 또한 양자의 역할 분담에 대한 인식도 국가나 상황마다 달라지기에 정확하게 부합하는 모형을 구성하기가 쉽지 않다. 여기서는 이러한 부정합성을 전제하면서 정부와 기업과의 관계 모형을 원용해 행정과 경제와의 관계를 살펴보고자 한다.

첫째, 시장실패 모형(market failure model) 하에서 행정과 경제와의 관계다. 이는 제2차 세계대전 이후부터 1960년대까지 번성했던 구조주의 경제이론의 핵심을

4) 예컨대 박문옥(1969)은 경제의 권력 관계와 재정정책이라는 시각에서, 안병만(1993)은 관(官)과 재벌의 역학 관계에 초점을 둔 관점에서, 그리고 윤영진(2003)은 경제정책과 정책환경이 교호작용을 한다는 전제 하에 정책 내용과 결정구조를 중심으로 양자의 관계를 고찰했다.

형성하는 모형이기도 하다(Datta-Chaudhuri, 1990: 25-39). 구조주의자들은 경제를 구성하는 각 부문의 상호관련성을 강조하면서, 경제 발전은 이들 간의 상호보완성에 달려 있다고 보았다.

그런데 부문 간의 상호의존성이 시장 거래에 의해 바람직하게 조정되지 못하는 경우 외부성이 발생하게 된다. 이로 인해 시장은 실패를 맞게 되고, 시장의 실패를 극복하는 방안으로 국가의 개입이 이뤄지게 된다는 것이다. 이런 이유로 시장실패 모형에서는 경제에 대한 정부의 영향력과 개입을 인정함에 따라 경제는 행정에 의존적인 관계라는 모습을 띠게 된다.

둘째, 정부실패 모형(government failure model) 하에서 행정과 경제와의 관계다. 이 모형은 시장실패에 대한 보완책으로 경제에 대한 정부 개입이 필요하다는 구조주의자들의 주장을 반박하면서, 정부 개입이 오히려 시장실패를 더욱 악화시킬 뿐이라는 신고전주의자들의 입장이기도 하다(Shapiro & Taylor, 1990: 861-879).

신고전주의자들은 구조주의자들이 주장하는 시장실패에 대한 정부 개입의 가정에 치명적인 오류가 놓여 있음을 지적했다. 시장실패를 초래한 부문 간의 상호보완성과 외부성의 문제를 극복하기 위해 국가가 개입해야 한다는 구조주의자들의 논리의 이면에는 관료나 정치가들이 아무런 사심 없이 시장실패를 완화시킬 것이라는 전제를 암묵적으로 설정해 놓았는데 바로 이 가정이 문제라는 것이다.

다시 말해, 국가가 개입하는 경우 발생하는 지대 추구를 고전주의자들이 무시했기 때문에 오히려 더욱 심각한 경제실패가 초래할 수 있다는 점을 간과했다는 것이다(Onis, 1995: 98-99). 예를 들어 구조주의자들의 주장처럼 국가나 정부는 시장실패를 극복하기 위해, 보조금을 제공하거나 수입쿼터제 등의 정책 수단을 통해 수입을 억제하고 제한된 기업에만 산업 진입을 허용하는 등의 규제를 행한다. 문제는 이 과정에서 국가의 정책 개입으로 인해 독점적 지대가 창출되는데, 기업은 이러한 지대를 획득하기 위해 자원을 동원하게 된다.

국가 개입은 이처럼 의도와는 상관없이 지대추구행위를 강력하게 유인하게 되고, 그 결과 자원을 생산적 행위로부터 비생산적 행위로 이전시킴으로써 사회적 손실을 초래한다는 것이다. 결국 국가의 개입으로 인해 지대추구행위에 동원된 자원이 만약에 경제적 생산에 투입되었다면 경제 발전에 도움이 되었을 것인데, 그렇지 못했기 때문에 오히려 그만큼의 사회적 손실만을 초래하는 원인이 되었다는 주장이다(Islam, 1994: 92-94).

결론적으로 지대추구행위는 국가의 정책 개입이 없었다면 발생하지 않는다는 점에서, 오히려 국가가 개입함에 따라 발생하게 된 부가적 비용이라 할 수 있다. 그래서 지대추구행위가 지닌 문제는 비록 이러한 행동이 기업 자신들에게는 유익한 것이라 할지라도, 사회적인 부(富)의 창출에는 아무런 기여도 못 한다는 데 있다. 그리하여 국가가 시장실패를 해결하기 위해 개입하는 것이, 시장실패를 완화하기보다는 오히려 상황을 더욱 악화시킬 뿐이라고 신고전주의자들은 주장한다(Killick, 1989: 13). 따라서 정부실패 모형에서는 경제에 대한 정부의 영향력이나 개입이 오히려 상황을 더욱 악화시킨다는 관점에서, 행정에 대한 경제의 의존성을 부인하는 관계를 상정한다.

셋째, 자율성 모형(autonomy model) 하에서 행정과 경제와의 관계다. 이는 최소국가(minimal state)를 주장하는 신자유주의자들이나 기존의 강한 국가와 약한 국가라는 이분법으로 구체화된 정치에 대한 제로섬 접근을 비판하면서, 국가와 기업 간의 협동을 통한 시너지를 극대화하는 것이 중요하다는 신제도주의자들의 입장이다. 이 입장은 에반스(Peter Evans)가 주장하는 연계된 자율성(embedded autonomy)의 개념에서 출발했다. 그에 따르면 정부와 기업의 관계는 일정한 조건을 구비했을 때 성공적인 경제 발전이 이뤄진다고 주장했다(Evans, 1995: 12).

다시 말해, 성공적인 경제 발전을 이루려면 정부관료제는 산업자본에 대해 자율성과 연계성이라고는 조건을 충족해야 한다. 정부관료제는 지대 추구에 강한 사회집단에 의해 도구적으로 조정받지 않을 정도의 자율성을 구축해야 하며, 동시에 기업과 친밀한 접촉이 가능하도록 사회적 네트워크를 구축할 수 있는 연계성을 확보해야 한다는 입장이다.

예컨대, 연계성이 부족하고 자율적이기만 한 국가는 정책형성에 필요한 정보나 지식을 사적 시장으로부터 확보할 능력을 결핍하게 된다. 또한 국가 자율성이 담보되지 않은 정부와 기업 간의 연계는 국가로 하여금 집합적 행동문제를 해결할 수 없도록 만들 뿐만 아니라 기업의 개별적 이익을 초월하는 데도 실패하게 한다는 것이다(김시윤, 2000: 42-44). 결국 연계된 자율성 모형은 국가의 기반 권력이 사회의 다양한 집단과의 협력에 달려 있다는 전제 하에, 국가와 조직화된 사회집단 간의 협력을 강조한다. 그 결과 연계된 모형 하에서 행정과 경제의 관계는 상호 의존적 관계로 나타난다.

이상으로 정부와 기업과의 관계를 통해 행정과 경제 간의 관계를 유추해 보았다. 행정과 경제와의 관계는 살펴본 대로 시장실패에 따른 경제의 행정의존형, 정부실패에 따른 경제와 행정의 분리형, 그리고 상호협조형으로 나눠 볼 수 있다. 그러나 경제와 행정 간의 관계 유형이 개념적으로는 나뉜다고 해도, 실제로 한국 행정을 포함해서 어느 국가든 이러한 유형에 완전하게 부합하지는 않는다. 오히려 경제와 행정과의 역할 관계는 상호 수렴하는 데 그 속성이 있다.

2 한국 행정과 경제

정부와 기업과의 관계를 통해 간접적이기는 하지만 행정과 경제와의 관계 유형을 살펴보았는데, 한국의 상황과 이들 유형과의 정합성을 찾기는 쉽지 않다. 예컨대, 건국 초기의 원조경제 체제에서 한강의 기적이라 일컬을 정도로 눈부신 성장을 거듭해 오는 동안, 한국 경제가 보인 행정에 대한 과도한 의존이라는 특수성이 그것이다.

이에 더해 한국 경제가 한편으로는 국제 기준에 적합한 경영전략을 추구하면서, 또 다른 이면에서는 행정에 대한 과도한 의존에 따른 정책실패로 심각한 사회균열이 초래될 정도로 불안정한 상태를 유지하고 있는 것도 한국의 경제와 행정 간에 나타나는 특성이다.

1) 민주화 이전 시기의 관계

건국 이후부터 1980년대 후반의 민주화 이전 시기까지 한국 행정과 경제와의 관계는 시장실패 모형에서와 같이, 행정에 대한 경제의 의존은 거의 절대적이었다. 이승만 정부 시기에 이른바 원조경제를 관리하는 차원에서 그리고 제3공화국 초기 박정희 정부가 주력했던 일종의 차관경제를 관리하는 차원에서 보듯이, 행정에 대한 경제의 절대적 의존 관계는 이 시기의 두드러진 특성이었다. 이후 이어진 경제개발 5개년계획을 통해 이 같은 의존성은 더욱 심화되어 갔다.

그 결과 우리의 경제는 비약적 성장을 거듭해 왔다. 이러한 성과의 근본적인 원동력은 우리 국민의 남다른 강인한 의지와 함께, 그 의지를 한데 묶어 성장으로 연결시킨 정치적 지도력과 강력한 행정력이 있었기에 가능했다. 에반스가 지적하는 것처럼 일정 부분 자율성을 확보한 관료집단의 연계 능력이 중요한 기여를 했다는 측면에서 의미가 있다(Evans, 1995: 10-16).

그러나 구조주의자들이 간과한 것처럼 경제에 대한 행정의 지나친 영향력은 값비싼 대가를 치를 수밖에 없었다. 무엇보다도 그러한 성장은 국민의 자유와 기본적 권리의 제한이라는 값비싼 대가를 요구했고, 또한 도덕적 기반의 파괴와 소외계층의 창출을 통한 불평등의 심화라는 대가를 감내해야 했다. 이와 함께 재벌 주도의 성장정책으로 인한 경쟁력이 소수에 집중됨에 따라 정경유착은 심해갔고, 산업구조의 파행성은 더욱 높아갔다. 그럼에도 권위주의 정권 하에서 행정에 대한 경제의 의존도는 거의 완화되지 않은 채 지속되었다.

그런데 이 시기에 채택한 고도성장정책이 정의의 기반을 침식하는 결과를 초래하게 된 이유는, 그 정책이 의미하는 바가 산업화와 수출 촉진이라는 지상 과제를 달성하기 위한 집중적 지원이라는 사실과 밀접한 관련이 있었다. 이에 따라 국민경제의 내부에는 자연발생적으로 특혜의 대상이 되는 계층의 출현과 동시에, 혜택에서 소외될 뿐만 아니라 그러한 특혜를 가능하게 하는 경제적 부담을 져야만 하는 계층이 창출되는 결과가 초래되었다.

중소기업에 비해 대기업을, 내수산업에 비해 수출산업을, 농업에 비해 공업을, 그리고 노동자에 비해 기업주를 체계적으로 우대하는 현상이 바로 이런 정책의 소산으로 자리잡게 되었다. 그 결과 우리 사회의 경제 질서에서 체계적인 차별 대우로 인해 공평성이 무너지는 결과를 초래하게 되었다. 그럼에도 이를 해결할 수 있는 평등화를 위한 조직적인 정책 기조는 거의 전무했다(유종구, 1987: 167-183). 결국 이 시기의 특징은 경제의 심각한 행정의존도가 고도 성장이라는 과실을 안겨준 대신, 심각한 경제사회적 불평등과 그에 따른 사회 균열이라는 심각한 문제를 한국 행정에 남겨 주었다.

2) 민주화 이후 시기의 관계

민주화가 진행되는 과정에서도 행정에 대한 경제의 의존도는 질적으로 크게 변모된 것이 없었다. 노태우 정부에 이어 김영삼 정부도 여전히 행정 의존적인 수출 주도형의 고도 성장전략을 추구했다. 한국 경제가 수출 주도형의 고도 성장전략을 추진할 수밖에 없었던 데는 환경 탓도 기인했다. 부존자원이 없는 상황에서 수출밖에는 달리 도리가 없는 것도 이유였고, 수출 지향적인 전략을 수정했을 때 마땅한 대응 수단이 없었다는 점도 크게 작용했다.

그러나 문제는 수출 주도형 전략 자체가 공정성을 저해하는 요인을 안고 있었을 뿐만이 아니라, 정경유착이나 권력형 부패의 가세로 사회적 정의의 기반을 여지없이 무너뜨렸다는 데 있다. 예컨대 정경유착으로 인한 시장제도의 왜곡으로 기업이 사회적 가치의 효율적 배분에 실패하면서, 급기야는 기업집단이 붕괴하는 극단적인 상황을 맞게 되었는데 1997년의 외환위기가 그것이다. 이러한 상황에서 집권한 김대중 정부 또한 시장 메커니즘이 작동할 수 있도록 하기 위해, 정부의 부분적이거나 일시적인 시장 개입의 필요성으로 행정에 대한 경제의존도를 크게 완화시키지는 못했다.

그럼에도 김대중 정부가 집권하면서 고도 성장의 부작용이나 문제점이었던 분배의 왜곡 현상을 시정하기 위한 노력이 일기 시작한 것은 의미가 있었다. 외환위기에 따른 국민들의 최저한의 삶의 질을 보장하기 위한 복지 차원에서 사회적 네트워크를 구축하기 시작한 것은 한국 사회에서 공정성을 회복하기 위한 디딤돌이었다.

다만 고용구조의 유연성을 통해 기업의 운영 탄력성을 부여한 결과로서, 노동계층을 정규직과 비정규직화한 정책은 취지에도 불구하고 이후 한국 사회에 또 다른 심각한 균열을 가져오게 한 원인이 되었다. 노무현 정부에서도 공정성 회복을 위한 노력은 강화되었다. 종합부동산세를 포함한 강력한 세제개혁을 통해 분배의 형평성을 추구하고자 했던 것 등은 같은 맥락에서 이해할 수 있다.

그렇지만 김대중 정부나 노무현 정부의 경우도 경제 스스로가 분배의 형평성에 기여했다고 보기는 어렵다. 그저 강력한 행정력을 통한 규제 중심의 정책을 실시한 결과일 뿐, 그에 따른 효과성은 미미했다. 특히 노무현 정부의 경우는 종합부동산세가 분배의 형평성에는 별 효과를 가져오지도 못한 채, 부동산 가격을 폭등시키는 결과를 초래함으로써 부(富)의 왜곡 현상을 가속화시켰다. 따라서 경제에 대한 행정의 강력한 규제나 영향력은 부작용만을 증폭시키는 결과를 초래했다(Schultze,

1977: 3–5).[5)]

이후 집권한 이명박 정부의 경우 초기에는 경제에 대한 행정의 관여나 영향력을 줄이기 위한 노력을 기울였으나, 집권 후반기에는 지난 정부들과 별 차이 없이 경제에 대한 행정의 영향력을 강화시켜 나갔다. 특히 이명박 정부에 이르러서는 역대 정부에 의해 지속적으로 추구해 온 성장 위주 경제정책의 부작용이 한꺼번에 폭발하는 양상마저 표출되기 시작했다.

이명박 정부에 이어 등장한 박근혜 정부 역시 집권 초기에는 경제에 대한 행정의 관여를 줄이기 위한 노력의 일환으로 각종 규제를 철폐하고자 노력을 기울이기는 했으나 효과는 미미했다. 이와 함께 경제의 체질 개선을 위한 노동개혁을 시도했으나 이 또한 거의 실패로 귀착했다. 게다가 수출 주도의 경제개발모형이 한계에 봉착한 데다가, 국제 경제마저 침체기에 접어듦에 따라 경제성장률은 역대 정부에서 최악인 상태로 2%대를 유지하기도 힘든 상황에 처했다.

특히 김대중 정부 시기에 만들어진 비정규직이 이제는 수적으로 정규직과 거의 비슷할 정도로 팽창함에 따라, 고용 불안정과 그에 따른 사회 불안은 한층 높아져 갔다. 설상가상으로 역대 정권마다 있어 왔던 부패형의 정경유착이 재현됨으로써 행정에 대한 한국 경제의 자율성은 아직도 요원하다는 사실이 소위 최순실 게이트를 통해 밝혀지게 되었다.

우리 경제는 이처럼 지난 50여 년간 도덕성의 상실과 분배 상태의 악화라는 값비싼 대가를 치르고 성장이란 과실을 얻었다. 성장을 통해 국민의 생활 수준을 현저히 향상시킨 점은 당연히 인정해야 하지만, 반면에 사회적 갈등을 악화시킴으로써 그 향상의 큰 부분을 상쇄하고 말았다(이준구, 1989: 307–360). 이에 따라 분배구조의 왜곡에 따른 사회의 불평등 심화는 그 어느 때보다 심각한 수준에 이르렀다.

다만 행정과 경제와의 관계라는 측면에서 볼 때 민주화 이전 시기와의 차이라면, 시장을 움직이는 기업집단의 독자적 행동이나 정부에 대한 압력이 서서히 증대하기 시작했다는 점이다. 산업과 기업을 대표하는 각종 단체가 이제는 정경유착에

5) 슐츠(Charles L. Schultze)는 정부가 국가적 목적을 달성하기 위해 소비자나 기업가들의 행동이나 결정에 개입하지 않을 수 없게 되어 왔는데, 그에 따라 지나친 규제와 통제를 거의 독점적으로 행사한 결과 득보다 해가 더 많았다고 지적했다. 이런 점에서 향후 우리의 행정과 경제의 관계는 시장유인책을 사용함으로써 공공 목표를 사익과 연계시키는 노력을 할 필요가 있다고 주장했는데, 이는 우리의 향후 양자 관계에 시사하는 바가 크다(Schultze, 1977, 정용덕 옮김, 1986).

토론 이슈 "저성장 · 양극화 빠진 한국 '低부담 · 中복지' 스위스 모델로 가야"

성장 없는 양극화로 가라앉고 있는 대한민국을 스위스 모델로 바꿔야 한다는 주장이 나왔다. 스위스는 국민의 조세부담률이 우리나라와 비슷하지만 그에 비해 복지 규모는 상대적으로 큰 '저부담 · 중복지' 모델이다. 성장이냐 분배냐를 놓고 다투는 양비론적 논의에서 벗어나 기업의 혁신을 통해 1차 분배가 이뤄지고 여기서도 성장의 열매를 받지 못하는 계층을 위해서는 사회안전망을 구축해야 한다는 지적이다.

20일 서울 세종로 KT광화문빌딩에서 열린 국가구조개혁포럼에서 이민화 창조경제연구회 이사장은 "국민 조세부담률을 1%만 높이는 것도 쉽지 않은데 저부담 · 저복지 모델인 우리나라가 고부담 · 고복지인 스웨덴이나 중부담 · 중복지 독일처럼 되는 것은 불가능에 가깝다. 국가 모델로서 스위스형을 벤치마킹해야 한다"고 말했다.

이 이사장은 우리나라가 당면한 위기의 원인을 네 가지로 꼽았다. 우선 혁신 역량 하락으로 한강의 기적을 이끌었던 제조업이 성장 동력을 상실했다. 문제는 이 같은 저성장에도 양극화로 인한 부의 집중이 심화하고 있다는 것. 실제로 국회예산정책처에 따르면 기업 소득이 6.9% 증가할 때 가계 소득은 8.6% 되레 감소했다. 또 지난 1995년 가계 전체의 29%였던 소득 상위 10% 가계의 소득 비중은 2010년 기준 48%까지 늘었다. 쉽게 말해 1995년 상위 10% 가계에 돌아간 소득이 전체 100만 원 중 29만 원이었다면 2010년에는 48만 원으로 늘어난 것이다.

이렇다 보니 사회 활력도 저하됐다. 이 이사장은 "한국 경제는 세습경제다. 1조 원 이상의 부자 84%가 상속형인데 미국은 33%, 일본은 12%에 불과하다"며 "기업의 혁신이 사라지면서 최근 '금수저, 흙수저' 논란도 시작됐다"고 말했다.

양극화로 불거진 불신으로 정치가 표류하고 있지만 과거 개혁에 관한 논의는 성장이 우선이냐, 분배가 우선이냐를 놓고 다투면서 해법 도출에 실패했다는 게 이 이사장의 분석이다. 그는 무엇보다 과거의 '추격형' 전략을 탈피해야 한다고 강조했다. 또 노동시장 유연화와 더불어 생산성 비례임금 원칙을 세워야 청년실업 문제도 해결할 수 있다고 지적했다. 청년이 취직하는 것보다 창업하는 게 유리하도록 유인 동기 체계를 바꿔야 한다는 점도 강조했다. 이렇게 되면 과거 제조업에서 있었던 '낙수 효과(trickle down)'가 신산업에서 나타날 수 있다는 것. 여기에 사회안전망까지 구축하게 되면 성장과 분배가 선순환되는 경제구조를 짤 수 있다는 게 이 이사장의 설명이다.

[자료: 서울경제, 2016년 12월 20일자에서 발췌]

이슈 제기

1. 한국 사회가 맞고 있는 소득불균형의 실태에 대해 조사해 보시오.
2. 한국 사회가 맞고 있는 양극화의 원인에 대해 조사해 보시오.
3. 한국 사회가 맞고 있는 양극화에 미친 환경에 대해 조사해 보고, 각 환경의 영향력을 토론해 보시오.
4. 한국 사회가 맞고 있는 양극화 현상이 한국 행정에 미칠 영향과 그로 인한 파급 효과에 대해 토론해 보고, 이를 해결할 수 있는 대안에 대해 생각해 보시오.
5. 세계 각국이 추구하는 소득불균형을 해소하려는 노력을 조사해 보시오.

의한 방식으로는 기업을 발전시킬 수 없다는 교훈을 깨닫게 되면서, 비판의 목소리가 커지기 시작한 측면이 없지 않다. 예컨대 기업집단이 정부가 임기 말에 이르게 되면 통상 대통령의 탈당과 관련한 정치권의 소모적 경쟁에서 벗어나, 선거의 중립적 관리나 경제와 민생살리기 등에 매진해 줄 것을 요청하는 성명을 발표하는 것들이 그것이라 할 수 있다. 경제단체의 이런 행위는 정부의 행동에 억지력을 행사하는 것은 물론, 정부로서도 이에 반응하지 않을 수 없게 한다(박우순, 2002: 69－72).

하지만 민주화 이후 다소 증대하는 모습을 보이던 기업의 자율성이 박근혜 정부에 이르러서 정부의 압력에 무력한 것으로 밝혀짐에 따라, 아직도 한국 경제의 자율성을 논하기에는 시기상조인 것으로 보인다. 따라서 행정과 경제와의 상호협조모형은 고사하고, 오히려 양자의 관계는 과거로 퇴보하는 양상이다.

결론적으로 민주화가 진행된 이후 한국의 경제는 성장이라는 어쩔 수 없는 선택과 분배라고 하는 양날의 칼을 함께 고민하지 않으면 안 되는 시점에 이르렀다. 국제적 환경을 고려할 때 성장도 쉬운 일이 아니고, 분배 또한 자원을 수반하는 행위이기에 모두를 만족시키기란 쉽지 않은 일이다. 모든 것이 행정에 대한 의존성에서 비롯되었다고 할 수는 없지만, 상당 부분이 이 같은 결과의 산물이라는 점을 부인할 수는 없다. 한국의 행정과 경제는 한국 사회가 안고 있는 야누스적인 문제를 풀기 위해 새로운 관계를 모색해야만 하는 절박한 시점에 이르렀다.

제 3 절 한국 행정과 사회환경

1 행정과 사회: 관계를 보는 틀

행정과 사회와의 관계를 보는 틀도 다른 환경인 정치나 경제와 같이 다양한 시각 속에서 논의되어 왔다. 다만 행정과 사회 간의 관계에 대한 논의는 좀 더 거시적인 차원에서, 국가와 사회 또는 정부와 사회와의 관계 속에서 운위되어 왔다. 따라서 여기서는 이러한 관계를 통해 행정과 사회와의 관계를 유추하는 방식으로 살펴보고자 한다. 행정과 사회와의 관계를 보는 틀은 크게 사회 중심적인 다원주의적 관점과 국가 중심적인 베버리언(Weberian)적 관점에 따라 입장의 차이가 존재한다.

첫째, 다원주의적 관점(pluralistic perspective)에서 보는 국가와 사회 또는 정부와 사회와의 관계다. 개방적이며 유동적인 세계관을 지닌 다원주의적 관점은 무엇보다도 사회의 균형 상태를 지향하는 데 초점을 둔다. 다원주의는 집단 간의 자유로운 경쟁을 통해 이들의 사적 이익을 약화시키고, 안정적인 균형 상태를 만들고자 하는 사회모형이다. 그래서 다원주의는 외적 개입이 없는 자유로운 경쟁 원칙 속에서, 사회 내의 잠재적 이익이 현재화되고 조직화된 이익집단들의 경쟁을 기반으로 한 체제로 정의할 수 있다.

다원주의적 시각의 선구자라 할 수 있는 달(Robert A. Dahl)에 따르면, 다원주의(pluralism)란 다양한 이익집단이 정부정책에 자신들의 이익을 반영하기 위해 경쟁적으로 영향을 행사하는 정치 형태로 규정했다(Dahl, 1961: 91-93). 따라서 다원주의적 관점에서 볼 때, 정부는 이익집단 간의 이익을 조정하는 역할을 주요 기능으로 간주한다. 그렇지만 다양한 집단 간의 상호작용은 필연적으로 갈등을 수반할 수밖에 없으므로, 정부와 정치는 갈등을 조정하는 데 그 이익이 있다고 보는 입장이다(최장집, 1989: 129-130).

다른 맥락에서 볼 때 다원주의자들에게 국가나 정부는 단지 집단의 총합에 불과할 뿐인데, 그것은 국가도 여타 이익집단과 마찬가지로 사회집단으로서 위상과 자율성을 향유하는 데 그치기 때문이다. 그래서 다원주의자들은 국가 의지를 집단 의지의 파생물로 간주하며, 국가 상부구조의 우위성과 중심성을 인정하지 않는다. 다시 말해, 다원주의자들은 사회구성체를 상부구조와 하부구조로 구별짓는 이분법적 접근을 배제하고, 국가나 경제의 우선순위도 인정하지 않는 입장을 취하고 있다. 다원주의자들에게 국가는 단지 집단 간의 이해를 조정하는 조정기관으로서, 국가 자율성 개념 역시 상대적이거나 절대적이 아닌 사회적인 것으로 인식될 뿐이다(김호진, 2003: 214; 김태룡 외, 2010: 28-33).

결론적으로 다원주의적 관점에서는 사회가 국가를 압도하는 것으로, 그리고 정부와 이익집단 간의 영향력의 흐름은 사회로부터 정부에게 가는 것으로 본다는 데 특징이 있다.

둘째, 베버리언적 관점에서 보는 국가와 사회 또는 정부와 사회와의 관계다. 국가 중심적 접근 방법은 기본적으로 베버리언의 국가 개념을 추종한다. 이 관점에서는 국가의 공공정책을 사회적 요구에 대한 단순한 표현이나, 혹은 국제 정치나 경제적 상황에 대한 국가의 직접적인 대응의 결과라고 보지 않는다. 또한 이 입장은 국가구조의 역동성과 조직구조가 정책 결과에 미치는 영향에 관심을 갖는데, 그것은 국가의 조직구조가 사회집단과 계급들의 이해와 능력을 결정한다고 보기 때문이다.

이런 측면에서 스카치폴(Theda Skocpol)은 국가 권력의 기본적 토대인 관료제를, 국가의 고유한 논리와 이익을 가지고 집단적 행위자로 활동하는 실체로 간주했다. 따라서 관료조직은 국가 권력을 특징짓는 요소인 동시에, 관료조직의 발달은 국가를 여타 세력의 지배에서 벗어나게 하는 주된 원동력이 될 수 있었다. 그 결과 사회 세력으로부터 벗어난 국가는 고유한 이익을 가진 조직으로서, 독립된 집단적 행위자(corporate actor)로서 활동하게 되었다는 것이다(Skocpol, 1979).

유사한 맥락에서 크래스너(Stephen D. Krasner)도 압력집단들이 적극적으로 표출하지 않은 목표를 추구하는 정책결정자들에 대한 상황을 설명하기에 다원주의론은 한계가 있다는 전제 하에 국가 목표의 자율성 개념을 강조했다(Krasner, 1978: 22－31). 즉, 국가정책의 자율성을 촉발하는 국가 이익의 원천으로, 관료조직의 이해가 가지는 중요성과 행정부 관리들에 부여된 독자적인 권한을 들었다.

요약컨대, 베버리언들은 국가의 자율성과 관료조직의 집단적 행위자로서 역할을 인정함은 물론, 사회의 지배 세력으로부터 벗어나 독자적인 정책 능력을 실행할 수 있는 실체로 국가를 상정했다. 이 같은 시각이 반드시 사회에 대한 국가의 우위를 설정한다고 보기에는 다소 문제가 있기는 하지만, 어쨌든 사회에 대한 국가의 독자적인 고유성과 자율성을 인정했다는 측면에서 행정과 사회와의 관계를 엿볼 수 있다.

2 한국 행정과 사회

국가와 사회와의 관계를 통해 행정과 사회와의 관계 유형을 두 개의 관점에서 살펴보았다. 그러나 이들 유형과 한국의 상황과의 정합성이 일치하지는 않는다. 그것은 한국 행정과 사회와의 관계가 다른 국가들, 특히 영·미계나 유럽대륙 국가들과는 성장 과정이 다를 뿐만 아니라, 한국 사회가 안고 있는 내재적 특성이나 문화적 환경이 이들 국가와는 상이하기 때문이다.

한국 사회는 특히 권위주의적 정치 체제가 물러나고 민주화가 진행되면서 이질성과 다양성이 증대함에 따라 불확실성이 높은 상태로 전이하고 있다. 시민사회의 양적·질적 성장과 함께 참여의 폭발적 증가는 행정에 대한 압력을 증가시키고 있는 반면, 행정 체제는 폭발적이고 이질적인 요구에 대해 적절한 대응력을 갖추지 못하고 있는 실정이다. 그 결과 한국 사회의 균열과 갈등 상태는 심각한 수준에 이르고 있다.

1) 민주화 이전 시기의 관계

정부 수립 이후부터 1980년대 후반 민주화가 도래되기 이전까지, 한국 행정과 사회와의 관계는 베버리언들이 상정하는 것 이상으로 사회에 대해 행정이 우위에 있는 관계를 유지해 왔다. 당시 한국 사회는 단일민족으로의 공동체 의식이 강했기 때문에 행정환경으로서 사회환경이 그렇게 복잡하거나 불확실한 수준은 아니었다. 이와 함께 낮은 교육과 경제 수준 그리고 민주주의에 대한 제도화의 미흡 등으로 인해 사회제도나 집단들이 기능적으로 미분화되어 있었기에 더욱 그러했다. 게다가 정치적으로는 국가 권력에 의해 개인의 자유가 제약받던 권위주의 정부 하에 있었기에 사회에 대한 행정의 영향력은 클 수밖에 없었다.

그럼에도 불구하고 행정과 사회와의 관계가 행정의 일방적인 영향력 하에 있었던 것만은 아니다. 이승만 정부 때인 1960년의 4·19혁명에서 보듯이 사회적 응집력이 강화되었을 때, 폭발적인 힘의 융기로 행정 체제에 강력한 영향력을 행사했던 경험이 그것이다. 이런 동인(動因)을 통해 행정에 대한 사회의 영향력이 부분적이기는 하지만 표출되어 왔다. 또한 권위주의 정부 하에서도 축적된 시민의 저항 의식과 억눌린 사회 균열적 요소는 민주화 이후에 폭발적으로 분출하는 계기를 형성하게 되었다.

2) 민주화 이후 시기의 관계

1987년 6월 29일의 민주화운동은 한국 사회와 행정 간의 관계를 재설정하는 역사적 계기이자, 권위주의 정부 하에서 억눌렸던 시민들의 욕구 체계가 한꺼번에 폭발하는 기제로 작용했다. 그에 따라 행정 중심적인 관계모형에서 사회와의 타협이나 조정을 추구하는 역할 관계로 변모하게 되었다.

한국 사회에서 민주화운동이 분출되기 시작한 1980년대 후반은 여러 의미를 함축하고 있다. 그것은 권위주의 정부 하에서 압축 성장으로 대변되는 경제 체제를 강화해 온 결과, 일정 부분 중산층이 형성되기 시작했다. 그리고 국제화에 따른 시민 의식의 변모는 한국 사회를 지배해 왔던 문화적 지형을 바꾸는 데 기여했다. 이 같은 지형 변화의 정점에서 한국 사회는 민주화운동을 맞이하게 되었다.

민주화운동 이후 한국 사회가 맞이한 가장 큰 이슈는 부동산 폭등을 둘러싼 주택문제였다. 이즈음 한국 사회에서 최초로 등장한 시민단체인 경제정의실천시민연합(약칭 경실련)은 한국 사회가 안고 있는 가장 심각한 문제로, 소득 불균형과 사회 정의의 상실을 지적했다(김태룡・신률, 2002). 그럼에도 한국 사회는 끊임없이 주택문제와 함께 소득의 불평등문제에 시달렸으며, 이는 다시 계층 간의 이동성 폐쇄로 이어지면서 한국 사회를 균열시키는 최대 주범으로 자리 잡게 되었다.

한편 권위주의 정부에서 경제 성장의 부산물로 악화일로를 걷던 환경문제 또한 민주화가 진행되면서 사회적 문제로 전환되었다. 환경운동연합을 비롯한 환경 관련 시민단체들이 등장하기 시작한 것도 이 때문이다. 또한 권위주의 정부에서 경제 성장의 장애 요인으로 간주되어 강력하게 실시되었던 인구 억제정책은 이 시기에 오히려 경제 성장의 장애 요인으로 반전되는 현상이 초래되었다. 이로 인해 급격한 인구성장률의 감소와 노령화로 인한 성장잠재력의 감퇴는 우리 사회가 안고 있는 장애물이 되어가고 있다.

이후 김영삼 정부 말기인 1997년에 불어닥친 외환위기는 경제적인 측면에서만 영향을 미친 것이 아니라 한국 사회에도 지대한 영향을 미쳤다. 이를 해결하고자 김대중 정부에서 채택한 고용구조의 유연성을 확보하기 위해 도입된 비정규직 문제는 한국 사회에서 소득구조의 불평등과 함께 계층 간의 균열을 더욱 가속화시켰다. 이와 함께 지속적인 경제 성장을 도모하고자 저임금구조의 유지를 위해 유입된 외국인 노동자와, 인구 감소와 농촌을 중심으로 확산되기 시작한 외국인과의 결혼으로 한국 사회는 처음으로 다민족사회로 접어들게 되었다.

또 다른 측면에서 친정부적인 시민사회의 팽창과 함께 님비(NIMBY) 현상의 확산, 그리고 지역 불균형에 따른 지역 간·계층 간의 갈등은 노무현 정부가 들어서면서 폭발적으로 증폭되기 시작했다. 환경 관련 시민단체의 확산과 님비 현상과의 결합으로 증폭하기 시작한 사회적 갈등은 수도 이전과 보수와 혁신을 둘러싼 이념 논쟁 등으로 확산되면서, 정부 수립 이래 그 유례를 찾아보기 힘들 정도로 갈등의 분출 현상이 심화되었다.

이명박 정부에 들어서 강화되기 시작한 보수주의화로 사회의 갈등 양상은 더욱 복잡하게 전개되기 시작했다. 집권 초기에 맞이한 광우병 파동으로 인한 시민들의 촛불시위는 6·29 민주항쟁 이래로 새로운 시민사회의 운동 양식으로 자리매김을 하기에 이르렀다. 이 같은 양상은 이명박 정부에서 시도한 4대강 사업과 수도 이전에 대한 재논의 과정에서 보듯이 끊임없는 사회 갈등의 연속이었다. 대신에 이 시기에 정부 편향적인 관변단체들은 정부의 음성적인 지원으로 그 영향력이 확대된 반면, 확장일로에 있던 개혁 지향적인 시민단체들의 영향력은 감소되었다. 그 결과 사회적 갈등이 누적되면서, 한국 행정은 이전과는 다른 새로운 대응 양식을 강구해야 하는 상황에 직면하게 되었다.

이처럼 새로운 대응 양식을 요구받는 한국 행정이 별 다른 변화를 맞이할 준비가 되어 있지 않은 상태에서, 이명박 정부보다 더욱 보수적인 성격을 띤 박근혜 정부가 집권하면서 한국 사회의 갈등 양상은 더욱 심화되어 갔다. 국가 사이버안보기본법과 국정교과서 국정화문제 그리고 고고도 미사일 방어 체계(THAAD) 등을 둘러싼 보수와 진보 간의 갈등, 구조개혁의 일환으로 야기된 노사 갈등, 그리고 청년 실업과 비정규직의 폭발적 증가로 이어지는 사회의 해체 분위기 등으로 인해 그 어느 정부보다도 갈등의 폭과 유형은 깊고 다양해졌다. 이에 더해 갈등의 해결 주체로서 대통령의 소통 능력 부재는 갈등의 폭을 더욱 깊게 하는 요인이기도 했다.

박근혜 정부에서 잠복해 있던 이런 갈등들은 최순실 게이트를 맞이하면서, 대통령에 대한 탄핵을 둘러싸고 다시 점화된 촛불시위라는 시민사회의 거센 저항에 직면해 수면 위로 모두 드러나는 양상을 맞이한다. 이를 반영하듯 2015년에 발표된 경제개발협력기구(OECD) 국가별 사회갈등지수에서, 한국은 조사 대상국 34개국 가운데 멕시코와 터키에 이어 세 번째로 사회 갈등이 높은 국가로 나타났다. 그럼에도 한국 사회가 안고 있는 갈등과 이를 풀어나가야 할 한국 행정 간에 유기적 관계나 대응 능력은 임계치를 지나 거의 아노미적 상태에 처해 있다.

결국 민주화 이전 시기와는 달리 이후의 시기에서 한국 사회는 질적으로나 양적으로 비교가 되지 않을 정도로 급격한 변화에 직면해 있다. 따라서 한국 행정은 새로운 시민사회의 등장과 사회 변화 및 균열, 그리고 갈등 등의 확산에 효과적인 대응을 해야 하나 그에 대한 적합한 대응 모형이나 이상적 관계를 설정하고 있지는 못한 듯하다.

제 4 절 한국 행정과 시민환경

1 행정과 시민

행정을 둘러싼 환경으로서 시민환경을 따로 논의하는 이유는, 한국 사회에서 시민사회의 성장 과정이 민주화를 전후로 한 시기부터 다른 나라와는 다른 독특한 출범 동기와 함께 폭발적인 성장을 해 왔기 때문이다. 그래서 행정과의 관계에서 사회환경과는 달리 시민환경을 독립적으로 다룰 필요가 있다. 행정과 시민과의 관계는 개인으로서 시민과의 관계가 그것이고, 또 다른 것은 집단으로서 시민단체와의 관계로 나눠 볼 수 있다.

1) 행정과 시민

대의민주주의 하에서 정부는 시민의 대표로서 시민의 이익을 위해 성실하게 봉사해야 한다. 그러나 실제로 정부는 시민의 의사나 이익에 냉담하고 시민의 의사와는 괴리된 채, 스스로의 권력만을 유지하는 차원에서 운영되는 경향이 크다. 이에 더해 사회문제의 복잡성이 증대하면서 입법부의 정책결정권이 집행부에 이양되는 이른바 대의민주제의 위기 현상이 심화됨에 따라 정부가 시민의 이익에 충실하게 대응할 가능성은 더욱 낮아졌다. 이는 집행부를 구성하는 관료들의 지위가 시민의 지지 여부가 아니라 임명권자의 신임 여부에 따라 좌우되기 때문이다.

그렇지만 시민의 이익을 위해 시민의 요구나 선호에 충실히 대응하지 않는 정부는 존재의 정당성을 갖지 못한다. 그것은 정부가 시민사회나 시장의 요구에 대한 대응성이 낮을 경우, 정부의 효능성과 정통성에 심각한 문제가 야기되기 때문에 그러하다. 거버넌스적 측면에서 볼 때 정부는 시민의 이익에 봉사하는 역할을, 시민은 정부가 책임성과 효능성을 갖도록 지원하고 요구하며 통제해야 하는 관계라고 할 수 있다. 일반적으로 시민은 정부와의 이 같은 관계나 역할을 수행하기 위해 참여하는데, 참여는 일반 시민에 의한 공직자 선출 행위와 정책에 대한 영향력 행사로 이뤄진다(Verba, Nie, & Kim, 1972: 2; 김태룡 외, 2009: 255-259).

2) 행정과 시민단체

일찍이 토크빌(Alexis de Tocqueville)은 민주주의 발전의 요체는 자발적 결사체의 활동이 얼마나 활발한가에 달려 있다고 했다. 다시 말해, 국가 권력을 견제하고 외부의 간섭과 통제를 받지 않는 자율적 시민결사체(civil association)의 활성화가 민주주의의 발전을 도모하는 데 필수적임을 미국의 시민사회에서 발견했던 것이다(Tocqueville, 1984).[6]

이에 더해 오늘날 국가-기업-시민사회의 권력 구도 속에서, 공공문제를 해결하는 데 정부 부문의 우위가 사라지고 시민사회가 그 역할을 대신하는 경향이 증가하고 있다. 이 같은 변화는 세계화와 분권화, 그리고 정부의 신뢰와 권위의 하락 등에 의해 촉진되고 있다. 이제 국가는 큰 문제를 다루기에는 너무 작고, 작은 문제를 다루기에는 너무 비대하다는 점에서, 시민단체의 정책 관여의 범위는 확장되어 가고 있다(Kettl, 2000).

이에 따라 시민단체는 이슈 생산자로서 역할과 함께 대안 제시자로서 기능이라 할 수 있는 정보 제공자로서 역할, 정책과 풀뿌리 민주주의의 강화라는 측면에서 감시자로서 역할, 그리고 사회의 각종 갈등의 조정자로서 역할에 이르기까지 그 범위는 무한대로 확장되고 있는 추세다.

6) 시민단체는 이 밖에 비영리단체(non-profit organization: NPO), 비정부기구(non-government organization: NGO) 등 다양한 이름으로 불리고 있다. 또한 내용면에서도 약간씩의 차이를 보이고 있지만, 여기서는 이런 구분에 따른 실익이 크지 않다는 관점에서 편의상 비정부기구(NGO)의 의미를 시민단체로 통일해서 표기하고자 한다. 따라서 여기에서 의미하는 시민단체는 편의상 비정부기구와 동일한 개념으로 사용하고자 한다. 이에 대한 좀 더 구체적인 논의는 김태룡(2002) 참조.

시민단체의 역할과 범위가 이처럼 확대일로에 있기 때문에, 정부와의 관계 모형도 기준을 어떻게 설정하느냐에 따라 다양하게 논의되고 있다. 그럼에도 양자의 관계는 대체로 협력형이나 상호의존형, 정부우위형, 시민단체우위형, 상호독립형 등으로 나뉜다.[7] 이 가운데 협력형이나 상호의존형은 정부의 복지전달 서비스 체제에서 보듯이, 정부와 시민단체 간에 협력이나 상호 의존을 통해 정책집행의 효율성을 추구하는 데서 나타나는 관계라고 할 수 있다.

2 한국 행정과 시민

1) 한국 행정과 시민

한국 행정에서 민주화가 진행되기 이전까지는 시민들의 행정 참여가 극히 제한적이었다. 그것은 이승만 정부의 경우 행정민주화에 대한 인식 자체가 거의 없었던 데서도 그러하거니와, 특히 군사정권이 등장하고부터는 행정 참여의 통로가 거의 봉쇄되어 있었기 때문이다. 다만 정치 참여의 경우는 제1공화국에서 제3공화국 초기까지는 그나마 직접 참여가 허용되었으나, 이마저도 그 이후에는 제한된 참여라는 점을 고려할 때 행정에 대한 시민 참여는 거의 전무했다.

그러나 민주화가 진행되면서 행정에 대한 시민 참여는 이전에 비해 활성화되기 시작했다. 예컨대 2004년에 주민투표제, 2005년에 조례제정청구제, 그리고 2007년에 주민소환제가 법제화됨으로써 직접 참여의 통로가 제도적으로 마련되었다. 특히 2005년에 주민이 공적 문제에 소송 주체가 될 수 있는 주민소송제가 채택됨으로써 직접민주제도가 상당 부분 보완되는 효과를 가져올 수 있었다.

이와 함께 정보화에 따라 정보매체를 통한 직접 참여의 외연이 확장되었는데, 이는 행정 참여의 양적 성장을 가져오게 하는 데 많은 기여를 하고 있다. 특히 '정부3.0' 정책에서 보듯이 정부와 시민 간의 쌍방향적 소통 중심에서, 이제는 개개의 시민에게 초점을 맞춘 정보 제공 기능을 강화함으로써 정부 운영의 패러다임이 전

7) 예컨대 코스턴(Coston, 1998)은 여덟 가지로, 아이스먼과 업호프(Eisman & Uphoff, 1984)는 다섯 가지 차원으로, 영(Young, 2006)은 세 가지 차원으로, 박상필(1999)과 권해수(1999), 그리고 김준기(2000)는 네 가지 유형으로 나눴다.

환하고 있음을 보여 주고 있다. 따라서 새로운 패러다임이 강화된다면 시민들의 행정 참여에 대한 질적 성장에 유의미한 효과가 있을 것이다.

2) 한국 행정과 시민단체

민주화가 진행되기 이전까지 한국의 시민단체의 역할이나 기능은 거의 관변단체적 성격이거나 봉사적 기능을 수행하는 데 한정되어 있었다. 따라서 이 시기에는 행정과 시민단체와의 관계를 논의한다는 것이 큰 의미가 없었다. 하여 한국에서 행정과 시민단체의 관계에 대한 논의는 민주화가 진행되기 시작한 이후부터 그 의미를 찾을 수 있다.

한국에서 시민단체의 등장은 1987년의 민주화운동이 커다란 분기점이 되었다. 이때부터 이른바 비제도권에서 활동하던 운동가들과 정치·행정 체제에 대해 심각한 문제 의식을 지닌 지식인들을 중심으로 1989년에 경제정의실천시민연합(경실련)이 출범하면서, 행정과 시민단체와의 관계모형이 출현하게 되었다.

경실련의 출범은 세계적으로도 유례를 찾아볼 수 없는 독특한 구조와 사업 방식으로 행정과 시민단체와의 관계를 설정했다. 경실련의 활동은 이후 한국 사회에서 다양한 시민단체가 출범하게 하는 데 결정적 기여를 했다. 경실련의 성공적인 출범은 이후 1990년대 들어 환경운동연합과 참여연대의 등장을 가져오게 했으며, 한국 사회에서 시민단체가 폭발적으로 증가하는 데 기폭제가 되었다.

2016년 현재 행정자치부에 등록된 비영리민간단체 수는 13,317개에 달하고 있으며,[8] 비등록단체까지를 포함한다면 그 수는 헤아릴 수조차 없을 정도로 시민단체의 전성시대가 도래했다. 이와 함께 정부에서도 건전한 시민단체의 육성이라는 측면과 함께 시민단체와의 바람직한 거버넌스를 구축하기 위해 2000년도부터 '시민단체지원법'을 제정해 육성하는 등 정부와 시민단체는 다양한 관계를 모색해 나가고 있는 중이다.

한국 정부와 시민단체 간의 관계 유형을 시기별로 살펴보면, 특징적인 면으로

---

8) 행정자치부에 등록된 비영리민간단체들을 여기에서 의미하는 시민단체로 보기에는 다소 문제가 있다. 그것은 '비영리민간단체지원법' 제2조에서 규정하고 있는 요건 가운데 특히 3항에서 상시 구성원 수가 100인 이상일 것으로 규정하고 있기 때문이다. 따라서 이 조건을 구비하지 못하는 경우 등록에서 제외된다는 점에서 행정자치부의 통계를 원용하는 데 한계가 있다.

민주화가 진행되기 이전 시기에는 주로 양자의 관계가 억압 관계이거나 갈등 관계를 유지했다. 반면에 민주화가 진행된 이후부터는 관용과 자율 관계를 유지하는 특성을 보여 주고 있다.

첫째, 억압 관계가 유지되던 시기다. 박정희 정부 하에서 주로 볼 수 있는 형태다. 이 시기에 한국의 시민운동은 정부로부터 아무런 관심의 대상이 되지 못했을 뿐만 아니라, 부분적으로 나타나는 집단행동에 대해서도 상당한 억압정책이 실시되었다. 정부의 공적 통로는 대부분 작동되지 않았기 때문에, 응집력이 높고 동질적인 소규모 집단이 급진적이고 파괴적인 전략을 통해 운동 목표를 대외적으로 알리는 등의 방식이 주를 이뤘다. 이러한 억압 관계에서 정부에 대한 시민단체의 영향력은 거의 없었다.

둘째, 갈등 관계가 유지되던 시기다. 전두환 정부 하에서 주로 볼 수 있는 형태로서, 한국의 시민운동에서 전략을 가진 전문 시민운동조직이 등장하기 시작했다. 그러나 시민운동조직은 초기적인 형태였기에 조직의 규모와 응집력, 재정 동원력, 운동 강도 등은 낮았다. 다만, 정부정책에 대해 전문화된 대응 양태를 보이기 시작했던 시기다. 또한 정부정책에 우호적인 관변단체가 본격적으로 활동하기 시작했는데, 이는 정부가 시민단체와의 관계를 주도적으로 조작하기 시작했다는 것을 의미한다.

이에 따라 정부는 시민운동단체의 성향에 따라 이중적인 태도를 취했다. 특히 노동운동, 학생운동, 환경운동 등에 대해서는 억제와 통제 일변도의 태도를 취했다. 그것은 이런 운동이 체제에 대한 도전으로 받아들여졌고, 반체제 세력으로 규정하는 입장을 취했다. 억압 관계를 유지하던 박정희 정부보다는 다소 정부와 시민단체 간의 관계가 진일보했지만, 정부의 시민단체에 대한 권위주의적 태도가 크게 바뀌지는 않았다.

셋째, 관용 관계로 전환하는 시기다. 1987년의 민주화운동 이후 급변한 정치적 환경 속에서 시민단체는 다양한 이데올로기를 가진 운동조직으로 활성화되기 시작했다. 노태우 정부는 시민사회단체의 정당성을 다소나마 인정하기 시작했으나, 시민단체의 요구에 대해서는 선택적인 반응을 했다. 시민단체의 수는 폭발적으로 증가하기 시작했으며, 국민들에게도 시민단체의 활동이 알려지기 시작했다.

이 시기의 주요한 흐름 가운데 하나는 급진적 사회운동과 민중운동을 대체할 수 있는 중산층의 개혁적 요구를 수용할 수 있는 새로운 시민운동의 필요성이 증대했다는 데 있다. 이에 따라 1989년 7월에 경제정의실천시민연합(경실련)이 등장했다. 경실련은 평화적 시민운동을 통한 경제 정의의 실현을 이념으로 각계 전문가를 중심으로 탄생되었다. 경실련은 대안 있는 시민운동이라는 기치를 내세우며, 체제에 대해 비교적 비판적 투쟁이라는 입장을 취하면서 정책대안의 개발에 치중했다. 이후 경실련은 시민단체의 대표 주자 역할을 담당하게 되었다.

넷째, 자율 관계로 전환하는 시기다. 김영삼 정부가 출범하면서 현재에 이르기까지의 시기로, 한국의 시민단체는 현실주의적 전략에 기반한 적극적인 시민운동이 전개되고 있는 시기라고 할 수 있다. 그러나 이 시기부터 김대중 정부와 노무현 정부로 이어지는 매 정권마다, 시민단체 핵심 지도층의 정부 요직 진출은 정부와 시민단체 간의 새로운 밀월 관계를 형성하는 데 도움이 되기도 했으나 그로 인한 부작용도 만만치 않았다(권태환 · 이재열, 1998: 10; 김태룡 외, 2010: 136－143).

이에 더해 보수주의적 정부라 할 수 있는 이명박 정부와 박근혜 정부에서는 보수화를 기치로 한 관제적 성격의 시민단체가 우후죽순처럼 증가함에 따라, 시민사회단체의 지형에도 한국 사회가 안고 있는 균열적 성향이 강화되고 있다. 이로 인해 시민단체의 정치화에 대한 비판이 야기되기 시작했으며, 시민단체의 위상은 물론 정부와 시민단체의 새로운 관계모형이 요구되고 있다.

이상에서 보듯이 한국의 행정과 시민단체와의 관계는 초기의 억압 관계에서 현재의 자율 관계로 변화해 왔다. 이 과정에서 한국의 시민단체는 다른 나라에서 찾아볼 수 없을 정도로 관료적 권위주의 체제를 민주적 정부 체제로 전환하게 하는 데 주창적(advocacy) 기능을 수행해 왔다. 이후에는 시민단체의 주요 인사들이 정부 요직에 진출하면서 정치적 위상과 국민적 인지도를 제고하는 동시에 정책 과정에 시민단체를 연계시키는 효과를 가져오기도 했다. 그 결과 양자의 관계는 자율 관계를 넘어서 긴밀한 관계를 유지하는 수준에 이르게 되었다.

그러나 시민단체의 지나친 정치화에 대한 비판의 대두와 함께 한국 시민단체의 취약성이 드러나면서, 이명박 정부와 박근혜 정부에서는 양자의 관계가 다소 소원한 상태로 변모했다. 대신 보수 지향적인 시민단체들이 등장함으로써 기존 시민단체들과의 갈등 양상이 표면화되고 있는 상태다. 결론적으로 한국의 민주화 과정에서 등장한 한국의 시민단체와 이에 대응해야 하는 행정 간의 바람직한 관계 설정은 좀 더 시간을 요하는 단계에 있다.

제5절 한국 행정과 법적 환경

1 행정과 법

민주주의 국가에서 행정작용은 '헌법'과 국민의 대표기관인 의회에서 제정한 법률에 따라 이뤄져야 한다. 만약 행정작용이 헌법이나 법률에 위반해 국민의 자유와 권리를 침해했을 때에는 권리구제를 위한 제도적 장치가 마련되어 있어야 한다. 이와 같이 행정과 법과의 관계를 연결시켜 주는 원리가 곧 법치행정의 원리로서 법률에 의한 행정, 행정의 법률 적합성 혹은 합법성이라 부르기도 한다.

입법작용이 일반적·추상적 성격을 갖는 법규범을 제정하는 작용이라 한다면, 행정은 개별적 사안에 대해 관련 법규범을 적용하는 법집행 작용으로 보는 것이 일반적이다(김항규, 2008: 36). 따라서 법은 행정작용의 정당성 근거가 되는 동시에 행정활동을 제한하는 한계 기준으로도 작용한다. 그것은 법치행정 원리의 핵심적 요소를 구성하는 법률 우위와 법률 유보의 원칙에 의해, 그리고 이를 뒷받침하는 사법심사제도를 통해 관철되기 때문이다. 이처럼 행정의 근거인 동시에 한계로 작용하는 법의 기능으로 인해 행정의 기초가 되는 법률 제정에 실패할 경우에는 정부정책이 표류해 집행되지 못하거나 적절하게 제어되지 못한 채 자의적인 행정이 이뤄지는 사례가 발생한다(이종수·윤영진 외, 2008).

일반적으로 규범적인 관점에서 볼 때, 행정과 법과의 관계는 행정에 대한 법률의 우위로 나타난다. 그렇지만 현실적인 관계에서는 반드시 그렇지만은 않다.

첫째, 규범적 관계에서 행정과 법의 관계다. 법치행정의 원리란 헌법상의 원칙인 법치주의의 행정법적 표현으로서, 행정이 헌법과 법률을 포함한 의미에서 법에 의해 이뤄져야 한다는 행정의 적법성 원칙을 의미한다. 따라서 법률에 의한 행정의 원리는 대체적으로 법률의 우위와 법률의 유보란 두 가지 요소에 의해 이뤄진다.

법률의 우위란 행정이 법률에 위반되는 행위를 해서는 안 된다는 것으로, 법률

우위의 원칙은 모든 행정 분야에 대해 무제한·무조건적인 효력을 갖는다. 그리고 법률의 유보란 행정이 법률에 의한 수권을 받은 때에만 행동할 수 있다는 원칙으로, 법률의 우위가 기존 법률에 대한 위반을 금하는데 비해 이는 행정활동에 대한 법률상의 근거를 요구한다. 따라서 행정과 법의 규범적 관점에서 양자의 관계는 명확하다.

둘째, 사실적 관점에서 행정과 법의 관계다. 규범적 관점에서 나타나는 행정에 대한 법률의 우위적 관계가 현실의 장에서도 늘상 그런 것은 아니다. 법치행정의 원리는 어디까지나 행정과 법의 관계에 대한 규범적 요구일 뿐이다. 그러한 요구가 현실적으로 어떻게 구현되고 실천되고 있는가는 별도의 사실적 차원의 문제다.

예컨대 법률의 유보, 즉 행정 제한적 기능은 종종 그에 상응하는 사회적 실천이 결여됨으로써, 비현실적인 허구로 전락하거나 부분적인 현실만을 표상하는 데 그치는 경우가 적지 않다. 수권법에 의해 히틀러의 전횡을 합법화했던 독일 국가사회주의 시대의 경험을 통해 볼 때, 취약한 정치적 정당성을 법이라는 수단에 의해 엄호하려는 경향은 법의 정당화 기능을 역설적으로 증명하고 있다.

특히 행정의 과도한 입법종속성이나 입법의 정부 주도 경향은 권력 분립에 입각한 법치주의와 민주주의를 형식화시키고, 국민의 기본권을 위험에 빠뜨릴 위험도 그만큼 커진다는 데 문제가 있다. 결국 사실적 관점에서 행정과 법의 관계는 법치행정의 원리와는 달리 작동할 수 있다(김항규, 2008: 76).

2 한국의 행정과 법

1) 민주화 이전 시기의 관계

민주화가 진행되기 이전까지 법치주의라는 범주에서 법과 행정과의 관계를 보자면, 제2공화국 때의 장면 정부만을 제외하고는 법치주의의 실패 내지는 훼손과 정지로 규정할 수 있다. 따라서 이 시기에 법은 형식화 내지 사문화(死文化)되었고 법에 대한 행정의 우위 현상이 사실적 관계로 나타났다.

법치주의의 시련이라고 볼 수 있는 이 시기에, 특히 제1공화국의 이승만 정부는 역사적 사명을 멀리한 채 법치주의의 실패를 초래했다. 그 결과 한국 정부에서 법치주의가 구현되기까지는 상당한 시간을 요하게 되었다. 다만 제2공화국의 장면 정부는 법치주의의 일시적 회복을 가져오는 듯했으나 군사정부에 의해 상실되고 말았다. 이후 법치주의는 30여 년간 지속된 군사정권을 거치면서 훼손되거나 정지되었다.

법치주의의 훼손으로 인한 행정과 법의 잘못된 관계는 한국 행정과 사회의 모든 부분에 악영향을 미쳤다. 행정이 법으로부터 일탈하거나 사실상 행정이 법에 대해 우월한 지위를 확보했다고 해서 행정효율성이 반드시 증대한 것은 아니었다. 그리고 일상화된 법의 도구화와 함께 처벌·통제 중심적인 법의 남용은 오히려 불신만을 확산시키거나 이를 고착화하는 부작용을 초래했다. 그에 따라 행정이 제대로 된 법적 수단을 사용하거나 적법한 범위 내에서 법적 조치를 취하는 경우에도 국민의 신뢰와 순응을 획득하지 못해 결국 행정과 법이 함께 실패하고마는 정당성의 위기가 초래되었다.

특히 행정과 법과의 관계에서 이 시기의 특징으로 지적할 수 있는 것은 법의 도구화 경향이었다. 법의 도구화는 그 선별적 사용과 맞물려 있다. 다시 말해, 법은 정치적 반대파를 억압하거나 노동 대중의 통제를 위해서는 그 억압과 이데올로기로서의 양면성에서 노골적인 폭력의 행사보다 훨씬 효과적인 수단이었다. 반면에 통치의 효율성이나 행정 목적의 달성을 위해서는 대단히 거추장스러운 제약이었다.

결국 이 시기에 법은 지배 권력의 전횡을 위한 정치적 도구로 사용될 수 있었던 반면, 법에 의한 권력 통제는 충분히 실현되지 못했고 또한 권력 남용의 무수한 사례들은 비공식화되고마는 경우가 빈번했다(홍준형, 1993: 22-23, 103-144).

2) 민주화 이후 시기의 관계

민주화가 진행되면서 법과 행정 간의 관계는 이전에 비해 많은 개선이 이뤄졌다. 그러나 아직도 많은 부분에서 시행착오를 겪고 있어 법치주의가 정착되었다거나 개화되었다고 보기에는 미흡한 실정이다. 민주화가 도래되어 민주적 정부들이 들어섰음에도 불구하고, 한국의 법치주의가 회복 단계에 있다고 진단하는 이유는 한국 행정에서 법적 환경이 지닌 이상과 현실의 괴리라는 문제점에서 비롯된다.

법이 국민생활에 필요한 최소한의 질서를 보장하기 위해 국민적 합의로 이뤄지는 경우 괴리의 문제는 심각하지 않다. 그런데 우리나라는 해방 후 서구의 근대화된 법제도를 도입하다 보니 현실이 따라가지 못하는 경우가 많았는데, 그러한 현상은 현재도 유사한 경향을 유지하고 있다. 법을 제정하는 단계에서부터 현실을 충분히 이해하고 관련 당사자의 의견을 수렴해 이뤄지기보다는, 외국의 관련 규정을 참고해 이상적인 가상세계를 법제화하는 경향을 버리지 못하기 때문이다. 법이 국회에서 충분히 공론화되고 국회 중심으로 입법이 이뤄지지 않고, 관련 부처 공무원 중심으로 법안이 개발되다보니 나타나는 현상이기도 하다.

현실과 이상의 괴리는 시민이든 공무원이든 법에 대한 신뢰성을 떨어뜨리고, 집행 과정에서 자의성이나 재량의 폭이 커지게 되어 법의 일관성과 공정성을 잃기 쉽다. 그러다 보니 행정에서는 특혜 시비가 끊임없이 제기된다. 법적 환경은 법의 집행이라는 측면에서 보자면 단순한 행위인 것 같지만 실제로는 그렇지 않다. 법의 권위가 충분히 존중되지 않고 현실과의 괴리마저 크게 발생하는 상황에서는 준법정신이 약해지고 자의적 해석의 폭이 커지기 때문에 불확실성을 내포할 개연성이 높아진다.

한국의 법적 환경은 민주화가 진행된 이후에도 크게 달라지지 않은 채, 오히려 행정에 이중 구속이라는 짐을 부과하고 있다. 하나는 법치 원리에 따른 엄격한 법 적용이 그것이다. 예컨대 감사원의 적발 위주 감사는 이러한 행정 습관을 더욱 강화시키고 있다. 그 결과 가능한 재량적 판단을 유보하고, 법 규정의 자구(字句)를 기계적으로 적용하는 소극적 행정을 유도하게 된다. 또한 현실과의 괴리가 큰 규정일수록 민원은 많아질 수밖에 없다.

한편 여론을 중시해야 하는 정치인들은 좀 더 유연한 법의 적용을 행정에 요구한다. 자구에 얽매이기보다 국민의 편의 입장에서 적극적으로 법을 해석하고 적용할 것을 요구한다. 그런데 그런 적극적이고 선의로 한 행정이 좋지 않은 결과를 가져오면 감사를 받게 되고 징계를 받기까지 한다. 이처럼 행정은 현실과 괴리된 법의 적용에서 이러지도 저러지도 못하는 딜레마 상태에 빠지는 경우가 많다.

민주화가 진행되면서 법적 환경의 특징 가운데 또 다른 하나는 법원의 사법심사에 대한 의존도가 증가하고 있다는 것이다. 행정행위에 대해 불만이 있는 경우 자신의 권익을 보호받기 위해 법원의 판결을 통한 구제 절차에 호소하는 방식이다. 그로 인해 많은 갈등 사례가 정치의 장에서 해결되지 않고 불안한 상태로 떠도는 경우가 많았다. 이해관계가 첨예하게 대립하거나 이념적 사안일 경우 이런 경우는 더욱 많아진다. 예컨대 행정수도 이전이나 전교조 설립 인가 취소, 국사 교과서 국정화 등과 같은 사안은 모두가 법원이나 헌법재판소의 결정에 의존해야 하는 상황까지 이르게 되었다.

물론 사법부의 본래 기능은 법의 발전을 통한 분쟁의 해결에 있다. 그렇지만 사법부가 사회적 영향이라는 면에서 결코 뒤지지 않는 중대한 정책 결정을 대행하기도 하는 이상, 법을 행정과 정책 과정에서 유리된 현상으로 간주하는 것은 더 이상 정당화될 수 없다. 정치를 법으로 정리해야 하는 법원의 입장에서는 힘든 일이지만, 이러한 현상은 법적 환경은 물론이고 정치적 환경을 좀 더 예측 가능하도록 만드는 데 기여할 것이기 때문이다(홍준형, 1993: 109; 유민봉, 2006: 69－70).

민주화가 진행되면서 법적 환경이 현재보다는 질적으로 많은 변화를 보이겠지만, 행정과 법은 상호간에 내생적 관련을 맺으면서 현실에 적응해 나가야 한다. 행정은 좀 더 현실적합성을 높여야 할 것이며, 또한 법은 적실성을 높이는 방향으로 진행하면서 양자의 규범적 관계와 현실적 관계의 적합성을 높이도록 해야 할 것이다.

생각할 문제

■ 한국 행정과 정치환경

1. 행정과 정치와의 관계를 살펴볼 수 있는 다양한 틀(framework)을 조사해 각 틀의 장단점에 대해 생각해 보시오.
2. 한국에서 행정이 정치에 우월적 관계를 유지해 올 수 있었던 이유에 대해 생각해 보시오.
3. 민주화가 진행되면서 등장하기 시작한 정치에 대한 행정의 새로운 모습들을 찾아보고, 이의 부작용을 막기 위한 방안에 대해 생각해 보시오.
4. 최근 들어 행정에 대한 정치의 우위 현상이 강화되고 있다. 이에 대한 순기능과 역기능에 대해 생각해 보시오.

■ 한국 행정과 경제환경

1. 행정과 경제와의 관계를 살펴볼 수 있는 다양한 틀을 조사해 각 틀의 장단점에 대해 생각해 보시오.

2. 한국에서 행정이 경제와 대해 우월적 지위를 유지해 올 수 있었던 이유에 대해 생각해 보시오.
3. 민주화가 진행되면서 기존과는 달리 행정에 대해 반발적 태도를 보이려고 하는 경제의 모습이 나타나고 있다. 이런 사례들을 조사해 각각의 특성과 효과를 분석해 보시오.
4. 민주화가 진행되는데도 불구하고 한편에서는 행정에 대한 경제의 예속화가 감소되지 않고 있는 이유에 대해 생각해 보시오.

■ **한국 행정과 사회환경**

1. 행정과 사회와의 관계를 살펴볼 수 있는 다양한 틀을 조사해 각 틀의 장단점에 대해 생각해 보시오.
2. 민주화가 진행되면서 행정과 사회와의 관계가 이전과는 다른 양상을 보이고 있는데, 변화된 양상을 조사해 그 원인과 특성을 분석해 보시오.
3. 행정과 사회는 어떤 관계를 지니는 것이 바람직한 것인가에 대해 생각해 보시오.
4. 한국 사회에서 증폭하고 있는 사회 갈등의 유형과 대책에 대해 생각해 보시오.

■ **한국 행정과 시민환경**

1. 행정과 시민과의 관계를 살펴볼 수 있는 틀을 조사해 각 틀의 장단점에 대해 생각해 보시오.
2. 한국 행정에서 시민이 차지하는 위치와 영향력에 대해 생각해 보시오.
3. 한국에서 시민단체의 성장 과정을 조사해 보고, 그 특징과 행정에 대한 영향력에 대해 생각해 보시오.
4. 민주화 이후 개혁 지향적인 시민단체와 그에 대한 반발적 기류로 등장한 보수주의적 성향의 시민단체 간의 차이점에 대해 생각해 보시오.

■ **한국 행정과 법적 환경**

1. 행정과 법률과의 관계를 살펴볼 수 있는 틀을 조사해 각 틀의 장단점에 대해 생각해 보시오.
2. 민주화를 전후로 해서 이전과 이후의 한국 행정에서 행정과 법적 관계에 대해 차이점을 생각해 보시오.
3. 한국 행정에서 법이 형식화된 이유에 대해 조사해 보시오.
4. 행정과 정치, 경제, 사회, 시민, 법적 관계와의 차이점을 생각해 보시오.
5. 최근 들어 심화되고 있는 중대한 국가문제들이 사법제도에 그 명운을 걸고 있는 이유와 사례를 조사해 보시오.

제 2 장 한국 행정과 국제/과학환경

현대 사회는 복잡성(complexity)이 높은 사회다. 복잡성이 높다는 말은 고려해야 할 변수가 많고 문제는 해결하기가 쉽지 않다는 의미이기도 하다. 현대 사회가 복잡해지는 이유는 지식 분화와 기술 발전의 속도가 빠르기 때문이다. 이에 더해 폐쇄적으로 운영되던 국가의 영역이 하나의 세계로 재편되는 과정에 있기 때문에 더욱 그러하다.

지식 분화란 지식의 세포 분열을 의미한다. 지식과 기술의 분화(分化, differentiation)는 새로운 전문 분야를 만들어 사회의 다양성을 급속히 증대시키고, 이러한 다양성은 사회 구성 요소 간의 상호의존성을 기하급수적으로 증대시킨다. 그리고 국가 간의 관계가 개방적으로 전환되고, 한 국가에 미치는 국제 환경의 영향이 때로는 절대적인 상황이 되어가고 있다. 후기산업사회가 산업사회에 비해 복잡성이 높은 이유다(이종수 · 윤영진 외, 2008). 이에 더해 기후 변동으로 대표되는 생태 환경이 행정에 미치는 영향은 한 국가의 대처 능력을 넘어서 세계적인 대응 양식을 요구하고 있다.

제1절 한국 행정과 국제 환경

1 행정과 국제 환경

행정에 미치는 국제 환경의 요소들은 매우 다양하다. 여기서는 이 모든 것을 고찰하는 대신, 국제 환경의 요소로 행정에 지대한 영향을 미치는 세계화 경향과 이의 사상적 기조라 할 수 있는 신자유주의의 영향, 그리고 새로운 반발적 조류로 등장하기 시작한 신보호무역주의에 국한해서 행정과 국제 환경과의 관계를 살펴보고자 한다.

1) 세계화

세계화(globalization)란 세계가 하나의 지구촌을 형성해 가는 추세로 국가, 기업, 비정부기구(NGO) 등이 네트워크로 연결되는 과정을 의미한다. 그리고 또 다른 측면에서 볼 때 세계화는 서구의 기준이 전 세계적으로 확산되는 것을 의미하기도 한다. 서구의 기준을 무엇으로 규정할 것인가에 대해서는 논의의 여지가 있지만, 가장 기본적인 기준을 합리성(rationality)이라고 할 때 세계화란 합리성의 세계적 확산을 의미한다.

한편 세계은행(World Bank)이 2000년도에 발표한 연차보고서에서 경제의 세계화와 지역화가, 인류 공통의 당면 과제인 혼돈과 고통을 혁명적으로 해결해 줄 열쇠라고 강조한데서 세계화에 대한 의미를 엿볼 수 있다. 이에 따르면, 세계화는 인간의 자유와 창의력을 중시하고 과학기술의 혁신을 통한 효율성을 강조하는 서구 자본주의가 하나의 세계시장으로 통합해 가는 과정이라고 볼 수 있다.

그런데 세계화가 갖는 언어적 의미와 세계은행이 인류 공통의 당면 과제를 해결하기 위한 수단으로 강조한 세계화가, 국제 환경의 맥락 속에서 의도한 효과를 가져왔다고 보기는 어렵다. 이런 측면에서 세계화는 냉전 체제가 무너진 이후, 세계 질서 속에서 이를 대체하기 위해 등장한 개념으로 보는 것이 오히려 나을 듯하다. 다시 말해, 냉전 체제가 붕괴되기 전까지는 정부 부문과 국제 사회가 별개의 행위자로 작동해 왔다.

특히 국제 사회는 독립성을 갖는다기보다는 개별 국가의 단순한 집합으로, 필요나 이해관계에 따라 행동하는 것이 일반적이었다. 다만 상대적인 우위를 가진 국가가 이해관계에 따라 국제 사회에서 절대적인 영향력을 행사하는 것이 암묵적인 관행이었다. 상대적인 열세에 있는 국가들은 지배력을 행사하는 국가군에 동조하거나, 아니면 그 반대의 국가군 편에 서는 것이 유일한 전략이었다. 이는 현재도 유사하다고 할 수 있지만, 과거에는 그 수준이 비교하기 어려울 정도로 극단적인 형태를 띠고 진행되어 왔다.

그러나 제2차 세계대전이 종료되고 이른바 냉전시대가 도래함에 따라, 미국과 서구 유럽으로 구성된 자유진영과 구소련을 중심으로 한 공산진영 사이의 경쟁과 대립이 국제 사회를 주도해 왔다. 이후 자본주의 국가는 복지국가의 위기로 극단적인 정부실패 속에, 공산주의 국가는 체제의 경직성으로 인한 극단적인 정부실패의 상황으로 치닫고 있었다.

1980년대에 이르자 미국식 세계화와 소련식 세계화의 싸움은 정점에 이르게 되었고, 승자는 시장경제와 정치적 민주주의를 표방한 미국식 표준화로 돌아갔다. 베를린 장벽의 붕괴로 인해 동서독이 하나의 국가로 통일되고, 구소련이 붕괴함에 따라 다수의 연방국가로 분할되면서 전통적인 의미에서 각 진영 간의 대립은 사라졌다(박우순, 2002: 23, 75).[1)]

이 경쟁에서 정치적으로는 구소련이 붕괴하면서 시장경제의 우월성이 증명되었고, 이것이 세계화를 촉진시키는 또 다른 요인으로 작용했다. 냉전 체제가 붕괴하면서 우방국과 적성국에 대한 개념과 기준이 바뀌기 시작했는데, 종래 정치 중심적인 우방국 개념에서 미국에 경제적 이익을 가져다 주는 국가로 바뀌었다.

특히 미국의 주도로 관세와 무역에 관한 일반협정(General Agreement on Tariffs and Trade: GATT) 체제가 세계무역기구(World Trade Organization: WTO) 체제로 바뀐 것도 세계화를 촉진하는 데 중요한 원인으로 작용했다.[2)] 이처럼 1980년대 경

1) 개별 국가의 국가적 이념이 없어진 것은 아니며, 오히려 민족주의적 경향이 더 강하게 나타나고 있다는 주장도 있다.

2) 제1차 세계대전이 끝나고 1930년대에 이르기까지 각국은 경쟁적으로 보호무역정책을 채택했다. 그 결과 관세는 거의 고율의 수준이 유지되던 시대였다. 그래서 전후에 다자간 무역 협상을 통해서 자유무역을 촉진하기 위해 관세와 무역에 관한 일반협정(General Agreement on Tariffs and

쟁에서 미국이 승리함에 따라 미국식의 시장경쟁적 표준화가 세계의 표준으로 자리를 확보하기 시작했고, 새로운 표준화의 시대는 세계무역기구(WTO) 시대로 명명되었다.3)

미국식 표준화를 전 세계에 보급하는 데에는 미국의 '무역법' 301조가 큰 역할을 했다. 흔히 '슈퍼301조'라고 불리는 이 조항은 다른 나라의 보호무역 장벽을 제거하는 데 무한정 보복을 가능하게 하는 조항이다. 냉전 이후의 새로운 세계화는 '슈퍼301조'에서 시작되었고, 이는 세계무역기구 체제로 완성되었다. 이후 세계는 새로운 세계화 또는 팍스 아메리카나(Pax Americana)라는 신자유주의에 기저한 표준화로 구축되어 갔다.

이상에서 보듯이 역사의 발전 단계에서 세계화의 형성 과정은 미국식의 시장경쟁적인 표준화로 전이되고 있다. 칸막이 제거인 세계화는 밝은 측면과 함께 어두운 측면을 동시에 지니고 있다. 산업화 시대의 세계화는 제국주의와 결탁해 뒤떨어진 나라들을 식민지화했고, 그 피해는 아직까지도 세계 도처에 남아 있다. 특히 정보화의 촉진은 전 세계적으로 일등만 살아남는 치열한 경쟁 체제를 기업에 강요하게 되었다. 국내 시장의 개방은 경쟁력 있는 제품만 살아남게 만들었고, 이 추세는 세계화를 촉진시키는 데 크게 기여했다. 정보와 자본의 자유로운 이동의 보장은 글로벌 시대를 만개하는 데 결정적으로 기여했다.

냉전 체제의 붕괴 이후 미국 주도의 세계화는 선진국은 물론 발전도상국의 경계선마저 붕괴시켰다. 이에 따라 상품과 자본 그리고 정보의 흐름에서 경계선이 사

Trade: GATT)을 1947년에 체결하게 되었다. 원래 GATT는 그 본체가 ITO라는 기구의 한 협정에 불과했었으나, 미국 의회에서 ITO의 건립을 반대하자 GATT만이 협정으로 남아 존재한다. 관세와 무역에 관한 일반협정은 1948년에서 1994년까지 국제무역을 위한 통상 규범을 제공했고, 전후의 국제상거래를 관장하는 역할을 수행해 왔다.

3) 세계무역기구(WTO)는 제2차 세계대전 이후 국제 교역의 근간이 되어 온 GATT 체제의 한계를 극복하고, 1990년대 이후 새로운 국제 교역 질서의 형성이라는 명분으로 추진되었다. 세계무역기구는 1995년 1월 1일에 설립되었으나, 이미 1948년에 출범한 GATT가 몇 차례의 다자간 통상 협상을 거치면서 발전해 온 것이다. 특히 제8차 다자간 무역 협상인 우루과이라운드(UR) 협상의 개시와 더불어 완전한 국제기구로서 설립이 추진되었다. 그리고 1994년 4월 모로코의 마라케쉬에서 111개국이 서명하고, 1995년 1월 1일 발효됨으로써 WTO 체제는 공식 출범했다. 우루과이라운드 협정은 사법부 역할을 맡아 국가 간 경제 분쟁에 대한 판결권과, 판결의 강제집행권이 있으며 규범에 따라 국가 간 분쟁이나 마찰을 조정한다. 또한 GATT에 없던 세계무역의 분쟁 조정, 관세 인하 요구, 반덤핑 규제 등 사법적 권한과 구속력을 행사하는 역할을 담당한다.

라지게 되었다는 이점이 있는 반면 심각한 후유증을 초래하고 있다. 글로벌 경쟁체제가 갖는 문제점은 국경선 없는 자본의 흐름 때문에 먼저 발생했다. 대표적인 증세가 세계적인 금융위기였다. 금융위기는 준비 없이 국경선을 개방한데서 근본적인 원인을 찾을 수 있다(안문석, 2001: 301-324).

세계화는 경쟁에서 이긴 또는 이길 자신이 있는 나라에는 좋지만 패자에게서는 엄청난 피해를 가져다 준다. 세계화는 비슷한 국력을 갖춘 나라 사이에는 상호 보완적인 순기능을 하지만, 국력면에서 현격한 차이를 갖는 나라 사이에서는 착취 수단으로 악용될 수도 있다.

표준화를 전제로 한 국제 규범이 국가 간의 합의에 의한 것이라고 하더라도, 반드시 공평한 성격을 띠는 것이 아니기 때문이다. 강대국의 이익과 논리가 국제적 표준이 되면 자연히 개별 국가의 이익을 침해할 가능성은 높아진다. 이러한 상황에서 발전도상국이 국제 규범을 거부한다면, 국제 사회에서 주체적인 행위자로서 역할을 수행할 수 없게 된다. 따라서 국제 표준을 수립하는 데 자국의 이익을 반영할 수 있는 다면적인 전략을 강구해야 하나, 그것이 그리 쉬운 일이 아니라는 데 문제가 있다.

2) 신자유주의

세계화와 함께 살펴보아야 할 것으로 표준화의 근간을 형성하고 있는 사상적 기조로서의 신자유주의(neo-liberalism)다. 일반적으로 신자유주의는 사회주의와 케인스학파(Keynesian)적인 정부의 개입정책에 반대하면서, 국가 개입이 없는 자유시장이 국부의 증대와 사회적 후생을 극대화한다는 19세기의 고전적 자유주의로 복귀하려는 경제적 이데올로기를 의미한다.

신자유주의는 자발적 질서나 시장의 본성적 강점 등을 통해 시장 관계에서 누리는 개인들의 경제적 자유가 모든 사회적·정치적 자유의 기반을 구축한다는 신념에 기초하고 있다. 이에 더해 시장 기제는 자기 규제적이고 자기 수정적이며 자기충족적인 기제에 의해, 그 자체로서 균형을 유지해 나갈 수 있다는 신념에 기초하고 있다.

신자유주의는 정치적 성격상 사회적 관계 전체를 시장경제적 관계와 자본의 경쟁 논리에 종속시키려는 보수적 자유주의의 성격을 띠고 있다(김세균, 1996). 따라서 신자유주의는 시장에서 자유롭고 공정한 경쟁이 혁신과 생산성을 향상시키며, 자원 배분의 효율성을 제고하는 최적의 수단이라고 간주한다. 그래서 신자유주의자들은 시장의 확대와 경제의 논리를 언제나 바람직한 것으로 간주하는 반면, 정부의 확대와 정치의 논의는 비생산적인 것으로 금기시한다.

이데올로기적 측면에서 신자유주의는 미국의 경우 기업가적 정부모형만이 근간으로 했던 것은 아니고, 이미 레이건 정부에서 개혁모형으로 설정했던 최소국가론(minimal state theory) 때부터 의존했다. 레이건 이전부터 야기되기 시작한 미국 경제의 후퇴와 감소, 그리고 에너지 자원과 국내 사회·경제정책의 실패에 따라, 정부의 의미와 작동 과정에 대한 심각한 반작용의 결과로 등장한 레이건 정부의 최소국가론은 바로 신자유주의적 경제철학을 그 배경으로 한다.

신자유주의적 접근은 변동을 가져올 수 있는 가장 강력한 수단으로, 관료적 기구를 예산과 인력의 삭감이라는 늪으로 밀어넣어 관료들에게 창조적인 활용 수단과 경쟁력을 갖추게 해야 한다는 입장이다. 이들의 입장에서 볼 때 정부의 목적은 공공재와 용역의 공급이라는 면에 한정되어야만 한다고 주장한다. 정부는 이를 위해 경쟁적이며 시장 지향적인 구조로 전환해야 하며, 관리 방식으로는 비용 극소화와 소비자 중심적인 관리 방식을 채택해야 한다는 입장이다(Dubnik, 1994: 249-260; Kettl, 1994: 175-177). 이처럼 신자유주의자들이 주장하는 논거의 핵심은 신자유주의가 대체로 공동체 윤리를 존중하는 동시에 정부의 핵심적인 기능의 강화를 가져온다는 데 있다.

이에 따라 신자유주의의 노선이 채택하는 개혁 수단으로는 민영화, 재정개혁, 공공지출의 축소, 비효율적인 생산자들에 대한 보조금 폐지 등과 같이 정부를 개혁하기 위한 방법들이다. 또한 거시경제의 균형 유지, 규제 완화, 노동시장의 유연화와 같은 시장 지향적인 개혁, 그리고 무역자유화와 해외자본의 유치 등과 같은 세계경제로의 편입 등과 같은 방식들을 들 수 있다(Williamson, 1990: 7-38). 결국 강력한 세계자본주의 경제의 구조적 변화가 가져오는 구조적인 힘과 압박으로 각국은 신자유주의적 개혁 양식들을 채택하게 되는데, 이 과정에서 발생하는 구조적 압력이 바로 지구화로 요약되는 세계자본주의 경제의 변화를 의미한다.

그러나 신자유주의적 정치철학은 국가경쟁력 강화를 위해 특정 계층의 권리가 유보되고 권위주의적 통치 행태가 합리화되는 상황이 발생해서는 아니 된다는 점에서 문제가 있다. 신자유주의에서 추구하는 경쟁력 강화란 극단적으로 말해, 기업의 경쟁력 강화가 종국에 가서는 국민의 생활을 개선시켜 준다는 전제 하에서만 존재 의미를 지닌다. 이런 점에서 경쟁 지향적인 시장에 대한 무조건적 신봉이 정치적 민주화를 포함한 모든 문제를 해결해 줄 수 있는지를 고려해 볼 필요가 있다.

이와 함께 어느 나라에서든지 나타날 수 있는 신자유주의적 이데올로기의 근본적인 한계에 관한 문제다. 예컨대 19세기의 자유방임주의는 시장실패라는 현상을 초래했고, 이를 시정하기 위해 20세기 초에 정부 개입이 강화되었다. 그러나 정부 개입의 강화는 오히려 국가의 경제 위기만을 심화시킨 결과 20세기 후반에 이르면서 다시 정부실패를 초래하게 되었는데, 이에 대한 대안으로 오늘날의 신자유주의가 성립하게 되었다.

그런데 정부실패를 치유하고자 등장한 신자유주의가 최근 다시 시장실패 현상을 가져오는 원인으로 작용하고 있는데, 이른바 신시장실패(new market failure)가 그것이다. 신시장실패와 구시장실패의 근본적인 차이점은 신시장실패가 세계화의 영향으로 발생했다는 데 있다. 그것은 자본과 노동의 전 세계적 유동성으로 인해 세계적 차원의 문제가 되고 있기 때문이다. 2008년 미국에서 발생한 금융위기는 시장이 실패한 부작용이 전 세계적으로 얼마나 많은 피해를 줄 수 있는가를 보여 준 대표적 사례다. 이렇게 볼 때 신자유주의적 이데올로기라는 것은 대부분 복지국가를 경험한 나라들이 자본을 재축적하려는 필요에서 나온 것이다.

정치적 의미에서 보자면 시장 의존적인 신보수주의임에도 불구하고, 대부분의 국가가 상황을 고려하지 않고 행정개혁에 이를 그대로 적용 가능한 것으로 제안하는 경우가 많다. 하지만 이런 제안은 대부분의 국가가 시장의 기제에 맡길 수 있을 만큼 국민들이 선택 여지가 충분히 마련되어 있다는 것인지, 혹은 시장의 논리에 따라 조화와 발전이 가능할 수 있는 정도로 사회 정의의 구축이 이뤄졌다는 것인가에 대한 논의가 포함되지 않은 채, 신자유주의에 대한 낙관론에만 기대고 있는 듯하다(정용덕, 1996a: 161).

특히 또 다른 문제로는 신자유주의적 이데올로기에 기초한 신공공관리론(new public management theory)적 정부개혁이 현실적으로 효과가 있는 것처럼 여겨지고 있다는 데 있다. 예컨대 최소국가론으로부터 현재의 기업가적 패러다임에 이르기까지 미국 등에서 이뤄진 개혁모형에 자리잡고 있는 신자유주의적 영향이, 과연 의도된 효과를 거뒀느냐의 문제와 이것이 다른 국가의 환경에도 적합한 이데올로기로 보아야 하느냐의 문제가 야기된다.

결론적으로, 신자유주의적 개혁에 따른 정치적 결과의 파생물로서 사회적 약자들을 포함한 하층계급은 정치·경제적으로 철저히 배제되는 형태를 띤 특수한 민주주의에 노출되어 있는 실정이다. 다시 말해, 신자유주의가 초래한 세계자본주의의 구조적인 힘 때문에 기형적 형태의 민주주의가 등장할 개연성은 대단히 높아졌다(김태룡, 2003b: 72-81).

3) 신보호무역주의

신자유주의의 영향력이 절정에 달한 시점에서, 시장실패의 새로운 유형으로 신시장실패(new market failure)가 모습을 드러냈다. 이는 대표적으로 2008년 미국에서 발생한 금융위기에서 보듯이, 시장실패의 부작용이 전 세계에 얼마나 많은 피해를 줄 수 있는가를 보여 준 사례였다. 다시 말해 세계화의 영향, 즉 자본과 노동의 전 세계적 유동성으로 인해 세계적 차원의 문제가 되고 있다는 점에서 심각성이 놓여 있다. 그 결과 미국은 금융위기로 인한 경기 침체가 장기화되면서 세계화로 그간 잠적해 있던 신보호무역주의(new protectionism)를 강화해 나가고 있으며, 프랑스나 영국 등도 이에 뒤질세라 유사한 정책을 추구하고 있다.

원래 전통적인 보호무역주의(protectionism)는 18세기에 유럽의 중상주의정책에서 비롯된 것이었다. 당시 영국보다 산업이 뒤져 있던 독일이 자국의 유치산업을 보호하기 위해 보호무역을 강화한 것이 계기가 되었다. 따라서 당시의 보호무역주의는 영국 등의 자유주의 무역에 대항해 등장한 사조로서, 대체로 후진국들이 자국의 이익을 보호하고자 하는 보호주의적 의미를 내포했다. 이후 보호무역주의는 1930년대 전 세계를 휘몰아친 대공황의 여파를 막기 위해 부활했다가, 1970년대에 석유 파동으로 잠시 재등장한 후 이후부터는 그 영향력이 쇠퇴했다.

이에 반해 신보호무역주의는 세계화로 인한 신시장실패에 대응하고자, 미국 등 선진국들이 무역이나 외화에 대한 규제 조치를 강화하면서 등장한 선진국 중심의 보호무역주의라 할 수 있다. 다시 말해, 미국이 안고 있는 브레튼우드 체제(Bretton

Woods System)[4]의 붕괴, 오일 쇼크, 그리고 만성적인 국제수지 적자 등으로 야기된 미국 경제의 침체를 막기 위해 등장한 것이다.

그런데 미국의 경우 이러한 신보호무역주의가 최근에 등장한 정책 사조가 아니라는 사실이다. 이미 일찍부터 자국의 경기 부양을 위해 미국 내에서 이뤄지는 대규모의 공공사업에는 반드시 미국에서 만들어진 제품들만을 의무적으로 사용해야 한다는, 소위 '바이 아메리칸(Buy American)' 조항을 강화한 때부터 신보호무역주의는 비롯되었다.

이에 더해 새로이 미국 대통령으로 당선된 트럼프(Donald Trump)가 선거공약으로 자국 경제를 보호하고자 하는 신보호무역주의를 강화하겠다고 함으로써, 전 세계는 다시금 자유무역주의에 기반한 세계화 대신 19세기의 보호무역주의로 회귀하는 양상을 보이고 있어 그간 전 세계가 하나의 경제권으로 묶여 있다는 믿음이었던 세계화의 신화는 폐기될 운명에 처하게 되었다. 이에 따라 신보호무역주의의 강화로 이어지는 새로운 국제 질서는 이전의 신자유주의가 지배하던 때와는 판이하게 다른 패러다임을 각국에 부여하고 있다(제현정, 2016).

이상에서 살펴본 바와 같이 국제 환경으로서 세계화와 신자유주의는 의미와 동기에도 불구하고 세계 각국에 심각한 부작용을 남겨 놓았다. 그럼에도 미국을 중심으로 한 선진국들은 이에 대한 부작용을 치유할 대안을 마련하기보다는 자신들만의 생존 강화를 위해 19세기로 회귀하는 듯한 신보호무역주의를 강화해 나가고 있

---

4) 브레튼우즈 체제는 미국 뉴햄프셔 주의 브레튼우즈에서 제2차 세계대전이 종료되기 직전인 1944년에 44개 연합국 대표들이 참석해, 전쟁으로 황폐화된 선진국 경제의 부흥과 개발도상국의 지원을 목적으로 전후의 국제 통화에 대한 질서를 마련하기 위해 출범했다. 이 협정에서 논의된 핵심적 내용은 미국의 달러화를 기축으로 한 '고정환율제도'를 도입하는 것이었다. 이에 따라 국제통화제도를 관장하는 국제통화기금(IMF)과 세계은행(IBRD)이 설립되고, 두 기관을 중심으로 국제금융 체제가 작동하는 세계 질서를 마련했다는 의미를 부여할 수 있다. 그러나 미국이 1960년대에 베트남과의 전쟁으로 발생한 부족한 예산을 보충하기 위해 달러를 무차별적으로 발행함에 따라, 달러를 금으로 바꿔 줄 수 없게 된 닉슨 대통령은 1971년에 향후부터는 금과 달러를 교환하는 것을 중지하는 내용의 '달러화에 대한 금태환을 정지하는 긴급선언'을 발표하기에 이른다. 이후 이 문제를 해결하기 위해 1971년에 10개 선진국들이 스미스소니언 박물관에 모여 '스미스소니언 조약'을 체결했지만 국제 통화를 안정화시키는 데는 역시 실패했다. 이에 따라 브레튼우즈 체제는 폐기되고, 1976년에 자메이카의 킹스턴에서 다시 선진 10개국이 참석해 새로운 금융 체계로 소위 '킹스턴 체제(Kingston System)'를 체결했다. 주된 내용은 앞으로는 국제통화기금(IMF) 회원국들이 자국 경제 상황에 적합하게 자유로운 환율을 결정할 수 있도록 하는 변동환율제도로 이행할 수 있게 했다.

다. 이처럼 각국의 행정에 미치는 국제 환경의 영향은 과거와는 비교할 수 없을 정도로 커졌고, 그에 따른 불확실성은 갈수록 높아지고 있다. 그 결과 국제 환경에 대한 각국 행정은 냉전시대나 신자유주의가 풍미하던 시대와는 다른 또 다른 대응 방식을 요구받고 있다.

2 한국 행정과 국제 환경

한국에서 행정과 국제 환경과의 관계는 민주화가 진행된 시기를 전후로 뚜렷한 차이를 보이고 있다. 민주화가 진행되기 이전인 전두환 정부 때까지는 대체로 구소련이 몰락하는 시점과 맥을 같이하고 있었기에 냉전 체제의 영향이 컸다. 따라서 이 시기에는 권위주의적 체제를 유지하면서 경제적으로는 준(準)계획경제 체제를, 그리고 정치적으로는 반공 이데올로기를 지향했기 때문에, 미국을 중심으로 한 국가군에 포함되어 있는 것만으로도 충분했다.

다시 말해, 당시의 세계화는 미국을 중심으로 한 국가군에 포함되어 있는 것만으로도 충분했고, 한국 행정에 미치는 신자유주의나 정보화의 파고에 따른 압력이나 세계화의 강도는 상대적으로 약했다고 볼 수 있다. 따라서 한국 행정에 대한 국제 환경의 영향은 냉전 체제의 산물이 대부분이었기에, 오늘날 논의되는 세계화와는 성격상 차이가 있었다.

그러나 민주화가 진행되기 시작한 1980년대 말부터 한국 행정은 구소련을 중심으로 한 동구권의 몰락과 이른바 글로벌 스탠더드로 간주되는 미국 중심의 시장 경쟁적 표준화에 동화할 수밖에 없게 되었다. 김영삼 정부가 집권하면서 시작된 세계화의 열풍 속에서, 특히 신자유주의의 영향력은 김대중 정부를 거치면서 박근혜 정부에 이르기까지 그 위세가 수그러들 기미를 보이지 않고 있다.

김영삼 정부 말기인 1997년 금융위기에 처해 국제통화기금(IMF)의 관리를 받게 된 한국 행정은 국제통화기금으로부터 강력한 구조조정을 요구받는다. 그것은 다름 아닌 신자유주의에 기초한 강력한 구조개혁모형이었다. 이어 집권한 김대중 정부에서는 이에 따라 구조조정을 기본으로 하는 민영화, 감축, 노동고용 구조의 탄력성을 높이기 위해 도입된 비정규직화, 그리고 성과지상주의 등과 같은 개혁 수단을 도입하게 되는데, 이들 수단은 한국 행정에 지대한 영향을 미치기 시작했다. 이에 더해 정치권을 둘러싼 이른바 작은 정부(small government)에 대한 환상이 한국 행정을 지배하게 되었다.

노무현 정부에 이르러 이러한 경향은 다소 약화되는 듯했으나, 이의 영향으로부터 크게 벗어났다고 보기는 어렵다. 다만 작은 정부에 대한 경향성에서는 어느 정도 벗어났다고 보이지만, 신자유주의에 기반한 성과 위주의 개혁은 더욱 강화되었다. 이 같은 개혁 가운데 노무현 정부에서 조직개혁의 일환으로 도입된 팀(team) 제도는 한국 행정의 특성을 무시하고 일방적으로 도입한 결과 실패한 대표적 사례였다.

한편 세계화의 영향은 이명박 정부가 집권하면서 더욱 강화되어 갔다. 이명박 정부는 글로벌 스탠더드에 입각한 선진화라는 정책을 추진했는데, 문제는 선진화 정책 자체가 신자유주의적 성향을 강하게 내포한다는 데 있었다. 이 또한 언급한 바와 같이 경쟁에서 이길 자신이 있는 계층이나 집단에는 좋지만, 패자에게는 엄청난 피해를 가져다 준다는 데 문제가 있었다.

이명박 정부에 이어 등장한 박근혜 정부 또한 이전 정부와 크게 다를 바가 없었다. 방만한 공공 부문과 경직화된 노동시장 그리고 비효율적인 교육 체계와 금융 이기주의를 타파하기 위한 명분으로 단행된 4대 개혁은, 기실 그 핵심적인 내용은 신자유주의에 기반한 경쟁력 강화에 있었다. 예컨대 공기업의 경쟁력 강화를 위해 도입된 성과평가제나 대학에 대한 구조개혁 역시 명분에도 불구하고, 아직도 신자유주의적 개혁 방식이 그대로 정책 현장에서 유효함을 보여 준 사례이기도 하다.

이상에서 보듯이 민주화가 진행되면서, 한국 정부의 개혁 과정에 지대한 영향을 미친 세계화나 신자유주의적 이데올로기는 한국 정부의 능력을 신장하는 데 일정 부분 긍정적 영향을 끼쳐 왔다. 한국 행정에서 글로벌 스탠더드를 강조함에 따라 표준화에 도달하기 위한 노력을 기울이게 했다는 점이나, 성과 위주로 정부를 재편하는 데 일정 부분 기여가 있었다.

그렇지만 세계화나 신자유주의적 이데올로기가 한국 행정에 긍정적인 측면만 있는 것이 아니라는 데 문제의 심각성이 있다. 이들의 영향으로 인한 부작용을 해결해야 할 궁극적인 부담이 한국 행정에 전가된다는 점에서 그렇다는 것이다. 신자유주의의 확산은 한국 행정에 역기능으로 작용할 개연성이 클 뿐만 아니라, 한국 행정이 해결해야 할 부담 역시 더욱 커져가고 있다(허철행, 2002: 7). 그것은 신자유주의가 한국 자본주의가 안고 있는 문제점을 해소하기는커녕 문제만 더욱 심각하게 만들 수 있다는 데 있다.[5)]

더 큰 심각한 문제는 경제적 자유주의를 강조하는 신자유주의적인 경제적 발상으로 그동안 악화일로를 걷던 한국 사회의 다른 가치들, 예를 들면 형평성 등과 같은 가치가 소홀하게 다뤄질 개연성이 더욱 커지고 있다. 이런 가치들은 신자유주의의 하위 이데올로기격인 성과주의나 경쟁주의 등으로 해결할 수 있는 성질의 것이 아니라는 데 문제의 심각성이 있기 때문이다.[6)]

세계화라는 것이 언어적 의미와는 달리 그리고 세계은행의 예상과 달리, 국제 환경의 맥락 속에서 반드시 의도한 효과를 가져오지는 못하고 있다. 한국 사회에 도입된 신자유주의 역시 효과에 비해 오히려 빈부 격차만 벌려 놓는 부작용을 심화시켰고, 행정개혁에도 효과가 있었다고 보기는 어렵다. 가능하다면 시장경제의 논리를 불가피하게 수용하더라도 최대한의 주의를 기울여야 한다.

세계화는 이런 측면에서 냉전 체제가 무너진 이후, 세계 질서 속에서 등장한 개념 이상의 그 무엇으로 보기에는 무리가 있다(김태룡, 2003b: 78－81). 특히 한국의 경우는 정부실패가 아니라 정권실패(regime failure) 또는 체제실패(system failure)로 보아야 하기 때문에, 어떤 정치적 이념이나 제도의 도입만으로 개혁을 성공적으로 유도하기는 어려울 것이다.

신자유주의에 의한 시장 메커니즘이 많은 것을 할 수는 있으나, 모든 것을 다하지는 못한다. 그러므로 한국 행정은 신자유주의가 갖는 한계를 인식하고 이를 극복하고자 사회 발전을 촉진하기 위해 개입하고, 시장의 극단적인 배분을 제어하며,

---

5) 신자유주의에 입각한 개혁 이후, 심각한 가치관의 혼란과 정신적인 황무지 현상에 빠지게 되는 이른바 ADD증후군(after downsizing desertification syndrome)에 시달리고 있는 것이 하나의 반증이다. 따라서 산업화와 자본주의화로 인해 심각해진 각종 사회문제에 대해 한국 행정이 적절한 대책을 수립하고 순화시켜야 하는데 반해, 신자유주의적 개혁이 강요되다 보니 오히려 문제만 더욱 심각해지고 있다.

6) 신자유주의의 주창자였던 레이건 정부 하에서 빈부의 격차가 가장 크게 발생했다는 점을 고려해 볼 때, 신자유주의에 토대를 둔 기업가적 패러다임은 심각한 문제를 야기한다. 다른 예이기는 하지만 우리와 같이 민주주의의 공고화가 진행 중인 국가들의 경우에 나타나는 현상으로, 신자유주의적 정책을 추진한 결과 노동계급을 포함한 하층계급의 경제적 · 사회적 · 정치적 상황이 오히려 악화되는 결과를 초래하고 있다는 점에서 신자유주의적 패러다임이 한국 행정에 미치는 영향은 실로 크다.

공공재에 대한 투자 부족을 보전하고, 환경을 저해하는 과정을 통제하기 위해 개입해야 하는 당위성이 여기에 있다(Kutter, 1998: 4).

끝으로 신자유주의에 대한 반발적 기류로 최근 등장한 신보호무역주의에 대한 부작용도 향후 한국 행정에 심각한 문제를 가져다 줄 개연성이 크다. 그렇지 않아도 빈부 간의 격차가 심각하고 대외의존도가 큰 한국 경제에, 미국 등을 중심으로 한 선진국들의 신보호주의무역의 강화는 설상가상으로 경제 상황을 더욱 어렵게 할 가능성이 농후하다. 신자유주의가 가져온 폐해를 만회하기도 전에 불어 닥친 신보호무역주의의 파고로, 한국 행정이 해결해야 할 과제는 그야말로 난제 그 자체라고 할 수 있다.

제 2 절 한국 행정과 생태/과학환경

1 행정과 생태/과학환경

1) 기후 변동

가우스(J. M. Gaus)는 일찍이 행정에 미치는 생태(ecology)의 중요성을 역설했다.[7] 그의 주장은 비록 환경결정론이나 환경종속론적 관점에서 행정 현상을 설명함으로써 행정의 주체적인 역할을 경시하고, 행정 내부의 관리적이고 기술적인 측면을 소홀히 했다는 비판을 받기도 했다. 그러나 행정에 대한 생태의 중요성은 최근에 이르러 그 중요성이 더욱 커지고 있음은 말할 나위가 없다.

가우스가 행정에 미치는 환경적 요인으로 열거한 것들 가운데, 특히 물리적 기술(physical technology)과 재난(catastrophe)의 경우는 행정에 대한 영향력이라는

---

7) 가우스는 행정에 영향을 미치는 환경적 요소로 국민(people), 장소(place), 물리적 기술(physical technology), 사회적 기술(social technology), 욕구와 사조(wishes and ideas), 재난(catastrophe), 인간성(personality) 등을 제시했다. 그리고 가우스의 영향을 받은 리그스(Fred W. Riggs) 역시 행정에 대한 환경의 영향을 중시했다(Riggs, 1964). 리그스는 행정의 환경 변수로 경제적 기반, 사회구조, 이념적 요인, 통신 및 정치 제제를 제시했다.

측면에서, 그 중요성이 과거와는 비교가 되지 않을 정도로 독립변수의 위치를 점하고 있다(윤경준 외, 2010: 169-170).

한 예로 최근 북아프리카와 중동 지역에서 일고 있는 민주화 열풍도 이면에는 기후 변동(climate change)과 인구구조와 밀접한 관련이 있다. 다시 말해, 이들 지역은 다른 지역에 비해 인구구조상 젊은 층이 인구의 절반을 차지한다. 따라서 이들에게 식량은 무엇보다도 중요하다. 그런데 이들 지역에 기후 변동으로 인한 전례를 찾을 수 없을 정도의 심각한 가뭄은 주작물인 밀 생산의 급격한 감소를 초래했다. 그 결과 이는 식량가격의 폭등으로 이어졌고, 이를 통제하지 못한 독재정부들이 줄줄이 퇴출당하는 상황을 맞이하고 있다. 이런 점에서 정부 체제의 변동에 직접적 영향을 미치는 기후 변동의 중요성을 엿볼 수 있다.

게다가 최근 일본을 강타한 지진과 그로 인한 핵발전소의 붕괴가 보여 준 사례에서 보듯이, 기후 변동이 인간과 사회의 생존에 얼마나 지대한 영향을 미치는가와 함께 정부의 모든 위기관리 체제가 동원된다 하더라도 기후 변동에 대처한다는 것이 쉽지 않다는 것을 보여 주었다. 이처럼 재난의 주된 원인인 기후 변동은 국제행정뿐만이 아니라 국내 행정에도 지대한 영향을 미치고 있다. 기후 변동의 문제는 이제 단순히 각국이 이에 어떻게 대처해야 하는가의 차원을 넘어서 선진국 중심의 세계 경제 질서를 재생산하는 기회가 되고 있다.

선진국들은 이미 녹색경제, 녹색성장, 녹색뉴딜 등으로 표현되는 성장 패러다임을 국가 전략으로 채택했으며, 교토(京都) 체제를 거쳐 개도국들의 동참을 촉구하기 위한 포스트 교토 체제 협상이 진행되었다. 따라서 국제 사회는 현재 선택의 문제를 지나, 어떻게 하면 효과적인 정책을 만들고 집행해 나가느냐는 단계로 진입하고 있다.[8)]

특히 2008년 전 세계에 몰아친 금융위기는 이런 노력에 가속도를 붙이는 계기가 되었다. 이에 따라 2009년 6월에 경제협력개발기구(OECD)는 경제 위기에 대응하기 위해 녹색과 성장이 병행될 수 있다는 인식에 따라, 녹색성장 추진에 노력을

---

8) 이를 위해 선진국들은 기후 변동에 대한 국가적 대응 체제를 만드는 일에 집중하고 있다. 영국의 '기후변화법'(2008)과 재정과 에너지·기후변동부 신설(2008), 프랑스의 '환경그르넬법'(2009) 제정과 생태 에너지 지속가능개발 해양부 신설(2009), 일본의 후쿠다 비전(2008)과 지구 온난화 대책 기후법안(2010), EU의 '기후에너지통합법'(2008), 미국의 Waxman-Markey법안(2009)과 Kerry-Boxer법안(2009) 등은 이러한 움직임을 보여 주는 예다.

기울여야 한다는 녹색성장선언문(Declaration on Green Growth)을 채택하기에 이르렀다. 그리고 같은 해 9월 유엔개발계획(United Nations Development Program: UNDP)은 경제위기에 대한 대응 차원에서, 지구 경제를 회생시키고 고용을 촉진하기 위한 이른바 범지구적 녹색뉴딜(Global Green New Deal) 추진을 촉구했다(OECD, 2009; UNDP, 2009).

이러한 기후 변동에 대처하기 위한 전 세계적인 노력에 힘입어 1997년 교토의정서 채택 이래, 가장 획기적인 국제적 합의가 유엔 기후변화협약 당사자들인 195개 국가가 참석한 가운데 2015년 12월에 프랑스 파리에서 개최되었다. 이 회의에서 파리기후변화협약(Paris Climate Agreement)이 체결된 이후 이 협약은 2016년 11월 4일부터 발효되었다.

기존 교토의정서는 선진국들에 감축 의무를 부과했지만 법적 구속력도 없었으며, 개발도상국들에는 아무런 의무조차도 부과하지 않았었다. 이에 반해 파리기후협약은 화석연료 시대의 종말을 고할 것이라는 야심찬 목표 아래, 모든 회원국은 온실가스 배출 통계를 매년 보고해야 하고, 5년 단위로 감축 목표를 자발적으로 설정하는 것을 골자로 2020년 이후 기후 변화에 대응하는 강력한 체제를 마련했다는 데 의미가 있다.[9)]

기후 변동은 이처럼 이제 단순한 재난이나 환경상의 차원으로 간주해야 할 수준이 아니라, 국내외의 모든 기구와 행정이 적극적으로 대응하지 않으면 아니 되는 통제의 대상이 되었다. 다시 말해 행정이 적극적으로 기후 변동에 대응하지 않는다면, 기후 변동은 항상 행정에 대해 독립 변수의 위치에서 행정에 영향을 끼칠 것이다.

2) 정보기술

가우스가 열거한 생태적 요소인 물리적 기술 가운데 대표적으로 정보기술을 들 수 있다. 일반적으로 정보기술(information technology)이란 정보를 수집·축적·처리·검색·전달 등 정보를 관리하는 데 사용되는 모든 기술 수단을 의미한다. 따라서 정보기술이 지닌 의미는 이를 활용함으로써 새로운 정보를 창출하거나, 전문가

---

9) 파리협약의 목표는 지구의 평균 기온의 증가를 2100년까지 산업화 이전 대비 2°C 이하로 낮추는 내용을 포함하고 있다. 이에 따라 2020년에는 EU 회원국들은 전기 생산에 이용되는 화석연료의 비중이 재생에너지의 비중인 35%와 유사해질 것으로 전망하고 있다.

시스템(expert system)의 활용이 가능해진다는 데 있다(이창원 외, 2004: 34-35).

이와 같이 정보기술에 기초한 정보화는 정보의 공유성과 정보기술의 범용성을 통해 사회 전체의 정보화 능력과 지적 수준을 향상시키고 그것의 확장을 가속화시키고 있다. 나아가 정보와 지식의 수명주기(life cycle)를 단축시키면서 새로운 가치의 등장을 촉진시키고 있다. 그래서 컴퓨터와 통신기술의 결합으로 등장한 제3의 기술혁명(third technological revolution)인 정보화 사회는 개인의 행태는 물론 사회체제의 혁신을 가져왔다. 이로 인해 세계는 바야흐로 지식정보 사회로 이동하고 있다.

지식정보 사회는 지식과 정보가 사회 전반의 부가가치 창출에 핵심적인 역할을 하면서, 사회구성원의 가치와 행동 양식을 지배하는 사회라고 할 수 있다. 그래서 지식정보 사회에서 지식과 정보는 개인이나 기업 및 국가 경쟁력의 원천인 동시에 최고의 상품이 되어가고 있으며, 국제적으로나 국내적으로 사회의 모든 영역에 영향을 미치고 있다.

예컨대 지식과 정보기술에 기초한 지식정보 사회는 행정 서비스의 질적·양적 향상의 도모는 물론이고, 정보통신 네트워크의 이용을 통해 조직의 핵심 능력을 함께 모을 수 있는 협력 관계를 구축하게 해 준다. 그리고 공무원의 지식과 정보의 축적 및 공동 이용을 용이하게 함으로써 정책기획의 정확성과 집행의 효과성을 높이는 조직적·문화적 틀을 마련할 수 있다(신승춘 외, 2009: 362-372).

이로 인해 지식정보 사회에서의 행정은 정부 서비스의 생산과 전달 과정 전반에 걸쳐, 지식과 정보를 활용해 행정정보 체계로 통합됨으로써 고객인 국민에서 편리하고 효율적인 행정 서비스를 제공할 수 있게 되었다.[10] 또한 지식정보 사회는 시민들로 하여금 행정 서비스에 접근을 용이하게 해 줌은 물론, 참여의 편리성을 제공함으로써 행정과 시민 간의 양방향의 소통을 가능하게 함으로써 참여민주주의를 실현시켜 나가는 데 중요한 역할을 하고 있다.

정보기술은 이처럼 개인의 행태는 물론이고 행정환경 등에 혁신적 변화를 가져오는 데 지대한 기여를 했다. 하지만 정보기술이 행정에 낙관적인 환경만을 가져다주는 것은 아니다. 그것은 정보의 속성과 사회구조가 지닌 문제점을 고려할 때, 정

10) 지식정보 사회에 대응하기 위해 미국을 비롯한 대부분의 국가는 전자정부의 구축에 심혈을 기울이고 있다. 특히 미국의 경우 클린턴 정부는 고객 지향적 행정과 정부효율성의 강화라는 측면에서 이의 구축에 온 힘을 기울였다.

토론 이슈 기후 변화 기술개발 국가적 대응을

전 세계 197개국이 참여한 '파리기후변화협약'(파리협약)이 지난달 4일 발효됐다. 세계 각국이 지구 평균 기온 상승을 섭씨 2도 이하로 억제하자는 데 합의한 것이다. 또 2030년까지 이산화탄소(CO_2) 등 온실가스 배출을 자발적으로 감축하자는 내용도 담겨 있다. 파리협약 발효는 온실가스 감축과 경제 성장을 동시에 이루는 새로운 패러다임인 '신기후 체제'가 본격적으로 시작되는 계기로 볼 수 있다. 기후 변화에 대한 심각성을 인식하고 세계 각국이 뜻을 모았다는 점에서 의미가 크다.

이 협약에서 한국은 2030년까지 총 3억 t의 온실가스 감축 목표를 제시했다. 한국은 에너지의 97%를 수입하고 있다. 중화학공업을 기반으로 경제 성장을 이뤄왔다. 수입한 석유와 석탄, 천연가스를 사용하는 과정에서 대표적인 온실가스인 CO_2를 불가피하게 대기 중으로 배출해 왔다. 현재 추세대로라면 2030년까지 8억 t이 넘는 온실가스를 배출할 것으로 전망된다. 결국 우리는 제시한 3억 t의 온실가스 감축 목표를 달성함과 동시에 미래의 새로운 성장 동력도 창출해야 하는 숙제를 안게 됐다. 환경(environment), 에너지(energy), 경제(economy)를 함께 잡기 위해 많은 사람의 지혜와 협력이 필요한 상황이다.....(중략).....

물론 이런 기술은 신산업 창출에 기여할 수 있어야만 지속적인 발전이 가능하다. R&D 투자는 물론이고 산업 육성을 위한 제도적 기반이 뒷받침돼야 하는 이유다. 올해 정부는 탄소 자원화를 '국가전략 프로젝트'로 선정했다. 더 나아가 산업계와 대학, 공공연구기관이 힘을 합쳐 '탄소 자원화 발전전략' 역시 수립했다. 화석연료에서 발생하는 각종 부산물과 온실가스를 폐기해야 할 쓰레기가 아니라 산업에 필요한 연료 또는 제품 생산을 위한 원료로 활용하는 혁신기술을 적극적으로 개발하자는 것이다. 이런 첨단기술을 확보하면 온실가스 감축과 자원 순환이 동시에 가능하게 된다. 에너지 수입을 줄일 수 있을 뿐 아니라 새로운 산업의 지속적인 창출 역시 가능할 것이다.

기후 변화 대응 기술은 국가적 차원에서 이뤄져야 한다. 효율적인 연구개발과 함께 산업화하기 위한 제도적 보완 역시 올바르게 이뤄져야만 새로운 산업으로서 세계 시장에 적극 진출할 수 있다. 이를 달성하기 위해선 국내 산업계와 대학, 연구기관이 역량을 모아야 한다. 정부의 적극적인 지원 역시 반드시 필요하다. 혁신적 기술 개발과 정부의 관심, 국민의 참여가 뒷받침된다면 지구온난화는 위기가 아닌 새로운 기회로 다가올 것이다.

[자료: 동아일보, 2016년 12월 19일자에서 발췌]

이슈 제기

1. 기후 변동의 주된 원인을 조사해 각 원인의 영향력에 대해 토론해 보시오.
2. 기후 변동에 대한 합의가 한국 행정에 미칠 영향에 대해 생각해 보시오.
3. 기후 변동에 대한 한국 행정의 대응전략에 대해 토론해 보시오.

보화 과정에서 정보의 독점 현상에 따른 불평등을 심화시킬 요소가 내포되어 있기 때문이다.

정보화 과정에서 수반되는 역기능적인 문제 가운데 특히 정보불평등(information inequality)의 문제는 산업사회의 불평등 문제와는 비교할 수 없을 정도로 사회적 갈등구조를 심화시키고 격차구조가 공고화될 개연성이 높다(Schiller, 1996; 김태룡, 2003a: 307). 정보화 사회에서 사회적 불평등의 새로운 형태로 등장한 정보불평등은 정보의 접근과 향유에 따른 차이와 불평등의 결과로, 사회구조가 정보 부자와 정보 빈자로 양극화되는 현상을 의미한다.

특히 정보불평등으로 인한 사회구조의 양극화는 산업사회의 경제적 격차가 초래한 부작용을 초월해 민주공동체를 붕괴시킬 가능성마저 있다는 데 문제의 심각성이 있다(Perelman, 1998; 김태룡, 2004: 23). 따라서 전 세계가 정보불평등을 해소하는 데 나서야 함은 물론, 이를 해결하기 위한 각국의 행정 부담은 그 어느 때보다 큰 실정이다.

이상에서 보듯이 기술이 모든 사회 체제를 변동시킨다는 기술결정론자들의 주장을 거론하지 않더라도, 정보기술은 모든 행정 체제에서 활용하고 있으며 양자는 불가분의 관계를 맺고 있다(이창원 외, 2004: 29).[11] 다시 말해, 정보기술을 포함한 물리적 기술은 환경 변화를 통해 행정에 간접적인 영향을 미칠 뿐만 아니라, 행정 체제의 전환 과정에서 기술이 활용됨으로써 행정의 운영 방식이나 행정문화에 직접적인 변화를 초래한다.

2 한국 행정과 생태/과학환경

기후 변동과 정보기술로 대표되는 생태·과학환경이 한국 행정에 미치는 영향은 최근 들어 가속화되고 있다. 이 중 생태환경으로서 기후 변동은 지구상에서 대규모의 이주와 자원 분쟁 및 질병의 급증 등을 초래해 세계적인 지정학적 개편을 가져올 수 있음을 이미 경고한 바 있다. 그리고 이러한 징후는 세계 곳곳에서 목격

11) 기술과 인간의 사회심리적 관계를 연결시키는 데 관심을 갖는 이론이 사회기술 체제(sociotechnical system)다.

되고 있으며 그에 따른 각국의 대응은 절박한 실정이다.

기후 변동에 대한 한국 행정의 대응은 과거에는 단순한 위기관리 차원에서 다뤄지다가, 이명박 정부가 들어서면서 특히 새로운 패러다임의 전환을 맞았다. 이명박 정부는 녹색과 성장이 병행될 수 있다는 인식에 따라 이전 정부들에 비해 녹색뉴딜정책의 추진에 심혈을 기울였다. 예컨대 2008년 8월에 저탄소 녹색성장을 새로운 국가 비전으로 제시하면서, 이를 위한 실천적 기구와 계획으로 2009년에 대통령 직속으로 녹색성장위원회의 신설과 '녹색성장국가전략 및 5개년계획'을 수립했다. 또한 2010년에는 '저탄소녹색성장기본법'의 제정을 통해 기후 변동에 대한 대응체제를 구축한데서 이러한 대응의 일단을 엿볼 수 있다.

이에 비해 박근혜 정부의 경우는 이전 정부와는 다소 다른 이중적 행태를 보이고 있는데, 그것은 기후 변화에 대한 적극적인 대응전략보다는 규제 완화에 기반한 개발 중심의 정책에 치중하는 듯한 인상이다. 2016년에는 '저탄소녹색성장기본법' 시행령을 개정해, 2009년에 국제 사회와 약속했던 2020년 온실가스 감축 목표인 30%를 공식적으로 폐기했다.[12] 그리고 2016년 6월에는 환경부가 담당해 왔던 기후변화 정책 총괄 업무를 국무조정실이 담당하게 하고, 부문별 감축은 소관 부처 책임제로 하며, 배출권거래제 업무는 경제부처인 기획재정부로 이관하는 등 기후 변동에 대한 정책의 일관성이 상당 부분 후퇴했다(유네스코한국위원회 에코저널, 2016).

비록 파리기후협약에 대비해 2015년 6월 국무회의에서 결정된 사항으로, 2030년까지 감축 노력을 하지 않을 때에는 도달할 이산화탄소 배출량을 기준으로 37%를 감축해, 세계 7위에 해당하는 만큼 감축 목표를 달성하겠다고 국제 사회에 약속을 하기는 했다.

박근혜 정부는 이에 따라 2106년 12월에 녹색성장위원회의 심의를 거쳐 상정된 '제1차 기후 변화 대응 기본계획'을 확정했다. 이 회의는 국제 사회에 좀 더 확실한 약속을 하는 맥락에서, 신기후 체제 출범에 따른 효율적인 기후 변화 대응을 위한 것으로 '제1차 기후 변화 대응 기본계획'과 '2030 국가 온실가스 감축 기본 로드맵'

12) 박근혜 정부의 기후 변동 대책에 대한 국제적인 평가는 대단히 냉혹하다. 2016년에 발표된 독일 민간연구소 저먼워치(German Watch)와 유럽기후행동네트워크(CAN Europe)가 발표한 기후변화 대응지수(Climate Change Performance Index)가 조사 대상국 58개국 가운데 54위를 기록했다. 2010년 31위에서 23단계나 추락해 국제 사회에서 '기후불량국가'라는 이미지가 강화되고 있는 실정이다.

을 확정했다(국무조정실 보도자료, 2016.12.6). 그렇지만 많은 전문가는 이러한 박근혜 정부의 감축 목표에 회의를 보내고 있을 뿐만 아니라, 이를 대신해서 핵발전소 건설에 정책의 우선순위가 놓이는 상황에 불안감을 표출하고 있는 상황이다.

그림 2-2-1 2030년 부문별 목표 감축량

(단위: 백만 톤)

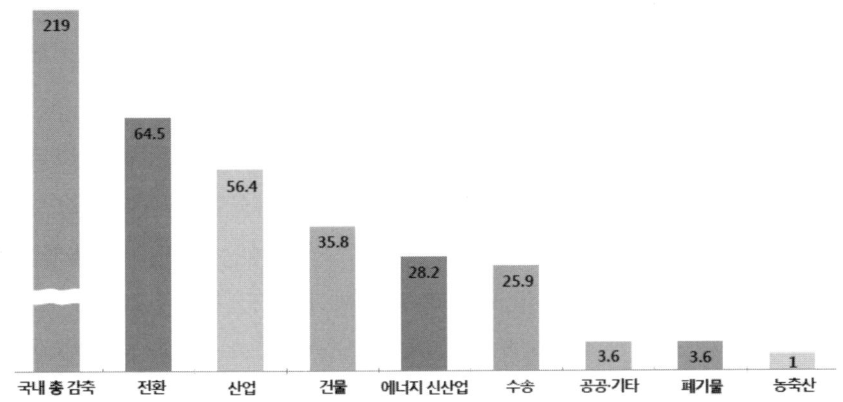

자료: 국무조정실(2016), 제1차 기후 변화 대응 기본계획.

결론적으로 기후 변동을 포함한 생태환경은 이전과는 달리, 한국 행정에 지대한 영향을 미칠 뿐만 아니라 새로운 국가 비전으로 정부의 방향이 되고 있다. 이에 따라 새로운 국제적 생태환경에 대응하지 못할 경우, 한국 정부가 국제적인 조류에서 도태할 수도 있을 정도로 심각한 영향을 받고 있다. 예컨대 석탄화력발전소 건설에 재정 지원을 해 온 한국수출입은행의 녹색기후기금(GCF) 이행기구 자격에 대해, 국제 사회에서 최근 회의적인 시각과 함께 자격 논의가 강화되고 있는 것이 좋은 예다.

정보기술로 대표되는 물리적 기술환경의 영향 또한 생태환경으로서 영향은 지대하다. 한국 정부에서 정보기술의 변화는 민주화 이전 시기와 이후 시기가 특성상 구분이 가능하다.

정보기술의 발전 단계라는 측면에서 전두환 정부 때까지는 행정정보화가 대체로 각종 통계나 보고서 작성 위주의 행정전산화 수준에 머물렀다. 따라서 이 시기는 주로 부처별 단위 업무의 전산화를 통한 행정 능률의 향상에 초점이 주어졌다. 이후 행정정보화는 1986년에 제정된 '전산망 보급 확장과 이용촉진법에 관한 법률'에 힘입어 국가기간전산망사업이 범국가적인 전략사업으로 확산되기 시작했다.

행정정보화 사업은 김영삼 정부가 들어서면서 새로운 국면을 맞게 된다. 즉, 사업의 목표가 행정 능률의 향상은 물론이고 대민 서비스 개선, 공무원의 의식 개혁 등을 달성함으로써 궁극적으로 행정의 경쟁력 제고와 국가경쟁력 강화를 위한 방향으로 확대 개편되었다. 이를 위해 제2차 행정전산망사업이 본격화되기 시작했다. 새로운 사회간접자본(SOC)으로서 정보통신 기반의 조기 구축을 위해 1995년도부터 2015년까지 '초고속정보통신 기반 구축 종합추진계획'이 마련됨으로써 국가 최우선 정보화사업으로 추진되기 시작했다. 특히 이 시기에 '정보화촉진기본법'에 의거해 정보화촉진기본계획이 수립됨으로써 행정정보화가 작지만 효율적인 전자정부의 구현으로 그 목표가 변화되었다.

행정정보화를 통한 전자정부의 구현을 위한 노력은 김대중 정부에서 더욱 가속화되었다. 2001년에는 정보통신 서비스에 접근하거나 이용하기 어려운 자에 대해 정보통신망에 대한 자유로운 접근과 정보 이용을 보장함으로써, 이들의 삶의 질을 향상시키고 균형있는 국민경제의 발전에 이바지함을 목적으로 '정보 격차 해소에 관한 법률'이 제정되었다. 그리고 노무현 정부 때인 2007년에는 전자정부 실현의 기본법인 '전자정부법'이 제정되기에 이르렀다(김광석, 2007: 82－83; 임지봉, 2008: 254).

이명박 정부에서도 이 같은 노력은 지속되어 2008년 12월에는 국가정보화 비전 선포식을 통해 '국가정보화 기본계획'이 마련되었다. 이와 함께 정보화의 부작용을 막기 위한 방안으로 '개인정보보호법'이 2009년도에 통과되었고, '전자정부법 시행령'이 전면적으로 개편되는 등 정보화에 대한 입법적 토대가 구축되었다(행정안전부, 2011: 226－234).

정보화에 대한 입법적 토대가 어느 정도 완비된 상태에서 출범한 박근혜 정부는 이전 정부들이 주로 주력했던 하드웨어 측면보다는 소프트웨어에 해당하는 전자정부의 이용 측면에 정책의 초점이 맞춰졌다. 입법적 측면에서는 2013년에는 '정보공개법'의 전문 개정과 2016년에 '개인정보보호법' 시행령의 일부 개정이 있었으며, 2016년에는 '전자정부 2020 기본계획'이 마련되었다. 이와 함께 박근혜 정부가 주력한 부분은 이전 정부에서 마련된 하드웨어와 입법 토대를 기반으로, 국민 중심의 정부혁신을 내세우며 공공정보를 개방하고 부처 간 칸막이를 없애, 국민의 삶을 편하게 하고 일자리 창출에 도움이 되는 데 목표를 둔 '정부3.0' 정책이라 할 수 있다.

이에 집권 초인 2012년 7월 11일 국정 운영의 새로운 패러다임을 구축한다는 목표 하에, 일방향의 '정부1.0'과 쌍방향의 '정부2.0'을 넘어서 개인별 맞춤 행복을 지향한다는 정책을 추진했다. 2013년 6월에는 '정부3.0 비전' 선포와 '정부3.0' 기본계획'이 발표되었고, 2014년 7월에는 '정부3.0추진위원회'가 출범했다. 그 결과 2015년에는 경제개발협력기구(OECD)에서 데이터 개방 평가에서 세계 1위를 달성하는 성과를 내기도 했다.

이상에서 보듯이 정보기술에 대한 한국 행정의 대응은 중앙정부의 거시적 차원은 물론이고, 지방정부의 미시적 차원에 이르기까지 급변하는 환경에 비교적 잘 적응해 오고 있다.[13] 이제는 정보기기나 활용의 수준을 넘어서 정보 이용의 단계에 접어든 양상으로, 정보의 이용을 통한 정부 서비스의 질을 향상시키는 단계에 이르렀다.

하지만 2017년에 맞이한 전자정부 50주년을 계기로, 정보기술의 급속한 발전은 다시 한국 행정에 신속한 대응을 요구하고 있다. 이와 함께 한국 행정은 새로이 도래된 지식정보 사회에서 과거에는 경험하지 못했던 새로운 정보문화에 적응해야 하는 상황에 직면해 있기도 하다. 그리고 정보화 사회가 가져오는 역기능을 해소하고 국가의 균형 발전을 도모해야 하는 것도 정보기술에 대한 한국 행정의 시급한 역할이기도 하다.

---

13) 이러한 노력으로 인해 2010년 유엔이 전 세계 192개국을 대상으로 실시한 전자정부 평가에서 한국이 1위를 차지했다. 2001년 첫 평가 당시에는 15위였던 것이 국가정보화 추진으로 10년 만에 1위로 올라선 것이다. 유엔에서 평가하는 전자정부 지수는 전자정부 준비도 지수(종합), 웹 수준 지수, 정보통신 인프라 지수, 인적자원 지수, 온라인 참여 지수(종합)로 구성된다. 이 중 한국은 정보통신 인프라 지수(13등)만을 제외하고는, 모든 지수에서 1등을 차지했다. 이후 2012년과 2014년까지(격년제 평가) 연속으로 1위를 기록했지만, 2016년 평가에서는 193개국 가운데 영국과 호주에 이어 3위에 머물렀다. 이 평가에서 순위가 뒤진 이유는 인적자본 지수가 6위에서 18위로 낮아진 것이 영향을 미쳤다. 대신에 정부3.0을 기반으로 한 국민 중심 맞춤형 서비스, 정부 포털을 통한 통합 서비스, 범정부 클라우드 전환계획, 국가재난정보시스템 등에서는 높은 평가를 받았다.

생각할 문제

■ 한국 행정과 국제 환경

1. 세계화가 등장하게 된 배경과 원인에 대해 생각해 보시오.
2. 신자유주의의 사상적 배경을 조사하고, 그에 대한 현실적합성을 생각해 보시오.
3. 한국 행정에 끼친 세계화와 신자유주의의 영향에 대해 조사하고, 그에 따른 효과성에 대해 생각해 보시오.

■ 한국 행정과 국제/과학환경

1. 과학환경이 행정에 미치는 영향을 조사하고, 그 대책에 대해 생각해 보시오.
2. 급변하는 과학환경에 대해 한국 행정이 어떤 대응을 해야 할지에 대해 생각해 보시오.
3. 생태환경이 행정에 미치는 영향을 조사하고, 각각의 영향에 대해 생각해 보시오.
4. 생태환경이 한국 행정에 미친 순기능과 역기능을 조사하고, 그에 따른 한국 행정의 대응 방안에 대해 생각해 보시오.

제 3 편

한국 행정과 존재 이유: 추구 가치

개 관

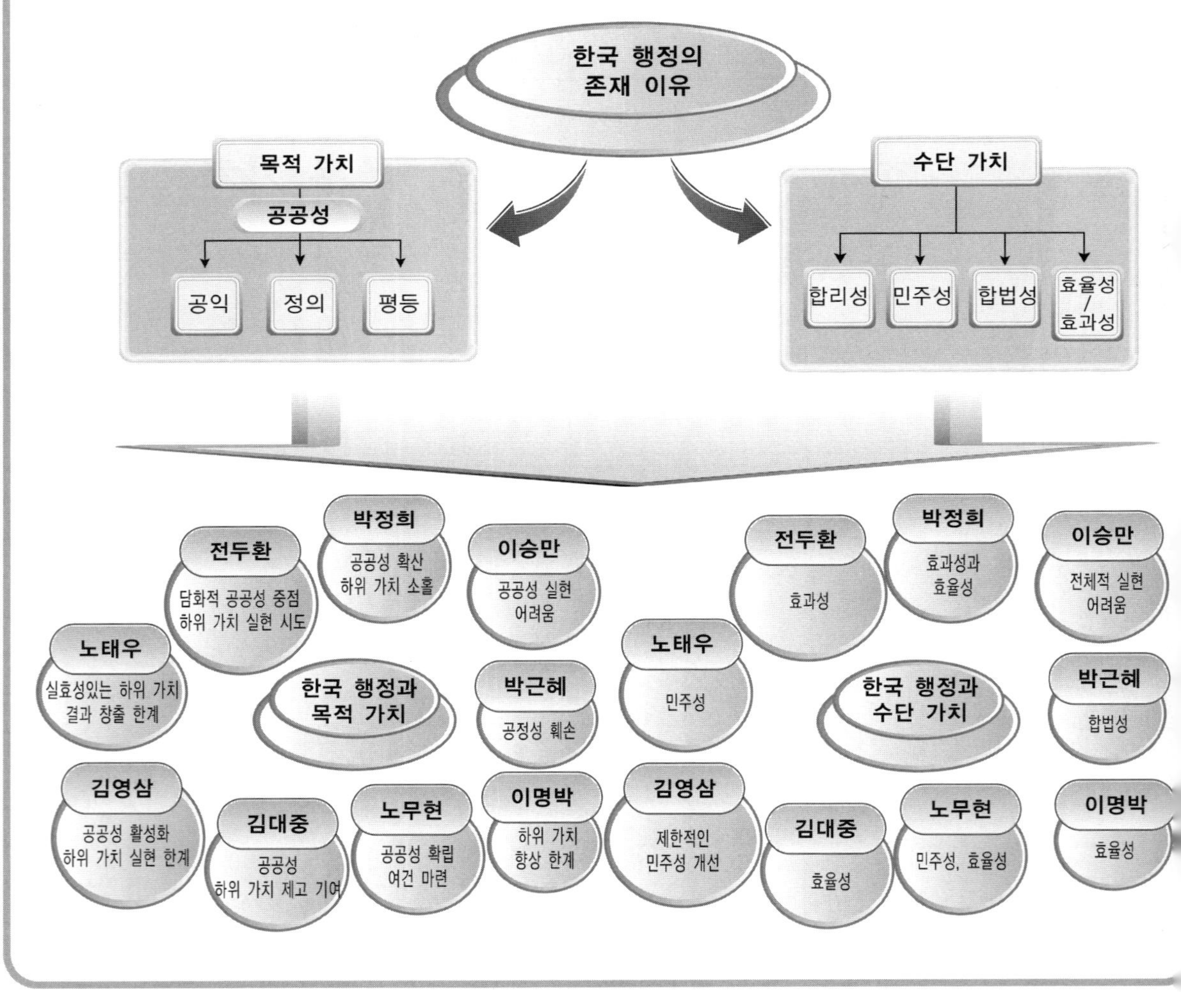

제 3 편 한국 행정과 존재 이유: 추구 가치

제 1 장 한국 행정과 목적 가치

가치(value)란 일정한 행동 양식이나 종국적 상태에 대해, 개인적으로나 사회적으로 선호하는 신념 체계(belief system)를 의미한다(Kermaghan, 1973: 586). 하여 행정이 추구하는 가치란 곧 행정이 무엇을 하기 위해 존재하는가의 문제와 일맥상통한다. 행정에서 당연히 있어야 할 것을 알려 주는 것이 가치의 문제요, 또한 가치는 관료들에게 마땅히 해야 할 행위가 무엇인지를 제시하는 데 그 의미가 있다. 행정의 존재 이유에 해당하는 것이 행정이 추구하는 가치에 해당하는 것으로, 행정의 궁극적 목표 실현을 위한 판단 잣대로서의 공공가치(public value)를 의미한다.

그렇지만 가치가 함축하는 복잡성에 비춰볼 때, 행정 가치에 대한 개념화나 유형화도 학자나 국가 또는 시대마다 달리해 온 까닭으로 그리 쉬운 작업이 아니다. 게다가 행정의 가치와 구조가 행정에 대한 접근 방식에 따라 달라질 수 있다는 입장마저 취하게 되면 내용은 더욱 복잡해진다.

행정 가치를 둘러싼 여러 관점에도 불구하고, 행정 가치에 대한 관점은 크게 두 부류로 나눠 볼 수 있다. 하나는 가치 간에 다소 우선순위를 부여해 계층적 구조에 입각한 유형화를 시도하는 입장이다(Jorgensen & Bozeman, 2007: 354–381). 이들은 행정 가치를 중심가치, 주변가치, 연관가치로 구분하면서 주변가치와 연관가치가 협력적 관계를 통해 중심가치를 달성하는 관계로 보고 있다.

이에 반해 가치 간에 우월성보다는 행정을 바라보는 시각에 입각해, 다소 간에 우열은 인정하지만 비교적 수평적 관계로 행정 가치를 유형화하는 입장이다(Ingraham & Rosenbloom, 1990: 210-219; Rohr, 1989: 108-114). 이들은 사(私)행정에서 강조되고 있는 효율성만을 강조하는 실무행정과 그간 소홀히 다뤄져 왔던 헌법 가치에 대한 재고의 필요성을 지적하면서, 공(公)행정에 대한 새로운 접근 방법에 따라 행정 가치를 구조화했다.

이에 따라 첫째, 경제성이나 효율성 또는 효과성과 같은 가치를 중시하는 관리적 접근, 둘째, 대표성이나 대응성 또는 책무성 가치를 중시하는 정치적 접근, 셋째, 절차적 적법성이나 헌법정신 또는 평등과 같은 가치를 중시하는 헌법적 접근 방법으로 나눠 행정 가치를 범주화할 수 있다는 입장이다(박형준 외, 2013: 163-187). 박형준 외(2013: 163-187)는 이 같은 분류에 기초해, 행정 가치를 세 개의 범주로 나누고, 각 범주에 일곱 개씩의 행정 가치를 부여하는 가치구조를 <표 3-1-1>과 같이 제시했다.

표 3-1-1 이념형으로서 공공성 유형

행정 가치		
헌법적 가치	관리적 가치	정치적 가치
인간의 존엄성	청렴성	신뢰성
합법성	고객지향성	투명성
평등권	효과성	책임성
정치적 중립성	지속가능성	사회적 형평성
자유권	안정성	절차적 민주성
재산권	효율성	시민 참여
다양성	전문성	조화성

이외에도 행정 가치를 유형화하거나 계층화하고자 하는 노력은 많은 학자에 의해 이뤄져 왔지만, 문제는 이들의 기준이나 분류를 원용하는 경우에 파생되는 가치 간의 중첩성과 논의에 따른 복잡성이다. 그래서 가치에 대한 유형으로 여기서는 가치 간의 계층적 성격을 포함하고 있으며 보편적으로 사용하는 분류인, 목적 지향적 가치(ends-oriented value)와 수단 지향적 가치(means-oriented value) 유형을 원용하고자 한다. 이때 목적 지향적 가치란 달성하려는 목적과 관련된 기본적이고도 본

질적 가치를 뜻한다. 이에 반해 수단 지향적 가치는 목적을 실현하기 위해 업무상 행하게 되는 방법과 관련된 수단적인 윤리적 원리를 의미한다(Howe & Kaufman, 1980: 585-595).[1] 이에 따라 행정 가치도 목적 지향적 행정 가치와 수단 지향적 행정 가치로 나뉜다.

제 1 절 행정과 목적 가치

목적 지향적 가치 내지 본질적 가치란 당위적·규범적 측면에서 행정이 달성하고자 하는 궁극적 가치이자 목표를 의미한다. 이런 측면에서 볼 때 행정이 달성하고자 하는 궁극적 가치로 최상위에 위치하는 본질적 가치는 공공성이다. 공공성에 대한 논의는 두 측면으로 나눠 살펴볼 수 있다. 하나는 공공성이 무엇인가에 관한 것으로, 이는 공공성에 대한 개념적 논의에 해당하는 부분이다. 그리고 다른 하나는 공공성이 어떤 것인가에 대한 것으로, 공공성의 유형에 관한 논의가 이에 해당한다.

1 공공성

1) 공공성 개념의 부활

공공성(publicness)은 행정이 추구해야 할 궁극적 목표이자 본질적 가치로서 이의 중요성은 말할 나위도 없다. 공행정이 공공(public)과 행정(administration)이라는 두 개념과 영역으로 구성되어 있는 데서도 엿볼 수 있듯이, 행정에서 공공의 개념과 영역을 제외한다면 그것은 경영이나 관리와 다를 바가 없게 된다. 따라서 행정과 공공성은 불가분의 관계이자 공공성에 대한 개념이 부재한 행정은 내용 없는 형식에 불과하다.

1) 이를 본질적 가치와 비본질적 가치로 대별하는 경우도 있으나 의미는 유사하다(Ackoff et al., 1981: 41). 이때 본질적 가치란 가치 자체가 목적이 되는 가치인 반면, 비본질적 가치는 궁극적 목적을 실현하기 위한 수단으로서 이를 가능하게 하는 가치를 의미한다.

행정에서 차지하는 공공성의 개념이 중요함에도 불구하고, 그동안 이에 대한 논의가 부진했던 것은 공공성의 개념이 지닌 포괄성과 추상성에 따른 어려움과 시장 지배적인 효율성 지상주의에 기인한 바가 크다(김철, 2008). 공공성의 개념에 대한 논의가 부진했던 자체적 이유는 공공이라는 의미 자체가 모호할 뿐만 아니라, 이 개념 속에는 문화적 내지 정치적인 이미지가 내포되어 있었기 때문이다. 특히 공공성의 개념에는 획일적 속성이 내포되어 있어 미국과 같이 다원주의적 실용주의를 추구하는 사회와는 공존이 어려웠다. 그리고 정치나 정부와 같은 의미로 이해되었기에 독자적인 영역으로 보기에도 문제가 있었다(Mathew, 1984: 120-125).

공공성 개념에 대한 논의가 쇠퇴한 다른 이유는 새로운 거버넌스 시대를 맞이하면서, 행위 주체들 간의 역할을 배분하는 과정과 밀접한 관련이 있다. 이 과정에서 시민사회와 시장의 자율성과 활동성은 확대된 반면 정부의 기능은 축소되었고, 설상가상으로 공공성의 개념 자체가 기업의 사회적 공헌활동으로 환원되는 경향마저 나타났기 때문이다(조대엽, 2007: 126).[2] 이러한 경향은 결과적으로 공공성을 담당하는 주체들의 지위를 다양한 거버넌스의 행위 주체자로 확대시킴으로써, 그간 공공성 개념의 독점적 행위자(exclusive user)로서 자리를 유지해 왔던 행정의 지위를 해체하려는 의도가 깔려 있었다.

그렇지만 최근에 이르러 행정에서 공공성에 대한 관심이 다시 증가하고 주목을 받기 시작했다. 그 이유는 행정과 공공성이 불가분의 관계라는 당위적 이유 외에, 국가의 작동 방식에서 민주성을 회복하고자 하는 분위기와 깊은 관계가 있다(강명구, 2009).[3]

---

2) 기업의 사회공헌 활동을 시장 영역에 할당된 공적 기능이란 시각에서 시장공공성으로 규정해, 이를 국가가 가진 정당성 기능의 이전으로 해석하는 경향마저 등장하고 있다는 것이다.

3) 행정에서 공공성에 대한 관심이 고조되고 있는 이유를 강명구는 다음과 같이 보고 있다: 이런 분위기가 조성된 데에는 1980년대 이래 시장적 효율성의 증진이라는 대명제 하에 함몰되어온 것에 대한 반성과 성찰에 의미가 있다는 말이다. 그러나 이러한 반성과 성찰의 의미가 곧 1980년대 이전, 즉 국가가 주도적으로 공공 영역을 규정하던 흐름으로 회귀함을 의미하는 것은 물론 아니다. 아울러 행정에서 공공성을 강조하는 흐름은 1980년대 이후 주도적으로 자리매김해 온 시장(혹은 시장적 방식)에 의한 공공성 규정을 강조하는 신공공관리론의 전반적 배척을 의미함도 아니고 의미해서도 안 된다는 것이다. 행정에서 공공성 연구가 성찰에 근거한 진전을 이루기 위해서는 현재에 대한 전반적 배척과 과거로의 전반적 회귀를 뛰어넘는 변증법적 해석을 추구할 필요성이 있다는 것이다.

다시 말해, 행정에서 공공성에 대한 관심이 부활하기 시작한 동인은 전 세계를 풍미하고 있는 시장 지향적 거버넌스 체제 하에서, 공공 서비스에 대한 공공성이 심각한 도전을 받고 있는 데서 기인한다. 따라서 이에 대한 반발적 기류로 공공성의 논의가 강화되고 있다. 특히 공공성을 자신의 정체성으로 확인해야 하는 행정이 맞고 있는 위기와, 그에 따른 반발적 기류로 공공성의 논의가 강화되고 있다(Haque, 1996, 2001; 임의영, 2003; 소영진, 2003; Pesch, 2008: 170-193).[4)]

이 같은 반발적 분위기의 확산에 따라 과거 신자유주의를 제기해 온 세계은행(World Bank)이나 국제통화기금(IMF)조차, 최근 들어서는 시장 중심적인 신자유주의적인 개혁의 한계와 그에 따른 공공 부문과 사회적 인프라의 중요성을 인식하기 시작했다. 이에 따라 종래 강조되었던 최소 국가(the minimal state)는 이제 좋은 거버넌스(good governance)로 대체되기에 이르렀다. 그 결과 시장, 경쟁 그리고 효율성의 이름으로 경멸되었던 공공성이라는 가치가 다시 국제적인 토론의 장으로 진입하기 시작했다(Wagle & Dixit, 2006: 21-30; 김철, 2008).

2) 공공성의 개념

공공성에 대한 연구가 행정 분야에서 수적으로 적은 편은 아니다. 다만 행정 분야에 축적된 공공성의 개념 속에는 정치학, 심리학, 사회학, 철학 등의 영역에서 발전된 다양한 개념이 유입되면서 내용상 다양한 관념이 포함되었다(Goldstein & Naor, 2005; Bozeman, 2007; Jøgensen & Bozeman, 2007: 6-8).

그 결과 행정에서 다루고자 하는 핵심적 가치로서 공공성에 대한 개념적 편차가 너무 커서 통일된 개념을 찾는 작업이 어렵고 난해해졌다(백완기, 2007; 서재호, 2008; Pesch, 2008: 170-193). 그래서 공공성을 논의하는 대부분의 연구에서는 공

4) 임의영(2015)도 공공성의 위기 원인으로 신자유주의를 지목하고 이에 대한 대안으로 시민사회의 활성화에 방점을 두고 있는 것은 유사하나, 기존의 논의와 차이가 있는 주장을 전개하고 있다. 그것은 대안의 내용을 구체화하는 과정에서 시민사회를 구성하는 사람들의 조건이나 인간적 상황에 대한 성찰이, 공공성의 문제와 동시에 이뤄져야 할 필요성을 제안하고 있다. 다시 말해 공공성을 다루는 데 있어 인간적 토대가 매우 취약하기 때문에 이에 대한 관심을 기울여야 한다는 것이다. 이를 위해 말할 수 있는 자유의 확보, 정보의 공개, 소통을 강조하는 교육, 경제적 격차와 완화 등을 위해 행정이 중요한 역할을 담당해야만 바람직한 공공성을 추구할 수 있다는 입장이다.

공성에 대한 개념화를 직접적으로 시도하기보다는, 이를 구성하고 있는 요소를 통하거나 또는 공공성에 대한 접근 방법을 통해 개념화를 꾀하고 있다(한상일, 2009).

(1) 공공성에 대한 접근 방법

공공성이 지닌 복잡성과 추상성으로 공공성에 대한 대부분의 연구는 직접적으로 개념화를 시도하기보다는 간접적 방식을 통해 이를 유추하고자 했다. 이런 관점에서 조직의 특성과 관련시켜 공공성을 설명하려는 경향이 있어 왔다. 예컨대 공공조직과 민간조직의 차별성에 근거해 공공성의 의미를 부각시키고자 하는 시도가 이런 경향에 해당한다(Bozeman & Bretschneider, 1994). 골드스타인과 나오(Goldstein & Naor, 2005: 209－228)의 접근 방법도 이런 유형의 한 예라고 할 수 있다. 여기서는 공공성에 대한 논의를 이들이 제시한 세 가지 접근 방법을 중심으로 공공성의 특성을 유추해 보고자 한다.

첫째, 포괄적 접근 방법(generic approach)을 통한 공공성에 대한 이해다. 이 시각은 공공성과 민간성(privateness)을 구별하는 것이 실익이 없다는 관점이다. 예컨대 공공조직이나 민간조직을 막론하고 관리자의 기능이나 조직효율성 등과 같은 기능과 속성은 모든 조직에서 필요하다는 입장이다. 따라서 공통적인 기능이나 속성을 함께 필요로 하고 있다는 점에서, 공공조직과 민간조직의 구별은 실익이 없다는 것이다.

둘째, 핵심적 접근 방법(core approach)을 통한 공공성에 대한 이해다. 이 시각은 공공조직과 민간조직의 근본적인 차이가 소유권(ownership)에 달려 있다는 입장이다. 예컨대 보즈먼과 브렛쉬나이더(Bozeman & Bretschneider, 1994: 197－224)는 법적 소유구조에 근거해 공공조직과 민간조직을 구분하는 방식을 제시했다.

법적인 소유권을 기준으로 공공성을 정의하는 경우 명료한 기준을 제공할 수 있다는 장점이 있다. 반면에 최근에 이르러 증가 일로에 있는 반관반민(半官半民)과 같이 경계가 모호한 조직의 경우에 대해서는 설명력이 약하다는 데 문제가 있다. 그래서 법적 소유권이 아닌 또 다른 관점에서 정치적 소유권을 중심으로 구분하려는 시각이 있다.

민간기업은 소유권이 창업자나 주주에게 있는 반면, 공공기관은 정치적 공동체의 구성원들이 소유하고 있다는 점에 차이가 있다. 따라서 공공조직은 정치적 공동체로부터 강한 영향을 받는다는 점에서 차이가 있음을 강조한다. 이런 측면에서 핵심적 접근 방법은 정치성(politicization)을 공공성의 주된 요인으로 보고 있다.

셋째, 영역별 접근 방법(dimensional approach)을 통한 공공성에 대한 이해다. 이 시각은 공공성이라는 개념이나 속성이 단일한(monolithic) 요소나 차원으로 구분할 수 있을 만큼 단순하지 않다는 관점에서 출발한다. 따라서 다양한 영역을 동시에 고려할 때 공공성에서 유발되는 조직의 목표, 구조, 문화 등을 정확히 분석할 수 있다는 관점이다.

예컨대 헤이크(Haque, 2001: 66-82)는 다섯 가지의 차원, 즉 민간 부문과의 차별성, 서비스 공급 대상의 범위와 구성, 사회경제적 역할의 크기, 책임성의 정도, 그리고 공공 신뢰의 정도 등을 고려해 공공성을 평가해야 한다고 제시했다. 유사한 차원에서 퇴니그(Thoenig, 2006: 229-258)도 소유권 구조, 정부에 의해 정당화되는 명령, 측정지표의 다양성, 그리고 타자에 의한 평가 등을 공공성의 차원으로 제시했다.

특히 페쉬(Pesch, 2008: 170-193)는 공공성의 차원을 정치적 영역과 경제적 영역으로 구분하는 접근 방법을 지지하면서 영역별 접근에 주목할 것을 강조했다. 그는 민영화, 세계화, 기업형 정부의 시대를 맞이해서 공공기관은 새로운 서비스를 제공해야 하는 동시에 적극적으로 시장에도 참여해야 하는 경제적 책임성에 직면하게 되었지만, 여전히 정치적 공동체를 형성해 시민들의 요구와 필요를 충족시켜야 하는 정치적 책임도 동시에 있다고 보았다.

(2) 공공성의 구성 요소

공공성의 구성 요소를 통해 공공성의 내용을 밝히고자 하는 시도는 공공성에 대한 개념화 작업에서 가장 기본적인 방식이라 할 수 있다. 백완기(2007: 1-22)는 공공성의 구성 요소를 통해 공공성의 내용을 규정하고자 했다. 여기서는 이 같은 입장에 따라 공공성의 내용을 이해하기 위해, 학자들이 제시한 개념적 구성 요소를 우선 살펴보고자 한다.

백완기는 공공성을 구성하는 핵심적 요소로 일곱 가지를 들고 있다. 첫째, 정부가 그것이다. 이는 공공기관이 수행하는 역할과 기능이 공공적이라는 의미다. 둘째, 정치성이다. 정치성으로서 공공성은 공론의 영역에서 다양한 시각과 의견을 가진 시민들이 행위의 상호작용을 통해 합의에 이르는 것을 의미한다. 셋째, 공개성이다. 이는 개방적이고 투명하며 접근성이 용이하다는 것을 의미한다. 넷째, 공익을 들고 있다. 이는 소수의 이익보다는 불특정 다수의 이익을 염두에 둔다는 것을 의미한다. 다섯째, 공유성을 들고 있다. 여섯째, 공정성을 들고 있다. 이는 평등, 형평, 정의, 공평 등의 개념과 관련이 깊다. 일곱째, 인권과 관련되어 있다는 점을 들고 있다.

임의영(2003: 27－29)도 백완기의 그것과 크게 다르지 않은 범위에서 공공성을 구성하는 요소로 여섯 가지를 들고 있다. 첫째, 정부 혹은 공공기관에 의해 이뤄지는 모든 행위를 의미한다. 둘째, 공통적으로나 보편적으로 다수의 사람과 관련되어 있다. 셋째, 사적으로나 감정적으로 상호작용하는 것과는 대립되는 것으로서 공식성(officiality)을 띠고 있다. 넷째, 공익을 추구하는 경우다. 다섯째 접근 가능성과 공유성을 지니고 있다. 여섯째, 개방성과 공지성(publicity)이 그것이다.

소영진(2003: 6－8) 또한 크게 다르지 않게 공공(public)의 특징으로 볼 수 있는 구성 요소를 다섯 가지로 제시하고 있다. 첫째, 전체나 다수에 관한 일(public as group affairs)이다. 이는 공공 영역 또는 공론(公論)의 장(public sphere)의 개념과 관련이 있다. 둘째, 권위(public as authority)다. 이는 누구나 신뢰할 수 있는 정도의 권위를 의미한다. 셋째, 정부(public as government)다. 이는 시장이 하는 일과는 반대적 대상으로 간주된다. 넷째, 전유 불가능성(public as non-exclusiveness)이다. 이는 누구나 대가를 지불하지 않고 이용할 수 있는 재화를 의미한다. 다섯째, 이타성(public as altruistic interest)이다. 이는 이기적 욕구 충족 활동에 대한 비사익적인 것을 의미한다.

공공성에 대한 앞의 논의와는 다소 다른 차원에서 공공성을 사회학적 관점에서 논의한 신진욱(2007: 30－35)은 분석적 지표와 규범적 가치라는 두 차원을 통해 공공성의 구성 요소를 제시했다. 그가 들고 있는 다섯 가지의 분석적 지표는 첫째, 다수 사회구성원에 대한 영향이다. 둘째, 모든 사람의 필수적인 생활 조건에 관한 것이다. 셋째, 공동의 관심사다. 넷째, 모든 사람에게 드러나 있다. 다섯째, 세대를 넘어서는 영속성이 그것이다. 그리고 분석적 지표에 대응하는 규범적 가치로 다음을 들고 있다. 첫째, 책임성과 민주적 통제다. 둘째, 연대와 정의다. 셋째, 공동체 의식과 참여다. 넷째, 개방과 공개성이다. 다섯째, 세대 간 연대와 책임이 그것이다.

이상에서 살펴본 바와 같이 공공성에 대한 접근 방법이나 구성 요소는 용어상의 차이만을 제외한다면 큰 차이가 없다. 즉, 공공성을 구성하는 공통적인 요소로는 정부, 공공 영역, 공동성, 다수에 관한 것, 공익성, 공개성, 공유성, 정치성 등이 내포되어 있다. 따라서 행정에서 본질적 가치에 해당하는 공공성은 정부나 공공 영역에서 공익에 기초해 전체나 다수 그리고 정치성과 관련있는 것으로, 공개적이고 공유되는 특성을 지닌다고 볼 수 있다.

3) 공공성의 유형

행정에서 공공성에 대한 개념적 논의가 공공성이 무엇인가에 초점을 둔 것이라면, 다음으로 문제가 되는 것은 어떤 공공성인가에 관한 것이다. 다시 말해, 공공성의 유형에 따라 공공성의 내용과 시각이 달라진다는 점이다. 이런 측면에서 공공성의 유형은 사회의 공공성 수준을 평가하는 데 유용한 도구로 활용할 수 있다. 공공성의 유형화는 여러 학자가 시도했지만, 여기서는 임의영(2010: 1－21)이 시도한 이념형으로서 공공성의 유형을 중심으로 살펴보면 이러하다.

임의영은 이념형으로서 공공성 유형을 도구적 공공성, 윤리적 공공성, 담화적 공공성, 구조적 공공성의 네 가지로 분류했다. 그리고 이들 유형을 초점, 관점, 내용, 행정이론의 측면에서 <표 3－1－2>와 같이 분류했다.

첫째, 도구적 공공성(instrumental publicness)은 국가에 대한 도구적 관점에서

표 3-1-2 이념형으로서 공공성 유형

구분	도구적 공공성	윤리적 공공성	담화적 공공성	구조적 공공성
초점	국가 (공공 부문)	국가 (공공 부문)	공론 영역 (시민사회)	사회구조
관점	도구적 차원	도덕적 차원	구성적 차원	구조적 차원
내용	기본권 보장	사회경제권 보장	참여와 토론 활성화	착취구조의 폐지
행정 이론	관료제론 신공공관리	복지행정 신행정학	거버넌스 이론	비판적 행정이론

자료: 임의영(2010).

공공성을 보고자 하는 유형이다. 이 유형에서 공공성은 국가와 시민사회의 분리를 전제로 하며, 국가는 공(公)을 시민사회(=시장)는 사(私)를 의미한다. 따라서 공공성은 국가가 개인적 권리의 절대성을 보호하는 데 필요한 도구적 기능을 추구하는 것을 의미한다.

이때 개인의 권리 유형은 생명권, 자유권, 재산권과 같은 기본권에 한정된다. 그리고 도구적 공공성의 실현 정도는 기본권의 보호를 위한 법과 제도의 형성 과정과 완비 정도, 실제적인 집행 수준을 기준으로 판단할 수 있다. 도구적 공공성은 합법성의 이념을 신봉하는 관료제론이나 신자유주의적 이념에 기저한 신공공관리론 등과 밀접한 관련을 맺고 있다.

둘째, 윤리적 공공성(ethical publicness)은 국가에 대한 도덕적 관점에서 공공성을 보고자 하는 유형이다. 도구적 공공성에서와 같이 이 유형에서도 공공성은 국가와 시민사회의 분리를 전제로 하며, 국가는 공(功)을, 시민사회는 사(私)를 의미한다. 공공성은 국가의 도덕적 기반에서 설명된다. 따라서 공공성은 국가가 규범적으로 사회적 불평등을 해소하기 위한 적극적인 원리를 개발하고 개입하는 것을 의미하며, 개인의 사회적·경제적 권리를 핵심에 둔다.

윤리적 공공성의 실현 정도는 분배와 재분배를 위한 규범적 원리의 적정성, 사회경제적 권리의 신장을 위한 법과 제도의 형성 과정과 완비 정도, 그리고 이의 실제적인 집행 수준을 기준으로 판단할 수 있다. 윤리적 공공성은 복지이론과 행정의 규범성을 강조한 신행정학과 밀접한 관련을 맺고 있다.

셋째, 담화적 공공성(discursive publicness)은 공론 영역의 구성적 관점에서 공공성을 보고자 하는 유형이다. 이 유형에서 공공성은 국가와 시장 및 시민사회의 분리를 전제로 하며, 시민사회의 공적 기능에 초점을 두고 있다. 이에 따라 담화적 공공성은 국가가 독점적으로 공공성을 추구하는 데는 한계가 있다는 인식에 기초하고 있다. 따라서 이 유형에서 공공성은 시민사회의 공적 기능인 참여와 토론에 기반해 합의를 구성하는 공론 영역을 핵심에 둔다.

담화적 공공성의 실현 정도는 공론 영역의 활성화 정도, 공론 영역의 활성화를 위한 법과 제도의 형성 과정과 완비 정도, 법제도의 실질적인 집행 수준으로 판단할 수 있다. 담화적 공공성은 국가와 시장과 시민사회 간의 파트너십을 강조하면서 수평적 통치 체계에 관심이 있는 거버넌스(governance) 이론과 밀접한 관련을 맺고 있다.

넷째, 구조적 공공성(structural publicness)은 사회구조적 차원에서 공공성을 보고자 하는 유형이다. 이 유형에서 공공성은 국가, 시장, 시민사회와 같은 영역의 분리에 기초하지 않고, 오히려 분리된 영역의 변증법적 통합체 혹은 공과 사의 변증법적 통합체인 사회구조 자체의 존재에 핵심을 둔다.

이를 위한 조건으로서 불평등을 야기하는 착취적 사회구조의 폐지와 이에 기초한 실질적 평등에 초점을 맞춘다. 따라서 구조적 공공성의 실현 정도는 착취적 사회구조의 완화 정도, 착취구조를 완화시키기 위한 법제도의 형성과 완비 정도, 법제도의 실질적인 집행 수준으로 판단할 수 있다. 구조적 공공성은 신행정학을 배경으로 발전한 비판적 행정이론이 이념적으로 이 입장을 공유하고 있다.

2 공공성의 하위 가치

행정이 추구해야 할 궁극적 가치이자 본질적 가치인 공공성에는 정부와 공공영역, 공동성, 다수에 관한 것, 공익성, 공개성, 공유성, 정치성 등과 같은 공통적 요소가 내포되어 있다. 공공성의 구성 요소는 공공성을 형성하는 하위 가치의 내용을 규정하는 데 중요한 지침을 제공한다. 따라서 공공성을 구성하는 하위 가치는 구성 요소만큼 존재한다. 하지만 여기서는 공공성을 구성하는 주된 하위 가치로 공익, 정의, 평등에 한정해 살펴보고자 한다.[5]

공공성의 하위 가치도 개념을 조작화할 경우, 다시 절차적 가치나 수단적 가치로 환원할 수 있다. 예컨대 정의(正義)의 경우는 평등 또는 형평의 개념으로 환원될 수 있으며, 공익의 경우는 정책 결정 과정과 관련된 절차적 가치로 이해할 수 있다. 그러나 여기서는 이 같은 구분을 피하고, 대신 수평적 관점에서 하위 가치에 대해서만 살펴보고자 한다.

---

5) 여기에서는 공공성을 상위의 본질적 가치로 그리고 공익, 정의, 평등을 공공성을 구성하는 하위 가치로 설정했다. 그러나 이에 반해 이종수 · 윤영진 외(2008)는 이 같은 구분 없이 공공성을 제외한 채 본질적 행정 가치의 범주에 정의, 공익, 복지, 형평, 자유, 평등 등의 개념을 수평적으로 포함시키고 있다. 이 밖에도 학자들마다 공공성의 하위 가치에 대한 우선순위는 매우 다양하다.

1) 공익

(1) 공익의 개념관

공공성을 구성하는 하위 가치 가운데 공익(公益, public interest)은 행정행위에서 무엇보다도 중요한 규범적 기준이다. 따라서 모든 행정행위를 규제하고 인도하는 것이라고 할 수 있다(Lipmann, 1955). 그럼에도 공익의 개념은 논자나 학문적 성격에 따라 그 의미가 다양하게 규정되어 왔기에, 공익 개념이 지닌 모호성은 때로 심각한 문제를 야기하기도 한다.

공익이라는 이름 아래 특수 이익을 추구하는 행정을 정당화시킬 개연성이 그것이며, 특정 집단의 이해관계를 합리화하는 데 악용되기도 한다. 이처럼 공익의 개념이 지닌 중요성에도 불구하고, 공익 개념이 오히려 특수이익이나 집단의 이해관계를 합리화하는 데 악용될 개연성이 존재하는 것은 공익에 대한 보편적 개념을 형성하기가 어려운 데서 기인한다(Sorauf, 1957). 이에 더해 공익처럼 공허하고 신빙성도 없으며 무익하기까지 한 용어는 없다는 헬드(Virginia Held)의 혹평에 이르면, 공익에 대한 개념화는 절망스럽기까지 하다(Held, 1973: 192-202).

일반적으로 공익은 공동사회에 소속된 공중의 법적 권리와 의무에 영향을 주는 이익과 관련된 것으로 규정할 수 있다(Montgomery, 1962: 222). 그런데 공익을 이같이 보는 경우 문제는 이익을 어떻게 해석하고 나눌 것인가의 문제가 제기된다. 그리하여 이익을 어떻게 해석하고 나눌 것인가를 두고 다양한 개념과 관점이 존재해 왔다. 따라서 공익에 대한 보편적 개념을 찾는다는 것은 어려운 일이기 때문에, 공익에 대한 개념화는 대체로 다의적거나 다차원적인 관점에서 살펴보는 것이 필요하다.

공익에 대한 개념을 일찍이 기능적 관점에서 다의적으로 파악한 소라우프(Frank J. Sorauf)는 공익을 다음과 같이 보았다(Sorauf, 1957).

첫째, 공익은 통합된 상징(unifying symbol)으로서 역할을 수행한다. 둘째, 공익은 정책집행 과정에서 소수 권력의 이익보다는 다수 시민의 이익 증진에 도움을 주는 기능을 강조함으로써 정책 결과를 합법화하는 기능을 한다. 셋째, 공익은 이익 간에 갈등이 존재하는 상황에서 결정에 도움을 준다. 넷째, 공익은 정치적 투쟁의 억압구조 속에서 자유나 공평 등과 같은 가치에 지대한 관심을 갖도록 하는 데 중요한 역할을 한다는 것이다.

이에 대해 하혜수(2002)는 공익을 국가이론의 다양성에 기초해 공익의 개념을 다음과 같이 재분류했다.6)

첫째, 엘리트론적 관점에서 보는 공익의 개념이다. 이 관점은 공익에 대한 엘리트의 역할을 강조하고 있다는 점에 특징이 있다. 다시 말해, 엘리트들이 공익의 내용을 결정하고 대중은 그 내용에 동의하도록 하기 위해, 필요하다면 물리력과 조작도 사용해야 한다는 입장이다.

둘째, 다원주의적 관점에서 보는 공익의 개념이다. 이 관점은 공익에 대한 조정성을 중시해 공익을 집단들의 상호조정을 통해 결정되는 것으로 보고 있다. 따라서 상호작용의 절차와 과정을 중시하며 공익을 집단갈등의 결과로 나타나는 조정적 대표이익으로 보았다.

셋째, 마르크스주의적 관점에서 보는 공익의 개념이다. 이 관점은 공익을 계급 간의 역학 관계에서 지배계급에 의해 결정되는 것으로 보고 있다. 따라서 공익을 조작하는 사람들이 수단적 합리성을 갖고 있는 것으로 파악한다. 그 결과 자본가계급이 노동자계급의 비판 의식을 마비시키기 위해 문화산업을 이용해 조작한 허위의식(false consciousness)이 공익이라는 것이다.

넷째, 개인주의적 관점에서 보는 공익의 개념이다. 이 관점은 공익을 다수의 이익으로, 그리고 이는 각 개인에 의해 결정되는 것으로 보았다. 따라서 개인의 합리성에 의해 초래된 것이 다수의 이익이라는 것이다.

(2) 공익에 대한 상반된 입장

공익의 개념은 이처럼 다의적이며 다차원적인 성격을 지닌다. 따라서 공익은 어떤 차원과 의미를 차용하느냐에 따라 개념이 달라질 수 있으며, 공익의 기능이 달라질 수 있다는 데 문제가 있다. 다양하게 전개되어 온 공익의 개념과 그에 따른

---

6) 관점은 다소 다르지만 백완기(1981: 243-269)도 유사한 입장에서 공익에 관한 학설을 규범설, 과정설, 합의설, 공동체의 이익설, 공용재설로 나누고 있다. 이 중 공동체의 이익설과 합의설을 대칭되는 공익 개념으로 보고 있다. 하혜수가 보는 다원주의적 관점에서 공익은 과정설과 유사하고, 개인주의적 관점에서 공익은 합의설과 유사하다. 그리고 공익의 구성 요소로 보편화된 가치, 공동체 자체의 이익, 재화나 용역의 외연성, 미래의 이익이나 효용성, 다수의 이익, 사회적 약자의 이익 등을 들고 있다.

입장은 크게 두 개의 상반된 입장으로 나눠 볼 수 있다. 공익을 바라보는 입장을 실체설과 과정설로 나누는 것이 그것이다.

첫째, 실체설의 입장이다. 이는 공익을 인식이 가능한 실체로서 행동 결정의 유용한 안내자 역할을 하는 것으로 보려는 입장이다. 실체설은 공익을 사익(私益)을 초월한 실체적 · 규범적 · 도덕적 개념으로 파악하며 공익과 사익과의 갈등이란 있을 수 없다고 본다. 실체설에서 인식하는 공익 개념의 구체적인 내용은 논자에 따라 자연법, 정의, 형평, 복지, 인간 존중, 공동사회의 기본적 가치 등 다양하다.

그런데 그 공통적 특징은 공익이 사익의 단순한 총합이 아니라, 사익과는 구별되는 적극적 개념이라고 보고 공익의 존재성을 인정하고 있다. 다만 그 실체가 무엇이냐에 대해서는 다양성을 보이고 있다(이종수 · 윤영진 외, 2008). 예컨대 다양성의 원천 가운데 하나로 구체적인 상황성을 전제로 공익의 개념을 제시하는 입장이 있다. 사회구성원이 처해 있는 구체적인 상황 속에서 그들이 보편적으로 바람직한 것으로 인식하고 있는 가치를 공익으로 보려는 것이 그것이다(Redford, 1954; Friedmann, 1962).

결국 다소간의 관점 차이에도 불구하고 실체설의 입장은 엘리트주의적 시각을 주로 반영한다. 특히 공무원 스스로가 공익의 실체를 파악하고 이에 따라 행동할 것을 요구한다는 점에서 공무원의 철인적 통찰력을 요구한다. 그 결과 실체설의 관점은 국가 우월적인 입장으로 국가의 이익이 국민의 그것보다 더 반영되어 있다고 할 수 있다(유민봉, 2006: 120; 하혜수, 2002: 90－102).

둘째, 과정설의 입장이다. 이 입장은 공익이라는 것은 없다는 시각이다. 사회란 개인이나 특수한 이익집단들의 집합에 불과하지 선험적인 공공선을 지닌 공동체는 아니라는 입장이다. 따라서 전체 사회에 대한 이익은 존재하지 않고 대신 집단의 이익이나 활동이 있을 뿐이라는 입장이다(Bentley, 1967: 222). 그 결과 공익의 어떤 규범적 개념도 권위주의로 편향될 개연성이 높다는 것이다.

결국 공익을 어떻게 정의할 것인가는 정책 결정 과정과 사익에 달려 있다고 보는 입장이다(Smith, 1960: 57－59). 현실주의적이고 개인주의적인 공익 개념을 주장하는 과정설은 공익이란 실질적으로 과정 · 제도 · 절차적 국면을 통해 형성되는 것으로서, 다양한 사회집단이 협상과 타협을 벌이는 과정에서 결과적으로 나타난 이익을 의미한다.

이상과 같이 공익에 대한 대조적인 입장을 실체설과 과정설로 나눠 살펴보았다. 결국 문제는 공익을 어떠한 시각에서 보든 간에 공익에 관한 논의의 초점은 누가, 어떠한 과정을 거쳐, 어떤 기준에 입각해 공익성의 여부를 결정하느냐에 있다. 현실적으로는 행정관료가 공익의 해석자(interpreter)이면서 실행자(implementor) 역할을 수행하고 있다.

그러나 정확히 얘기하자면 관료는 공익의 결정자라기보다는 위임받은 공익의 판단자이거나 실행자로 보아야 한다. 사회적 맥락에서 공익을 본다면 공익은 특정 정책의 비용을 누구에게 어떻게 부담시키고 그 편익을 누구에게 귀착시킬 것인가에 관한, 사회적 가치의 배분 원칙과 관련된 가치 개념이라 할 수 있다. 그래서 공익은 사회구성체와 사회구성원의 가치 체계 속에서 투표 등과 같은 정치 과정을 통해 결정되는 성질의 것으로 보아야 한다(Harmon, 1975: 492－506).

2) 정의

(1) 고대의 정의관

공공성을 구성하는 하위 가치 가운데 하나인 정의(正義, justice)는 고대 그리스의 도시국가 때부터 논의되기 시작했다. 고대 그리스 사람들은 인간 생활을 인도하고 지도하는 불변의 원리를 정의라고 본 데서 알 수 있듯이, 그리스 철학의 애초부터 주제는 정의의 개념이었다.

서양 철학의 최고 학파였던 이오니아(Ionia)학파는 정의의 개념에 지대한 관심을 보였다. 그 가운데 아낙시만드로스(Anaximandros)는 대표적인 학자다. 그는 한 요소가 다른 요소를 간섭하는 것을 부정의로 보았는데, 상이한 요소 사이의 불간섭이 바로 정의라는 관점이다(Barnet, 1968: 80). 다만 아낙시만드로스가 부정의의 관점에서 정의 개념을 제시한 반면, 부정의를 해결할 구체적 수단을 제시하지는 못했다는 데 한계가 있었다.

이에 따라 이의 해결책을 제시한 학자가 피타고라스(Pythagoras)였다. 그는 형상의 개념을 최초로 정립했는데 형상은 어떤 의미에서 중용(中庸)을 의미했다. 그는 이를 통해 서로 대립되는 성질을 지닌 요소들을 혼합하는 데 중요한 것은 이들을 어떤 배합으로 섞어야 하느냐 하는 관점에서 중용을 제시했다. 중용의 발견은 정의의 문제에서 새로운 해결을 제시하게 되었다.

피타고라스가 제시한 중용에 기초한 정의관은 그 이후 모든 정치사상에 지대한 영향을 끼쳤다. 국가의 목적은 요소들 간의 조화를 달성하는 데 있다는 관념을 형성하게 된 것이 그것이다. 다시 말해, 국가의 목적으로서 정의를 구성원들 사이의 관계를 훌륭하게 조화시키는 것으로 보게 됨에 따라, 조정이 정의의 개념을 구성하는 핵심적인 요소로 등장하게 된 것이다(Barker, 1961: 48).

피타고라스의 중용에 기초한 정의관이 고대 그리스 철학의 중심적 원리가 되면서, 중용에 입각해 조화와 질서를 강조한 플라톤(Platon)의 정의 개념에 결정적인 영향을 미친다. 이러한 영향은 아리스토텔레스(Aristoteles)의 정의론도 예외가 될 수는 없었다. 특히 아리스토텔레스는 이들의 영향을 넘어서서 정의의 개념을 더욱 심화시켰다는 데서 의미를 찾을 수 있다(Sinclair, 1967: 214).

아리스토텔레스의 정의 개념은 국가에 대한 유기체적 시각에서 출발했다. 국가는 유기적이어야 하고, 각종의 힘은 균형을 유지해서 조화와 질서가 있어야 한다고 보았다. 그래야만 인간이 윤리적 생활을 할 수 있는 전제 조건이 확립되는 것으로 보았다. 따라서 정의는 궁극적 선으로서 개인적 최고선인 행복도, 정치적 선인 정의의 존립에서만 실현 가능한 것이다.

다시 말해, 정치적 선으로서 정의는 조화와 질서를 실현하는 근본 원리이자, 동시에 조화와 질서가 실현되었을 때의 정의는 최고의 도덕적 가치가 된다. 아리스토텔레스에게 국가의 가장 중요한 기초는 정의로서, 정의라는 본질적 원리에 입각해 조화와 질서를 실현해 나가는 실체를 국가로 보았던 것이다. 결국 아리스토텔레스에게 국가는 질과 양의 통일로 구성되며 정의란 양과 질의 균형적 통일이라 하겠다.

아리스토텔레스에게 정의란 바로 질적 균형과 양적 균형의 통일, 기하학적 비례와 산술적 비례의 통일로서의 중용을 의미한다. 이때 산술적 평균은 수나 크기에서 동일 또는 균형을 말하며 그것은 양적 균형을 의미한다. 그리고 기하학적 평균은 가치의 비례에서 균형을 말하며 질적 균형을 의미한다. 그리고 이의 정치적 형태는 민주정과 과두정의 통합이고, 이 결합의 사회적 기반으로 중간계층을 중심에 두게 된 것이다(Barker, 1969: 92－153).[7)]

---

7) 아리스토텔레스는 그의 저서 『윤리학』에서 정의를 분배적인 것과 보상적인 것으로 분류했다. 분배적 정의란 질적 기하학적 균형을 의미하며, 그 공식은 A : B = C : D가 된다. 즉, 이는 균등하

아리스토텔레스의 정의관은 이후 중세철학을 완성한 아퀴나스(Thomas Aquinas) 등으로 이어지는데, 이의 정치철학은 근본적으로 아리스토텔레스의 정의관을 부흥하고자 하는 데 지나지 않는다. 또한 칸트(Immanuel Kant)의 정의관인 다양성의 종합적 통일, 다시 말해 보편과 특수의 통일을 정의로 본 것이나, 이를 좀 더 심화시켜 완성한 헤겔(George W. F. Hegel)의 논리도 아리스토텔레스의 그것과 크게 다르지 않다(Lamprech, 1955).

(2) 현대의 정의관

아리스토텔레스가 정의를 조화와 질서를 실현하는 근본 원리로 규정한 이래, 정의를 둘러싼 논의 가운데 공리주의는 가장 지배적이고 체계적인 도덕관으로 자리를 잡아왔다. 그러나 공리주의는 공리성과 도덕성 간의 구별에 실패함으로써 체계적이고 적용 가능한 도덕적 개념을 구축하는 데 실패했다. 바로 이 시점에서 롤스(John Rawls)는 공리주의의 주장을 대체하는 개념으로, 사회계약론적 관점에서 모든 사람은 신성한 불가침 권한을 지니고 있다는 자연권이론으로 표명되는 정의이론(justice theory)을 제시했다(Laslett & Runciman, 1972: 132－133).

롤스의 논의는 그가 정의한 원초적 사회로부터 출발한다. 인류 최초의 평등하고 자유로운 상태를 의미하는 원초적 사회에서, 합리적인 사람들이 선택하는 원리가 가장 순수한 정의라는 것이다.[8] 그래서 이 원리가 다른 하위의 합의 사항들을 지배하는 근본 원리가 된다는 가정이다. 이와 같이 정의를 규정하는 것을 공정성으로서 정의라고 명명했다.[9]

지 않은 사람들은 균등한 것을 취해서는 안 된다는 것이다. 만일 이렇게 되는 경우, 즉 균등한 사람들이 균등하지 않은 것을 받게 되거나 균등하지 않은 사람들이 균등한 몫을 차지하게 되는 경우 분쟁과 부정이 발생한다는 것이다. 이에 반해 보상적 정의란 공적 내지 가치를 따라야 한다는 것을 의미한다. 예컨대 명예, 재화 등 시민 간에 나눠야 할 것의 분배에 관한 원칙이다. 보상적 정의란 산술적인 양적 균형을 의미한다. 그 공식은 A－B＝C－D가 된다. 따라서 보편적 정의는 질적인 기하학적 균형과 양적인 산술적 균형의 통일에서 성립한다. 즉, 정의란 상호 교섭에서 조정과 관련된 원칙이라 할 수 있다(Lamprech, 1955: 122－132).

8) 원초적 상태(original position)란 롤스가 설정한 가설적 상황이다. 이러한 상황은 특정한 정책의 선택이 자신에게 유리할지 불리할지 모르는 무지의 장막(veil of ignorance)이 눈앞에 있는 상태를 말한다. 롤스는 특수한 사실이 유리할지 또는 불리할지의 여부에 대한 판단이 불확실한 원초적 상태에서, 사회구성원들이 합의하는 규칙이나 원칙이 공정할 것이라고 전제하고 있다.

9) 롤스는 정의의 개념을 좀 더 구체화하기 위한 준거의 틀로서 공정성이란 개념을 사용했다. 이것은 정의를 사회적 제도의 미덕이나 실제라는 관점으로 이해해 정의를 협의적으로 국한시키고자

다음으로는 정의의 원리에 대한 합의를 어떻게 확보할 수 것이냐의 문제로 들어간다. 이때 정의의 원리에 대한 합의는 두 가지 조건이 충족되어야만 확보된다. 첫째, 정의의 원리에 합의하기까지에는 원초적 선택 상황이 있어야 한다. 둘째, 정의의 원리를 재확인할 수 있거나 또는 불가피한 윤리적 난관을 타개하기 위해서는 어떤 경우에라도 사람들에게 수단이 존재해야 한다는 것이다.

그런데 현대 사회는 이 같은 상황을 충족시켜 주기에는 극단적으로 조악하다는 점에서 문제를 안고 있다. 현대 사회가 안고 있는 한계를 고려해 롤스는 이 상황을 극복하기 위한 해결책을 제시하고자 했던 것이다. 그래서 롤스는 정의의 원리에 대한 합의에 도달하기 위한 수단으로 원초적 상태(original position)의 개념을 제시하면서, 두 가지 정의의 원리를 제시했다.

제1의 정의의 원리다. 이는 모든 인간이 누려야 하는 기본적인 자유에 대한 평등한 권리가 존중되어야 한다는 원리다. 다시 말해 모든 사람은 다른 사람의 자유와 상충되지 않는 한 자유를 만끽할 수 있는 권리가 있다는 것이다. 만약 이때 그 자유를 누리는 것이 경제적·사회적으로 이익이 크다 해도 인간에게 주어진 권리를 파기할 수는 없다는 것이다.

제2의 정의의 원리다. 최초의 가상적 상태에서 인간은 평등했지만, 현실에서는 사회적 권위나 지위 또는 경제적 부(富) 등에 의해 불평등이 발생하게 된다. 따라서 원초적 계약인은 자신이 가난한 자로 판명될 경우에 피해를 최소화할 수 있는 새로운 계약 원리를 모색하게 된다.

이때 계약 원리로서 제시된 것이 차등 조정 원리다. 이는 다시 차등 원리와 기회균등의 원리로 나뉜다. 차등 원리(difference principle)는 저축 원리와 양립하는 범위 내에서, 가장 빈자들의 편익을 최대화해야 한다는 원리다.[10] 공정한 기회 균등의 원리는 사회·경제적 불평등의 모체가 되는 모든 직무와 지위에 대한 기회 균등이 공정하게 이뤄져야 한다는 원리를 의미한다.

이상과 같이 롤스는 차등 원리에 입각한 공정성으로서 정의가 존중될 때, 자발

한 의도로 볼 수 있다. 따라서 롤스는 정의의 개념과 공정성의 개념을 동일시하지도 않았고, 또한 정의가 공정성보다 더 근본적일 것이라고 생각하는 것은 잘못된 것이라고 보았다.

10) 저축 원리란 사회 협동의 모든 산물 중 어느 정도의 비율을 분배나 재분배에 충당하지 않고, 미래 세대의 복지(예컨대 설비나 기타 생산 수단 및 교육에의 투자 등의 형태)를 위해 유보 내지 저축하는 것이 적절한 것인가를 규정하는 원리를 의미한다(이종수·윤영진 외, 2008).

적인 사회협동에 이르는 정의로운 분배사회가 도래할 수 있다고 주장했다. 그리고 롤스는 만일 두 가지의 원리가 충돌할 때에는 제1의 원리가 제2의 원리에 우선해야 하며, 제2의 원리 안에서 충돌이 발생할 경우에는 기회 균등의 원리가 차등 원리에 우선되어야 한다고 주장했다(Rawls, 1971).

롤스의 정의 이론은 원초적 상태, 즉 특정한 규칙이나 정책이 자신에게 유리할지 불리할지를 모르는 상태에서 최소극대화 원리에 입각해 합리적인 규칙을 선택할 것이라는 가정에서 출발했다. 롤스의 정의관은 절차적 관점에서 게임의 룰을 전제한 최소극대화 전략(minimax strategy)을 구상하기 위해 도입된 개념으로, 최악의 상태에서라도 최고의 이득을 보장해 주기 위한 정의관이라 할 수 있다.

특히 절차적 정의(procedural justice)는 모든 사람이 합의를 통해 일정한 절차를 거쳐서 자원 배분이 이뤄지면, 이러한 배분에 대해 이의를 제기할 수 없다는 데 특징이 있다. 그 이유는 적정한 절차를 거쳤다는 것이 바로 정의로 인정되기 때문인데, 이 절차적 정의가 순수한 의미에서 정의라고 보았다.

그러나 롤스를 비판하는 자들은 무지의 장막(veil of ignorance)에 가려 있는 원초적 상태에서, 당사자들이 최소극대화 원리를 따르리라는 보장이 없는 것이 문제라고 비판한다. 특히 사회적 최소한도가 갖는 모호성에 대한 비판으로, 이의 설정은 논자의 이념적 편향에 따라 얼마든지 자의적으로 제시될 수 있다는 점에서 문제의 소지가 있다.

결론적으로 롤스의 정의관은 자유방임주의에 의거한 전통적 자유주의와 생산수단의 사회적 소유를 주장하는 사회주의의 양 극단을 지양하고, 자유와 평등의 조화를 추구하고자 한 중도적 입장을 견지했다. 그 결과 우파로부터는 평등을 지향하는 롤스의 정의관이 오히려 자유의 제한을 초래한다는 점에서, 그리고 좌파로부터는 바람직한 불평등이 아닌 완전한 평등을 추구해야 한다는 비판에서 자유롭지 못한 상태다.

(3) 형평성

정의의 가치 영역에서 살펴보아야 할 다른 것이 형평성(equity) 개념이다. 형평성은 일찍이 아리스토텔레스가 강조했던 균형에 관한 개념으로, 사물이 적절하게 그리고 마땅한 분배로 이뤄진 공정한 평등을 의미한다.

이러한 의미에서 볼 때 사회적 형평성(social equity)이란 동등한 것을 동등한 자에게, 동등하지 않은 것을 동등하지 않은 자에게 처방하는 것을 의미한다. 동일한 것은 동일하게 다른 것은 다르게 취급하는 것을 의미하는 사회적 형평성의 개념 속에는 정당한 불평등의 개념이 내포되어 있다. 따라서 사회적 형평성 개념으로서의 분배적 정의의 핵심 문제는 정의라는 기준에서 어떤 불평등이 용인될 수 있는 불평등인가를 밝혀내는 것이라고 할 수 있다.

행정에서 사회 정의의 문제에 천착하게 된 계기는 사회적 형평성이라는 개념이 소개되면서부터다. 사회적 형평성은 프레드릭슨(Horace G. Frederickson)이 절약과 효율성 개념과 함께, 행정연구에서 핵심이 되는 가치로 제안함으로써 1960년대 말부터 규범적 기준으로 발전하게 되었다. 절약과 효율성 개념이 행정관리와 행정경영의 측면에서 유의미한 규범적 가치라면, 사회적 형평성은 정부이론의 측면에서 유의미한 가치 기준이 되어야 한다는 것이다(Frederickson, 1990: 228－237). 그런데 프레드릭슨의 사회적 형평성 개념은 롤스가 관심을 보였던 사회 정의 문제인 개인의 자유와 사회의 공정성(fairness) 개념과 깊은 연관이 있다.

특히 사회적 형평성은 롤스의 정의 원리, 즉 사회구성원들에게 기본적인 자유와 기회의 평등이 보장되어야 할 뿐만 아니라, 사회에서 가장 열악한 입장에 있는 사람들에게 가장 큰 혜택을 주는 방향으로 자원이 배분되어야 한다는 평등주의 사상을 전제로 한다. 그래서 프레드릭슨의 사회적 형평성 개념이 의미있는 이유는 이를 통해 사회 정의가 행정연구의 주요 대상으로 인지되었다는 데 있다.

그러나 사회적 형평성은 이런 장점에도 불구하고 규범적 가치로서 적절한 역할을 할 수 있는가의 문제다. 임의영(2006)에 따르면, 프레드릭슨의 사회적 형평성은 롤스의 정의론을 행정 분야에 전환시켜 적용시킨 경우에 불과하다는 평이다. 그 결과 롤스의 정의론이 내재하는 문제를 사회적 형평성이 그대로 공유하고 있다는 한계가 그것이다.

예컨대 사회적 형평성 또한 자유주의의 전통에 속해 있기 때문에, 사회 비판적이고 변혁적인 성격이 제한되어 있다. 다시 말해, 개인의 자유에 대한 절대적인 신봉과 동시에 자원의 분배를 강조한 롤스의 정의 이론은 제도의 문제와 근본적인 사회구조의 변화를 다루기에는 여전히 부족하다. 따라서 규범적인 가치로서 사회적 형평성의 한계는 사회의 고질적인 부정의인 사회집단 간의 불평등 문제를 적절히 설명할 수 없다는 데 있다.

결론적으로 사회적 형성성을 포함한 롤스류의 자유주의 학자들이 제시하는 분배적 패러다임(distributive paradigm)에 근거한 사회정의이론은 사회 부정의와 불평등의 근본적인 원인으로 지적되는 제도와 사회구조의 문제를 단지 피상적으로만 접근하고 있을 뿐이라는 점이다(Young, 1990; 김희강, 2009: 149-153). 결국 사회적 형평성은 여러 장점에도 불구하고 롤스류의 정의이론이 안고 있는 한계를 그대로 드러내고 있다.

3) 평등

공공성의 하위 가치 가운데 평등(平等, equality)은 절차적 민주주의를 넘어서 실질적 민주주의를 공고히 하는 데 중요한 역할을 수행한다. 이 같은 가치로서 평등은 일반적으로 똑같은 원칙에 따르거나, 같은 처지에 있는 사람을 똑같이 대접하는 것을 의미한다.

그렇지만 평등 내지 불평등의 본질적 의미는 이러한 일반적 의미와는 달리 나라와 시대에 따라 다르게 해석되어 왔다. 이에 더해 평등은 철학적인 개념이면서도 정치적 원칙이라는 양면성을 가지고 있어, 정의(justice)의 문제와 긴밀하게 연계되어 있는 개념이기도 하다(Callinicos, 2000).

센(Amartya Sen)의 지적처럼 평등의 개념은 사상가나 학자에 따라 매우 다양하며, 현실적으로도 모든 사람의 선호나 이해관계 및 처한 상황 등이 다양하기 때문에 한 가지 잣대로 평등을 논의할 수는 없다고 한다. 그 때문에 무엇에 대한 평등이냐(equality of what)는 명제를 가지고 철학가, 이론가, 정치가들의 논쟁의 대상이 되어 왔다(Sen, 1992). 이런 맥락에서 센은 인간으로서 다양한 선호에 따라, 자신의 잠재적 능력을 발휘할 수 있도록 기능 수행(functioning)을 가능하게 하는 기본 능력(basic capability)의 보장으로서 평등의 개념을 주장했다.

한편 센과 같이 평등을 기본적 능력의 보장이라는 시각과는 달리, 평등을 사회관계에 적용되는 개념으로 인식해야 한다는 주장이 제기되고 있다. 그래서 평등의 주요한 목적은 집단 간의 정당한 사회 관계를 유지하고 증진시키는 데 놓여져야 한다는 것이다. 이 같은 평등의 대한 정의는 최근 일련의 평등주의 정의론자들에 의해 제기되고 있다.

이들은 평등의 문제를 다루면서 특히 집단 간의 사회 관계에 주목하고 있다. 다시 말해, 사회구성원 개개인에게 자원을 어떻게 평등하게 분배해야 할지를 결정하거나, 혹은 개인의 환경을 운과 선택의 요소로 나누고 운에 의한 요소를 제거하는 것은 평등을 적절히 개념화하지 못한 것이라고 주장한다. 이들에 따르면 평등은 분배의 양식을 정하는 것도 아니고, 사람들의 삶에 영향을 미치는 불행의 요소를 제거하는 것도 아니라고 주장한다. 대신에 평등은 사회 관계의 모습을 그리는 것이라고 주장하면서, 평등을 개인이나 집단들 간의 사회 관계의 형태로 간주하고자 하는 입장이다(Norman, 1998; Miller, 1999; Anderson, 1999; Hilton, 2001; Scheffler, 2003b).

그러나 이들의 주장에서 부족한 부분은 평등이라 불릴 수 있는 정당한 사회 관계의 모습에 대한 구체적인 그림이 있어야 한다는 점이다. 평등을 집단 간의 정당한 사회 관계의 한 형태로 정의한다면, 이러한 정당한 사회 관계가 어떤 특징을 가지고 있는지 밝히는 것이 중요하다. 즉, 셰플러(Scheffler, 2003a: 199–206)가 지적한 것처럼 동등한 사람들 간의 관계란 어떤 모습인지에 대해 답을 할 수가 있어야 한다(김희강, 2009: 154–155).

평등의 의미와 강조점은 나라와 시대에 따라 다르게 해석되고 적용되어 왔다. 이런 측면에서 볼 때 자유민주주의의 발전은 자유를 평등보다 더욱 강조해 왔다고 볼 수 있다. 그러나 자본주의 체제가 발전하면서 경제적 불평등의 심화가 정치적 참여의 권리를 보장하는 민주주의 원칙에 배치되는 것으로 인식되면서, 경제적 평등의 논의가 본격적으로 등장하기 시작했다.

그런 가운데 루소(Jean Jacque Rousseau)에 의해 발전된 민주주의에서의 평등에 대한 강조와, 마르크스주의에서 강조하는 경제적 평등이라는 시각이 나오게 된 것이다. 이런 맥락에서 평등의 개념을 결과의 평등(equality of results)과 과정의 평등(equality of process)으로 나눠 볼 수 있다.

예컨대 급진적 좌파이론은 평등의 개념을 결과의 평등으로 이해하는 경향이 두드러지는데 반해, 자유주의 이론들은 평등의 개념을 기회의 균등으로 이해하는 경향이 강하다. 그러나 전자는 인간의 자유를 속박하는 억압적 체제 없이 이뤄지기 때문에 추구하기 어렵고, 후자는 실질적 평등화에 별로 도움이 안 되는 형식적 제도화에 그치기 때문에 미흡하다. 그래서 평등은 적어도 기회 균등 이상의 것이어야 한다(안병영 · 정무권, 2007: 2-7).

제 2 절 • 한국 행정과 목적 가치

1 한국 행정과 공공성

행정이 추구해야 할 궁극적 목표이자 본질적 가치로서 공공성은 행정과 불가분의 관계이자, 공공성의 개념이 부재한 행정은 내용 없는 형식에 불과하다.

그럼에도 불구하고 한국에서 공공(public)이라는 개념은 국민 대중에게는 복지 개념보다도 낯설 뿐만 아니라, 현실적으로 호소력과 공감대도 약해 심지어 공공 부문은 서민을 괴롭히는 공공의 적으로 간주되기까지 한다. 이는 아마도 공적인 것은 국가가 독점하는 것이라든지 또는 관 주도라는 뿌리 깊은 생각 때문에, 이들에 의한 공권력 남용과 공공기관이 저지른 불의나 폭력의 역사로부터 기인하는 것이 아닌가 한다(이병천 · 홍윤기, 2007: 8-9).

공공성(publicness)에 대한 우리의 인식을 전제로 하면서, 한국 행정과 공공성 간의 관계를 시기별로 고찰한 백완기(2007: 16-22)의 논의를 중심으로, 한국 행정에서 공공성이 어떻게 인식되고 형성되어 왔는가를 살펴보면 이러하다.

1) 민주화 이전 시기의 공공성

1945년 일본의 패망과 더불어 한국 사회는 정치, 경제, 사회 등 모든 분야에서 극도의 혼란에 휩싸이게 되었다. 거기에다 좌우익의 대립은 한국 사회에 혼란을 가중시킴으로써 사회 존립을 위태롭게 했다. 이 와중에서 탄생한 이승만 정부는 태생적으로 공공성을 키우고 확장하는 데는 한계가 있었다.

이승만 정부는 반공노선을 정치의 출발점으로 삼고 공산주의 세력을 제거하는 데 총력을 기울임으로써 질서를 지키고 치안을 확보한다는 정부적 차원의 공공성은 일정 부분 확보할 수 있게 되었다. 이러한 질서 유지와 치안 확보는 건국 초에 공공성의 요소 중 가장 우선순위가 높은 공적 영역이었다. 아울러 이승만 정부는 한미상호방위조약을 체결하는 데 필사적인 노력을 기울임으로써 국가안보상의 공공성을 다지게 된다.

그러나 이승만 정부는 처음부터 관료제를 통치의 도구로 삼으며 일인 독재 체제를 구축했기 때문에, 국정을 운영하는 데도 대화나 설득이나 협상보다는 독선적 의지를 강요함으로써 모든 정치는 물리적 힘을 동원해서 하향식으로 이뤄졌다. 그 결과 관료제는 국민에 대한 봉사보다는 이승만 정권을 유지하는 도구적 역할을 담당함으로써 정부기관으로서의 공공성 모습은 지니고 있지 않았다. 이런 측면에서 보자면 이승만 정부가 공공성의 발양과 확산에 기여했다는 평가를 받기에는 충분하지 않다.

그럼에도 정부 수립 초기에 정치 체제를 자유민주주의 체제로 새워 놓았다는 것은 탁월한 업적이라고 아니할 수 없다. 그것은 자유민주주의 체제가 공공성이 탄생할 수 있는 여건과 산실이 될 수 있었기 때문이다. 이승만 정부는 직접 공공성을 창출하고 확장하는 데는 크게 기여하지 못했지만, 공공성이 자랄 수 있는 토양과 여건을 만들어 놓았다는 데 의의를 부여할 수 있다.

군사 쿠데타로 권력을 획득한 박정희 정부는 출발부터 독재정치를 약속하고 있었다. 그것은 정당성이 없는 권력을 유지하기 위해서는 탄압과 물리적 수단에 의존하지 않을 수 없었기 때문이다. 따라서 정치의 말살과 밀실 속에서의 정책 결정 그리고 인권 탄압이라는 측면에서 볼 때, 공공성은 그야말로 빈사 상태에 있었다.

그런데 박정희 정부는 정치의 탄압 속에서 행정 주도의 경제 성장을 추구함으로써 공공성의 바탕을 깔아 놓았다는 점에서 주목을 끈다. 사회간접자본의 중심인 전력, 고속도로, 항만 등을 건설함으로써 엄청난 공공재를 산출하게 되었다. 아울러 북한과의 관계에서 안보 태세를 강화함으로써 안보라는 공공성을 높인 것도 사실이다. 동시에 세계를 놀라게 하는 기적적인 경제 발전은 국가의 위상과 위신을 높임으로써 공공성을 고양시킨 것도 사실이다.

박정희 정부는 정치 부재의 현상 속에서 공공성을 크게 훼손했지만 여러 가지 공공재의 산출, 잘살 수 있다는 희망과 자신감의 확산, 국가 위상의 고양, 안보 등에서는 공공성을 발양시키고 확산시켰다는 것이다. 그리고 더욱 중요한 것은 이 시절에 경제력을 중심으로 쌓아 올린 물리적 기반은 향후 민주주의가 자라고 발전할 수 있는 기반과 토양을 조성했다는 점에서 공공성을 제고했다.

전두환 정부는 광주민주화운동을 물리적 힘으로 진압하면서 탄생했다. 그로 인해 태생적으로 폭력성, 강압성, 독재성 등을 지니고 태어났다. 그런데 아이러니컬한 것은 이러한 독재 권력 속에서 경제자율화가 탄생하게 되었다는 것이다. 전두환은 빼어난 경제이론가인 김재익을 경제수석으로 등용하면서 소신껏 경제자율화를 추진케 한 것이 그것이다.

경제자율화가 반드시 정치의 자율화를 유도한다는 것은 자명한 사실이다. 정치의 자율화라고 부를 수 있는 1987년의 민주화운동은 경제자율화의 추진과 무관하지 않기 때문이다. 이와 함께 1983년에 입법예고제도를 만들어 법을 제정할 때는 반드시 이해관계자들의 의견을 반영하도록 한 조치는 민주주의의 핵심인 토론의 광장을 만들어 놓았다는 데 의미를 부여할 수 있다.

2) 민주화 이후 시기의 공공성

민주화의 열풍 속에서 탄생한 것이 노태우 정부다. 경실련을 비롯한 온갖 시민단체와 결사체가 제 목소리를 내면서 거리를 활보할 때에, 기존의 강압적이고 전제적인 방식으로는 민주화의 물결을 다스리고 대처할 수가 없었다. 이에 노태우 정부는 입법부 권한의 증대, 사법부의 독립, 언론의 자율화, 기본권의 확장, 지방자치의 실시 등을 추진하지 않을 수 없었다. 이같이 권위주의를 청산해 나가는 과정에서 공공성은 발현되고 확장의 길을 밟지 않을 수 없었다.

그렇지만 노태우 정부는 권위주의 청산에 우선적인 역점을 두다 보니, 터져 나오는 문제들을 생산적으로 해결하는 데 역부족이었다. 권위주의를 청산하는 작업 속에서 공공 영역은 확장되었지만 공공성의 열매는 제대로 맺지를 못했다. 이런 맥락에서 노태우 정부는 민주화가 어설프게 추진될 때 그리고 성숙화의 단계에 제대로 들어서지 못할 때, 여기서 나오는 부작용은 감당하기 어렵다는 교훈을 주었다.

김영삼 정부는 최초의 민간인 정부라는 의미에서 문민정부다. 김영삼 정부는 권위주의적인 억압기구의 규모와 권한을 축소 및 약화시키고, 정치 권력의 화신이라고 할 수 있는 정보부장도 민간인으로 교체함으로써 국정 운영을 탈군사화하는 데 역점을 두었다. 그리고 한국 정치의 고질병이었던 정경유착에서 나온 여러 가지 비리와 부조리의 청산작업도 힘차게 추진했다. '정보공개법'도 이때 만들어져 정부의 비밀스러운 행정도 지양하고자 노력했다.

그러나 그의 국정 운영 스타일은 독선적이고 권위주의적이며, 많은 정책 결정이 폐쇄적이고 비밀스러운 가운데 즉흥적으로 이뤄졌다. 김영삼 정부는 기존의 폐쇄적이고 분열적인 제도나 관행을 깨뜨림으로써 공공성이 활성화될 수 있는 길을 열어놓았으나, 스스로 또 하나의 폐쇄적이고 독선적인 스타일을 구축함으로써 공공성의 확장은 빛을 보지 못했다.

최초의 수평적인 정권 교체로 탄생한 김대중 정부는 제2건국의 기치 아래 여러 가지 개혁작업을 추진했다. 신자유주의를 표방하면서 작은 정부를 추구했는데 작은 정부는 김대중 정부에서만 추구된 것은 아니다. 전두환 정부도 목적은 달랐지만 작은 정부를 추진한 바 있다. 그렇지만 작은 정부는 정부의 역할을 줄이는 모습으로 나타나 공공성의 축소라는 부작용을 가져오기도 했다.

김대중 정부의 작은 정부 역시 역대 정부와 마찬가지로 허구로 마감했다. 그리고 그의 제왕적 통치 스타일은 김영삼 정부의 문민독재와 비슷한 양상으로 나타나 토론과 담론을 통한 정책 결정은 기대하기 어려웠다. 그러나 사회적 약자를 위한 생산적 복지정책, 전자정부의 채택과 운영, 여성의 지위 향상, 정경유착의 차단 등은 공공성의 제고와 확장을 가져오게 하는 데 기여했다.

참여정부의 이름으로 출발한 노무현 정부는 정책의 내용이나 추구하는 이념면에서 김대중 정부와 유사했다. 특히 탈권위주의의 확산과 검찰, 경찰, 안기부 등 공권력 기관을 정치 권력으로부터 해방시킨 것은 정부기관의 공공성을 높이는 데 크게 기여했다. 다시 말해, 노무현 정부에 들어와서 공권력의 핵심 기관들이 정치 권력의 사인화(私人化)에서 벗어나기 시작했다는 것이다. 공공기관이 사인성에서 벗어나 공공성의 자리로 돌아가게 되었다는 것은 획기적인 사건이라고 할 수 있다. 그리고 정경유착의 차단이나 정치 비리의 근절적 자세는 정치 권력의 공공성을 높이는 데 기여한 바 크다.

노무현 정부에 들와와서 밀실정치, 강자에 의한 힘의 논리, 권력의 고압적 자세, 성적 차별 등이 많이 사라지고 토론과 담론의 광장이 확산되었다는 것은 특기할 만한 사실이다. 비록 공공성이 열매를 맺지는 못했지만, 공공성이 자리잡을 수 있는 공간을 만들어 놓았다는 데 의미가 있다.

노무현 정부가 경제문제를 경제 논리로 풀지 않고 정치나 정의라는 이름으로 풀려고 한 결과, 대부분의 정책이 실패한 데서 교훈을 얻은 이명박 정부는 실용정부의 입장에서 출범했다. 다시 말해, 서구 자본주의의 선진화라는 명제 하에 선진화와 실용성에 입각해 이명박 정부는 출범했다.

그러나 이명박 정부는 지나친 기업식의 성과주의와 비정치성으로 인해 한국 사회에서 누적되어 온 분배문제가 가장 악화되는 상황에 직면하게 되었다. 특히 대의기관인 의회와의 갈등이라든지 소통의 부재, 제한된 인재 등용 등으로 인해 국민의 신뢰는 하락했다. 비록 4대강 살리기정책을 통해 공공성의 영역 확장을 꾀했지만,

토론 이슈 박근혜 대통령의 '사사로운 애국심'

…(중략)… 통치의 공공성은 '투철한 국가관'으로 대체되면서 크게 후퇴했다. 비선의 국정 개입 의혹은 최순실 본인이 최종 국정 운영자라는 인상을 여론에 줄 정도로 폭넓고 심도 있게 제기되었다. 거기에 최순실 일가의 독특한 종교적 성향이 겹치면서, '무당 통치'라는 말이 유행어가 되었다. 비선이 공적 시스템만으로는 부족한 합리적 조언을 해줄지도 모른다는 기대를 무너뜨린다. 모든 장면에서 공공성이 후퇴하고 일련의 사사로움이 조합된 끝에 "이게 나라냐"라는 한탄이 좌우를 가리지 않고 터져 나왔다.

국가 지도자가 공공성을 훼손하는 것만큼 중대한 결격 사유도 흔치 않다. 그러나 박 대통령이 공식 시스템보다는 비선 통치를 선호하는 것은 40년에 걸쳐 일관된 성향이다. 박 대통령과 최순실 일가의 특수 관계는 오래전부터 널리 알려져 있었다. 즉, 박 대통령이 이번과 같은 위험 요소를 가진 지도자라는 사실은, 가까이서 보좌한 정치인이라면 2012년에도 2007년에도 예측 가능했다.

역대 어느 정권과 비교해 보아도, 최순실 게이트의 폭발력은 이례적이다. 공공성의 후퇴와 비선의 약진이 동시에 일어나면서 '공적인 것'의 빈 공간이 유례없이 크게 발생했다. 그러나 동시에, 비선 논란 자체는 어느 정권에서나 반복되어온 고질병이라는 점에 더 주목해야 한다고 말하는 전문가도 있다. 최순실은 유난히 두드러져 보이지만, 본질적으로는 6공화국 내내 반복된 현상이라는 의미다…(중략)…

[자료: 시사IN, 2016년 11월 7일자에서 발췌]

이슈 제기

1. 공공성의 의미에 대해 토론해 보시오.
2. 공공성이 훼손되는 이유와 원인에 대해 조사해 보시오.
3. 공공성을 담보할 수 있는 대안에 대해 토론해 보시오.

공공성의 핵심 가치라 할 수 있는 배분구조의 왜곡으로 인해 공공성은 상당한 훼손을 맞이했다.

이명박 정부와 유사한 보수주의 정부로 출범한 박근혜 정부는 공리적 색채가 농후한 국민 행복과 사회적 자본에서 강조되는 신뢰라는 공공재의 구축이라는 기치로 출범했다. 그러나 임기 내내 의회와의 갈등이나 협소하기 그지없는 인재 활용, 그리고 시민이나 언론과의 소통 부재로 공공성의 핵심 요소인 정치성과는 거리가 먼 독주 체제의 국정을 이어갔다. 이에 더해 개인의 자유와 권리를 넘거나 압도하는 이른바 국가주의적 공공성에 메몰되어 갔다.

그런데 공공성과 관련해 더 큰 문제는 출범 이전부터 대통령이 지닌 공공성에 대한 인식이나 시각에 대한 우려가 끝내 그 어느 정권보다도 공공성을 가장 훼손한 정부가 되고 말았다는 데 있다. 그것은 공공성이 지닌 핵심적인 요소가 이타성(public as altruistic interest), 즉 이기적 욕구 충족 활동이 아닌 비사익적(非私益的)인 것을 추구해야 한다는 의미에서 정면으로 배치되는 행위였기 때문이다. 이에 더해 박근혜 대통령의 상징처럼 여겨졌던 신뢰 또한 사인(私人) 간의 신뢰로 한정됨으로써 공공재로서의 사회적 자본을 심각하게 유린했을 뿐만 아니라 공공재의 영역이 거의 무너지는 결과를 초래했다.

2 한국 행정과 공공성의 하위 가치

행정이 추구해야 할 궁극적 가치이자 본질적 가치인 공공성을 구성하는 하위 가치들은 언급한대로 구성 요소만큼 존재하나 공익, 정의, 평등으로 한정했다. 주된 이유는 이들 간의 구분이나 관계에 대한 설명이 그리 용이하지 않기 때문이기도 하다. 다만 공공성의 하위 가치들을 관통하는 핵심적 개념은 결국 균형과 중용에 모아지고 있다는 측면에서, 이들 간의 구체적 구분이나 우열을 설정하는 대신 종합적인 관점에서 살펴보고자 한다.

1) 민주화 이전 시기 공공성의 하위 가치

이승만 정부의 국가기구는 식민 통치의 유산으로 과대 성장한 억압적 관료기구를 중심으로 한 권위주의 체제의 성격을 지닌 정부였다. 따라서 국가 형성기에 요청되는 미래 한국에 대한 자유로운 담론이 형성되지 않았기 때문에, 이 시기에 평등이나 정의 그리고 공익 같은 공공성의 하위 가치들의 문제는 거의 고려 대상이 될 수가 없었다.

다만 이런 척박한 토양 속에서 그나마 단행된 토지개혁은 한국 사회의 경제적 구조에 변화를 가져오는 데 커다란 영향을 미쳤다(신병식, 1988; 김성호, 1997; 조석곤, 2003). 토지개혁은 지주계급의 몰락과 자작농의 대두를 통해, 기회의 평등을 확보할 수 있게 한 커다란 구조적 변동이자 구조개혁을 통해 확보된 사회적 평등이 이후 경제 발전에 기여하는 동인이 되었다는 점에서 의미가 있다.[11)]

이어 등장한 박정희 정부의 기본적인 국정 이념은 공공성을 구성하는 평등이나 자유 또는 정의와 같은 가치보다는 경제 발전과 안보에 놓여졌다. 그 결과 발전관료제는 철저하게 총량적 경제 발전에 주력했기 때문에 분배나 복지문제 등과 같은 가치에 대해서는 소홀할 수밖에 없었다.

그럼에도 박정희 정부가 이 같은 가치를 내포한 사회정책을 전혀 실시하지 않은 것은 아니었다. 사회부조, 의료보험, 산재보험 등 오늘날 시행되고 있는 대부분의 사회정책은 그 연원을 박정희 정부에 두고 있다는 점에서도, 박정희 정부의 사회정책에 대한 영향력은 부정할 수 없다(Kim & Kim, 2011: 41－76).

다만 이러한 정책들이 사회적 평등이나 정의에 기여하는 데는 매우 제한적이었다는 데 있다. 이와 함께 경제 발전을 추진하는 데 꼭 필요했던 초중등 교육의 확대와 산업기술 인력 양성 정책을 적극적으로 추진한 것은 많은 사람에게 교육 기회의 확대를 가져왔고, 결과적으로 사회적 평등을 향상시키는 데 기여했다(김영화 외, 2002: 82).

그렇지만 1970년대에 들어서는 생래적으로 갖고 있던 권위주의적 성격이 강화되면서 정치적 평등의 문제는 심각하게 침식되었다. 특히 이 시기에는 노동자의 임금 인상을 통제하고자 노동자의 권리를 강력히 통제했는데, 이는 시민들이 갖는 자율적인 삶의 기회를 침해함으로써 공공성의 실현이라는 점에 심각한 문제를 드러

11) 토지개혁에 대한 평가는 긍정과 부정의 시각이 공존한다. 예컨대 부정적 시각으로는 토지개혁이 중산층의 농민을 창출하지 못했다는 점이나, 지주의 토지 방매가 있었다는 점 등을 들어 그 불완전함을 지적하는 것들이 그것이다(유인호, 1975).

냈다.

이 시기에 특기할 만한 것으로는 중화학공업 육성과 함께 재벌을 통한 경제 성장정책으로 방향을 전환함에 따라, 소득불평등이 점차 악화되면서 심각한 사회적 압력에 직면하게 되었다. 더욱이 그동안 기회의 평등 기제로서 작용하던 교육마저도, 오히려 계층적 특권과 불평등을 초래하기 시작한 것도 이 시기의 문제였다(김영화 외, 1993).

유신 체제의 몰락과 함께 등장한 전두환 정부는 당시의 경제 위기를 극복하는 과정에서 강력한 긴축 구조조정과 경제자율화 정책을 실시했다. 그러나 억압적 정치 하에서 이뤄진 강력한 긴축적 구조조정은 이후 사회적 약자인 농민과 노동자의 강력한 저항에 직면하면서, 정치적 민주화와 사회적 평등이라는 사회적 요구에 직면하게 되었다. 이로 인해 전두환 정부는 하는 수 없이 복지국가 건설이라는 국가적 정책 목표를 설정하면서 사회적 불평등에 대한 정권적 차원의 대응을 시도하게 되었다.

이에 따라 전두환 정부는 '생활보호법'에 따른 공공부조 프로그램을 개선했지만, 이는 정부가 정하는 절대적 빈곤선을 상향 조정해 과거에 비해 더 많은 사람이 수혜 대상으로 선정되게 하는 것에 불과했다. 그리고 여성정책과 장애인 보호정책 등에서도 민주화에 대한 사회적 압력의 증가로, 1985년에는 '남녀차별 개선지침'이 만들어졌다. 이는 국가 차원에서 최초로 여성에게 부과되는 차별을 없애고 기회의 평등을 보장하기 위한 정책적 노력이라는 점에서 그 의미를 부여할 수 있다.

2) 민주화 이후 시기 공공성의 하위 가치

민주화의 진행 과정에서 집권한 노태우 정부는 시대적 요구에 직면해 의료보험의 확대, 여성과 장애인에 대한 보호정책 등 사회적 약자에 대한 정책을 도입하기 시작했다. 하지만 실효성있는 결과를 창출하기에는 한계가 있었다. 노태우 정부에 이어 등장한 김영삼 정부는 1994년에 '고용보험법'을 도입함으로써 과거와는 차별적인 정책 전환을 시도하고자 했으나, 1997년의 외환위기에 직면해서는 실효성이라는 측면에서 큰 의미를 찾을 수 없게 되었다.

1997년 말 외환위기의 와중에서 등장한 김대중 정부는 생산적 복지라는 정책 패러다임을 제시하며 적극적으로 사회정책의 확대에 나섰다. 역대 정부와는 달리 상대적으로 진보적 세력과 민중적 지지가 주요한 정치적 토대였기 때문에, 평등이라는 맥락에서 볼 때 이전 정권들과는 커다란 차이가 있었다.

김대중 정부의 국정관리에서 두드러진 것은 경제 구조조정과 노동시장 정책에서 신자유주의적 접근을 하면서도, 사회복지정책에서는 국가 개입의 증대와 복지 확대를 꾀했다는 데 있다. 이러한 이원적 접근은 신자유주의적 경제구조 개혁을 보상적 복지개혁과 조합하는 방식으로 진행되었는데, 이는 신자유주의 정책이 초래할 수 있는 사회경제적 양극화를 예방하는 데 초점을 둔 것이었다. 김대중 정부의 복지개혁의 가시적 성과는 4대 국가사회보험(고용, 연금, 산재, 의료보험)을 유례없이 빠른 속도로 확대 적용하고, 기존의 공공부조제도를 쇄신해 국민기초생활보장제도를 실시한 것이라고 할 수 있다.

김대중 정부에 이은 노무현 정부는 참여정부의 기치 아래 참여복지를 천명했는데, 이는 근본적으로 생산적 복지와 다르지 않은 것으로 여겨진다. 노무현 정부는 저출산, 장기요양보험, 유아 및 아동에 대한 사회적 돌봄을 확충하는 정책을 실시했다. 그런데 이에는 사회적 수요에 대응함과 동시에 여성과 노인의 경제적 참여를 확대하려는 경제 발전의 논리도 작용했다(대한민국정부, 2006; 안병영 · 정무권, 2007: 22-30; 권혁주, 2007: 67-90).

실용정부를 기치로 출범한 이명박 정부는 능동적 복지라는 개념을 주창하면서, 단순한 복지급여의 수혜자를 양산하기보다는 경제 부문의 능동성을 보장하는 선에서 복지정책을 구사하겠다는 의지를 표명했다. 이에 따라 사회복지 통합 관리망을 구축해서 복지 인프라를 구축한 것이라든지, 저출산·고령화 사회의 도래와 양극화 문제에 직면해서 급격한 노령화 사회로의 진입에 따른 대응책을 마련하는 등의 정책을 실시했다. 그렇지만 이명박 정부의 평등 지향적 정책이 이전 정부들의 그것과 큰 차이를 보이고 있다고 보기는 어렵다(보건복지부, 2011).

국민 행복시대를 내걸며 출범한 박근혜 정부는 집권 초기에 경제민주화를 통한 소득 격차의 해소에 관심을 기울이는 모습을 보이다가, 경제3개년계획을 추진하면서부터는 경제민주화는 의제화의 영역에서 폐기되는 처지가 되었다. 경제민주화는 소득 격차를 해소해 공공재적 기반을 강화하는 주요 수단임에도 불구하고, 박근혜 정부는 이를 폐기하면서 개발 연대로 회귀하는 모습을 보였다. 그 결과 공공성의 핵심을 구성하는 소득불균형은 더욱 악화되는 양상이었다.

다만 공공성의 또 한 축을 구성하는 시민사회의 건강성을 강화할 수 있는 조건으로서, 정부3.0은 논란의 여지가 있기는 하지만 정보 공개의 확대를 가져왔다는 점에서 의미있는 정책으로 볼 수 있다. 그리고 복지 차원에서는 논란의 여지가 있기는 하지만, 이전 정부들과는 달리 선택적 복지를 강화함으로써 복지자원의 효율화를 높이려고 시도한 점도 시사하는 바가 있다.

3 한국 행정과 목적 가치의 특성

한국 사회는 공공성이 발양되고 열매를 맺기에는 척박한 땅이었다. 이것은 우리 사회가 공공성이 활성화되기에는 충분한 여건이 조성되지 않았다는 것이며, 따라서 공공성의 수준도 그리 높지 않은 것으로 보아야 한다는 의미다.[12] 국가적인 맥락에서 공공성을 논의하는 경우, 한국의 공공성은 민주화가 진행되면서 확대된 영역도 있지만 오히려 축소되거나 왜곡된 부분이 적지 않았다는 데 문제가 있다. 예컨대 민주화가 진행되면서 공공성의 정치가 가산주의(patrimonialism)의 부활과 강력한 지역주의, 그리고 신자유주의적 시장 논리에 의해 상당 부분 실종되어 가고 있는 것이다(임혁백, 2008; 이주하, 2009).

중상적이고 권위주의적이던 이전의 한국은 대내외적 변화의 요구에 순응하면서, 후기발전주의 국가(post-developmental state)의 형태로 변모해 가고 있다. 이러한 현상을 공공성의 관점에서 보자면, 한국은 자신이 주도적으로 범주를 규정하고 권한을 행사하던 공공의 영역을 상당 부분 시장에 불하하기 시작했다는 것을 의미한다. 다만 불하의 방식에 대한 지배권은 아직까지도 국가가 지속적으로 향유하고 있다. 1980년대 말에 진행된 민주화라고 하는 정치적 구조의 변화는 한국 사회에 사회적 평등에 관한 논의를 사회적 쟁점으로 부각하는 데 중요한 계기가 되었다.

12) 백완기는 한국 행정에서 나타난 공공성의 특징 가운데 중요한 발견으로 다음을 지적했다. 즉, 공공성이 발양된다고 해서 정책들이 결실을 맺고 발전과 성장을 약속하는 것은 아니라는 것이다. 예컨대 박정희 정부 때는 공공성이 가장 빈약한 상태였지만, 이때 발전의 도약대들이 만들어졌고, 이런 점에서 경제적 기반이 없는 공공성은 상상할 수 없다는 것이다. 그렇지만 장기적으로 볼 때에는 공공성의 활성화야말로 깨끗한 정부와 성숙한 사회를 약속한다는 것이 대단히 중요함을 역설했다.

이때부터 사회적 평등을 위한 정책이 한국 행정에서 더 이상 경제 발전의 부수적인 정책 가치로서가 아니라, 그 자체로서 자리매김하기 시작했다는 것이다.

이에 반해 김대중 정부 이후 사회적 약자에 대한 사회정책적 보호가 지속적으로 확대되어 왔음에도 불구하고, 경제 위기에 따른 노동시장의 구조개혁과 노동 수요의 변화로 사회적 격차는 지속적으로 증가하고 있다. 다만 아직까지 이러한 사회적 격차의 확대가 체계적으로 고착되어 특정 계층에게 지속적인 불이익을 주어, 기회의 평등을 위협하고 있는지를 경험적으로 검증하기에는 시간적으로 다소 이른 감이 없지 않다. 하지만 사회적 약자에 대한 보호나 적극적 노동시장 정책과 같은 사회정책의 확대에도 불구하고, 경제구조의 변화에 따른 사회적 격차의 확대가 더 빠르게 진행되고 있다는 점은 분명하다.[13]

한편, 국가와는 달리 시민사회는 정치적 피로감이 누적됨에 따라 공적인 영역으로부터 일정 부분 후퇴하는 양상을 보이고 있다. 하지만 사회공공성이라는 의제를 제기하면서 정보화의 확산을 통해 환경, 인권, 여성, 평화 등 이른바 신정치문화(new political culture)적 요인을 생활정치에 구현시키려는 노력의 일환으로 공공성의 다양화와 확장을 꾀하고 있다.

이와 같이 국가와 시민사회의 공공성에 대한 역할의 변화에 따른 결과로서, 시장은 전반적으로 공공성의 영역을 시장적 지배 관계로 수용해 나가는 모습을 보이고는 있는 듯하다. 그렇지만 시장의 이런 노력에도 불구하고 박근혜 정부에서 나타난 권력에 대한 시장의 무기력한 모습은, 아직도 시장이 공공성의 담지자로서 뚜렷한 역할을 해 나가기에는 무리가 있어 보인다.

그런데 국가와 시장과 시민사회가 공공성에 대한 역할을 바람직하게 분담해 가는 경우에도 두 가지의 문제가 야기된다. 하나는 시장적 교환 관계가 공공 영역을 대체함에 따라 결국은 공공 영역을 축소시키게 되는 문제가 그것이다. 둘째는 시장

13) 민주화 이후 등장한 정부들은 신자유주의를 억제하기보다는 적극적으로 추진함으로써 사회적 양극화, 노동의 배제, 비정규직의 증가라는 결과를 초래했다. 민주화 이후 지니계수나 소득 격차 비율의 악화(일례로 지니계수의 경우 1993년 0.281에서 2000년 0.317로 증대)에서 알 수 있듯이, 계급 간 불평등구조는 오히려 심화되었다. 그리고 2007년 현재 한국의 비정규직 노동자의 비율과 임금불평등은 모두 경제협력개발기구(OECD) 국가 중 최고 수준을 기록했다(김유선, 2008; 최장집, 2005; 경향신문, 2009). 이는 바로 민주화 이후 정부들이 실질적 민주주의를 위한 담지자로서 제 역할을 다하지 못했다는 반증이기도 하다.

내부의 독점적 지배 관계로 인해 시장이 공공 영역을 대체함에 따라 가져다 줄 수 있는 최대 덕목인 경쟁마저도 약화되거나 왜곡될 수 있다(안병영 · 정무권, 2007: 22 – 30).

이런 관점에서 볼 때 민주화가 진행되면서 한국 사회에서 금과옥조처럼 강조되고 있는 선진 복지자본주의를 모방한 작은 정부론의 무비판적 수입은 공공성에 심각한 문제를 야기한다. 그 이유는 그동안 소홀히 다뤄져 왔던 사회, 복지, 문화 부문에서 더 많은 공공 서비스가 우리에게는 필요하기 때문이다. 또한 경제 분야에서도 새로운 성장 동력을 이끌어내기 위한 정부 역할이 필요한 상황이다. 따라서 한국적 상황을 고려할 때 이 두 가지의 역할을 감내하는데, 이들이 주장하는 작은 정부론이 적절한 대안은 아닌 듯싶다(정무권 · 한상일, 2009).[14]

결국 사회적 합의를 바탕으로 한 성장과 복지의 선순환 구조를 확립하는 데 공공성을 책임져야 할 국가와 행정의 역할은 여전히 중요하다(이주하, 2009). 또한 한국 행정에서 공공성의 수준을 고려할 때, 공공성 제고를 위한 의제와 담론 개발은 한국인의 평균적 심성과 선호 체계에 잘 부합되는 방향으로 이뤄져야 한다. 이와 함께 관(官)이나 관치(官治)를 공공성과 동일시하는 사회적 통념을 교정하려는 한국 사회의 노력이 무엇보다 필요하다(신정완, 2007: 47 – 49). 관이나 관치는 본래 공공성 확보를 위한 제도적 장치이나, 현재 한국의 관이나 관치는 본래의 소명을 다하지 못하고 있다. 그래서 이들의 공공성 제고를 위해서는 관의 개혁도 필수적이다.

한국 사회에서 공공성의 실현이란 단지 공공 부문이라고 부르는 특정한 조직과 제도를 방어하거나 확대하는 데 그쳐서는 아니 된다. 이를 넘어 한국 사회구성원들의 사회적 행위와 범례를 정의하고, 이들의 사회적 관계를 조직하는 원리를 공공성의 철학에 입각해 재구성하는 차원으로 승화되어야 한다(신진욱, 2007: 18; 김철, 2008).

다만 공공성의 가치가 갖는 중요성에 비춰 공공성이 지나치게 확대되는 경우, 공공성의 권위 때문에 개인의 권리가 침해될 위험이 있다는 점을 염두에 둘 필요가 있다. 예컨대 개발 지향적인 시장 세력에 정부가 동조하는 경우 공공 개발이 공

---

14) 공공성의 재정립은 공공성의 위기에 대응하는 거시적 사회 질서의 자기조정적 대응이라 할 수 있다. 이는 국가, 시장, 시민사회의 공적 구조가 단순히 축소되거나 확장되는 것이 아니라, 각 영역 내부에 고유한 공적 기능이 다른 영역으로 할당되거나 새로운 기능적 공공성이 형성됨으로써 각 영역 간에 공적 기능의 호환성이 발생하고 구조적 경계가 불명확해지는 것을 의미한다(조대엽, 2007: 1 – 27).

공성의 이름으로 변질되어, 오히려 공공재의 성격을 띤 자연환경을 훼손하는 경우가 발생할 수 있다. 따라서 공공성의 실현이 긍정적인 측면만 있는 것이 아니라, 다른 가치를 침해할 가능성도 있음을 고려하는 사려 깊은 접근이 요구된다(유민봉, 2006: 117).

생각할 문제

■ 한국 행정과 목적 가치

1. 행정의 존재 이유라고 할 수 있는 공공성의 중요성에 대해 생각해 보시오.
2. 공공성의 하위 가치라고 할 수 있는 공익, 정의, 평등의 특성을 비교해 보시오.
3. 한국 행정에서 공공성 가치가 실현되기 어려운 이유나 상황에 대해 생각해 보시오.
4. 한국 행정에서 공공성 가치를 구성하는 내용에 대해 생각해 보시오.
5. 한국 행정에서 공공성 가치가 헌법에 어떻게 구현되어 있는지를 조사해 보시오.
6. 한국 행정에서 공공성을 구성하는 하위 가치의 구체적인 내용을 조사해 보시오.
7. 한국 행정에서 공공성을 구성하는 하위 가치 간의 충돌 현상에 대해 조사해 보고, 이의 해결 방안에 대해 생각해 보시오.
8. 한국 행정에서 공공성을 이행하기 위해 정부, 시민사회, 시장이 어떤 역할을 해 왔는지를 조사해 보고, 바람직한 대안을 모색해 보시오.

제 2 장 한국 행정과 수단 가치

제 1 절 행정과 수단 가치

수단 지향적 가치 내지 비본질적 가치는 궁극적인 목적 가치를 실현하는 것을 가능하게 하는 가치를 의미한다. 행정의 수단적 가치나 비본질적 가치는 학자마다 다양한 용어로 사용되고 있다. 박동서(1984: 96－204)는 행정 이념으로, 백완기(2010: 61－66)는 행정의 준거 기준으로, 그리고 이광종(2005: 92－105)은 행정책임의 기준으로 사용하고 있다. 행정의 수단적 가치가 다양한 용어로 사용되고 있지만, 대체로 함축된 의미는 유사하다.[1)]

이에 따라 수단적 가치는 사회적 가치의 배분 절차나 실제적인 행정 과정에서 구체적 지침이 될 수 있는 다양한 가치 개념이 포함되는데, 학자들이 제시하고 있는 수단적 가치는 매우 다양하다. 예컨대 박동서는 합법성, 능률성, 민주성 또는 사회적 능률성, 효과성 및 생산성을 들고 있다. 백완기는 합법성, 민주성, 능률성, 효과성, 중립성을 들고 있다. 이광종은 대응성, 국민의 참여, 신뢰성, 효율성, 합법성, 형평성을 들고 있다. 이종수 · 윤영진 외(2008)는 합리성, 효율성과 효과성, 민주성,

1) 이에 반해 정정길(2000: 197)은 행정 이념을 행정활동이 보편적으로 추구해야 할 가장 중요한 가치로 봄으로써 목적 지향적 가치를 포함하는 다소 폭넓은 개념으로 보고 있다.

책임성, 합법성, 투명성 등과 함께 중립성, 가외성 등을 들고 있다.

특히 행정의 지침이 되는 수단적 가치를 가장 많이 열거하고 있는 커친(Cutchin, 1980)은 참여(participation), 경제성(economy), 효과성(effectiveness), 능률성(efficiency), 점증주의(incrementalism), 정치적 중립성(political neutrality), 생산성(productivity), 합리성(rationality), 대응성(respondence), 사회적 형평성(social equity)의 열 가지를 제시하고 있다.

여기서는 보편적 관점에서 한국 행정에서 요구되는 수단적 가치로 대부분의 학자가 공통적으로 열거하고 있는 합리성, 효율성과 효과성, 민주성, 합법성에 한정해 살펴보고자 한다.

1 합리성

합리성(rationality)은 근세 이후 베버(Weber, 1947)에 의해 강조된 이래, 행정의 주요한 수단적 가치로 자리를 잡아왔다. 이후부터 합리성은 궁극적 가치나 목적과 관련된 개념으로 이해하고자 한 전통적 합리주의에서 벗어나, 수단적 가치와 관련된 개념으로 간주되어 왔다. 예컨대 베버(Max Weber)는 의도한 목표의 성공적 달성과 관련된 수단-목적 합리적(means-ends rational) 행위와 행위의 본질적인 가치와 관련된 가치 합리적(value-rational) 행위로 사회적 행위를 구분했다.

베버의 합리성 개념은 이후 사이먼(Simon, 1947)에 의해 좀 더 정교화되었다. 그는 합리성의 개념을 실질적 합리성(substantive rationality)과 절차적 합리성(procedural rationality)으로 나눴다. 이때 실질적 합리성은 목표에 비춰 적합한 행동이 선택되는 정도를 의미하고, 절차적 합리성은 결정 과정이 이성적인 사유에 따라 이뤄지는 것을 의미한다.

어반(Urban, 1982: 35)이 지적하듯이 합리성은 행정적 세계관을 구성하는 핵심 요소로, 행정에 합리적 조직 형태를 도입함으로써 능률성과 효과성의 극대화를 추구하는 것으로 간주된다. 결국 합리성이란 행정행위가 궁극적 목표 달성의 최적 수단이 되느냐의 여부를 의미하는 개념이다. 다시 말해, 조직이 의도한 목적을 성공적으로 달성할 수 있는가와 관련된 행위인 수단이 목적 적합성을 지니고 있느냐에 관한 개념이라 할 수 있다.

그럼에도 합리성은 다음과 같은 점에서 행정의 수단적 가치로서 한계를 드러내고 있다. 첫째, 인간 능력의 불완전성, 둘째, 목표의 모호성과 문제의 복잡성, 셋째, 합리적 분석과 평가 및 선택에 필요한 시간과 정보, 기타 자원의 제약, 넷째, 선례답습적 행태와 관료조직의 경직성, 계서제에서의 권위주의적 통제, 집단 간의 할거주의 등이 합리성을 제약한다. 끝으로 외부의 비합리적 투입이나 조직 내의 변동 등에 의해 합리성은 제약을 받는다는 것이다(오석홍, 1998b: 544).

2 민주성

수단적 가치로서 민주성(democracy)은 국민의 의사를 행정에 반영하고, 국민을 위한 행정을 하자는 의미다. 이런 측면에서 민주성은 행정에서 평등과 동등한 기회(equal opportunity)를 부여하는 의미를 함축하게 되었다(Berkely & Rouse, 1984: 99-100). 본래 민주성은 행정 과정보다는 정치 과정에서 더욱 요구되는 개념이었다. 그것은 행정이 집행 과정의 성격을 강하게 띠고 있기 때문에, 정치 과정에서 만들어 놓은 정책을 충실하게 집행만 하면 되었기에 구태여 민주성이 크게 문제시되지는 않았다. 그러나 행정의 재량 영역과 가치 창조 영역이 확대됨에 따라, 이제는 민주성이 행정 과정에서도 강력하게 요구되기 시작했다.

민주성의 핵심적 내용은 대응성(responsiveness)과 행정 과정상의 민주화로 구성된다.

첫째, 대응성을 확보하기 위한 대외적 민주성을 확보하기 위해서는 행정윤리가 확립되어야 하고, 행정책임을 확보할 수 있는 효과적인 행정통제가 필요하다. 그리고 시민이 행정에 참여할 수 있고 부당한 침해를 받았을 때 이를 구제할 수 있는 제도적 장치가 확보되어야 한다. 또한 행정과 국민 간의 빈번한 의사전달 체제를 통해 관료제가 국민 전체를 대표할 수 있는 방안이 마련되어야 한다.

둘째, 행정 과정상의 민주성을 달성하기 위해서는 관료조직 내에서 권위주의적인 문화가 아닌 충분하고 자유로운 의사전달이 가능해지고 행정의 분권화가 구축되어야 한다. 그리고 자발적 의사 결정의 기회가 증대되고, 능력 발전의 기회가 부여되어야 하며, 자아실현의 욕구가 충족되도록 조직관리가 이뤄져야 한다.

3 합법성

수단적 가치로서 합법성(legality)은 법률의 정신을 최대한 살리는 것으로 법치행정의 원리 속에 전제되어 있다(정정길, 2000). 합법성은 시민권의 신장과 자유권의 옹호가 중요했던 입법국가 시대에 특히 강조되었던 개념이다. 합법성은 프랑스혁명 이후 근대 국가에서 사람의 지배로부터 벗어나 법에 의한 지배를 내용으로 하는 법치주의가 확립되면서 등장했다. 그래서 위법하거나 부당한 행정작용으로 인해 불이익을 받는 사람들을 구제하기 위한 제도들이 정비되면서 출현한 개념이라 할 수 있다. 이처럼 법치행정의 원리는 입법국가 시대에 정립된 원리로서, 최소의 행정이 바람직한 행정으로 인식되던 시대의 산물이었다.

합법성의 근원은 국민의 권리 구제에 있었다. 따라서 국민의 권리를 제한하고 규제하기 위해 합법성이 강조된다고 생각하면 큰 오해다. 합법성은 행정의 권리 침해행위나 과오를 방지하기 위해 요구되는 것이지, 국민의 자유나 권리를 규제하려고 있는 것이 아니다. 그래서 합법성은 적극적으로 해석될 것이 요구된다. 법의 정신을 살리고 따지는 것이 합법성이지, 절차를 따지는 것이 합법성은 아니라는 것이다.

행정이 합법성을 지나치게 따지거나 잘못 이해해 법규만능주의(法規萬能主義)로 흐르면, 형식 위주의 행정으로 유도되기 쉽고 오히려 국민의 권익을 해치는 역할을 할 우려가 많다. 그래서 행정에 대한 형식적인 법적 통제만을 고집할 경우 행정의 자유로운 영역이 축소될 수 있고, 또한 법규만능주의로 흘러 형식 위주의 행정이 될 수 있다.

반면에 행정의 다른 가치만을 살리기 위해 합법성의 가치를 외면해 버리게 되면, 이는 법률로부터 행정이 해방되는 것을 의미하게 된다. 그리 되면 결과적으로 국민의 자유와 권리를 위협하게 되어, 법치국가의 종말을 초래할 수도 있다. 따라서 양 극단으로 치우치는 것을 경계하면서 이들 가치를 손상 없이 조화시키는 것이 무엇보다 필요하다(김항규, 1996: 14-15).

4 효율성과 효과성

수단적 가치로서 효율성(efficiency)은 비용과 효과의 비교라는 맥락에서 추구되는 개념으로, 적은 비용으로 최대의 효과를 거두려는 것을 의미한다. 효율성의 개념은 보는 관점에 따라 기계적 효율성(mechanical efficiency)과 사회적 효율성(social efficiency)으로 나눌 수 있다.

기계적 효율성은 행정과 경영의 유사성이 강조되던 초기의 정치 · 행정이원론 시대에, 과학적 관리론이 행정학에 도입되면서 중요시된 효율관이다. 이는 효율을 수량적으로 명시할 수 있는 기계적 · 물리적 · 금전적 측면에서만 파악한 개념이다. 사이먼은 기계적 효율을 대차대조표적 효율성(balance sheet efficiency)이라고 표현하고, 성과를 계량화해 객관적 기준에 따라 효율성을 평가한다고 보았다.

사회적 효율성은 디목(Dimock, 1937)이 강조한 가치 개념이다. 이는 과학적 관리론에 입각한 기계적 · 금전적 효율관을 비판하고, 행정의 사회적 목적 실현과 다원적인 이익 간의 통합 조정 및 행정조직 내부에서 구성원의 인간적 가치의 실현 등을 내용으로 하는 효율관이다. 따라서 사회적 효율성은 민주성의 개념으로 이해되기도 한다. 사회적 효율성은 1930년대 중반 이후 인간관계론의 등장과 더불어 강조된 개념이다.

그런데 효율성을 논의하는 경우 중요한 것은 종래 강조되어 온 기계적 효율성의 근시안성과 기계성에서 인간성 · 상대성 · 합목적성 · 장기성으로 탈바꿈할 것이 요구되기는 하지만, 근본 골격인 비용 · 효과 또는 투입 · 산출의 개념에서 크게 벗어날 수는 없다는 점이다. 그리고 기계적인 효율성이 아무리 비판을 받는다고 해서, 행정의 준거 기준으로서 효율성이 그 중요성을 잃었다는 것은 아니다. 효율성은 예나 지금이나 이것이 없는 행정은 상상할 수가 없기 때문이다.

이에 반해 효과성(effectiveness)은 투입과 산출의 비율을 따지지 않고 목표의 달성도를 나타낸다는 점에서 차이가 있다. 그래서 효율성은 산출에 대한 비용의 관계라는 조직 내의 조건으로 이해되며, 효과성은 조직과 그 효과가 나타나는 환경과의 관계를 의미하는 데 사용된다.

효과성 개념은 1960년대 이후 발전행정적 사고가 지배적일 때, 행정의 발전 목표를 사전적·계획적·의도적으로 계획해 목표를 달성하려는 데 최대 관심을 두면서 중요시된 개념이다. 효과성의 개념에는 효율성의 개념과는 달리 비용 내지 투입의 개념이 들어가 있지 않다. 다시 말하면, 효과성의 개념에는 비용이나 투입의 문제에 관심을 갖는 것이 아니라, 정해진 목표를 얼마나 달성했느냐 하는 데 관심을 둔다(이종수·윤영진 외, 2008; 백완기, 2010: 61－66).

제 2 절 한국 행정과 수단 가치

행정이 준거해야 할 이념적 내지 수단적 가치는 국가나 처한 상황에 따라 강조하는 바가 크게 다를 수 있다. 또한 동일한 국가 안에서도 수단적 가치 간의 경중이나 우선순위도 시대적 상황이나 행정환경에 의해 많은 영향을 받는다. 한국 행정의 영역 속에서 수단적 가치도 시대와 상황에 따라 그 중요도를 달리해 왔다는 점에서, 그 변화의 관점을 살펴보면 이러했다.

1 한국 행정과 수단 가치

1) 민주화 이전 시기의 수단 가치

건국과 함께 이승만 정부는 민주주의와 권력 분립에 토대한 '헌법'에 근거해 출범했다. 그렇지만 이념적·형식적으로 도입된 헌법적 체계 하에서, 이승만 정부에 애초부터 행정의 합법성이나 민주성을 요구하는 것은 무리였다. 그것은 당시 상황에 비춰볼 때, 이런 가치를 이해할 만한 계층이 거의 존재하지 않았기 때문이다. 이에 더해 관존민비적 사상은 만연했고, 민주적 행정이란 용어는 생소한 실정이었다. 따라서 공무원은 봉사자로서가 아니라, 행정 고객에 군림하는 권위주의적 태도가 보편적인 현상이었다.

이런 상황에서 국민에 대한 책임성보다는 상급자에 대한 책임만을 중요하게 생각하면서, 행정에서 합법성은 형식적이거나 또는 외형적 측면에서나 강조될 뿐이었다. 따라서 법령이 의도하고 있는 목적이나 취지를 살리기보다는 형식상 법령의 규정에만 어긋나지 않으면 되는 수준이었다.

군사 쿠데타를 통해 집권한 박정희 정부는 경제 발전 문제를 우선적인 국정 과제로 설정함에 따라 경제개발계획을 수립하고 추진하게 되었다. 이 과정에서 장기적으로 그 성취도를 평가해 연말 목표의 달성도를 중시하게 됨으로써, 행정의 새로운 이념으로 효과성이 강조되기 시작했다. 그렇지만 행정기관 주도로 효과성 측정이 추진됨으로써 대다수의 국민은 이에 대해 불신이 컸지만, 점차 경제 발전의 효과를 실감하게 되자 효과성은 행정의 주요 이념으로 정착되기 시작했다. 그런데 이 과정에서 특이한 것은 선진국과는 달리, 우리는 행정의 민주성이나 합법성은 물론 효율성을 거의 이루지 못한 상태에서 효과성이 우선시되었다는 사실이다.

그러던 차에 1970년대에 들어서면서부터 지속적인 경제 개발로 막대한 투자와 재원 조달이 필요하게 되자 국민들의 조세 부담도 증가하게 되었다. 따라서 조세 부담이 커지고 납세액이 증가함으로써, 국민은 자신들이 낸 세금이 능률적으로 사용되고 있는가에 대해 관심이 높아지기 시작했다. 다시 말해, 납세액의 증가와 그에 따른 능률성의 문제가 대두하면서 행정의 가치로서 효율성 가치가 강조되기 시작한 것이다.

이에 집권자들은 경제 발전의 성과를 높이기 위해 절약과 낭비의 방지에 관심을 갖지 않을 수 없게 되었다. 그러나 현실적으로 납세액의 대부분을 특혜받은 대기업이 부담함으로써 납세액에 대한 주관적인 가치평가는 높지 못해 행정의 능률성에 대한 압력은 취약했다(박동서, 1984: 157-158). 요약컨대 수단적 가치라는 측면에서 볼 때, 박정희 정부 때는 국가안보와 경제적 대응책으로서 경제 성장의 효과성에 대한 신뢰도는 비교적 높았다. 다만, 집권자들의 민주성과 합법성에 대한 낮은 의식 수준과 관권 우월적인 행정의 지속으로, 행정에 대한 참여는 크게 제한적이었으며 합법성에 대한 신뢰도 또한 매우 낮았다.

유신 체제가 붕괴하면서 집권한 전두환 정부에서도 권위주의 행정 체제는 지속적으로 강화되었다. 국민의 실질적인 행정 참여는 극히 제한되었으며, 정경유착에 의한 정치자금의 제공과 특혜 관계는 관행으로 되다시피 한 여건에서 행정의 민주성을 유지한다는 것은 사실상 곤란한 일이었다. 따라서 정통성이 없는 군사정부에 대해 행정의 민주성에 대한 일반 국민의 신뢰도는 낮을 수밖에 없었다. 따라서 이 시기에도 역시 수단적 행정 가치 가운데 효과성을 제외하고는 다른 가치들은 크게 신장된 것이 없었다.

2) 민주화 이후 시기의 수단 가치

행정의 수단적 가치 가운데 특히 민주성은 노태우 정부가 들어서면서 신장되기 시작했다. 노태우 정부는 정권 출범부터 증폭된 민주화 요구와 관련해, 과거 청산과 민주화 추진이라는 과제가 해결되어야 할 중대 현안이었다. 그래서 노태우 정부는 민주화 추진을 위한 과업의 하나로 민주 발전을 위한 제도 개선으로 행정관리의 개선을 설정했다. 그리하여 국민의 편익 증진, 경제 활성화를 위한 제도의 현실화, 행정 능률의 향상을 목표로 하는 활동을 전개했다.

노태우 정부는 정권 후반기로 갈수록 행정사무의 민간위탁과 지방화 시대에 대비한 업무와 권한의 위임과 이양에 박차를 가했다. 그 결과 1989년 12월 지방자치법이 개정되고, 1991년에 지방의원선거의 실시로 30년 만에 지방자치제도가 부활했다. 그러나 노태우 정부 또한 정경유착의 심화와 방대한 규모의 정치 비자금 조성 등에 따른 한계로, 행정의 능률성과 효과성 측면은 매우 낮은 과도기적 정부 형태를 띨 수밖에 없었다. 그럼에도 노태우 정부는 행정 민주화를 위한 제도 개선과 지방자치제의 실시로 행정의 민주성을 증진시키는 데는 이전 정부들에 비해 큰 약진이 있었다.

김영삼 정부는 행정 가치라는 측면에서 어느 정부보다도 행정의 민주성과 윤리성의 제고에 관심이 높았다. 신한국 건설을 주창하면서 부정부패의 척결, 경제의 활성화, 국가 기강의 확립을 국정의 주요 과제로 삼고 국민에 대한 공직자의 더 높은 위민행정의 책임 의식을 강조했다. 이에 따라 '공직자윤리법'의 제정과 금융실명제의 실시와 부당한 정치자금의 제공을 금지하는 개혁적 조치를 단행함으로써 행정의 민주성과 합법성을 제고하고자 했다.

김영삼 정부에서 행정 가치를 제고하는 데 도움을 준 기관으로 행정쇄신위원회의 신설을 들 수 있다.[2] 그러나 이 위원회는 생활 불편 민원의 개선, 삶의 질 향상,

2) 행정쇄신위원회는 1993년 4월에 학계, 재계, 노동계 등 민간인 전문가 15인으로 구성되었으며, 대통령 직속으로 설치되어 개혁을 추진했다.

경제활동의 자율성과 합리성을 제고하는 등의 영역에서 부분적인 개선 효과가 있었으나, 행정 체제의 근본적인 문제에 대해서는 거의 효과가 없었다. 그리고 1995년에는 지방자치단체장의 선거 실시와 더불어 충분하지는 않지만 권력의 위임과 분권화가 촉진되었다.

요약하면, 김영삼 정부가 추진했던 수단적 가치의 발현 정도를 볼 때 민주성의 가치라는 측면에서는 개선이 있었으나, 주요 정책 결정 과정은 여전히 집권적이었다. 그리고 실질적인 시민 참여가 제한되었거나, 시민의 행정 참여가 허용되는 경우에도 정책참여자들의 이기주의로 인해 행정의 일관성, 안정성, 공정성을 훼손해 행정에 대한 국민의 신뢰도는 낮았다.

김대중 정부는 출범부터 시장 원리와 경제적 효율성에 중점을 두었다. 그 결과 경쟁력 강화와 정부 및 각종 기업의 조직개편이나 구조조정은 상당 부분 진척되었다. 그러나 경쟁과 효율이라는 가치를 지나치게 강조함으로써 사회적 다원성을 반영한 참여나 봉사성 또는 투명성 등에 무게를 둔 다양한 개혁 가치를 추구하는 데는 실패했다(남궁근, 2003).

한편 정보화 시대에 대응한 전자정부의 구축과 이에 따른 행정정보화의 추진으로, 대민 서비스 분야의 개선에서는 성과가 높았다. 전자정부의 추진은 한국 행정에서 대응성이라고 하는 가치를 높이는 데 이후에도 많은 기여를 했다. 그러나 김대중 정부 역시 부패문제에 휘말림으로써 이전 정부들과 같이 행정의 합법성을 제고하는 데는 실패했다.

노무현 정부는 역대 정부에 비해 국민 참여를 이념적으로 강조하면서 출범한 관계로, 국민들의 국정 참여는 확대된 양상을 보여 주었다. 특히 국가 균형 발전과 지방분권화 추진을 통한 행정의 민주성 제고에도 많은 노력을 기울였다. 그러나 노무현 정부 역시 이전 정부와 마찬가지로, 신자유주의에 입각한 행정의 효율성 제고에 치중한 결과 실질적인 효과성 제고에는 실패했다.

노무현 정부에 이어 출범한 이명박 정부는 경제적 효율성의 이념을 강조했다는 점에서 김대중 정부와 유사함을 보여 준다. 그러나 기업식의 효율성이 강조됨에 따라 시민의 의견을 모으고 참여를 촉진하는 공동체의 형성에는 미흡했다. 따라서 종래와는 또 다른 의미에서 행정의 민주성이 훼손받고 있다는 점에 문제가 있다. 특히 이전 정부 때부터 누적되어 온 결과이기도 하지만, 저축은행 사건과 측근들의 비리사건에서 보여 준 조직적 부패의 사슬고리는 소중한 행정 가치인 합법성이 유지되기가 우리 사회에서 얼마나 어려운가를 단적으로 보여 주었다.

이명박 정부에 이어 유사한 보수주의적 색채를 띤 박근혜 정부가 집권하면서, 내세운 국민 행복시대는 공동체이론에 기저한 공화주의적 성격을 강하게 내포하고 있었다(김태룡, 2013). 하여 개인보다는 집단이 우선시될 수밖에 없는 토양을 지니고 있었는데, 이런 우려는 크게 다르지 않았다. 의사 결정 과정에서 강조되어야 할 민주성이 거의 무시된 채 일방적인 대통령의 독주가 지속된 결과, 개인의 인권이나 시민사회의 건전한 발전과 네트워크를 강화하고자 하는 노력은 거의 없었다.

박근혜 정부는 행정이 준거해야 할 수단적 가치라는 측면에서, 그나마 이전 정부들이 구축해 놓은 토양을 모두 훼손했다. 대통령을 포함한 주변 인물 대부분이 신뢰의 구현 수단으로 법의 지배를 강조했지만 합법성이라는 가치를 위반했을 뿐만 아니라, 참여와 소통이라는 민주적인 가치가 철저히 봉쇄되었다. 특히 박근혜 정부가 합법성을 훼손한 내용은 민주화가 진행된 이후 유례를 찾기 힘들 정도로, 청와대를 중심으로 한 권력 중심의 조직적 부패라는 측면에서 문제의 심각성이 있다. 이에 더해 개발 연대에 강조되었던 계획 개념의 부활과 함께 효과성이 강조되기는 했으나, 기실 그 결과는 보잘것이 없었다.

2 한국 행정과 수단 가치의 특성

한국 행정에서 요구되는 수단적 가치를 효율성, 효과성, 합법성, 민주성을 중심으로 이들 가치가 한국 행정에서 어떻게 발현되어 왔는가를 살펴보았다. 한국 행정에서 요구되는 수단적 가치는 이외에도 많은 가치가 존재한다. 이들을 논의에서 제외한 이유는 최소한 이들 가치가 실현되면, 그 밖의 가치가 어느 정도는 실현될 개연성이 높기 때문이다. 예컨대, 투명성의 가치의 경우는 합법성과 민주성이 실현되면 가능한 가치이고, 책임성 또한 같은 맥락에서 그러하기 때문이다.

1) 한국 행정과 민주성 가치의 특성

국가 형성 과정에서부터 산업화와 민주화의 과정을 거치는 동안, 한국의 관료제와 행정은 기형적인 성장을 해 왔다. 예컨대 한국은 발전주의 국가 형성 과정을 통해 산업화의 성공과 민주화의 초석인 베버리언 관료제의 발전을 가져왔다. 반면에 권위주의 정치 체제 하에서 경제 성장을 이룩한 억압적 발전국가의 특성 때문에, 행정의 정치적 종속과 정경유착 그리고 부패라는 부정적 현상도 함께 잉태되었다.

그런데 이러한 역사적 경험은 민주화 초기 이행기에 정치적 민주주의와 행정적 민주주의의 상호 관계에 대한 잘못된 인식 속에서, 민주적 가치와 역행하는 신자유주의를 무비판적으로 수용하게 되는 역사적 아이러니를 갖게 되었다(안병영 · 정무권, 2007: 34−35). 이에 따라 민주성의 가치는 과거보다 개선되기는 했으나, 여전히 만족스럽지 못한 상태에 있다.[3] 다시 말해, 한국 행정에서 수단적 가치로 중요한 것은 영 · 미식의 감축관리가 아니라는 사실이다.

우리의 당면 과제나 국정 이념에 비춰볼 때 법치와 권력기구의 중립화, 정책 결정의 민주화를 통한 합리화, 그리고 부패의 감축 등이 현 단계에서 가장 절실한 처방이라는 박동서(1999: 34)의 지적이 그것이다. 한국 관료제가 안고 있는 본질적인 미해결의 숙제를 외면한 채, 영미 학계가 제시하는 관리기술적 처방에만 매달린다고 근본적인 문제가 풀리는 것은 아니라는 것이다.

유사한 맥락에서 한국 행정에서 민주성의 가치가 제대로 발현되지 않는 이유로 행정의 권위주의를 들 수 있다. 예컨대 대통령이 권위주의적인지 아닌지는, 군 출신인가 민간 출신인가에 따라 정해지는 것이 아니다. 그것은 출신에 관계없이 권력구조 자체가 늘 권위주의적일 수 있는 소지를 가지고 있기 때문이다. 이 때문에 대통령의 절대 권력은 대통령의 손발 역할을 하는 행정부에게까지 복제되어 행정의 권위주의로 이어지기가 쉽다는 데 문제가 있다.

행정의 민주성을 저해하는 또 다른 요인은 공무원과 국민 사이에 놓여 있는 정보의 불균형 문제다(권순만 · 김난도, 1995: 77−95). 한국에서 정보의 비대칭성은

3) 서구 유럽 국가들의 경우 역사적으로 산업화 초기에 민주화가 실현되고, 민주주의가 참여민주주의와 사회민주주의로 성숙하면서 민주복지국가를 만들어냈다. 그런 가운데 전문적이며 합리적인 베버리언 관료제가 중요한 역할을 했다. 그리고 최근 세계화와 신자유주의 압력에도 점진적인 대응을 하면서 그 근본 틀을 계속해서 유지하고 있다. 오히려 신자유주의적 해법을 급진적으로 도입했던 영 · 미 계통의 국가들이 초기에는 성공 사례로 인식되었으나, 시간이 지나면서 민주주의와 평등의 문제에서 많은 문제점이 나타나는 현상을 볼 수 있다.

어느 선진국보다 강하다. 그 때문에 이를 해결하기 위해 1996년에 '공공기관의 정보 공개에 관한 법률'이 제정되긴 했지만, 예외 조항을 너무 많이 둠으로써 정보 공개의 실질적 효과를 기대하기는 쉽지 않다.

이에 더해 정부 내부의 잘못에 대한 정보는 말할 것도 없고, 정부가 국민에게 서비스를 제공하거나 생활을 규제하기 위해 마련해 놓은 내부의 실무지침서마저도 일반 국민은 접근이 쉽지 않다. 규정에 위반되지 않고 서비스를 제공받기 위해서는 공무원이 요구하는 대로 충실히 따를 수밖에 없다. 이런 상황에서 국민은 주권자로서 공무원을 당당하게 대하기보다는, 연줄을 동원하거나 담당 공무원을 상대하되 낮은 자세를 취할 수밖에 없다.

결론적으로 한국 행정에서는 비현실적인 법규정, 권위주의의 문화와 권력구조, 정보의 비대칭과 행정비밀주의, 행정의 독점적 서비스 제공 등이 만연되어 있다. 이로 인해 행정의 민주성은 물론이고, 합법성이 정착하는 데는 많은 어려움이 있다(유민봉, 2006: 128-129).

2) 한국 행정과 합법성 가치의 특성

한국 행정에서 민주성의 가치문제와 함께 생각해 볼 것이 합법성 가치의 비실현성에 관한 문제다. 합법성의 가치가 한국 행정에서 발현되지 않는 현실에 대해 박동서(1984: 97-98)의 진단은 아직까지도 유효하다. 그는 합법성과 관련해 이미 영·미에서는 합법성이나 합법행정이 확립되어 훌륭한 전통을 수립했는데, 우리의 경우는 해방 이후 계속 이의 중요성을 역설하고 교육을 해왔는데도 현실은 그렇지 못한가에 대한 의문에서 출발했다.

박동서에 따르면 서구의 경우에는 당시 권력자였던 중산계급이 합법적 행정을 요구했던 반면, 우리의 경우는 이를 요구하지 않았다는 데서 이유를 찾아야 한다는 해석이다. 즉, 우리와 같은 관료자본적 체제 하에서는 권력자와 유산자가, 오히려 합법적 행정이 이뤄지지 않는 상황에서 부(富)를 축적할 수 있었기 때문이다. 합법적 행정에 대한 이해관계가 서구의 경우는 합법적 행정을 요구하는 것이, 우리의 경우는 요구하지 않는 것이 유리했기 때문이라는 것이다.

이와 같이 합법적 행정에 대한 시각의 근본적인 차이는 비관료적 자유경제 또는 정부로부터 독립성이 강한 사적 경제가 지배한 영·미와는 달리, 우리는 다른 환경 속에 있었기 때문이다. 그러므로 우리의 경우 합법성이 행정에서 존중되려면, 근본적으로 이러한 정치·경제 체제의 변혁과 책임정치가 수반되지 않으면 합법성의 가치가 뿌리를 내리기는 어렵다. 역대 정부에서 보듯이 어떤 정권이든지 부정과 부패가 만연했고, 이 같은 현상은 박근혜 정부에서도 보듯이 약화되지 않았다. 어찌 보면 한국 행정에서 합법성 가치가 성숙되기는 참으로 요원한 실정이다.

합법성의 가치가 한국 행정에서 활착하지 못하는 정치·경제문화적 요인과 함께 지적되어야 할 또 다른 요인으로, 행정의 합법성이 지니는 정치적 의의를 이해하지 않고 형식 논리적으로만 해석하려는 관료들의 결점을 들 수 있다.

첫째, 법에 대한 우리의 생각과도 관련이 있지만 법령이 제정되면 반드시 지켜야 한다는 생각을 갖기도 하지만, 이와 동시에 법을 이상적인 미래에 대한 선언적 의미를 갖는 것으로 해석해 준수하려 하지 않는 풍토가 문제로 지적된다.

둘째, 행정에서 법령의 준수는 최소한도의 요청이다. 따라서 법령의 취지와 목표에 일치하게 행정의 민주성 가치를 지속적으로 추구하고 이에 최선을 다해야 한다. 그런데 한국 행정에서는 법령에만 어긋나지 않게 일을 하면, 그 결과에 상관없이 책임을 다한 것으로 자위한다는 것이다.

셋째, 조문의 해석이 행정 목표를 달성하기 위해 달라지는 것이 아니라, 관료의 사적 이해관계나 권력 관계에 따라 이뤄진다는 점이다. 특히 법령에 규정이 없으면 사익이나 국익을 위해 바람직한 일이라 하더라도 이를 적극적으로 하려 하지 않는다.

결국 법의 비현실성은 법을 불신하는 풍조를 낳을 뿐이다. 비현실적인 법을 법대로 하는 법치행정은 국민생활을 불편하게 하고, 적용하는 공무원의 자의성이 개입할 여지가 많고 불이익을 받은 국민은 결과를 수용하지 못하는 풍토만을 조성한다. 그 결과 한국 행정에서 합법성 가치는 지켜야 할 가치로 정착한 것이 아니라, 불신의 강화라는 역기능을 초래한 부분이 많아 사회적 신뢰(social trust)를 구축하는 데 장애 요인으로 작용해 왔다.

3) 한국 행정과 효율성·효과성 가치의 특성

능률성의 이념은 흔히 민주성, 합법성, 형평성의 이념과 대립적 개념으로 이해되기도 한다. 최근 한국 행정에서 능률성의 대명사인 선택과 집중의 원칙은, 예컨대 부익부 빈익빈을 더욱 조장한다는 형평성 논리와 상충하고 있다. 그뿐만 아니라 투입 대 산출 비율이나 계획한 목표를 몇 퍼센트 달성했느냐는 모두 구체적인 자료를 기준으로 한다.

그런데 행정에서 재화와 서비스의 시장가격은 형성되어 있지 않아서 계량화하기가 쉽지 않다. 간혹 일부 자료가 있다 하더라도, 자료 수집과 처리에 대한 신뢰성을 충분히 확보하지 못하고 있는 실정이다. 특히 효과성을 강조하다 보면 지나치게 해당 목표 달성의 결과만을 강조하고, 다른 목표와의 관계나 과정은 소홀히 다뤄질 수 있다.[4] 지금도 대통령의 지시만 떨어지면 각 부처는 즉각 추진계획을 수립해, 연도별 목표를 설정하는 것이 관행화되어 있다. 효과성을 목표 지상주의로 한 결과는 오히려 부실공사와 부실행정의 원인이 될 수 있다는 데 문제의 심각성이 있다(유민봉, 2006: 135).

한국 행정을 평가하는 데 따른 또 다른 문제는 정책 결정과 발전 목표를 성급히 결정하는 우를 범해 놓고, 목표 달성 즉 효과성만 체크하고 있다는 것이다. 따라서 이의 결과는 막대한 자원의 낭비만이 아니라, 형식주의의 폐단을 노출하게 하는 주된 원인이 되고 있다(박동서, 1984: 104－105). 이런 측면에서 효과성 가치의 경우 박정희 정부 때부터 박근혜 정부에 이르기까지, 한국 행정에서 중요한 수단적 가치로 작용해 왔다.

그러다 보니 목표는 철저한 분석에 바탕을 둬야 함에도 그렇지 못한 상태에서 이를 달성하고자 모든 행정이 투입되다 보니, 다른 가치와의 상충성은 고려되지 않고 행정 목표의 달성이라고 하는 형식에만 의존하는 결과를 초래하고 있다. 따라서 잘못된 효과성 가치가 수정되지 않는 한 바람직한 수단적 가치가 뿌리를 내리기는 어렵다.

---

4) 헌법재판소의 위헌 결정이 난 신행정수도 건설 추진은 과정보다 결과를 중시한 대표적인 사례라 할 수 있다.

생각할 문제

■ 한국 행정과 수단 가치

1. 수단적 행정 가치라고 할 수 있는 합리성, 민주성, 합법성, 효율성, 효과성의 특성을 비교해 보시오
2. 목적 가치에 해당하는 공공성과 수단 가치 간의 관계에 대해 생각해 보시오.
3. 한국 행정에서 수단 가치가 제대로 정착하기 어려웠던 이유나 상황에 대해 생각해 보시오.
4. 한국 행정에서 수단 가치가 시대별로 어떻게 그 강조점이 달리해 왔는지에 대해 조사해 보시오.
5. 한국 행정에서 수단 가치의 우선순위는 어떻게 설정해야 하는지에 대해 생각해 보시오.
6. 한국 행정에서 미래에 요구되는 수단 가치의 중요성에 대해 생각해 보시오.
7. 한국 행정이 추구해야 하는 수단 가치 가운데 가장 실천성이 떨어져 있는 가치는 무엇이라고 보는지 생각해 보시오.

제 4 편

한국 행정과 관리

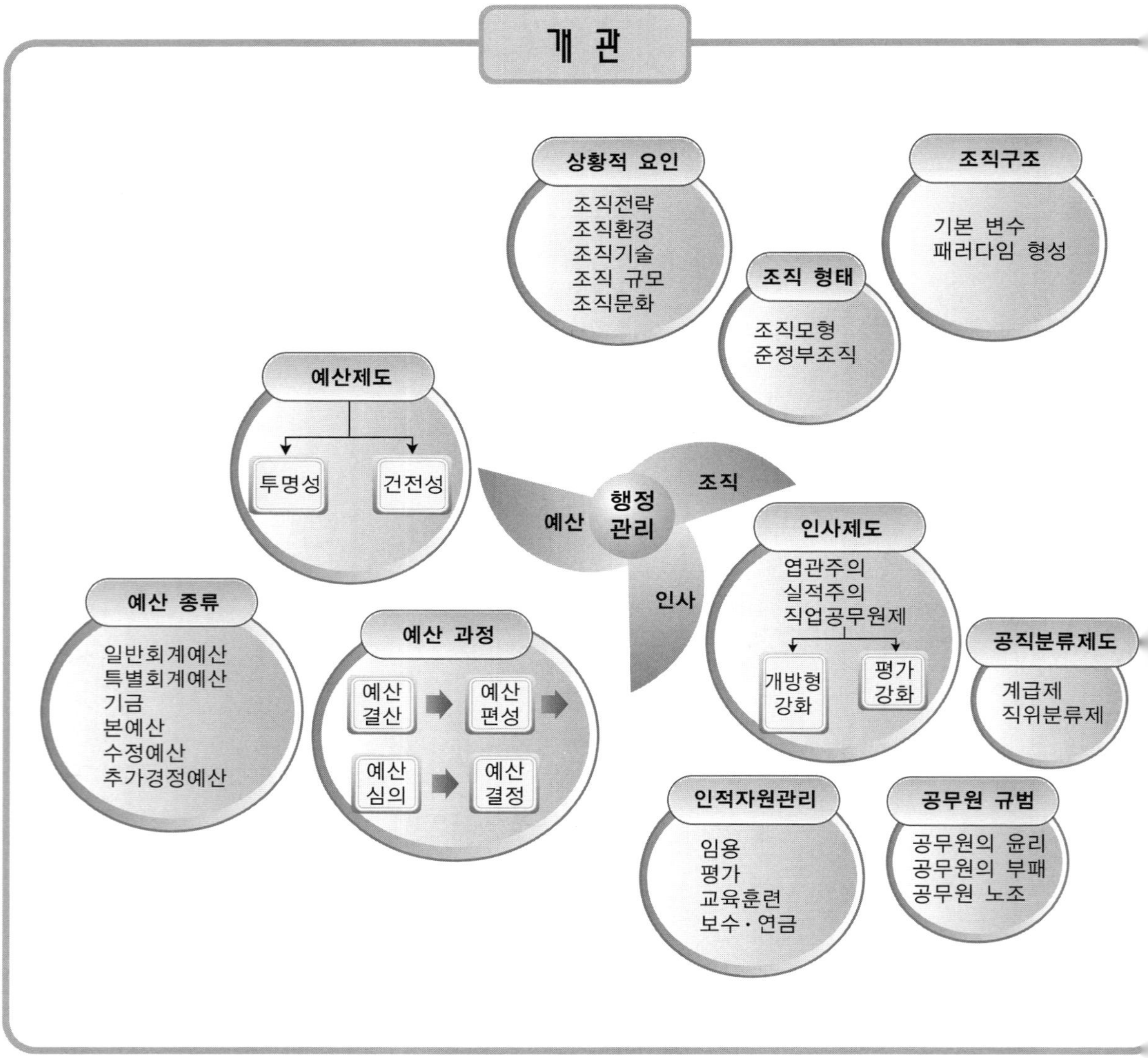
개 관
상황적 요인
조직전략
조직환경
조직기술
조직 규모
조직문화
조직구조
기본 변수
패러다임 형성
조직 형태
조직모형
준정부조직
예산제도
투명성
건전성
행정 관리
예산
조직
인사
인사제도
엽관주의
실적주의
직업공무원제
개방형 강화
평가 강화
공직분류제도
계급제
직위분류제
예산 종류
일반회계예산
특별회계예산
기금
본예산
수정예산
추가경정예산
예산 과정
예산 결산
예산 편성
예산 심의
예산 결정
인적자원관리
임용
평가
교육훈련
보수·연금
공무원 규범
공무원의 윤리
공무원의 부패
공무원 노조

제 4 편 한국 행정과 관리

제 1 장 한국 행정과 조직

행정은 공공성이라는 목적 가치나 본질적 가치를 달성하기 위해 환경으로부터 지원이나 자원의 도움을 받아 정책과 행정 서비스를 최종적으로 산출한다. 따라서 행정이 추구하고자 하는 가치를 달성하기 위해 행정 과정에서 주된 역할을 담당하는 것을 관리 체제(management system)라고 할 수 있다.

다시 말해, 정책이나 행정 서비스를 산출하는 주체 가운데 하나인 공무원과 이들이 속한 조직, 그리고 서비스를 산출하는 데 소요되는 비용인 예산이 관리 체제를 구성하는 핵심 요소다. 여기서는 관리 체제를 구성하는 요소들 가운데 하나인 행정조직에 대해 살펴보고자 한다.

제 1 절 한국 행정과 조직구조

1 행정과 조직구조

행정은 목표를 달성하기 위해 다양한 자원을 효율적으로 배치하고자 노력한다. 이를 일반적으로 조직화(organizing)라고 한다. 이러한 일련의 조직화 과정에 따라 부서와 직무 간의 분업 관계, 공식적 권한의 흐름, 과업 조정의 수단들을 규정하는 조직구조가 만들어진다. 조직구조(organizational structure)에 대한 논의는 대체로 두 차원에서 전개되어 왔다(김태룡, 2016: 2-6). 개인들 간의 의사전달의 양식으로 조직구조를 보는 시각과 관료제에 대한 체계적인 이론을 발전시키려는 관점에서 조직구조를 바라보는 시각이 그것이다.

개인들 간의 의사전달의 양식으로 조직구조에 대한 현대적인 최초의 관심은 1937년에 귤릭(Luther Gulick)과 어윅(Lyndall Urwick)이 편찬한 "Papers on the Science of Administration"에서, 그레이큐너스(Vytautus A. Graicunus)가 통솔의 범위를 이해하기 위한 용도로 출발했다. 이후 사이먼(Herbert A. Simon)을 거치면서, 조직구조의 개념은 1963년도에 사이어트(Richard M. Cyert)와 마치(James G. March)의 "Behavioral Theory of the Firm"에서는 중심적인 위치를 차지하게 된다. 하지만 이 같은 전통의 예외로서 카네기학파는 조직구조에 대한 관심의 부재 속에서 의사 결정에 관심을 집중화시킨 결과, 조직구조는 전통 속에서 잊혀진 기둥(forgetten pillar)이 되고 말았다(Gavetti et al., 2007: 523-536).

한편 베버(Max Weber)의 관료제에 대한 개념화로, 많은 학자가 구조적 속성 간에 관계의 정도를 경험적으로 검증하려는 시도가 그것이다. 우디(Stanley H. Udy, 1959: 791-795), 헤이지와 에이큰(Hage & Aiken, 1967: 72-91)을 필두로 한 연구들이었다. 이들 연구는 일반적으로 관료제를 전체적 현상으로 연구하려는 시도이거나 구성적 차원을 분석하려는 시도였는데, 관료제에 대한 체계적인 이론을 발전시키기 위한 경험적 기초를 구축하는 데 기여했다(Pennings, 1973: 680-703).

이후 조직구조는 조직환경에서 가장 중요한 영역을 차지하면서, 조직구조에 관한 연구들은 1970년대부터 폭발적으로 증가하기 시작해 1980년대부터는 조직 성과에 미치는 구조의 영향을 구체화하기 위한 연구가 활발히 전개되기 시작했다(Campbell et al., 2004: 564-571). 이와 같이 조직구조가 끊임없이 관심의 대상이 되어 온 이유는 구조가 지닌 기능 때문에 그러하다(Hall, 1977). 구조는 두 가지의 기본적 기능을 통해 개인의 행태와 조직의 성과에 영향을 미칠 것이라는 전제가 그것이다. 예컨대 구조들은 조직에 대한 개인적 변화에 따른 영향을 규제하거나 최소화하기 위해 설계되며, 특히 구조는 권력이 행사되는 장으로서 의사 결정이 만들어지고 조직의 활동이 수행되는 곳이기 때문이라는 점 때문이다.

또한 대리인이론(agent theory)에 따르자면 바람직한 업무를 수행하기 위해 조직구성원을 동기유발시키고자 할 때, 조직관리자는 대리인인 부하의 업무 성과에 대한 불완전한 정보 때문에 상당한 거래비용을 지불해야 한다. 이 과정에서 발생하는 대리인 딜레마(agency-dilemma)를 해결하고자, 조직관리자는 자신들의 이익과 기관의 이익 간에 더 많은 조정을 달성하기 위해 다양한 메커니즘을 활용하게 된다. 이때 재정적 인센티브나 성과 모니터링 같은 방식을 사용하는 대신, 적합한 조직구조를 설계하는 것이 장기적으로 부하들의 협력을 확보할 수 있는 바람직한 수단이 될 수 있다.

예컨대 규칙이나 역할 관계 등에 대한 안정적인 기대감 등을 구축함으로써 구조화된 활동(structuring activities)은 조직의 장들로 하여금 적극적으로 구성원의 몰입에 영향을 미칠 수 있다. 조직의 딜레마를 해결하기 위한 방식으로 조직을 구조화하고자 하는 조직관리자는 그래서 집권화, 공식화, 전문화의 상대적 정도 등에 관심을 보여 왔다(Sappington, 1991: 45-66).[1)]

일반적으로 조직구조를 정의할 때 강조되는 사항은 두 가지로 나뉜다. 첫째는 정태적 측면을 강조하는 입장에서 조직구조를 조직의 업무나 권한의 체계로 보는 것이 그것이다(Robbins, 2003). 둘째는 동태적 측면을 강조하는 입장에서, 조직구조를 조직인들의 상호작용으로 보는 견해다(오석홍, 2005: 299). 따라서 종합적 관점에서 볼 때 조직구조란 복잡성, 공식성 그리고 집권성 등이 배열되어 있는 조직 내부의 동태적 과정을 의미한다. 이때 구조를 형성하는 요인은 환경, 전략, 규모 그리고 기술 등이 있다(민진, 2010: 99-100).

조직구조를 이해하기 위해서는 기본 변수를 고려해야 하는데 이에는 복잡성, 공식성, 그리고 집권성 등이 있다. 따라서 조직구조의 기본 변수들이 조직구조의 형태를 구성하는 데 결정적 영향을 미친다. 이와 함께 조직구조에 영향을 미치는 상황 변수 또는 상황적 요인이 있다. 이에는 조직의 규모, 기술, 환경, 전략, 권력의 통제 등을 들 수 있다.

---

1) 특히 정부조직처럼 기업에 비해 마땅한 인센티브제도가 부족한 현실 속에서, 조직 성과를 제고하기 위해 조직구조에 관심을 갖는 것은 지극히 당연하다. 비록 달턴 외(Dalton et al., 1980)의 지적처럼 구조와 성과 간의 관계가 명료하지는 않지만, 조직설계에서 구조가 성과에 미치는 영향에 대해서는 대체적으로 동의가 이뤄졌다(Pennings, 1973: 686-704; Kimberly & Rottman, 1987: 595-622).

1) 조직구조의 기본 변수

(1) 복잡성

복잡성(complexity)이란 조직 내의 활동이 분화되어 있는 정도(degree of differentiation)를 의미한다. 복잡성은 수평적 분화, 수직적 분화, 그리고 장소적 분산의 세 가지 요소로 구성된다. 이에 따라 이들 세 요소의 정도가 높을수록 조직의 복잡성은 높아진다(Hall, 1992; Robbins, 2003).

수평적 분화(horizontal differentiation)는 조직이 수행하는 업무를 조직구성원들이 나눠 수행하는 양태를 의미한다. 수평적 분화의 양태는 부문화와 직무의 전문화 등으로 나타난다. 이에 반해 수직적 분화(vertical differentiation)는 조직 내의 책임과 권한이 나뉘어 있는 계층의 양태를 의미한다. 이를 나타내는 지표로는 조직 내의 계층의 수, 계서제의 깊이 또는 조직구조의 깊이를 들 수 있다.

그런데 수직적 분화는 대체로 수평적 분화의 정도에 따라 영향을 많이 받는다. 끝으로 장소적 분산(spatial dispersion)은 특정 조직의 하위 단위나 자원이 지역적, 지리적 그리고 장소상으로 분산되어 있는 것을 의미한다.

(2) 공식성

공식성(formalization)은 조직 내의 직무가 표준화되어 있는 정도로서, 의무나 권리를 결정하는 규칙이나 절차 또는 의사전달이 성문으로 묘사된 행동의 정도를 의미한다(Schminke et al., 2000). 따라서 공식성은 조직 내에서 누가, 어떤 일을, 어떻게, 언제 수행할 것인가를 규정한 정도를 의미한다. 행정조직에서 공식화의 수단으로는 헌법, 법률, 그리고 행정명령 등이 있고 하위 수준에서는 절차, 내규, 규정 등이 있다. 공식화를 측정할 때는 직무기술서와 규정의 구체화 정도, 감독의 정도, 하위자나 관리자에게 부여되는 재량의 정도, 작업의 표준화 정도, 문서화 정도 등의 지표가 사용된다(양창삼, 1990: 218).

조직은 공식성을 통해 조직구성원의 행태를 규제하며, 조정을 촉진하고, 서비스의 공평성을 확보하며, 조직활동의 안정성과 예측 가능성을 높여 줌으로써 조직의 효율성을 높일 수 있다는 데 그 중요성이 있다(Mintzberg, 1979; Perrow, 1970; Robbins, 2003).

그러나 조직의 공식화 수준이 너무 높으면 활동의 융통성이 제약을 받는다는 데 문제가 있다. 따라서 사업이나 관리 업무를 지나치게 상세하고 구체적으로 규정하면 관리자의 재량 범위는 축소된다. 이로 인해 조직은 변화하는 환경에 적응하기 힘들어진다는 데 한계가 있다.

한편 공식화와 관련해 살펴볼 개념이 표준화인데, 공식화는 표준화로부터 분화된 것으로 볼 수 있다(Pugh et al., 1968). 표준화는 조직구성원의 절차와 행동을 제한하거나 처방하는 기능을 한다. 이런 의미에서 공식화는 직무기술서와 유사한데, 그것은 어떤 방식으로든지 절차를 제한하거나 처방하지 못한다. 대신 표준화가 구체적으로 이런 절차를 인도한다. 하여 공식화는 조직구성원이 해야 할 의무의 내용을 기술하는 개념인데 반해, 표준화는 의무를 어떻게 수행할 것인가를 나타내는 개념이다. 그렇지만 양자의 관계가 이처럼 구분되는 개념이라기보다는 병렬적 관계로 보는 것이 일반적이다(김태룡, 2016: 5-6).

(3) 집권성

집권성(degree of centralization)은 조직 내의 권한이 배분되어 있는 양태를 말한다. 주로 의사 결정의 권한이 어느 개인, 계층, 집단에 집중되거나 위임되어 있는 정도를 의미한다. 따라서 조직의 최고관리자나 상층부에 의사결정권이 집중되어 있으면 집권화의 정도가 높고, 반대로 하위자나 하층부에 위임되어 있으면 집권도가 낮다.

그런데 조직구조의 결정 요소로서 집권화의 성격이 그리 간단하지 만은 않다. 우선 집권화가 이뤄지는 장소에 관한 문제로, 의사 결정의 집권성(분권성)은 비공식조직이 아닌 공식적 구조와 관련된 것으로 오직 공식적 권한에만 적용된다. 공식적 권한에만 적용되는 까닭으로 의사 결정의 집권성은 정책에 구속된다. 그래서 조직에서 낮은 수준에 있는 관리자들이 많은 결정을 할 수 있다고 한다고 하더라도, 이런 결정이 조직적 정책에 의해 프로그램화되어 버린다면, 집권화의 수준은 높은 수준에서 머물러 있을 개연성이 높다.

한편 의사 결정에 대한 정보 여과 체계(information-processing system)와 관련해, 일반적으로 정보기술이 의사 결정의 분권화를 촉진한다. 그러나 동일한 기술을 통해 상급관리자도 결정의 결과를 동시적으로 알 수 있도록 설계되어 있다. 따라서 의사 결정에 대한 재량권이 아래로 위임되어 있지만 밀접하게 상급자에 의해 모니터링된다면, 이 같은 상황을 실제로 분권화로 볼 수 있겠는가의 문제가 야기된다. 이런 경우 조직은 분권화의 외양만 지니고 있을 뿐이지, 상급관리자는 효과적인 분권화된 통제를 유지하고 있다.

끝으로 조직에서 정보는 위로 올라가지만 당연히 여과된다. 그렇지 않으면 정보의 홍수 속에 빠지게 되기 때문이다. 그런데 이 여과 과정이 부하들에게 힘을 부여하게 되는데, 그것은 상관이 원하는 것만을 보내는 과정에서 발생한다. 더 나아가 부하들이 원하는 결정을 만들어내기 위해 정보를 구조화할 수도 있다.

이런 경우 의사 결정이 상급자에게 집권화되어 있는 것으로 보인다 해도, 결과적으로 의사 결정은 하급자에 의해 통제되고 있어 실제적으로는 분권화를 초래하고 있다고 할 수 있다. 이처럼 집권화의 개념은 단순하지 않고 복잡한 개념으로, 집권성의 높낮음을 결정하는 요소는 상황적 조건에 따라 달리 나타난다(Robbins, 1990; 김태룡, 2016: 4-5).

2) 조직구조의 상황 요인

조직구조에 영향을 미치는 상황적 요인에는 조직의 규모, 기술, 환경, 전략, 권력의 통제 등이 있다. 여기서는 조직전략, 조직환경, 조직기술에 한정해 다음과 같이 살펴보고자 한다.

(1) 조직전략

조직전략(organizational strategy)이란 조직 목표를 달성하기 위한 환경과의 상호작용 계획을 의미한다. 조직이 무엇을 추구할 것인지를 규정한 것이 목표라고 한다면, 전략이란 목표에 어떻게 도달할 것인가를 규정한 것이다. 따라서 조직구조에 조직전략이 반영되어야만 목표 달성이 효과적으로 이뤄진다.

조직전략은 저비용전략과 차별화전략으로 구별할 수 있다(Daft, 1998: 53-58). 저비용전략은 내부 지향적이고 안정성 위주의 전략을 추구한다. 이에 따라 효율적 시설관리와 비용 절감 및 생산비용의 통제 등을 통해 경제성과 효율성을 적극적으로 추구해 경쟁자에 비해 가격경쟁력을 확보하려는 계획이다. 이에 반해 차별화전략은 외부 지향적이고 모험을 추구하는 전략이다. 독특한 혁신적 산출물을 개발하고 경쟁자와 차별화를 추구함으로써 시장점유율을 넓히려는 계획이다.

그 결과 전략에 따라 상이한 조직구조가 요구된다. 예컨대 저비용전략을 추구하는 관리자는 주로 기계적 구조로 설계하고, 차별화전략을 추구하는 관리자는 주로 유기적 구조로 설계하는 것이 효과적이다. 그리고 기능조직이 지닌 과업전문화, 집권화, 엄격한 명령 체계는 부족한 자원을 능률적으로 이용하는 데 효과적이기 때문에 기능조직은 내적 효율성의 목표를 추구하는 데 적당하다.

반면에 수평조직은 신축성, 학습, 혁신과 같은 조직 목표를 추구하기에 적합하다. 고객에게 가치를 직접적으로 제공하는 일에 관심이 있는 수평적 팀들은 고객의 변하는 욕구에 차별적으로 신속하게 대응하는 데 유리하기 때문이다. 끝으로 사업조직과 매트릭스조직은 이 둘의 중간적 위치에 있다고 볼 수 있다.

(2) 조직환경

조직환경(organizational environment)이란 조직의 성과와 목표 달성에 영향을 미치는 조직 경계 밖에 있는 모든 요소를 의미한다. 그래서 조직구조는 환경에 지대한 영향을 받는데, 이는 환경의 불확실성(uncertainty) 때문이다. 환경의 불확실성은 조직에 다음과 같은 영향을 미친다.

첫째, 부서 간의 차별성을 증가시킨다. 이에 따라 각 부서는 자신들이 수행해야 할 과업과 관련된 상이한 환경의 불확실성에 대응해야만 한다. 그 결과 이 과정에서 상이한 목표, 과제 지향, 그리고 시간관을 가지게 되며, 그로 인해 부서 간의 장벽이 발생하게 된다.

둘째, 부서 간의 장벽을 깨기 위해 조정의 역할이 증가한다.

셋째, 환경 변화에 적응하기 위해 수평적 조정의 필요가 증가한다. 이를 위해 조직은 신축적이고 대응적인 자세를 유지해야 한다.

이처럼 환경의 불확실성 정도에 따라 조직에는 상이한 조직구조가 요구된다.

첫째, 불확실성이 낮은 환경에서는 기계적 구조가, 불확실성이 높은 환경에서는 유기적 구조가 효과적이다.

둘째, 단순하고 안정적인 환경이라고 할 수 있는 낮은 불확실성 하에서는 예측 가능성이 높아 기계적 구조가 효과적이다. 따라서 이 경우 대체로 부서의 분화 정도가 낮아 수는 적다. 반면에 복잡하고 역동적인 환경, 즉 높은 불확실성 하에서는 예측 가능성이 불가능하므로 유기적 구조가 효과적이다.

셋째, 높은 불확실성에 대응하기 위해 부서의 분화가 증가하면 수는 많아지게 된다. 이에 비례해 통합 역할이 증가하며 계획과 예측 등 경계관리 활동이 활성화된다.

넷째, 복잡하기는 하나 안정적 환경인 중간 단계의 불확실성 하에서는 기계적 구조가 효과적이다. 복잡성에 기인한 불확실성의 증가에 대해 분화로 대처하며 부서의 수는 증가하면서 비례해 통합 역할도 증가한다.

다섯째, 단순하지만 불안정한 환경인 약간 높은 불확실성 하에서는 유기적 구조가 효과적이다. 불안정성에 기인한 불확실성의 증가에 대처하기 위해 주로 경계관리활동으로 대처하면서 관리자는 신속한 모방과 계획을 강조한다(Daft, 1998: 99).

(3) 조직기술

조직기술(organizational technology)은 조직에 투입된 자원을 산출인 서비스로 전환하는 데 쓰이는 도구, 기법, 활동 등을 의미한다. 조직기술은 수준에 따라 다양한 분류가 가능하다. 예를 들어 조직 전체 수준의 기술은 제조기술과 서비스기술로, 부서 간 기술은 공동기술, 연속기술, 호혜기술로 구분할 수 있다(Thompson, 1967). 그리고 부서기술은 일상적 기술과 비일상적 기술로 구별할 수 있다.

조직기술과 조직구조와의 관계를 기본 변수와 적합성이라는 측면에서 살펴볼 때, 우선 조직기술과 조직구조의 관계를 조직의 기본 변수와 관련시켜 보면 다음과 같다.

첫째, 일상적인 기술일수록 복잡성은 낮고 비일상적인 기술일수록 복잡성은 높아진다. 이에 따라 기술적 다양성이 크면 조직구조는 분화하는 경향이 있다. 비일상적일수록 작업이 정교해지고 고객의 기호에 맞춰야 하므로 전문가의 활용은 증가하게 된다.

둘째, 일상적인 기술일수록 공식성은 높고 비일상적인 기술일수록 공식성은 낮아진다. 그것은 일상적인 기술일수록 예측 가능성이 높기 때문에 하위 수준에서는 작업 규칙과 업무편람 등이 더욱 필요하고 유용하다.

셋째, 기술과 집권성과의 관계다. 기술과 집권화의 관계는 상관도가 낮은데 그것은 다른 변수들의 개입에 따라 영향을 받기 때문이다.

다음으로 조직기술과 조직구조의 적합성에 대한 문제로서, 조직에서 사용하는 기술과 조직구조는 적합도가 높을수록 조직의 효과성은 높아진다(Woodward, 1965). 예컨대 직원들이 수행하는 업무를 잘 이해하고 예측할 수 있으며 일상적이고 반복적일 때 관료제조직은 가장 능률적이라는 것이다(Perrow, 1970). 이에 반해 일상적인 업무를 수행하는 조직이 융통성이 있고 고도로 적응적인 구조와 절차를 채택하게 되면, 그 조직은 오히려 비능률적이 되어 효과성은 낮아진다(Pfeffer & Salancik, 1978).

(4) 조직 규모

조직 규모는 조직구조의 결정에 영향을 미치는 중요한 변수다. 그런데 조직 규모가 무엇인지에 대해서는 현재까지도 개념적으로 명료하지 않다(오석홍, 2005). 현재까지 조직 규모를 나타내는 변수나 측정지표로는 조직구성원의 수로 파악하고 있으나, 이것이 조직 규모의 다양한 측면을 포함하고 있지는 못한 실정이다. 그래서 이에 더해 물적 수용 능력, 인력, 투입, 산출 및 자원 등을 조직 규모의 구성 요소로 제시하고 있을 뿐이다(Kimberly, 1976: 577-597).

조직 규모와 조직구조와의 관계에 대해서도 학자들 간에 통일된 견해를 찾기가 쉽지 않다. 다만 개괄적인 관점에서 기본 변수와의 관련성을 통해 양자의 관계를 살펴보면 이러하다.

첫째, 조직 규모가 커지면 대체적으로 복잡성이 증대하다가 어느 수준에 이르게 되면 체감하기 시작한다(Mileti et al., 1977: 208-217). 다시 말해, 조직 규모가 커지면 전문화가 빠르게 지속되다가 일정한 수준에 도달하면 전문화의 진행 속도는 더뎌진다.

둘째, 조직 규모가 커지면 대체적으로 공식성은 더욱 높아진다(Mintzberg, 1979). 그것은 규모가 커지면 직접적 감독보다는 공식화된 규제 조치를 사용하기 때문이다.

셋째, 조직 규모가 커지면 대체적으로 분권화가 촉진된다. 예컨대 소규모 조직에서는 집권적 의사 결정을 통해 강력한 통제가 가능하나, 대규모 조직에서는 권한의 위임이 불가피하다(Daft, 1998: 136; 민진, 2009: 126-127).

2 한국 행정과 조직구조

조직구조란 복잡성, 공식성 그리고 집권성이 배열되어 있는 조직 내부의 동태적 과정으로서 다양한 전략, 규모, 기술, 권력의 통제, 환경 등에 의해 영향을 받는 것으로 정의했다. 이런 측면에서 한국 행정의 조직구조도 예외일 수는 없다. 1948년 7월 17일에 제정된 '정부조직법'에 따라 구성된 한국의 행정조직은 70여 차례나 되는 개정 과정을 거치면서 조직구조의 변화를 맞이했다.

민주화가 진행되기 이전에는 주로 전쟁, 권력의 변화, 근대화를 위한 경제 개발과 같은 환경 등에 의해 조직구조가 변화를 맞이했다. 반면에 민주화가 진행된 이후에는 경제 위기, 복지, 참여의 폭발과 같은 환경 변화에 대응하기 위한 적합한 전략의 요구, 전자정부의 도입과 같은 기술의 변화 등이 구조의 변화를 촉진했다.

여기서는 한국 행정과 조직구조의 변화 과정을 '정부조직법'의 개정 내용을 중심으로 시기별로 중요한 변화들을 살펴보고, 또 다른 측면에서는 한국 행정조직 내부의 구조적 특성을 살펴보고자 한다.

1) 한국 행정조직의 구조 변화

(1) 민주화 이전 시기의 조직구조

제헌헌법에 따라 대한민국 정부가 수립됨에 따라 이승만 정부는 통일적이고 체계적인 국무 수행을 도모하기 위해, 1948년 7월 17일 최초의 '정부조직법'을 제정하면서 한국 행정조직의 구조가 그 모습을 드러냈다.[2)] 이에 이승만 정부의 정부관료제는 일차적으로 국가 건설과 국민 통합을 위한 국가기구의 형성과 기본적 기능 위주로 이뤄졌다.[3)]

미군정에 의해 도입된 위원회가 사라지고 단독제를 채택함으로써 계층제적 질

---

2) '정부조직법'의 제정은 정부조직의 변화를 파악하는 데 매우 중요한 의미를 가진다. 기관 간의 업무 이관을 비롯해 정부조직의 변화는 반드시 이 법규에 대한 국회 의결이 선행되어야 하기 때문이다. 이렇게 '정부조직법'은 조직 시스템 변화의 경로의존적 제약을 부과하는 역할을 하게 되었다.

3) 한국 행정조직의 구조적 변화 과정에 대한 논의는 염재호 · 홍성만 · 왕재선(2004)과 행정안전부(2011b)에 많은 부분을 의존했으며, 이 밖의 구조적 변화에 대한 구체적 논의에 대해서는 정용덕(2008), 김태룡 외(2009), 김태룡(2017)을 참조.

서를 존중해 온 한국적 사고방식에 적합하도록 수정되었다. 이로 인해 정부관료제가 제도적으로 진화해 나갈 수 있는 기틀이 형성되었고, 정부관료제가 공공성을 담보하기 위한 환경과의 능동적 교류가 시작되었다.

최초의 '정부조직법'에 따라 중앙행정기관의 종류와 명칭은 원(院)·부(部)·처(處)·청(廳) 또는 비서실(秘書室)·국(局)·과(課)로 체계화되었다.[4] 그리고 1948년 9월에는 '각 부처 직제통칙'이 제정되면서 정부조직의 구조와 기능이 명확히 구분되는 계기를 맞게 되고 합리적으로 작동될 수 있는 틀이 형성되었다. 특히 이후 제정된 '각 부처 직제총칙'과 '중앙행정기관 직제통칙'의 제도화는 이후 정부조직의 제도적 지속성과 경로의존적 변화를 예고하는 것이었다.

그러다가 1950년 3월 '각 부처 직제통칙'이 폐지되고 '중앙행정기관 직제통칙'이 제정됨으로써 행정기구는 중앙행정기관으로 명칭이 바뀌었다. 그래서 부, 처와 심계원, 고시위원회, 감찰위원회, 외자구매처, 관재청 및 임시외자관리청은 중앙행정기관으로 불리게 되었다. 이후부터 행정기구는 법제상 현재까지도 중앙행정기관이라는 명칭을 사용하게 되었다.

전쟁이 종료된 이듬해인 1954년 11월에 제2차 '헌법' 개정에 의해 국무총리제가 폐지되고, 대통령책임제가 더욱 강화되었다. 그리고 1955년 2월 '정부조직법'의 개정으로 대폭적인 변화가 나타나는데, 주요 제도적 변화로는 다음을 들 수 있다.

첫째, 행정기관·종류·각 청은 원·부·실·청으로 하고 보조기관의 종류는 비서실, 국, 과로 했다. 둘째, 행정기관과 조직 설치는 법률로 하고 보조기관의 설치·사무 범위는 법률로써 정한 것을 제하고 대통령령으로 정하도록 했다. 셋째, 실장과 청장은 소관 사무 중 중요 정책에 관한 사항은 소속 장관의 명을 받도록 했으며, 각 부는 각 국에 속하지 아니하는 과 1개를 둘 수 있도록 했다.

제1공화국이 무너지고 등장한 장면 정부는 1960년 6월 15일에 '헌법' 개정을 통해 내각책임제로 개편했다. 그리고 동년 7월 1일에는 최소 범위 내에서 '정부조직법'을 개정했다. 즉, 제2공화국 '헌법'은 행정권을 국무원에 속하는 것으로 규정함으로써 국무원은 국가최고행정기관이 되었다. 또한 '정부조직법'상에 행정기관의 종

---

4) 국의 분장사무는 대통령령으로 정하고, 과의 분장사무는 총리령 또는 부령으로 정한다. 그리고 각 부처에 이사관, 기감, 법제관, 경제계획관, 편수관, 법무관, 서기관, 기정, 장학관, 비서관, 감사관, 체육관, 통역관, 주사, 기사, 비서, 통역사, 서기, 기원 등 다양한 기능별 직위를 구분했다.

류와 명칭을 원, 부, 처, 청 또는 위원회로 하고, 보조기관의 종류와 명칭은 차관·차장·비서실(대통령·국무총리비서실에 한함)·국·과로 변경시켰다. 이 밖에도 의원내각제 개헌에 따른 정무차관제를 신설했다.

1961년 쿠데타로 집권한 과도군사정부의 정부관료제 조직 시스템은 군사정변이라는 커다란 역사적 사건을 맞이해 기능 분화와 합리화라는 변화를 보여 주었다. 이에 따라 1961년 8월 22일 '정부조직법' 개정을 통해 정무차관제를 폐지하고, 행정각부에 기획조정관을 두어 정책과 기획의 수립 및 조정·감독을 하게 했다.

내각수반 밑에 기획통제관을 두어 내각수반을 보좌하도록 함으로써 각 원, 부, 처의 정책·기획에 대한 강력한 조정·통제를 하게 했다. 그 결과 기획조정관실이 처음으로 등장하게 되었다. 이러한 변화는 정부관료제에 막료조직이 새롭게 강화되는 계기가 되었다는 점과, 정부관료제 조직 시스템에 조정 기능이 강화되었다는 측면에서 정부관료제 조직 시스템의 변화와 관련해 중요한 의미를 가진다.

이어서 1962년 6월 18일 '정부조직법' 개정에서는 차관보제도가 신설되었다. 이 당시 차관보제도는 보좌기관으로서가 아니라 차관 밑의 보조기관으로 발족한 것이다.[5] 이후 1963년 민정 이양 이후 등장한 제3공화국의 박정희 정부의 조직구조는 동년 12월 14일의 17차 개정에서 1970년 8월 3일의 26차 개정에 이르기까지 10차례의 변화 과정을 거치는데, 특징적인 것은 주로 행정기관의 종류와 명칭에 변화가 있었다.[6]

그런데 1963년 12월 '정부조직법'의 개정 당시 많은 조직개편이 있었지만, 주요한 변화로 볼 수 있는 것은 기획통제관을 기획조정실로 개칭해 국무총리 보조기관으로 두었다는 것을 들 수 있다. 그리고 기획조정관실을 기획관리실로 개편해 국방부를 제외한 행정각부와 경제기획원에 두도록 했다. 또한 경제기획원장의 직명을 장관으로 고치고 부총리제를 두어 경제기획원 장관이 겸임토록 했다.

---

5) 그러나 1973년의 '정부조직법' 개정에서 차관보제도는 장관과 차관을 보좌하는 핵심적인 막료조직으로서 기능하게 된다.

6) 주요 내용으로 중앙행정기관의 종류와 명칭은 원, 부, 처, 청, 위원회에서 원·부·처·청 및 국(외국)으로 변화했다. 그리고 각 원·부·처 또는 청에는 필요에 따라 차관 또는 차장 밑에 국 또는 실에 속하지 아니하는 과 1개를 둘 수 있도록 했다. 그리고 그 보조기관의 명칭은 종래 부원장, 차관, 차장, 비서실, 기획조정관실, 국 또는 과에서 차관·차장·차관보·실·국·과 또는 계로 변화했다. 또한 이때부터 행정기관을 통칭하는 명칭도 '행정기관의 종류와 명칭'에서 '중앙행정조직의 종류와 명칭'으로 바뀌었다.

경제부처를 중심으로 기획과 정책 기능 및 집행 기능의 분리가 본격화되었고, 이 같은 변화는 관세행정이나 과학기술행정 등 다른 분야로 확대되었다. 특히 이 시기의 조직개편 내용 가운데 막료조직의 기능을 수행하는 담당관제도가 본격적으로 실시되었다는 점은 특기할 만한 변화다(한영석, 1987: 283).7)

1972년에 '유신헌법'이 선포되면서 제4공화국으로 접어든 박정희 정부는 1973년 1월 15일 다시 '정부조직법'의 개정을 단행했는데, 주요 특징은 이러했다.

첫째, 정부조직의 경직성을 완화해 정부기구를 행정 수요에 알맞게 자율적으로 조정할 수 있도록 중앙행정기관의 보조기관과 특별지방행정기관의 설치를 대통령령으로 정했다.

둘째, 보조기관으로 차관, 차장, 실장, 국장, 과장을 두었으며, 이들의 설치는 대통령령으로 정할 수 있도록 했다. 그리고 중앙행정기관의 장으로 하여금 소속 외청 또는 외국의 정책 수립에 관해서도 직접 지휘할 수 있도록 했다.

셋째, 국무총리 밑에 행정조정실을 신설해 국무총리의 정부감독권이 효율적으로 수행될 수 있도록 했다.

넷째, 특이한 변화는 차관보를 행정조직법상 계선조직인 보조기관에서 제외하고 그 사무분장을 대통령령으로 정하도록 했으며, 차관보를 계선조직에서 제외해 막료로 전환시켰다는 점이다.8)

박정희 정부에 이어 등장한 제5공화국의 전두환 정부는 1980년 10월 28일에 사회 전반에 걸친 정화사무의 효율적인 수행을 위해 대통령령 제10054호 '사회정화위원회 설치령'에 근거해 국무총리 소속 하에 사회정화위원회를 신설했다.9) 이후 9차례에 걸쳐 중앙행정기관에 대한 조직개편을 단행했다(김태룡, 2016).

1981년 4월 8일에는 구체적으로 대통령령이 아닌 법률로 정부조직법상 행정위원회와 같은 합의제 행정기관을 설치할 수 있는 근거를 마련했다. 이에 따라 행정

---

7) 담당관제도는 관료제 조직의 정체성을 해소하고 능률적인 발전행정 체제를 지향해 나감으로써 격증하는 행정 수요와 격변하는 행정환경에 효과적으로 대처해 나가기 위해 정책막료의 기능을 강화해 나갈 필요성 때문에 확대하게 된다.

8) 국·실의 개폐를 '정부조직법'을 개정하지 않고 대통령령만으로 할 수 있도록 한 것은 신축성 있는 행정권의 재량을 위한 것으로 볼 수 있다. 또한 차관보를 계선조직에서 제외한 것은 계선조직의 다계층화에서 오는 비능률을 제거하고, 차관보를 특수 업무에 국한시켜 담당관적 성격을 갖도록 하여 행정 수요의 증대에 기민하게 대처할 수 있도록 한 것으로 평가된다(서울신문, 1973.1.13).

9) 위원회의 구성은 위원장(차관급) 1인, 위원(별1급) 8인, 전문위원 15인으로 구성되었다.

기관에는 관할사무의 일부를 독립해 수행할 필요가 있는 때에는 법률이 정하는 바에 따라 행정위원회 등 합의제 행정기관을 둘 수 있도록 했다. 아울러 행정 권한의 재위임 근거와 행정사무를 사인(私人)에게 위탁할 수 있는 근거를 마련했다. 따라서 이 개정은 정권의 통치 필요성에 따라 관료제도가 변하고 있음을 시사한다.

한편 1981년 4월 8일 법률 제3422호로 개정된 '정부조직법'이 지니는 의미는 조직개편의 내용이 함축하는 이상의 의미를 함의하고 있는데, 그것은 '정부조직법' 제1조의 개정 내용에서 찾을 수 있다. '정부조직법' 제1조 목적 부분은 그간 이전 정부에서 여러 차례 개정이 있어 왔지만, 이 개정에서는 그 범위를 명료히 했다는 데 의미가 있다. 다시 말해 기존 '정부조직법'에서 목적에 해당하는 1조가 개정된 것은 1973년 1월 15일 법률 제2437호로, "이 법은 국가의 중앙행정조직의 대강을 정하여 통일적이고 체계 있는 국가행정사무의 수행을 기함을 목적으로 한다"라고 규정하고 있었다.

그런데 1981년 4월 8일 법률 제3422호에서는 "이 법은 국가행정사무의 통일적이고 능률적인 수행을 위하여 국가행정기관의 설치·조직과 직무 범위의 대강을 정함을 목적으로 한다"로 개정했다. 따라서 동법의 개정으로 '정부조직법'이 지향하는 방향이 종래의 대강이라는 추상적 의미에서, 설치·조직·직무 범위로 구체화함으로써 '정부조직법'이 지닌 목적을 좀 더 강화시켰다는 데 그 의미가 있다(김태룡, 2016).

1981년에는 이른바 '10·15 행정개혁'이라 부르는 전면적인 정부조직 개편이 단행되었다. 이에 따라 '정부조직법'이 1981년 12월 31일 개정됨으로써 국무총리실의 기획조정실이 폐지되었다. 이후 1984년 8월 9일에는 대통령령 제11484호로 제정되었던 '행정기관의 조직과 정원에 관한 통칙'을 개정하게 된다. 이는 정부조직과 정원을 효율적으로 관리 운영하기 위해 조직의 정원관리제도와 기준을 합리적으로 개선한 것으로, 각 중앙행정기관의 기구와 정원관리의 자율성을 확대시키고자 한데 있었다.

(2) 민주화 이후 시기의 조직구조

1988년 민주화의 열기 속에서 집권한 노태우 정부는 두 번에 걸친 대통령령의 개정과, 1989년 12월 30일과 1990년 12월 27일 있은 두 차례의 '정부조직법'에 대한 개정이 있었다(김태룡, 2014: 251-253). 이에 따라 한국의 정부관료제에는 새로운 변화가 일기 시작했다. 행정환경과 행정 수요의 변화에 능동적으로 대처하기 위해 행정개혁위원회의 건의를 토대로 이뤄진 개정 내용은 다음과 같다.

첫째, 중앙행정기관의 설치는 법률에 의거해야 한다는 원칙에 충실하기 위해 한시적인 합의제 중앙행정기관을 설치할 수 있도록 해 온 규정을 삭제했다. 둘째, 원·부·처·청의 장은 긴급히 발생하는 행정 수요에 기동성있게 대처하기 위해 필요한 경우에는 대통령령이 정하는 기준과 절차에 따라 정원의 범위 안에서 한시적 보조기관 등을 설치·운영할 수 있도록 했다. 셋째, 원·부·처의 장은 소관 사무의 효율적 추진을 위해 필요한 경우에는 관련 기관 간의 관련 사무의 조정을 국무총리에게 요청할 수 있도록 했다.

노태우 정부에 이어 출범한 김영삼 정부는 정부조직과 정원을 효율적으로 관리·운영하기 위해 조직·정원관리제도와 기준을 합리적으로 개선·보완하는 데 초점을 두었다. 이를 위해 각 중앙행정기관의 기구·정원관리의 자율성을 확대하기 위해 '행정기관의 조직과 정원에 관한 통칙'을 1994년 1월 17일에 대통령령으로 개정했다.

이에 따라 첫째, 직제를 제정하는 경우나 개정되는 직제가 다수 중앙행정기관과 관련되는 등 소관 기관이 분명하지 아니한 경우, 총무처 장관은 중앙행정기관의 장의 기구개편안과 소요정원안의 제출 절차 없이 직제의 제·개정에 필요한 조치를 할 수 있도록 했다. 둘째, 중앙행정기관의 정책 수립 기능을 강화하기 위해 중앙행정기관에 과장 또는 담당관을 보좌하는 4급 공무원을 둘 수 있도록 하는 등의 제도 변화가 이뤄졌다.

1992년 후반기에는 경제협력개발기구(OECD)에 가입할 것을 정부 차원에서 확정함에 따라 정부관료제 시스템을 대외적 환경에 적합한 형태로 변화시킬 필요성이 야기되었다. 이에 일부 중앙행정기관을 개편하고 기타 현행 규정의 운영상 나타난 미비점을 정비·보완하려는 취지로 '정부조직법'의 개정이 1994년 12월 23일 단행되었다.[10]

---

10) 이 개정에 의해 첫째, 담당관의 기능에 심사·평가 및 홍보에 관한 사항을 추가해 제도적 기능을 확대했다. 둘째, 중앙행정기관의 중간 정책관리 계층을 보강하기 위해 4급으로 보하고 있는 과장 직위에 대해 향후에는 3급 또는 4급으로 보할 수 있도록 했다. 셋째, 한시조직의 설치 근거를 현

1997년 말에 발생한 외환위기 속에서 출범한 김대중 정부는 외부적 제약이 매우 강한 환경에서 개혁을 단행할 수밖에 없었다. 이런 총체적 위기는 정부조직의 구조적 변화를 가져왔는데, 정부 출범 3일 만인 1998년 2월 28일에 '정부조직법'을 개정한 것이 그것이다. 주요 내용으로 첫째, 과 단위 기구의 설치 권한을 각 부처에 위임하는 등 조직 운영에 대한 자율성과 탄력성을 강화했다. 둘째, 부총리제를 폐지했다. 셋째, 각 부처의 조직관리에 대한 자율성을 강화하기 위해 과 단위 보조기관의 설치와 사무분장을 총리령이나 부령으로 정할 수 있도록 했다.

또한 불합리한 사전 협의 절차나 행정 내부의 규제적인 규정을 완화하되, 각 행정기관의 책임성 확보를 위한 사후관리 기능을 강화하려는 취지에서 '행정기관의 조직과 정원에 관한 통칙'을 1998년 2월 28일에 개정했다.[11] 이어 1999년 5월에는 21세기 신지식·정보화의 시대에 대비해 정부 기능을 핵심 역량 위주로 재편하기 위해 '정부조직법'을 개정했다(염재호·홍성만·왕재선, 2004).[12]

이전 정부들이 주로 정부조직의 구조개편을 체제 유지나 환경적 변화에 따른 대응의 결과로 추진한 반면, 노무현 정부는 역대 정부와는 다른 관점에서 추진했다. 그것은 작은 정부에 집착하는 대신 조직 성과와 효과성에 초점을 둔 조직개편을 추구했다는 점에서 차이가 있으며, 조직이나 인력의 감축보다는 제도나 행태에 초점을 둔 개혁에 치중했고 부서 간의 기능 조정을 통한 업무의 효율화에 초점을 두었다.

이에 2004년 3월 11일에 '정부조직법' 개정을 단행했다. 주요 내용으로는 부서 간의 기능 조정과 일원화의 관점에서 첫째, 영유아 보육 업무를 보건복지부에서 여성부로 이관했다. 둘째, 각 부처의 전자정부 업무를 행정자치부로 이관했다. 셋째,

---

실에 부합되도록 합리적으로 정비했다.

11) 주요 변화 내용은 첫째, 각 중앙행정기관의 조직관리에 대한 자율성을 강화하기 위해 과 단위 기구의 설치와 사무분장 등을 총리령 또는 부령으로 정할 수 있도록 하고, 그 명칭을 직제시행규칙으로 하도록 하며, 이를 제정 또는 개정한 때에는 지체없이 행정자치부 장관에게 통보하도록 했다. 둘째, 조직 운영의 유연성을 높이기 위해 담당관 밑에 최소한의 하부조직(담당관)을 둘 수 있도록 하고, 자문기관을 설치한 경우에 행정자치부 장관에게 통보하도록 했다.

12) 주요 변화 내용은 첫째, 소관 업무의 성질상 전문성이 필요하다고 인정되는 경우 100분의 20의 범위 내에서 중앙행정기관의 보조기관과 보좌기관을 계약직 공무원으로 보할 수 있도록 했다. 둘째, 중앙행정기관의 보조기관의 명칭을 단·팀·반 등으로 다양하게 정할 수 있게 하는 등의 변화도 나타났다.

행정계획 업무를 기획예산처에서 행정자치부로 이관한 것을 들 수 있다. 그리고 행정자치부 인사국과 중앙공무원교육원으로 나뉘어 있던 중앙인사 기능을 중앙인사위원회로 일원화한 것이 그것이다. 특히 기술경쟁력과 혁신을 핵심 요소로 하는 국가혁신 체제를 구축하기 위해 과학기술부 장관을 부총리급으로 격상시켰다. 그리고 정부조직의 구조적 측면에서 종래 과를 팀으로 개편한 것도 특징이었다.

이명박 정부의 정부조직 구조의 개편 목표는 노무현 정부와는 큰 차이를 보였다. 즉, '큰 시장, 작은 정부'라는 슬로건 하에 정부조직의 구조도 같은 맥락에서 이뤄졌다. 이에 따라 이명박 정부의 조직개편은 두 단계로 나누어 이뤄졌다. 1단계 정부조직 개편은 중앙행정기관과 기관별 직제·하부조직에 대해 이뤄졌고, 2단계는 정부 기능 수행 체계의 효율화를 제고하기 위한 개편이 지방과 공공기관을 아우르는 차원에서 이뤄졌다(박정수 외, 2014: 275-279).

예컨대 2008년 2월 29일에 단행된 '정부조직법'의 개정은 조직과 인력의 감축 및 기능의 조정을 통해, 중앙행정기관의 효율화에 초점을 둔 조직구조의 개편이 그 특징이다. 중요한 개편 철학은 정책 대상과 영역별로 각 부처에 분산되어 있는 유사하거나 연관된 기능을 모아 광대역화해 대부처주의 정책의 수요자 입장에서 재정비하는 데 초점을 두었다.

이에 따라 중앙행정기관의 통폐합이 기존 조직의 단순 병합을 넘어서 실질적으로 융합돼 정부 기능을 좀 더 효율적으로 수행할 수 있도록 하기 위해 각 기관별 하부조직의 재정비를 수행했다. 직제와 하부조직 개편은 다음의 원칙에 따라 추진되었다(행정안전부, 2008: 38).

첫째, 부처별 세부 기능은 융합적 정책 수요 및 책임행정, 수요자 중심으로 창의적으로 설계하되 부처 간 기능 중복이 발생하지 않도록 정리했다. 둘째, 하부조직은 대국주의를 적용해 공통 지원부서는 축소하고 유사 및 세분화된 기구는 대국중심으로 통합해 슬림화하도록 했다. 이런 원칙에 따른 직제와 하부조직 개편 결과 정부는 동년 2월 27일 국무회의에서 직제 48건, 개별 법령 44건 등 총 92건의 법령을 심의 의결해 정부조직 개편작업을 마무리했다.[13] 이에 중앙행정기관의 하부기구는 148개(실과 국 55개, 과 93개 감소)가 감소되었다. 그리고 노무현 정부에서 시

13) 이 개정에서 3위원회(방송위, 공정위, 금융위)가 '정부조직법' 제2조상의 중앙행정기관으로 명시되었다.

도되었던 팀제는 폐기되고 종래의 국·과로 전환했다.

이명박 정부에서 단행된 조직기구의 개편에서 특징적인 사례로 정부기관의 법인화(corporatization)가 추진되었다.[14] 공공 부문의 범위를 공공기관을 포함하는 것으로 볼 때 법인화의 의미를 크게 부여하기 어렵다 하더라도 민간화(privatization)의 첫걸음이라는 차원에서 의미를 부여할 수 있다.

박근혜 정부는 조직개편 방향으로 첫째, 경제 부흥을 뒷받침할 수 있는 조직 체계의 구축, 둘째, 국민의 안전과 행복을 우선하는 정부, 셋째, 행정환경의 변화에 따라 행정기관별 고유 기능의 전문성을 제고하고 분야별 정책 조정 기능을 강화하는 데 두었다. 이에 따라 정부조직 개편이라는 하드웨어와 개방·소통을 핵심 가치로 하는 정부3.0이라는 소프트웨어의 구축의 두 트랙으로 투명한 정부, 유능한 정부, 서비스 정부를 표방하면서 진행되었다.

2013년 3월 23일 '정부조직법' 개정안이 공포됨에 따라 17부 3처 17청으로 확정되었다.[15] 이와 함께 각 기관별 하부조직도 최소한의 설계 기준에 의거해 조직을 설계할 수 있게 했다. 그 결과 본부기구는 87실 482국(관)에서 88실 482국(관)으로 1실이 증가했다. 또한 대국대과제의 폐해를 시정하기 위해 하부조직을 개편해 첫째, 과는 최소 7명 이상, 국은 4개과 이상, 실은 3개 관 이내 12개 과 이하로 개편했다. 둘째, 차관까지의 결재 단계를 최대 4단계 이하로 간소화했으며, 셋째, 4·5급 팀의 합리적 조정을 통해 85개 중 51개를 폐지하고 34개를 과로 전환했다(안전행정부, 2013).

이후 박근혜 정부는 세월호 사건으로 인해 2014년 11월 19일에 두 번째 조직개편을 단행하는데 주요 개편 내용은 안전행정부에서 행정자치부로 개칭하고, 안전

---

14) 행정자치부(2016)의 '법인화 추진 성과' 자료에 따르면, 법인화를 완료한 기관은 모두 6개로 농업기술실용화재단(2009년 9월 7일), 국립중앙의료원(2010년 4월 2일), 수산자원조성관리공단(2010년 11월 18일), 운전면허시험단(2011년 1월 1일, 도로교통공단으로 이관), 서울대학교(2011년 12월 28일), 한국임업진흥원(2012년 1월 26일)이 출범했다. 그러나 이명박 정부에서 진행된 법인화는 박근혜 정부에 와서는 중단된 상태다.

15) 개편 전 15부 2처 18청 2원 3실 7위원회에서 3개 기관이 증가한 것으로, 부 단위 기관은 미래창조과학부, 해양수산부 신설로 2개가 증가했다. 식품의약품안전청이 식품의약품안전처로 승격됨에 따라 1개 처가 증가하고 1개 청이 감소했으며, 국가안보실·대통령경호실·국무총리비서실이 신설되고 특임장관실이 폐지됨에 따라 2개 실이 증가했다. 그리고 국가과학기술위원회가 폐지됨에 따라 1개 위원회가 감소했다.

행정부로부터 인사 기능을 독립시켜 인사혁신처를 신설했다. 그리고 대형 안전사건에 대비한 중앙정부조직으로 국민안전처를 신설했다.

이같이 박근혜 정부에서도 조직개편을 단행했으나, 개편의 성격은 참여정부 이래로 원점으로 회귀하거나 제3의 길로 가는 모습으로 나타났다. 이명박 정부의 행정안전부는 박근혜 정부에서 안전행정부로, 다시 행정자치부로 개편되었고, 실제 재난관리의 컨트롤 타워로서의 기능에는 취약한 모습을 보였다. 연구개발 기능의 이합집산은 정부가 바뀜에 따라 계속되는 있고, 산업 진흥 역시 지속 가능한 모습으로 정착하지 못하고 있다. 특히 전문부서의 신설이 이어지는 등 전환기 내지는 과도기의 모습을 드러낸 것이 박근혜 정부의 조직구조 개편의 특징이라 할 수 있다(박정수 외, 2014).

2) 한국 행정조직의 내부구조

'정부조직법'과 같은 법률의 개정을 통한 구조적 변화에 대한 고찰이 한국 행정조직을 시기적 · 개괄적으로 살펴보는 데 도움이 된다면, 행정조직 내부의 구조적 특성에 대한 논의는 한국 행정조직의 내부구조를 파악하는 데 도움을 준다. 다시 말해, 조직 내부의 구조적 특성이란 정부의 각 부처들이 어떤 구조적 특성을 갖는가를 살펴보는 데 도움이 된다는 것이다.

이런 관점에서 김근세 · 권순정(2001: 30−32)은 던리비(Dunleavy, 1985; 1991)의 관청형성모형(bureau-shaping model)을 원용해 정부의 각 부처들이 어떤 조직구조적 특성을 갖는가를 조사했다.[16] 여기서는 이들의 논의에 기초해 한국 행정조

16) 조사 대상은 정부기구도표에 제시된 한국중앙행정기관의 본부, 실국, 소관 기관이고, 분석 단위는 정부기능총람(총무처, 1994)의 단위사무분석에서 대기능을 수행하는 기관들로 총 380개 기관이 분석되었다. 던리비(Dunleavy, 1985; 1991)의 관청형성모형은 관료들의 합리적 행태를 좀 더 엄밀하게 분석하기 위해 정부기관의 예산을 네 가지 유형−핵심예산(core budget), 관청예산(bureau budget), 사업예산(program budget), 초사업예산(super-program budget)으로 구분했다. 이를 기초로 다섯 가지의 기본 기관 유형으로 전달기관(delivery agency), 규제기관(regulatory agency), 이전기관(transfer agency), 계약기관(contract agency), 통제기관(control agency)을 제시했다. 이때 전달기관과 규제기관은 기관 자체의 인력을 통해 직접적인 방식으로 행정을 수행하는 경우다. 그리고 이전기관, 계약기관, 통제기관은 민간 또는 다른 공공 부문을 매개로 간접적인 방식으로 행정을 수행하는 경우다. 그래서 전달기관과 규제기관은 직접 행정기관으로, 이전기관 · 계약기관 · 통제기관은 간접 행정기관으로 분류할 수 있다. 기관 유형을 좀 더 구체적으로 정의하

직의 내부구조 특성을 살펴보고자 한다. 다만 분석 시기가 다소 오래되어 적실성에 문제가 있기는 하지만, 한국 행정조직의 내부구조를 개괄적으로 이해한다는 측면에서 큰 무리는 없을 것으로 보인다.

정부의 각 부처들이 어떤 조직구조적 특성을 지니는가에 대한 논의에 따르면, 수직적 분화의 한 요소인 계급의 수는 직접 행정기관에 해당하는 계약기관과 전달기관이 간접 행정기관에 해당하는 이전 기관, 통제기관, 규제기관보다 많은 것으로 나타났다. 따라서 기관 유형 간에 계급 수의 차이는 인력 규모가 클수록 수직적 분화도가 높다는 기존의 이론과 일치했다. 이는 인력이 많은 부처일수록 조직구조가 수직적으로 더 분화되어 있다는 것을 의미한다.

외적 분화도(분절성)를 나타내는 산하기관의 수는 통제기관과 이전기관이 많았고, 계약기관은 전체 평균과 비슷하며 규제기관과 전달기관은 상대적으로 적었다. 특히 전달기관의 산하기구는 매우 적은 것으로 나타났다. 따라서 산하기관 수의 차이는 개별 기관 유형의 예산 구성을 반영하는 결과로 볼 수 있다. 예산 지원을 매개로 정부 산하기관과 민간기관을 감독하는 통제기관과 이전기관에서 산하기관이 많다는 것은, 이들 기관이 이전지출적 성격의 예산을 많이 가지고 있다는 것을 의미한다.

마지막으로 계층제 양태를 의미하는 인력 구성과 관리 인력 비율은 인력 구성 면에서 간접 행정기관인 규제기관, 이전기관, 통제기관이 상대적으로 중위 직급에 많은 인력이 집중되어 있는 종(bell)형이고, 직접 행정기관인 전달기관과 계약기관은 하위 직급에 집중되어 있는 피라미드(pyramid)형으로 나타났다.

면 전달기관은 자체 인력으로 재화나 서비스를 생산해 이를 민간에게 직접 전달하는 기관으로, 거의 대부분의 예산을 인건비나 운영비로 지출한다. 이 기관 유형은 고전적 계선관료제의 전형으로 노동집약적이고 권한 및 책임 구분이 명확하다. 규제기관은 인허가, 보고서, 성과 기준 등을 통해 민간 또는 다른 공공 부문의 행동을 제한하는 업무를 담당한다. 대체로 감찰조직들이 이에 해당한다. 순응비용(compliance cost)을 외부화시킴으로써 전달기관에 비해 훨씬 적은 인력을 고용한다. 이전기관은 민간 부문을 대상으로 한 자금 이동조직으로 각종 보조금 지급, 사회보장적 재정지출을 담당한다. 단지 소규모 행정비용만 사용하기에 이전지출 규모에 비해 핵심예산은 극히 일부분만을 차지한다. 계약기관은 각종 용역이나 자본사업을 계획 개발하고 민간 부문과 계약을 체결하는 것을 주요 업무로 한다. 통제기관은 교부금을 비롯한 정부 간 이전 형태로 다른 공공 부문에 자금을 전달하고 자금 사용 및 정책집행 방식을 감독하는 업무를 담당한다. 전체 예산에서 관청예산 증분이 차지하는 부분 또한 일부분에 불과하다(Dunleavy, 1991; 정용덕 외, 1999).

관리 인력의 비율도 인력 구성과 유사하게 규제기관, 이전기관, 통제기관이 전달기관과 계약기관에 비해 높은 것으로 나타났다. 이전기관과 통제기관의 계층제가 상대적으로 중간층이 두터운 양태를 보이는 이런 결과는 정책과 규제적 성격의 과제를 수행하는 기관이 집행적 성격의 과제를 수행하는 기관에 비해 중상위 직급의 인력을 더 많이 필요로 하기 때문이다.

다만 과제 기술이라는 측면에서 상대적으로 집행적인 업무를 수행하는 규제기관의 계층제가 이전기관과 통제기관의 그것과 유사한 양태를 보이고 있는 것은 규제 업무의 내용이 심사나 평가와 관련되어 있기 때문에, 상대적으로 높은 직급의 인력이 요구되기 때문이다. 따라서 이는 계층제 양태에서 전달기관과 계약기관이 다른 세 기관 유형에 비해 상대적으로 기계적인 조직구조를 가지고 있음을 의미한다.

그러나 계층 직위의 수를 비롯한 대부분의 다른 조직구조적 요소는 차별성이 없는 것을 감안하면, 이러한 일반화가 반드시 타당하다고 볼 수만은 없다. 그 이유는 정부의 핵심 기능을 수행하는 조직 구성 단위인 실·국 소속기관의 조직구조를, 그동안 중앙인사관리기관이 집권적·획일적으로 총량 관리한 결과이기 때문이다.

결론적으로 한국의 행정조직은 <표 4-1-1>에서와 같이 내부구조의 특성으로, 계층 직위의 수인 수직적 분화도에서 차이가 존재한다. 즉, 조직 규모가 클수록 그리고 계급의 수가 많아질수록, 조직구조는 수직적으로 더 분화된 형태를 띠고 있다.

표 4-1-1 한국 행정조직의 내부구조

조직구조	직접 행정기관		간접 행정기관		
	전달기관	규제기관	이전기관	계약기관	통제기관
계급의 수	중	소	중	다	소
산하기관의 수	소	소	다	중	다
인력의 집중도	피라미드형	종형	종형	피라미드형	종형
관리 인력의 비율	중	고	중	저	중

자료: 김근세·권순정(2001)의 내용을 다소 수정.

제 2 절 한국 행정과 조직 형태

1 행정과 조직 형태

1) 가상적 조직모형

조직구조에 따른 가상적인 조직모형은 크게 기계적 구조와 유기적 구조로 나눠 볼 수 있다.

가상적 조직모형으로서 기계적 구조(mechanistic structure)는 고전적 조직모형에 기반을 두고 조직을 구조화하는 것을 의미한다. 그래서 기계적 구조모형에서는 업무를 기능별로 전문화·부문화하고 개인의 직무를 전문화한다. 이와 함께 기계적 구조에서는 권한과 책임을 세밀하게 규정함으로써 상사와 부하 간에 수직적인 인간관계가 강조되며 수직적 의사전달이 활발하다. 그 결과 기계적 구조모형에 입각한 조직은 환경 변화에 대해 기민하게 대응하지 못하기 때문에 경직적이라 할 수 있다. 기계적 구조모형은 관료제모형(bureaucracy model)에서 그 특성이 가장 잘 나타난다.

이에 반해 유기적 구조(organic structure)에서는 각자의 직무·권한·책임이 고전적 조직론에서와 같이 명확하고 상세하게 규정되어 있지 않다. 기계적 구조에서와 같이 명령 통일의 원칙과 계서제의 원칙이 엄밀하게 적용되지 않는 대신, 발생하는 문제에 따라 권한과 책임의 소재가 달라진다.

유기적 구조 하에서는 수평적 인간관계가 강조되고, 수평적 의사전달이 활발하게 전개되며 정보와 조언이 중요한 역할을 한다. 이에 따라 유기적 구조에서는 문제 해결을 위해 환경 변화에 신축적으로 대응하면서 각 부문 간의 협조를 강조한다. 유기적 구조모형은 애드호크라시모형(adhocracy model)에서 그 특성이 가장 잘 나타난다.

결론적으로, 조직환경이 정태적이고 확실할 때는 기계적 구조가 효율적인 반면, 조직환경이 동태적이고 불확실할 때는 유기적 구조가 효율적이다(Burns & Stalker, 1961).

2) 조직 형태

조직 형태는 복잡성, 집권성, 공식성 또는 기타 분류 기준에 따라 다양한 모습으로 나타난다.

예컨대 공식성 기준에 따라 공식 조직과 비공식 조직으로 구분이 가능하고, 집권성 기준에 따라 독립형 조직과 합의형 조직으로 분류가 가능하다. 그리고 분업화 기준에 입각한 관리 과정에 따라 결정기관 · 집행기관 · 평가기관 · 지방기관으로, 조직 간의 주종 관계에 따라 주무기관 · 부속기관으로, 업무 수행 관계에 따라 계선기관 · 참모기관 등으로 분류할 수 있다. 끝으로 복잡성 기준에 따라 단일구조모형은 직능부제 · 사업부제로, 다원구조모형은 프로젝트 조직과 매트릭스 조직으로 분류할 수 있다(최종태, 1985).

조직 형태는 이처럼 분류 기준에 따라 다양하게 유형화할 수 있으나, 현실적으로 조직 형태는 관료제모형과 애드호크라시모형의 사이에 존재한다. 그 이유는 현재까지 관료제를 완벽하게 대신할 만한 수단으로서 다른 장치나 기구를 발견하지 못했기 때문이다. 그러므로 현실적으로 애드호크라시모형에서 아이디어를 얻으면서 관료제모형을 수정 · 보완해 적합한 조직구조모형을 찾는 것이 최선이다.

여기서는 분류 기준에 따른 모든 조직 형태를 살펴보는 대신, 한국 행정의 조직 형태에서 가장 일반화되어 있는 관료제모형으로서 독립형 조직과 애드호크라시모형으로서 합의형 조직을 중심으로 조직 형태의 대강을 살펴보고자 한다.

(1) 관료제

기계적 구조를 대표하는 조직 형태가 관료제라고 할 수 있다. 관료제는 근대 사회가 산업사회로 발전되어 가는 과정에서 만들어진 개념이다. 따라서 관료제는 근대 사회의 구조가 복잡해지고 기술이 고도화됨에 따라, 이에 수반한 관리사무의 질적 변화와 양적 확대에 대응하기 위한 대규모 조직으로 합리적 · 합법적 지배가 제도화된 조직을 의미한다. 일찍이 베버(Max Weber)는 인간의 합리적 속성과 예측 가능하고 질서정연한 측면에 착안해 합리적 · 공식적 모형으로 관료제모형을 상정했다. 그래서 베버의 관료제모형은 기계적 조직관에 입각한 모형이라 볼 수 있다.

관료제모형의 특성은 기능적 합리성을 강조한다는 데 있다. 목표 달성의 수단으로서 조직을 강조하는데, 이 모형은 공식적 조직구조나 폐쇄적 조직관이 가져오는 조직의 역기능을 고려하지 않았다는 데 특징이 있다. 이 밖에도 관료제 조직의 특성으로 법규의 지배, 분업화, 계서제, 직무 수행의 몰주관성, 업무의 전문성, 직업성, 문서주의 등을 들 수 있다. 관료제 조직은 이 같은 특성으로 인해 어떤 조직보다도 기술적 우위성을 갖는다고 주장했다.

그러나 관료제는 이후 여러 병리적 현상에 대한 비판에 직면해 왔다.17) 하지만 관료제가 지닌 목표 달성의 수단성, 관리지향성, 관료지향성, 사회 가치에 대한 지향성 등과 같은 순기능으로 인해 현재까지도 존재의 의미를 지니고 있다.

(2) 애드호크라시

애드호크라시(adhocracy)는 관료제 조직과는 달리 유연성, 적응성, 대응성, 혁신성이 높은 유기적 조직을 의미한다. 애드호크라시는 조직구조의 기본 변수에 따라 복잡성, 공식성, 집권성이 낮은 조직구조 형태를 띠고 있다(Robbins, 2003).

애드호크라시의 장점은 조직의 환경 적응력이 우수하고 문제 해결 지향적이어서 주어진 목표를 해결하거나 혁신적인 사업을 하는 데 매우 유익하다. 이에 반해 애드호크라시의 단점은 명백하게 역할을 규정하지 않기 때문에 구성원들 간에 갈등이 발생할 가능성이 매우 크다. 애드호크라시의 조직 형태로 대표적인 것은 매트릭

표 4-1-2 관료제와 애드호크라시의 특성 비교

주요 요소		관료제	애드호크라시
조직구조의 기본 변수	복잡성	높다	낮다
	공식성	높다	낮다
	집권성	높다	낮다
조직환경		정태적 · 안정적	동태적 · 불확실성
조직기술		일상적	비일상적
조직인		경제적 인간	복잡인
조직 규모		크다	작다
조직 생명		반영구적	일시적 · 한시적

17) 관료제의 역기능이라고 할 수 있는 병리 현상으로는 관료제의 병리적 행태, 환경 적응 능력의 부족, 관료제의 관료에 대한 억압과 좌절을 들 수 있다. 관료제의 병리적 관료 행태로는 동조과잉, 문서주의, 무사안일, 할거주의, 그리고 전문화에 따른 무능 등을 들 수 있다.

스 조직과 태스크포스, 위원회조직, 그리고 동료형 조직(collegial organization) 등이 있다.18)

여기서는 애드호크라시의 대표적 조직 형태로 볼 수 있는 팀형 조직과 위원회조직에 대해 살펴보고자 한다.

① 팀형 조직

팀형 조직은 조직 성과를 높이기 위한 경영기법의 하나로, 팀(team)을 하나의 개념으로 정의하기에는 특성상 다소 무리가 있다(박우순, 2005). 그럼에도 불구하고 많은 학자가 팀에 대해 다양한 정의를 내리고 있는데, 이를 중심으로 팀의 특징을 살펴보면 다음과 같다.

첫째, 팀은 공동으로 목표를 설정하며, 이에 대해 공동 책임을 강조한다(Manz, 1990; 안길찬, 2002). 팀이 가지는 목표와 제반 업무의 수행 방식은 구성원들 간의 협의를 통해 설정되어야 한다. 팀이 공동으로 달성한 결과는 팀 전체가 공동으로 책임져야 하기 때문에, 사전에 이뤄지는 목표에 대한 공동 합의는 매우 중요한 의미를 지닌다. 따라서 개인의 기여와 공동의 노력을 통해 달성한 결과에 대해서는 그 책임 역시 공유하도록 한 것이 팀의 특징이다.

둘째, 팀은 상호보완적인 역량이라고 할 수 있는 시너지 효과를 중요시한다(Katzenbach & Smith, 2003; 송상호, 2005). 팀은 공동 목표를 달성하기 위해 통일적이고, 상호의존적이며, 상호보완적인 소수의 사람들이 응집력 있게 움직이는 것을 중시한다. 팀의 구성원들은 각자가 중복되는 업무를 반복적으로 하는 것이 아니라 기능별 전문성, 문제 해결과 의사 결정 능력, 대인관계 기술 등 각자의 고유한 전문성을 살려 보완하는 기능을 중시한다. 그리고 팀의 효과를 제고하기 위한 시너지 효과를 위해서는 적절한 기능과 능력을 가진 사람들로 팀이 구성되어야 한다.

셋째, 팀은 권한 배분과 자율성 확대를 강조한다(김순양, 2000; Katzenbach & Smith, 2003). 팀은 조직 간의 장벽을 허물어 좀 더 자율적인 환경 속에서, 자원의 효율성을 극대화하고자 하는 유연한 유기체적 조직 형태다. 특히 자신과 자신들이 담당하고 있는 업무에 대해서는 상사의 지시가 최소화되어 스스로 관리하고 책임

18) 위원회조직과 동료형 조직이 엄밀하게 애드호크라시로 분류될 수 있는지는 다소 문제의 소지가 있다. 그것은 위원회조직은 상임위원회와 임시위원회로 구분할 수 있을 뿐더러, 동료형 조직도 대학의 학과조직에서 볼 수 있듯이 거의 상설적이기 때문이다.

을 진다. 이에 따라 팀은 업무 할당, 업무 일정관리, 생산과 서비스에 대한 의사 결정 등 모든 문제를 스스로 해결할 것을 강조한다. 이를 위해 팀 리더에서 팀원에 이르기까지 적절한 권한 배분이 이뤄져야 하고 자율적 의사 결정의 범위도 넓어져야 한다.

이 같은 특성을 지닌 팀형 조직의 유형은 문진형, 대부대과형, 프로젝트형, 복합 기능형으로 나눠 볼 수 있다.

첫째, 문진(flat)형은 팀조직의 형태가 납작한 구조로 중간관리계층을 없애고 팀장이 팀원들을 직접 감독하고 보고를 받는다. 그래서 기획조직이나 전략적 업무를 수행하는 조직에 유리하다.

둘째, 대부대과형은 기존 조직의 부나 과의 명칭만을 바꾸고 운영하는 조직구조로서 생산·영업 부서나 집행 부서에 적합하다.

셋째, 프로젝트형은 특수 업무를 담당하기 위해 팀을 편성해 운영하는 조직구조다. 신제품 개발·조직문화연구팀 등이 그 예다.

넷째, 복합 기능형(cross functional team)은 프로젝트별로 부서를 재구성하며 조직의 핵심적 임무를 수행하는 데 활용한다. 매트릭스조직이 이에 해당한다.

② 위원회조직

위원회는 합의형 조직의 한 형태로 복수인으로 구성되는 합의제 기관을 의미한다. 이는 독임형 조직과 반대되는 개념으로 특정 문제에 대한 심의와 합의에 의한 결정을 그 특징으로 한다. 이 같은 위원회조직의 특성으로는 첫째로 특정한 주제를 심의하고 결정하며, 둘째로 합의성을 띠며, 셋째로 심의와 결정을 한다는 데 있다. 다만 예외적으로 위원회조직이 구체적인 집행을 하는 경우 산하에 별도의 집행조직을 두고 있다.

위원회조직의 유형을 정부조직에 설치되어 있는 유형을 중심으로 살펴보면 다음과 같다.

첫째, 집행(행정)위원회는 행정관청으로서 기능을 하는 합의제 기관이다. 독자적인 결정권을 행사할 수 있고 그 결정은 구속력을 갖는다. 비상기획위원회·공안위원회·인사위원회 등이 이 유형에 속한다.

둘째, 독립규제위원회는 자본주의나 산업화가 초래한 경제적·사회적 병폐를 시정하기 위해 설립된 위원회조직이다. 공정거래위원회, 노동위원회, 선거관리위원회 등이 이 유형에 속한다.

셋째, 자문위원회는 자문에 응하게 할 참모기관의 성격을 지닌 합의제 조직으로서 가장 많이 활용되는 위원회조직이라고 할 수 있다. 이들은 자문적 기능을 수행할 뿐 자문의 법적 구속력은 없다. 각종 정책자문위원회, 법제조사위원회, 행정개혁위원회 등이 이 유형에 속한다.

넷째, 조정위원회는 상이한 여러 의견이나 이해관계를 조정·통합해 합의에 도달하려는 목적으로 설치된 합의제 조직이다. 단순한 건의권만 있는 경우도 있고 의결권이 있는 경우도 있다. 다만 대부분의 위원회는 어느 정도 조정 기능을 수행하고 있다. 경제장관회의, 치안관계대책회의, 정보협의회 등이 이 유형에 속한다.

끝으로 위원회조직이 갖는 장단점을 살펴보면 장점으로는 첫째, 정책과 관리의 계속성을 확보할 수 있다. 둘째, 이해관계를 조정할 수 있고 좀 더 신중하고 공정한 결정을 할 수 있다. 셋째, 조직 각 부문의 조정을 촉진할 수 있다. 넷째, 조직인의 참여와 원활한 의사전달을 도모할 수 있다. 이에 반해 위원회조직이 갖는 단점으로는 첫째, 의사 결정의 지연으로 신속하지 못하고 비용이 많이 든다. 둘째, 위원회의 결정이 타협에 의해 이뤄질 가능성이 많다. 셋째, 결정에 대한 책임의 회피현상이 많게 된다(민진, 2009: 139-168).

2 한국 행정과 조직 형태

한국 행정에서 구성된 조직 형태는 기계적 구조와 유기적 구조의 범주 내에서 존재해 왔다. 기계적 구조는 언급한대로 독임형 형태의 관청구조가 주를 형성하며, 유기적 구조의 형태로는 팀제모형과 위원회조직 등이 구성되어 운영되어 왔다. 여기서는 독임형 형태의 관청구조모형에 대한 논의는 기본적으로 제외하고,[19] 유기적 구조의 형태라고 볼 수 있는 팀제모형과 위원회조직을 중심으로 한국 행정의

19) 관청구조모형은 결국 관료제모형을 의미한다고 할 수 있다. 이런 측면에서 한국의 정부관료제는 건국 이래로 기본적인 조직 형태였으므로, 이 책의 대부분이 이와 관련된 내용인 관계로 구체적 설명은 제외하고자 한다.

조직 형태 실태를 살펴보고자 한다.

1) 한국 행정과 팀제모형

한국 행정에서 팀제가 중앙행정기관의 보조기관으로 공식적인 등장을 한 때는 김대중 정부에서였다. 신공공관리론에 기저한 정부개혁을 모색하던 김대중 정부는 효율적인 국정 운영 체제를 구축하기 위해 1999년 5월 24일 '대통령령' 제16341호로 '행정기관의 조직과 정원에 관한 통칙'을 개정했다.

이에 따라 중앙행정기관의 보조기관 명칭을 단・팀・반 등으로 다양하게 정할 수 있게 되었으며, 팀제모형이 한국 행정에서 공식적인 조직 형태로 등장하게 되었다. 이후 한국 행정에서 조직 형태로서 팀제는 주로 산하기관이나 지방자치단체 등에서 보조기관으로 설립되다가, 노무현 정부에 오면서 중앙행정기관에 전격적으로 확산되기 시작했다.

노무현 정부는 2005년에 시장 지향적(market-oriented)인 개혁정책의 부산물로 팀제를 도입함으로써 정부 형태의 근간을 흔드는 대폭적인 변화를 단행했다. 이러한 변화의 중심에 선 행정자치부는 조직 전체에 대한 대폭적인 구조 변화를 시도했다. 변화의 연장선에서 정부 수립 이후 정부구조의 핵심이었던 관료적 계층구조에 대대적인 수술을 가하게 되었다. 팀제로의 전환이 그것으로 이는 기존의 관료제적 형식을 과감하게 탈피하겠다는 선언적 의미가 담겨 있었다. 그리고 팀제는 이명박 정부가 들어서면서 공식적으로 폐지되기까지, 행정자치부를 시작으로 중앙부처의 3분의 2 이상에서 전사적으로 또는 부분적으로 도입되었다.[20]

노무현 정부가 팀제 조직을 도입하게 된 근원적인 배경은 성과를 중심으로 한 새로운 체제를 구축해 효과적인 조직으로 탈바꿈하겠다는 정부의 노력으로도 볼 수 있다. 특히 노무현 정부는 팀제를 비롯해 각종 성과평가 체계의 개선과 조직 분위기의 쇄신 등, 혁신적인 고객 관계 경영 시스템 등을 도입하면서 공무원 사회의

---

20) 팀제를 도입한 부처의 실태를 살펴보면 행정자치부(2005년 3월)를 필두로 교육부, 재경부(2005년 4월), 기획예산처(2005년 5월), 부패방지위원회(2005년 6월), 조달청, 농림부, 관세청(2005년 7월), 국정홍보처(2005년 8월), 건교부, 노동부, 소방방재청(2005년 9월), 보건복지부, 식약청(2005년 10월), 국방부, 공정위, 감사원(2005년 12월), 청와대 경호실(2006년 1월), 통일부(2006년 2월), 산자부, 중소기업청(2006년 5월), 병무청, 우정사업본부, 문화관광부(2006년 7월) 등이다. 따라서 제도의 확산 속도는 가히 폭발적이었다고 할 수 있다.

혁신을 시도하고자 했다. 이러한 변화는 정부 수립 이후 유지되어 온 계급 중심의 다계층 조직구조와 수직적 상하 관계의 조직풍토를 개혁하기 위해, 가장 관료적 조직으로 인식되어 온 행정자치부가 스스로 변신을 시도했다는 점에서 의미가 있었다(강인재 외, 1998; 심덕섭, 2005).

그러나 당시 팀제 도입의 전면적인 시도에 대한 우려도 만만치 않았다. 특히 민간 경영에 도입된 팀제가 공공조직에서도 적절하게 활용될 수 있는지에 대한 우려와 함께, 팀제 도입의 효과성 자체에 의문을 제기하는 경우가 그것이었다. 그 밖에도 팀제 도입에 대한 반대라기보다는 도입 시기의 적절성이나 전사적 도입으로 인한 위험성(risk) 염려 등으로 팀제 도입에 대한 의견은 다양했다(김순양, 2001; 박우순, 2005). 팀제 도입을 둘러싸고 다양한 시각이 존재했던 데는 정부개혁에 경영기법이 도입되어 실패로 끝났던 많은 경험에서 기인했다. 경영과 행정은 그 기반 자체가 다르다는 것을 강조하는 의견이 이 같은 시각의 대표적인 예였다.

하여간에 한국 정부가 변해야 한다는 데는 많은 전문가와 관료들이 공감하고 있었지만, 어떻게 변해야 하는가에 대한 합의는 어려웠다. 특히 팀제의 도입은 당시 중앙인사위원회가 계획하고 있던 고위공무원단이나 총액인건비제도 등과의 정책 혼선, 공무원의 신분 보장 문제 등 여러 조직과 관련한 갈등이 내재되어 있었다. 이러한 상황에서 대한무역투자진흥공사(KOTRA) 사장을 역임한 오영교가 행정자치부 장관으로 부임하면서, 이 공사의 팀제를 정부조직의 새로운 모형으로 강력하게 추천함에 따라 팀제는 행정자치부에 전면적으로 도입되었다.[21)]

그런데 개혁 과정에서 장관의 적극적 역할은 긍정적인 영향과 부정적인 영향을

---

21) 팀제의 본격적인 도입은 행정자치부에 부임한 오영교 장관이 대한무역투자진흥공사(KOTRA)에서 팀제를 도입해 본 경험을 바탕으로, 행정자치부뿐만 아니라 전 정부에 이를 확산시킬 계획에 따라 시작되었다. 행정자치부의 벤치마킹 대상인 대한무역투자진흥공사는 정부투자기관으로서 당시 몇 년 동안 여러 가지 혁신 프로그램의 시행을 통해 경영평가에서 좋은 평가를 받았으나, 이러한 평가 결과는 많은 문제에 봉착해 있었다. 그것은 이 공사가 2006년 경영평가에서 고객만족도 평가를 위한 자료를 조작한 것으로 나타났고, 감사원의 감사 결과에서도 방만한 운영을 지적받았으며, 숫자에 불과한 평가 결과에만 얽매여 질적 성장이 아닌 양적 성장에만 치중하고 있다는 비판마저 받고 있었다. 따라서 대한무역투자진흥공사를 그대로 벤치마킹한 행정자치부 역시 어떤 오류를 범하고 있는지도 모른다는 것이었다. 따라서 당시 정부에서 시행한 대부분의 팀제는 본연의 기능을 제대로 살리지 못하고, 조금씩 변질된 채 추진된 지극히 한국적 팀제라고 할 수 있다(송상호, 2005).

함께 내포한다. 긍정적인 영향으로는 팀제를 포함한 모든 제도가 도입되고 정착되기 위해서는 최고관리자의 관심이 필수적 요소라는 점에서, 행정자치부가 신속하게 팀제를 구축하는 데 기여했을 것으로 추정할 수 있다. 반면에 지나친 최고관리자의 의지는 때로 상명하달식으로 이어질 소지가 있는데, 획일적인 형태의 팀제로 흐르는 등 부정적인 영향을 줄 수 있었다는 점이다(신철우 외, 2002).

예컨대 팀제를 도입한 부처의 담당 공무원들은 적정 준비 기간으로 최소 6개월에서 12개월 정도는 필요하다는 의견을 피력하고 있었다는 점에서(김병섭 외, 2005), 행정자치부의 경우 준비 기간이 겨우 2~3개월에 불과했다는 것은 문제가 아닐 수 없었다. 이와 같은 짧은 준비 기간으로 인해 구성원들의 공감대를 형성하는 데 어려움이 있었고, 노조의 반대나 조직구성원들의 냉소주의를 야기하는 원인이 되기도 했다. 따라서 최고관리자의 영향으로 행정자치부가 팀제를 도입하는 과정에서 준비 기간도 제대로 확보하지 못한 채, 밀어붙이기 식으로 성급하게 시행되었다는 비판은 이러한 이유에서 야기된 것이다.

특히 팀제가 다른 부처로 확산되는 과정에서 당시 노무현 대통령은 행정자치부가 시범적으로 실시해 본 연후에 점진적으로 확산할 것을 주문했는데도 불구하고, 오영교 장관의 개인적인 욕심으로 인해 특별한 검증 절차 없이 전사적으로 확산시킨 점은 개혁의 확산이라는 측면에서 심각한 문제가 있었다. 다시 말해, 오영교 장관은 행정자치부가 각 부처의 조직편성권을 가지고 있음을 이용해, 각 부처가 팀제를 도입하는 경우 일정 부분 인력을 증원시켜 주는 등의 방식으로 팀제의 확산을 도모했다. 이로 인해 노무현 정부에서 낭비성 인력이 증가하는 부작용을 초래했다는 점은 심각한 문제가 아닐 수 없었다.

결국 당시 도입된 팀제의 경우 상황에 대한 고려와 준비 부족, 그리고 내부적 반발 등으로 인해[22] 구조적 변화가 의도한 효과를 거의 거두지 못하고, 단지 종래의 과를 팀으로만 대체한 상태로 운영되었다는 점에서 제도적 개혁의 한계를 드러냈다(김태룡 · 안희정, 2006: 303－326).

---

22) 현실적으로 행정자치부에는 5급 팀장이 존재하지 않는다는 점, 팀 구성에서 가장 중요한 요소 중 하나인 팀 규모와 인적 자원 배치의 측면에서도 제대로 된 합의가 이뤄지지 않았다는 것 등이 그것이다. 팀 인원 배정 역시 업무의 적정 인원을 고려한 것이 아니라, 현재 인원을 어떻게 나눌 것인가에 초점이 맞춰져 이뤄졌는데(심덕섭, 2005), 이는 행정자치부가 팀제 본연의 특성과 많은 전제 조건을 충분히 검토하지 않고 무리하게 도입했다는 것을 증명하는 것이다.

이명박 정부가 들어오면서 팀제는 전면적으로 대국대과주의 원칙에 따라 대국 중심으로 통합해 슬림화를 맞이하게 되는데, 2008년 2월 27일 단행된 정부조직 개편 작업에 따라 노무현 정부에서 시도되었던 팀제는 폐기되고 종래의 국·과로 전환했다.

이후 박근혜 정부에서는 2013년 3월 22일 국무회의에서 48건의 '직제'를 심의·의결함에 따라, 조직 체계와 부합되지 않는 85개의 직제상 팀(4·5급)급 중 51개를 폐지하고 34개는 기존 정원 등을 활용해 '과(課)'로 전환함으로써, 팀제는 중앙정부의 조직구조에서 거의 사라지게 되었다(안전행정부, 2013).

2) 한국 행정과 위원회조직

한국 행정에서 정부위원회와 관련된 법령으로서는 '정부조직법', '행정기관의 조직과 정원에 관한 통칙', '정책자문위원회규정' 등이 있다.[23] 이에 따라 중앙부처는 대부분 법률과 대통령령에 근거하거나 또는 부령이나 훈령 등에 따라 위원회를 운영하고 있다. 반면에 지방자치단체의 경우는 개별 법령과 '지방자치법 시행령' 제42조, 그리고 '행정기관의 조직과 정원에 관한 통칙' 등의 법령에 근거를 두고 있다(김병섭·김철, 2002).

한국 행정에서 위원회조직은 건국 초기부터 설립되어 운영되어 왔는데, 시간이 경과함에 따라 지속적으로 팽창해 왔다. 역대 정부에서 위원회조직이 팽창하는 경험은 제2공화국의 장면 정부 때부터였다. 이 시기에 민간을 비롯한 외부의 참여가 확대되면서, 정부관료제는 좀 더 개방적 성격을 띠었고 민주성이 많이 고려되었다. 이에 따라 민간 대표들이 정부의 요청에 의해 참여하게 되었고, 이것은 위원회형의 기구 증가와 밀접한 관련이 있었다. 예컨대 환율 개혁과 기업회계제도의 채택 노력 및 기구 개편에 민간인의 참여가 이뤄진 것은 관료제 운용에 기술적 전문성

---

23) '정부조직법' 제5조는 "행정기관에는 그 소관 사무의 일부를 독립하여 수행할 필요가 있는 때에는 법률이 정하는 바에 의하여 행정위원회 등 합의제 행정기관을 둘 수 있다"고 하여 행정위원회에 관한 근거 규정이 되고 있으며, 제4조는 "행정기관에는 그 소관 사무의 범위 안에서 필요한 때에는 대통령령이 정하는 바에 의하여 시험연구기관·교육훈련기관·문화기관·의료기관·제조기관 및 자문기관 등을 둘 수 있다"고 하여 자문위원회의 근거 규정이 되고 있다. 그런데 문제는 이와 같은 법적인 규정을 고려한다면 자문위원회와 행정위원회가 위원회라는 이름으로 같은 범주에서 다뤄져서는 안 되는 사항이 발생한다.

을 높이려는 노력의 일환이었다. 특히 이 시기에 위원회조직이 팽창한 이면에는 이승만 정부의 독재에 대한 경험에서 비롯된 부분이 많다는 것도 특징으로 지적할 수 있다(한영석, 1987: 286).

이후 박정희 정부를 거치면서 위원회조직에 대한 문제점이 지속적으로 누적되자, 전두환 정부가 들어선 1981년에 처음으로 위원회에 대한 정비가 이뤄졌다. 그리고 이때부터 통상 2년마다 위원회에 대한 정비사업이 진행되어 왔다. 이에 따라 정부별로 다소 차이가 있기는 하지만 대체로 300~400개 정도의 위원회가 설치·운영되어 왔다.

그러다가 위원회조직이 폭발적으로 증가하게 된 것은 노무현 정부가 등장하면서였다. 노무현 정부에서 정부위원회의 수가 거의 573개에 달하게 되자, 언론으로부터 위원회공화국이라는 질타를 받기에 이르렀다. 이에 따라 2008년에 집권한 이명박 정부는 동년 12월에 '행정기관 소속 위원회의 설치·운영에 관한 법률'을 제정해 두 차례에 걸쳐 위원회를 통폐합하는 등 대대적인 정부위원회 정비계획을 추진했다. 그 결과 이명박 정부에서는 노무현 정부 때의 증가 추세와는 달리, 임기 말인 2012년에 이르러서는 헌법기관 4개를 포함해 469개로 감축되었다.

이명박 정부에서 증가세가 주춤해진 위원회는 박근혜 정부가 집권하면서 다시 증가하기 시작했다. 임기 첫해인 2013년과 2014년에는 499개를 유지하던 위원회 수가, 2015년에는 512개로 그리고 2016년에는 554개로 증가함으로써 노무현 정부 때와 별반 차이가 없게 되었다.

<표 4-1-3>에서 보듯이 2016년 6월 현재 박근혜 정부에서는 행정위원회 수는 36개, 자문위원회 수는 518개로 모두 554개의 정부위원회가 설치되어 있다.

표 4-1-3 부처별 위원회 현황

소속	위원회 수			소속	위원회 수		
	소계	행정위	자문위		소계	행정위	자문위
대통령	17	2	15	식품의약품안전처	9	0	9
국무총리	62	11	51	국세청	5	0	5
국무조정실	2	0	2	관세청	5	0	5
기획재정부	24	1	23	조달청	0	0	0
교육부	29	2	27	통계청	0	0	0

미래창조과학부	24	0	24	검찰청	0	0	0
외교부	3	0	3	병무청	0	0	0
통일부	2	0	2	방위사업청	1	0	1
법무부	21	1	20	경찰청	1	0	1
국방부	22	1	21	문화재청	5	0	5
행정자치부	21	2	19	농촌진흥청	3	0	3
문화체육관광부	17	1	16	산림청	6	0	6
농림축산식품부	24	1	23	중소기업청	8	0	8
산업통상자원부	28	2	26	특허청	3	0	3
보건복지부	40	0	40	기상청	2	0	2
환경부	18	1	17	행정중심복합도시건설청	0	0	0
고용노동부	15	3	12	새만금개발청	0	0	0
여성가족부	7	0	7	국가인권위원회	1	0	1
국토교통부	53	2	51	방송통신위원회	9	0	9
해양수산부	22	0	22	국민권익위원회	2	1	1
국민안전처	18	1	17	금융위원회	9	1	8
인사혁신처	8	2	6	공정거래위원회	2	0	2
법제처	1	0	1	원자력안전위원회	2	0	2
국가보훈처	3	1	2	총계	554	36	518

자료: 행정자치부 행정기관위원회 자료(2016)에 의거 재작성.

부처별로 산하에 설치된 정부위원회 현황을 살펴보면 중앙 부처 수준에는 490개가, 청과 위원회 수준에서는 64개가 설치되어 있다. 중앙부처 수준에서는 국무총리 산하에 62개, 국토해양부 산하에 53개, 보건복지가족부 산하에 40개, 교육과학기술부 산하에 29개, 산업통상자원부 산하에 28개, 미래창조과학부와 농림축산식품부에 24개의 순으로 설치되어 있는 것으로 나타났다. 이에 반해 법제처는 1개, 통일부는 2개의 정부위원회만이 설치되어 있다. 위원회와 청조직의 수준에서는 방송통신위원회와 금융위원회가 9개로 가장 많았으며, 다음으로 중소기업청 산하에 8개, 산림청 산하에 6개의 순으로 나타났다. 1개의 정부위원회도 설치되어 있지 않은 곳은 조달청을 포함해서 6곳으로 나타났다.

정부위원회를 성격별로 살펴보면 독립형 위원회는 2010년까지 존속하다 폐지되었고, 대신 행정위원회가 6.74%를 차지하고, 자문위원회는 73.26%로 대종을 이루고 있다. 자문위원회 가운데 설치 근거가 법률에 의해 설치된 위원회는 87.7%, 그리고 대통령령에 의해 설치된 위원회가 12.3%를 차지하고 있다(행정자치부, 2016). 한편 정부위원회의 실태와 관련해 살펴볼 문제가 위원회의 수도 문제이지만, 소요되는 관련 예산이나 실질적 운영에 관한 것이다. 예컨대 박근혜 정부에 들어와서 3년간 정부 산하 위원회가 소요한 예산을 살펴보면, <표 4-1-4>에서와 같이 연간 2천억 원에 달하고 있다.

표 4-1-4 정부위원회의 수와 소요 예산

(단위: 백만 원)

연도	위원회 수	소요 예산
2014	537개	190,257
2015	549개	215,576
2016	554개	85,403*

* 2016년은 6월 30일 기준.

또한 위원회의 실질적 운영과 관련된 회의 개최 실적도 <표 4-1-5>에서 보듯이, 2015년 7월에서 2016년 6월 1년 동안 회의 개최 실적이 3회 미만인 위원회가 308개이며, 단 한 차례도 열리지 않은 위원회도 117개에 달한다. 심지어 2013년 7월부터 2016년 6월에 걸친 3년 동안, 단 한 차례도 회의를 열지 않은 위원회가 36개에 달하고 있는 실정이다(고령인터넷뉴스, 2016.12.5).24)

표 4-1-5 정부위원회의 개최 실적

연도	개최 실적 0회	개최 실적 3회 이하
2013. 7~2014. 6	117개	302개
2014. 7~2015. 6	95개	287개
2015. 7~2016. 6	106개	308개

24) 지방자치단체로 이를 확장하면 우리는 가히 위원회공화국이라는 비판을 면하기 어렵다. 국회 안전행정위원회가 공개한 '최근 3년간 자치단체 위원회 운영 현황 자료'에 따르면 전국 17개 시도 위원회 수는 2012년 18,771개에서 2013년 20,150개, 2014년에는 20,861개로 3년 동안 11%의 증가가 있었다. 위원회를 구성하는 위원의 수도 2012년 246,087명에서 2013년에는 274,971명, 2014년에는 275,786명으로 매년 증가 추세에 있다. 운영경비 또한 2012년에는 285억여 원에서 2013년에는 439억여 원, 그리고 2014년에는 384억여 원으로 3년 평균 370억에 달했다. 미개최 위원회 수도 전체 위원회의 20%를 차지했다(경향신문, 2015.9.10).

부처별로 설치되어 있는 정부위원회의 위원 구성 수를 살펴보면 <표 4-1-6>에서와 같이 10~19명의 위원 수를 가진 정부위원회가 187개(42.6%)로 가장 많았다. 그리고 20~29명의 위원 수를 가진 정부위원회가 93개(21.2%), 1~9명의 위원 수를 가진 위원회가 82개(18.7%)로 그 다음 순으로 나타났다.

표 4-1-6 정부위원회의 위원 수 현황

(단위: %)

1~ 9명	10~ 19명	20~ 29명	30~ 39명	39~ 49명	50~ 99명	100~ 499명	1000~ 1,499명	1,500~ 1,999명	미구성	기타
82개 (18.7)	187개 (42.6)	93개 (21.2)	6개 (0.14)	7개 (0.16)	18개 (4.1)	7개 (0.16)	1개 (0.02)	1개 (0.02)	5개 (0.11)	37개 (8.43)

자료: 행정안전부 정부위원회 자료(2011)에 의거 재작성.

한편 위원회의 성격상 규모가 클 수밖에 없겠지만 중앙노동위원회의 경우는 위원 수가 1,611명이며, 교육과정심의회도 1,318명에 이른다. 아직도 위원을 선정하지 못해 미구성인 곳도 5개에 이르고 있는 실정이다. 따라서 위원 수가 20명이 넘는 정부위원회가 전체 위원회에서 40%에 육박하고 있다.

이상에서 보듯이 역대 정부는 집권 초기에는 정부개혁의 차원에서 정부위원회의 감축에 관심을 보이다가, 정권 후반기에는 다시 관심의 저조로 정부위원회의 수가 증가하는 양상을 반복하고 있다. 이에 따라 박근혜 정부도 이명박 정부나 노무현 정부와 유사하게 위원회공화국을 닮아간다는 지적에 직면해 있다.

정부위원회의 질적 측면에 대한 논의는 제외하고라도, 양적 측면을 둘러싼 정비와 운영의 효율성 문제는 매해 실시되는 국회의 국정감사나 언론의 지속적인 관심을 통해 정부개혁의 중심 의제가 되어 왔다. 그 결과 특히 국회와 언론의 관심은 정부위원회가 전반적으로 부실하게 운영되고 있고, 신설 위원회 수가 증가하고 있다는 고정 관념에 토대를 두어 왔다. 이들의 주된 관심은 정부위원회를 통·폐합해 그 수를 줄이는 데 있었다.

그러나 정부위원회의 정비에 대한 구체적인 대안을 제시하거나, 정부위원회를 정비하는 데 근본적인 문제를 제기하는 경우는 드물었다. 그러다보니 매 정부가 들어설 때마다 기존의 원칙적인 정비 주장만이 되풀이되는 경향을 보여 왔다. 이 같은 현상은 정홍익·김호섭(1991)의 지적이나 김병섭·김철(2002)이 중앙일간지와 국정감사 자료를 분석해 정부위원회의 문제점을 지적한 내용이, 15년이 지난 박근혜 정부에서도 정부위원회에 대한 비판과 거의 유사하다는 데서 엿볼 수 있다.

예컨대 중앙 언론들은 정부위원회가 업무 중복, 예산행정력 낭비의 심각, 회의가 거의 열리지 않은 위원회의 존치, 활동 없이 예산을 낭비, 법률적 근거가 없거나 희박한 정부위원회가 운영되고 있다고 비판했다. 이에 더해 부실 위원회로 폐기가 결정되었어도 법 개정의 지연 등으로 예산이 낭비되고 있다는 지적이 그것이다(연합통신, 2008.4.29; 서울경제, 2010.9.3; 고령인터넷뉴스, 2016.12.5).

이에 대한 정부의 대응책도 거의 유사하게 정비 목적으로 첫째, 정책 결정의 효율성을 높이고, 둘째, 부처 중심의 책임행정을 좀 더 강화할 수 있으며, 셋째, 합리성과 민주성을 제고하고자 한다는 입장이었다. 그리고 이를 위해 첫째, 기능이 유사한 위원회는 통폐합할 계획이며, 둘째, 관련 법률안을 정비할 계획으로 있다는 응답이다(행정안전부, 2010b; 한국경제, 2010.8.16; 고령인터넷뉴스, 2016.12.5).[25)]

그런데 매 정권마다 거의 반복적인 문제점과 대안이 제시되면서도, 한국 행정에서 위원회조직이 감소하지 않고 증가하는 이유에 대해 정용덕(2008: 144)은 다음과 같이 설명한다. 이처럼 다수의 행정위원회가 신설되어 운영되었던 원인을 한국의 민주화에서 찾을 수 있다는 것이다. 다시 말해, 권위주의 하에서 권력을 행사하던 국가기구들에 대한 오랜 국민적 불신이 그들 상호간의 견제와 균형을 유도하기 위한 유사 병렬기구를 만들게 했다고 보고 있다. 또한 기존의 관료제 중심으로 이뤄지던 국가정책 결정에 시민사회로부터의 새로운 아이디어와 전문성을 수혈할 필요가 있다는 사고도 다양한 자문위원회의 신설을 가져왔다.

---

25) 행정안전부의 정부위원회에 대한 지침 내용을 살펴보면 추진 방향은 ① 정부위원회 관리제도 정착, ② 정책 추진의 합리성 제고를 위한 위원회 운영 활성화, ③ 작은 정부를 위한 위원회 운영 효율화에 두고 있다. 이에 따른 추진 과제로는 ① 사전 협의 절차 등 위원회 관련 법령 준수, ② 위원회 구성 및 운영의 효율성과 투명성 제고, ③ 불요불급한 위원회 지속 정비다(행정안전부, 2010b). 따라서 행정안전부의 정부위원회에 대한 이러한 지침 내용은 이전의 정비사업에서 강조되었던 내용의 반복에 불과한 실정이다. 또 다른 예로 2016년에도 행정자치부는 유명무실한 정부위원회의 난립을 근절하기 위해 운영 실적 등을 점검해서 존치 필요성이 적어진 위원회에 대해 통폐합 등 정비를 추진하고 있다고 밝혔다. 이에 따라 84개 위원회를 정비하겠다고 밝히고 있지만, 이들 중 35개 위원회는 이미 지난 정비계획에 포함되어 있던 위원회였다. 따라서 위원회에 대한 정비 실적은 기대하기가 쉽지 않은 실정이다.

이 밖에도 노동자와 여성과 같이 상대적으로 소외되었던 사회계층에 대한 배려의 필요성도 관련 행정위원회의 신설을 가져오게 한 원인으로 지적하고 있다. 이에 더해 외환위기를 계기로 과거 압축 성장을 주도했던 경제정책 기구의 능력에 대한 불신과, 그들 간에 상호 견제가 필요하다는 인식에서 관련 행정위원회를 설치하도록 만들었다는 것이다.

특히 한국 행정에서 자기 부처 산하에 위원회를 다수 보유하는 것이 부처의 권력을 강화하는 데 이바지할 것으로 보아 유지시키는 경우도 있겠지만, 뚜렷한 종결 메커니즘이 존재하지 않아서, 즉 행정적인 문제로 인해 유지되는 경우도 실제로는 많을 것으로 보인다. 상급 부처나 행정안전부 등에서 별도의 지시가 내려오지 않는 한, 형식적으로 존속하는 위원회를 없앨 필요는 없을 것이기 때문이다(김병섭 · 김철, 2002).

결국 한국 행정에서 정부위원회가 이 같은 반복적인 순환 과정을 거쳐오는 이유는 다른 정부조직과 마찬가지로 그 종결 메커니즘이 분명하지 않기 때문이다. 그리하여 일몰법의 원리가 철저하게 적용되지 않는 경우, 연구 · 자문 등을 위해 한시적 · 임시적으로 설치된 위원회가 오래 지속되어 정체되거나 포획되고 관료적 보수성을 습득해 광범한 참여를 오히려 방해할 수 있다(오석홍, 1998b: 100).

제 3 절 한국 행정과 조직 규모

1 행정과 조직 규모

조직 규모는 살펴본 대로 조직구조를 결정하는 데 중요한 영향 요인이다. 그런데 조직 규모가 조직구조의 영향 요인이라는 관점도 중요하지만, 또 다른 측면에서 행정에서 조직 규모가 어떠한지를 살펴보는 것도 중요한 의미를 갖는다.

조직구조에 대한 고찰은 조직 내부의 규모와 행정조직을 포함한 광의의 정부조직 규모로 나눠 살펴볼 수 있다. 그러나 조직 규모에 대한 논의에서도 살펴보았듯이, 조직 규모에 대한 학자들 간의 통일된 기준이 마련되어 있지 않다. 특히 정부조직과 같은 광의적인 조직 규모의 경우 이에 영향을 미치는 기준이나 원칙이 존재하는 것은 아니다. 다만 국가별 또는 시대별 상황이나 정부관과 같은 지배적 이데올로기 등에 따라 차이가 있다.

여기서는 협의의 맥락에서 조직 규모의 영향을 미치는 원인을 규명하는 데 초점을 두는 대신, 광의적 맥락에서 한국의 행정조직 내지는 정부조직의 규모 변화를 중심으로 살펴보고자 한다.

1) 조직 규모의 측정지표

조직의 규모를 나타내는 변수나 측정지표로는 조직구성원의 수로 파악하고 있으나 이에 더해 물적 수용 능력, 인력, 투입, 산출 및 자원 등이 조직 규모의 구성요소로 제시되고 있다(Kimberly, 1976: 577-597). 이에 따라 국가 간에 정부 규모를 논의하는 경우에도 가장 많이 이용되는 것이 인력의 크고 작음을 가지고 비교하고 있다. 그래서 대체적으로 인구 수 대비 공무원 총정원, 공무원 1인당 인구 수, 또는 인구 1,000명당 공무원 수로 비교하는 방식을 채택하고 있다.

그러나 조직 규모를 공무원의 규모로만 보는 경우 공공 서비스의 수요, 즉 정부의 역할 범위와 공공 부문의 운영 효율성과도 관련되므로 다른 국가와의 비교만으로 일률적으로 단정할 수는 없다. 그래서 인력을 이같이 절대수를 가지고 판단하는 것은 적절하지 않을 수 있다. 예컨대 한국의 경우 공무원 수는 공무원법 상의 공무원만을 대상으로 하지만, 경제협력개발기구(OECD)에서는 일반정부(General Government)에 종사하는 인력을 대상으로 한다. 여기에는 정규직 정부 종사자 이외에 비정규직 정부 종사자, 군인, 정규 및 비정규직, 비영리 공공기관 종사자들이 포함된다(김태일, 2000: 117-135).

이에 따라 조직 규모나 정부 규모를 측정하는 지표들은 조직·공무원 수/전체 노동인구·법적 권한 등 외에도, 공공재정/국내총생산(GDP) 비율 등을 함께 측정지표로 사용하고 있다. 이 중에서 특히 재정지표를 조직 규모의 측정지표로 사용하는 경우에는 자료 구입이 상대적으로 용이해 비교 시 단일 기준을 사용할 수 있다.

또한 실질적 측면에서도 정부가 어느 기능에 어느 정도의 비중을 부여하는지를 보여 주고, 재정지출이 가장 많이 사용되고 가장 효과적인 대(對)민간 정책 수단이기 때문이다. 그 이유는 재정이 뒷받침되지 않으면 조직, 공무원, 권한 등이 많거나 커도 유명무실하고, 재정이 지출되고 있다면 거버넌스(governance)가 보여 주듯이 다른 것들이 적거나 작아도 간접적으로 공권력을 행사할 수 있기 때문이다(하태수, 2008).

2) 정부 규모의 영향 요인으로서 정부관

행정조직이나 정부조직의 규모에 영향을 미치는 변수로는 시대적 상황이나 지배적인 정부관(government perspective) 또는 이데올로기를 들 수 있다. 이런 측면에서 행정조직이나 정부조직의 규모 변화에 미치는 지배적 정부관의 영향은 대단히 크다. 정부조직의 규모에 대한 관점은 야경국가나 입법국가 시대와 복지국가나 행정국가 시대 간에 많은 차이와 변화가 있었다.

야경국가 시대라 불리는 19세기 정부는 질서 유지만을 담당하고, 나머지 국민생활 부문에서는 개인의 자유를 방임해 중립을 유지하는 데 그쳐야 한다고 보았다. 그래서 정부의 역할보다는 시장의 자율적 기능을 중요시하고, 자원의 효율적 배분은 시장의 보이지 않는 손(invisible hands)에 의해 가능하다고 믿었다. 따라서 이 시기에는 최소의 행정이 최선의 정부로 받아들여졌으며 값싼 정부론(cheap government)이 대표적인 예라고 할 수 있다.26)

그러나 20세기로 접어들면서 정부는 단순히 국민의 정치적 자유의 보장에 그치지 않고, 공공복지를 증진하며 경제·사회·문화면에서 실질적인 자유와 평등을 보장하는 등 적극적으로 국민생활에 개입하지 않으면 안 된다고 인식하기 시작했다. 예컨대 산업혁명으로 인해 경제 규모가 커지고 노사문제 등 정부가 해결해야 할 공공 수요가 증대했다. 또한 세계대공황을 극복하기 위한 뉴딜정책에서 보듯이, 급격한 경제 변동과 시장실패(market failure)를 해결해야 할 정부의 경제안정화 기능이 강화되었다. 이와 함께 두 차례의 세계대전을 겪으면서 정부의 기능은 크게 강화되었다.

20세기 후반에 들어서는 서구 국가들이 복지국가를 지향하면서, 사회복지 프로

26) 자유방임 사상을 대변한 스미스(Adam Smith)는 국가 경비는 비생산적인 경비이므로 국가의 의무는 국방, 사법제도, 공공토목사업, 주권 유지를 위한 재정권의 행사에 국한시켜야 함을 주장했다.

그램을 확대하고 이 분야의 재정지출을 증대함으로써 정부의 기능은 다시 강화되었다. 따라서 이 시기에는 최대의 봉사가 최선의 정부로 간주되었다. 한편 개발도상국가들은 정부 주도에 의한 경제 발전을 추진하면서 정부의 역할을 크게 강화했으며, 경제 성장을 추진하는 과정에서 정치적 자유를 억압하는 개발독재를 경험하기도 했다.

1980년대에 들어서는 복지병이라고 불리는 복지국가모형의 한계와 1970년대 에너지 위기 이후의 스태그플레이션 현상에 대한 정부의 무력함이 드러남에 따라 이른바 정부실패(government failure) 현상이 나타나기 시작했다. 시장실패를 해결할 수 있다고 믿었던 정부였지만, 그 폐해가 오히려 더 크다는 정부실패에 대한 인식이 확산되기 시작했다. 이 시기에 신보수주의 또는 신자유주의 사상의 흐름을 타고 정부 기능의 축소, 민영화, 규제 완화 등의 정책 방향을 갖는 작은 정부(small government)에 대한 시대적 요청이 강하게 대두했다.

신자유주의에 기초한 신공공관리론이 20세기 후반을 지배함에 따라 작은 정부론이 대세였다고 한다면, 21세기를 맞이하면서 지식정보화, 세계화, 시민사회화가 진행되면서 뉴거버넌스(new governance)가 요구되기 시작했다. 이에 따라 21세기의 정부관은 단순히 큰 정부냐 작은 정부냐의 관점에서 벗어나 좋은 정부(better government)가 되어야 한다는 관점이 대두되었다.

다시 말해, 규모의 문제가 아니라 정부의 질적 변화에 관한 문제로 직접적인 서비스 제공과 규제보다는 방향타를 잡아 주는 정부, 시민의 권리와 시민 참여를 보장하는 정부, 시민의 삶의 질을 보장해 주는 정부가 되어야 한다는 것이다(이종수·윤영진 외, 2008).

결론적으로 시기의 변화에 따라 정부 규모의 변천은 작은 정부 → 큰 정부 → 작은 정부 → 좋은 정부의 정부관으로 변모해 왔음을 알 수 있다.

3) 작은 정부의 옹호자로서 신공공관리론

정부 규모의 변화에 지대한 영향을 미친 것은 시대적 상황이나 지배적 이념이라 할 수 있다. 예컨대 큰 정부에 대한 지향성은 주로 시장실패나 복지국가의 추동에 따른 결과였으며, 작은 정부에 대한 지향성은 주로 정부실패에 따른 반발적인 결과였다. 이런 측면에서 정부 규모의 변화 과정에서 지대한 영향을 끼친 이데올로기는 신자유주의에 기반한 신공공관리론이었다.

비록 신공공관리론의 영향이 과거에 비해 약화되기는 했지만 아직도 이의 영향력은 지속적이다. 따라서 행정조직의 규모 변화에서 신공공관리론의 내용과 그 영향력을 살펴보는 것은 무엇보다 중요하다.

(1) 신공공관리론의 개념

정부혁신 운동의 하나로 볼 수 있는 신공공관리론(new public management theory)은 후드(Christopher Hood)에 의해 처음 사용되었다(Hood, 1991: 3). 이후 경제협력개발기구(OECD)에서는 이를 국내외적으로 진행되는 혁신으로 규정했다. 신공공관리론은 시장 지향적 행정, 기업가적 정부, 공공관리, 관리주의, 정부혁신 등 다양한 명칭으로 불리고 있다. 이는 시장과 경쟁 원칙과 같은 민간 경영에 적용되는 관리기법들을 공공행정 부문에 도입하고자 하는 운동으로, 정부 부문의 성과와 실적을 중시하고 관리자의 개인적 책임을 강조하고자 하는 것이라는 데는 대체적인 동의를 이루고 있다.

신공공관리론은 시장이론을 반영하는 경향이기도 한데, 이는 시장이론에 대한 기대가 시대적으로 풍만해 있었던 1970~1980년대 영·미 정부개혁의 형태를 통해 나타나기 시작했다. 그리고 1990년대 들어 오스본과 개블러(Osborne & Gaebler, 1992)가 이를 설득력 있게 정리함과 동시에, 고어(Al Gore) 부통령의 국가성과평가위원회(National Performance Review)에 그 주장이 반영되면서 국제적인 흐름으로 확산되었다.

신공공관리론은 과거에 이뤄진 개혁과는 차원을 달리한다. 과거의 개혁이 비용을 감소하는 데 주로 초점을 맞췄다면, 신공공관리론은 이론과 실제에서 구체적인 프로그램을 가지고 작동한다는 데 차이점이 있다. 또한 신공공관리론은 전통적인 행정모형을 대체하고자 하기 때문에, 공공 부문과 정부와 사회 간의 관계를 전환(transformation)시키는 데 주된 목적을 두고 있다(Hugh, 1994: 66－74).

공공 영역에서 나타난 개혁의 모습은 국가마다 정치·경제 체제의 차이에 따라 다양하고, 정부개혁운동 또한 국가에 따라 그 폭과 깊이 그리고 성공 여부가 다르다. 하지만 모든 나라의 개혁운동에 공통적인 것은 정치와 행정의 관계에 대해 시장경제모형(economic market as a model)을 사용하고 있다는 점과, 이를 추구하는 목표와 사용하는 기술이 유사해지고 있다는 것이다(Nagel, 1997: 349-350).

신공공관리론은 기존의 공공관리와 다음과 같은 면에서 차이가 있다(Thompson, 1997: 166-169).

첫째, 신공공관리론은 작업·임무·과정을 강조하는 대신 기능·활동·업무는 덜 강조한다.

둘째, 신공공관리론에서 관리자들은 의사 결정 권한이 실제로 조직의 업무를 행하는 팀에 위임되어야 함과 동시에, 이에 대한 통제는 업무설계에 사전적으로 설정되어야 한다고 보고 있다.

셋째, 신공공관리자들은 경제성과 능률성을 고객 만족의 관점에서 정의하고자 한다.

넷째, 신공공관리자들은 조직 자체보다는 제도적 설계와 선택에 더 많은 관심을 가지고 있다.

다섯째, 관리연구에 대한 강한 연계와 더불어 신공공관리론은 특히 조직경제학과 공공선택이론과 깊이 연결되어 있다.

(2) 신공공관리론의 등장 배경

신공공관리론의 등장 배경은 환경적 요인과 이론적 배경이라는 측면으로 나눠 살펴볼 수 있는데, 신공공관리론이 등장하게 된 환경적 요인을 살펴보면 다음과 같다.

첫째, 1970년대 말부터 선진국에서 나타나기 시작한 과중한 복지비용 부담과 공공 부문의 비효율성으로 인한 재정적자에 대해 유권자들의 개혁 요구가 강하게 제기되기 시작했다. 다시 말해, 경제성장률의 둔화, 경상수지 적자의 확대, 재정적자와 공공 부문의 누적 채무의 증대에서 볼 수 있듯이 1970년대까지 번성했던 큰 정부에 대한 개혁은 시대의 요청이 되었다.

둘째, 민영화와 외부계약제의 도입 등에서 보듯이 공공 부문의 생산성이 민간 부문에 비해 뒤떨어졌다는 것으로 공공 부문의 성과가 저조했다. 또한 정부는 더 이상 해답을 가지고 있지 못하다는 정부 개입의 효과성에 대한 의문과, 곤란한 환경에 적응할 수 있는 새로운 능력에 대한 요구가 이 모형을 선택하게 되었다.

유사한 맥락에서 공공 부문이 민간 부문에 불필요한 부담을 주고 발전에 걸림돌이 된다는 우려, 전통적 처방으로는 더 이상 정부가 안고 있는 경제사회 문제를 해결할 수 없다는 정부 능력에 대한 기대 저하, 높은 대응성과 선택 여지의 확대, 행정 서비스의 질에 대한 시민들의 요구 증대, 공공 부문 내부 직원들의 변화 욕구 팽배, 정보기술의 발달 등이 모형 선택의 요인으로 작용했다(김태룡 · 이병헌, 1999: 620-621; Hugh, 1994: 63-66).

셋째, 세계화 추세에 따라 각국의 공통적인 관심사인 국가경쟁력의 강화에 대한 욕구다. 정부 부문은 총체적인 국가경쟁력에 대해 정부생산성이 미치는 영향이 지대하다. 따라서 국가경쟁력 강화라는 상황이 각국으로 하여금 신공공관리론의 도입이라는 선택을 강요하게 되었다.

한편 신공공관리론이 기초하고 있는 이론적 토대를 살펴보면, 민간 영역에서 발달한 이른바 신관리주의(neo-managerialism)와 경제학(economics)이 주를 이루고 있다.

신공공관리론이 기초하고 있는 토대 중에 하나인 신관리주의는 신테일러주의(neo-Taylorism)와 상호 교환적으로 사용되고 있는데, 이는 공공 영역에 기업식 관리주의(business-type managerialism)를 적용한 새로운 사조를 의미한다. 또 다른 토대 중에 신공공관리론에 영향을 미친 경제학은 주로 미시경제학(신제도주의 경제학과 조직경제학)을 가리키는 것으로 공공선택이론(public choice theory)과 주인-대리인이론(principal-agent theory), 그리고 거래비용이론(transaction cost theory)이 이에 포함된다.

결론적으로 신공공관리론의 이론적 토대는 관리주의와 공공선택이론, 주인-대리인이론, 그리고 거래비용이론 등이 상호 혼합된 복잡한 것이라고 할 수 있다(Self, 1993).

(3) 신공공관리론의 적실성

신공공관리론은 긍정적 요소와 여러 기여에도 불구하고 모형의 적실성과 효과성에 대한 논쟁이 가열되고 있다(Frederickson, 1997: 88; Sundquist, 1995: 398-399). 즉, 신공공관리모형에 대한 적극적 수용론의 관점에서 비판적 수용에 이르기까지 그 스펙트럼은 매우 다양하다.

① 신자유주의적 이데올로기의 적실성

정치 이데올로기적 관점에서 이 모형에 가해지고 있는 논쟁은 모형이 기초하고 있는 신자유주의에 대한 입장이다. 신자유주의적 접근은 변동을 가져올 수 있는 가장 강력한 수단으로, 관료적 기구는 예산과 인력의 삭감이라는 늪으로 밀어넣어 관료들에게 창조적인 활용 수단과 경쟁력을 갖추게 해야 한다는 입장이다. 관료적 기구를 경쟁적이고 시장에 기초한 상황으로 밀어넣어 생존하게 하려면, 관료적인 행태를 변화시켜야 한다는 것이다.

이들의 입장에서 볼 때 정부의 목적은 공공재와 용역의 공급이라는 면에 한정되어야만 한다는 시각이다. 이를 위해 정부는 경쟁적이며 시장 지향적인 구조로 전환해야 하며, 관리 접근 방식으로는 비용극소화와 소비자 중심적인 관리 방식을 채택해야 한다는 주장이다(Dubnik, 1994: 249-260; Kettl, 1994: 175-177).

그러나 신자유주의적 정치철학에 대한 옹호에도 불구하고 반대론도 만만치 않다. 비판의 요체란 국가경쟁력 강화를 위해 특정 계층의 권리가 유보되고, 권위주의적 통치 행태가 합리화되는 상황이 되어서는 아니 된다는 점에서 신자유주의의 문제가 있다는 것이다.

신자유주의에서 추구하는 경쟁력 강화란 극단적으로 말하자면, 기업의 경쟁력 강화가 종국에 가서는 국민의 생활을 개선시켜 준다는 전제 하에서만 존재의 의미를 지닌다. 이런 점에서 경쟁 지향적인 시장에 대한 무조건적 신봉이 정치적 민주화를 포함한 모든 문제를 해결해 줄 수 있는지를 고려해 볼 필요가 있다.

이 문제와 함께 고려해야 할 것으로 신자유주의 이데올로기의 근본적인 한계점에 관한 문제다. 19세기 자유방임주의는 시장실패 현상을 가져왔고, 이를 시정하기 위해 정부 개입이 강화되었지만 정부 개입의 강화로 인해 다시 국가의 경제 위기가 심화되었다는 정부실패론의 대안으로 신자유주의가 성립되었다. 그런데 신자유주의는 최근 다시금 시장실패 현상을 가져오는 원인으로 작용하고 있는데 이른바 신시장실패(new market failure)가 그것이다.

신시장실패에서도 빈부 격차와 환경오염, 경제 위기, 노동문제, 경제공황 등과 같이 구시장실패의 양상이 다시 나타나게 된다. 그런데 신시장실패가 구시장실패와 근본적으로 차이가 나는 점은 세계화의 영향을 받고 있다는 점이다. 세계화라는 환경적 조건 하에서 신시장실패는 구시장실패의 각종 사회문제가 국민국가 내부에서도 일어나지만 동시에 세계적 차원에서도 발생하고 있다. 빈곤은 세계화되어 가고 있고, 자본과 노동의 세계적 유동성으로 인해 세계적 차원의 문제가 되고 있다.

신자유주의적 이데올로기에 대한 낙관적 시각과 함께 생각해 보아야 할 다른 문제로, 신공공관리론적 정부개혁이 현실적으로 효과가 있는 것처럼 여겨지고 있다는 점이다. 신자유주의의 주창자였던 레이건 정부 하에서 빈부의 차가 가장 크게 발생했다는 사실을 고려한다면, 신자유주의에 기저한 기업가적 패러다임은 심각한 문제를 야기한다.

이러한 현상에 대한 시각을 국제적으로 전환해 살펴보면, 1990년대 들어 각국은 신자유주의적인 영향에 따라 강력한 세계자본주의의 구조적인 힘에 의해 기형적 형태의 민주주의를 맞게 될 가능성이 높아졌다는 것이다. 신자유주의적 개혁으로 인한 정치적 결과로서, 사회적 약자를 포함한 하층 계급은 정치·경제적으로 철저히 배제되는 형태를 띤 특수한 민주주의에 노출되어 있는 실정이다.

② 정치철학적 적실성

정치철학적 관점에서 볼 때, 신공공관리론이 주장하는 시장모형이 과연 민주적 가치와 양립할 수 있느냐는 문제다(Bellon & Frederick, 1992; Rosenbloom, 1994). 바꿔 말하면, 민주적 가치를 실현해야 할 행정 체제에 기업에서 활용되고 있는 방식을 도입할 경우, 문제를 해결하는 것이 아니라 또 다른 문제를 야기하는 시발점이 될 뿐만 아니라 행정이 추구하는 가치와의 양립 가능성도 별로 없다는 비판이 그것이다.

또한 행정이 기업적 관리 방식을 지나치게 선호할 경우 행정이 지나치게 정치로부터 분리될 수 있다는 위험성과, 환경이 전혀 다른 행정 체제에 무비판적으로 기업가적 경영 방식을 강요하게 되면 전통적으로 행정이 소중히 고려해 온 형평성이나 정직성 등과 같은 공직 가치관에 부정적인 영향을 미친다는 점이다.

특히 정부관에 대한 논쟁으로 이 모형은 정부를 다양한 이익을 지닌 시민들에 의해 만들어진 것으로 집단적 선택을 요구하는 실체로 인정하는 대신, 최근 기업의 재구조화나 재창조 등으로부터 차용한 기법과 개념을 통해 향상시킬 수 있는 서비스의 제공자로 인식한다는 것이다(Arnold, 1995: 414). 그 결과 이 모형이 지니고 있는 정부관으로 인해 공익을 수행해야 하는 관료들의 충성심과 책임성은 약화되고 있으며, 국가의 탈정치화의 가속은 정치적 통합마저 위태롭게 할 수 있다는 비판이 그것이다(Cook, 1998: 225-230; Kettl, 1994: 179-180).

끝으로 민주주의 국가를 전제로 한 계약형 시스템의 책임성(accountability) 확보도 중요한데, 이는 신공공관리론을 둘러싼 가장 근본적인 과제이기도 하다. 그것은 아무리 능률적인 정부라도 공적 책임을 다하지 않는다면 정부로서 기능한다고 볼 수는 없기 때문이다. 지나친 기업형 정부의 추구가 도구적 합리성을 증가시킬 수는 있으나, 잘못하면 본질적인 합리성을 저해하는 결과를 초래할지도 모른다는 비판이 그것이다(이종범, 1995: 33).

③ 문화적 적실성

영국과 미국 등의 서구 유럽에서 개발된 관리기법이 다른 문화권에 그대로 적용될 수 있는가에 대해서는 문화 중립적(culture-free) 입장과 문화 기속적(culture-bound) 입장 간에 차이가 있기는 하다(김병섭·박광국, 1999: 241-242).

하지만 작은 정부에 기초한 신공공관리모형을 발전도상국에 적용하는 것은 문화적으로 많은 문제점을 낳고 있다. 개인주의 문화가 발달한 서구에서 제시된 방안이 집단주의 문화가 발달한 발전도상국과 같은 국가에 그대로 적용될 수 있을지에 관한 의문이 그것이다. 다시 말해, 개인주의 국가에서는 개인별 성과평가가 가능하고 장려되지만, 집단주의 문화에서는 이것이 부정되고 오히려 집단 속에서의 개인이 강조된다는 데 있다(김병섭, 1996: 24-25).

특히 정적 인간관계를 기반으로 수직적이고 계서적인 인간관계를 기본으로 하는 유교적 행정문화에서는 객관적인 성과평가란 지극히 어렵다(백완기, 1995: 31-68). 그 결과 신공공관리론에서 추구하는 여러 선례가 유교식 민주주의, 소집단 위주의 행동 방식, 체면문화 등의 요소와 충돌함으로써 제대로 작동하지 못하는 측면이 있다는 지적이다(이종수, 1999: 5).

끝으로 기업가적 정부는 능률성을 가장 중요한 가치로 전제하고 있는데, 정부가 추구해야 하는 것은 이 밖에도 사회적 형평이나 신뢰성 등과 같은 가치도 중요하게 고려해야 한다. 그래서 시민사회의 기본 구조가 약한 경우 능률의 논리에 따른 정부의 행동은 국민의 권리를 침해하거나 정당한 절차를 어길 가능성이 높을 수밖에 없고, 민주성의 원리는 심각히 훼손될 가능성이 많다(이종범, 1995: 22-

45).

(4) 신공공관리론의 적용 가능성

신공공관리모형은 기저하고 있는 정치철학적 배경이나 이데올로기, 문화적 환경, 그리고 추구하는 정향성이나 접근 양식의 적실성 등에 대한 논란으로 대단히 부정적인 평가에 직면해 있다. 이에 더해 발전도상국에 적용된 신공공관리모형의 이식에 대한 평가는, 한마디로 요약해서 실패했다는 것이다.

특히 발전도상국에 적용된 모형의 이식 과정은 포괄적이면서 급진적으로 이뤄졌다. 그에 따른 결과는 대체로 예산 절감이 수반되지 않은 단순한 인력 감축에 국한된 것이 주를 이룬다(McCourt, 1998: 172－187). 따라서 발전도상국에 도입된 신공공관리론적 개혁은 부적합한 정책전이(policy transfer)의 대표적인 예라는 혹독한 평가에 직면해 있다(Common, 1999: 59－76).

결국 중립적이지도 못한 채 일련의 신념이나 선호를 포함한 이데올로기로 구성된 신공공관리모형은 발전도상국을 어떻게 발전시켜야 하며 체제 능력을 어떻게 배양해야 할 것인가와 같은 문제보다는, 선진국의 관심 대상인 비용 절감이나 세금 감소 등에 주로 초점을 맞춰 온 모형에 불과했다는 비판을 면키 어렵다(Minogue, 1998: 17－37).

그렇지만 신공공관리론에 가해지고 있는 비판에도 불구하고, 이 패러다임이 정부의 개혁모형으로 확산되고 있는 이면에는 다음과 같은 것이 자리를 잡고 있기 때문이다. 그것은 이 이론을 지지하는 열정이 바로 정부가 해결하지 못하는 진짜 문제의 표현일 수도 있다는 점이고, 시민이 정부의 소유주임에도 불구하고 시민들도 역시 고객처럼 대접받기를 원한다는 사실이다.

지난 20여 년에 걸쳐 신공공관리론이 강하게 대두된 이유는 행정환경의 변화에 행정이 적절하게 대응하지 못했다는 반증이기도 하다. 현재의 반정부적인 분위기가 주어진 상황이라면 신공공관리론은 약점과 과장에도 불구하고, 실용적 노선을 추구하는 정부에서 확산될 가능성은 아직도 크다. 그것은 고객 서비스를 향상시킴으로써 정부에 대한 인식과 문제 해결을 위한 환경을 창출하는 데 어느 정도의 변화는 가져올 수 있기 때문이다(Kettl, 1994: 181; 김태룡, 1999: 14).

표 4-1-7 역대 정부의 중앙행정 조직기구의 변화 추이

		중앙행정기관				보조기관			막료기관		기타	
		원	부	처	청	실 기관 수	국 기관 수	과 기관 수	차관보 기관 수	담당관 기관 수	위원회	기타
미군정기	남조선과도정부 (1945. 09-1948 0.7)		13	6			78	24				7
이승만 정부	1차(1948. 07. 17)		11	4		14	67	331	3		1	2
	2차(1949. 03 .25)		12	5	1	16	94	450	4		1	
	3차(1955. 02. 07)		12	(2)	3		97	229		1	1	1
	4차(1956. 02. 01)		12	4(2)	3		98	229		1	1	1
장면 정부	5차(1960. 07. 01)	1	12	1	3		51	220		1	3	1
군사 정부	6차(1961. 05. 26)	1	12	1	3		51	210			1	2
	7차(1961. 06. 22)	1	13	1	3		55	221			1	2
	9차(1961. 07. 22)	2	12	1	5		51	199			2	1
	10차(1961. 08 .22)	2	12	1	5		51	212		1	1	1
	12차(1961. 10. 02)	3	12	2	4	1	53	209		3	1	1
	15차(1962. 06. 18)	2	13	3(1)	3	4	58	232	4	5	1	2
	16차(1963. 08 .26)	2	13	3(1)	5	5	62	247	4	6	1	2
박정희 전기정부	17차(1963. 12. 14)	2	13	3(4)	6	10	63	271	4	19		3
	18차(1964. 08. 14)	2	13	3(4)	7	18	75	316	4	24		3
	20차(1966. 02. 28)	2	13	3(4)	7	17	79	313	4	21		3
	24차(1968. 07. 24)	2	13	4(4)	10	38	172	719	22	250		6
	26차(1970. 08. 03)	2	13	4(4)	12	49	181	660	10	366		6
박정희 후기정부 (유신 체제)	27차(1973. 01. 15)	2	13	4(5)	13	22	126	538	15	267	1	14
	28차(1973. 03. 03)	2	13	3(5)	14	30	180	706	20	332	2	14
	31차(1975. 12 .31)	2	13	4(5)	14	65	216	970	25	327	2	31
	32차(1976. 12. 31)	2	13	4(5)	14	28	189	838	22	314	2	31
	33차(1977. 12. 16)	2	14	4(5)	14	35	242	1,097	30	409	3	45
	34차(1978. 12. 15)	2	14	4(5)	14	27	191	819	15	314	4	77
과도정부	35차(1979. 12. 28)	2	14	3(5)	16	28	188	797	17	333	4	67
전두환 정부	36차(1980. 08. 18)	1	14	4(5)	15	35	186	792	17	329	3	95
	37차(1980. 10. 28)	2	14	4(5)	15	27	180	884	15	302	4	47
	39차(1981. 09. 18)	2	15	4(5)	14	28	158	765	12	380	2	87
	40차(1981. 12. 31)	2	15	4(4)	14	25	142	717	10	380	1	44
	45차(1986. 03. 08)	2	16	4(4)	14	33	183	849	12	440	2	4
	46차(1986. 12. 20)	2	16	4(4)	12	35	172	856	10	331	1	4
노태우 정부	47차(1989. 12. 30)	2	16	6(4)	12	75	267	1,473	26	587		4
	48차(1990. 12. 27)	2	16	6(4)	15	62	256	1,357	12	635		3
	49차(1991. 05. 31)	2	16	6(4)	15	62	256	1,357	12	635		3
김영삼 정부	50차(1993. 03. 06)		14	6(4)	15	79	340	1,691	35	791	2	3
	54차(1996. 02. 09)	2	13	5(4)	15	60	186	1,178	15	673	2	4
	55차(1996. 08. 08)	2	14	5(4)	14	56	183	1,157	16	625	2	4
김대중 정부	56차(1998. 02. 28)		17	2	16	43	175	987	12	596	5	5
	57차(1999. 07. 01)		17	4	16	35	164	741	9	492	7	
	60차(2002. 03. 02)		18	4	16	35	169	765	10	521	9	
노무현 정부	61차(2004. 03. 01)		18	4	16	38	182	819	10	570	2	
	62차(2004. 06. 01)		18	4	17	38	182	819	10	570	2	
	64차(2005. 03. 24)		18	4	16	42	180	917	8	617	2	
	65차(2006. 01. 01)		18	4	17	45	196	1,036	6	659	2	
이명박 정부	66차(2008. 02. 29)		15	2	18	52	149	1,212	3	573	3	
	67차(2010. 03. 19)		15	2	18	54	151	1,113	3	572	3	
	68차(2010. 07. 05)		15	2	18	56	148	1,116	3	589	3	
박근혜 정부	69차(2013. 03. 23)		17	3	18	43	173	1,198	3	678	4	
	70차(2014. 11. 19)		17	5	16	45	172	1,235	4	674	4	

자료: 염재호 · 홍성만 · 왕재선(2004)와 행정안전부(2011b), 행정자치부(2016)에 의거 재작성.

2 한국 행정과 조직 규모

1) 조직기구의 변화

한국 행정의 조직 규모는 다차원적 관점에서 고찰할 수 있으나, 여기서는 조직기구의 변화라는 측면에 한정해서 살펴보고자 한다. 그 이유는 조직기구의 변화가 일정 부분 조직 규모의 변화와 관련성이 높기 때문이기도 하다. 따라서 한국 행정의 조직기구의 변화를 통해 한국 행정의 조직 규모를 유추해 보고자 한다.

한국 행정조직의 변화 과정을 보면 <표 4-1-7>에서 보듯이 중앙행정 조직 규모는 중앙행정기관, 보조기관, 막료기관을 막론하고 시기별로 꾸준히 증가해 왔다. 이는 정부관료제 조직 시스템이 꾸준히 성장하고 팽창해 왔음을 의미한다. 이에 반해 중하위 단위 보조기관인 실·국·과의 경우는 변화의 진폭이 강하게 나타나고 있다. 특히 막료기관인 담당관의 경우는 제24차 '정부조직법'의 개정에서와 같이, 특정 시점을 기준으로 급변하고 있음을 알 수 있다.[27)]

중앙행정기관의 규모 변화는 정권이 교체되는 시점에서는 두드러진 변화가 나타나지 않고 있다. 이것은 과거 제도의 경로의존성에 기인해 중앙행정조직의 제도적 기제가 지속성을 띠고 있음을 알 수 있다. 즉, 정부관료제 조직 시스템에 체화된 과거의 제도적 제약이 강하게 작용하고 있는 것으로, 외부의 환경적 변화가 즉각적으로 반영되기보다는 일정한 시간적 간격을 두고 변화하며 성장해 감을 의미한다(염재호·홍성만·왕재선, 2004: 5-49).

2) 한국 정부의 규모

정부의 규모를 측정하는 지표로는 법 규정의 수, 공공 부문에 종사하는 인력의 규모, 공공사업의 규모, 행정기구의 수, 재정 규모 등이 있다. 하지만 일반적으로는 재정 규모와 인력 규모가 많이 활용된다. 이에 따라 정부 규모를 판단하는 방법은 크게 두 가지가 있다.

---

27) 이는 역사적 사건의 영향에 따른 이른바 단절된 균형 현상으로 해석할 수 있다. 이 당시 국토통일원과 국방부에 예비군국이 신설되는 등 김신조 사건을 계기로 체제 유지의 필요성에 따른 대응으로 볼 수 있다.

첫째, 횡단적으로 다른 나라 정부와 비교해 한국 정부가 큰지 작은지를 판단하는 방법이 있다. 이와 함께 국내적인 관점에서 각 부처 간의 비교를 통해 부처 간의 조직 규모를 비교하는 방법이 있다. 둘째, 종적으로 역대 한국 정부와 비교해서 현재 정부가 큰지 작은지를 판단하는 방법이 그것이다.

(1) 정부 규모의 횡단적 비교

정부 규모의 횡단적 비교는 인력 규모와 재정지출 규모라는 두 측면에서 살펴볼 수 있다. 우선 인력 규모라는 측면에서 정규직 공무원에 한정해 외국 정부의 규모와 비교를 통해 한국 정부의 규모를 살펴보면 다음과 같다.

<표 4-1-8>에서 보듯이 한국의 인구 1,000명당 공무원 수는 대략 2000년대 초를 기준으로 볼 때, 경제협력개발기구(OECD) 회원국의 평균에 비해 1/4에 불과하다. 물론 한국 공무원의 범위는 외국보다 협소하기 때문에 전체적인 공무원 수만으로 비교하는 것은 타당하지 않다. 한국 공무원의 수는 공무원법상의 공무원만을

표 4-1-8 경제협력개발기구(OECD) 국가의 인구 1,000명당 공무원 수

국가	인구 1,000명당 공무원 수(명)	기준 연도
호주	75.7	2004
벨기에	73.4	2000
캐나다	83.5	2004
체코 연방	68.6	2002
덴마크	155.0	2004
핀란드	115.5	2003
프랑스	82.2	1997
독일	51.5	2003
그리스	76.7	2000
헝가리	86.1	2004
아일랜드	62.9	1997
이태리	60.8	2000
일본	41.2	2001
룩셈부르크	69.2	2000
멕시코	41.3	2003
네덜란드	64.4	2003

뉴질랜드	53.6	2004
노르웨이	157.2	2003
폴란드	41.3	2003
포르투갈	70.9	2002
슬로바키아 연방	46.8	2004
스페인	60.4	2004
스웨덴	132.7	2004
스위스	63.7	2001
터키	33.8	2004
영국	90.1	2004
미국	73.2	2004
OECD 평균	**75.2**	**-**
한국	**19.0**	**2004**

자료: OECD 홈페이지(http://www.oecd.org)에 의거 재작성.

대상으로 하지만, 경제협력개발기구에서는 일반정부 종사자를 대상으로 하기 때문이다. 여기에는 정규직 정부 종사자 이외에 비정규직 정부 종사자, 군인, 정규 및 비정규직에 종사하는 비영리 공공기관 종사자가 포함된다(김태일, 2000).

그렇지만 비정규직 정부 종사자, (직업)군인, 비영리 공공기관 종사자를 포함해도 한국의 공공 부문 인력 규모는 그리 크지 않을 것이다. 또한 경제협력개발기구 회원국이 아니라, 한국과 1인당 국민총생산(GDP)이 유사한 수준의 국가들과 비교하면 또 다른 결과가 나올 수도 있다.28)

또 다른 각도에서 <표 4-1-9>에서 보듯이 시간이 대략 10년쯤이 지난 2013년을 기준으로 전체 취업인구 대비 공무원의 비율을 살펴볼 때, 대체적인 특징으로 북유럽국이나 과거 사회주의 체제를 경험한 국가들은 이 비율이 높으나 영연방국들은 대체로 낮은 경향을 보이고 있다.

28) 다른 국가에 비해 공공 부문 인력 규모가 작다는 것이 공무원 증원의 이유가 되지는 않는다. 공무원 규모는 공공 서비스의 수요, 즉 정부의 역할 범위와 관련되고, 공공 부문의 운영의 효율성과도 관련되므로 다른 국가와의 비교만으로 일률적으로 단정지을 수는 없다. 특히 한국 정부의 규모는 크지 않지만, 소유권 부재, 경쟁 부재, 가격기구 부재 등으로 인한 공공 부문의 비효율성은 항상 존재하기 때문에, 이러한 비효율성을 제거해 공무원 증원 수요를 억제하기 위한 노력은 지속적으로 추진되어야 할 것이다(김태룡 외, 2009: 195-198).

표 4-1-9 경제협력개발기구(OECD) 국가의 전체 취업인구 대비 공무원 비율

국가	전체 취업인구 대비 공무원 비율(%)	기준 연도
호주	18.4	2013
벨기에	21.46	2013
캐나다	20.43	2013
체코 연방	34.02	2009
덴마크	34.89	2013
프랑스	19.84	2013
독일	15.4	2009
그리스	22.62	2013
헝가리	26.84	2013
아일랜드	24.69	2013
이태리	17.32	2013
일본	7.94	2013
룩셈부르크	26.07	2013
멕시코	11.78	2013
뉴질랜드	12.39	2013
노르웨이	34.62	2013
폴란드	25.24	2013
포르투갈	16.4	2013
슬로바키아 연방	27.19	2013
스페인	17.14	2013
스웨덴	28.1	2013
스위스	14.99	2009
터키	12.86	2013
영국	23.49	2013
미국	14.41	2011
OECD 평균	**20.62**	**–**
한국	**7.6**	**2013**

자료: OECD.Stat(2015)에 의거 재작성.

경제협력개발기구 조사 대상국 26개국 가운데 전체 취업인구 대비 공무원 수의 비율 역시 한국이 가장 낮은 국가로 나타났다. 덴마크가 34.89%로 전체 취업인구 100명 가운데 공무원이 약 35명을 차지하는 것으로 나타났고, 우리의 경우는 전체 취업인구 100명 가운데 공무원이 약 8명을 차지하는 것으로 나타났다.

이는 경제 규모가 비슷한 이태리(17.32%)나 스페인(17.14%)에 비해 절반에도 미치지 못하는 규모이며, 우리보다 경제 규모가 못한 국가들에 비해서도 작은 규모임을 알 수 있다. 따라서 앞에서 논의한 대로 한국 공무원의 범위가 외국보다 협소하기 때문에 전체적인 공무원 수만으로 비교하는 것은 타당하지 않다는 주장을 받아들인다 해도, 한국 공무원의 규모가 결코 크지는 않다고 할 수 있다.

다음으로 재정지출 규모라는 측면에서 한국 정부의 규모를 살펴보면 [그림 4-1-1]에서와 같다. 국민총생산(GDP) 대비 세출의 비율을 기준으로 보면, 2005년 기준으로 한국은 25.9%로 중간그룹에 속하는데 현재도 큰 차이를 보이고 있지는 않다.[29] 따라서 한국 정부가 규모 면에서 큰 정부에 속한다고는 할 수 없다. 이에

그림 4-1-1 정부 규모의 국제적 비교

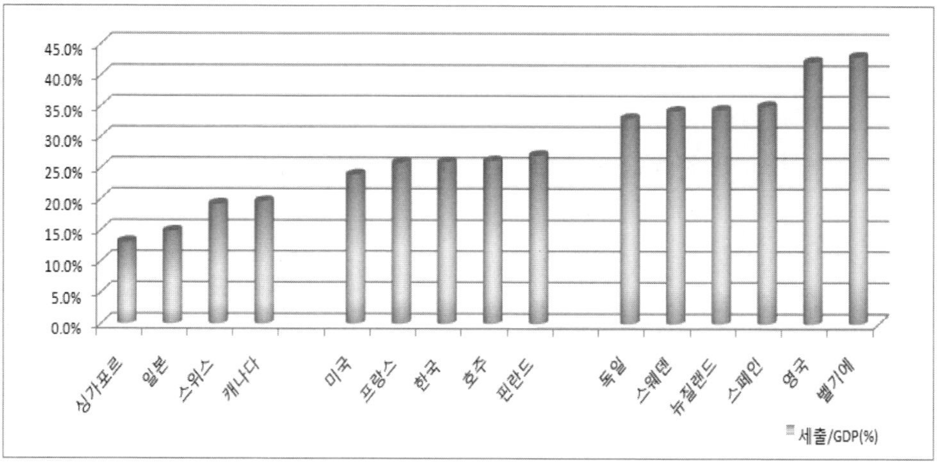

자료: 통계청, 2007: 258-261; IMF, World Economic Outlook Database(October, 2007); 하태수(2008).

29) 세출(일반회계+특별회계) 기준이기 때문에 기금까지 포함한 통합재정으로 비교하면 나라 간 순위가 바뀔 수도 있지만, 10%대 국가가 20%로 이동하는 등의 큰 변화는 거의 없을 것으로 예상한다.

반해 싱가포르 · 일본 · 스위스 · 캐나다는 비교적 작은 정부라고 볼 수 있고, 영국 · 독일 · 뉴질랜드 · 벨기에 등은 상대적으로 큰 정부로 볼 수 있다.

국제적 비교에서 한 가지 주목할 만한 시사점은 정부 영역에서 신공공관리적 개혁을 광범위하게 추진한 앵글로색슨 나라들의 정부 규모가 제각각 다르다는 점이다. 영국과 뉴질랜드는 2005년 현재에도 큰 정부를 유지하고 있으며, 미국과 호주는 중간 규모, 캐나다는 작은 정부를 유지하고 있다.30)

(2) 정부 규모의 내적 비교

국가 간의 횡단적 비교를 통해 조직 규모를 파악하는 방법이 국제적 비교라고 한다면, 한국 행정조직 내에서 각 부처들이 어떤 조직 규모를 유지하고 있는가를 살펴보는 것은 국내적 비교라고 할 수 있다. 다시 말해 정부 부처들 가운데 어떤 부처가 인적자원을 좀 더 풍부하게 보유하고 있는가에 따라, 정부의 인력 구조 및 실제 운영 실태를 파악하는 데 도움을 줄 수 있다. 따라서 이 같은 비교는 기존의 조직 인원 중심의 과다에 따른 조직 규모 비교와는 차원이 다르다는 점에서 의미가 있다.

이런 관점에서 오재록 · 유인영(2009)은 중앙행정기관의 인적자원 비교를 통해 노무현 정부와 이명박 정부와의 비교를 통해 부처 간의 조직 규모를 비교했다. 이들은 인적자원에 대한 측정 자료로 총 인원 수 지표, 고위직 지표, 최고위직 지표를 선정한 후 각각 가중치를 부여해 인적자원 지수를 적용했다.

두 정부를 비교한 결과는 <표 4-1-10>에서 보듯이 노무현 정부 때에 인적자원 지수가 가장 높게 나타난 10개 기관은 국방부, 교육인적자원부, 검찰청, 외교통상부, 경찰청, 정보통신부, 행정자치부, 법무부, 국세청, 감사원의 순이었다. 이에 대해 이명박 정부 때에 인적자원 지수가 가장 높게 나타난 10개 기관은 국방부, 교육과학기술부, 검찰청, 외교통상부, 경찰청, 지식경제부, 법무부, 행정안전부, 국세청, 국토해양부의 순이었다. 따라서 두 정부를 관통하면서 이들 기관은 약간의 순위 변동만을 제외하고는 거의 유사하게 인적자원 지수가 높은 부서로 나타났다.

이에 반해 인적자원 지수가 가장 낮게 나타난 10개 기관은 노무현 정부 시기에

---

30) 행정 분야에서 신공공관리론적 개혁을 추진하면 대개 작은 정부로 귀결될 것으로 예상하나, 실제 결과는 그렇지만은 않다. 이것은 정부 규모의 크고 작음 여부는 행정관리 개혁보다는 정부의 역할 및 기능을 처방하는 거시적인 정치 이념과 국가모형에 의해 더 큰 영향을 받고 있음을 시사한다.

표 4-1-10 노무현 정부와 이명박 정부의 중앙행정기관별 인적자원 지수

노무현 정부			이명박 정부		
순위	기관명	인적자원지수	순위	기관명	인적자원지수
1	국방부	82.698	1	국방부	83.904
2	교육인적자원부	64.479	2	교육과학기술부	67.107
3	검찰청	19.417	3	검찰청	18.393
4	외교통상부	15.919	4	외교통상부	16.799
5	경찰청	14.735	5	경찰청	15.911
6	정보통신부	6.323	6	지식경제부	9.228
7	행정자치부	5.832	7	법무부	8.542
8	법무부	5.028	8	행정안전부	7.153
9	국세청	4.597	9	국세청	5.128
10	감사원	3.822	10	국토해양부	4.189
11	노동부	3.063	11	감사원	4.113
12	건설교통부	2.914	12	노동부	3.726
13	보건복지부	2.747	13	농림수산식품부	3.435
14	해양수산부	2.707	14	보건복지가족부	3.267
15	특허청	2.628	15	문화체육관광부	3.128
16	농림부	2.420	16	기획재정부	2.684
17	산업자원부	2.401	17	특허청	2.678
18	재정경제부	2.352	18	방송통신위원회	2.670
19	문화관광부	2.172	19	국민권익위원회	2.148
20	환경부	1.817	20	관세청	2.134
21	과학기술부	1.786	21	환경부	2.089
22	중앙인사위원회	1.632	22	국가인권위원회	1.716
23	국가인권위원회	1.622	23	방위사업청	1.684
24	통일부	1.575	24	해양경찰청	1.530
25	기획예산처	1.493	25	공정거래위원회	1.527
26	공정거래위원회	1.493	26	통일부	1.500
27	국가보훈처	1.493	27	중소기업청	1.460
28	관세청	1.447	28	문화재청	1.377
29	국가청렴위원회	1.352	29	금융위원회	1.238
30	해양경찰청	1.339	30	법제처	1.237
31	법제처	1.250	31	통계청	1.066

32	여성가족부	1.077	32	식품의약품안전청	1.032
33	조달청	0.951	33	국가보훈처	1.026
34	병무청	0.899	34	여성부	1.008
35	기상청	0.893	35	기상청	1.007
36	통계청	0.884	36	산림청	0.958
37	산림청	0.775	37	조달청	0.939
38	중소기업청	0.765	38	농촌진흥청	0.921
39	농촌진흥청	0.740	39	병무청	0.890
40	식품의약품안전청	0.702	40	소방방재청	0.761
41	소방방재청	0.692			
42	문화재청	0.594			
43	국정홍보처	0.575			

는 국정홍보처, 문화재청, 소방방재청, 식품의약품안전청, 농촌진흥청, 중소기업청, 산림청, 통계청, 기상청, 병무청의 순이었다. 이에 대해 이명박 정부 시기에는 소방방재청, 병무청, 농촌진흥청, 조달청, 산림청, 기상청, 여성부, 국가보훈처, 식품의약품안전청, 통계청의 순이었다. 이 또한 약간의 순위 변동만을 제외하고는 대체로 유사한데, 이들 대부분의 기관은 주로 처나 청 조직 수준인 것으로 나타났다.

결과적으로 한국의 중앙행정기관의 조직 규모는 <표 4-1-10>에서 보는 바와 같이 획일적 규모가 아니라, 기관별로 규모 면에서 큰 차이가 있다. 즉, 정부의 인력 규모 자체만을 기준으로 보는 것과는 차이가 나타난다는 점에서 그 의미를 찾을 수 있다. 또한 짧은 기간이기는 하지만 두 정부 사이에 기관별 규모의 순위가 크게 변동이 없다는 사실에서, 한국 정부 내에서 부처 간의 조직 규모는 거의 정형화된 패턴을 유지하는 것으로 볼 수 있다.

다만 이 결과에서 유의해야 할 사항은 이와 같은 결과는 가중치의 변동이나 측정 기준의 변동 등에 따라 얼마든지 달라질 수 있으므로 절대적인 것으로 해석해서는 안 된다.

(3) 정부 규모의 종적 비교

정부 규모를 종적으로 보는 경우도 유사하게, 인력 규모와 재정 규모를 중심으로 정부 간의 변화를 종적으로 비교하는 방법이다.

표 4-1-11 한국 공무원 정원의 연도별 변동 추이

연도	공무원 정원(명)	증감(명)	증감률(%)	비고
1981	665,895	69,464	11.6	잡급 정규직화
1982	647,851	△18,044	△2.7	한국통신 발족
1983	650,914	3,063	0.5	
1984	657,214	6,300	1.0	
1985	670,637	13,423	2.0	
1986	691,670	21,033	3.1	
1987	705,053	13,383	1.9	전매공사 발족
1988	737,225	32,172	4.6	
1989	781,346	44,121	6.0	
1990	818,121	36,775	4.7	
1991	854,082	35,961	4.4	
1992	886,179	32,079	3.8	
1993	899,826	13,647	1.5	
1994	907,598	7,772	0.9	
1995	905,390	△2,208	△0.2	
1996	925,794	20,404	2.3	
1997	935,759	9,965	1.1	
1998	888,481	△47,278	△5.1	
1999	875,672	△12,809	△1.4	
2000	869,676	△5,996	△0.7	
2001	868,120	△1,556	△0.2	
2002	889,993	21,873	2.5	
2003	915,945	25,952	2.8	
2004	936,387	20,442	2.8	
2005	931,025	△5,362	△0.6	철도청 공사화
2006	957,208	26,183	2.8	
2007	975,274	18,066	1.9	
2008	968,684	△6,590	△0.7	
2009	970,690	2,006	0.2	
2010	979,583	8,893	0.9	
2011	981,927	2,344	0.2	
2012	990,423	8,496	0.9	
2013	998,940	8,517	0.9	
2014	1,010,310	11,370	1.1	
2015	1,021,347	11,037	1.1	

자료: 행정안전부 통계연보(2010)와 행정자치통계연보(2016)에 의거 재작성.

인력 규모라는 측면에서 한국 공무원의 정원은 <표 4-1-11>에서 보듯이 1980년대 초까지 산업화와 함께 급격하게 증가했고, 1980년대 중반에 다소 안정세를 유지하다가 1980년대 후반부터 1990년대 초반까지 다시 급격하게 증가했다. 그러다가 1990년대 후반부터 2000년대 초반까지 대폭적으로 줄어들었던 공무원 수는 2000년대 초반부터 다시 지속적으로 증가하면서 2014년에는 100만 명을 넘어섰다. 이같이 2000년대 들어 지속적으로 공무원 수가 증가하는 이유는, 복지와 치안행정 영역의 확충에 따라 이들 분야의 공무원 수를 대폭적으로 증원했기 때문이다.

다음으로 재정 규모라는 측면에서 볼 때, 세출이 국민총생산(GDP)에서 차지하는 비중을 종적으로 비교해 보면 [그림 4-1-2]와 같다. 2000년대 이전에는 1970년대 초, 1980년대 후반에서 1990년대 초반을 제외하면 대부분 20%대 중반임을 알 수 있다.

그림 4-1-2 역대 한국 정부의 세출/국민총생산 비율

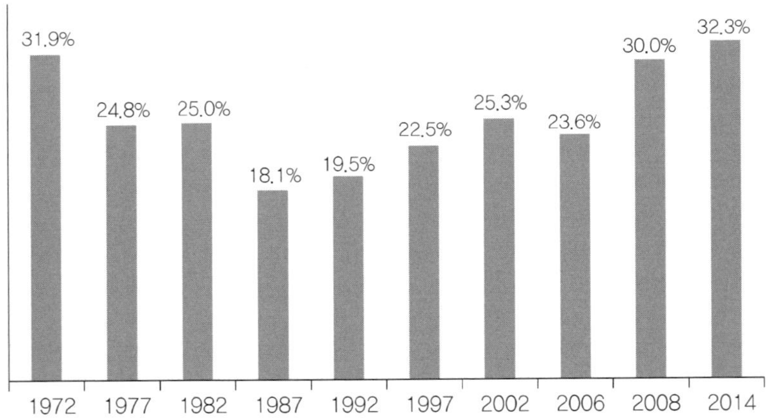

자료: 하태수(2009)와 OECD.Stat(2015)에 의거 재작성.

그런데 1970년대 초 세출/국민총생산(GDP) 비율이 높았던 것은, 당시 추진된 중화학공업화정책으로 인해 정부의 정책자금 지출이 많았기 때문이다. 그리고 전두환 정부 말기와 노태우 정부에서 20% 이하로 내려간 이유는, 당시 3저 호황에 따른 국민총생산의 성장과 국방비 지출의 감소가 동시에 일어난 결과였다(하태수, 2007). 최근 들어 비율이 증가한 이유는 복지예산의 증가로 인해 정부 지출 규모가

커졌기 때문으로 보인다.

재정 규모라는 측면에서 종적 비교의 결과를 보면 박정희 정부 때가 비교적 큰 정부로 볼 수 있으며, 전두환 정부 말기는 작은 정부로, 노무현 정부는 중간 크기의 정부로 볼 수 있다.[31] 그리고 이명박 정부와 박근혜 정부도 비교적 큰 정부로 분류할 수 있다.

특히 세출이 국민총생산(GDP)에서 차지하는 비중이 30%를 넘기 시작한 2008년을 기준으로 볼 때, 우리의 경우 이 비중은 경제개발협력기구(OECD) 평균인 41.4%에 비하면 크지 않다고 볼 수 있다. 또한 이 비율은 전체 회원국 가운데도 칠레 다음으로 가장 낮은 지출국으로 나타났다. 그리고 수입 면에서도 한국과 비슷한 수준인 일본은 37.1%, 미국은 38.8%로 지출 면에서 큰 차이를 보이고 있다.

제 4 절 한국 행정과 준정부조직

최근 정부의 국가 부채 문제를 둘러싸고 야기된 의제 가운데 하나가 준정부조직의 팽창과 관련된 국가부채 문제다.[32] 기획재정부가 2016년 1월에 발표한 자료에 따르면, 한국에서 준정부조직은 공기업이 30개, 준정부기관이 90개, 기타 공공기관이 203개로 나타났다(기획재정부 보도자료, 2016.1.29).

이들 공공기관의 예산은 2015년 기준으로 약 634조에 이르는데, 이는 국내총생산(GDP)의 약 44%에 달한다. 따라서 이들 공공기관의 연간 예산은 정부재정의 거의 1.5배에 달하며, 종사하는 인력은 25만 5천 명에 달해 한국의 전체 경제활동인구의 1%에 해당한다. 그리고 공공기관의 부채는 약 500조 원에 달해 중앙정부의 부채보다 공공기관의 부채가 심각한 국가다. 더욱이 이를 보전하기 위해 공공기관

---

31) 노무현 정부가 한국의 역대 정권과 비교해 볼 때 큰 정부가 아니었음을 알 수 있다. 2007년 대선 정국에서 노무현 정권 5년 동안 공무원이 95,000명 증원되고 위원회가 폭발적으로 증가했다고 해서 노무현 정권이 큰 정부이면서 비효율적이라고 비판받았지만 수치상으로 본 결과는 비효율적인 것은 사실일지 모르지만 큰 정부는 아니었음을 알 수 있다.

32) 여기에서 사용하는 준정부조직은 광의의 의미로 해석해, 2007년에 제정된 '공공기관의 운영에 관한 법률'에서 의미하는 공공기관과 같은 의미로 사용하고자 한다.

에 대한 정부의 지원 예산은 매년 증가해 2010년에는 32.2조 원이었으나 2013년에는 43조 원에 이르렀다. 이처럼 준정부조직의 규모를 예산과 인력이라는 측면에서 감안해 보았을 때, 한국 행정에서 준정부조직에 대한 관심은 대단히 부족한 실정이다.

1 행정과 준정부조직

1) 준정부조직의 개념

어느 나라를 막론하고 준정부조직은 현대 행정의 거버넌스 체제 하에서 정부조직과 더불어 가장 보편적인 기관(ubiquitous agency)으로 성장해 오고 있다. 그런 만큼 각 국가마다 준정부조직의 모습도 매우 다양해 모든 국가가 공감할 수 있는 개념 정의를 내리기란 매우 어려운 실정이다(Pollitt, 2004).

플린더스와 스미스(Flinders & Smith, 1999)는 준정부조직을 준자율적 비정부조직(Quasi Autonomous Non governmental Organizations: Quangos)이라는 개념으로 인식했는데, 이는 준자율적 비정부조직의 범위를 설정하거나 개념적으로 정의하는 것이 어렵다는 것을 강조했다. 따라서 이들은 준정부조직을 공적 자금을 사용해 공공 업무를 수행하지만, 선출된 공직자들로부터 어느 정도 독립성을 가진 기관으로 보았다.

유사한 맥락에서 피퍼(Pifer, 1967)는 준정부조직을 정부기관의 외부에서 공공 업무를 보조하는 비정부조직(non-government)이라고 정의하면서, 민간 부문과의 차별성을 강조하기 위해 준비정부조직(quasi non-government)이라는 개념을 사용했다. 이 밖에도 코펠(Koppell, 2003)도 유사한 관점에서 준정부조직을 공공 부문의 공공성과 민간 부문의 수익성을 동시에 달성하기 위해 정부기관에 적용되는 법과 규제로부터 구속받지 않고 이익을 추구할 수 있는 혼합조직(hybrid organization)이라고 정의했다.

한국의 경우 전경련(2001)은 정부조직법에 의해 설립된 정부기관이 아니면서도 공공성을 가진 업무를 수행하는 기관으로서, 특별법의 형태나 별도의 육성지원법 등에 의해 지원을 받거나 정부 기능 중에서 일부를 위임받아 운영하는 기관 또는 단체를 준정부조직으로 보고 있다.

이상과 같이 준정부조직은 대체로 목적으로서 공익성과 수단으로서 수익성을 지닌 조직으로서, 정부로부터 공식적인 예산 지원을 받으면서 어느 정도 조직 운영의 독립성을 지닌 기관으로 볼 수 있다.

2) 그림자조직

준정부조직과 함께 현대 행정에서 간과되고 있는 것이 그림자조직(shadow organization)이다. 그림자조직은 인도에서 유래한 개념이지만 학자나 나라에 따라 매우 다양하게 사용되고 있다.

월치(Wolch, 1990)에 따르면 그림자 조직이란 국가로부터 분리된 채, 어느 정도의 자율성과 하위 국가기구라는 이중적 특성을 지닌 조직을 의미하는 것으로 정의했다. 그래서 그림자조직은 정부의 서비스 공급 기능을 대신할 수 있는 대안적 조직임을 강조했다.

한편 에거(Egar, 2005)는 준정부조직과 유사한 형태를 가지면서, 악셀로드(Axelrod, 1992)가 그림자 정부(shadow government)라고 명명한 조직인 public authority, special district, government corporation 등을 특정 목적기관(special purpose entity)으로 분류했다. 그는 이러한 기관이나 단체들이 민간기업과 같은 조직구조와 재정적 독립성, 그리고 공공성을 가지고 있기 때문에 전통적 정부조직과는 구별되어야 함을 강조했다. 그러나 에거(Robert J. Egar, Ⅲ)는 특정 목적기관의 규모와 가시성이 증가하고 있기 때문에 더 이상 그림자 정부로 인식하면 안 된다고 주장했다.

임학순(1993)도 행정의 가시성과 실질적인 기능에 초점을 두고, 공식적으로는 민간 부문이지만 실질적으로는 공공 부문에 속하면서도 감춰진 공공 부문을 그림자 행정의 영역이라고 주장했다. 그래서 그림자 행정의 영역은 자발적 영역의 조직들이 정부로부터 재정적 지원을 받아 정부 기능을 보조하게 되면서부터 생겨난 개념으로서 자선조직, 사회복지조직, 민간비영리조직, 제3의 영역조직, 독립 영역조직 등 유형이 다양하고 광범위한 특징을 가지고 있다.

결국 그림자조직이란 특정한 서비스나 재화를 공급하기 위해 정부로부터 재정 지원을 받을 뿐만 아니라, 운영의 자율성과 정부 지배라는 이중적 특성을 지니면서 정부에 의해 적극적으로 생존을 보호받고 있는 준정부조직을 의미한다. 그럼에도 실제 정부조직의 운영 과정에서는 거의 법적 통제나 제재가 가해지고 있지 않은 영역이라고 볼 수 있다.

3) 준정부조직의 불멸성

공기업과 같은 준정부조직은 정부 주도의 성장 발전에 중요한 정책 수단으로서, 민간 부문의 취약한 자본 조달 능력과 경영 능력을 보완하기 위해 등장했다. 그런데 준정부조직도 행정조직과 마찬가지로 그 역할을 다하면 소멸해야 함에도 불구하고 지속적인 팽창을 계속해 오고 있다. 이런 점에서 준정부조직이 소멸하지 않고 생존을 계속 이어나가는 이유는 무엇일까?

일반적으로 조직이 소멸의 위협으로부터 자신의 생존을 보호하고자 하는 속성에 관해서는 조직의 체제적 특성과 조직변동이론에서 찾아볼 수 있다. 조직의 체제적 특성인 항상성(homeostasis)은 외부의 환경 위협에 대해 안정과 균형 혹은 성장과 팽창이라는 방식으로 대응함으로써 조직을 보호하고자 하는 힘으로 작용한다. 이런 맥락에서 준정부조직은 공공 부문의 개혁이라는 외부의 위협으로부터 자신을 보호하기 위해, 안정과 균형 혹은 성장과 팽창이라는 방식을 사용하면서 생존을 유지해 왔다.

조직의 불멸성(immortality)에 대한 또 다른 관점은 조직변동이론에서 찾을 수 있다. 이 이론은 조직 변동의 과정을 생성, 성장 또는 변형, 소멸이라는 진화적 관점에서 보고 있다(Hage, 1980). 그런데 코프먼(Herbert Kaufman)은 공공조직의 경우에는 이런 생명 순환 과정을 적용하기가 어렵다고 주장했다(Kaufman, 1976). 그는 미국 연방정부기관 가운데 1923년에 존속했던 행정기관 중에서 94%가 그 역할이 종료되었음에도 불구하고, 1974년까지 그들의 직접적인 후속 조직이 존재한다는 사실을 밝혀냈다.

공공조직은 조직의 생명 순환 과정에서 성장과 소멸의 중간 단계인 성장이나 변형 과정을 계속적으로 거듭하면서, 소멸의 위협으로부터 자신의 생존을 보호하고자 하는 불멸성의 속성이 강한 것으로 보인다. 그래서 이와 같이 조직이 소멸하지 않고 환생(reincarnation) 혹은 합병(amalgamation)과 같은 변형된 형태로 재탄생하는 것을 불멸성이라고 한다(Flinders & Smith, 1999).

결국 코프먼의 주장처럼 공공조직에서 생명 순환 과정의 변형이 존재하는 것과 같이, 준정부조직에서도 생명 순환 과정의 변형이 존재한다고 할 수 있다. 준정부조직이 소멸의 위협으로부터 생존을 보호하고자 하는 불멸성에 대한 유형들을 제시하면 다음과 같다.

첫째, 준정부조직이 외부의 소멸 위협에 의해 소멸된 후 일정 기간이 지나 다시 탄생한 경우다. 우리의 경우 토지개량조합연합회가 지하수개발단으로 분리된 후 농업진흥공사에 통합되어 환생한 경우가 그것이다.

둘째, 준정부조직이 외부의 위협으로부터 생존을 위해 조직의 운영 형태를 변경시키는 경우다. 이는 준정부조직이 하나의 유기적 조직체로서 끊임없이 외부 환경과 교호작용을 거치면서 생존을 유지하기 위해 지속적으로 변형을 시도한 것이라고 할 수 있다.

대표적인 예로 한국전력공사, 대한광업진흥공사, 한국토지주택공사 등이 이에 속한다. 이러한 준정부조직은 공공 부문에 대한 개혁 압력으로부터 조직의 경영혁신과 효율화 방법의 일환으로, 조직의 소유권 형태나 운영 형태를 변형시키면서 생존을 유지해 온 경우다.

셋째, 준정부조직이 외부의 위협으로부터 생존을 유지하기 위해 조직을 팽창시킨 경우다. 이는 조직이 외부의 변화에 대응하기 위해 조직의 과업과 기능을 분화시킨 경우로서, 준정부조직의 양적 팽창은 대부분 이러한 과정에 의해 이뤄진다고 볼 수 있다. 예컨대 한국방송공사, 한국관광공사가 이런 불멸성 유형에 해당하는 경우다(이상철 외, 2006: 3-10).

4) 준정부조직의 성장 원인

지난 반세기 동안 세계적으로 맹위를 떨친 신공공관리론과 민영화의 흐름은 행정기관뿐만 아니라 준정부조직을 그 대상으로 하지만, 행정기관을 민영화하는 과정에서 준정부조직이 오히려 더 많이 증가하는 역전 현상이 발생하고 있다. 일반적으로는 준정부조직이 민영화해 민간기업으로 전환한 사례도 많기는 하다.

하지만 행정기관이 민간의 경영효율성을 제고하고자 제도나 프로그램을 벤치마킹하는 시장화 과정이나 행정조직을 민영화하는 중간 단계로, 행정조직을 공단·공사화하는 상업화 과정에서 더 많은 준정부조직이 생성되고 있다. 따라서 이러한 경향은 전 세계적인 현상이다. 이와 관련해 프란스와 샌드라(Frans & Sandra, 1999)는 네덜란드의 사례를 들어 이러한 역설적인 상황을 설명하고 있다. 예컨대 민영화의 물결이 휩쓴 1980년대와 1990년대에는 관료제(bureaucracy)의 성장보다 오히려 준정부조직(quangocracy)의 성장이 훨씬 컸다는 것이다.

결론적으로, 행정기관의 시장화와 상업화 등에 따라 준정부조직화가 증가하게 된 배경으로는 다음과 같은 것을 들 수 있다.

첫째, 급속한 국제화와 개방화에 따른 무한경쟁 시대의 도래라는 행정환경의 변화가 이를 가속화했다.

둘째, 정부의 팽창은 정부의 실패로 이어지고 이를 해결하기 위해서는 시장화 또는 상업화라는 방안을 모색해야 하는데, 이에 적합한 것이 작은 정부의 지향이라는 것이다.

셋째, 행정에 대한 기업화 요구를 들 수 있다. 즉, 재원 확보를 극대화하고 효율적인 관리과학화로 세출을 최소화함은 물론, 양질의 행정 서비스 공급을 위해서는 행정의 경영화가 필요하다는 것이다.

넷째, 행정 공급 능력의 한계를 지적할 수 있다(이상철, 2007: 128－130).

2 한국 행정과 준정부조직

1960년대 경제 개발과 함께 본격적으로 설립되기 시작한 공공기관은 그동안 고도 경제 성장을 위해 필요한 도로, 철도, 항만, 수자원 등 핵심 인프라를 확충하고 기술 개발과 인력 양성 등 산업경쟁력 제고에 기여해 왔다. 특히 공기업은 1970년대 중반까지 국내 총 고정자본 형성에서 차지하는 비중이 거의 1/3에 육박하는 수준이었다. 이처럼 공공기관은 한국 사회에서 중요한 역할을 수행해 왔고, 동시에 국민경제에서 차지하는 비중이 크기 때문에 효율성과 책임성 및 투명성을 확보하는 일이 무엇보다 중요하다.

그러나 공공기관의 본질적 속성상 이와 같은 목적을 달성하기란 쉽지 않다. 왜냐하면 공공기관은 법률에 의해 설립되고 정부로부터 재정 지원을 받거나 핵심 사업에 대해 독점적 지위를 보장받고 있다. 하지만 민간기업과 달리 시장의 치열한 생존 경쟁에는 직접적으로 노출되어 있지 않기 때문이다. 또한 공공기관은 국민-정부-경영진과 직원으로 이어지는 다층적인 복대리인의 문제를 안고 있기 때문에, 주주인 국민보다는 소관 부처나 직원의 이익을 우선시할 소지가 커 책임경영 체제의 확립에도 어려움이 많다.

1) 한국 행정과 준정부조직에 대한 대응

한국 행정에서 준정부조직은 외환위기를 맞은 1998년까지는 비교적 꾸준한 확장세를 유지해 왔다. 따라서 이때까지는 공공기관이 안고 있는 문제들을 해결하기 위한 차원에서의 대응이었다고 볼 수 있다.

예컨대 1983년에는 '정부투자기관관리법'을 제정해 자율책임경영 체제의 도입을 추진했다. 동법의 목적은 정부투자기관에 대한 정부의 사전 간여를 대폭 축소해 자율성을 높이되, 경영평가와 감사 등 사후관리를 통해 경영에 대한 책임성을 확보하고자 하는 데 있었다. 또한 정부투자기관에 대한 주무부처의 감독권을 인정하면서도, 투자기관에 대한 관리 감독의 효율성을 높이기 위해 중립적인 정부투자기관 운영위원회를 구성해 제한적이나마 투자기관에 대한 경영 감독을 수행토록 했다.

그러나 1998년 외환위기를 거치면서 준정부기관에 대한 기존의 대응적 차원의 접근은 급격한 변동의 과정을 거치게 된다. 공공기관의 개혁이 경제 회생의 견인차가 되어야 한다는 시대적 요청에 따라, 김대중 정부는 1998년 출범과 동시에 대통령 직속기관인 기획예산위원회를 설치해 정부출연기관의 축소와 공기업의 민영화를 광범위하게 추진했다.

공기업 경영혁신을 위한 대안으로는 민영화, 기능 조정, 구조조정 등 다양한 방식이 거론되었다. 이 중에서 민영화를 통한 경영혁신은 국내 총생산의 8~9%에 달하는 공기업의 방만한 운영과 비효율성을 해결할 수 있을 것으로 기대되었다. 이에 따라 공기업의 민영화와 공공기관에 대한 대대적인 구조조정이 이뤄졌다(기획예산위원회, 1998). 구조조정에 따라 1998년부터 2002년에 걸쳐 총 8개 공기업과 66개 자회사의 민영화가 이뤄졌고, 약 152,000명의 인력이 감축되었다. 이 시기에는 양적인 구조조정 외에도 공공기관의 퇴직금제도와 복리후생제도를 개선하고, 연봉제와 팀제를 도입하는 등 운영 시스템의 개선도 함께 추진되었다(정부혁신지방분권위원회, 2008a: 312－340).

이와 함께 '공기업 경영구조 개선 및 민영화에 관한 법률'이 제정되면서 2000년부터 공기업의 감소라는 급격한 변화의 시기를 맞이하기 시작했다. 이러한 변화 속에서 국가공기업은 2000년도 32개였던 것이 2004년에는 30개로 감소되었으나, 지방공기업은 2000년에 306개였던 것이 2004년에는 351개로 오히려 증가했다. 즉, 국가공기업은 점차적으로 감소하는 경향을 나타내는 반면, 지방공기업은 소멸되지 않고 증가해 왔다.[33]

이후 노무현 정부는 지배구조를 혁신한다는 차원에서 기존의 '정부투자기관관리기본법'과 '정부산하기관관리기본법'을 통합해 2007년에 제정한 '공공기관의 운영에 관한 법률'을 토대로 공공기관의 전반적인 관리 체계를 확립했다.[34] 이 법에 따라 14개 정부투자기관 외에 산하기관에 대한 체계적인 관리 체계의 구축을 시도했다. 이 법의 제정으로 산하기관에 대한 경영평가가 최초로 실시되고, 기관장 공개모집과 경영공시 및 고객만족도조사의 관리 기틀이 마련되었다(정무권 · 한상일, 2008: 97－122).

다만 노무현 정부에서 단행된 공공기관에 대한 개혁 유형은 김대중 정부의 하드웨어적인 개혁과는 방향이 달랐지만, 공공기관 운영의 투명성과 책임성을 강조했다는 면에서 신공공관리론의 연속선상에서 이뤄진 개혁으로 평가할 수 있다.

준정부기관에 대한 개혁은 이명박 정부에 들어서 가속화되었다. 여섯 차례나 '공공기관 선진화정책'을 표방하면서 단행된 민영화정책으로, 2012년 기준으로 일곱 개 기관의 민영화를 완료했다. 선진화추진위원회와 공공기관운영위원회를 통해 심의 및 의결을 이원화하는 방식으로 통폐합, 경쟁 도입, 기능 조정, 경영효율화,

33) 이런 현상은 지방공기업이 국가공기업에 비해 소멸 위협으로부터 자신의 생존을 유지하기 위한 보호 본능에 더 충실했다고 보인다.

34) 노무현 정부가 추구한 지배구조의 혁신에 대한 기본 방향은 이러했다. ① 공공기관의 범위 설정 및 유형 분류, ② 외부 감독과 평가 시스템 도입, ③ 내부의 견제와 균형 장치, ④ 임원 인사 시스템에 대한 것이었다.

토론 이슈 | 민(民에) 걸면 민기업, 관(官)에 걸면 관기업

"주주들이 제소한 이상 식물 사장인데, 더 이상 자리를 지킬 수 없다." 김 전 사장의 말에선 비장함마저 묻어났다. 전기요금 문제를 놓고 정부와 대립각을 세우다 물러난 김 사장에겐 이 자리가 고별 무대였다. 쓸쓸히 사장직을 내놓았지만 그는 한때 공기업 민영화의 아이콘이었다 …(중략)…

한전으로 와서도 그의 혁신은 계속됐다. 한전은 김 사장 취임 이후 4조 5,000억 원의 원가 절감을 했다. 전기요금 3~4% 인상률에 해당하는 수준이다. 그러나 떠나는 CEO의 성적표는 초라하다. 한전은 2008년 이후 내리 3년 적자를 봤다. 3년간의 영업 적자 누적액만 6조 원이다. 김 전사장 개인적으로는 소액 주주들로부터 2조 8,000억 원 규모의 집단소송까지 당했다 …(중략)…

공기업 사장이 소액 주주들로부터 소송을 제기당한 초유의 사태를 두고 공기업의 거버넌스(지배구조) 문제가 새삼스럽게 제기되고 있다. 공기업의 주인은 누구인가. 정부인가, 주주인가. 더구나 민영화된 공기업이 상장돼 있을 경우엔?

이 질문엔 딱히 정답이 없을 수도 있다 …(중략)…가장 큰 이유는 한전이 전기 가격을 스스로 결정하지 못한다는 데 있다. 최종 결정은 언제나 정부의 몫이었고, 정부는 전기요금을 물가라는 변수에 맞춰 왔다. 그래서 전기요금의 원가보상률은 여전히 90.3% 수준이다 …(중략)…

한전 사태를 지켜본 전문가들은 이제 공기업의 '공공성'과 '기업성'에 대한 명확한 기준이 마련돼야 한다고 입을 모은다. 경제협력개발기구(OECD) 등 국제기구는 공기업을 정부영역과 엄연히 구별한다. 그러나 우리 정부는 공기업사장 자리를 여전히 정권의 전리품으로 간주한다. 또 공기업 운영은 정권의 입맛에 공공성만을 강조한다. 그러다가 정권이 바뀌면 구조조정이다 뭐다 해서 새로운 기준을 들이댄다.

이 같은 악순환이 지속되면서 결국 공기업은 '공공성'도 '기업성'도 제대로 갖추지 못한 기형적인 괴물로 전락해 버렸다. 정부 출연 297개 공공기관의 부채가 2009년 말 현재 무려 596조 원에 달해 우리나라 전체 GDP의 56%에 이른다는 사실은 이를 웅변한다. LH공사의 부채는 109조로, 매일 이자만 평균 86억 원을 물어야 하는 구조다 …(생략)…

[아시아경제, 2011년 9월 5일자에서 발췌]

이슈 제기

1. 한국의 공기업의 경우 주인은 누구라고 생각하는가?
2. 한국의 공기업의 경우 이론적 측면에서 강조하듯 공공성과 기업성을 동시에 추구할 수 있는가에 대해 토론해 보시오.
3. 이명박 정부에 들어와서 공기업의 민영화가 추진되다 중단되었는데, 이의 타당성에 대해 토론해 보시오.

출자회사 선진화 등의 강도 높은 하드웨어적 개혁을 실시했다. 그러나 이명박 정부의 준정부기관에 대한 개혁은 임기 말에 이르면서 강한 저항에 직면하면서 거의 중단되기에 이르렀다.

이명박 정부의 강도 높은 민영화에 대해서는 사실상 노무현 정부에서 중단된 민영화를 단행했다는 점에서 긍정적으로 평가할 수 있으나, 당시 민영화가 추진되었던 공기업은 1997년 외환위기 당시 공적자금을 투입했던 기업이거나 흡수·통합의 대상이 되었던 기업으로, 실질적인 민영화를 한 것으로 보기 어렵다는 평가가 있기도 하다(최자은·박정수, 2014: 6).

이명박 정부의 뒤를 이어 박근혜 정부는 취임 직후 '공공기관 합리화정책'과 이를 구체화한 '공공기관 정상화대책'을 2013년 12월에 발표했다. 정상화대책의 핵심은 공공기관의 획기적인 부채 감축과 자율적인 경영혁신, 점검 체계를 구축하는 것을 목표로 강도 높은 부채관리, 방만 경영 개선, 정보 공개, 추진 체계 강화에 초점을 두었다. 이에 따라 2014년에는 '공공기관 정상화'를 추진했으며, 2015년에는 '공공기관 2단계 정상화 대책'을 추진했다. 주된 정책 내용은 임금피크제, 성과연봉제 등 성과 중심 운영 체계 정착, 상시적 기능 점검 체계 구축에 두었다.

이 같은 개혁 과정에서 거의 모든 공공기관 노조의 반발이 있었음에도, 1단계 정상화 결과 성과 측면에서는 공공기관 부채 비율이 2012년 220%에서 2013년에 217%로 그리고 2014년에는 202%로 처음으로 증가 추세가 반전되었다. 2단계 정상화 과정에서는 313개 전 공공기관에 임금피크제 도입을 완료했다(중앙일보, 2016.2.22). 또한 2016년 6월에는 120개 공기업과 준정부기관을 대상으로 성과연봉제 확대를 완료했다.

하지만 박근혜 정부의 공공기관에 대한 개혁 과정도 이명박 정부와 유사하게 양대 노총 모두가 공공성 파괴라는 비판과 함께 강한 저항이 지속되고 있다(오마이뉴스, 2016.6.14). 특히 최순실 게이트로 정권이 모든 동력을 상실한 상황이어서 더 이상의 개혁은 불가능한 실정이다

한편 앞에서도 논의했지만 국가공기업은 점차적으로 감소하는 경향을 나타내는 반면, 지방공기업은 소멸되지 않고 증가해 왔다. 즉, 2004년에 351개였던 지방공기업은 2016년 현재 402개로 지속적인 증가 추세를 이어 오고 있다. 이에 따라 지방공기업이 안고 있는 부채는 2015년 말을 기준으로 72.2조에 달한다(행정자치부

지방공기업 현황 자료, 2016).

2) 한국 준정부기관의 실태

한국의 준정부기관에 관한 규정은 2007년에 '공공기관의 운영에 관한 법률'이 제정되면서 통일성을 갖추게 되었다. 이 법은 2014년 1월에 일부 개정을 거쳐 현재에 이른다.

이 법은 제5조에서 공공기관을 공기업·준정부기관·기타 공공기관으로 구분하고 있다. 그리고 공기업과 준정부기관은 직원 정원이 50인 이상인 공공기관 중에서 지정하도록 함으로써 모든 공공기관이 이에 해당하는 것은 아니다.[35] 또한 공기업과 준정부기관을 지정하는 경우 공기업은 자체수입액이 총수입액의 2분의 1 이상인 기관 중에서 지정하고, 준정부기관은 공기업이 아닌 공공기관 중에서 지정하도록 했다. 그리고 공기업과 준정부기관은 <표 4-1-12>에서 보듯이 세분해 지정하도록 했다.

공공기관에 대한 운영 측면을 살펴보면, 노무현 정부 때 지적되었던 지배구조의 문제들이 다소 완화되기는 했지만 아직도 많은 문제점이 그대로 상존한다. 예컨대 외부 감독과 평가 시스템이 도입되었으나 형식적인 운영에 그치고 있는 것이라든지, 평가 시스템도 평가의 공정성 시비에 논란의 대상이 되고 있다. 임원 인사

---

35) 이 조항을 구체적으로 기술하면 ① 기획재정부 장관은 국가·지방자치단체가 아닌 법인·단체 또는 기관(이하 "기관"이라 한다)으로서, 다음 각 호의 어느 하나에 해당하는 기관을 공공기관으로 지정할 수 있다.

1. 다른 법률에 따라 직접 설립되고 정부가 출연한 기관 2. 정부지원액(법령에 따라 직접 정부의 업무를 위탁받거나 독점적 사업권을 부여받은 기관의 경우에는 그 위탁 업무나 독점적 사업으로 인한 수입액을 포함한다. 이하 같다)이 총수입액의 2분의 1을 초과하는 기관 3. 정부가 100분의 50 이상의 지분을 가지고 있거나 100분의 30 이상의 지분을 가지고 임원 임명 권한 행사 등을 통하여 당해 기관의 정책 결정에 사실상 지배력을 확보하고 있는 기관 4. 정부와 제1호 내지 제3호의 어느 하나에 해당하는 기관이 합하여 100분의 50 이상의 지분을 가지고 있거나 100분의 30 이상의 지분을 가지고 임원 임명 권한 행사 등을 통하여 당해 기관의 정책 결정에 사실상 지배력을 확보하고 있는 기관 5. 제1호 내지 제4호의 어느 하나에 해당하는 기관이 단독으로 또는 두 개 이상의 기관이 합하여 100분의 50 이상의 지분을 가지고 있거나 100분의 30 이상의 지분을 가지고 임원 임명 권한 행사 등을 통하여 당해 기관의 정책결정에 사실상 지배력을 확보하고 있는 기관 6. 제1호 내지 제4호의 어느 하나에 해당하는 기관이 설립하고, 정부 또는 설립 기관이 출연한 기관이다.

표 4-1-12 공공기관의 분류

공공기관		정의
공기업	시장형	자산 규모가 2조 원 이상이고, 총수입액 중 자체수입액이 85% 이상인 공기업
	준시장형	시장형 공기업이 아닌 공기업
준정부기관	기금관리형	'국가재정법'에 따라 기금을 관리하거나 기금의 관리를 위탁받은 준정부기관
	위탁집행형	기금관리형 준정부기관이 아닌 준정부기관
기타 공공기관		공기업과 준정부기관을 제외한 기관

시스템 역시 정권의 변동에도 불구하고, 별다른 변화 없이 정권의 의도에 따라 인사가 이뤄져 이 또한 낙하산 시비 논란이 지속되고 있다.

이와 함께 공공기관의 운영 상태는 <표 4-1-13>에서 보듯이, 공기업과 준정부기관의 재무제표 작성에 한국채택국제회계기준(K-IFRS)을 적용하면서 자산은 2009년 338조 1,315억 원에서 2013년 567조 4,525억 원으로 67.8% 증가했다. 이에 비해 부채는 같은 기간 동안 203조 3,744억 원에서 400조 7,623억 원으로 97.1%가 증가했다. 자본은 같은 기간 동안 134조 7,571억 원에서 166조 6,902억 원으로 23.7%가 증가했다.

표 4-1-13 공기업 · 준정부기관 주요 결산 내역 추이

(단위: 조 원, %)

구분 \ 연도		2009	2010	2011	2012	2013
자산	금액	338.1	435.6	471.6	532.7	567.4
	지수	100.0	128.8	139.5	157.5	167.8
부채	금액	203.3	276.6	309.6	370.4	400.7
	지수	100.0	136.0	152.3	182.1	197.1
자본	자본	134.7	159.0	161.9	162.3	166.6
	지수	100.0	118.0	120.2	120.5	123.7

자료: 2008년 회계연도 공기업 · 준정부기관 결산서(2009년 11월).
2013년 회계연도 공공기관 결산검사서(기준 연도 2009년)(감사원, 2014).

표 4-1-14 공공기관의 재무 상태 및 손익 변동 추이

(단위: 억 원, %)

구분 \ 연도		2009	2010	2011	2012	2013
수익	금액	821,107	934,561	1,013,165	1,120786	1,158,798
	지수	100.0	113.8	123.5	136.5	141.1
비용	금액	801,778	916,632	1,022,130	1,159,748	1,183447
	지수	100.0	114.3	127.5	144.6	147.6
순이익	자본	19,329	17,929	−7,965	−38,962	−24,649
	지수	100.0	92.8	−41.2	−201.6	−127.5

자료: 2013년 회계연도 공공기관 결산검사서(기준 연도 2009)(감사원, 2014).

한편 이 같은 운영 상태를 최근 5년 동안 결산검사 대상 공공기관의 수익·비용[36] 및 순이익 변동 추이를 보면 이러했다. 수익은 2009년 82조 1,107억 원에서 2013년 115조 8,798억 원으로 41.1% 증가했고, 비용은 같은 기간 동안 80조 1,778억 원에서 2013년 118조 3,447억 원으로 47.6% 증가했다. 최근 5년 중 2009~2010년에는 순이익이 발생했으나, 2011~2013년에는 순손실이 발생했다. 2011~2013년의 순손실 발생은 주로 한국전력공사(2011년 3.3조 원, 2012년 3.1조 원)와 한국철도공사(2013년 4.3조 원)에서 당기순손실이 발생했기 때문이다(감사원, 2014).

이상에서 살펴본 운영과 관련된 문제 외에도 한국의 준정부기관들은 방만한 경영, 과도한 복지제도, 설립 목적 외의 사업 진출, 과도한 임금 인상, 불필요한 조직 및 인력 운용, 자회사 남설, 예산 낭비 등 그 비판의 범위는 매우 넓다. 특히 최근에는 정부 규모에 대한 논란, 투명성에 대한 요구의 증대 등과 함께 준정부기관에 대한 비판의 강도는 더욱 심해지고 있다(조택, 2008: 155−178; 한국개발연구원, 2008). 그래서 한국의 준정부기관은 지배구조의 문제에서 운영 상태에 이르기까지 개혁적인 수술을 단행하지 않으면 안 되는 시점에 와 있다.

끝으로 2016년 1월 현재 한국의 공공기관의 현황은 <표 4−1−15>와 같이 공

36) 한국채택국제회계기준(K−IFRS)이 적용된 손익계산서의 계정 과목 중 '기타 이익'과 '관계 기업과 공동기업 관련 이익'의 경우 수익과 비용의 합계 표시이므로 양수가 나오면 수익에 산입하고 음수가 나오면 비용에 산입한다.

기업은 30개, 준정부기관은 90개 그리고 기타 공공기관 203개가 운영되고 있다(기획재정부 보도자료, 2016.1.29).

표 4-1-15 한국의 공공기관 현황

공기업 (30)	시장형(14)	(산자부) 한국가스공사, 한국광물자원공사, 한국남동발전(주), 한국남부발전(주), 한국동서발전(주), 한국서부발전(주), 한국수력원자력(주), 한국석유공사, 한국전력공사, 한국중부발전(주), 한국지역난방공사 (국토부) 인천국제공항공사, 한국공항공사 (해수부) 부산항만공사
	준시장형(16)	(재정부) 한국조폐공사 (문화부) 한국관광공사 (농식품부) 한국마사회 (산자부) 대한석탄공사 (국토부) 제주국제자유도시개발센터, 주택도시보증공사, 한국감정원, 한국도로공사, 한국수자원공사, 한국토지주택공사, 한국철도공사 (방통위) 한국방송광고진흥공사 (해수부) 여수광양항만공사, 울산항만공사, 인천항만공사, 해양환경관리공단
준정부기관 (90)	기금관리형(16)	(교육부) 사립학교교직원연금공단 (인사처) 공무원연금공단 (문화부) 국민체육진흥공단, 영화진흥위원회, 한국문화예술위원회, 한국언론진흥재단 (산자부) 한국무역보험공사, 한국원자력환경공단 (복지부) 국민연금공단 (고용부) 근로복지공단 (금융위) 기술신용보증기금, 신용보증기금, 예금보험공사, 한국자산관리공사, 한국주택금융공사 (중기청) 중소기업진흥공단
	위탁집행형(74)	(교육부) 한국교육학술정보원, 한국장학재단 (안전처) 한국소방산업기술원, 한국승강기안전관리원 (문화부) 국제방송교류재단, 한국콘텐츠진흥원, 아시아문화원 (농식품부) 농림수산식품교육문화정보원, 농림수산식품기술기획평가원, 축산물품질평가원, 한국농수산식품유통공사, 한국농어촌공사 (미래부) (재)우체국금융개발원, (재)한국우편사업진흥원, 우체국물류지원단, 정보통신산업진흥원, 한국과학창의재단, 한국방송통신전파진흥원, 한국연구재단, 한국인터넷진흥원, 한국정보화진흥원 (산자부) 대한무역투자진흥공사, 한국가스안전공사, 한국광해관리공단, 한국디자인진흥원, 한국산업기술진흥원, 한국산업기술평가관리원, 한국산업단지공단, 한국석유관리원, 한국세라믹기술원, 한국에너지공단, 한국에너지기술평가원, 한국전기안전공사, 한국전력거래소

		(복지부) 건강보험심사평가원, 국민건강보험공단, 사회보장정보원, 한국노인인력개발원, 한국보건산업진흥원, 한국보건복지인력개발원
		(환경부) 국립공원관리공단, 국립생태원, 한국환경공단, 한국환경산업기술원
		(고용부) 한국고용정보원, 한국산업안전보건공단, 한국산업인력공단, 한국장애인고용공단, 한국승강기안전기술원
		(여가부) 한국청소년상담복지개발원, 한국청소년활동진흥원
		(국토부) 교통안전공단, 국토교통과학기술진흥원, 한국국토정보공사, 한국시설안전공단, 한국철도시설공단,
		(해수부) 선박안전기술공단, 한국해양수산연수원, 한국수산자원관리공단, 한국해양과학기술진흥원
		(외교부) 한국국제협력단
		(공정위) 한국소비자원
		(원자위) 한국원자력안전기술원
		(산림청) 한국임업진흥원
		(보훈처) 독립기념관, 한국보훈복지의료공단
		(경찰청) 도로교통공단
		(농진청) 농업기술실용화재단
		(특허청) 한국지식재산전략원
		(중기청) 중소기업기술정보진흥원, 소상공인시장진흥공단
		(기상청) 한국기상산업진흥원
		(식약처) 축산물안전관리인증원
		(방통위) 시청자미디어재단

제 5 절 한국 행정과 조직문화

1 행정과 조직문화

1) 조직문화의 등장과 개념

조직문화는 1930년대에 호손 실험(Hawthorne experiment) 이후로 학자들의 관심 대상이 되어 왔으나, 본격적인 연구가 이뤄진 시점은 1980년대에 들어오면서부터였다. 조직문화가 이 시기에 본격적으로 연구되기 시작한 이면에는, 1970년대부터 미국과 유럽 국가들이 심각한 경제 침체를 겪고 있었던 것과 무관하지 않다. 반면에 일본 경제의 국제적 경쟁력은 매우 강한 상태를 유지하고 있었는데, 그 이유를 일본의 기업문화에서 찾고자 했고, 이것이 조직문화의 연구를 가열시키는 계기가 되었다.

그 결과 1980년대에는 조직문화의 주된 흐름이 기업의 탁월성과 기업문화 간에 깊은 연관성이 있음을 밝히는 데 치중되었다. 예컨대 바람직한 조직문화는 조직구성원들에게 일체감을 부여하고 조직에 대한 헌신정신을 심어 줌으로써, 조직의 생산성에 긍정적인 기능을 한다는 점을 강조하는 데 놓여졌다. 이렇듯 1980년대의 관련 연구들이 주로 조직문화의 덕목을 부각시키는 데 치중했다면, 최근의 연구들은 바람직하지 못한 조직문화가 조직이 안고 있는 많은 문제의 근원이 될 수 있음을 밝히는 데 초점을 두고 있다.

특히 최근에 이르러서는 조직문화와 새로운 제도의 도입 간에 형성되는 관계에 관한 연구가 활발하게 이뤄지고 있다. 이들은 주로 제도의 문화적 적합성을 강조하는 입장으로, 새로운 제도와 조직이 기초하는 가치 사이에 적합성이 있어야 제도가 성공을 거둘 수 있다는 주장을 전개하고 있다.[37)]

다시 말해, 조직의 성공은 전략이나 구조개혁 같은 제도적 · 공식적인 측면뿐만 아니라 조직 내 구성원의 인간적 · 문화적 요인에 의해 영향을 받는다는 것이다(Drucker, 1973: 63; Hampden, 1992: 46). 또한 조직문화에서 중요한 것은 조직구성원의 가치관에 의한 실행이고, 조직의 기본적 조건은 조직문화의 일관성있는 관리임을 강조한다(Peters & Wateman, 1982: 75-76).

조직문화에 대한 연구가 이처럼 학문적 · 실제적 가치를 지니는 것은 조직문화가 구성원들의 조직활동에 일정한 질서와 계속성을 파악할 수 있게 해 준다는 데

---

37) 이와 같은 맥락에서 제기되는 주장은 특히 정부개혁에서 주로 찾을 수 있다. 예컨대 위응복(2003)은 성과급제도가 제대로 정착하지 못한 이유를 한국 행정 조직문화의 특성인 집단주의 문화에서 찾고 있다. 유사한 맥락에서 강인재 외(1998)도 성과급제도가 제대로 접목되지 못한 이유는 그 제도가 연공서열과 같은 우리의 고유한 관료조직 문화에 적응하지 못했기 때문으로 보았다. 또한 조직문화에 대한 게으름 때문에 기업의 성장과 발전을 위해 도입했던 TQM(Total Quality Management), BPR(Business Process Reengineering), 규모 축소(downsizing) 등과 같은 조직 내부의 변화 시도는 대부분 실패한 것으로 보았다(Cameron & Freeman, 1991: 23-58). 결국 이러한 주장은 조직문화의 변화 없이는 조직 성과를 기대하기란 불가능하다는 메시지를 담고 있다. 따라서 향후 공공 영역에서도 조직개편 또는 행정개혁을 문화적 시각에서 접근하고 관리할 필요성이 제기되는데, 이의 준비 단계로서 행정조직의 문화에 대한 진단이 선행되어야 할 당위성이 있다(최성욱, 2003).

있다. 또한 조직문화는 조직의 생산성과 밀접한 연관성이 있으며, 구조적 · 합리적 접근(structural-rational approach)과 같은 방식으로는 포착하기 어려운 조직의 여러 현상을 설명할 수 있는 핵심 변수이기 때문이다(박천오, 2007: 157-158).

조직문화는 대체적으로 조직구성원 사이에 공유된 가치와 믿음의 유형(Marcoulides et al., 1993: 209-211), 집단을 구별해 주는 사고와 감정 및 잠재적 행동의 유형(Hofstede, 1995), 조직문제와 관련된 구성원들의 공유된 가치와 전제 등으로 정의된다(김호정, 2002: 26). 따라서 조직문화는 공동체에 공유된 가치이며, 구성원들이 공유할 수 있는 정신적 모형(mental models)에 영향을 미친다고 볼 수 있다(Ostrom, 2005: 27; 강윤호, 2009: 1-23). 결국 조직문화란 주어진 외부 환경 속에서 오랜 시간 경험을 통해 형성된 조직의 고유한 특성을 의미한다.

그런데 조직의 핵심 변수라고 볼 수 있는 조직문화는 구성원 간의 공유된 가정과 가치에 근거하기 때문에 객관적인 평가가 어렵고, 공유된 가정과 가치는 도전을 받지 않는 한 자각되기 힘든 성질을 가지고 있다(Cameron & Freeman, 1991: 25-30). 이와 더불어 조직문화는 복합적 · 상호 연관적 · 포괄적 요인으로 구성되어 있기 때문에 개념적으로 다양성을 특징으로 한다.

그 결과 조직문화에 대한 진단과 평가를 위해 수많은 차원이 제시되어 왔지만, 합의된 기준을 마련하기가 쉽지 않다는 사실이 이를 반증한다(Cameron & Quinn, 1999: 29; 최성욱, 2005: 41-62).[38]

2) 조직문화의 특성과 기능

조직문화는 외부 환경에 대한 적응과 내부의 통합문제를 해결하는 과정에서 형성된다. 조직문화의 특성을 간략히 살펴보면 첫째, 일반적으로 문화가 지닌 속성처럼 조직문화도 사회구성원들이 환경 속에서 학습 과정을 거치면서 습득된다. 둘째, 조직문화는 집단적으로 공유되며 계승된다. 셋째, 조직문화는 구성원의 인식과 행

38) 조직문화에 대한 개념적 정의는 크게 두 영역의 학문적 기반에서 태동했다. 하나는 존재로서 문화(organizations are cultures) 또는 은유(metaphor)로서 정의하는 인류학의 입장이 그것이다. 다른 하나는 소유로서 문화(organizations have cultures) 또는 조직의 변수(variables)로서 정의하는 사회학의 입장이 그것이다. 이러한 학문적 뿌리에서 기능적 접근과 해석적 접근이 나왔다고 볼 수 있다(최성욱, 2001: 142-171).

동에 영향을 미침으로써 조직 내의 가치와 윤리 기준을 설정한다. 넷째, 조직문화는 외부 환경에 적응하면서 수준과 차원을 갖는다(Hofstede, 1981: 24).

조직문화의 기능으로는 첫째, 조직의 이미지와 성격 그리고 조직구성원의 가치관, 규범, 신념 및 행동 양식을 지배하는 기준을 설정한다. 둘째, 조직이 지향할 목표를 규정하는 기준을 함축한다. 셋째, 조직 내에서의 행동이 어떻게 기대되고 어떤 종류의 통제가 정당한 것인가를 제시한다. 끝으로, 외부 환경을 적절히 다루는 방법을 암시해 주는 등의 기능을 한다.

결론적으로 조직문화는 인력, 자본, 물자, 정보 등과 같은 관리의 제5자원으로서 조직구성원의 정체성, 조직의 형태와 성과, 구성원의 만족감 등을 통해 조직관리 전반에 영향을 미치는 기능을 행한다(이용규 외, 2000).

3) 조직문화의 유형

1980년대 들어 활발한 논의가 전개되고 있는 조직문화는 경쟁력의 원천이자, 조직 성과에 지대한 영향을 미치는 중요한 요인이라는 기본 인식에 바탕을 두고 있다(박찬관, 2001: 7). 그렇지만 활발한 논의에도 불구하고, 조직문화의 유형에 관한 논의들은 체계적이고 통합적인 연구의 부족으로 일반적인 기준을 제시하기는 어렵다(한봉주, 2008). 그래서 여기서는 조직문화의 유형론이 갖는 한계를 고려해 조직문화의 초기를 대표하는 홉스테드(Geert Hofstede)의 유형과 이후를 대표하는 경쟁가치모형을 중심으로 조직문화 유형의 대강을 살펴보고자 한다.

(1) 홉스테드의 유형론

홉스테드가 제시한 유형론의 특징은 국가 간에는 문화적 차이가 존재한다는 것을 강조했다는 데 있다. 그래서 국가 간에 존재하는 문화의 차이를 무시하고 획일적인 조직관리 방식을 적용하게 되면 바람직한 효과를 거두기가 어렵다는 것이다. 이에 따라 효과적인 조직관리를 위해서는 국가문화의 성격을 파악하는 것이 필수적이라는 사실이 강조되기 시작했다.[39]

---

39) 홉스테드는 조직문화에 대한 초기 연구에서 50개국에 걸쳐 IBM사의 현지 직원들 11만여 명을 대상으로 설문조사를 실시했다. 이 조사에서 그는 국가들 간의 행동 차이를 설명하기 위해 네 가지 문화의 차원을 발견했으며, 이후 후속 연구에서는 그 변수를 다섯 가지로 확대했다. 측정 방법은

홉스테드는 이와 같은 관점에서 문화의 다양성을 분석하기 위한 구성 변수로 권력 격차 여부, 개인주의와 집단주의, 남성성과 여성성 경향, 불확실성에 대한 회피 성향, 장기지향성과 단기지향성 등 다섯 가지 변수를 통해 조직문화의 유형을 제시했다. 홉스테드는 이 중에서 ① 개인주의와 집단주의 성향, ② 집단주의와 불확실성의 회피 정도, ③ 불확실성의 회피와 남성적 성향의 강도 등을 묶어 문화 유형의 분류를 시도했다. 홉스테드가 제시한 구성 변수를 살펴보면 다음과 같다.

첫째, 권력 거리(power distance)의 여부에 대한 차원이다. 권력 격차 또는 권력 거리는 조직 내에서 구성원들이 권력이 불평등하게 배분되어 있음을 어느 정도까지 용인하는지를 알려 주는 준거라 할 수 있다. 예컨대 권력 격차가 낮다는 것은 권력의 차이를 잘 받아들이지 못한다는 것을 의미한다. 따라서 권력 격차가 낮은 문화에서 조직은 비교적 분권화가 이뤄지고 수평조직의 형태를 갖는 반면, 권력 격차가 높은 문화에서는 조직 내의 집권성이 높고 조직 형태도 좀 더 계층화된 형태의 조직구조를 띠게 된다. 특히 권력 거리가 큰 사회에서는 인간 사이에서 발생하는 불평등을 당연한 것으로 여기며, 사회 관계는 권위적 형태를 보인다.

둘째, 개인주의와 집단주의(individualism－collectivism)에 대한 차원이다. 개인주의적 사회에서는 개인의 이익이 집단의 이익 때문에 희생되어서는 안 된다고 생각하는 경향성을 의미한다. 반면에 집단주의 사회는 집단의 이익을 위해서는 언제라도 개인의 이익이 희생될 수 있다고 믿는 문화를 의미한다.

셋째, 남성성과 여성성(masculinity－femininity) 경향에 대한 차원이다. 사회의 지배적인 가치가 남성적 경향을 보인다는 것은 사람들이 타인에 대한 애정이나 생활의 질과 같은 영역에 관심을 보이기보다는, 공격성이나 돈과 재물의 획득 등과 같은 가치에 더 많은 관심을 기울이는 것을 의미한다. 이에 반해 여성적 경향은 다른 사람에 대한 관심이나 삶의 질 등과 같은 가치를 좀 더 지향하는 사회를 의미한다.

넷째, 불확실성을 회피하려는 성향(uncertainty avoidance)에 대한 차원이다. 이는 조직이 불확실하거나 모호한 상황을 두려워해 불확실성에서 오는 두려움을 회피하고자 하는 정도를 의미한다. 이에 따라 조직은 불확실성을 회피하고자 구성원에게 다양한 규제를 가하게 된다. 예컨대 개인에 대한 좀 더 확실한 경력의 보장,

---

각국의 문화가 어떠한 성격을 갖는지 0에서 100 사이로 점수화해서 설문을 실시해 각국의 문화 유형을 도출했다.

공식적인 규칙의 제정, 일탈행동 등에 대한 강력한 제재 조치, 그리고 절대 진리나 전문성의 강조 등을 통해 조직의 안정성을 확보함으로써 불확실성에서 오는 두려움을 회피하고자 한다는 것이다. 불확실성을 받아들이는 정도가 높은 국가일수록 조직은 다소 느슨하게 구조화하는 경향이 있다. 그리고 개인의 독창성과 위험을 추구하는 행동을 선호하며, 그에 따른 개인의 책임을 강조하는 분위기가 강하다.

다섯째, 장기지향성과 단기지향성(long-term orientation or short-term orientation)에 대한 차원이다. 장기지향성이란 조직문화가 끈기나 절약 또는 염치와 같은 가치를 인정하는 문화를 의미한다. 반면에 단기지향성은 조직문화가 안정성, 체면 유지, 전통의 존중 등과 같은 가치를 중시하는 문화를 의미한다(Hofstede, 1988: 1-12; Hofstede, 1995).

이상에서 보듯이 홉스테드가 시도한 조직문화의 유형이 갖는 의미는 국가 간의 비교연구 방법을 통해 국가나 조직마다 상이한 문화를 가지고 있을 것이라는 점을 확인시켜 주었다는 데 있다. 그리고 국가나 조직마다 상이한 문화를 가지고 있기 때문에, 획일적인 관리 방식을 적용해서는 안 된다는 시각을 제시했다는 점에서 그 의의가 크다.

그러나 그의 조직문화의 유형론은 장점에도 불구하고 몇 가지 측면에서 적용상의 한계를 드러낸다.

첫째, 홉스테드의 비교문화론적 연구는 주로 문화적 차이점과 유사점을 찾는 데 주요 목적을 두었기 때문에, 이같이 문화 간의 차이점만을 지나치게 강조하는 경우 문화 간의 차이를 지나치게 과대 해석하는 잘못을 범할 수 있다.

둘째, 홉스테드의 연구는 동서양의 문화권을 대비적으로 비교하는 데 목적을 두었다. 그 결과 동일 국가 내에서 유사 조직 간의 문화 차이에 대한 구명(究明)이나, 한국처럼 사회적 변동이 급격하게 이뤄진 국가들의 문화 현상을 분석하는 데는 한계가 있다.

셋째, 홉스테드가 시도한 계량적인 문화의 차이가 과연 얼마나 정확한 것인가에 대한 의문이다. 다시 말해, 표본의 대표성에 한계가 있다는 점과 특정 집단의 문화적 차이를 전체 집단에 일반화하는 데 무리가 있다. 그 결과 연구모형의 일반화에 의문이 제기된다는 것이다.

(2) 경쟁가치모형

홉스테드가 제시한 문화유형론은 국가 간에 문화적 차이가 존재한다는 사실을 밝히고자 하는 데서 출발했다. 이에 반해 조직 내에서 추구되는 모순적인 가치 경향에 주목해 조직문화를 진단하기 위한 분석틀로 제시된 것이 경쟁가치모형(competing values model)이다.

경쟁가치모형은 조직에 따라 조직문화가 다양하게 나타나는 이유로 조직이 서로 다른 독특한 가치관을 소유하고 있어 그런 것이 아니라, 사회 체제 내에 만연한 제한된 수의 가치관에 대해 조직마다 강조하는 정도가 다르기 때문이라는 시각에서 출발했다(Zammuto & Krakower, 1991: 83-85). 이에 따라 경쟁가치모형은 사회학에 학문적 기반을 두면서, 기능적 접근으로 대표되는 문화의 개념 정의를 수용하는 입장을 취하고 있다. 현 조직이 추구하는 가치가 무엇이며, 앞으로 추구해야 할 바람직한 가치가 무엇인지에 대한 구성원들의 생각과 이 둘 간의 차이를 확인하는 데 유용성을 제공하고 있다.

경쟁가치모형은 원래 조직효과성모형의 기초를 이루는 가치 요소의 차이를 설명하기 위해 개발되었다. 이후 조직 내에서 추구되는 모순적인 가치 경향에 대해 주목한 이 모형은 여러 학자가 제시한 차원을 통합하는 데 상당 부분 유용성과 타당성이 검증된 분석틀이라고 할 수 있다.[40] 다만 경쟁가치모형은 여러 학자에 의해 적용 과정의 적합성을 높이기 위해 다양한 수정 과정을 거치게 됨에 따라, 용어와 의미가 다양한 모습으로 나타났지만 내용상으로는 별 차이가 없다.

경쟁가치모형은 두 가지의 차원을 기준으로 해서, 조직문화의 유형을 [그림 4-1-3]과 같이 네 가지로 제시한다. 이때 두 가지 차원이란 첫째, 유연성·재량성·역동성과 같은 신축지향성을 강조하는 축과 안정성·통제·질서와 같은 예측가능성을 강조하는 차원이 그것이다. 둘째, 내부 지향·화합·단결과 같은 내부지향성을 강조하는 축과 외부 지향·분화·경쟁과 같은 외부지향성을 강조하는 차원

---

40) 경쟁가치모형은 캠벨(Campbell, 1977)의 효과성평가를 위한 기준 목록을 이용해 퀸과 로버그(Quinn & Rohrbaugh, 1981)에 의해 실증적으로 개발되었다. 이 모형은 그 유용성으로 인해 리더십, TQM, 인력관리 등 조직관리 이론 영역에 활용되었다. 이후 퀸과 캐머런(Quinn & Cameron, 1983), 퀸과 킴벌리(Quinn & Kimberly, 1984), 퀸과 맥그래스(Quinn & McGrath, 1985) 등에 의해 조직문화를 진단하기 위한 분석틀로 변용되었고, 캐머런과 퀸(Cameron & Quinn, 1999)에 의해 좀 더 체계적으로 구성되었다.

그림 4-1-3 조직문화 유형

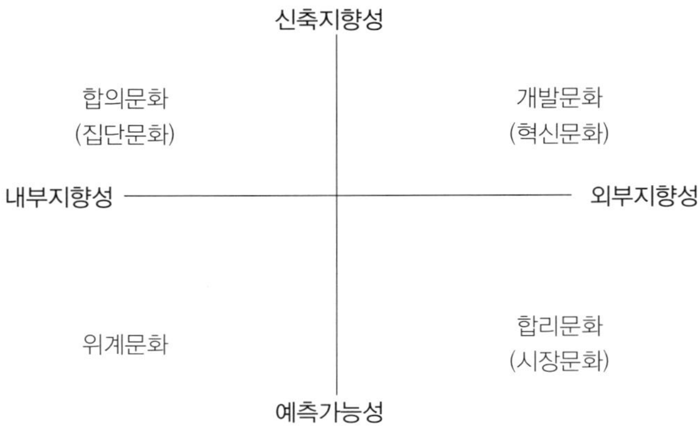

이 그것이다.

이들 두 차원을 기준으로 조직문화 유형을 합리문화(또는 시장문화), 개발문화(또는 혁신문화), 합의문화(또는 집단문화), 위계문화의 네 형태로 분류했다(Quinn & Cameron, 1983: 33-51; Quinn & McGrath, 1985: 315-334). 이에 따라 다양한 환경 변화에 대응할 수 있는 조직의 능력은 변화와 안정, 신축성(유연성)과 통제성, 혁신성과 효율성 등의 가치를 균형적으로 발전시켜 나가는 조직이라고 보고 있다.

경쟁가치모형에서 제시되고 있는 각 문화의 차원별 특성에 대한 설명은 다음과 같다.

첫째, 개발문화(development culture) 또는 혁신문화다. 이는 개방체계모형(open system model)을 대변하며 조직의 유연성을 강조하는 문화다. 이 문화 유형이 전제하는 기본 가정은 혁신적이고 선도성을 요구하며, 관리자의 주요 과업으로는 기업가정신과 창조성을 육성하는 데 있다. 그리고 조직에 대한 전략적 강조점으로는 미래의 비전과 상상력을 창조하는 데 있다.

이와 함께 조직의 외부적 입지(positioning)에 초점을 둔다. 그 결과 조직의 혁신과 창의성 또는 동태성을 강조한다. 따라서 환경 변화에 대한 적응과 조직혁신을 뒷받침하는 자원의 획득, 구성들의 혁신적인 활동이 중심 가치라고 할 수 있다. 이 문화 유형은 격동적인 환경에 가장 잘 반응한다(Zammuto & Krakower, 1991: 83- 114).

둘째, 합의문화 또는 집단문화(clan culture)다. 이는 인간관계모형(human relation model)을 대변하며 구성원들의 신뢰와 팀워크를 통한 참여, 충성, 사기 등과 같은 가치를 중시한다. 이 유형에서 조직을 엮는 응집 기제는 충성심과 전통이며 구성원의 조직몰입도는 매우 높다. 이러한 문화 유형에서는 무엇보다 조직 내 가족적인 인간관계의 유지에 최대한 역점을 둔다(Parker & Bradley, 2000: 125-141). 제2차 세계대전 이후 일본의 기업조직이 이런 문화를 대표한다고 할 수 있다.

셋째, 위계문화(hierarchy culture)다. 이 문화 유형은 안정적인 기반 위에서 조직 내부의 효율성을 추구한다. 따라서 규칙에 의한 규제와 질서의 강조가 중심 가치가 된다. 내부과정모형(internal process model)을 대변하며 공식적 명령과 규칙, 집권적 통제와 안정지향성을 강조하는 관료제의 가치와 규범을 반영한다. 전통적인 관료적 조직문화를 대표하며, 계층에 따른 강력한 감독 체계와 보편적인 서비스, 예측된 규범과 절차를 문화적 속성으로 한다(Zammuto & Krakower, 1991). 대체적으로 정부관료제 조직이 이런 문화를 대표한다.

넷째, 합리문화(rational culture) 또는 시장문화(market culture)다. 이는 합리적 목적모형(rational goal model)을 대변하는 것으로, 조직의 목표 달성과 과업 수행 시에 생산성을 강조하는 문화 유형이다. 이러한 문화적 특성이 지배적인 조직은 목표 달성, 계획, 능률성, 성과 보상의 가치를 강조한다. 이 유형은 조직의 성과 달성과 과업 수행에서 생산을 강조한다. 그러므로 조직 내 명확한 목표 설정과 그에 따른 구성원 간의 경쟁이 주요한 자극제로 작용한다. 이러한 유형의 문화를 가지고 있는 조직은 대체로 승리와 같은 결과 지향적인 가치를 통해 결속을 강화한다(Zammuto & Krakower, 1991; 한봉주: 2008).

2 한국 행정과 조직문화

1) 한국 행정과 조직문화

한국 행정의 조직문화를 단적으로 특징화하기는 쉽지 않다. 그것은 한국 행정 조직의 문화를 측정할 수 있는 합의된 준거 틀이 미비하다는 점과 전반적인 조직문화의 특성을 실증화한 자료가 별로 없기 때문이다. 따라서 여기서는 조사 시기가 오래되어 현실성을 반영하기에는 문제가 있다는 전제 하에 예시적인 관점에서, 홉스테드가 시도했던 각국의 조직문화 가운데 한국의 조직문화가 갖는 특징을 간략하게 살펴보고자 한다(Hofstede, 1981; 1995; 이용규 외, 2000).

첫째, 권력 거리 차원에 대한 조직문화의 특성으로 한국은 중간 수준보다 다소 높은 것으로 나타났다. 따라서 이는 한국의 조직문화에서 권력 간격이 다소 높다는 것을 의미한다. 이런 측면에서 한국의 조직구성원은 적극적으로 의사 결정 과정에 참여하기보다는 최고위층의 의사나 의견에 좀 더 치중하는 특성을 보인다.

둘째, 개인주의와 집단주의라는 분석 차원에서 볼 때 한국은 개인주의 지수가 미국에 비해 상당히 낮게 나타났다. 따라서 한국의 조직문화의 특성은 상대적으로 집단주의적 성향이 강하다고 볼 수 있다.

셋째, 불확실성에 대한 회피의 차원에서 한국의 조직문화는 불확실성을 회피하려는 경향이 매우 높게 나타났다. 따라서 한국의 조직문화는 이 같은 불확실성을 회피하려는 높은 경향성으로 인해 계층구조와 지휘 체계, 그리고 규율 등과 같은 통제 수단들을 비교적 중시하는 성향이 있다.[41]

넷째, 남성과 여성중심성 경향의 차원에서 한국은 중간 정도의 남성중심성 경향을 보이는 것으로 나타났다.

결론적으로 홉스테드의 조직문화모형에 따르면, 한국의 조직문화는 대체적으로 권위주의적이고 집단주의적이며 불확실성을 회피하려는 성향이 높은 문화적 특징을 갖고 있는 것으로 보인다.

홉스테드가 세계 각국의 기업조직들을 대상으로 각국의 조직문화의 특성을 제시한데 반해, 임석진(2010: 189－217)은 한국 행정의 조직문화에 대한 분석을 시도했다는 점에서 의미가 있다. 그의 분석은 경쟁가치모형이 갖는 한계를 보완한 차원에서 신문화이론적 관점에서 이뤄졌지만, 경쟁가치모형에서 제시하는 조직문화 유형과 큰 차이는 없다.

임석진은 한국 행정의 조직문화를 부처 수준과 개인 차원으로 나눠 조사했는

---

41) 일본과 함께 한국은 강력한 권력중심성의 문화권에 속하는 것으로 나타났는데, 홉스테드는 이러한 문화권의 특징을 피라미드형(pyramid model)이라고 명명했다. 이에 반해 미국은 중간 수준의 불확실성 회피성 경향과 권력중심성을 나타냈는데, 이러한 특징을 갖는 문화권을 마을시장형(village market model)이라고 규정했다.

데, 우선 부처 수준의 차원에서 한국 행정의 조직문화의 특성을 살펴보면 <표 4-1-16>과 같다.[42]

표 4-1-16 기관별 문화 유형

(단위: 개, %)

문화 유형	유형	위계주의	평등주의	개인주의	운명주의
	특징	높은 집단성/ 높은 규칙성	높은 집단성/ 낮은 규칙성	낮은 집단성/ 낮은 규칙성	낮은 집단성/ 높은 규칙성
기관		통계청, 기획예산처, 노동부, 관세청, 조달청, 농림부, 재정경제부, 교육인적자원부, 건설교통부	행정안전부 기상청	농촌진흥청, 법제처, 환경부, 보건복지부, 고충처리위원회	문화관광부
기관 수		9(52.94)	2(11.76)	5(29.41)	1(5.9)

자료: 임석진(2010).

표에서 보는 바와 같이 부처 수준에서 볼 때 첫째, 한국 중앙행정기관의 조직문화의 특성은 네 개의 문화 유형, 즉 위계주의, 평등주의, 개인주의, 운명주의 문화가 혼재하는 것으로 나타났다. 다만 부처별로 우세한 문화 유형이 존재한다는 사실이다. 둘째, 그럼에도 한국 중앙행정기관의 중심적인 문화 유형으로 위계주의 문화는 비교적 확고한 것으로 나타났다. 이와 함께 개인 수준에서 조직문화의 유형을 분석한 결과는 부처 수준에서의 결과와는 달리 평등주의(47.48%)가 가장 많은 부분을 차지하고 있고, 다음으로는 개인주의(29.84%), 위계주의(17.71%), 운명주의(4.97%)의 순으로 나타났다.

이를 통해 볼 때 한국 중앙행정기관에서 부처 수준에서는 위계주의 문화가 아직은 가장 강하게 나타나지만, 개인 수준의 문화 유형에서는 평등주의 문화 유형이 가장 강하게 나타났다는 점은 흥미로운 사실이다. 그것은 향후 개인 수준의 문화가 부처 수준의 문화에 영향을 미칠 개연성이 크다는 관점에서, 한국의 행정문화가 변모할 가능성이 크기 때문이다.[43]

---

42) 이 조사는 2004년과 2005년에 걸쳐 진행되었으며, 18개의 중앙행정기관을 상대로 6,107명의 공무원을 상대로 조사되었다.

43) 이와 같은 결과는 최성욱(2005)의 연구에서도 유사하게 나타났다는 점에서 한국의 행정조직문화

이와 같은 결과를 뒷받침할 수 있는 선행 연구가 황창연(2003: 37－58)에 의해 수행되었는데, 조직문화는 문화적 특성에 따라 여러 개의 하위문화로 구성되었거나 또는 하위문화를 포괄한다는 전제에서 출발했다. 다시 말해 조직 내에 단일하고 동질적인 문화가 존재하는 것이 아니라, 다양한 문화가 공존하면서 상호 영향을 주고받는 가운데 전체 조직문화가 형성될 것이라는 전제가 그것이다. 이 연구에서는 조직문화를 개인주의와 집단주의, 권위주의와 민주주의로 대별했다.

결론적으로 한국 행정의 조직문화는 집단주의적이고 권위주의적이라는 평가가 강하나, 신념 차원에서 보면 현재의 조직문화에 대한 평가보다는 개인주의적이고 민주주의적인 신념을 지니고 있는 것으로 나타났다. 따라서 이러한 결과에 비춰볼 때, 한국 행정의 조직문화는 시간의 변화에 따라 급격하게 개인주의적이고 민주주의적으로 변모할 개연성이 크다.

2) 한국 행정과 행정문화

한국 행정의 조직문화와 더불어 함께 살펴보아야 할 것이 한국 행정의 고유한 행정문화에 관한 내용이다. 학자들의 관점에 따라 이를 조직문화의 연장선상에서 동일하게 보는 견해도 있기는 하나, 행정문화는 조직문화의 상위문화라는 점에서 그 중요성이 있다. 왜냐하면 행정문화는 행정 체제 내에 전파된 사회문화의 측면과 행정 체제에서 자생된 문화의 측면이 교차되는 지점에서 생성된다고 보아야 하기 때문이다.

한국의 경우 행정문화는 행정 행태와 행정 성과를 판가름짓는 핵심적 변수라는 중요성이 있다. 한국 행정의 실제는 행정문화적 맥락 속에서 파악되어야 하며, 행정문화에 대한 충분한 고려 없이 행정 개선을 위한 어떤 노력도 소기의 성과를 거둘 수 없다는 주장이나, 한국의 행정문화와 부합되지 않는 행정제도는 내재적 논리의 타당성이 아무리 높다고 하더라도 실효성을 지니기 어렵다는 지적 등은 모두

의 변화 가능성에 시사하는 바가 크다. 즉, 이 연구 결과 한국 중앙행정부처의 전반적인 문화 특성에서 위계 중심 문화 유형이 가장 지배적으로 나타날 것 같았으나, 관계 중심의 균형문화가 가장 대표적인 프로필로 나타났다는 사실이다. 아직은 전체적인 문화 프로필 상으로는 위계 지향 문화에 가장 높은 점수가 나타나긴 했지만, 이러한 사실은 현재 한국의 행정조직문화가 변화하고 있음을 암시한다. 따라서 이러한 경향은 시간이 감에 따라 급속하게 변모할 것으로 추정할 수 있다.

행정문화에 대한 이 같은 이해의 바탕에서 나온 것이다.

한국의 행정문화는 그간 많은 학자에 의해 연구되어 왔다. 이들 연구의 대부분은 한국의 행정 현실이 개선되려면, 우선 전통적 행정문화가 쇄신되어야 한다는 자각에서 비롯된 것이다. 이런 관점에서 볼 때 기존 연구들은 주로 전통적 행정문화의 속성을 개념적으로 분석하거나, 그러한 속성과 결부된 행정 행태의 역기능적 측면을 밝히는 데 치중한 탓에 연구 범위와 연구 대상에서 몇 가지 문제점을 내포하고 있다.

첫째, 행정문화의 개념을 지나치게 광의로 파악함으로써 행정문화 연구가 지닐 수 있는 행정 개선의 전략적 가치를 감소시키고 있다.

둘째, 1960년대 이래 급속히 진행되어 온 사회구조적 변동이 전통적 행정문화에 미친 영향을 간과함으로써 전통적 행정문화의 영향력을 과대 평가하고 있다.

셋째, 전통적 행정문화를 문제삼으면서도 거시적·전체적 맥락에서 행정문화 전환의 기본 방향을 제시하지 않고 있다.

넷째, 행정문화의 전환 방안을 구체적으로 다루지 못하고 있다는 점 등이 한계로 지적된다.

이에 더해 실제로 한국에서 행정문화의 연구는 한국에 도입된 서구의 행정제도가 행정 가치의 실현, 공공 부문의 생산성 증대와 같은 기대했던 성과를 제대로 거두지 못하는 데 대한 의문을 밝히려는 노력에서 출발했다.

이러한 이유로 인해 서구 문화와 부합하지 않는 한국의 행정문화에 내재된 전근대적이거나 역기능적 측면을 밝히는 데 주력해 왔다. 특히 이런 점에서 기존의 연구들은 전통적 사회문화의 행정 행태에 대한 구속력을 지나치게 강조함으로써 행정문화에 함유된 행정 체제 특유의 자생문화적 측면을 간과하는 경향을 보여 왔다. 하지만 한국 행정문화의 역기능에 초점을 맞춘 이러한 접근은 서구 행정문화의 우월성을 내세우는 근대화론 위주라는 평가를 받고 있기도 하다(정성호, 1991: 707－726). 이 때문에 근래 들어서는 한국 전통적 행정문화의 긍정적 측면을 함께 조명하고 검토하려는 노력이 이뤄지고 있다.

이에 따라 한국의 행정문화를 특성짓는 속성들로는 권위주의, 의식주의, 형식주의, 가족주의, 족벌 연고주의, 일반주의, 온정주의, 순응주의 등을 들 수 있다. 이 밖에도 학자들에 따라 한국의 행정문화의 특성으로 열거되는 것들이 있기는 하지

표 4-1-17 한국 행정문화의 유형과 장·단점

단점	행정문화	장점
• 폐쇄적 비밀주의 행정 조장 • 상관에 대한 맹종 및 과잉 충성 • 구성원의 사기 저하 • 비합리적 의사 결정 조장 • 관존민비 행태 조장 • 행정편의주의 조장 • 행정의 사리화 조장	권위주의	• 상관의 리더십 강화 • 조직의 단합 및 결속력 강화 • 비생산적 갈등 억제 • 정책집행의 추진력 강화
• 목표 대치 및 왜곡 현상 초래 • 보수적 행태 조장 • 허례허식, 번문욕례 수반 • 표리부동한 이원적 행태 조장	의식주의·형식주의	• 행정의 명분 강화 • 절차 및 법규의 준수 확보 • 문화적 상징의 발전 • 의사전달의 정확성 제고 • 질서 확립 및 유지 기능 강화
• 가부장적 지배 체제 강화 • 정실인사 조장 • 몰인격적 서비스 제공 • 공사의 혼동 조장 • 행정의 사리화	가족주의	• 공동체 의식 강화 • 조직의 인간적 경영 • 생산성 향상을 위한 동기부여 • 직무집단의 안정화 • 조직구성원의 심리적 안정
• 공사의 혼동 조장 • 할거주의 조장 • 정실인사 조장 • 행정의 공익성, 합리성 저해	족벌 연고주의	• 조직 내 인간관계 개선 • 집단의 응집성 제고 • 고객에 대한 애착심 유발
• 조직의 전문성 저해	일반주의	• 조직의 통합 제고 • 조직의 융통성 제고
• 비합리적, 기분주의 행동 조장 • 공식적 업무 처리 과정의 교란 • 그릇된 충성의식 조장 • 정실인사 및 부패 조장 • 갈등·문제의 은폐·회피·억압	온정주의	• 조직 내 협동적 행위 조장 • 집단의 응집성 제고 • 조직의 경직성 완화 • 조직의 융통성 제고
• 비민주적 행정 행태 조장 • 무사안일주의 유발 • 성취 및 진취적 행태 억제 • 과학적·창의적 업무 수행 저해	순응주의	• 조직의 안정성 제고 • 기계적 조직 질서 확보

자료: 김호섭·박천오(2002).

만 이들 특성은 대체로 학자들 간에 큰 무리 없이 수용되는 것들이다(박천오, 2007: 136-148).

한국의 행정문화를 특징짓는 주요 속성에 대한 의미를 살펴보면, 권위주의는 위계 질서와 지배 복종의 관계를 중시하는 문화로서 조직 내에서 차별주의를 강조하는 특성을 지닌다. 이에 반해 의식주의와 형식주의는 공식적으로 선언된 것과 비공식적·실제적인 것과의 괴리가 발생하는 문화로서 내실보다 형식에 치중함을 의미한다. 그리고 가족주의는 행정 단위를 가족으로 생각해 공적 업무를 가족의 일처럼 생각하는 의식구조를 의미한다. 족벌 연고주의는 혈연, 지연, 학연 등 1차 집단적 유대를 사회적 관계보다 중시하는 1차 집단구성원으로서의 행동 양식을 지칭한다(오석홍, 1998b: 240-248).

이상의 논의와 함께 한국의 행정문화를 균형적 관점에서 파악한 김호섭과 박천오(2002)의 견해를 중심으로, 한국의 행정문화의 유형과 장단점에 따른 특성을 <표 4-1-17>과 같이 제시하고자 한다.

생각할 문제

■ 한국 행정과 조직구조

1. 조직구조의 기본 변수에 대해 조사해 보고, 각 변수가 조직구조에 어떤 영향을 미치는가를 생각해 보시오.
2. 조직구조에 영향을 미치는 상황 요인을 조사해 보고, 각 변수들이 조직구조에 어떤 영향을 미치는지를 생각해 보시오.
3. 한국 행정조직의 구조 변화를 민주화의 진행 이전과 이후로 나눠 그 차이점과 특징에 대해 생각해 보시오.
4. 한국 행정조직의 내부 구조의 특성에 대해 조사해 보고, 그와 같은 내부 구조가 형성된 원인에 대해 생각해 보시오.

■ 한국 행정과 조직 형태

1. 기계적 구조와 유기적 구조와의 차이점에 대해 생각해 보시오.
2. 관료제 형태와 애드호크라시 형태의 차이점에 대해 생각해 보시오.
3. 한국 행정에 도입된 팀제 모형의 특성과 한계에 대해 생각해 보시오.
4. 한국 행정에 도입된 위원회제도의 도입 배경과 그 실태에 대해 생각해 보시오.

■ 한국 행정과 조직 규모

1. 정부의 조직 규모에 영향을 미치는 변수를 조사해 보고, 각 변수가 어떤 영향을 미치는가에 대해 생각해 보시오.
2. 한국 행정에서 조직기구의 변화는 민주화를 전후로 어떤 차이점을 보이는지에 대해 조사

해 보시오.
3. 한국 정부의 규모는 큰 정부인지 작은 정부인지를 실증적으로 조사해 보고, 그에 대해 생각해 보시오.
4. 정부 내각 부처의 규모도 획일적이 아니고 차이가 있는데 그 이유를 조사해 보시오.
5. 한국 행정에서 공화국별로 조직 규모의 변화가 어떻게 이뤄져 왔는가를 조사해 보고, 그 이유에 대해 생각해 보시오.
6. 한국 행정의 조직 규모에 미친 신자유주의, 특히 신공공관리론의 영향에 대해 생각해 보시오.

■ **한국 행정과 준정부 조직**

1. 준정부조직이 소멸하지 않고 지속적으로 팽창하는 이유에 대해 생각해 보시오.
2. 한국의 준정부조직의 재정적 규모를 조사해 보고, 이의 적실성에 대해 생각해 보시오.
3. 한국의 준정부조직의 유형과 분류의 타당성에 대해 생각해 보시오.

■ **한국 행정과 조직문화**

1. 조직문화의 등장 배경과 여타 문화와의 차이점에 대해 생각해 보시오.
2. 홉스테드의 유형론과 경쟁가치모형과의 특성을 비교해 보시오.
3. 한국 행정에서 조직문화의 특성과 원인에 대해 생각해 보시오.
4. 한국 행정에서 행정문화의 특성과 원인에 대해 생각해 보시오.
5. 한국 행정에 미친 행정문화의 영향에 대해 생각해 보시오.

제 2 장 한국 행정과 인사

행정이 추구하고자 하는 가치와 목표를 달성하는 데 정부조직의 행위 주체인 공무원의 중요성은 말할 나위도 없다. 따라서 바람직한 인사제도와 효율적인 인사관리 속에서, 우수한 능력과 확고한 행동규범을 갖춘 공무원을 유지하는 것은 행정의 발전과 존속에 필수적인 요소다. 이런 측면에서 인적자원관리는 행정을 유지·발전시키는 데 필수불가결한 영역이다.

제 1 절 한국 행정과 인사제도

1 행정과 인사제도

행정에서 다뤄지는 인사제도는 관점과 시각에 따라 여러 가지로 분류가 가능하다. 이 가운데 한국 행정과 밀접한 관련을 맺고 있는 엽관주의, 실적주의, 직업공무원제도 등을 중심으로 한국의 인사제도의 특성들을 살펴보고자 한다.

1) 엽관주의

엽관주의(spoils system)란 정당에 대한 충성도와 공헌도를 기준으로 관직에 관료를 임용하는 인사제도를 의미한다(Nigro & Nigro, 1984). 오늘날에도 엽관주의는 각국에서 중요한 인사제도의 한 축으로 운영되고 있다. 이 같은 엽관주의가 등장하게 된 배경을 두 가지 측면에서 살펴보면 이러하다.

첫째, 엽관주의는 민주정치의 발달 과정과 맥락을 같이해 온 제도다. 엽관주의는 19세기에 자유민주주의가 정착된 영국과 미국에서, 관료기구와 국민과의 동질성을 확보하기 위한 수단으로 정착하기 시작했다. 정당정치의 발전과 엽관주의의 발전 과정이 밀접한 연관을 맺고 있었기 때문에, 정당의 지도자들은 정당을 유지하기 위한 수단으로 정당에 대한 충성도를 공직 임명의 기준으로 활용하는 엽관제가 필요했다.

둘째, 엽관주의가 출범했던 당시의 행정은 오늘날과 비교할 때 대단히 단순했다는 사실이다. 엽관주의가 출발했던 입법국가 시대는 오늘날과 달리 질서 유지적이고 단순한 업무가 행정의 주를 이루고 있었다. 따라서 공직을 누구나 담당할 수 있는 것으로 인식해 공직의 개방은 훨씬 수월하게 이뤄질 수가 있었다.

엽관주의가 인사제도로서 갖는 장점은 무엇보다도 정부관료제를 일반 대중에게 공개함으로써 민주정치의 발달과 행정의 민주화에 공헌할 수 있다는 데 있다. 다시 말해, 엽관주의는 정당의 대중화와 정당정치의 발달에 공헌하고, 국민의 요구에 대한 관료적 대응성을 향상시키고, 정치지도자의 국정 지도력을 강화해 줌으로써 공공정책의 실현을 용이하게 해 준다는 것이다.

반면에 엽관주의에서는 정부관료제가 정당 간부들의 특수 이익을 위한 도구로 전락할 개연성이 크다는 데 문제가 있다. 예컨대 이로 인해 매관매직 등 정치적·행정적 부패를 초래하고, 행정의 전문성을 저해하고 비능률성을 야기하며, 행정의 계속성과 일관성 등을 훼손할 개연성이 크다. 또한 관직의 남설을 통해 재정적 낭비를 초래하며, 행정의 공정성을 담보하기 어렵다는 것 등이 폐해로 지적된다.

결론적으로 엽관주의는 선출직 정치지도자들을 통해 관료집단에 대한 통제를 용이하게 함으로써 관료제의 대응성을 제고하는 수단으로서 의미가 크다. 그러나 관료제의 근본적인 틀을 흔드는 정치 권력의 과도한 개입은 행정의 합리성과 안정성을 해치는 원인이 될 수 있다는 점에서 실적제와의 적절한 균형이 요구된다.

2) 실적주의

실적주의(merits system)는 공직 임용 기준을 개인의 능력과 자격 또는 적성 등과 같은 실적에 기초해 운영하는 인사제도다. 실적주의는 엽관주의의 폐해가 극심해지고, 한편으로는 정치적·사회적 환경의 변화에 따라 행정이 복잡화·전문화되는 상황에서 등장했다.

미국의 경우 엽관주의는 제20대 대통령 가필드(James A. Garfield)가 엽관주의의 추종자에 의해 암살당하면서 쇠퇴의 길로 접어들게 되었다. 이로 인해 1883년에 연방공무원법인 '펜들턴법(Pendleton Act)'이 제정되는데, 이는 실적주의가 확립되는 첫 인사제도가 되었다. 이후 20세기에 들어오면서 실적주의는 과학적 관리론의 영향을 받으면서, 방어적·소극적 인사관리에서 적극적 인사관리로 바뀌기 시작했다.

다시 말해, 초기에는 인사관리에서 정치 권력의 남용을 어떻게 방지할 것인가에 모아졌던 실적주의의 초점이 채용 이후에 승진이나 교육훈련, 그리고 보수 등과 같은 인사활동의 모든 범위로 확대되었다. 특히 과학적 관리론을 통해 직무에 대한 과학적 분석과 직무 수행의 적격자를 연결시키는 노력이 이뤄졌다. 그 결과 실적주의가 과학적 관리정신과 합쳐지면서 공직에 들어오는 사람들의 전문성이 급격히 향상되기 시작했다. 이 같은 변화의 분위기 속에서, 1939년에 제정된 공직에 대한 정당의 지배와 공무원의 정치활동을 금지하는 '해치법(Hatch Act)' 역시 실적주의의 확립에 크게 공헌했다.

실적주의는 1978년 카터(Jimmy Carter) 대통령에 의해 주도된 '인사개혁법(Civil Service Reform Act)'에 따라 보완되는 기회를 맞게 되었다. 이 법은 공직 취임의 기회 균등, 정치적 중립, 신분 보장 등과 같은 전통적 의미의 실적주의 원칙에 더해, 인사행정의 모든 과정에서 행정의 효율성을 높이고자 하는 적극적·발전 지향적 실적주의의 원칙을 지향했다. 특히 공무원의 윤리성을 강조하고 내부고발자를 보호하는 규정을 신설하는 등, 환경 변화에 따른 새로운 내용의 실적주의 원칙이 추가되었다(유민봉, 2002: 62-64).

실적주의가 갖는 장점으로는 공직 취임에 대한 기회의 균등을 보장하며, 공개경쟁시험 등을 통해 유능한 인재를 임용함으로써 행정의 효율성을 높일 수 있고, 공무원의 정치적 중립을 통해 행정의 공정성을 확보할 수 있다. 또한 공무원의 신분 보장을 통해 행정의 안정성과 계속성을 확보할 수 있으며, 공직의 상품화를 봉쇄해 정치·행정적 부패를 감소시킬 수 있다는 등의 이점이 있다.

이에 반해 실적주의는 반엽관주의에 지나치게 집착해 인사행정을 소극적·경직적·비능률적으로 만들고, 강력한 신분 보장으로 인해 직업공무원들에 대한 정치지도자들의 통제력 확보를 어렵게 할 수 있다는 문제가 있다. 이 밖에도 실적주의는 정치적 중립의 요구로 인해 정부관료제를 국민의 요구에 둔감한 폐쇄집단으로 만들 우려가 있다.

근래에는 실적주의의 개념을 적극적으로 해석해 인사행정의 운영에 신축성과 경쟁성을 확대하려는 경향이 나타나고 있다. 예컨대 엽관주의적 임용의 확대, 정치적 중립의 완화, 대표관료제적 개념의 도입 등이 그것이다. 이것들은 주로 실적 임용의 차별적 효과를 시정하고, 직업공무원의 관료주의화 경향을 완화하며, 국민 요구에 대한 관료의 대응성을 높이기 위한 조치라고 볼 수 있다.

특히 최근에는 많은 국가에서 반엽관주의로 인한 인사행정의 소극성과 경직성을 해결하고자 하는 노력을 기울이고 있다. 그동안 중앙인사기관에 집중되어 있던 인사 권한을 각 행정기관에 위임하고, 인사에 대한 규정과 규칙을 단순화하는 등 인사에 관한 재량권을 각 행정기관과 인사권자에게 부여하고 있다. 대신 업무 성과에 대한 책임을 엄격히 묻는 방향으로 인사제도의 개혁이 이뤄지고 있다.

또한 인사행정의 객관성과 행정책임성 및 생산성을 높이기 위해, 개방형 임용과 계약제 임용을 적극적으로 확대하고 보수 체계에 성과급제도를 도입하는 등, 공무원의 인사관리에 경쟁 원리를 도입해 공무원에 대한 신분 보장을 약화시키는 개혁을 시도하고 있다(강성철 외, 2010: 47-51).

3) 대표관료제

미국의 경우 실적주의를 발전시켜 오는 과정에서 새로운 환경에 직면하게 되는데, 그것은 인종과 성에 대한 차별 금지라는 인권문제와 결부되면서 나타났다(Steven & Reeve, 1989: 16). 실적주의 하에서 공직의 국민대표성이 쟁점이 된 것이다. 이 같은 국민대표성의 문제는 법적인 차원에서만 제기된 것은 아니었다. 이론적 차원에서도 성(性)이나 지역 또는 직업 등 여러 기준에서 국민 전체나 지역주민 전체의 인적 구성에 비례해 공무원을 구성함으로써 공직의 인적 대표성을 확보해야 한다는 대표관료제(representative bureaucracy)의 주장이 제기되었다.

대표관료제는 사회를 구성하는 모든 주요 집단으로부터 인구 비례에 따라 관료를 충원하고, 그들을 정부관료제 내의 모든 계급에 비례적으로 배치해, 정부관료제가 그 사회의 모든 계층과 집단에 공평하게 대응하도록 하는 제도다. 이에 따라 대표관료제는 정부관료제가 그 사회의 인적 구성을 반영하도록 구성함으로써 관료제 내에 민주적 가치를 주입시키려는 의도에서 등장했다(Kingsley, 1994: 194).

대표관료제가 지닌 효용성은 여러 측면에서 살펴볼 수 있다. 대표관료제는 국민의 다양한 요구에 대한 정부의 대응성을 향상시킨다. 그리고 기회 균등의 원칙을 보장함으로써 관료제의 국민 대표성과 사회적 형평성의 제고라는 민주적 이념을 실현하는 데 도움이 된다. 그리고 정부정책에 대한 관료의 책임성을 제고하고, 정부관료제에 다양한 집단을 참여시킴으로써 정부관료제의 민주화에 기여할 수 있다. 나아가 정부가 합리적인 정책을 선택할 수 있도록 도와 주고, 소외집단의 요구에 대한 정부정책의 대응성을 높임으로써 정책의 집행을 용이하게 하고 정부활동의 능률성을 향상시킬 수 있다. 특히 소외받던 집단의 사회·경제적 지위를 향상시킴으로써 소외집단 구성원들에 의한 반사회적 행위를 감소시키는 등의 효용성을 지닌다.

그러나 대표관료제에 대해서는 다양한 비판도 제기된다. 즉, 관료의 소극적 대표가 적극적 대표를 보장하지 못할 뿐만 아니라, 적극적 대표는 민주주의에 위협요소로 작용할 수도 있다는 것이다. 대표관료제는 할당제를 강요하는 결과를 초래해, 결과적으로 현대 인사행정의 기본 원칙인 실적주의를 훼손하고 행정 능률을 저하시킬 개연성이 크다는 것이다. 특히 이러한 할당제는 나아가 역차별의 문제를 야기할 수 있다는 점에서 문제를 지닌다.

4) 직업공무원제

직업공무원제(career civil service system)란 젊은 인재들을 공직에 유치해 공직에 근무하는 것을 명예롭게 생각하면서 일생 동안 공무원으로 근무하도록 운영하는 인사제도다. 오늘날 직업공무원제는 대체로 실적주의에 입각해 있다.[1)]

직업공무원제 역시 인사제도로서 장·단점을 지니고 있는데, 장점으로는 다음을 들 수 있다. 첫째, 공직에 장기 근무를 격려하기 때문에 공직을 하나의 전문 직업 분야로 확립하는 데 유리하다. 둘째, 공직에 대한 자부심과 일체감이 강화됨으로써 높은 수준의 봉사정신과 행동규범을 유지하는 데 도움이 된다. 셋째, 행정의 계속성과 안정성 및 일관성을 유지할 수 있어 정책 결정과 행정관리 기능을 담당하는 고급 공무원의 양성에 유리하다.

그러나 직업공무원제의 단점도 적지 않다. 무엇보다 폐쇄적 임용으로 공직 분위기를 침체시키고 공무원집단의 관료주의화를 촉진한다는 점이다. 또한 공무원의 전반적인 질적 수준을 저하시킬 우려가 있고, 공무원에 대한 신분 보장으로 공무원 집단이 외부 환경의 급격한 변화에 적응하지 못하고 무사안일에 빠지거나 변화에 저항적인 관료적 병리 현상을 초래할 수 있다. 이 밖에도 전문행정가의 양성을 저해함으로써 행정의 전문화 요구에 역행할 개연성이 있다.

최근 각국은 전통적인 직업공무원제를 행정의 민주성과 능률성을 저해하는 핵심적인 개혁 대상으로 규정하고, 직업공무원제의 문제점을 극복하기 위한 다양한 개혁 조치를 시행하고 있다. 그러나 공공성의 가치를 추구하는 행정의 특성을 무시하고 경영 논리에만 기초해 직업공무원제의 근본적인 틀을 흔드는 개혁을 주장하는 것은 심각한 문제를 초래한다.

그것은 행정이 단순한 기술적 전문성뿐만 아니라 민주성, 공익성, 봉사성 등 경영과는 전혀 다른 독자적인 가치 기준과 윤리규범을 요구하기 때문이다. 이 밖에 행정 업무의 연속성과 일관성 등도 직업공무원제의 존속 필요성을 시사해 준다. 실제로 직업공무원제에 대한 일련의 개혁 조치들은 전통적인 직업공무원제가 지니고 있는 한계를 보완하기 위한 것이지, 직업공무원제 자체를 부인하는 것은 아니기 때문이다(이종수·윤영진 외, 2008).[2)]

---

1) 직업공무원제는 실적주의와는 제도적으로 구별된다는 점에 유념할 필요가 있다. 그것은 직업공무원제가 계급제와 폐쇄형 공무원제 그리고 일반행정가주의를 지향하는 데 반해, 실적주의 인사제도는 직위분류제와 개방형 공무원제 및 전문가주의에 입각한다는 점에서 차별성이 있다.

2) 전통적으로 직업공무원제를 채택하고 있는 국가들은 이의 단점을 보완하기 위해 개방형 임용제도와 계약제 임용제도를 도입하고 있는 추세다. 이와 함께 직위 분류 구조와 보직 경로를 세분하

2 한국 행정과 인사제도

1) 한국 인사제도의 변화 과정

(1) 민주화 이전 시기의 인사제도

한국 행정에서 근대적인 의미의 인사행정 체제는 1949년 '국가공무원법'이 제정됨으로써 확립되었다. 이 법에 따라 실적주의에 기반한 인사행정의 기본 원칙이 수립되었다. 일반행정직은 5계급으로 구분되었고, 보통고시와 고등고시라는 두 유형의 시험제도가 도입되었다. 중앙인사기관으로는 총무처가 설치되었으며 공무원의 중립성 원칙이 천명되었다.

그러나 규정에도 불구하고 비합법적이고 비공식적인 정치적 엽관 임용이 널리 퍼져 있었는데, 그 이유는 이승만 대통령과 집권 자유당이 공무원들의 충성심을 확보하고자 했기 때문이다.[3] 이승만 대통령 당시의 엽관제도는 선거 결과에 따른 관직의 이동을 의미하기보다는, 공석을 채우거나 전보 또는 승진 시에 정치적 고려가 영향을 미치는 것을 의미했다. 당시 인기가 없었던 집권 자유당이 공무원을 통제하기 위해 인사관리를 하나의 수단으로 활용했던 것이다. 이러한 엽관제도의 관행은 집권 자유당의 인기가 급락하면서 더욱 심화되었다.

한편 1950년대 중반부터 미국의 원조계획의 일환으로 군사영어학교가 운영되었는데, 이들은 6개월간의 미국 유학을 통해 당시 미국의 관리이론을 습득할 기회를 갖게 되었다. 이러한 경험은 이후 군사정부가 들어서면서 한국의 인사행정이 변화하는 데 지대한 영향을 끼쳤다. 이후 장면 정부가 등장해 공무원제도에 약간의 변화를 추구했으나, 정치적 안정을 확보하고 정부를 효율적으로 운영하는 데는 실패했다.

는 등 미국식 직위분류제와 개방형 공무원제 및 전문가주의의 특성을 도입하려는 노력을 보이고 있다. 이에 반해 직위분류제에 의존해 온 미국은 직업공무원제의 장점을 도입하고자 노력하고 있는데, 예컨대 고위공무원단(Senior Executive Service)의 도입을 통해 계급제나 폐쇄형 공무원제 및 일반행정가주의를 강화시켜 나가고 있다.

3) 그 당시 엽관주의는 19세기 초반의 미국과는 다른 유형이었다. 미국의 경우 엽관주의는 선거 결과에 따른 관직의 대이동을 의미했다. 따라서 이승만 정부의 경우는 정실주의라고 표현하는 것이 더욱 적합하다.

한국의 인사제도는 1961년에 집권한 군사정부에 의해 큰 전환기를 맞게 되었다. 군사정부의 핵심 인사들은 군대에서 일정 기간 훈련을 받았고, 인사행정에 대해서도 상당한 지식과 기술을 가지고 있었다. 그리하여 이들의 지식과 기술, 그리고 능률 행정에 대한 열정으로 공무원제도는 과감한 변화를 맞게 되었다. 또한 주한경제협조처(United States Operations Mission to Republic of Korea: USOM)의 자문관들이 직위분류제의 도입 등 새로운 인사행정의 개혁을 건의했다. 이러한 변화의 맥락 속에서 박정희 정부는 1963년 4월 17일 새로운 '공무원법'을 제정 공포하기에 이른다.

새로운 공무원법의 특징은 중앙인사행정기관의 강화, 충원과 시험의 집권화, 공무원 임용시험을 자격시험에서 임용시험으로 변경, 직위분류제의 도입, 경력공무원제도의 도입, 교육 및 훈련 시스템 강화, 연금제도의 개선 등이었다. 이 밖에도 '공무원훈련법'이 1961년 11월 1일 제정되었다. 한편 1963년 11월 1일에 직위분류제가 도입되었지만, 한국의 실정에는 맞지 않았기 때문에 실행에 옮겨지지는 않다가 1973년 2월 5일 공식적으로 폐지되었다.

우리나라 인사행정 체제는 이처럼 박정희 정부에서 실질적으로 기초가 형성되었다고 할 수 있다. 박정희 정부의 인사행정 체제는 이후에도 지속적으로 발전을 거듭해 왔다. 예컨대 전두환 정부 때인 1981년에는 '공무원법'이 개정되어 직업공무원제도와 공무원의 신분 보장이 더욱 강화되었다. 특히 1980년대 초반에는 공무원들의 부패 행태가 큰 문제로 대두하면서, 1983년 1월 1일에는 '공직자윤리법'이 제정되었고, 고위공직자의 재산등록제도가 도입되었다.

(2) 민주화 이후 시기의 인사제도

노태우 정부와 김영삼 정부 때인 1990년대 초반까지 한국 공무원제도에 특징적인 큰 변화는 없었다. 다시 말해, 건국 이래로 공무원제도의 기본적 특징인 실적주의, 계급제도, 폐쇄형 임용제 그리고 중앙집권적 관리제도를 그대로 유지해 왔다.

그러나 김대중 정부가 들어서면서 신공공관리론의 영향을 받아 인사제도에 대폭적인 변화가 야기되었다. 새로운 인사행정기관의 창설, 개방형 임용제도, 성과중심적 인사관리의 도입 등이 그것이다. 이에 따라 1999년 5월 24일에 독립적인 인사기관으로 중앙인사위원회가 설립되었다. 이와 함께 성과 지향적 운영 시스템의 기틀을 다졌고, 행정의 투명성과 공개성을 제고할 수 있는 기반을 구축했다.

김대중 정부의 인사개혁은 대체로 효율성을 지향한 구조개혁을 추진했는데 가시적 성과도 있었다. 하지만 김대중 정부의 인사개혁은 지나치게 효율성을 강조했다는 점과 하향식 개혁 추진과 그에 따른 참여의 부재, 역량 구축의 한계 등으로 개혁의 최종적 성과는 그다지 높지 않았다.

노무현 정부에서는 폐쇄형 임용을 보완하는 개방형 임용제도의 도입, 고위공무원단제도의 도입, 실적제도를 보완하는 균형인사제도, 연공서열식 보수 체계를 성과 중심적 보수 체계로 전환, 인사행정 권한의 분권화 추진 등이 이뤄졌다. 그리고 2004년에는 중앙인사위원회와 행정자치부에서 이원적으로 추진해 온 인사 기능을 중앙인사위원회로 통합했다(남궁근, 2007: 18-39).

이명박 정부에 들어서도 인사제도의 골격에는 큰 변화가 이뤄지지는 않았다. 다만 조직면에서 중앙인사위원회를 폐지하고 그 기능을 행정안전부로 통합 이관함으로써 인사 기능의 주관 부처를 종전으로 환원시켰다. 그리고 노무현 정부 때 단행된 인사권의 분권화가 초래한 부작용으로 외교통상부 등의 인사 비리에 따라 인사권의 일정 부분을 행정안전부로 귀속시키는 부분적인 집권화가 시도되었다.

관리적 측면에서는 공무원 보수와 수당의 투명화를 위한 노력이 있었고, 1960년에 도입된 공무원연금제도에 대한 대폭적인 수술을 단행해 도입 이후 최초로 2010년 1월부터 연금액 삭감을 단행하는 개혁을 단행했다. 끝으로 공무원의 비리처벌을 강화하기 위한 '국가공무원법'의 개정을 2009년 4월부터 시행하게 된 것 등을 들 수 있다(행정안전부, 2010a; 2011a).

이명박 정부에 이어 2013년 박근혜 정부가 들어서도 인사제도의 골격에 큰 변화는 없었다. 다만 조직 면에서 세월호 사건 이후 단행된 제2차 정부조직 개편에 따라 2014년 11월에 안전행정부에서 인사 기능을 따로 분리해 인사 주관부처로 인사혁신처가 신설되었다. 이로 인해 형식적인 측면에서는 김대중 정부의 중앙인사위원회와 유사한 형태로 독립하기는 했으나, 조직 기능은 여전히 행정자치부에 남겨 놓고 인사 기능만을 분리해 신설되었다는 점에서 차이가 있다. 이와 함께 중앙공무원교육원을 국가인재개발원으로 개편하는 등의 변화가 있었다.

박근혜 정부의 인사정책은 대체로 두 방향에서 전개되었다. 하나는 공직사회의 근무문화를 혁신하는 데 초점을 두었고, 또 다른 측면은 공직의 개방 확대를 강화해 나갔다는 것을 들 수 있다. 예컨대 근무문화의 혁신에 초점을 둔 정책으로는 공직의 유연제근무 개념을 도입해 시간선택제도를 확대했다. 이 제도는 원래 김대중 정부에서 '국가공무원법'을 개정해 도입의 근거가 마련된 것으로, 2013년에는 '공무원임용령'을 개정해 시간선택제 일반직 공무원의 신규채용제도가 마련되었다. 그리고 정책 역량을 높이기 위해 2016년 11월에 정책아카데미를 신설했다.

특히 공무원의 전문성을 높이고 순환보직에 따른 관행을 없애고자, 2015년에 '공무원임용령'을 개정해 마련된 공무원의 필수 보직 기간의 대폭 강화는 의미있는 변화라 할 수 있다. 이와 함께 가장 큰 변화로는 2016년 9월부터 발효된 '청탁금지법'에 따라 공직사회의 문화가 혁신적으로 전환되는 계기를 맞게 되었다.

2) 한국 행정에서 엽관주의 대 실적주의

(1) 한국 행정과 엽관주의

1949년에 제정된 '국가공무원법'은 인사행정의 기본 원칙으로 실적주의를 천명했으나 그렇다고 해서 엽관주의가 완전해 배제된 것은 아니었다. 그것은 의회주의와 지방자치주의를 채택함으로써 대통령과 지방자치단체장 등 주요 정책결정자를 선거로 선출하는 민주국가에서 일정 범위의 엽관적 인사는 허용할 수밖에 없었다. 이에 따라 오래전부터 한정된 엽관 인사의 영역을 법적으로 용인해 왔다.

예컨대 정무직과 별정직의 많은 직위와 단순노무 종사자 등에 대한 엽관적 임용이나 비실적주의적 임용이 공식적으로 허용되어 왔다. 특히 민주화와 지방자치화의 추세에 따라 합법적으로 허용된 엽관 임용의 범위는 확대되어 갈 것으로 보인다. 이런 측면에서 한국의 인사행정에서 이뤄지고 있는 엽관주의적 특성을 특채와 정무직의 변화 과정을 통해 그 일단을 살펴보고자 한다.

공무원의 공채·특채 구성비라는 관점에서 일반직 국가공무원의 공채율은 <표 4-2-1>에서 보듯이 2003년에서 2013년에 걸친 10년 동안 큰 변화는 없었고, 다만 일반직 지방공무원의 공채율은 증감을 반복하는 양상을 보여 왔다.

그러나 절대수로 보았을 때, 특별채용은 국가공무원이나 지방공무원 모두에서 증가하는 것으로 나타났다. 이들 특별채용 모두를 엽관제적 채용이라고 보기에는 무리가 있지만, 그렇다고 실적주의적 임용이라고 보기에도 어렵다. 이런 면에서

표 4-2-1 공무원 일반직의 공채·특채 구성비

		공개채용(명)	특별채용(명)	공채율(%)
2003년	국가공무원	61,980	24,196	71.9
	지방공무원	119,349	28,638	80.6
2008년	국가공무원	68,224	26,624	71.9
	지방공무원	170,441	34,918	83.0
2013년	국가공무원	74,641	30,212	71.2
	지방공무원	179,349	49,228	78.5

자료: 안전행정부. 「2013 공무원총조사」.

한국의 인사제도에서 엽관제적 임용의 범위가 축소되어 가고 있다고 보기에는 무리가 있다.

이와 함께 살펴보아야 할 대표적인 엽관제적 임용의 하나가 정무직 공무원에 관한 부분이다. 정무직 공무원은 '국가공무원법' 제2조에 첫째, 선거로 취임하거나 임명할 때 국회의 동의가 필요한 공무원, 둘째, 고도의 정책 결정 업무를 담당하거나 이러한 업무를 보조하는 공무원으로서 법률이나 대통령령(대통령실의 조직에 관한 대통령령만 해당한다)에서 정무직으로 지정하는 공무원이다.[4] 우리의 경우 정무직 공무원의 충원과 관리 방식을 명시하고 있는 법령은 없다. 이는 정무직 공무원의 인사권자인 대통령의 인사권을 최대한 존중하고, 폭넓게 적용하려는 차원으로 볼 수 있다.

역대 정부별로 대통령의 임기 동안 임명된 정무직 공무원 수의 실태를 살펴보면 <표 4-2-2>와 같다. 정무직 공무원의 수가 가장 많았던 김영삼 정부는 국무총리 6명, 장관(급) 102명, 차관(급) 138명 등 총 246명으로 나타났다. 노무현 정부의 경우 임기 동안 207명의 정무직 공무원이 임명되어 상대적으로 다른 정부에 비해 적은 것으로 나타났다. 특히 장관(급)의 경우 대부분의 정부가 100명 전후였던 것에 비해 80명인 것으로 나타났다. 이명박 정부의 경우 정무직 공무원의 수는 가

4) 구체적으로는 대통령, 국무총리, 각 부처의 장관과 차관, 중앙행정기관인 처와 청의 장, 감사원장, 국가정보원장, 대통령실장, 국무조정실장 등 일반 국민이 정무직 공무원으로 인식하는 장관급 기관장, 중앙행정기관으로서의 성격을 갖는 위원회의 장인 방송통신위원회 위원장, 국민권익위원회 위원장 등으로 분류된다.

표 4-2-2 역대 정부별 정무직 공무원의 수

(단위: 명)

구분	전두환 정부	노태우 정부	김영삼 정부	김대중 정부	노무현 정부	이명박 정부	박근혜 정부
국무총리	6	5	6	4	4	2	3
장관(급)	104	96	102	100	80	25	44
차관(급)	131	121	138	140	123	61	112
계	241	222	246	244	207	88	159

자료: 박영원(2011)과 인사혁신처(2016)에 의거 재구성.

장 적은 것으로 나타났다. 박근혜 정부는 임기가 4년차임에도 159명에 이르러 이명박 정부에 비해서는 거의 두 배에 이른다.

그런데 엽관주의가 지닌 최대 의미는 정치지도자의 국정 지도력을 강화함으로써 공공정책의 실현을 용이하게 해 준다는 데 있다. 이런 측면에서 한국의 정무직 공무원이 이를 달성하는 데 얼마나 기여해 왔는가를 평가하기란 쉽지 않다. 다만 대통령과 여러 측면에서 동질성 여부가 있었는가를 평가하는 간접적 지표로, 예컨대 출신 지역, 출신 학교, 전직 등을 통해 추정이 가능할 뿐이다. 다만 이 경우에도 이 요소들이 오히려 엽관주의적 성격이라기보다는 정실주의에 더 가까울 수 있다는 측면에서 문제는 있다.

여기서는 정무직 공무원에 대한 개괄적 이해를 돕기 위해 정무직 공무원이 지닌 특성을 살펴보면 다음과 같다. 먼저 역대 정부별 정무직 공무원의 출신지 분포를 살펴보면 <표 4-2-3>과 같이 역대 정부는 대체로 정무직 공무원의 특정 출신지를 중용한 것으로 나타났다.

예컨대 대통령의 출신지가 영남권이었던 전두환 정부(45.2%)에서 노태우 정부(42.3%) 그리고 김영삼 정부(43.5%)에 이르는 동안에는 정무직 공무원의 영남권에 대한 대통령의 편향성이 대단히 높았다. 김대중 정부 때는 호남권에 대한 편향성이 다른 정부에 비해 높아져 28.6%를, 이에 반해 영남권은 24.6%로 어느 정도 균형을 보였다.

그러나 대통령의 출신지가 다시 영남권 출신인 노무현 정부(37.7%)에서 이명박 정부(34%) 그리고 박근혜 정부(37.3%)로 이어지면서 영남권에 대한 편향성이 다시 높아지는 양상을 보이고 있다. 다만 특정 지역에 대한 편향성은 과거보다 약해지기

표 4-2-3 역대 정부별 정무직 공무원의 출신지 분포

(단위: 명)

<table>
<tr><th></th><th>전두환 정부</th><th>노태우 정부</th><th>김영삼 정부</th><th>김대중 정부</th><th>노무현 정부</th><th>이명박 정부</th><th>박근혜 정부</th></tr>
<tr><td>서울경기권</td><td>44</td><td>37</td><td>47</td><td>45</td><td>33</td><td>19</td><td>44</td></tr>
<tr><td>대구경북권</td><td>63</td><td>47</td><td>49</td><td>34</td><td>41</td><td>16</td><td rowspan="2">56</td></tr>
<tr><td>부산경남권</td><td>46</td><td>47</td><td>58</td><td>26</td><td>37</td><td>14</td></tr>
<tr><td>호남권</td><td>24</td><td>31</td><td>36</td><td>70</td><td>56</td><td>20</td><td>24</td></tr>
<tr><td>강원충청권</td><td>38</td><td>41</td><td>39</td><td>57</td><td>35</td><td>19</td><td>25</td></tr>
<tr><td>기타</td><td>26</td><td>19</td><td>17</td><td>12</td><td>5</td><td>0</td><td>1</td></tr>
<tr><td>합계</td><td>241</td><td>222</td><td>246</td><td>244</td><td>207</td><td>88</td><td>150</td></tr>
</table>

는 했으나, 지역에 따른 인구분포를 감안할 때 이런 비율이 결코 낮다고는 할 수 없다. 이러한 특성은 정부의 최고 의사결정권자인 대통령의 출신지에 따라 정무직 공무원의 임명도 영향을 받는 것으로 추정할 수 있다.

이와 함께 역대 정부별 정무직 공무원의 출신 대학을 살펴보면 <표 4-2-4>에서 보듯이, 모든 정부에서 서울대 출신이 가장 많은 것으로 나타났다. 김영삼 정부의 경우 서울대 출신이 전체의 약 67.1%로 가장 많은 비율을 차지한 것으로 나타났다. 그러나 사관학교 출신의 정무직 공무원은 지속적으로 감소하는 경향이며, 김대중 정부에서는 고려대 출신 정무직 공무원 비율이 다른 정부에 비해 상대적으로 높게 나타났다(박영원, 2011).

한국의 정무직 공무원은 비록 약화되기는 했으나, 아직도 특정 지역이나 특정

표 4-2-4 역대 정부별 정무직 공무원의 출신 대학

(단위: 명)

대학명	전두환 정부	노태우 정부	김영삼 정부	김대중 정부	노무현 정부	이명박 정부
서울대	131	141	171	115	101	41
연세대	4	5	7	16	12	9
고려대	18	12	18	42	24	12
사관학교	68	42	13	19	9	4
기타	87	72	46	56	62	23
합계	308	272	255	248	208	89

학교에 대한 편중성은 높다. 정무직 공무원이 특정 지역이나 특정 학교에 편중된 것을 잘못된 것이라고 말할 수는 없다. 그것은 엽관주의가 갖는 특성을 인정해야 하기 때문에 그러하다. 그렇지만 특정 지역과 학교로 구성된 정무직 공무원이 이후, 자신들이 속한 부처나 조직에서 이 같은 현상을 강화한다는 데 문제가 있다. 그러다 보니 각 부처마다 특정 지역이나 특정 학교들이 주요 보직을 독점하는 이른바 정실주의가 야기된다. 이런 현상은 정부 산하의 각종 기관에 낙하산 인사의 병폐를 낳는 주된 원인이 된다는 측면에서, 엽관주의보다는 정실인사에 의한 폐해가 더 크다는 데 문제의 심각성이 있다.

(2) 한국 행정에서 실적주의와 대표관료제

한국의 인사제도에서 엽관주의적 특성과 함께 살펴보아야 할 것이 실적주의와 이의 보완책으로 등장한 대표관료제다. 대표관료제의 이론적 · 현실적 타당성에 대한 찬반 논쟁은 아직도 계속되고 있지만, 특정 집단에 지배되는 정부관료제보다는 민주적인 정치 이념과 사회 사조에 더욱 충실할 수 있을 것이라는 입장이 우세한 실정이다.

이런 측면에서 우리의 경우도 예외는 아니다. 한국의 정부관료제, 특히 고위공무원집단은 집권 세력의 지역 배경이나 출신학교 등에 따라 특정 지역과 학교 출신자들에 의해 지배되어 왔다. 따라서 정책의 정당성과 합리성이 때로는 제대로 인정받지 못해 왔으며, 오히려 지역 감정을 조장하고 국민적 일체감을 훼손시킨다는 비판에 직면해 있다.

최근의 예로 박근혜 정부에서 고위공무원집단(일부 3급도 포함) 1,300명 중 968명에 대한 전수조사 결과, 영남권 출신이 34.9%(338명), 호남권은 21.5%(208명), 서울을 포함한 수도권이 20.1%(195명), 충청권은 15.4%(149명)의 순으로 나타났다. 이를 <표 4-2-3>에서 살펴본 역대 정부별 정무직 공무원의 출신지 분포와 비교해 보면, 영남권이 약 2% 적은 반면 호남권은 약 5% 정도가 높은 것으로 나타났다. 따라서 다소의 차이만이 존재할 뿐, 정무직 공무원이나 고위공무원집단의 지역적 편향성은 상당히 유사하다.

이와 함께 1급 이상 고위직 공무원들을 대상으로 출신대학을 조사한 결과 집권 초기를 기준으로, 이명박 정부 때는 서울대와 고려대 그리고 연세대를 합한 비율이

그림 4-2-1 박근혜 정부의 고위공무원단 출신지역 현황

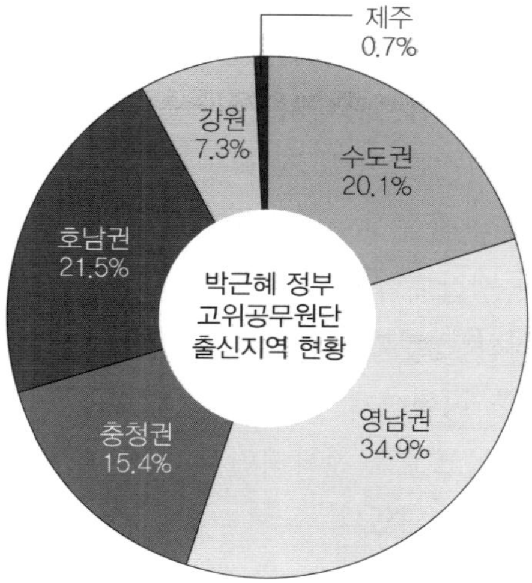

자료: 주간경향, 2016.12.13.

65%였던 반면, 박근혜 정부 때는 50.9%를 차지했다. 특정 대학이 차지하는 비율은 감소했으나, 여전히 세 대학을 합한 비율이 50%를 넘는다는 면에서 정무직 공무원의 실태와 별반 다를 바가 없다(시사저널, 2013.11.20). 따라서 정책 결정 과정에서 주된 역할을 담당하고 있는 정무직 공무원과 고위직 공무원들 모두에서 지역 편중과 학력 편중이 유사한 경향을 보이고 있다는 점에서 문제의 심각성이 있다.

지역 갈등 외에 급격한 산업화와 경제 발전에 따라 한국 사회에도 이질적인 집단 간의 대립과 갈등, 예를 들면 사회계층, 세대, 종교집단, 이익집단, 도시·농촌, 남녀 간의 대립과 갈등은 날로 심해지고 있다. 그러나 차별과 소외를 당하던 집단들도 이제는 차별과 소외를 감수하지 않으려 하며, 정치 과정에의 실질적인 참여를 통해 정부의 정책 결정에 자신들의 이익을 반영하려는 분위기가 확산되어 가고 있다. 이러한 일련의 현상은 대표관료제가 한국에도 매우 유용하게 적용될 수 있음을 보여 준다.

한국의 역대 정부는 민주화가 진행되기 시작한 1990년대 이후 여성, 장애인, 과학기술 인력, 지방 인재 등 소외집단의 공직 임용을 확대하기 위한 다양한 노력을 지속해 오고 있다. 박근혜 정부에서도 이 같은 노력은 지속되고 있는데, 소수계층

의 균형 인사(balanced personnel)라는 관점에서 접근하고 있다.

첫째, 여성 공무원에 대한 공직 임용의 확대 노력은 1948년 '제헌헌법'에서 여성 근로자에 대한 특별 보호를 명시하면서 시작되었다. 이후 전두환 정부 때인 1987년에 '남녀고용평등법'이 제정되면서 사회 각 분야에 여성이 진출이 확대되는 계기가 마련되었다.

공직사회에서 여성의 진출이 특히 확대된 때는 노태우 정부 시기인 1989년에 '성별 모집 제한 철폐 및 경찰대학 여성 입학 허용 조치'가 발효되면서부터였다. 그러나 실질적으로는 김영삼 정부가 들어선 1995년에 '공무원임용시험령' 개정으로 여성공무원 채용목표제를 시행하게 된 것이 분수령이 되었다. 김대중 정부 때인 2003년에는 양성평등채용목표제로 전환되면서 공직 내 직종 간의 성비(性比) 불균형 해소에 일정 부분 도움이 되었다.

특히 노무현 정부 때인 2007년부터 4급 이상 여성관리자 임용 확대계획이 수립되어 고위직에 여성들의 비율이 확대되었다. 이와 함께 여성 관리자의 육성 방안으로 고위직에까지 임용을 확대하는 정책을 실시 중에 있으며, 출산과 육아를 위한 정책이 시행되고 있다.

그 결과 김대중 정부 때인 1998년에는 여성 공무원이 국가공무원의 경우 21%를 차지하던 비율이, 이명박 정부 때인 2010년에 이르러서는 46.1%에 이르렀다(정부혁신지방분권위원회, 2008a; 행정안전부, 2010a). 이런 추세는 박근혜 정부에서도 가속화하고 있는데 2016년에는 국가공무원에서 여성 공무원이 차지하는 비율은 49.4%에 이르고, 지방공무원의 경우는 36.6%를 차지하게 되었다. 이에 따라 전체 공무원 중 여성 공무원이 차지하는 비율은 44.6%에 달하고 있다. 이제는 국가공무원의 성비가 거의 반반씩 되는 수준에 이르렀다.

이와 함께 고위직에 대한 여성 공무원의 진출 상황의 경우, 5급 이상의 여성 관리자는 김대중 정부 때인 2001년도에 4.8%이던 것이 이명박 정부 때인 2011년에는 23.8%로 상향되었다. 그러나 증가 추세에 있던 이 비율은 박근혜 정부에 들어서는 다시 낮아져, 2016년 현재 17.2%에 머물고 있다.[5] 고위공무원단의 경우 이 제도가 실시된 지가 오래되지 않아 이명박 정부 때인 2011년에 국가공무원의 경우 3.4%에

5) 참고로 직급별 여성 공무원의 비율을 보면, 1급~2급은 3.4%, 3급은 7.1%, 4급은 10.9%. 5급은 16.1%, 6급은 30.2%, 7급은 43.8%, 8급은 48.5%, 9급은 50.7%를 차지하고 있다.

표 4-2-5 직종별 여성 공무원 현황

(단위: 명, %)

직종 \ 구분	국가공무원			지방공무원		
	총원	여성	비율	총원	여성	비율
합계	637,654	315,290	49.4	363,691	132,981	36.6
일반직 계	158,181	53,327	33.7	316,594	127,860	40.4
고위공무원단	1031	38	3.7	–	–	–
5급 이상	20,731	3,575	17.2	22,597	2,828	12.5
특정직 계	478,991	261,841	54.7	46,319	5,019,	10.8

자료: 인사혁신처(2016). 「2016 인사혁신통계연보」에 의거 재작성.

머물렀으나, 박근혜 정부가 들어서는 다소 증가한 3.7%를 차지하고 있다(인사혁신처, 2016).

둘째, 장애인의 공직 진출을 확대하기 위해 정부는 '장애인 고용 촉진 및 직업재활법'에 근거해 장애인 의무고용제, 신규채용 시 장애인 구분모집제 실시, 장애인 공무원 인사관리지침 제정, 장애인 편의 지원 강화 등 다양한 정책 수단을 동원하고 있다. 노무현 정부 때인 2006년에는 장애인 의무고용 적용 직종을 32%에서 84%로 대폭 확대했다. 그리고 중증장애인의 공직 진출을 제도적으로 지원하고자 2007년 12월에는 '공무원임용시험령'을 개정해 중증장애인만 응시할 수 있는 '중증장애인 특별채용시험'을 도입했다.

이명박 정부가 들어선 2008년에는 행정안전부 주관으로 중증장애인 일괄특별채용시험을 실시했다. 그리고 2009년에는 이 법을 개정해 국가 및 지방자치단체의 장애인 의무고용률을 2%에서 3%로 상향 조정했으며, 장애인 구분 모집 비율도 5%에서 6%로 상향 조정했다. 이와 같이 장애인공무원 임용 확대정책의 시행으로 2001년에는 1.48%에 불과하던 중앙행정기관의 장애인 고용률이 2010년에는 3.01%, 2016년에는 3.41%에 달했다.

셋째, 공직 내의 지역대표성을 제고해 중앙과 지방 간 격차 및 불균형 문제를 해소하기 위해 정부는 지역인재추천채용제와 지방인재채용목표제, 그리고 저소득층 공직진출 지원제도를 도입해 실시하고 있다.[6]

6) '지방대학 및 지역균형 인재 육성에 관한 법률' 제12조, '공무원임용시험령' 제20조 및 '균형인사지침'.

2005년도부터 시행된 지역인재추천채용제는 지방의 우수 인재를 공직에 유치하기 위해, 학업 성적 등이 뛰어난 대학 졸업자나 졸업 예정자를 대상으로 서류전형과 구술시험 등을 거쳐 선발해 3년 동안 견습 근무하게 하고, 근무성적 및 자질이 우수하다고 인정되는 자를 일반직 6급 공무원으로 임용하는 제도를 의미한다.[7]

그런데 이 제도는 이명박 정부에서 개편되었다. 주요 개편 내용은 견습 기간을 3년에서 1년으로 단축해 장기간의 신분 불안정을 해소하고, 1년 견습 근무 후 7급으로 임용함으로써 인사 운영의 효율성을 확보하도록 했다. 지역인재추천채용제는 2012년에 다시 개편되어 직급을 종래의 7급 중심에서, 특성화고 등을 대상으로 하는 지역인재 9급을 신설해 매년 확대 선발하고 있다.[8] 이에 따라 그간의 실적은 제1회 견습직원 46명이 3년간의 견습을 마치고 24개 부처에서 6급으로 임용되었다. 그리고 2~4회 출신 137명의 견습 직원이 33개 부처에서 견습 근무를 하고 있다.

지방인재채용목표제는 지방 인재의 공무원 임용 기회를 확대하기 위해 필요하다고 인정하는 경우에, 5급 공개경쟁채용시험 등에서 한시적으로 지방 인재가 선발 예정 인원의 일정 비율 이상이 될 수 있도록 선발 예정 인원을 초과해 지방 인재를 합격시킬 수 있도록 하는 제도다.[9] 이 제도는 박근혜 정부 들어 2015년부터 7급 공개경쟁채용시험에도 확대 적용하고 있다. 지방학교 출신 합격자 비율이 5급은 20%, 7급은 30% 미달 시에 추가 선발을 하고 있다.[10]

이 제도는 현재 행정고등고시와 외무고등고시 중 선발 예정 인원이 10명 이상인 시험 단위를 대상으로 해서, 2007년부터 2011년까지 4년간 한시적으로 시행하도록 했으나 지침 개정을 통해 다시 연장해 2016년까지 시행하기로 되어 있다. 따라서 지침 개정이 이뤄져야만 연장 실시될 것으로 보인다. 다만 7급의 경우는 2015년부터 적용되었기 때문에 2019년까지 시행 예정으로 있다.

넷째, 저소득층의 공직 진출은 2008년 3월에 마련된 '저소득층 공직진출 지원기

7) 이 내용은 '국가공무원법' 제26조의 4, '공무원임용령' 제22조의 3, 그리고 '지역인재추천채용제 운영규정' 제36조에 있다.

8) 2015년의 경우 행정직 55명, 기술직 60명, 우정직 35명 등 총 150명이 선발되었다.

9) '공무원임용시험령' 제20조에 따르면 지방 인재라 함은 서울특별시를 제외한 지역에 소재하는 대학의 졸업(예정)자 또는 서울특별시를 제외한 지역에 소재한 학교를 최종적으로 졸업 · 중퇴하거나 재학 · 휴학 중인 자를 의미한다.

10) '지방인재채용목표제 실시지침'과 '중앙인사위원회예규' 제115호.

본계획'에 따라 실시되고 있다. 국민기초생활보장 수급자로서 2년 이상 수급한 자에 대해, 일반직 9급과 기능직 신규채용 인원의 1%를 할당하는 것을 내용으로 구성되어 있다. 이에 따라 '국가공무원법'의 개정과 하위 법령으로 '공무원임용시험령'을 개정하고, 구체적 운영지침인 '균형인사지침'을 개정해 법적 근거를 마련했다. 그리고 박근혜 정부 때인 2015년에는 저소득층 구분 모집의 선발 비율을 9급 공채시험 선발 예정 인원의 1%에서 2%로 확대했다.

이상에서 살펴본 바와 같이 정부는 공직 내부에서 여성, 장애인, 과학기술 인력, 지역 인재, 저소득층 등 상대적 소외집단의 대표성을 향상시키기 위해 지속적으로 노력을 기울이고 있다. 다만 실시 시기가 오래 되지 않아 그 효과는 크지 않지만, 향후 대표관료제적 성격이 포함된 이상의 제도들은 확대될 가능성이 크다.

(3) 한국 행정과 직업공무원제도

한국의 공무원제도는 기본적으로 직업공무원제도의 전통을 이어 왔다. 그렇지만 박정희 정부가 들어선 1960년대 이래 개방형과 직위분류제, 그리고 전문가주의적 임용 체제의 요소를 적지 않게 도입함으로써 직업공무원제의 성격에는 상당한 수정이 가해졌다. 민주화가 가속화되면서 직업공무원제도에는 더 많은 수정이 가해지기 시작했다. 특히 2000년대에 접어들면서 직업공무원제를 수정하려는 정책지향성은 더욱 강화되고 있다. 예컨대 임용구조의 개방형화 촉진, 교류형화 촉진, 팀제 도입, 고위공무원단제도의 채택, 성과급제의 강화 등 일련의 조치가 그것이다. 이러한 개혁 조치는 성격상 반(反)직업공무원제적인 요소라고 할 수 있는데 한국의 직업공무원제도에 많은 영향을 미칠 것으로 보인다(오석홍, 2008: 514-529).

제 2 절 한국 행정과 공직분류제도

1 행정과 공직분류제도

공직 분류란 공무원을 채용과 대우 등과 같은 기준에 따라 분류하는 것으로서,

공직을 구조화하거나 배열하는 것을 의미한다. 이러한 공직 분류는 인적 자원을 충원하고 배분하는 데 인사행정의 기본적 기능이라 할 수 있다. 특히 정부의 규모가 커지고 공무원의 수가 증가함에 따라 공직 분류는 대단히 중요한 의미를 갖는다. 공직을 분류하는 방식은 기준을 어떻게 설정하느냐에 따라 다양하게 나눌 수 있으나 유일한 방법이나 원리는 존재하지 않는다. 다만 국가에 따라 적합한 제도를 나름대로 발전시켜 나가고 있을 뿐이다.

공직 분류는 여러 기준에 의해 다양하게 나눌 수 있으나, 대표적인 것으로 특히 실적주의의 적용을 받는 경력직 공무원을 계급제와 직위분류제로 분류하는 방식을 들 수 있다. 사람에게 부여된 계급을 중심으로 공직의 계층적 구조를 형성하는 계급제와, 직무를 중심으로 공직을 구조화하는 직위분류제가 그것이다. 직위분류제와 계급제는 상호 대립되는 것처럼 보이지만 현실에서는 상호 보완적으로 활용되고 있다. 다만 어느 제도에 비중을 더 두느냐는 특정 국가의 정치·행정적 요소와 함께 문화적 특성에 따라 다르다.

1) 계급제

계급제는 사람의 특성에 착안해서 공직을 분류하는 방식으로 공무원의 자격과 능력을 기초로 계급을 분류하는 것이다. 따라서 계급제는 역사적으로 교육제도와 관계가 깊고 계급 간의 차별성이 크다. 특히 높은 계급은 엘리트화하고 폐쇄형의 체제를 주로 채택하고 있는 것이 특징이다(박동서, 1978: 122-126).

계급제가 지닌 장점으로는 발전 가능성과 잠재력을 지닌 젊은 사람을 채용함으로써 장기적 관점에서 유능한 인재를 공직에 흡수할 수 있다는 데 있다. 이에 따라 공무원의 경력 발전의 기회를 증진시켜 주며, 공무원의 신분 보장과 직업공무원제 확립에 유리하다.

계급제는 특히 인력 활용의 융통성과 효율성을 높여 탄력적인 인사관리를 가능하게 해서 일반행정가 양성에 유리하고, 공무원의 직업적 연대 의식과 일체감을 높임으로써 능률성을 제고하는 데 도움이 된다. 이 밖에도 공무원의 시야와 이해력이 넓어 다른 부서의 공무원과 협조가 원활하게 이뤄질 수 있다는 이점이 있다.

반면에 계급제가 지닌 한계로는 직무급 체계의 확립과 행정의 전문화에 부응하지 못해 의사 결정의 적실성 확보를 어렵게 할 가능성이 높다는 점이다. 그리고 적임자의 임용을 담보할 수 없어 능률성을 떨어뜨리며, 신분 보장과 폐쇄형 임용 체제로 인해 무사안일을 부추기고 공무원이 특권집단화할 개연성이 높다는 데 있다.

2) 직위분류제

계급제가 사람을 중심으로 한 분류 방식인데 반해, 직위분류제는 직무(job)의 특성에 착안해 이의 난이도와 책임의 경중에 따라 공직을 분류하는 방식이다. 따라서 계급제가 오랜 역사 속에서 형성되어 온 반면에, 직위분류제의 발전 과정은 산업사회의 전통과 과학적 관리론의 등장과 밀접한 관련이 있다. 그 이유는 사람보다 직무의 구조적 배열을 중시한 과학적 관리론이 직위분류제에 반영되었기 때문에 그러하다.

다만 민간 부문과는 달리 정부 부문에서 이 제도가 정착하게 된 이유는 1910년경에 시카고 시가 보수의 불공평을 없애자는 운동을 전개한 데서 연유한다. 동일 업무에 대한 동일 보수라는 보수의 형평성 요구와 실적주의제의 요구가 직위분류제가 출발하는 데 동인이 되었다. 다시 말해, 사회적 배경이나 교육의 차이 또는 정당과의 유대와 관계없이, 동일한 업무를 하는 사람은 동일한 보수를 받는 것이 이때부터 정착하게 되었다. 이와 함께 직위분류제는 엽관제에 대한 배척의 일환으로 행정을 정치의 오염으로부터 보호해 능률을 올리고, 재정상의 폐해를 시정하기 위해서도 요청되었다(백완기, 2010: 566).

직위분류제가 갖는 장점을 살펴보면 이러하다. 직위분류제는 직책이 요구하는 능력을 소유한 자를 임용하는 데 초점을 두고 있기에 채용시험, 전직, 승진 등의 인사 배치에서 좀 더 적합한 기준을 제공해 줄 수 있다. 즉, 개방형을 택해 적재적소에 유능한 사람을 임용할 수 있고, 훈련의 수요를 쉽게 파악할 수 있으며 직무급의 수립에도 용이하다. 또한 근무성적 평정 기준의 설정에 유익하며, 횡적으로는 직책의 한계와 종적으로는 지휘 감독 관계가 분명해 권한과 책임의 한계를 명백하게 함으로써 조직관리의 합리성을 기할 수 있다. 이 밖에도 행정의 전문화와 정원관리 등을 용이하게 하는 데 도움이 된다.

그러나 직위분류제는 단점도 동시에 내포하고 있다. 그것은 직위분류제가 폭넓은 안목을 갖춘 일반행정가의 양성을 어렵게 하고, 조직과 직무의 변화에 적절하게 대응하지 못해 상위 직급에서 업무 통합을 어렵게 한다. 또한 인사관리의 탄력성과 신축성을 확보하기 어려워 직업공무원제 확립을 어렵게 하고 공무원의 신분 보장을 위협할 수 있다. 더욱이 조직에 대한 자발적 헌신과 단결심을 저해할 개연성이 높다는 데 문제가 있다.

한편 직위분류제는 계급제와는 달리 구조화하는 데 다소 복잡한 과정과 절차가 요구된다. 일반적으로 직위분류제의 수립 단계는 직무조사 → 직무분석과 평가 → 직급명세서의 작성 → 정급(定級)의 절차로 이뤄진다.

첫째, 직무조사는 분류될 직위에 대한 객관적 정보를 수집하고 기록하는 작업을 의미한다. 직무조사에서는 직무의 내용, 책임도, 곤란도, 자격 요건 등에 관한 모든 자료를 수집해야 한다.

둘째, 직무분석(job analysis)과 직무평가(job evaluation)는 직무조사를 통해 얻은 정보를 바탕으로 각 직위를 종류별·수준별로 분류하는 작업을 의미한다. 이때 직무분석은 직무의 종류가 같거나 유사한 직위를 묶어 직렬을 형성하고, 다시 동일하거나 유사한 직렬을 묶어 직군을 형성하는 작업이다.

이에 비해 직무평가는 각 직위가 내포하고 있는 상대적 수준 또는 등급별로 직위를 구분하는 것이다. 직무평가에 의해 직무의 종류와 직무 수행의 곤란성·책임성·복잡성·자격 요건 등이 상당히 유사한 직위의 군(群)인 직급이 결정되고, 직무의 종류는 다르지만 직무의 곤란성·책임성·복잡성·자격 요건 등이 유사한 직위의 집합체인 등급이 결정된다.

셋째, 직무분석과 직무평가가 이뤄진 후에는 직급명세서(class specification)를 작성한다. 각 직위의 직급별 특성을 설명한 직급명세서에는 각 직급별로 직급 명칭, 직무 개요, 직무 수행의 예시, 자격 요건 등이 명시되어야 한다. 직급명세서의 작성이 끝나면 분류 대상 직위를 해당 직급에 배치하는 정급(allocation)을 한다. 정급 단계에서는 관계자들과 협의해 직위를 하나하나 검토함으로써 그것이 어느 직급에 해당될 것인지를 결정해야 한다.

넷째, 직위분류제의 수립이 끝나면 이것을 현실에 맞도록 유지해야 한다. 직위의 신설과 개폐 등 변동을 파악하고, 이에 따라 분류구조를 수정해 나가야 한다.

2 한국 행정과 공직분류제도

공직의 분류제도는 관점에 따라 다양하게 분류될 수 있다. 계급제와 직위분류제가 그 한 예이고, 국가공무원과 지방공무원, 개방형과 폐쇄형 등 다양한 분류가 가능하다. 그러나 여기서는 범위를 한정해 한국 정부의 공직 분류 체계의 변천을 공무원의 구분과 계급제/직위분류제, 그리고 직무의 종류와 내용별 분류로 나눠 살펴보고자 한다.

1) 한국의 공무원 구분과 계급제/직위분류제의 차원

(1) 계급제와 직위분류제

① 민주화 이전 시기의 양상

한국 정부의 공직분류제도는 건국 이후 많은 변화를 겪으면서 발전을 거듭해 왔다. 중앙행정기관의 차원에서 공무원 구분과 계급제/직위분류제의 변화 과정은 이러했다.[11]

한국 정부는 정부 수립과 함께 미군정기에 공식적으로 채택되었던 직위 분류 체계를 폐지하고, 계급제를 공식적인 공직 분류 체계로 채택했다. 이승만 정부는 1949년 8월 법률 제44호로 한국 정부에서 인사에 관한 기본법 체계인 '국가공무원법'을 제정했다. 이 법에서는 공무원을 일반직과 별정직으로 구분하고, 일반직은 1급에서 5급까지의 5대 계급으로 구분하면서 계급제의 근간을 마련했다.[12]

이후 1961년 군사정부가 집권하면서 공무원의 분류제도는 대폭적인 변화의 계기를 마련했다. 우선 국가공무원의 계급 구분은 1급을 제외한 모든 계급을 급류(級類)라는 명칭으로, 갑류와 을류의 9개의 직급으로 구분했다. 그러나 계급이란 용어 대신 직급이란 용어를 사용했지만 여전히 계급제로 운영되었다. 1963년에는 업무의 성질에 따라 공무원을 구분할 필요성이 제기되어 일반직 공무원 내에 기능직

11) 지방자치단체의 공무원 구분과 계급 구분은 대부분 중앙정부와 그 맥락을 같이한다.

12) 당시 일반직 공무원의 계급 구분은 1급에서 5급까지의 5대 계급으로 구분했지만, '공무원임용령'에서는 3급과 4급을 갑류와 을류로 구분해 실제로는 7계급 체제로 운영했다. 그러다가 1950년에 '공무원임용령'을 다시 개정해 3급만을 갑류와 을류로 구분하고, 4급을 단일 계급으로 하여 7계급 체제에서 6계급 체제로 한 계급을 감축했다.

공무원을 따로 두어 관리하기 시작했다. 일반직은 5대 계급을 그대로 유지(실제로는 9계급)하면서, 기능직 공무원은 8등급으로 구분해 운영하기 시작했다.[13]

한편 이 시기에 계급제의 변화와 함께 한국의 공직 분류 체계에 직위분류제가 뿌리를 내리기 시작했다. 1961년 집권한 군사정부는 기존 공직 분류 체계의 문제점에 대한 해결책의 일환으로, 국가공무원에 직위분류제를 공식적으로 도입할 것을 천명했다. 이것은 한국의 공직 분류 체계에 커다란 변화를 가져오는 계기가 되었다. 동년 4월 공무원임용령에서 직종, 직렬, 직군, 직부, 직계, 류 등의 용어가 등장하기 시작한 것이 이의 태동이라고 할 수 있다. 이에 따라 공무원을 사무계와 기술계의 2직계로 구분하고 43직부, 44직군, 66직렬로 구분했다.

'공무원임용령'에 규정했던 직위분류제에 관한 개념은 이후 1963년 4월에 '국가공무원법'을 개정하면서 직위분류제의 확립과 원칙, 그리고 직위분류제의 실시 등에 관한 규정을 마련했다. 이에 '공무원임용령' 개정의 따라 복잡하게 구분했던 분류 체계를 다시 직군과 직렬로 단순하게 구분했다.[14] 그리고 1963년 11월에는 '직위분류법'을 제정했다.

그런데 1963년에 전면 개정된 '국가공무원법'은 일반직에 속하는 직위는 직위분류제 이외의 방법으로 분류해서는 안 된다고 규정함으로써, 일반직 전체를 직위분류제의 대상으로 했다.[15] 그리고 총무처가 본격적인 직위분류제의 수립 작업에 착수해 1967년부터 직위분류제를 시행하도록 했다. 그러나 이 계획은 실시를 보지 못한 채 1973년에 '직위분류법'은 폐지되었다. 동시에 '국가공무원법'상 일반직을 직위분류제 이외의 방법으로 분류해서는 안 된다는 규정도 삭제했다.

하지만 이와 같이 '직위분류법'이 폐지되기는 했으나 직위분류제에 관한 공무원법의 규정은 폐지되지 않았다. 오히려 1973년에 '국가공무원법'은 일반직 전체를 대상으로 했던 과거의 규정을 개정해 분류 대상을 일반직으로 하되 실시가 용이한 것부터 단계적으로 실시한다고 규정했다. 그렇게 함으로써 직위분류제 실시의 원

13) 기능직 공무원의 계급 구분은 등급이라고 한다. 기능직 등급은 1971년에 15등급에서 1975년에 다시 12등급으로 구분했다.

14) 일반직 공무원은 16개의 직군, 80개의 직렬로 하고, 기능직 공무원을 일반직 공무원에서 처음으로 분리해 18개 직군, 69직렬로 했다.

15) 같은 해 제정된 '직위분류법'에 따르면 총무처 장관이 직위분류제의 계획 · 실시 및 운영, 직렬 · 직급 · 등급의 결정과 정급, 분류 기준의 작성에 관한 권한과 책임을 지도록 했다.

칙을 포기하지 아니하고, 직위분류제 실시를 점진적으로 확대·적용할 것을 규정했다. 그러면서 계속해서 '공무원임용령'의 개정을 통해 1961년에 형성한 계급별 직군과 직렬의 수를 늘림으로써, 비록 과학적인 직무분석을 통해 이뤄진 것은 아니지만 계급제에 직위분류제의 적용을 확대해 갔다.

전두환 정부가 들어서면서 공직 분류는 다시 한 번 큰 변화의 계기를 맞는다. 1981년 4월에 '국가공무원법'이 대대적으로 개정된 것이다. 기존의 분류를 완전히 탈피해 공무원을 경력직 공무원과 특수경력직의 양대 공무원으로 구분한 것이 그것이다.[16] 이는 과거 일반직 공무원과 별정직 공무원을 실적주의와 신분 보장의 적용 여부, 특수 분야의 업무 수행 등과 관련해 공무원의 구분을 합리적으로 세분하고자 하는 의도에서였다.

또한 경력직 공무원 중 기술·연구 또는 일반행정 업무를 담당하는 일반직 공무원의 계급 구분을 직급 수와 동일하게 9개로 했다. 예컨대 1급은 그대로 두고 2급 이하 5급까지를 각 계급별로 갑류와 을류로 구분한 것을 폐지하고 9계급제로 바꿨다.[17] 그리고 1963년 이후 일반직 공무원에 속해 왔던 기능직 공무원을 일반직 공무원과 구분해 10등급제로 운영했다.[18]

그림 4-2-2 전두환 정부의 공무원 분류

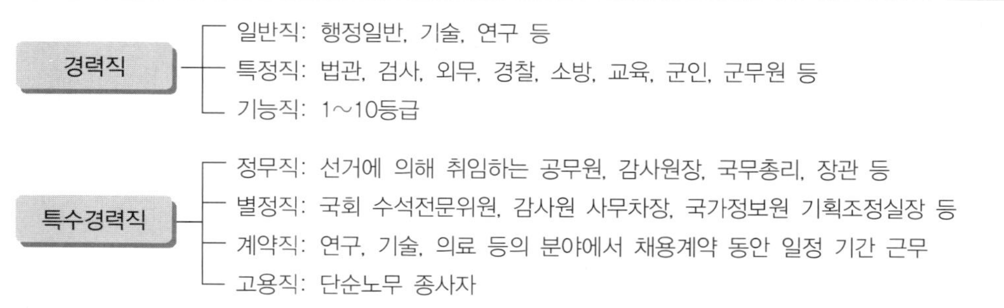

16) 경력직 공무원은 일반직 공무원과 특정직 공무원, 기능직 공무원으로 구분했다. 그리고 특수경력직 공무원은 정무직 공무원과 별정직 공무원, 그리고 전문직 공무원과 고용직 공무원으로 구분했다.

17) 일반직 공무원 중 9계급제의 적용이 곤란한 연구 또는 특수기술 직렬 공무원은, 2대 계급제로 해 일반직 공무원의 계급 구분과 달리 규정했다.

18) 1999년의 '공무원임용령'의 개정으로 등급제는 계급으로 변경되었다.

다만 특수경력직 공무원의 경우는 계급 구분을 하지 않았다. 하지만 특수경력직 공무원 중 선거나 정치적으로 임명되는 정무직 공무원은 일반직 공무원의 상위 계층을 형성했다. 그 결과 실적주의와 직업공무원제의 적용 여부에 따라 공무원을 [그림 4-2-2]에서와 같이 경력직과 특수경력직으로 분류했다.[19]

직위분류제와 관련해 전두환 정부에서 1981년 4월에 '국가공무원법'을 대대적으로 개정하면서, 직류라는 제도를 도입해 과도하게 비대해진 직렬 문제를 해결하려고 했다.[20] 이렇게 해서 1981년 '공무원임용령'상의 일반직 공무원은 15개 직군, 56직렬, 70직류로 구분되었다.[21] 그 결과 1980년대 이후 공직 분류 체계는 크게 변하지 않았지만, 직군과 직렬 및 직류 구분은 계속해서 확대되는 방향으로 나아갔다.

② 민주화 이후 시기의 양상

한국 정부의 공직 분류는 이후 큰 변화를 보이지 않다가 김대중 정부에 들어서면서 대폭적인 변화를 맞이하기 시작했다. 세계화에 따른 공직 경쟁력 제고 차원에서 전문적인 행정 수요에 대응하고자 한 것이다. 이에 따라 1998년에는 '국가공무원법'을 개정해 일정 기간 국가와의 계약에 의해 근무하도록 되어 있는 전문직 공무원을 계약직 공무원으로 확대했다.

1999년에는 '국가공무원법'의 개정에 따라 중앙행정기관의 실·국장 직위 중 업무의 성질상 고도의 전문성이 요구되거나 효율적인 정책 수립을 위해, 필요한 적임자를 공직 내외의 공개경쟁을 통해 임용하도록 하는 개방형 임용제를 도입하게 되었다. 이로써 해방 이후 폐쇄적으로 운영되어 오던 일반직 공무원의 상위 계급의 일부가 개방형으로 전환되는 계기를 맞게 되었다. 이와 같은 개방형 임용제도는 현재 중앙행정기관의 실·국장급뿐 아니라 4급 상당의 과장급 직위까지로 개방이 확대되었다.

한편 직위분류제와 관련해서는 김대중 정부 때인 1999년에 중앙인사위원회가

---

19) 경력직 공무원은 실적과 자격에 의해 임용되고 신분을 보장받는데 이는 일반직, 특정직, 기능직 공무원의 세 부류로 나뉜다. 특수경력직 공무원은 경력직 공무원 이외의 공무원으로서 실적주의와 직업공무원제의 획일적 적용을 받지 않는다고 할 수 있다.

20) 외무 직군과 외무 직렬이 '외무공무원법'으로 분리되고, 행정직군 내의 직렬을 통합하며, 농업직군의 직렬을 통합하되 이들을 다시 세분화해 직류를 형성했다.

21) 직류는 동일 직렬 내에서 업무의 성격이 유사한 직무들을 다시 묶어 구분한 것이다. 인사관리상 직류별 임용시험을 달리하고 보직 결정에 이를 고려하도록 하고 있다.

발족하면서, 공직사회를 경쟁 체제로 전환하고 공직을 외부에 개방하기 위한 시도가 이뤄졌다. 1996년 이후 몇 차례 행해진 직무분석을 토대로 2000년부터 외교통상부를 비롯한 중앙정부의 부처에 대한 직무분석이 이뤄진 것이다.

노무현 정부에 들어서는 2002년 중앙인사위원회 예규로 '직무분석 실시지침'을 제정했다. 2003년부터 2004년까지 중앙정부 부처의 1~3급에 해당하는 실·국장급 직위를 대상으로 직무분석이 행해지면서 계급과 연공서열 중심의 인사관리에서 직무와 성과 중심의 인사관리로 전환했다. 그리고 2002년에는 직위분류제의 확대와 신축적 적용을 위해 '국가공무원법'을 다시 개정했다.22)

한국 정부에서 공직 분류 체계는 2005년 12월 '국가공무원법'의 개정을 시발로, 2016년 11월에 이르기까지 여러 차례의 개정을 통해 큰 변화를 맞게 된다. 가장 큰 변화는 이 법의 개정으로 고위공무원단 도입의 근거 규정과 함께 인사행정을 위한 직무분석 규정이 마련되었다. 또한 이 규정에 따라 2006년에는 대통령령인 '직무분석규정'이 제정되었고, 2002년에 제정했던 중앙인사위원회의 예규인 '직무분석 실시지침'도 개정했다.

이러한 일련의 과정 속에서 2006년 7월부터 중앙행정기관의 실·국장급인 1~3급 공무원의 계급을 폐지하고, 고위공무원단을 가 등급에서 마 등급의 5단계로 구분했다. 이로써 공직분류 체계상 직급은 <표 4-2-6>에서 보는 바와 같이 변화되었다(유민봉·임도빈, 2003; Kim, 2006; 오석홍, 2008a; 정부혁신지방분권위원회, 2008a; 강성철 외, 2010).

표 4-2-6 계급 및 직급 명칭 분류

구분		직급 명칭
일반행정직(7)		부이사관, 서기관, 사무관, 주사, 주사보, 서기, 서기보
특정직	경찰(11)	치안총감, 치안정감, 치안감, 경무관, 총경, 경정, 경감, 경위, 경사, 경장, 순경
	군인(15)	대장, 중장, 소장, 준장, 대령, 중령, 소령, 대위, 소위, 준위, 원사, 상사, 중사, 하사

이명박 정부가 들어선 후 2009년에는 이를 다시 가 등급에서 나 등급의 2단계

22) 직위분류제의 적용 대상을 일반직에 한정하지 않고, 실시가 용이한 기관·직무 종류 및 직위부터 단계적으로 실시하도록 했다.

로 통합해 구분하는 직무등급제를 도입했다. 이로써 한국 공무원제도 역사상 고위 공무원에게 처음으로 직무의 상대적 가치인 직무값에 따른 등급 구분이 이뤄지게 되었다. 고위공무원단은 계급이 아닌 직무 등급에 의해 운영되지만, 3급 이하는 종전대로 계급제로 운영된다.

계급제로 운영되는 3급 이하 공무원에 대해서도 직무분석을 통해 채용, 승진, 전직, 보수 지급, 성과관리 등에 활용하고 있다. 그렇지만 고위공무원단은 아직 중앙행정기관에 한정되어 있고, 다른 국가기관이나 지방자치단체의 일반직 공무원은 여전히 종전대로 1급에서 9급까지 9개 계급으로 운영되고 있다.

전두환 정부에서 실적주의와 직업공무원제의 적용 여부에 따라 공무원을 경력직과 특수경력직으로 분류했던 공무원의 구분은 2012년에 '국가공무원법'의 개정을 통해 [그림 4-2-3]과 같이 개정되어 현재에 이른다.

그림 4-2-3 개정된 공무원 분류

구분		
경력직	일반직:	행정 · 기술직, 우정직, 연구 · 지도직, 전문경력관
	특정직:	법관, 검사, 외무, 경찰, 소방, 교육, 군인, 군무원 등
특수경력직	정무직:	선거에 의해 취임하는 공무원, 감사원장, 국무총리, 장관 등
	별정직:	국회 수석전문위원, 감사원 사무차장, 국가정보원 기획조정실장 비서관, 장관정책보좌관 등

(2) 고위공무원단제도

① 제도의 도입 과정

공무원에 대한 공직분류제도의 하나로서 계급제와 직위분류제에 대한 고찰에서 부가적으로 살펴보아야 할 것이 새로운 분류로 고위공무원단제도다. 고위공무원단제도는 우리나라의 전통적인 계급제에 입각한 폐쇄형 임용과 연공서열 중심의 인사 관행을 타파하고, 개방과 경쟁을 전제로 하는 성과 중심적인 인사관리를 도입해 고위 공직의 개방성과 전문성을 제고하기 위한 목적으로 노무현 정부 때인 2006년 7월 1일부터 시행되었다.

고위공무원단제도는 3급 이상의 공직자를 부처의 구분 없이 하나의 인력 풀(pool)로 관리하는 시스템으로서, 폐쇄적 인사 체제에 익숙한 공직사회의 우려와 부담 등으로 인해 도입 과정은 순탄치 않았다.[23] 제도의 도입이 처음 검토된 것은 김영삼 정부 때였으나 도입으로까지 이어지지는 못했다. 김대중 정부에서도 정부 개혁 방안의 하나로 고위공무원단 도입을 추진했지만, 공직사회에 불안을 초래하고 계급제적 전통에 부합하지 않는다는 주장과 반발에 부딪쳐 결국 무산되었다.

노무현 정부가 들어서면서 고위공무원단제도의 도입은 공직사회 혁신의 핵심 과제로 등장했고, 2004년 2월부터 11월까지 고위공무원단제도 추진기획단이 구성되어 운영되었다. 이러한 준비 과정을 거쳐 2005년 12월에 '국가공무원법' 개정안이 통과되고, 2006년 7월 1일에 출범한 고위공무원단제도는 2016년에 출범 10주년을 맞이했다. 한국 고위공무원단제도의 대상자 현황은 <표 4-2-7>과 같이 꾸준한 증가 추세에 있다.

표 4-2-7 고위공무원단 대상자 현황

	2006년	2007년	2008년	2010년	2015년
대상 부처	49개	49개	41개	46개	50개
대상 인원	870명	972명	1,156명	1,473명	1,515명

참고: 대상 기관의 경우 2006년과 2007년은 외교부가 제외되었으나, 2008년에는 외교부(226명)가 포함되었다.
자료: 행정안전부(2011a). 「2010 행정안전백서」와 행정안전부(2011b). 「2011 행정안전통계연보」, 인사혁신처(2016). 「2016 인사혁신통계연보」.

② 제도의 목적과 관리

고위공무원단제도는 1~3급(관리관, 이사관, 부이사관)의 계급을 폐지하고, 직무와 직위에 따라 계급에 구애되지 않는 폭넓은 인사로 적격자를 임용할 수 있도록 하는 제도다. 고위공무원단제도의 도입 목적은 신분보다 일 중심의 인사관리, 고위직의 개방 확대와 경쟁 촉진, 고위공무원에 대한 부처별 인사자율권의 확대, 고위직의 책임성 확대 등을 들 수 있다.

이에 따라 고위공무원단제도가 지닌 특징은 다음과 같다. 첫째, 개방형 직위제도와 부처 내의 직위 공모 등을 통해 고위직의 개방과 경쟁을 제고하는 데 있다. 둘째, 역량평가제, 교육훈련, 최소 보임 기간 설정 등을 통해 고위공무원의 능력을

---

23) 고위공무원단의 구성은 전 부처의 실국장급 일반직·별정직 계약직과 외무공무원 등으로 구성되며, 부지사·부교육감 등 지방자치단체 등의 국가고위직도 포함된다.

발전시키는 데 있다. 셋째, 직무성과계약제, 직무등급제, 적격성심사, 인사심사 등을 통해 고위공무원의 성과와 책임성을 확보하는 데 있다. 넷째, 부처 간 인사 교류, 직위 공모 등에 의해 범정부적이고도 통합적인 고위공무원단을 형성하는 데 있다.

관리적 측면에서 고위공무원단의 충원과 진입 요건으로 첫째, 경쟁과 개방에 의한 충원을 확대하고 고위직 사전 검증 체제를 강화했다. 개방형 직위(20%)는 민간과의 경쟁을 통해, 공모직위(30%)는 부처 간 경쟁을 통해 적격자를 임용하도록 했다. 나머지 50%는 부처 자율인사로 충원된다. 이는 부처의 자율인사 직위도 다른 부처 출신을 임용·제청할 수 있으므로 사실상 완전한 개방 체제라고 할 수 있다. 둘째, 기존의 실국장급 재직자는 고위공무원단으로 모두 편입되었다. 그러나 고위공무원단의 신규 진입은 후보자 교육 이수와 역량평가를 통해 이뤄지도록 했다.

이와 함께 고위공무원단에 대한 인사관리로는 다음과 같은 사항을 규정했다.

첫째, 고위공무원을 고위공무원단 소속 공무원으로 풀(pool) 관리하는 관계로 각 부처 장관은 현재 소속 부처에 관계없이 풀에서 적임자를 임용 제출할 수 있도록 했다.

둘째, 고위공무원은 소속기관장과 1년 단위로 성과계약을 체결하며 목표달성도를 매년 5개의 등급(탁월, 우수, 보통, 미흡, 불량)으로 구분해 평가받도록 했다.

셋째, 보수는 직무의 난이도와 중요도를 반영한 직무 등급(가, 나, 다, 라, 마의 5등급)에 따라 책정되며 성과에 따라 보상을 차등 지급하도록 했다. 성과와 보수의 연계성을 강화하기 위해 성과연봉의 비중을 확대해 나가고 있다.

넷째, 중앙부처 과장급을 대상으로 현업 병행교육과 집합교육을 내용으로 하는 고위공무원단 후보자 양성 과정을 운영하도록 했다. 또한 정부가 당면한 실제 정책과제를 부여하고 해결책을 모색하는 문제 해결형 교육(action learning)을 실시하도록 했다. 기존 국장급 장기 교육과정을 고위공무원단 재직자 과정으로 전면 개편하고, 부족 역량을 보완하는 맞춤형 교육을 실시하도록 했다.

끝으로 고위공무원단에 대한 신분관리적 측면의 특징은 다음과 같다.

첫째, 정년 및 신분보장제도는 현행과 같이 존치해 직업공무원제의 근간을 유지하도록 했다. 고위공무원단의 계급이 폐지되고 직위 간 이동이 자유롭게 됨에 따라 기존 1급 공무원에 대한 신분 보장 예외 규정도 폐지되었다. 이에 따라 고위공무원단은 계급과 직위 구분 없이 함께 신분관리를 받도록 했다.

둘째, 매 5년 단위로 적격성 심사를 실시하도록 했다. 그러나 성과평가 결과 연속해 2년 혹은 총 3년간 최하위 등급을 받거나, 정당한 사유 없이 보직을 2년간 부여받지 못하는 경우 등 부적격 사유가 발생 시에는 수시심사를 실시하도록 했다. 부적격 결정이 나면 직권면직을 실시할 수 있다. 이는 고위공무원의 정치적 중립성과 정년 및 신분 등을 보장해 직업공무원의 근간은 유지하되 성과와 능력이 현저히 미달하는 대상자는 적격심사를 통해 엄정하게 인사 조치를 한다는 취지다(정부혁신지방분권위원회, 2008a: 215-229).

③ **제도의 평가**

고위공무원단제도의 시행에 따른 가시적인 성과로는 다음을 들 수 있다.

첫째, 고위공무원단의 도입 성과로 직무와 성과 중심의 인사관리가 확산되고 있다. 고위공무원단 실시 이후 낮은 직무 등급을 거치지 않고 바로 높은 직무 등급으로 발탁되는가 하면 낮은 직무 등급으로 이동한 사례도 있다. 차관급보다 더 많은 연봉을 받는 고위공무원도 있어 연공서열보다 능력과 성과에 의한 인사 배치가 이뤄지고 있다. 또한 고위공무원단 도입으로 보수 총액에서 차지하는 성과급 비중이 강화되어 직무와 성과에 따른 보수 차등이 확산되고 있다.

둘째, 공직사회에 경쟁과 개방이 확대되고 있다. 민간전문가 및 다른 부처 출신 공무원의 영입이 증가해 범정부적 차원의 인력 활용과 정책 추진 여건이 마련되고 있다. 또한 개방형 직위와 공모 직위에 외부 지원이 활성화되는 등 경쟁적 분위기가 확산되고 있다.

셋째, 역량 기반 인사관리 체계를 확립했다. 후보자 교육을 통해 관리직 핵심역량과 문제해결력을 집중적으로 개발해서 능력 발전에 일정 부분 공헌했다. 특히 역량평가를 통해 필수 역량이 검증된 전문가만이 고위공무원으로 진출하게 함으로써 고위공무원 임용을 위한 사전 검증 절차를 확립하는 데 기여했다.

고위공무원단제도의 시행에 따른 가시적인 성과가 이러한데 반해, 고위공무원단은 공무원의 보수 수준이 낮고 계약 기간이 짧아 우수한 민간전문가의 개방형 직위 지원이 활발하지 못한 실정이다. 그뿐만 아니라 이들이 공공 분야에 근무한 경험이 부족해, 조직과 업무 적응에 많은 시간이 소요되어 민간전문가의 활용이 큰 효과를 거두지 못한다는 비판에 직면해 있다.

이명박 정부에 들어서는 고위공무원단제도가 갖는 문제점을 개선하기 위한 차원에서, 성과평가를 좀 더 엄격하게 실시하고 수시 적격심사 요건을 강화하는 등의 개선책을 마련했다. 관대화 경향[24]을 개선하기 위한 방법으로 2009년 2월에는 상대평가적 요소를 도입했다. 부처별로 고위공무원 평가 때 현행 5개 평가 등급 중 최상위 등급인 '매우 우수'와 하위 2개 등급인 '미흡'과 '매우 미흡'에 적정 수준의 인원 비율을 설정해 평가토록 권고한 것이 그것이다.[25] 그리고 박근혜 정부에 들어선 2016년에는 이를 더욱 강화해 최상위는 20%이하, 하위(미흡, 매우 미흡)의 경우도 10% 이상을 부여하기로 했다(고위공무원단 인사규정 제5장).

이와 함께 매년 실시되는 고위공무원의 성과평가와 더불어, 적격심사제도는 고위 공무원에게 기대되는 높은 수준의 책임성을 담보하기 위한 제도적 장치라고 할 수 있다. 이처럼 고위공무원단이 안고 있는 문제를 개선하기 위한 노력에도 불구하고, 고위공무원단에 대한 온정주의적 관행으로 인해 고위공무원단제도가 도입된 이래 실제로 면직까지 이어진 사례는 없었다.

이에 박근혜 정부에 들어와서는 이에 대한 특별관리책이 마련되기까지 했다. 주된 내용을 살펴보면 이러하다. 첫째, 온정주의적 평가문화를 개선하기 위해 성과가 저조한 경우 최하위 등급을 부여하고, 둘째, 인사관리의 효율성 강화를 위해 무보직 상태가 연속해서 2개월 이상 지속되는 경우 2개월 초과 기간을 적격심사 요건이 되는 무보직(1년) 기간애 포함하며, 셋째, 무보직 발령 요건을 완화해 보직을 부여하지 않으면 공석이 발생하는 상황까지도 무보직 발령을 허용하고, 동시에 성과평가 결과뿐만 아니라 역량과 태도의 문제로 직무를 수행하기에 적절하기 않다고 판단되는 경우 보직 미부여를 허용하기로 했다. 넷째, 적격심사에서 최하위를 부여해 무보직 발령 요건 완화 등으로 적격심사 개최 빈도를 증가시키고, 다섯째,

---

24) 그동안 고위공무원에 대한 성과평가는 절대평가 방식으로 이뤄져 왔다. 그러나 이는 인사 운영 현실을 고려할 때 온정주의적 행정문화와 결합해 평가의 관대화 경향을 심화시킨다는 지적이 있어 왔다. 2006~2007년 동안 고위공무원 성과평가 결과 우수 등급 이상자 비율이 83.5%(2006년), 79.8% (2007년)에 달한 것이 이러한 경향을 보여 준다.

25) 이러한 조치 결과, 2009년 초에 실시된 2008년도 고위공무원단의 성과평가에서는 그동안 제기된 평가의 관대화 경향이 대폭 개선되는 등 변화가 나타났다. 고위공무원단 전체적으로 '매우 우수'는 19.8%로 2007년의 37.8%에 비해 크게 감소했고, '미흡 이하'는 9.3%로 2007년의 1.2%에 비해 대폭 증가했다. 평가 결과 평균 점수는 73.96점(100점 만점), 관대화 경향 지수 평균은 12.88로 2006~2007년 대비 관대화 정도가 개선되었다.

고위공무원에 대한 성과 향상 프로그램을 3개월 운영하기로 했다(인사혁신처 보도자료, 2015.10.2).

2) 국가공무원과 지방공무원의 차원

1949년에 제정된 지방자치법은 지방자치단체를 도와 서울특별시 및 시・읍・면의 두 종류로 구분했으나, 도와 서울특별시를 정부 직할 하에 두고 여기에 국가공무원을 임명할 수 있도록 했다. 이러한 전통은 지금도 '지방자치단체에 두는 국가공무원의 정원에 관한 법률'에 의해 승계되어 오고 있다.

그런데 1949년에 제정된 '지방자치법'에서는 지방공무원이란 용어를 사용하지 않고 도・시비 직원(道・市費職員) 혹은 시・읍・면비 직원(市・邑・面費職員)으로 사용하다가, 1956년에 와서야 지방공무원이란 용어를 사용하기에 이른다. 하지만 1950년에 제정된 '지방공무원령'에서는 지방공무원이란 용어를 사용하기는 했으나 지방공무원을 구분하지 않았다. 그러다가 박정희 정부 때인 1963년 12월 '지방공무원법' 제정과 함께, 공무원의 구분과 계급 구분은 국가공무원과 시간적 차이만을 두고 동일하게 변천해 왔다. 다만, 2006년 7월에 도입된 고위공무원단은 아직 지방공무원에게는 도입되지 않고 있다.

한국은 국가공무원과 지방공무원에게 적용하는 법체계를 이처럼 달리하고 있기는 하다. 그렇지만 지방자치단체의 행정기관에는 지방공무원뿐만이 아니라 국가공무원도 함께 있으며, 사무도 국가사무와 자치사무를 엄격하게 구분해 담당하지 않고 있다. 그리고 동일한 직급의 지방공무원을 국가공무원으로 또는 국가공무원을 지방공무원으로 임용하고자 하는 경우에는 특별 임용할 수 있게 함으로써 지방공무원과 국가공무원은 상호 교류할 수 있도록 되어 있다.[26]

그러나 지방자치가 본격적으로 실시되면서 지방자치단체에 있던 국가공무원이 대부분 지방공무원으로 전환되었으며, 국가공무원은 '지방자치단체에 두는 국가공무원의 정원에 관한 법률과 시행령'에 규정된 한정된 분야의 인원만을 지방자치단체에 두고 있다.

26) 대부분 동일 직급의 지방공무원은 보직 서열상 국가공무원보다 낮게 되어 있으며, 지방공무원이 국가공무원으로 특별 채용되었을 때는 승진한 것과 같은 대우를 받았다.

한국의 '국가공무원법'과 '지방공무원법'은 각각의 공무원에게 적용할 인사 기준의 근본을 정하는 것이라고 하지만, 인사행정의 원리는 국가공무원이나 지방공무원이나 근본적으로 대동소이하다.[27] 이와 같이 현재는 국가공무원과 지방공무원에 대한 인사행정의 근본 원리가 동일하거나 유사하지만, 지방자치의 역사가 축적되면 양자의 구별은 의미있어질 수도 있을 것이다(강성철 외, 2010: 67－68).

3) 개방형과 폐쇄형의 차원

공무원에 대한 공직분류제도 가운데 개방형과 폐쇄형은 각국의 정치적 여건이나 시대적 상황에 따라 형성된 체계이기 때문에 좋고 나쁨을 판단하기는 쉽지 않다. 그리고 어느 국가도 순수한 형태의 개방형이나 폐쇄형을 고수하는 경우는 없고, 정도의 차이는 있지만 두 유형의 인사 체계를 절충해 운영하고 있다.

폐쇄형을 기본으로 하는 국가도 위기 상황이나 정부기구가 팽창할 때는 상위 계층에 신규채용이 허용되며, 개방형을 기본으로 하는 국가도 가능한 한 기득권을 유지하려는 관료집단의 타성과 성향 때문에 상위 계층에 대한 신규채용이 제약되고 있는 실정이다.

이런 측면에서 한국의 공무원제도는 계급제적 토대 위에 직위분류제적 요소가 가미된 폐쇄형 충원 체제로 유지되어 왔다. 왜냐하면 상위직의 대부분이 신규채용에 의해 이뤄지기보다는 내부 승진자에 의해 이뤄져 왔다.[28] 그렇지만 이러한 폐쇄적 임용 체계로는 공직의 경쟁적 운영이 어려워 민간 부문에 비해 생산성이 떨어지고 공무원의 경쟁력, 나아가 국가경쟁력을 저하시키는 결과를 초래할 수 있다.

이에 따라 정부에서는 무한경쟁의 세계화 시대에 특정 분야의 전문기술인을 양성하고 유치해 공직의 경쟁력을 강화하고자 김영삼 정부 때인 1996년부터 개방형 전문직위제도를 도입해 운영하기 시작했다. 그러나 개방형 전문직위제도는 직위

---

27) 양자는 공무원을 경력직 공무원과 특수경력직 공무원으로 구분하고 직위 분류 체계를 유사하게 갖고 있다. 그리고 공무원 임용절차, 교육훈련, 공무원 성과평가, 공무원 보수 체계와 연금 등에서는 큰 차이를 발견할 수 없다. 그러나 임용권자, 공무원 계급 체계(다만, 지방공무원의 일반직은 9개 계급 체계를 그대로 유지하고 있으나, 연구・지도직은 이에서 제외된다), 인사관리 주체 및 인사기관, 보수재원, 공직 분류의 범위(직렬과 직류 등) 등에서 약간의 차이가 있다.

28) 5급과 7급이 공개경쟁시험 합격자보다 최하위 계급인 9급의 공개경쟁시험 합격자가 월등히 많기 때문이다.

지정 권한이 소속 장관에게 부여되어 있어 국장급 이상 고위직 중 개방형 전문직위의 지정은 저조한 실정이다. 특히 외부 충원 시 계약직으로 채용이 가능해야 함에도 불구하고 정부조직법상 실·국·과장 직위에 계약직 임용이 불가능했으며, 직무 수행 요건이 엄격해 적격자 충원에 많은 애로가 뒤따랐다.

개방형 전문직위제도가 실효성을 거두지 못함에 따라, 김대중 정부에 들어서는 외부 전문가의 채용을 확대하고 공직사회에 좀 더 효율적인 경쟁 시스템을 도입하기 시작했다. 1999년 5월 '국가공무원법'과 '정부조직법'을 개정해 개방형 직위제도의 도입 근거를 만들었다.[29] 그리고 2000년 2월에는 '개방형 직위의 운영 등에 관한 규정'을 제정·시행함으로써 개방형 직위제도를 시행하게 되었다.[30] 이 규정은 이후 여러 차례의 개정을 통해 2015년에 마지막 개정이 이뤄졌는데 주요 변경 내용은 이러하다.

첫째, 고위공무원단 개방형 직위의 경우 소속 장관별로 고위공무원단 직위 총수의 20% 범위에서 지정해야 한다. 개방형 직위와 공모 직위의 통합 운용에 따라 기관 특성을 고려해, 소속 장관별로 개방형 직위 수와 공모 직위 수를 합쳐 고위공무원단 직위 총수의 30% 이상을 지정해야 한다. 다만 개방형 직위 수는 고위공무원단 직위 총수의 10% 이상이 되도록 하되 '개방형 및 공모 직위 규정'에 따라 고위공무원단 총수의 20%를 넘을 수 없다.

둘째, 과장급 개방형 직위의 경우 소속 장관별로 실·국장 밑에 두는 보조기관 또는 이에 상응하는 직위 총수의 20% 범위에서 지정하되, 과장급 직위 총수의 10% 이상이 되도록 해야 한다. 그리고 개방형 직위와 공모 직위의 통합 운영에 따라 기관 특성을 고려해 소속 장관별로 직위 수와 공모 직위 수를 합쳐 과장급 직위 총수의 20% 이상 지정해야 한다. 다만, 개방형 직위 수는 과장급 직위 총수의 5% 이상 지정해야 한다.[31]

---

29) '지방공무원법'은 2000년 12월에 개정되었다.

30) 개방형 직위제도는 중앙행정기관 및 행정부 각급 기관 및 지방자치단체의 직위 중에서 업무의 성질상 고도의 전문성이 요구되거나, 효율적인 정책 수립이 필요하다고 판단되어 공직 내·외의 공개경쟁을 통해 적임자를 임용할 수 있도록 하는 직위를 말한다('국가공무원법' 제28조의 4, 지방공무원법 제29조의 4). 지방자치단체의 '개방형 직의 운영 등에 관한 규정'은 2001년 6월 제정·시행되고 있다.

31) 개방형 직위 및 공모 직위 운영지침(2014).

지방자치단체에서는 특별시·광역시 또는 도별로 1급 내지 5급 공무원 또는 이에 상당하는 공무원과, 시·군 및 자치구별로 2급에서 6급까지의 공무원 혹은 이에 상당하는 공무원으로 보할 수 있는 직위 총수의 100분의 10의 범위 안에서 개방형 직위를 지정하도록 했다.[32)]

개방형 직위에 임용되는 공무원의 임용 기간은 최소한 2년 이상으로 5년의 범위 안에서 소속 장관(시·도지사)이 정하도록 했다. 개방형으로 임용된 자가 근무실적이 우수하거나 계속 근무하게 해야 할 특별한 사유가 있는 경우에는, 총 임용 기간이 5년을 넘지 아니하는 범위 안에서 임용 기간을 연장할 수 있다.

개방형 직위제도는 김대중 정부 때인 1999년 11월 도입 당시에는 국장급 이상 직위에만 한정되었지만 현재는 과장급까지 확대되어 시행하고 있다. 박근혜 정부가 들어선 2014년에는 개방형 직위 선발을 전담하는 별도의 '중앙선발시험위원회'를 설치해 운영해 오고 있고, 2015년 7월부터는 민간인만 모집·선발하는 경력개방형 직위 도입으로 민간 임용률은 지속적으로 확대되고 있다.

<표 4-2-9>에서 보듯이 개방형 직위 임용 현황을 보면 이 제도가 처음 실시된 1999년에는 국장급 이상 직위에 한정되어 38개 부처 129개에 불과하던 직위가 2015년 현재는 443개 직위로 늘어났다. 그리고 외부임용률도 고위공무원단을 시행하고 나서부터는 박근혜 정부 초반을 제외하고는 40%대를 유지하고 있다.

개방형 직위제도가 도입됨으로써 가져온 가장 큰 이점은 그동안 폐쇄적으로 운영되어 왔던 한국의 공직사회에 경쟁과 변화를 확산시키는 계기가 되었다는 데 있다. 계급과 연공서열 중심의 인사 운영을 직무와 성과 중심의 경쟁적 인사관리로 변화시키는 촉매제 역할을 한다는 점이다(www.csc.go.kr).

그러나 개방형 직위제도는 아직도 폐쇄적 공직사회의 내부 공무원 중심의 연대의식과 승진 기회의 제약 등을 극복하지 못하고 있다. 또한 개방형 임용자의 처우 개선과 임용 기간 연장을 위해서도 노력하고 있지만, 우수한 사람을 유치하기에는 여전히 보수 수준이 낮고 임용 기간이 짧다. 따라서 임기 만료 후의 신분 불안과 우리나라 노동시장의 낮은 직업이동성 때문에, 외부의 우수한 인재의 유치가 활성화되지 않고 있다(정부혁신지방분권위원회, 2008a: 323-327).

32) '지방자치단체의 개방형 직위의 운영 등에 관한 규정' 제2조.

표 4-2-9 개방형 직위 임용 현황

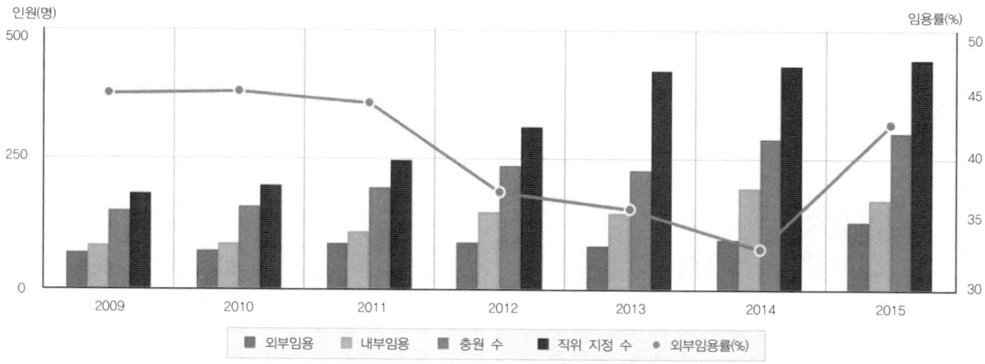

(단위: 명)

	2009	2010	2011	2012	2013	2014	2015
직위 지정 수	182	198	246	311	421	430	443
충원 수	149	157	194	235	227	288	300
내부임용	82	86	108	147	145	193	172
외부임용	67	71	86	88	82	95	128
(외부임용률, %)	45	45.2	44.3	37.4	36.1	33	42.7

자료: 「국가공무원인사통계」(2016).

개방형 직위제도가 지닌 문제점에도 불구하고 최근 들어 정부의 적극적인 직위 조정 등 지속적인 개방 노력이 있고, 고위공무원단 시행에 따른 임용 조건이 완화되어 우수 인재의 유치가 과거보다는 용이해졌다. 특히 개방형 직위 선발을 전담하는 별도의 중앙선발시험위원회를 설치함으로써 평가의 공정성이 담보되고, 민간인만을 모집 대상으로 하는 경력개방형 직위가 도입됨으로써 민간 임용 및 개방성이 확대되고 있다는 측면에서 제도의 정착 가능성은 높아졌다.

결론적으로 한국은 폐쇄형에 가까운 인사 체계를 유지하고 있지만, 5급과 7·9급에서의 신규채용과 함께 공직 수행에 커다란 영향을 미치는 중·상위직의 일부를 외부로부터 임용할 수 있기 때문에 개방형 임용제도로 접근하고 있다고 볼 수 있다(강성철 외, 2010: 155-160).

제 3 절 한국 행정과 인적자원관리

1 행정과 인적자원관리

인사행정에서 핵심적인 3대 요소로는 적합한 인재의 충원, 지속적인 능력 발전, 그리고 높은 근무 의욕의 유지를 들 수 있다.

1) 임용

직업공무원제를 근간으로 하는 경우 가장 중요한 요소는 합리적인 충원 체제의 확립이다. 충원 체제는 공직에 결원이 발생했을 때 공무원 조직 외부에서 새로운 인력을 받아들이는 신규채용인 외부임용과, 승진 및 전보를 통해 기존 인력 가운데 선발해 쓰는 내부임용의 두 가지 유형으로 구성된다.

(1) 외부임용

외부임용, 즉 신규채용은 행정조직의 외부에서 사람을 선발해 쓰는 활동을 말한다. 신규채용에는 공개경쟁채용과 특별채용이 있다. 특별채용은 공개경쟁채용이 부적당하거나 곤란한 경우 또는 업무의 성격상 특별한 자격을 소유한 자를 선발하고자 하는 경우, 경쟁을 제한하는 별도의 선발 절차를 거쳐 공직 후보자를 채용하는 것을 의미한다.

다만 이를 지나치게 확대하는 경우 기회 균등의 원칙을 훼손하고, 유능한 인재의 확보를 어렵게 하며, 정실인사로 인한 부패를 초래할 우려가 있다. 따라서 이를 방지하기 위해서는 응시 자격, 최초 임용 계급, 승진과 전직 등에 대한 명확한 규정이 필요하다.

일반적으로 공개경쟁 채용절차는 모집, 시험, 채용후보자명부의 작성, 추천 요구와 추천, 시보임용, 임명과 초임 보직의 순으로 표준적인 절차에 의해 이뤄진다.

① 모집

모집(recruitment)은 공직을 희망하는 자에게 공직에 대한 정보를 제공하는 과정이다. 이러한 모집 과정에서 공직을 지원하는 후보자에게 요구되는 일반적 자격 요건으로는 국적, 학력, 경력, 연령, 거주지, 성별 등을 들 수 있다.

이 가운데 국적은 거의 모든 국가에서 원칙적으로 외국인을 공직에 채용하지 않고 있으나, 세계화 시대를 맞이해 국적 요건의 일부를 완화해 가고 있는 추세다. 그리고 학력 요건의 경우 존폐 문제를 둘러싸고 기회 균등의 원칙과 행정의 능률화 및 전문화에 대한 요구가 상충하고 있다. 그러나 학력 요건을 자동적인 능력 지표로 사용하려는 경향에 대해서는 많은 비판이 제기되고 있다.

주민의 자격 요건은 지방자치와 관련해서 고려되는 변수다. 이는 지방자치단체에서 공무원을 채용할 경우 지방세를 납부하는 고장 주민을 임용해야 한다는 요건을 말한다. 이 같은 주민의 자격 요건에 대해서는 장점이 논의되기도 하지만, 공무원의 능력 저하 및 지역적인 불균형으로 인해 오히려 행정 능률의 저하를 초래할 우려가 있다는 비판도 제기된다.

그 밖에 공무원에 대한 결격 사유로는 금고 이상의 형사 처벌을 받고 일정 기간이 경과하지 않은 자와, 공무원법상의 파면 또는 해임의 징계 처분을 받고 일정 기간이 경과하지 않은 자, 그리고 금치산자 및 한정치산자와 같이 민사상의 능력이 제한된 자 등은 공직에 취임할 수 없다.

② 채용시험

시험은 공직 희망자들의 상대적 능력을 구별하는 제도로서, 시험에서 측정하고자 하는 것은 지식·기술·능력 및 가치관 등이 있다. 일반적으로 시험의 대표적 방법은 필기시험으로 주관식과 객관식 시험이 있다. 이 밖에 실기시험, 면접시험(개인 및 집단면접)이 있고, 시험의 목적에 따라 일반지능검사와 적성검사, 업적검사, 성격검사 및 체력검사 등을 활용하기도 한다. 면접시험은 필기시험으로 측정하기 곤란한 가치관과 성격, 행태상의 특성, 협조성 등을 평가하는 데 유용하다. 시험방법을 평가하는 기준으로는 타당도·신뢰도·객관도 및 난이도를 들 수 있다.[33)]

---

33) 타당도(validity)란 시험이 측정하고자 하는 것을 얼마나 정확하게 측정했는가를 의미한다. 신뢰도(credibility)는 측정 결과의 일관성을 의미하는 것으로, 동일한 내용의 시험을 반복 시행할 때 결과가 일관성있게 나타나는 것을 뜻한다. 객관도는 채점자의 편견이나 주관적 판단에 의해 득점상의 격차가 없는 경우를 의미한다.

③ 채용후보자명부 작성

시험을 거쳐 합격자가 결정되면 시험 실시기관은 이들의 등록을 받아 채용후보자명부(list of eligible candidates)를 작성한다. 채용후보자명부는 직급별로 시험 성적순에 따라 작성되며, 훈련 성적과 전공 분야 및 기타 사항을 기재한다. 채용후보자명부의 유효 기간은 일정하게 한정되어 있다. 그 이유는 유효 기간이 너무 짧으면 시험을 자주 실시해야 하기 때문에 많은 시간과 경비가 소요되고 적시의 결원 보충이 이뤄지기 어렵기 때문이다.

④ 추천

채용후보자명부가 작성되면 시험 실시기관의 장은 채용후보자명부에 등재된 채용후보자를 시험성적, 훈련성적, 전공 분야, 경력, 적성 등을 참작해 임용권자나 임용 제청권자에 추천(certification)해야 한다.

추천 방법으로는 결원된 인원의 숫자만큼 추천하는 단수추천제, 결원된 직위의 정해진 배수만큼 인원을 추천하는 배수추천제, 채용후보자를 성적 순으로 몇 개의 집단으로 나눈 뒤 우수 집단부터 차례로 추천하는 집단추천제, 임용권자가 특정한 자격 등을 가진 후보자를 추천해 줄 것을 요구하는 경우 채용후보자명부에 등재된 성적 순에 관계없이 추천하는 선택추천제, 채용후보자 전체를 추천해 임용권자가 자유롭게 선발하도록 하는 전체추천제 등이 있다.

⑤ 시보임용

임용권자는 추천된 임용후보자 가운데 적격자를 선발해 일정한 기간 동안 시보로 임용(probationary appointment)해야 한다. 시보공무원은 시보 기간이 끝난 뒤 정식 공무원으로 임명된다. 시보제도는 선발 수단의 보완이라는 목적 외에, 후보자에게 기초적인 적응 훈련을 시킨다는 부수적인 목적도 지니고 있다. 시보공무원은 정규 공무원과 같은 신분 보장이 되지 않아, 임명권자가 일방적으로 해임하더라도 소청 등의 구제 수단이 없다.

⑥ 임명과 초임 보직

시보 기간이 끝나면 시보공무원은 정규 공무원으로 임명(appointment)되고 보직을 부여받는다. 임명은 특정인에게 공무원의 신분을 부여하는 신분 설정행위이며, 보직은 공무원을 일정한 직위에 배치하는 행정행위다. 보직은 관(官)과 직(職)이 분리되어 있는 경우, 일정한 관에 임명된 자에게 구체적인 직의 담당을 명하는 행정행위라고 할 수 있다.

(2) 내부임용

내부임용은 정부조직 안에서 공무원을 활용하는 활동이다. 내부임용은 수직적 이동과 수평적 이동으로 나눌 수 있다.

① 수직적 이동

공무원을 수직적으로 이동시키는 내부임용의 방법으로는 승진과 강임이 있다.

가. 승진과 승급

승진이란 특정한 직책에 가장 적합한 자를 선별해 내는 내부임용 방법의 하나로서, 상위직으로 이동해 종전보다 중책을 담당하게 되는 것을 의미한다. 따라서 권한과 의무도 많아지며 일반적으로 보수도 인상된다. 승진이 갖는 중요성은 인사행정상 인력의 능력 발전과 사기 앙양을 통한 효율적 목표 달성에 기여한다는 데 있다.

승진 기준의 바람직한 판단 근거는 승진 예정 직위가 요구하는 자격 요건에의 적합성 여부다. 그러나 승진이란 현재의 자격 요건으로 장래의 직위에서 근무를 결정짓는 행위이기 때문에, 그것의 일치도를 쉽게 평가할 수 없을 뿐더러 승진 예정 직위의 자격 요건 또한 명확한 규정이 쉽지 않다. 그래서 승진의 기준으로 가장 대표적으로 활용되는 것이 경력과 실적이다. 경력에는 근무 연한, 학력, 경험 등이 포함되며, 실적에는 근무성적 평정, 교육훈련 성적, 시험성적 및 상벌의 기록, 인사권자 개인의 판단 등이 포함된다.

승진제도에서는 승진과 신규채용의 비율을 어떻게 조정할 것인가, 그리고 승진의 기준을 어떻게 할 것인가 등의 문제가 중요하다. 일반적으로 신규채용의 비율이 높아지면 공무원의 질 향상을 기할 수 있고 공직의 침체를 방지할 수 있다. 반면에 재직자의 승진 비율이 높으면 재직자들의 사기 향상과 신분 보장으로 인한 행정의 일관성 유지, 젊은 사람을 채용해 평생 봉직하게 하는 직업공무원제의 확립에 기여할 수 있는 장점이 있다. 단, 후자의 경우 장점에 비해 직업화의 정도가 낮은 경우에는 지나친 관료권의 강화를 가져올 우려도 있다.

한편 승급은 같은 계급이나 등급 내에서 호봉이 높아지는 것을 말한다. 승급은 계급이나 직책의 변동을 수반하지 않기에 승진과 구분된다. 대부분의 경우 승급은 근무 기간에 따라 자동적으로 이뤄지는 것으로 인식되어 왔다. 그러나 최근 들어 근무성적 평정과 연결해 승급을 제한하는 등의 사례에서 보듯이, 승급을 근무 의욕 고취의 한 수단으로 활용되는 경향이 늘어나고 있다.

나. 강임

강임은 하위 직급으로 이동하는 것을 말한다. 강임은 직제와 정원이 변경되거나 예산의 감소 등으로 폐직이 되었을 경우, 그리고 본인이 원할 경우 가능하다.

② 수평적 이동

가. 전직과 전보 및 전입

전직은 상이한 직렬의 동일한 계급이나 등급으로 수평 이동하는 것을 의미하며, 전보는 동일한 직급 내에서 직위만 바꾸는 것을 의미한다. 통상 전직과 전보에는 일정한 제한 규정을 두고 있다. 직렬을 바꾸는 전직을 위해서는 전직 시험을 거쳐야 한다. 빈번한 자리 이동은 행정의 전문화를 저해하고 직무의 능률을 떨어뜨릴 우려가 있으므로 전직과 전보를 위해서는 최저 재임 기간을 채워야 한다.

한편, 전입은 인사 관할을 달리하는 입법부 · 행정부 · 사법부 사이에 다른 기관 소속 공무원을 이동시켜 받아들이는 것을 말한다. 전입을 위해서는 시험을 거쳐야 하지만, 임용 자격 요건과 시험 과목이 동일할 경우 시험의 일부 또는 전부를 면제할 수 있다.

나. 겸임과 파견

겸임은 직위와 직무 내용이 유사하고 담당 직무 수행에 지장이 없다고 인정되는 경우에 한 사람의 공무원에게 둘 이상의 직위를 부여하는 것을 의미한다. 파견은 국가적 사업의 수행을 위해 공무원의 소속을 바꾸지 않고, 일시적으로 다른 기관이나 국가기관 이외의 기관 및 단체에서 근무하게 하는 것을 의미한다.

③ 해직과 복직

가. 휴직 · 정직 · 직위해제 및 복직

휴직과 정직 및 직위해제는 공무원의 신분은 보유하지만, 직무 수행을 일시적으로 정지시키거나 직위를 부여하지 않는 것을 의미한다. 그리고 복직은 특정한 사유가 소멸되어 공무원을 직무에 다시 복귀시키는 것을 의미한다.

휴직은 공무원 본인이 원할 때나 사정에 따라서는 본인의 의사에도 불구하고 휴직을 명할 수 있다. 직위해제는 형사사건 기소자 등에 대해 직위를 부여하지 않는 임용 행위를 말한다. 직위해제 제도의 본래 취지는 공무원이 형사사건으로 기소된 때 또는 중징계 의결이 요구된 때 등의 경우에, 그 직위를 해제해 직무 집행으로부터 일시 격리함으로써 공무 집행의 공정성과 개인 사무의 해결 시간을 부여하는 데 있다. 징계처분보다 절차가 간편한 직위해제는 현실적으로 징계처분의 한 수단으로 남용되는 경우가 많다.

나. 직권면직 · 해임 및 파면

직권면직 · 해임 및 파면은 공무원의 신분을 박탈하는 임용 행위다. 직권면직은 직제 · 정원의 개폐, 예산의 감소 등에 의해 폐직 또는 과원이 될 경우, 임용권자가 직권에 의해 공무원의 신분을 박탈하는 제도다. 직권면직도 징계처분의 하나로 볼 수 있으나, 국가공무원법상 징계의 종류로 규정되어 있지 않다는 점이 해임 및 파면과 다르다.

파면과 해임은 중징계 조치의 한 유형으로 볼 수 있다. 그리고 국가공무원법상의 제도는 아니지만, 인사권자의 자의에 의해 이뤄지는 사실상 강제퇴직의 하나로 권고사직이 있다. 권고사직은 의원면직의 형식을 취하며, 징계 대상 공무원에 대해 가혹한 징계를 모면하게 하는 수단으로 이용되거나 대량 숙정작업 시에 비공식적 징계의 수단으로 이용된다.

2) 평가

공무원의 능력을 평가하는 데 주로 이용되는 것이 근무성적 평정이고, 이에 따른 능력을 개발하는 데 핵심적인 것이 교육훈련이다.

(1) 근무성적 평정

① 근무성적 평정의 의미

근무성적 평정(performance evaluation)은 공무원의 개인적 특성 · 행태 · 직무 수행의 실적 등을 파악해, 이를 기록하고 활용하는 인사행정 기능의 하나로 볼 수 있다. 근무성적 평정은 공무원에 대한 처우를 포함한 인사 조치, 공무원과 행정의 발전, 인사기술의 평가에 필요한 정보를 제공한다(오석홍, 2008a: 590).

근무성적 평정은 정부에서 일하는 공무원에 대한 능력, 근무성적, 가치관 및 태도 등을 평가해 훈련 수요를 파악하고, 승진 및 보수 결정 등의 인사관리 자료를 얻고자 하는 인사행정상의 한 과정이라 할 수 있다. 근무성적 평정은 다음에서 보듯이 목적에 따라 근무성적 평정의 용도가 결정된다.

첫째, 근무성적 평정은 승진, 전보, 보수 지급, 훈련 및 퇴직 등 인사행정의 각 과정에서 준거가 되는 기준을 제공한다. 근무성적 여하에 따라 승진과 전보의 대상자를 결정할 수 있으며, 보수 지급의 기준으로 활용할 수 있고, 훈련의 수요 파악에 도움이 되며, 퇴직자의 선별 기준이 된다.

둘째, 근무성적 평정을 능력 발전의 도구로 이용할 수 있다. 훈련의 수요 파악이나 전보와 같은 공식적인 제도를 활용하는 경우 이외에도, 개인의 능력 발전과 인간관계 개선 등을 위해 이를 활용할 수 있다. 개인의 능력 발전이나 인간관계 개선을 위해 근무성적 평정을 활용할 경우에는 근무성적 평정에 따른 결과가 개인에게 공개되고 이에 대한 비판과 이의 제기가 자연스럽게 이뤄질 수 있어야 한다.

셋째, 시험은 공직에 적합한 자를 선발하는 하나의 과정이지만 장래의 근무 능력을 측정하기란 쉽지 않다. 따라서 이의 적합성 여부를 판단하는 하나의 기준으로 근무성적 평정을 이용할 수 있다. 시험성적과 임용 후의 근무성적을 비교하는 것이 그것이다. 이것은 시험이 선발 기능을 제대로 수행했는가의 여부, 즉 시험의 타당성을 측정하는 것이다.

② 근무성적 평정의 유형

근무성적 평정의 유형은 방법을 기준으로 한 유형 분류와, 평정자를 기준으로 한 유형의 두 종류로 나눠 볼 수 있다.

방법을 기준으로 한 근무성적 평정의 유형으로는 i) 우리나라에서 5급 이하 공무원의 평정에 사용하고 있는 도표식 평정척도법, ii) 피평정자의 성적 분포가 과도하게 집중되거나 관대화되는 것을 막기 위해 성적 분포 비율을 미리 정해 놓는 강제배분법, iii) 평정과 관련된 구체적 사실을 기록하는 사실기록법, iv) 피평정자 간의 근무성적을 서열로 표시하는 서열법, v) 평가 요소 가운데 결과를 중시하는 목표관리제, vi) 평가의 기준이 되는 표준행동목록을 미리 작성해서 그 목록에 단순히 가부를 표시하게 하는 체크리스트 방법, vii) 2개 또는 4~5개의 항목으로 구성된 각 기술 항목의 조(組) 가운데서 피평정자의 특성에 가까운 것을 강제적으로 골라 표시하도록 하는 강제선택법, viii) 피평정자의 근무 실적에 큰 영향을 주는 중요 사건들을 평정자로 하여금 기술하게 하는 중요사건기록법, ix) 행태기준평정척도법(BARS), x) 행태관찰척도법(BOS) 등이 있다.

평정자를 기준으로 한 근무성적 평정의 유형으로는 전통적으로 가장 보편적으로 사용되는 감독자평정법, 자기평정법, 동료평정법, 부하평정법, 다면평가 등이 있다.

③ 근무성적 평정상의 오류

근무성적 평정의 과정에는 평정 결과를 왜곡시키는 여러 가지 오류가 개재될 가능성이 있다.

근무성적 평정상의 오류로는 i) 평정 요소에 대한 평정자의 판단이 연쇄적으로 다른 요소의 평정에도 영향을 주는 연쇄 효과, ii) 평정자가 모든 피평정자에게 대부분 중간 수준의 점수를 주는 심리적 경향을 말하는 집중화 경향, iii) 평정 결과의 분포가 우수한 쪽에 집중되는 관대화 경향과 그 반대 현상을 지칭하는 엄격화 경향, iv) 어떤 평정자가 다른 평정자보다 언제나 좋은 점수 또는 나쁜 점수를 주게 됨으로써 나타나는 규칙적 오류와, 평정자의 평정 기준이 일정치 않아 관대화 및 엄격화 경향이 불규칙하게 나타나는 총계적 오류, v) 전체 기간의 근무성적을 평가하기보다는 초기의 업적에 영향을 크게 받는 첫머리 효과와, 최근의 실적이나 능력을 중심으로 평가하는 막바지 효과를 가리키는 시간적 오류, vi) 평정의 요소와 관계가 없는 성별·출신 학교·출신 지방·종교·연령 등에 대해 평정자가 갖고 있는 편견이 평정에 영향을 미치는 선입견에 의한 오류 등이 있다.

평정상 오류를 시정하기 위해서는 평정자에 대한 사전교육을 철저히 해야 하며, 대부분의 경우에는 성적 분포 비율을 미리 정해 놓는 강제배분법을 사용하고 있다. 또한, 사후적으로 평정 결과를 조정할 필요가 있을 경우에는 표준값으로 환산하는 방법을 이용할 수 있다.

3) 교육훈련

(1) 교육훈련의 목적

공무원에 대한 교육훈련의 주된 목적은 개인의 능력을 개발해 더 나은 직업적 성공의 기회를 제공하고, 조직에는 이를 통해 목적을 더욱 효과적으로 달성하는 기회를 제공해 준다는 것이다. 교육훈련이 인력 개발과 같은 의미로 사용되는 것도 이러한 이유다. 따라서 공무원에 대한 교육훈련이 필요한 이유는 공무원 자신의 퇴화 방지, 직무의 변동, 승진에의 대비, 조직 목표의 내면화, 가치관의 변화 등에 대응하기 위해서라고 할 수 있다(백완기, 2010: 586-587).

(2) 교육훈련의 내용과 종류

교육훈련의 내용은 업무 수행에 필요한 지식이나 기술 및 가치관이지만, 대상자와 목적에 따라 구체적인 내용은 달리 결정될 수밖에 없다. 공무원에 대한 교육훈련은 목적에 따라 크게 세 가지로 나눌 수 있다.

첫째, 처음 공무원이 되는 사람에게 자기가 맡은 일을 파악하고 적응할 수 있게 하는 것과 정부에 고유한 업무를 익히게 한다.

둘째, 환경의 변화에 따라 요구되는 새로운 지식, 기술 및 가치관을 습득케 한다.

셋째, 지위의 이동에 따라 요구되는 새로운 역할 습득에 필요한 교육훈련이 그것이다.

이를 각각의 목적과 그에 따른 내용별로 구분하면 ① 기본 훈련 또는 적응 훈련, ② 정부 고유 업무 담당자에 대한 훈련, ③ 새로운 지식, 기술 및 가치관의 습득, 그리고 ④ 감독자·관리자훈련 등이 있다.

(3) 교육훈련의 방법

교육훈련의 방법은 훈련하고자 하는 내용을 피훈련자에게 전달하는 과정에서 사용되는 여러 가지 직·간접적 의사전달 방법을 의미한다. 교육훈련에 사용되는 방법으로는 일반적 교육에서 사용되는 모든 방법과 기법이 활용될 수 있다. 즉, 교육훈련의 목적과 경비, 피훈련자의 특성 등을 고려해 선택할 수 있다. 교육훈련의 목적과 관련해 가능한 교육훈련 방법을 살펴보면 <표 4-2-10>과 같다.

표 4-2-10 교육훈련의 목적과 방법

교육훈련의 목적	교육훈련의 방법
지식의 축적	독서, 강의, 토의, 시찰, 사례연구
기술의 연마	시범, 사례연구, 토의, 전보, 견습, 연기
태도・행동의 변경	연기, 시범, 사례연구, 토의, 회의, 감수성훈련, 전보, 영화

자료: 이종수・윤영진 외(2008).

(4) 사후평가

교육훈련에 대한 사후평가는 두 가지 의미를 지닌다. 하나는 교육훈련 자체가 잘 실시되었는가에 관한 평가이고, 다른 하나는 교육훈련이 소기의 목적을 달성했는가의 여부에 관한 평가다. 교육훈련의 사후평가는 주로 후자에 치중하고 있다.

평가 방법은 교육훈련의 목적에 따라 교육훈련 프로그램이 설계되었는지, 프로그램에 따라 교육훈련이 잘 실시되었는지, 교육훈련의 결과가 그 교육훈련으로 인한 것인지, 교육훈련이 목적 달성에 이바지했는지 등을 평가한다. 이상의 요건 외에 평가에 중요한 것은 적절한 평가 시기의 선택인데, 그 이유는 당장 효과가 나타날 수 있는 것과 그렇지 않은 것이 있기 때문이다.

위의 요건을 모두 만족시키는 평가 방법을 찾기는 쉽지 않지만 대체적으로 사용되는 평가 방법으로는 ① 출근 상태, 이직률, 사고율 등과 같은 객관적・간접적 자료를 통한 평가, ② 교육훈련 내용의 습득을 시험으로 하는 평가, ③ 피훈련자 자신, 동료 및 상관의 의견을 통한 평가, ④ 고객을 통한 평가, ⑤ 집단토의를 하거나 설문조사를 통한 평가 등이 있다(이종수・윤영진 외, 2008).

4) 보수와 연금

인적자원의 관리에서 살펴본 평정과 그에 따른 훈련과 함께 중요한 요소가 사기 진작을 통한 조직 목표의 달성이라고 할 수 있다. 공무원의 사기 진작을 위한 방안에는 고충처리와 제안제도 등과 같은 비물질적 요인과 함께 보수와 연금 같은 물질적 요인 등이 있다. 이 중 보수의 경우 허즈버그(Frederick Herzberg)의 주장처럼 불만의 해소라는 기능밖에 하지 못한다 할지라도, 불만의 해소 없이는 더 이상의 만족을 기대하기는 곤란할 것이다. 이런 측면에서 물질적 사기 진작 요인인 보수는 인간의 기본 욕구를 해결하는 바탕이 되기 때문이다.

(1) 보수

① 보수의 의미

보수(compensation)는 근무의 대가로 지불되는 보상 중의 하나다. 공무원은 보수 이외에 승진, 신분 보장, 연금이나 보험 등의 혜택을 받지만, 보수는 정부가 공무원에게 금전적으로 지급하는 재정적 보상에 해당된다. 보수는 직접적으로는 근로의 대가이지만 그로 인해 직업 만족을 얻기도 하고, 근무의 성과가 향상되기도 하기 때문에 인사행정에서 보수가 갖는 의미는 매우 크다.

공무원 보수는 법령을 근거로 정부의 정책에 따라 결정되고, 노력과 능력에 따라 지급할 것을 원칙으로 하지만 정부 일의 성과를 금전적으로 환산하는 기준이 모호하다. 따라서 공무원 보수는 다음과 같은 특징을 가진다.

첫째, 공무원 보수의 전체 수준은 대체로 사회 일반의 보수 수준에 비춰 낮다. 그 이유는 공무원의 보수는 국민의 세금으로 지급되기 때문에 인상을 억제하는 여러 요인이 작용하고, 보수의 결정에 작용하는 요인 또한 복잡하기 때문이다. 공무원집단 내에서는 고위직의 보수는 사기업에 비해 상대적으로 적으나 하위직의 보수는 높게 책정하는 것이 일반적이다.

둘째, 보수의 책정 면에서 근로의 대가로서 보수는 동일 노동에 동일 대가를 지불하는 것이 원칙이다. 하지만 정부의 업무는 엄격한 직위분류제를 이용하는 경우에도 노동의 비교치를 찾는 것이 힘든 경우가 많다. 정부의 직무는 경찰, 군인, 소방 등과 같이 민간기업에서는 볼 수 없는 직무가 많기 때문이다. 따라서 시장가격의 적용도 어렵다.

셋째, 민간기업의 보수는 근로자와 사용자의 합의에 의해 결정되는 것이 기본이다. 하지만 공무원은 일반적으로 노동권의 제약을 받고 있어 보수 결정이 불리할 수 있다.[34)]

---

34) 우리나라는 이상의 요인 외에도 전통적인 관직에 대한 사고와 기대, 국가의 경제적 사정 등이 영향을 미쳐 더욱 불리한 보수 결정을 하게 되는 요인으로 작용하기도 한다. 공직자에게 청빈을 기대한다거나, 물가 수준을 우려해 공무원의 월급 인상을 억제하는 것 등이 그 예다.

② 보수 체계

보수 체계는 보수를 구성하는 모든 항목의 배열을 말하며, 일반적으로 보수 체계는 봉급(기본급)과 수당(부가급)으로 구성된다. 봉급은 직책, 능력, 자격에 따라 일률적으로 받는 금액을 말하며, 수당은 특별한 사정에 따라 받는 금액을 말한다. 보수행정의 합리화 정도가 낮거나 계급제를 채택하고 있는 나라의 경우 수당의 종류가 많은 것이 일반적이다. 계급제의 경우 직책에 따라 보수액을 결정하는 것이 아니라 능력, 자격에 따라 보수를 결정하기 때문이다. 각종의 수당을 통한 일시적 미봉책으로 박봉을 비정상적으로 해결하려는 경우에도 수당이 늘어난다.

③ 보수 수준의 결정

가. 보수 수준의 결정 원칙

공무원의 보수는 민간 부문의 보수와 달리 그 결정이 매우 어렵지만, 기본적으로 세 가지 접근 방식 중의 하나를 택해 그 기초 위에서 결정한다.

첫째, 납세자의 압력을 의식해 가능한 한 낮은 수준에서 책정하는 방식을 택할 수 있다. 둘째, 모범을 보이기 위해 민간 부문보다 더 많이 지불할 수도 있다. 셋째, 민간 부문과 비교해 지불하는 방식을 택할 수도 있다.

미국과 영국에서는 대체로 세 번째 방식을 따르며, 우리나라도 기본적으로 이를 염두에 두고 있다. 이러한 기본 입장에 따라 보수 수준 결정의 원칙은 대내적 비교성과 대외적 상대성으로 구분된다.

보수 수준의 결정 원칙으로 대외적 비교성의 적용이다. 공무원의 경우 민간 부문과 비교해 보수를 지급한다 하더라도 직책의 시장가격 결정이 어렵기 때문에, 민간기업 보수의 평균치를 기준으로 하여 보수를 결정하는 것이 일반적이다. 그러나 이 경우에도 공무원과 민간기업의 직종이 서로 다르고 직급이 다양하기 때문에 기준치의 설정이 어렵기는 마찬가지다. 따라서 비교의 기준을 설정하기 위한 또 하나의 기준이 설정되어야 한다. 비교할 행정직의 대표 직급의 선정과 비교할 기업의 산업별·규모별·지역별 평균치의 설정과 비교 기간의 설정, 비교 시기의 결정 등이 그에 해당된다.

보수 수준의 결정 원칙으로 대내적 상대성의 적용이다. 보수에 대한 가정 중의 하나는 보수의 만족이 직무에 대한 만족으로 이어지고 그것이 근무 성과를 향상시킨다는 것이다. 이러한 가정은 동기부여에 관한 기대이론에서 출발한 것이다. 이 이론에 따르면 성과에 따른 보상이 공평하다고 여길 때 만족을 느끼며, 동기부여 요인으로 작용해 다음 성과에 영향을 준다는 것이다. 많은 연구가 보수 체계의 구성에 이 이론을 적용한다.

대내적 상대성은 이러한 기대감을 조직 내에서 찾아보려는 것으로, 상하위 직급 간의 보수의 격차를 통해 능력 발전과 근무 의욕의 유도를 가능하게 하자는 것이다. 상하 간의 격차가 적으면 당장에는 평등한 지급으로 보이지만 유인 체계로서 매력이 적어진다. 반면 차이가 너무 크면 직접적인 불만을 야기하기 때문에 적절한 차이를 결정하는 것이 중요하다.

나. 보수 수준의 결정 요인

보수는 근무의 대가이므로 성과에 따라 지급되는 것이 원칙이지만 공무원의 근무는 성과 측정이 곤란한 경우가 많다. 따라서 여러 가지 기준을 고려해 보수 수준을 결정하게 된다.

첫째, 경제적 요인을 고려해야 한다. 보수 수준 결정에서 생산성과 지불 능력을 경제적 요인으로 분류한다. 그런데 정부조직에는 생산성이나 시장가격을 계산할 수 없는 경찰과 소방 같은 직무가 있고, 지불 능력 또한 단순하게 계산할 수 없기 때문에 복잡한 요인이 작용한다. 기업의 지불 능력은 정부의 입장에서 보면 재정력에 해당된다.

재정력은 국민의 담세 능력과 관련이 있다. 그러나 조세정책에 따라 담세 능력과 재정력은 다르게 나타날 수 있다. 그리고 재정력 또한 보수 수준 결정의 절대적인 기준은 되지 못한다. 재정력이 있어야 보수를 지급할 수 있지만, 그 경우에도 인력정책이 또 다른 고려 요인으로 작용한다. 보수를 지나치게 낮게 책정하면 우수한 인재를 사회의 다른 부문에 빼앗기게 되고, 지나치게 높게 책정하면 사회의 다른 부문의 인력을 빼앗아오게 되어 사회 전체의 효율을 떨어뜨릴 우려가 있기 때문이다.

둘째, 사회윤리적 요인이 있다. 공무원도 국민의 한 사람이기 때문에 인간다운 생활을 할 권리가 있다. 공무원은 근로자로서 권리면에서 사회의 다른 부문에 비해 많은 제약을 받기 때문에, 정부는 공무원에게 생활을 보장해야 한다. 더불어 공직은 공공에 대한 봉사직이므로 지나치게 높은 보수를 받아서는 안 된다는 관념에 기초를 둔 것이 사회윤리적 요인이다.

셋째, 성과와 동기부여 요인의 중요성이 강조되고 있다. 보수가 근무의 대가라는 개념에 따르면 근무 성과에 따라 보수를 지급하는 것이 합리적이다. 근무 성과에 따른 보수 지급은 동기부여 요인이 되고 행정의 능률성 향상에 기여한다. 능률급의 개념은 여기에서 나온다.

결국 보수 수준의 결정은 대외적 비교성과 대내적 상대성의 두 가지 원칙을 고려해서 정부의 재정력을 상한선으로 하고 공무원의 생계비를 하한선으로 해 그 사이에서 직책과 능력에 따라 결정된다.

(2) 연금제도

연금제도(civil service pension program)는 공무원에 대한 사회보장제도의 일종으로, 범위와 내용은 국가마다 조금씩 다르다. 원래 연금제도는 퇴직연금(retirement benefits)을 지급하는 데서 출발했으나, 오늘날 각국의 연금제도는 퇴직연금만을 대상으로 하거나 적어도 이를 주축으로 하고 있다. 연금은 공무원에게는 사회보장의 기능을 하며, 정부 입장에서는 사기 앙양을 통한 근무성적 향상과 신진대사를 가능케 하고, 국민에게는 신진대사를 통해 경비 절감을 유도하는 기능을 한다.

다시 말해, 연금은 직업공무원제도의 확립에 불가결한 요소로서 공무원이나 정부나 납세자의 입장에서 다 같이 이익을 주는 제도로 지적된다. 정부로서는 생산성이 떨어진 연로한 공무원을 보수 전액을 지급하면서 계속 근무시키는 것보다는, 보수의 일부를 주고 퇴직시키는 것이 더 경제적일 수 있기 때문이다(백완기, 2010: 606-607; 오석홍, 2008a: 625).

연금제도의 운영은 나라마다 다른데 영국과 같이 기여금 없이 성실한 근무 후 국가 부담으로 받게 하는 경우와, 한국과 미국에서와 같이 기여금과 국가 부담의 혼합으로 운영되는 형태로 크게 나눌 수 있다. 끝으로, 연금제도에서 가장 중요한 문제의 하나가 연급급여의 구매력을 유지하는 것이다. 인플레이션이 심한 사회에서는 연금 지급이 조정되지 않으면 연금제도는 아무런 의미가 없기 때문이다. 따라서 연금급여의 구매력을 유지하기 위해서는 연금구조에 인플레이션에 대항할 수 있는 장치가 마련되어야 한다.

2 한국 행정과 인적자원관리

1) 한국 행정과 임용

(1) 한국 행정과 채용

한국 공무원의 채용제도는 공개경쟁채용과 경력경쟁채용의 두 종류로 나뉜다.

공개경쟁채용제도는 공무원의 신규임용 시 불특정 다수인을 대상으로 경쟁시험을 실시해 공무원으로 채용하는 제도로서, 균등한 기회 보장과 좀 더 우수한 인력을 공무원으로 선발하고자 하는 데 목적이 있다('국가공무원 임용령' 제2장). 공개경쟁채용에 의한 시험의 종류에는 5급·7급·9급 공개채용제도가 있다.

이에 반해, 경력경쟁채용제도의 목적은 공개경쟁채용시험에 의해 충원이 곤란한 분야에 대해 채용하는 제도로서, 관련 직위의 우수 전문인력 및 유경력자를 선발하는 데 있다. 경력경쟁채용는 다수인을 대상으로 경쟁 방법으로 채용하는 경력경쟁채용시험과, 다수인을 대상으로 하지 않는 비다수 인재 채용시험으로 구성된다('공무원임용령' 제16조 내지 제22조).[35]

그림 4-2-4 공개채용과 경력채용의 변화

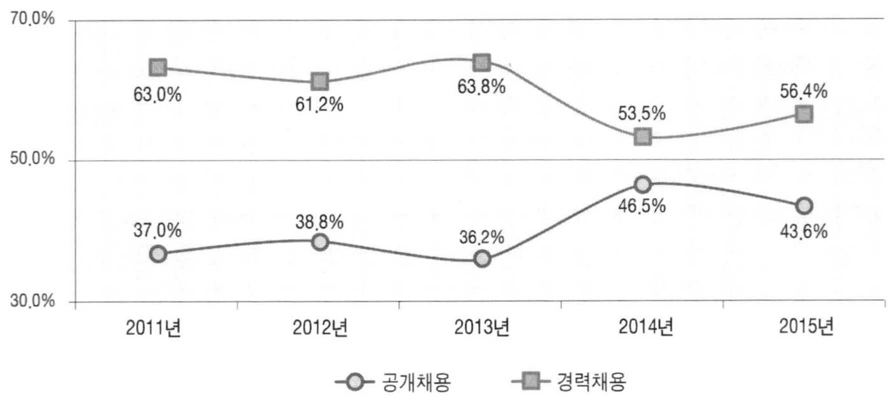

35) '국가공무원법' 제28조에는 경력경쟁채용 등에 관한 요건을 1호(원직급 재임용)에서 13호(귀화자 및 북한이탈주민 대상)에 걸쳐 구분하고 있다.

한편 한국 공무원의 채용제도는 과거에는 공개경쟁채용제도가 주를 이뤘으나, 2000년대 이후부터는 경력경쟁채용제도가 증가하는 추세에 있다. [그림 4-2-4]에서 보듯이 매년 실시되는 공무원 채용 가운데, 공개채용에 의한 비율은 점차 감소하는 데 반해 경력채용에 의한 비율은 급격하게 증가하고 있다. 이에 따라 2014년을 기점으로 경력경쟁채용의 비율이 40%대를 넘어서고 있다. 그리고 경력경쟁채용 가운데 특기할 만한 것으로 이명박 정부 때부터 실시되고 있는 5급을 대상으로 하는 국가공무원 민간 경력자 채용제도는 경력경쟁채용제도에서 획기적인 의미를 담고 있다.

(1) 5급 국가공무원 민간 경력자 채용

개방형 인사 체제의 변화 가운데 특이한 것은 이명박 정부가 들어서면서 2011년도부터 실시하고 있는 5급 국가공무원 민간 경력자 채용이다. 그동안 한국 정부에서 공무원은 공개경쟁채용시험을 통한 충원을 원칙으로 운영되어 왔다. 그래서 객관적이고 공정한 선발시험으로 우수한 인재를 충원하는 데는 도움이 되었으나, 공직 내의 다양성을 확보하기에는 부족한 점이 많다는 비판이 제기되었다.

그 결과 특히 고위직은 70% 정도가 5급 공채 출신으로 구성됨은 물론 특정 학교 출신으로 충원되는 등 상위 직급으로 갈수록 인적 구성의 다양성이 부족하고, 근무 연수에 따른 안정적 승진으로 공직 내부의 경쟁이 부족하다는 지적이 팽배했다.[36] 이러한 문제점을 보완하기 위해 역대 정부에서는 2000년 초부터 특채를 활

---

36) 일반직 고위공무원단 출신을 2009년 기준으로 살펴볼 때, 5급 공채 출신이 70.6%, 7급 공채 출신이 8.7%, 9급 공채 출신이 3.5%, 특채 출신 등이 17.2%를 차지하고 있는 것으로 나타났다. 그리고 특정 학교 출신으로 충원되는 실태는 다음 표와 같다.

주요 대학 출신 고위공무원 현황

순위	2009. 6. 30 기준 (전체 1,510명)			2010. 6. 30 기준 (전체 1,500명)			2011. 6. 30 기준 (전체 1,485명)		
	학교명	인원(명)	비중(%)	학교명	인원(명)	비중(%)	학교명	인원(명)	비중(%)
1	서울대	447	29	서울대	441	29	서울대	427	23
2	고려대	132	8	고려대	133	8	고려대	125	8
3	연세대	112	7	연세대	122	8	연세대	133	8
	계	691명	45%		696명	46%		685명	46%

자료: 행정안전부 내부 자료(2011).

성화하고, 개방형 직위제도를 도입하는 등 다양한 노력을 기울여 왔다.

그러나 특별채용은 공개채용의 보완적인 채용 경로로 인식되어 실효성이 낮았으며, 특별채용으로 들어온 자들이 공개채용 출신과 대등하게 경쟁하는 데는 한계가 있었다. 이에 공개채용 출신자의 경험적 한계를 보완하고, 다양한 민간 경력자를 채용해 이러한 문제를 보완하고자 하는 노력이 이뤄졌다.[37)]

이와 함께 특채제도가 각 부처에서 수요가 있을 때마다 개별적·산발적으로 실시됨에 따라 외부에서 시험에 대한 예측 가능성을 가지고 미리 준비하기가 어려웠다. 또한 부처에서 자율적으로 특채시험을 운영하는 과정에서 내·외부의 압력이나 로비에 노출되어 공정성이 저해될 우려도 있었다.

이와 같은 배경으로 2010년 8월 12일 정부에서는 공무원 채용제도 선진화 방안을 발표했다. 그러나 공무원 채용제도 선진화 방안은 언론 브리핑이 있자, 기존의 행정고시를 폐지하는 것으로 잘못 인식되어 논란이 야기되었다. 이후 당정협의를 거친 후 정부에서는 각계 전문가가 참여한 '공무원 채용시험 선진화 추진위원회'가 2010년 9월에 구성되어, '민간 경력자 등 5급 일괄 채용시험 시행 방안'을 마련했다.

[그림 4-2-5]에서와 같이 5급 공개채용과 병행·경쟁하는 '민간 경력자 등 5급 일괄 채용시험'은 2011년부터 각 부처에서 산발적으로 실시하는 5급 특별채용

그림 4-2-5 변경된 5급 채용시험 개념도

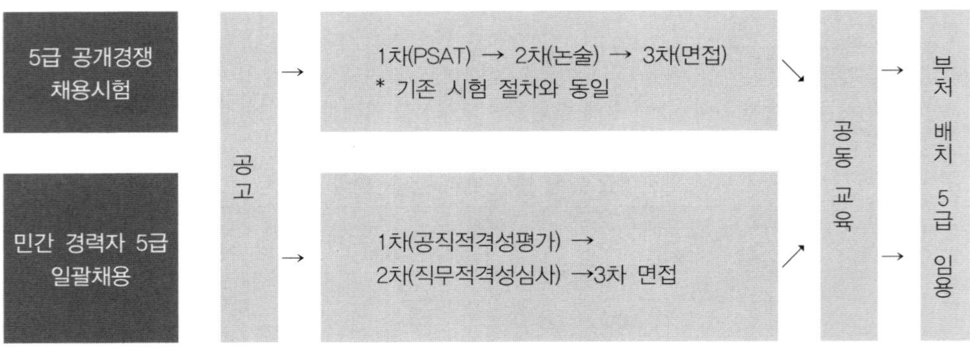

37) 2009년 현재 일반직 5급 특채 102명 중 자격증과 학위로 특채된 인원은 전체 특채에서 89명(87.3%)에 달했다.

의 수요를 받아 행정안전부에서 채용박람회 형식으로 정기적으로 일괄 실시하도록 했다. 그리고 기존의 특별채용도 공개채용처럼 주기적으로 공고함으로써 시험의 예측 가능성을 높여 수험생의 응시 기회를 보장하고 체계적인 선발 절차를 마련해 투명성과 공정성을 제고하고자 했다.

결론적으로, '민간 경력자 등 5급 일괄채용시험'은 다양한 민간 실무경력자를 채용하는 데 주요 목적이 있다. 이를 위해 법령상의 특별채용 요건을 기본으로 하되 다양한 응시 자격을 설정하고, 특히 민간에서의 실제 실무 경력을 우대하는 데 있다.[38] 그리고 민간 경력자 채용시험 합격자는 5급 공채 합격자와 공동 교육을 통해, 상호 이해를 증진하고 경쟁을 통한 능력 발전의 계기를 마련할 수 있도록 하고 있다(김동극, 2011).

아직 이 제도가 시행된 지가 오래되지 않아 제도의 효과적인 정착에 대한 논의가 활발하게 이뤄지지는 않았지만, 비교적 기존 제도에 동화되어 가는 것으로 평가되고 있다. 따라서 이 제도가 효과성을 좀 더 높이려면 다양한 동기부여와 함께 조직충성도를 높일 수 있도록 하는 방안이 모색되어야 할 것이다(김태룡 · 안희정, 2013).

이후 이 제도는 명칭이 경력경쟁채용제도로 정착되면서, 2015년에는 종래 특정 직무별 선발 방식에서 직무별 선발과 일반 경력자 직류별 선발 방식을 병행해 응시 기회를 확대시켰다.[39] 그간 선발된 민간 경력자의 수는 시행 첫해에는 91명, 2012년 103명, 2013년 96명, 2014년 120명, 2015년 126명으로 매년 증가 추세에 있다(인사혁신처 보도자료, 2015.12.31).

---

38) 응시 자격은 다음의 요건 중 하나를 충족하는 자는 가능하다. 첫째, 민간기업 등에서 임용 예정 분야 관련 업무 분야에 부서 단위 책임자로 3년 이상 근무한 경력이 있는 자, 둘째, 임용 예정 분야에서 10년 이상 근무한 경력이 있는 자, 셋째, 임용 예정 분야 관련 학사학위 소지자로서 관련 분야에 7년 이상 근무한 경력이 있는 자, 넷째, 임용 예정 분야 관련 석사학위 소지자로서 관련 분야에 4년 이상 근무한 경력이 있는 자, 다섯째, 임용 예정 분야 관련 박사학위 소지자 또는 임용 예정 분야 관련 자격증 소지자 등이다. 그리고 '공무원임용시험령'에서 요구하는 자격증과 경력을 예시하면 기술사, 변호사(2년), 회계사(4년), 관세사(7년), 법무사(7년), 공인노무사(7년) 등이다.

39) 특정 직무별 선발이라 함은 특정 직위를 지정해 직무 수행에 필요한 경력, 학위, 자격증으로 응시 요건을 제한해 선발하는 방식이다. 이에 대해 직류별 선발 방식이란 특정 직위 지정 없이 업무 수행을 하도록 필요한 경력, 학위, 자격증을 폭넓게 명시해 다양한 경력의 민간 전문가를 선발하는 방식이다.

(2) 한국 행정과 임용

한국 정부는 과거 지나치게 소극적인 모집 태도를 취해 왔으나, 최근 들어서는 다소 적극적 태도를 지향하고 있다. 이러한 이유는 무엇보다 공직에 대한 사회적 평가가 높고, 취업난으로 공직 희망자가 많았던 사회적 환경에서 기인한다. 또한 공직 후보자에게 요구되는 자격 요건도 사회적 현실을 반영하지 못하는 불합리성을 노출시켜 왔다. 이런 관점에서 임용과 관련한 한국의 인적자원관리의 현황을 간략히 살펴보면 이러하다.

첫째, 임용 자격과 관련해 국가안보 및 보안·기밀에 관계되는 분야를 제외하고 대통령령 등이 정하는 바에 따라 외국인을 공무원으로 임용할 수 있도록 자격요건을 완화하고 있다.40) 이에 따라 노무현 정부가 들어선 2002년부터 연구·기술·교육 등 특정한 분야에 외국인을 공무원으로 임용할 수 있게 되었다. 그리고 요건과 관련해 '공무원임용령'은 제17조에서 '해양수산직렬'의 특별채용시험 등 일부를 제외하고는 원칙적으로 학력 요건을 요구하지 않고 있다.

한국 정부에서는 임용 자격에 학력을 철폐해 차별을 두지 않고 있지만, 공무원

표 4-2-11 공무원 임용 당시 최종 학력

(단위: 명, %)

구분	합계	대학원 이상	대학(교) 졸업	대학(교) 재학	대학(교) 중퇴	전문대 졸	고졸	중졸 이하
전체	887,191	194,026 (21.9)	429,416 (48.4)	10,783 (1.2)	17,863 (2.0)	79,635 (9.0)	116,556 (13.1)	18,296 (2.1)
국가	145,565	21,764 (15.0)	67,937 (46.7)	2,021 (1.4)	4,498 (3.1)	16,118 (11.1)	29,232 (20.1)	3,995 (2.7)
경찰·소방	141,798	5,192 (3.7)	52,358 (36.9)	4,979 (3.5)	11,232 (7.9)	29,022 (20.5)	37,338 (26.3)	1,677 (1.2)
교육	304,356	138,468 (45.5)	160,556 (52.8)	98	77	5,157 (1.7)	–	–
지방	295,472	28,602 (9.7)	148,565 (50.3)	3,685 (1.2)	6,554 (2.2)	45,456 (15.4)	49,986 (16.9)	12,624 (4.3)

자료: 행정자치부(2013). 「2013 공무원총조사」.

40) '국가공무원법' 제26조 3.

채용 당시인 임용 전 최종 학력은 <표 4-2-11>에서 보는 바와 같이 매우 높은 편이다. 즉, 2005년 기준으로 우리나라 25세 이상 학력 구성에서 전문대 졸 이상은 31.4%에 불과한데 반해, 2009년 임용 당시의 학력은 전문대 졸 이상이 75.1%에 달했다. 이러한 현상은 2014년에 이르면 83.4%에 달하고, 이에다 대졸 중퇴나 재학생들까지 합하면 무려 85.6%에 달한다. [그림 4-2-6]에서 보듯이 2012년 기준으로 전체 인구에서 고등교육을 이수한 비율이 41%인 것을 감안하면, 임용 단계에서 공무원의 학력 수준은 상당히 높다.

그림 4-2-6 국민교육 수준(학력별 인구 분포)

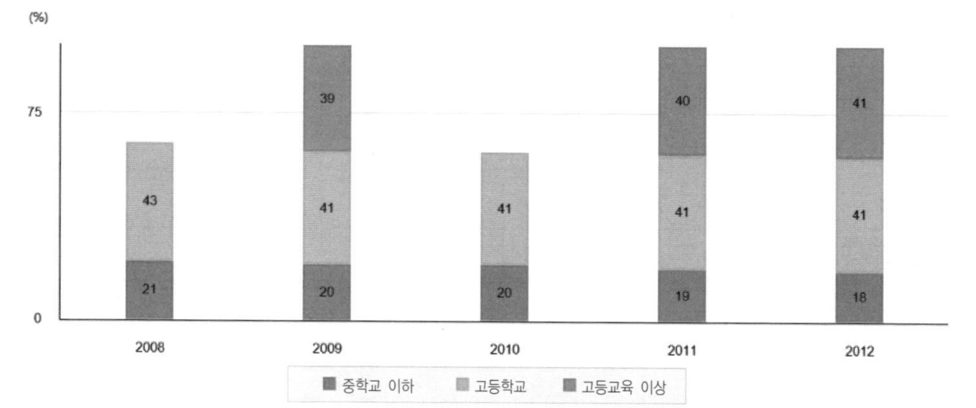

자료: 교육부, 교육통계(2016).

둘째, 임용 자격에서 연령의 경우는 이명박 정부가 들어선 2008년 5월 29일, 헌법재판소가 5급 국가공무원 공채시험의 응시 상한 연령을 32세까지로 제한한 '공무원임용시험령'이 공무담임권과 평등권을 침해한다는 이유로 헌법에 합치되지 않는다는 결정을 내렸다.

이에 그동안 연령을 이유로 제약되어 온 공직 진입의 기회를 확대해야 한다는 국민적 요구를 반영해 공채시험 응시 상한연령 제한도 폐지하기로 결정했다. 이에 따라 2008년 10월에 '공무원임용시험령'의 개정을 통해 2009년 1월 1일부터 시행하고 있다. 7급의 경우 응시 상한 연령이 폐지되고 꾸준이 상승해 2011년에는 17.8%까지 높아졌지만, 2012년과 2013년에는 14%대로 안정세를 유지하고 있다. 이에 따라 국가직 7급의 경우 최종 합격자 평균 연령이 2008년 29.7세에서 2012년에는 30.8세로 나타났다.

국가직 9급도 유사한 현상으로 보이고 있는데, 2008년에 5.4%에 불과하던 33세 이상 최종 합격자가 2013년에는 19.8%까지 증가했다. 다만 이런 현상은 2013년도부터 공채에 고교 과목을 선택 과목으로 도입함에 따라 향후에는 다소 젊어질 가능성이 높아졌다(공무원저널, 2014.1.28).

셋째, 승진과 관련해 한국 공무원의 승진 적체는 사기와 관련해 심각한 문제가 있다. 한 계급을 승진하는 데 평균 소요 연수가 일반직 국가공무원의 경우, 2008년 기준으로 계급별 승진 소요 연수는 평균 6. 8년이 소요되었다. 그러다가 2013년에는 <표 4-2-12>에서 보듯이 평균 승진 소요 연수는 5.0년으로 다소 완화되었다. 다만 평균 이상으로 승진 소요가 요구되는 계급이 6급과 7급에 집중되어 있는데, 계급제를 근간으로 하는 현 승진구조 하에서 이 같은 승진에 따른 적체 현상을 해소하기에는 문제가 있다.

표 4-2-12 국가 일반직 공무원의 평균 승진 소요 연수

기간 \ 계급	고위 공무원단	1급	2급	3급	4급	5급	6급	7급	8급	9급	평균
국가	3.5	–	–	2.3	4.7	5.0	6.8	5.5	3.5	2.9	5.0
지방	–	1.0	2.1	2.5	3.2	4.7	6.5	5.8	2.9	1.7	5.0

자료: 행정안전부(2013). 「2013공무원총조사」.

넷째, 전보의 경우 노무현 정부에서 잦은 보직으로 인한 공무원의 전문성 부족과 행정 서비스의 질 저하 방지를 위한 대책이 강구되었다. 이에 3급 과장급 이하 공무원에 대해 전문 분야별 보직관리제를 도입하는 내용의 '공무원임용령'을 2005년 5월 개정한 것이 그것이다. 그리고 전문 분야별 보직관리제 운영지침을 마련해 2006년 2월에 운영 매뉴얼을 발간 배포함으로써 경력개발 프로그램(COD)을 도입할 수 있는 제도적 기반을 구축했다.

이후 전보제도는 박근혜 정부에 들어오면서 대폭적인 변화를 맞이한다. 공무원의 짧은 순환보직 관행을 없애고 보직 기간을 대폭 강화하는 내용을 담은 2015년

'공무원임용령'을 개정해, 최소한 3년 이상 근무해야 다른 자리로 이동하게 강화했다. 그간 직위별 평균 재직 기간을 살펴보면 고위공무원은 1년, 과장급은 1년 2개월, 4급 이하는 1년 8개월이었다.

이에 따라 공무원의 업무 전문성과 효율성을 높이고 안정적인 직무 수행이 가능하도록, 필수 보직 기간을 도입하고 전보 예외 사유를 구체화했다. 이에 <표 4-2-13>에서와 같이 공무원의 필수 보직 기간을 2년에서 3년으로 늘렸으며, 유사 직무 분야 순환근무는 2년 이상 그리고 다른 직무 분야 순환보직은 3년으로 차별화했다. 이와 함께 고위공무원은 1년에서 2년으로, 과장급 공무원은 1년 6개월에서 2년으로 보직 기간을 강화했다.

한편 전문경력관의 타 부처 전보가 가능하도록 '전문경력관 규정'도 개정했다. 그동안 전문경력관은 다른 부처로 이동하지 못하고 한 부처에서만 근무해야 했으나, 앞으로는 같은 직무 분야에서 근무할 경우 다른 부처로 옮겨 근무할 수 있게 했다(인사혁신처 보도자료, 2015.9.22).

표 4-2-13 전보 제한 기간 강화 내용

구분	현행	개선	이유
고위공무원단	1년	2년	종합적인 정책조정 및 지도감독 능력 요구
과장급(3~4급)	1년 6월	2년	해당 분야에 대한 전문성과 종합적인 조정 능력 요구
5급 이하	2년	3년	해당 분야에 대한 전문적인 능력 요구

2) 한국 행정과 평가

한국 정부에서 공무원의 성과평가와 능력 개발에 활용되고 있는 핵심적인 제도로는 직무성과관리제도와 경력개발 프로그램 등이 있다.

(1) 직무성과관리제도

공직의 경쟁력을 높이기 위해서는 국정 목표와 해당 조직의 비전(vision) 등과 연계된 체계적 목표를 설정하고, 이를 적극적으로 수행하는 노력이 필요하다. 이때 중요한 촉매제 역할을 하는 것이 성과관리다. 직무성과관리제도는 직무분석을 통해 도출된 성과책임을 바탕으로 성과 목표를 설정·관리·평가하고, 그 평가 결과를 보수 혹은 처우 등에 적용하는 일련의 과정을 의미한다.

직무성과관리제도는 김대중 정부 때인 1999년에 목표관리제가 도입되면서부터 4급 이상의 공무원을 대상으로 본격 시작되었다.[41] 직무성과관리제도는 목표에 대한 공감대와 기관장 등의 책임성 부족으로, 기존 목표관리제의 단점인 연공서열에 의한 성과평가를 그대로 답습하는 문제점을 극복하고자 하는 데 있었다. 따라서 성과에 대한 책임성 강화와 더불어 고객 지향적 성과관리 시스템을 확립하고자 하는 것이 그 목적이라 할 수 있다.

그림 4-2-7 성과평과 등 평가제의 프레임워크(framework)

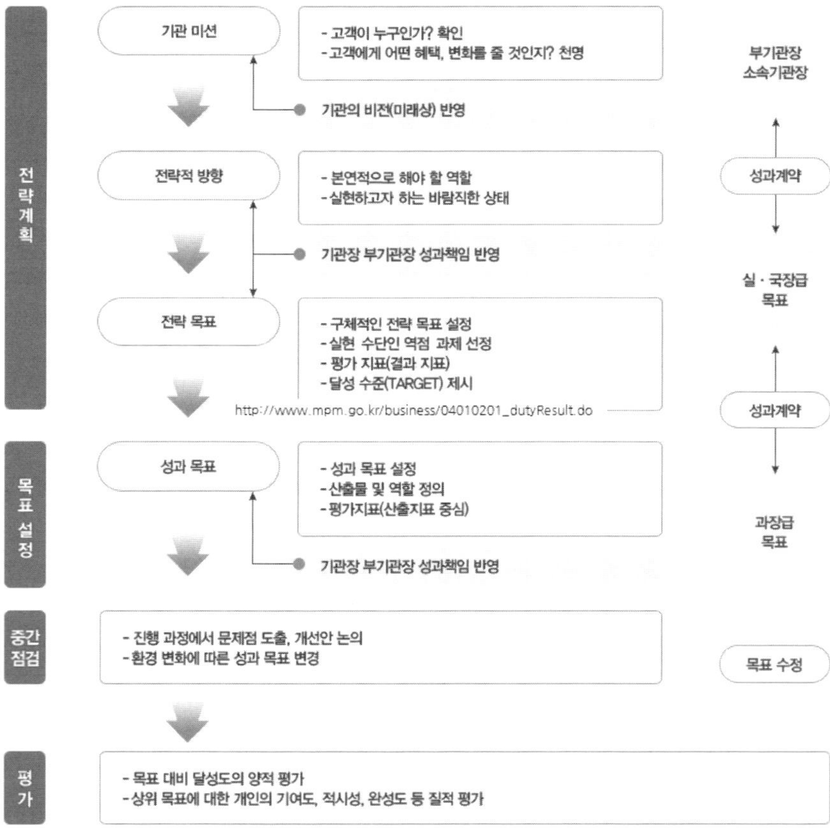

자료: 인사혁신처 내부 자료(2016).

41) 5급 이하의 일반직 및 기능직 공무원, 연구직 및 지도직 공무원은 근무성적평가제가 적용되고 있다.

한국에서 운영되고 있는 직무성과 관리제도는 '공무원평정규칙' 제4조의 규정에 의한 '성과계약 등 평가'의 운영 형태 중 하나다. 이 규정은 2008년에 공무원평정 규정을 일부 개정한 '공무원 성과평가 등에 관한 규정'으로 개정되어 현재에 이른다. 평정 결과는 '공무원임용령' 제37조 제2항에 의한 목표달성도의 평가 결과에 사용하며, 별도의 인사 관계 법령이 적용되는 특정직 공무원에 대해서는 해당 법령의 규정에 의한 목표달성도의 평정점으로 본다.

직무성과관리제도를 적용하는 부처에서는 인사혁신처가 제공한 운영 요령을 참고해 해당 부처 실정에 맞는 직무성과 관리계획을 수립해 운영한다. 직무성과관리제도에 심사분석, 부서별 평가제도 또는 다면평가제도 등에 의한 평가 결과를 반영할 수 있다. 직무성과관리제도는 직무분석을 실시한 직위의 전부 또는 일부를 대상으로 실시한다.42)

(2) 경력개발 프로그램

공직사회의 잦은 보직 변경이 공무원의 전문성을 약화시키고 국가의 신뢰도와 경쟁력을 떨어뜨리며 서비스의 질을 저하시키는 주된 요인이 되어 왔다는 지적이 있어 왔다. 이에 따라 노무현 정부에서는 경력개발 프로그램(career development program) 요소를 도입하고 전보 제한을 강화했다.

원래 경력개발 프로그램은 조직에서 요구하는 전문 인력을 양성하는 데 그 목적이 있다. 이에 따라 공무원의 전공과 특기 및 적성 등을 고려해 동일한 직무 분야 내에서 이동할 수 있도록 보직경로(career path)를 설정·운영하고, 이를 교육훈련과 연계해 운영하는 제도라고 할 수 있다.43)

경력개발 프로그램은 김대중 정부에서 마련되었으나 도입은 노무현 정부에서 이뤄졌다. 이에 2006년부터 각 부처들은 경력개발제도 도입계획을 수립하면서 중

---

42) 다면평가란 어느 개인을 평가하는 경우 직속상사만이 평가하는 일면평가가 아니라, 다수의 평가자가 다양한 방향에서 평가하는 방식이며, 일반적으로 평가자는 피평가자의 상사, 동료, 부하 및 고객으로 구성된다. 그러나 다면평가제는 한국의 행정문화에 적합하지 않다는 여론에 따라 이명박 정부에서 공식적으로 폐지되었다.

43) 경력개발제도는 1955년 미국 연방정부에 최초로 도입되었으며, 1960년대 초부터는 IBM 등 대기업을 중심으로 사기업에 도입되기 시작했다. 우리나라에서는 2005년 12월 '공무원임용령'을 개정해 공무원의 잦은 보직 변경으로 인한 전문성 부족과 행정 서비스의 질 저하를 방지하기 위해 경력개발제도를 도입했다.

앙인사위원회(2005년), 문화관광부(2006년), 과학기술부(2006) 등 7개 부처에서 도입되었다. 그러나 이명박 정부 때부터는 경력개발 프로그램이 거의 확산되지 않고 유명무실한 상태로, 현재는 청 조직이나 본부조직을 제외하면 대부분의 부처에서 무관심한 상태에 있다(최순영, 2013).

하여 향후 경력개발제도를 성공적으로 운영하려면 경력개발제도를 체계적으로 지원할 수 있는 통합인사정보 시스템이 뒷받침되어야 하고, 경력개발제도와 다른 인사제도와의 정합성을 강화해 상호연계성과 일관성을 갖도록 할 필요가 있다(이종수 · 윤영진 외, 2008).

(3) 역량평가제

역량평가제는 노무현 정부에서 고위공무원단제도를 도입함에 따라, 고위공무원으로서 요구되는 역량을 구비했는지를 사전에 검증하는 제도적 장치로 시행되었다. 이후 역량평가제는 2015년부터는 과장급과 개방형에 응모하는 민간인에게까지 의무화되어 실시되고 있다. 외국의 경우 미국, 영국, 캐나다 등 정부에서도 유사한 평가를 실시하고 있다.

역량평가제는 다양한 평가기법을 활용해 실제 업무와 유사한 모의 상황 하에서 나타나는 평가 대상자의 행동 특성을 다수의 평가자가 평가하는 체계다. 여기에서 역량은 조직의 목표 달성과 연계해 뛰어난 직무 수행을 보이는 고성과자의 차별화된 행동 특성과 태도를 의미한다.

역량평가제는 다수 평가자의 참여와 합의에 의해 평가 결과를 도출하는 것이 특징이며, 고위직 대상자 자질의 체계적 검증, 교육훈련 수요 예측 등 능력 개발 시스템의 정립, 평가 자료의 인사 운영 활용 등을 통한 고위직 인사의 신뢰성 및 공정성 확보 등이 장점으로 제시된다.

역량평가제의 평가 역량은 <표 4-2-14>에서 보듯이 사고, 업무, 관계의 3개의 역량군으로 그리고 각 역량군에 두 개씩의 역량으로 구성되어 있다. 이에 따라 평가 역량은 전략적 사고, 문제 인식, 성과 지향, 변화관리, 조정 · 통합, 고객 만족으로 구성되어 있다. 고위공무원단의 경우 후보자에 대한 평가기법은 1 : 1 역할 수행, 1 : 2 역할 수행, 서류함 기법, 집단토론 등의 방법이 활용되며, 전체 평균 점수가 5점 만점에 2.5점 이상인 경우 통과하게 된다.

표 4-2-14 고위공무원단 역량평가 요소

역량군	역량명	정의
사고	전략적 사고	장기적인 비전과 목표를 설정하고 이를 실행하기 위한 대안의 우선순위를 명확히 해서 추진 방안을 확정함.
	문제 인식	정보의 파악 및 분석을 통해 문제를 적시에 감지·확인하고 문제와 관련된 다양한 사안을 분석해서 문제의 핵심을 규명함.
업무	성과 지향	주어진 업무의 성과를 극대화하기 위한 다양한 방안을 강구하고, 목표 달성 과정에서도 효과성과 효율성을 추구함.
	변화관리	환경 변화의 방향과 흐름을 이해하고, 개인 및 조직이 변화 상황에 적절하게 적응 및 대응하도록 조치함.
관계	조정·통합	이해당사자들의 이해관계 및 갈등 상황을 파악하고 균형적 시각에서 판단해 합리적인 해결책을 제시함.
	고객 만족	업무와 관련된 상대방을 고객으로 인식하고 고객이 원하는 바를 이해하고 그들의 요구를 충족시키려 노력함.

자료: 인사혁신처 내부 자료(2016).

2006년부터 시행되어 온 고위공무원단 후보자에 대한 역량평가 운영 현황을 보면, 2015년 현재 평가 횟수는 모두 688회, 응시 인원은 4,119명에 달한다. 2009년부터 실시되어 온 과장 후보자에 대한 역량평가 역시 평가 횟수는 모두 688회, 응시 인원은 4,119명인데 과장 후보자의 경우 그 수가 많아 매년 천여 명에 달할 것으로 예상된다.

표 4-2-15 고위공무원단후보자 역량평가 운영 현황

구분	계	2006년	2007년	2008년	2009년	2010년	2011년	2012년	2013년	2014년	2015. 10월
평가 횟수	688회	42회	91회	62회	55회	87회	80회	74회	65회	73회	59회
응시 인원	4,119명	250명	546명	370명	328명	520명	480명	444명	390명	437명	354명

자료: 인사혁신처 내부 자료(2016).

3) 한국 행정과 교육훈련

한국 정부는 공무원의 교육훈련에 대한 패러다임을 전환하기 위해 지식 창조형

토론 이슈 [2010국감] 9급에서 1급까지 43년 선관위 인사 적체 심각

9급에서 1급까지 승진하는 데 무려 43년 8개월이 걸리는 등 중앙선관위의 인사 적체 현상이 매우 심각한 것으로 나타났다.

국회 행정안전위원회 소속 김태원 한나라당 의원은 5일 중앙선관위 국정감사에서 "선관위에는 10년 이상 대우공무원이 무려 200여 명에 이른다"며 개선 방안 마련을 촉구했다.

대우공무원은 승진 소요 최저 연수(2~5급 7년, 6~9급 5년)를 채우고도 인사 적체 등으로 승진을 하지 못하는 공무원을 상위직급으로 대우해 위로금을 주는 제도다.

김 의원이 선관위 대우공무원의 재직 기간 현황을 분석한 결과에 따르면, 17년차 대우공무원 2명, 16년차 2명, 15년차 20명, 14년차 19명 등 10년 이상 대우공무원이 208명이나 되는 것으로 드러났다.

급수별 승진 소요 연수를 보면 6급에서 5급 승진에 평균 9년 7개월, 4급에서 3급 승진에 9년 11개월이 소요되는 것으로 나타났다.

김 의원은 특히 "총 861명의 대우공무원들에게 연간 10억여 원의 위로금이 지급되고 있고 2005년부터 현재까지 57억 9,000여만 원이 집행됐다"며 "실질적으로 누락수당이라는 비아냥까지 나오고 있다"고 지적했다.

[동아일보, 2010년 10월 15일자에서 발췌]

이슈 제기

1. 한국의 인사행정에서 인사 적체가 이와 같이 심각하게 된 이유에 대해 토론해 보시오.
2. 행정자치부에서는 일정한 기간이 소요된 7급 공무원을 6급으로 승진시키는 정책을 실시하고 있는데, 이 대안의 적실성에 대해 토론해 보시오.
3. 이와 같은 인사 적체를 근원적으로 해결할 수 있는 대안들을 조사해 보고, 각 대안들에 대한 현실적합성에 대해 토론해 보시오.

교육훈련에 입각한 패러다임을 갖추기 위한 노력을 기울여 왔다. 이를 위해 '공무원 교육훈련법'과 '지방공무원 교육훈련법'의 제정을 통해, 상시 학습 체제를 도입하고 역량기반 교육훈련(competency based curriculum)과 문제해결형 교육(action learning) 등 새로운 교육 기법을 도입해 공무원 교육훈련의 문제점을 보완하는 노력을 기울여 왔다.

특히 2014년에는 '공무원 교육훈련 시행령'의 개정에 따라 교육훈련의 내용은 각 부처의 직무 특성과 인력 구성 등을 감안해 중앙행정기관의 장이 정하되, 소속 직원의 역량 개발이 균형있게 이뤄질 수 있도록 규정하고 있다(공무원 교육훈련

업무처리지침). 이에 따라 공무원을 대상으로 한 교육훈련은 기본교육과 전문교육으로 이뤄지고 있다.44)

그런데 이 업무처리지침에 따르면 중앙행정기관의 장은 조직의 성과 향상 및 역량 개발을 위해 '부처 지정 학습'을 운영하도록 하고, 개인의 연간 교육훈련 기준시간의 40% 이상은 부처 지정 학습 이수 시간이 포함되도록 하고 있다. 이에 따라 2016년 기준으로 현재 부처 지정 학습의 대상 분야를 보면 이러하다.

첫째, 국정철학에 적합한 공직관 함양(주요 국정과제 및 추진전략, 국가관, 공직자의 의무, 복무, 노사관계, 역사관, 윤리 의식 등), 둘째, 직무 역량 향상(① 리더십, 의사소통, 갈등관리 등 리더십 역량, ② 통계, 계약, 홍보 등 공통 직무 역량)으로 이뤄져 있다.

각급 교육훈련기관이 실시한 교육 실적을 살펴보면 2016년 현재 소양·시책·기타 교육은 396,619명, 직무교육은 1,467,106명으로 모두 1,863,728명에 대해 이뤄졌다. 국외훈련의 경우는 장단기 파견을 포함해 842명, 국내위탁교육은 64,687명에게 실시되었다.

그런데 이같이 한국 정부가 부단하게 공무원들의 자질을 향상시키기 위해 지속적인 교육훈련을 해 왔음에도, 그에 따른 교육 효과가 높지 않았던 데는 근본적인 문제를 해결하지 않은 채 내재화되어 있기 때문이다.

첫째, 교육훈련 체계가 아직도 수요자 중심이 아닌 공급자 중심으로 이뤄지고 있다. 물론 부분적으로 공무원에게 교육훈련기관과 과정의 선택권을 부여하도록 되어 있기는 하다. 그러나 체계적이고 과학적인 교육훈련 수요조사가 이뤄지지 못하고, 교육훈련계획의 수립이 교육훈련의 고객인 공무원으로부터 괴리된 채 일방적으로 이뤄지고 있다.

둘째, 전문교육에 대한 인식 부족과 프로그램 개발이 미흡한 실정이다. 전문교육은 주로 행정기관이 실시하는 직장훈련에서 하도록 되어 있으나, 직장 직무교육에서 부서별 특성에 맞는 다양한 전문교육 과정을 운영하고 있지 못하고 있다. 또한 교육훈련기관이나 위탁 교육훈련기관에서도 전문교육 과정 개설이 미흡하고, 특히 민간교육기관 등 전문교육 프로그램이 제대로 활용되지 못하고 있다.45)

---

44) 국가공무원인재개발원의 교육 내용은 기본교육, 전문교육, 특별교육, 국제교육, 변화관리교육으로 구성되어 있다.

셋째, 교육훈련의 관리 · 운영상의 문제점이다. 교원의 자질과 사기가 낮고 전문성도 미흡한 편이다. 또한 교육훈련에 대한 사후평가가 제대로 이뤄지고 있지 않아 훈련 성과에 대한 실질적인 측정과 그 결과의 발전적 반영이 미흡하다. 특히 교과과정이나 교육 내용의 직무 타당성(실제 직무 수행 과정에서의 적용 가능성)과 교육 방법의 효과성 등 교육훈련 프로그램 자체에 대한 평가는 거의 이뤄지지 않고 있다. 따라서 이뤄진다고 해도 평가 결과가 교육훈련 프로그램의 개선에 활용되는 경우는 거의 없는 실정이다. 이는 한국 정부가 공무원 교육훈련을 위한 예산을 투자가 아닌 비용으로 인식하는 경향이 강한 데서 기인한다.

넷째, 교육훈련기관의 관리와 운영의 자율성 및 책임성이 미약하다. 대체로 교육훈련기관의 장이 일반직 공무원으로 임용됨으로써 전문성이 약하다. 이와 함께 조직 · 인사 · 예산상의 재량권이 미약해 자율성과 책임성이 약한 실정이다.

다섯째, 상시 학습 체제의 도입으로 인해 교육훈련의 인정 범위와 양적 확대에 따른 업무 지장, 교육훈련의 질적 저하 및 관리상의 혼란 문제 등이 발생하고 있다. 예컨대 교육훈련의 양을 승진과 연계해 급격하게 늘어나게 함에 따라 업무 지장과 교육훈련의 질적 저하를 초래할 개연성이 높다. 또한 공무원 개인적으로 행해지는 다양한 학습 · 연구활동을 교육훈련 시간으로 인정할 수 있게 됨에 따라 인정 기준 등에 관한 혼란이 초래되고 있다.

표 4-2-16 국가공무원인재개발원 교육 운영 실태

(단위: 명)

구분	계	기본교육	전문교육	특별교육	국제교육	변화관리교육
과정	1,446	244	811	106	268	17
횟수	3,225	680	1,781	316	295	183
인원	193,089	68,783	75,469	35,166	5,933	7,738

참고: · 기간은 1988~2015년까지의 합계임. 이전 기간, 즉 1961~1987년 동안 실시된 교육생은 총 102,286명임.

· 특별교육은 1993년부터 실시됨. 단, 변화관리교육은 2005~2007년까지만 실시됨.

자료: 인사혁신처(2016). 「2016 인사혁신통계연보」에 의거 재작성.

45) 중앙정부 산하에 설치되어 있는 공무원 교육훈련기관은 2017년 현재 국가공무원인재개발원(인사혁신처), 감사교육원(감사원) 등을 포함해 각 부처에서 설립한 교육기관은 모두 33개에 달한다. 그리고 이 기관에서 종사하는 교직원은 모두 1,897명이다. 그리고 지방공무원 교육훈련기관은 각 시도 소속 15개 기관, 각 시도 교육청 소속 16개 기관이 있다(인사혁신통계연보, 2016).

이에 따라 한국 공무원에 대한 교육훈련의 개선은 문제점에 기초해서 수요자 중심의 교육훈련 체계로 전환해 피교육자의 자발적이고 능동적인 참여를 촉진시켜야 한다. 이를 위해서는 그에 소요되는 예산을 인적 자본의 결과 생산성 향상을 위한 투자로 인식해야 하며, 정부·직무·개인 차원의 교육훈련 수요에 대한 과학적이고 반복적인 수요조사의 제도화가 정착되어야 한다. 특히 전문교육의 강화와 함께 교육훈련의 관리·운영 방법의 개선이 필요하다. 끝으로 교육훈련에 대한 평가 및 환류 체제가 확립되어야 하며, 교육훈련기관의 책임경영 체제를 확립해야 한다(강성철 외, 2010: 329-332).

4) 한국 행정과 보수/연금

조직 발전을 꾀하는 데 공무원의 사기를 제고하는 것은 말할 나위 없이 중요하다. 공무원의 사기를 앙양하는 방법은 다양하지만, 사기 형성의 주요 요인을 충족시켜 주는 방법이 가장 효과적일 것이다. 예컨대 동기유발이론에서 지적하는 여러 가지 요인 간의 상관성을 고려해서 사기 진작을 강구하는 것이 필요하다. 다만 여기서는 이 같은 사기 대책 요인을 모두 살펴보는 대신, 핵심적으로 보수와 연금을 중심으로 사기 대책을 살펴보고자 한다.

(1) 보수

한국 정부가 운영해 온 공무원 보수와 관련한 문제점은 크게 보수제도 개선에 대한 요구와 보수관리라는 두 차원에서 살펴볼 수 있다. 우선 지적할 수 있는 것이 보수 인상과 보수제도 개선에 대한 요구에 직면해서, 정부 자체가 해결하기에는 부담스러운 많은 제약을 안고 있다. 예를 들면 이러하다.

첫째, 정부의 기능과 역할이 분화되고 다양화되어 가면서 공무원 수가 증가되었다. 따라서 공무원의 숫자 증가에 따른 재정적 부담이 늘어난 상황에서 보수 인상이 용이하지 못했다.

둘째, 무거운 국방비 지출의 부담과 날로 증가되는 사회복지비용 때문에 보수 예산의 증액이 정책상의 우선순위를 확보하기 어려웠다.

셋째, 공무원 보수 인상이 산업체 전반의 임금 인상과 인플레이션을 유발할 수 있다는 우려 때문에 공무원 보수의 대폭 인상계획은 구체화되기 어려웠다.

넷째, 전통적으로 공무원의 박봉은 마치 자연스럽고 도덕성이 있는 것인 양 사회적으로 치부되었다.

다섯째, 공무원 전체의 목소리를 대변할 수 있는 노조활동이 제한되어 보수 수준을 결정하는 과정에 공무원의 참여가 제한되어 왔다.

여섯째, 사회에 만연해 있는 지나친 평등 의식 때문에 공무원의 보수를 인상하는 것에 대해 사회적인 동의를 얻어내기가 용이하지 않았다.

다음으로 보수관리 차원에서 합리적인 보수관리를 추진하지 못한 것이 원인이었다. 예를 들면 이러하다.

첫째, '국가공무원법'에 명시되어 있는 보수 결정 원칙의 타당성 여부에 대한 근본적인 검토가 부족했고 이를 정치적으로 해결하고자 했으며, 직무급적인 기준을 중시해야 하나 줄곧 근속급적 및 자격급적인 기준을 적용해 온 것이 문제였다.

둘째, 특정 직종의 보수표 작성 시에 일반직 공무원 등의 보수 체계를 원용하거나 단순 비교해 보수표를 작성함으로써 직종 간에 존재하는 일의 곤란도나 특성을 적절히 반영하지 못하고 차별화하는 데 실패했다.

셋째, 연공급 위주의 임금 체계여서 직무의 난이도나 개인의 능력과 실적 차이에 따른 보수 지급의 차등화가 어렵다. 그 결과 우수 인력 확보와 개발에 커다란 장애 요인으로 작용해 왔다. 여기에는 그동안 공직에 대한 직무분석이 철저히 이뤄지지 못한 탓도 있다.

넷째, 공무원 보수 인상 시 기본급 인상보다는 각종 수당을 신설함으로써 기본급 본래의 의미와 기능을 상실했다(강성철 외, 2010: 460-465).

역대 정부는 이 같은 문제점에 직면해 나름대로 보수문제를 해결하고자 노력해 왔다. 민주화가 진행되기 이전에는 경제 규모가 열악해 보수의 절대액이 부족했던 것이 가장 큰 문제점이었으나 마땅히 해결책을 찾기는 어려웠다. 민주화가 진행된 이후 특히 김영삼 정부는 공무원사회에 대한 불신이 커서 공무원의 보수에 대한 관심이 약했다고 볼 수 있다. 그리고 김대중 정부에서는 외환위기에 따른 경제 위기로 별 다른 노력을 기울이기가 어려웠다.

공무원 보수정책에 대한 변화가 크게 야기된 것은 <표 4-2-17>에서 보듯이 노무현 정부가 들어서면서 시작되었다. 노무현 정부에서는 외환위기를 겪으면서 공직사회의 경쟁력을 높이기 위해 계급과 연공서열 위주의 인사관리 체제를 직무

표 4-2-17 공무원 보수 추이

(단위: %)

연도	2000	2002	2004	2006	2008	2010	2012	2014	2015	2016
공무원 처우 개선율	9.7	7.8	3.9	2.0	2.5	0.0	3.5	1.7	3.8	3.0
민간임금 접근율	88.4	94.8	95.9	91.8	89.0	84.4	83.7	84.3	83.4	–

자료: 인사혁신처(2016). 「2016 인사혁신통계연보」. 내부 자료(2016)에 의거 재작성.

와 성과 중심으로 전환하기 위한 노력을 기울였다. 예컨대 김대중 정부 때인 1998년에는 국장급 이상 공무원에 대한 연봉제 보수제도가 도입되었다. 2000년부터는 호봉승급 대신 전년도의 성과평가가 연봉에 반영되도록 했고, 2005년부터는 성과연봉제가 과장급까지 확대되었다.

노무현 정부 때인 2006년부터는 고위공무원단제도가 도입됨에 따라 고위공무원단 보수 체계가 직무성과급적 연봉제로 전환했다. 그리고 성과상여금제도는 과장급을 제외한 4급 이하 일반직, 별정직 공무원, 기능직 공무원 및 3급 상당 이하 특정직 공무원 전원에게 적용되도록 했다.

그 결과 총 보수에 대한 성과상여금 비중은 2005년 1.5%에서 2006년에는 2.0%로, 2007년에는 연 3.0%로 확대되었다. 이에 성과상여금 평균지급률을 2005년 57%에서 2006년에는 80%, 2007년에는 100%로 확대할 수 있게 되었다. 이와 함께 총액인건비제도를 도입했다.[46]

한편 이명박 정부에 들어서는 공무원 보수에 대한 적극적인 노력을 기울이기가 어려웠다. 세계적인 금융위기를 맞이해 이에 대한 관심을 기울이기가 어려웠던 것이 한 이유였다. 다만 한국 공무원의 보수 체계에서 가장 큰 문제점으로 지적되어 왔던, 기본급이 왜곡되고 부가급인 수당이 지나치게 비대화된 것에 대한 부분적인 개선책이 수립되었다. 예컨대 '공무원연금법'이 2009년 12월 국회를 통과함에 따라 보수 체계를 다소 개편할 수 있는 기회를 맞이했다. 이에 따라 공무원 인건비 중에

46) 총액인건비제는 인력과 예산 운영의 효율성을 제고하고 조직의 성과를 향상하기 위해 각 시행기관이 당해 연도에 편성된 총액인건비 예산의 범위 안에서 기구·정원, 보수, 예산의 운영에 관한 자율성을 가지되, 그 결과에 대해 책임을 지는 제도를 의미한다. 다시 말해 총액인건비제도는 기본적으로 각 기관이 총액인건비 내에서 조직·정원, 보수, 예산을 각 기관 특성에 맞게 자율적으로 운영하되 그 결과에 책임을 지는 제도라고 할 수 있다.

서 기본급이 차지하는 비중을 현재 60%에서 선진국 수준인 80%로 높이는 정책을 추진했다.

박근혜 정부에 들어와서도 보수 체계는 큰 변화가 없었으나, 2016년도에 공무원연금제도가 개정됨으로써 약간의 변화를 맞이했다. '공무원보수규정'과 '공무원수당 등에 관한 규정'이 개정됨에 따라 성과급제 연봉제의 적용 대상을 확대하고, 특급승급심사위원회를 설치하는 경우 협의 절차를 폐지했다. 이 밖에도 5급에서 4급으로 승진 시 승진가산액 가산 외에 인사혁신처장이 정하는 금액을 추가로 가산해서 지급하도록 했다.

2017년 기준으로 한국 공무원의 보수 체계는 수당(31종)과 봉급(기본급)으로 구성되어 있다. 그리고 공무원의 봉급제도는 <표 4-2-18>에서 보는 바와 같이 크게 호봉제와 연봉제로 구분되며, 연봉제는 고정급적 연봉제, 성과급적 연봉제, 직무성과급연봉제로 구분된다.

표 4-2-18 공무원의 봉급제도

구분		적용 대상 공무원
호봉제		공무원보수규정 별표3, 별표3의2, 별표4 내지 별표6, 별표8, 별표10 내지 별표14 적용 공무원
연봉제	고정급적 연봉제	정무직 공무원
	성과급적 연봉제	1급내지 5급(상당) 공무원[5급(상당) 공무원에 대해서는 과장급 직위에 임용된 경우만 해당] 치안정감부터 총경까지에 해당하는 경찰공무원, 소방정감부터 소방정까지에 해당하는 소방공무원
		국립대학의 교원(국립대학의 장 제외)
		임기제 공무원(한시임기제 공무원 제외)
	직무성과급적 연봉제	고위공무원단에 속하는 공무원(연구직 공무원과 지도직 공무원 등 호봉제가 적용되는 공무원 제외)

(2) 공무원연금제도

공무원연금제도는 공무원들이 영리행위 금지, 노동 3권 등 기본권 제한, 낮은 처우 수준 등 여러 어려운 근무 여건에서도 노후생활에 대한 걱정 없이 헌신적으로 직무에만 전념할 수 있게 한 매우 중요한 인센티브로서 역할을 수행해 왔다. 공무원연금제도는 1960년에 도입된 이래 꾸준한 제도 개선이 이뤄져 왔다. 그러나 본격적으로 연금재정 문제가 제기된 1995년 이후로는 재정안정화와 제도합리화에 초점을 두고 제도 개선이 추진되어 왔다.47)

그럼에도 불구하고 최근 고령화 사회의 도래로 연금 수급자의 급속한 증가와 연금 선택 비율의 지속적인 상승 등으로, 공무원연금의 수지 부족액은 김대중 정부 때인 2001년에 599억 원이던 것이 이명박 정부가 들어선 2008년에는 1조 4천억 원으로 증가했다. 따라서 연금 재정수지의 심각한 불균형은 정부재정에 대한 부담과 세대 간의 갈등을 야기하는 원인이 될 수도 있다.48)

그런데 공무원연금제도가 50여 년간 운영되어 오면서 연금 수급자의 증가 등 연금제도가 성숙됨에 따라 연금재정의 적자는 불가피한 측면이 있다. 선진 외국의 경우에는 국가가 공무원보다 더 많이 부담하는 방식으로 연금 적자문제를 해결하고 있다. 특히 <표 4-2-19>에서 보듯이 독일의 경우는 공무원연금에 소요되는 재정을 전액 국가가 부담하고 있다.

표 4-2-19 각국의 연금 부담 비율

	한국	일본	미국	영국	프랑스	독일
연금 부담 비율 (공무원 : 정부)	1 : 2	1 : 3	1 : 4	1 : 6	1 : 8	전액 정부 부담

공무원연금 개혁은 노무현 정부 때인 2006년부터 연금 전문가·시민단체·공무원단체 등으로 '공무원연금제도발전위원회'를 구성해 제도 개선 건의안을 마련코자 했다. 그러나 공무원연금 개혁에 대한 별 다른 성과는 없었다. 이후 이명박 정부 들어서면서 발전위원회를 확대 개편해 본격적으로 개혁을 추진하게 되었다.

47) 공무원과 정부의 부담률을 보수월액의 5.5%에서 1996년에 6.5%, 1999년에 7.5%, 그리고 2001년에 8.5%로 지속적으로 인상했고, 연금 지급 개시 연령 도입, 최종 보수에서 퇴직 전 3년 평균 보수로의 급여 산정 기초 전환, 소득심사제 실시 등 다양한 제도 개선을 진행해 왔다.

48) 공무원연금관리공단의 공무원연금기금 장기 재정 추이에 따르면 2010~2019년 동안 공무원 연금 적자로 정부가 보전해야 하는 액수는 총 43.5조 원에 이를 것으로 보았다. 이를 연도별로 보면 2011년 1조 8천 900억 원, 2013년 2조 7천 994억 원, 2015년 4조 4천 162억 원, 2017년 6조 2천 624억 원, 2019년 8조 2천 816억 원으로 증가하는 추세다(연합뉴스, 2010.10.14). 이 같은 재정 적자는 세금으로 매울 수밖에 없으므로 문제가 심각하다.

그 결과 개혁안은 2009년 12월 30일에 국회를 통과해 2010년 1월 1일부터 시행하게 되었다. 공무원연금 개혁의 가장 큰 특징 중의 하나는 공무원연금제도 도입 이후 최초로 연금액 삭감을 단행했다는 점이다. 종전에는 20년 재직 시 퇴직 전 3년 평균 보수월액의 50%를 지급하고, 이후 기간에는 매년 2%를 가산하되 최대 33년까지 재직 기간 상한을 두었다.[49] 연금 지급 개시 연령은 고령화 사회의 급속한 진전과 국민연금제도와의 형평성 등을 고려해 신규 임용자부터는 종전 60세에서 65세로 연장했다.

이명박 정부에서 단행된 공무원 연금제도는 그러나 박근혜 정부에서 추진한 5대 개혁의 핵심으로 다시 개혁을 맞게 되었다. 그 결과 2015년에 개정안의 핵심은 재직 중 연금보험료를 더 내고 퇴직 후 덜 받는 것을 내용으로 하고 있다.

공무원이 받는 연금액의 비율을 의미하는 연금지급률은 20년에 걸쳐 현행 재직기간 1년당 1.90%에서 1.70%로 인하하고, 공무원이 부담하는 보험료율인 기여율과

표 4-2-20 연금기금 운용

(단위: 백만 원)

연도	합계	공공금융	주택 및 시설 운영 등	투자유가증권	지불준비금 등
2011	60,105	600	17,721	42,361	△577
2012	63,576	600	20,498	38,344	4,134
2013	83,670	600	35,816	38,037	9,217
2014	85,272	100	33,502	38,938	12,732
2015	87,542	100	27,711	45,896	13,835

참고: · 공공금융: 국민투자기금예탁금, 국민주택기금예탁금, 재정자금예탁금, 공공자금예탁금
· 후생복지사업: 주택사업, 복지시설사업 등
· 투자유가증권: 연금대부사업, 투자유가증권 등(채권, 주식, 창업투자조합 출자 등)
· 지불준비금: 제급여 지급 등을 위한 단기자금에 예치한 금액
· 기타: 제특용자금, 미수 수익
자료: 인사혁신처(2016). 「2016 인사혁신통계연보」에 의거 재작성.

49) 개선안은 모든 기간 평균 기준 소득에 1.9%의 지급률을 적용함으로써 연금의 지급률이 현재보다 약 10% 인하되며, 신규 공무원의 경우 총 연금액이 25%가량 삭감된다. 공무원의 기여금도 기준소득 기준 5.525%(종전 보수월액의 8.5%)에서 2012년까지 7.0%로 단계적으로 인상하기로 했다.

정부가 부담하는 부담률은 기준소득월액의 7.0%에서 9.0%로 높이도록 했다. 이와 함께 연금 지급액은 5년간 동결하고, 연금 지급 시작 연령을 2010년 이전 임용자도 60세에서 65세로 늦추는 것을 담고 있다. 또한 소득재분배를 도입해 지급률 1.7% 중 1.0%(국민연금 상당분)에 재분배 요소를 도입했다.

이에 따라 공무원연금 부족분에 대한 국고보전액이 향후 30년간 약 185조 원을 절감해 재정건전성이 제고될 것으로 예상되며, 장기적으로 정부의 총연금부담률을 GDP 0.45% 수준에서 안정화하는 효과를 보일 것으로 예측했다(NEWSIS, 2015.9.18; 정책브리핑, 2016.6.1). 그러나 박근혜 정부에서 단행한 공무원연금 개혁은 정부 발표에 따른다고 하더라도 연금 개혁의 효과가 보전금 증가 추이를 약 20년 정도 연장한 것이기에, 또 다른 개혁의 불씨를 여전히 안고 있는 실정이다.

한편 한국의 연금제도는 이 같은 제도 자체의 문제 외에도 관리적 측면, 즉 기금 운용과 복지사업 관리상의 문제점도 아울러 개선해야 할 필요성이 크다. 연금기금 운용과 후생복지사업의 문제점에 대한 개선이 그것이다.

첫째, 연금기금의 운용 전략의 개선이 필요하다. 공무원연금관리공단은 기금 재원을 금융상품 등에 운용해 그에 파생된 투자 수익을 퇴직자에 대한 급여 지급 및 각종 후생복지사업 추진에 사용하고 있다. 이러한 사유로 공단의 기금 운용사업은 전문화되어야 하나 지금까지는 부실한 점이 많았다. 특히 1997년 말 국가 경제를

표 4-2-21 연금기금 수입 부문별 증식

(단위: 억 원)

연도	연금수입/지출	연금기금 순이익	기금 총액	기금 운용 수익률(%)
2010	84,323	6,434	58,307	12.4
2011	89,391	1,798	60,105	3.1
2012	103,520	3,471	63,576	5.8
2013	107,624	2,566	83,670	3.2
2014	125,417	1,602	85,272	1.9
2015	136,769	2,270	87,542	2.7

참고: · 연금기금 순이익 = 기금 운용 수익금(당기순이익) + 매도 가능 증권 평가이익(손실)
· 기금운용 수익률 = (당해 연도 연금기금 순이익/전년도 기금 총액)×100

자료: 인사혁신처(2016). 「2016 인사혁신통계연보」에 의거 재작성.

부도 직전까지 몰고 간 외환위기는 정부의 구조조정에 따른 대규모 인력 감축으로, 연금재정 적자라는 예기치 못한 위기 상황을 초래함으로써 기금 규모는 퇴직급여의 충당을 위해 대폭 축소된 상태다.

둘째, 한국의 연금기금은 일시금제도, 재정 예탁, 후생복지사업 등으로 인해 충분한 적립과 증식이 어려운 실정이다. 그러므로 <표 4-2-21>에서 보듯이 기금 운용 수익률은 대단히 낮은 실정이므로, 공무원연금관리공단의 운영 쇄신을 통해 연금기금의 수익성을 제고해야 한다. 이를 위해 연금재정 안정화를 위한 기금의 역할이 강화되어야 하며, 기금사업의 목표 중 복지성과 수익성의 조화를 수익 증대에 역점을 두는 방향으로 나아가야 한다. 아울러 공단조직이나 인력을 정비해 경영 쇄신을 이뤄 나가야 한다(강성철 외, 2010).

제 4 절 한국 행정과 공무원의 규범

1 행정과 공무원의 규범

1) 공무원 윤리

(1) 공무원 윤리의 의미

공무원의 윤리인 공직윤리(public service ethics or administrative ethics)는 정부조직에 종사하는 공무원이 마땅히 지켜야 할 도리다. 이것은 공무원이 조직구성원으로서 지켜야 할 직업윤리라고 할 수 있다. 그런데 공직윤리는 민간에서 요구하는 윤리와는 차이가 있다.

첫째, 민간 부문의 경우와 비교해 정부 부문의 윤리문제를 논할 때 사람들은 이원적 기준(double standards)을 가지고 정부 부문에는 좀 더 엄격한 기준을 적용한다. 그것은 민주국가에서 공무원은 국민 전체의 봉사자로서 공익을 추구해야 할 입장에 있고, 특히 공무원은 국민생활에 심대한 영향을 미칠 수 있기 때문이다. 그 결과 독점적 권력을 행사하기 때문에 국민은 공무원의 높은 직업윤리를 기대하게 된다.

둘째, 공직윤리의 내용은 복잡하고 존재 양식이 다양하다. 따라서 공직윤리는 아주 광범한 개념으로서 그 이유는 공무원 또는 공직자의 범위가 넓기 때문이다.

(2) 민주국가의 공직윤리

민주주의를 채택하고 있는 국가의 공직윤리와 행동규범은 궁극적으로 민주주의적 이념의 추구를 근본으로 삼고 있다. 민주주의 이념을 기본적인 가치로 삼는 공직윤리 체제의 일차적인 하위 규범은 세 가지로 대별해 볼 수 있다.

첫째, 공익을 추구해야 한다. 공무원은 국민 전체의 이익과 더 많은 국민이 선호하는 공공선을 추구해야 한다. 그리고 공무원은 국민 모두에게 공평한 봉사를 해야 한다.

둘째, 국민의 의사를 존중해야 한다. 즉, 국민의 의사가 표출되고 수렴되는 대의 과정을 존중하는 방법을 통해 국민의 이익에 봉사해야 한다. 그리고 목표를 추구하는 방법도 민주적이어야 한다.

셋째, 정부기관의 대내적 관리가 공익과 국민 의사 존중이라는 민주적 가치의 추구와 일관성을 유지해야 한다. 특히 인간의 개인적 가치와 존엄성을 존중하고, 그것이 행정환경에 투사되도록 해야 한다.

(3) 윤리규범의 법제화

대부분의 정부는 공직윤리의 중요한 행동규범을 법규범으로 규정해 의무화하고 있다. 그리고 법상의 의무로 된 행동규범의 준수를 보장하기 위해 벌칙을 동원한다. 이와 같이 윤리규범을 법규범화하는 것을 윤리규범의 법제화라 한다. 윤리장전을 만들고 이를 법제화하면 첫째, 정부의 윤리성 추구에 대한 결의를 확실히 천명할 수 있다. 둘째, 공직의 윤리적 불확실성을 감소시킨다. 셋째, 공무원들의 윤리적 감수성 증진에 기여한다. 넷째, 공무원에 대한 통제의 기준을 명료화할 수 있는 효용을 기대할 수 있다.

그러나 공직윤리의 법제화는 추상화될 수밖에 없고 형식화의 위험도 있다. 윤리의 세계에 법적 강제가 개입하는 데는 여러 가지 부작용이 따른다. 예컨대 법과 윤리가 각각 독자적인 별개의 영역을 지배할 수도 있고, 법과 윤리가 서로 역행해 충돌하는 영역도 발생할 수 있다.

(4) 공직윤리 향상을 위한 정책 도구

공직윤리 향상을 위한 정책 도구는 대단히 많다. 내부고발자 보호, 공직자 재산등록과 공개, 병역 사항 신고와 공개, 선물 신고, 취업 제한, 그리고 주식백지신탁 등이 있다. 여기서는 이 중에서 내부고발과 공직자 재산등록을 중심으로 이를 살펴보고자 한다.

① 내부고발

가. 특징

내부고발은 조직구성원인 개인이나 집단이 비윤리적이라고 판단되는 조직 내의 일을 대외적으로 폭로하는 행위다. 내부고발의 주요 특성을 보면 이러하다.

첫째, 비윤리적 행위의 폭로다. 내부고발의 대상은 조직 내에서 저질러진 비윤리적 행위다. 흔히 폭로의 대상이 되는 것은 부패행위이지만, 내부고발 대상이 그에 한정되는 것은 아니다. 불법·부당하거나 부도덕한 행위가 모두 대상에 포함된다.

둘째, 내부고발은 대개 통상적이 아닌 통로를 이용한 폭로이며 대외적 공표다. 비통상적 통로란 조직 내의 명령 계통이나 기타 공식적으로 열려 있는 이의 제기 통로가 아닌 것을 지칭한다. 비통상적 통로는 다양하지만 흔히 볼 수 있는 것은 언론기관에 정보를 제공하거나 공익단체에 호소하는 것이다.

셋째, 내부고발의 대상이 된 윤리적 실패의 문제를 조직 내에서 해결할 장치가 없을 때 내부고발이 일어난다.

넷째, 내부고발은 적절한 윤리적 동기에서 비롯된 것이라야 한다. 내부고발자의 실질적인 또는 숨겨진 동기는 여러 가지일 수 있다. 그러나 숨겨진 동기가 어떠하든 비윤리적 사례의 폭로가 사실에 입각해 있고, 윤리적 동기에 의한 고발이라는 외형이 갖춰지는 한 내부고발은 보호의 대상이 된다.

나. 내부고발자의 보호

내부고발의 부작용에 대한 우려도 있지만 내부고발자를 보호해야 할 필요성은 명료하다. 이에 따라 내부고발자의 보호를 위해서는 필요한 법률을 제정하고 그 취지를 지지할 수 있는 여러 조치를 취해야 한다.

첫째, 법률에 의한 보호로서 법적 보호장치를 만들어야 한다. 내부고발자에 대한 여러 가지 보복, 특히 부당한 배치전환, 승진 봉쇄, 강제퇴직 등을 예방하는 법규를 제정해야 한다. 고발자의 주장이 공정하게 평가받을 수 있도록 보장하는 법조항도 있어야 한다. 그리고 보복이 저질러진 뒤에 고발자를 구제하는 절차와 방법에 대해서도 법적 규정을 만들어야 한다. 구제 조항은 보복 기간 중에 고발자가 입은 명예 손상과 조직생활에서 상실한 것들을 회복시키는 방법에 관해 규정해야 한다.

둘째, 보호 세력의 규합이다. 고발자를 보호하려는 진영에 충분한 세력이 규합되어야만 한다. 정치적 리더십과 정부 내외의 각종 통제 중추가 확고한 신념을 가지고 고발자 보호의 대열에 가담해야 한다.

셋째, 고발자의 자기보호다. 내부고발자 자신도 자기 보호를 위해 치밀한 대비를 해야 한다. 먼저 대외적 폭로 이외에 문제 해결의 대내적 통로가 있는지 탐색해야 한다. 대외적 폭로의 길밖에 없다고 판단하면 가족의 협조부터 구해야 한다. 조직의 비리에 대해 불만을 품은 동료들과 제휴하는 길을 찾아야 한다. 증거 자료를 충실히 확보하도록 노력하고 사태 진행 과정에 관한 기록을 만들어야 한다. 변호사나 시민단체 등의 협력을 얻도록 노력해야 한다.

② 공직자 재산등록제

가. 공직자재산공개제도의 의미

'공직자윤리법'이 규정한 공직자재산공개제도는 공직자의 재산을 국가기관에 등록하게 해서 심사하고, 법에 정한 범위 내에서 등록된 내용을 일반에 공개하게 함으로써 공직자의 부패를 예방하려는 제도다.

전두환 정부 때인 1981년에 제정된 '공직자윤리법'은 재산등록제를 도입했으며 등록 사항의 비공개를 원칙으로 했다. 다만 대통령령으로 정하는 등록 의무자의 등록 사항은 일반에 공개할 수도 있게 했다. 김영삼 정부 때인 1993년의 개정 법률에서는 일정한 상위직 공직자의 등록 사항은 의무적으로 공개하도록 규정함으로써 재산공개 의무를 법제화했다.

그럼에도 현재까지 많은 등록 의무자가 재산 등록만 하고 공개 의무는 지지 않는 것을 원칙으로 삼고 있다. 그러나 등록 자체가 일종의 공개라고 할 수도 있고 일반 공개의 가능성이 전혀 배제되어 있는 것도 아니다. 그러므로 재산등록공개제도는 전체적으로 재산공개제도라고 부를 수 있다.

나. 공직자재산공개제도의 필요성

재산공개제도의 주된 존립 이유는 부패의 예방이라고 할 수 있다. 그리고 재산공개라는 강경한 조치를 채택함으로써 반부패의 확고한 결의를 표명하면 공직의 정직성에 대한 국민의 신뢰가 제고될 것이다. 따라서 선량한 공직자들이 의심받지 않고 떳떳하게 일할 수 있는 분위기를 조성하는 데 기여할 수 있다. 재산공개제도는 공직과 공직자에 대한 국민의 알 권리를 존중하기 위해 필요한 제도이기도 하다.

다. 공직자재산공개제도의 난점

공직자재산공개제도는 여러 난제를 안고 있는 제도이며, 끝없는 논란을 불러일으키고 있다. 이 제도에 가해지고 있는 비판은 이러하다. 첫째, 이 제도를 엄격히 시행하는 경우 유능한 공직자, 특히 고위정무직 공무원을 확보하는 데 지장을 준다. 둘째, 이 제도는 불신관리의 표상이며 부패라는 실제의 행위가 아니라, 부패의 가능성에 제재를 가하는 제도다. 여기서 제재란 사생활의 침해를 의미한다(오석홍, 2008a: 183-198).

2) 공무원의 부패

행정윤리와 행정부패는 직결되어 있지만 동일한 개념은 아니다. 윤리에 반한다고 해서 반드시 부패행위라고 할 수 없고, 또 윤리적으로는 가능하지만 부패행위가 될 수도 있기 때문이다. 따라서 양자는 공통된 부분이 있는 반면 상충되는 영역도 존재한다.

(1) 행정부패의 의미

행정부패의 개념은 시대와 공간에 따라 다양하게 변천해 왔다. 관직의 매매도 시대에 따라 부패가 되지 않던 시절도 있었다.[50] 따라서 부패의 의미도 시대와 공간에 따라 다양한 견해가 존재해 왔다(전수일, 2011). 따라서 부패의 개념을 분석하기 위한 다양한 접근 방법과 유형이 존재하는데, 여기서는 우선 부패의 개념에 대

50) 예컨대 17세기 영국 사회에서의 관직의 매매는 불법적인 행위도 아니었고 부패행위도 아니었다(Scott, 1972: 13). 그러나 이는 현대적인 시각에서 볼 때는 엄연한 불법행위요 부패행위다.

한 다원적인 접근 방법을 살펴보고자 한다(김해동, 1991).

첫째, 윤리 · 도덕설이다. 공무원의 부패는 형사상의 사실성을 위반하지 않더라도 적어도 공직의 비윤리적 · 비도덕적 일탈행위로서 도덕적 비난행위를 의미한다. 이에 따르면 공무원의 부패는 시민의 요구에 대한 대응성에 부응하지 못하고 있으며 공공윤리의 책임을 다하지 못한 경우다.

둘째, 제도적 접근설이다. 공직자들의 범죄와 부패는 주로 후진국가나 개발도상국가에서 발생하는 제도적 취약성이나 정책에서 찾을 수 있다. 이는 공익 실현을 위해 정부가 일정한 인 · 허가상의 규범에 따라 민간 영역의 행위를 감독 · 통제하는 행위라고 볼 수 있다.

셋째, 권력 남용설이다. 공무원의 부패행위는 권력 관계적 측면에서 볼 때 권력 남용적 병폐와 역기능의 결과적 부산물로 보는 학설이다. 이에 의하면 관료가 인 · 허가권이나 주어진 권한을 집행할 때 재량권을 일탈하거나 유월함으로써 부정행위를 취한다.

부패에 대한 다원적인 접근 시각과 유사하게 부패의 개념에 대한 유형화도 다양한데, 여기서는 부패에 대한 다양한 개념을 유형화한 하이덴하이머(Arnold J. Heidenheimer)의 시각을 살펴보고자 한다. 그는 부패에 관한 다양한 견해를 공직 중심의 개념, 시장 중심의 개념, 공익 중심의 개념으로 유형화했다(Heidenheimer, 2003: 4－6).

첫째, 공직 중심의 부패란 사적 이익(private regarding)을 위해 공직의 규범적 의무에서 일탈된 행위를 의미한다. 이때 사적인 것에는 자신의 것은 물론 가족, 친지, 사적 도당(私的徒黨)까지 포함된다. 그리고 이익에는 금전적 이익은 물론 비금전적인 신분 상승도 포함된다.

둘째, 시장 중심의 부패란 공무원이 자리를 사익 취득의 극대화 수단으로 생각하는 경우 또는 공공 서비스에 대한 수요, 공급 간의 심각한 불균형으로 말미암아 고객이 뇌물 등으로 더 많은 서비스를 확보하려는 경우 부패가 발생한다.

셋째, 공익 중심의 부패란 공직자가 부정한 이득을 얻기 위한 행동이 공익을 침해하게 되었느냐의 개념으로 무엇이 공익이냐 어떻게 공익을 규정하느냐의 문제점이 따른다(서휘석 외, 2003: 221－222).

결국 부패에 대한 다양한 개념이 존재하지만 공통적으로 지적하고 있는 부패의 요소를 종합할 때, 관료부패란 규제권을 이용해 민간의 행위를 적극적 또는 소극적으로 개입해 공익을 일탈한 사적 이득행위라고 볼 수 있다.

(2) 행정부패의 역기능과 대책

부패가 지닌 역기능 내지 부정적인 측면은 재론의 여지가 별로 없다. 일부 학자에 의해 부패의 순기능에 대한 논의가 없는 것은 아니지만, 이 같은 순기능에 비해 그 역기능이 워낙 크다는 점에서 비교의 논의가 되지 않는다. 이 같은 반증은 뮈르달(Gunnar Myrdal)에 의해 행해졌는데, 남아시아의 빈곤에 대한 10년 간의 연구 결과를 담은 『아시아 드라마』로 1974년 노벨 경제학상을 수상한 연구가 그것이다.

뮈르달은 빈곤의 원인으로 인구 과잉이나 자원 부족 등 지금까지 논의되어 오던 경제적 요인 말고도, 부패가 경제 발전에 미치는 영향을 경제학자로서는 처음으로 깊게 다뤘다. 그는 아시아 지역 국가들의 저발전 원인으로서 관료 부패를 첫 번째로 꼽고 있다. 이처럼 부패는 순기능에 비해 역기능의 폐해가 워낙 크다는 점에서 문제가 되고 있다.

부패의 효과를 이처럼 기본적으로 규범적 관점에서 이해하는 것과는 달리, 카리노(Carino, 1986: 190－194)는 도덕적 판단을 배제한 상태에서 부패가 현실에 야기하는 부정적인 효과들을 피력하고 있다.

첫째, 부패가 조직에 미치는 영향이다. 부패는 조직에 대해 조직의 공식적인 권한・복종구조를 왜곡시키는 결과를 초래한다. 그로 인해 부패하지 않은 유능한 인재들이 조직을 떠나게 만듦으로써 조직의 인적 역량의 질적 수준을 약화시킨다. 그리고 수입과 지출 모두에서 조직의 물적 자원이 비효율적으로 운영되게 만들어 결국 능률성과 효과성 측면 모두에서 조직의 성능을 저하시킨다.

둘째, 부패가 정부에 미치는 영향이다. 부패는 정부의 세입 감소, 해외 자본에의 의존도 상승, 법규 해석의 모호성 증대 및 법규의 형식화, 그리고 이로 인한 정부정책의 왜곡 및 혼선을 초래한다.

셋째, 사회 전체에 미치는 영향이다. 부패는 조직과 국가에서 이뤄지는 부패로 인해 사회 전체에 존재하는 유형과 무형의 모든 자원이 비효율적으로 생산, 사용되도록 만든다고 주장했다(김택, 2011).

넷째, 부패를 방지하기 위한 대책으로는 이 같은 역기능을 억제하는 방향으로 전환해야 할 필요가 있다. 즉, 개인적 측면에서 윤리적 강화와 함께 제도적 장치의 마련이 요구된다.

대체적으로 부패를 방지하기 위한 대안으로는 공무원 보수의 적정화와 현실화, 인사관리의 합리성과 공정성 확보, 탈규제화와 절차의 간소화, 지속적인 부패 척결 조치, 관료 행태의 쇄신과 봉사 지향적 가치관의 확립, 시민운동의 생활화와 민주통제의 강화, 내부통제의 강화, 법과 제도의 현실화, 내부고발제도의 재정립 등을 들 수 있다.

3) 공무원의 정치적 중립

(1) 정치적 중립의 의미

공무원의 정치적 중립이란 공무원이 정당적 목적에 이용되지 않고 공무원의 본분을 유지하면서, 공무원집단을 정치로부터 중립적인 세력권으로 만들어 민주 체제의 균형과 정권 교체에 동요되지 않고 행정의 전문성과 공평성과 계속성을 유지하려는 것이다.

공무원의 정치적 중립성 문제는 군주제나 일당 독재 또는 엽관주의 인사행정을 하는 국가에서는 논의의 여지가 없다. 실적주의 인사행정을 하는 국가에서만 문제가 되는 것이다. 이런 측면에서 복수정당의 의회정치를 하는 국가에서 공무원의 정치적 중립을 요구하는 이유는 다음과 같다.

첫째, 공무원은 정당의 봉사자가 아니라 국민 전체의 봉사자로서 공익을 추구해야 할 본질적인 사명에서 불편부당한 입장을 지켜야 한다는 행동규범이 요구된다.

둘째, 행정에 대한 정치적 개입은 행정 능률의 저하와 부패와 낭비를 조장하므로 이를 방지하고 행정의 안정성을 확보하고자 하는 것이다.

셋째, 정권의 변동에도 불구하고 전문적이고 계속적인 행정의 수행을 확보하기 위해서는 중립적인 공무원집단이 요구된다. 다시 말해, 정치 체제 내의 세력 균등을 유지하고 조정자적 역할을 하게 하기 위해서도 필요하다.

(2) 정치적 중립의 내용

공무원의 정치적 중립을 요구하는 내용과 정도는 국가나 처한 환경에 따라 다르다. 대체로 실적주의 인사행정이 일찍이 확립되고 엽관주의 인사행정의 폐단을 크게 경험하지 않은 국가는 공무원의 정치적 활동에 관대한 편이다. 그러나 엽관주의나 정실주의 폐단을 경험한 미국이나 이런 영향을 받은 국가에서는 공무원의 정치적 중립 요청이 강하다.

일반적으로 공무원의 정치적 중립을 요구하는 국가는 공무원을 외부의 정치적 간섭으로부터 보호하고, 공무원의 정치 참여를 금지하는 조치를 법제화하는 경향이 있다. 우리의 경우도 '국가공무원법'과 '공무원복무규정' 등에서 공무원의 정치 활동을 금하고 있다. 주요 내용은 대체로 다음과 같다.

첫째, 정당이나 기타 정치단체의 구성에 간여하거나 가입할 수 없게 하고 있다.

둘째, 선거에서 특정 정당이나 특정인의 지지나 반대를 하기 위한 행위를 금하고 있다.

셋째, 정치적 행위의 보상이나 보복으로서 이익 또는 불이익을 약속할 수 없게 했다.

넷째, 각종 선거에 입후보하거나 선거에 취임하는 등 공직을 겸임할 수 없게 규정하고 있다.

(3) 정치적 중립의 한계

공무원의 정치적 중립의 한계는 대체적으로 시민으로서 기본권과 상충된다는 점에서 문제를 안고 있다.

첫째, 기본권과의 관계에서 발생하는 문제다. 공무원은 헌법과 법률의 기본적 이념에 따라 시민으로서 기본권은 물론 공무원으로서 직업에 따르는 이익을 추구할 수 있어야 한다. 그런데 대부분의 국가에서는 공무원의 본질상 이유로 이를 금지 또는 제한하고 중립적 입장을 지키도록 요구하고 있다. 이러한 현상은 민주정치의 원칙에 위배되는 것으로 비판을 받고 있다. 또한 개인의 기본권 보장과 정치적 중립의 조화를 어떻게 해야 할 것인가는 국가마다 다양하다.

둘째, 정치성과의 관계에서 발생하는 문제다. 정치와 행정은 분리될 수 없다는 정치·행정일원론의 입장은 공무원의 정치적 중립을 부정하고 있다. 현대 행정은 고도의 정치성을 띠고 있다. 이런 측면에서 행정은 정치적 환경 속에서 수행되고 있는 점을 감안할 때, 공무원의 정치적 중립은 절충적 입장에서 부당한 정당적 정실 개입으로부터의 독립성을 의미하는 것으로 이해되어야 한다(유종해, 1979: 281－

283).

4) 공무원노동조합

(1) 공무원노동조합의 의미

공무원이 단체활동을 할 수 있느냐 없느냐의 문제는 현대 정부 부문의 인력관리에서 가장 논란이 많고 관심을 끄는 분야다. 문제는 공무원이 단순한 직업인이 아니라 국민의 수임자라는 데 있는 것 같다. 그러나 최근에는 많은 국가에서 공무원의 단체행동이 보편화되고 있는 추세다.

공무원단체는 공무원들이 자주적으로 단결해 근로 조건의 유지 개선과 복지 증진, 기타 경제적·사회적 지위 향상을 목적으로 조직하는 단체로 정의될 수 있다. 광의의 공무원단체에는 여러 목적을 지닌 다양한 공식단체뿐만 아니라 비공식집단과 자생집단까지 포함되겠으나, 좁은 의미의 공무원단체는 공무원노동조합을 의미한다.

공무원단체는 공무원의 복지 증진과 사기 앙양, 행정 능률의 향상 및 행정 발전에 기여할 수 있는 장치이며, 현대 인사행정에서 중시되고 있는 관리 도구의 하나다. 이러한 권한을 위해 가입권, 단체교섭권, 파업 등을 할 수 있는 권한을 부여하는 것이다. 그러나 단체행동을 인정하는 국가에서도 공식적으로 파업만은 인정하지 않고 있다. 따라서 공무원의 단체행동의 대종을 이루는 것은 단체교섭권이다.

(2) 공무원노동조합의 기능

공무원노동조합은 공무원이 노동조합을 결성해서 채용, 급여, 근로 조건 등 인사관리 전반에 걸쳐서 단체행동을 할 수 있는 권한이라고 볼 수 있다. 이 같은 공무원의 단체활동은 다음과 같이 양면성을 갖는다.

첫째, 공무원단체는 압력단체의 기능을 수행할 수 있다. 공무원들은 공무원단체를 통해 그들의 집합적인 의사를 개별적인 관리자, 단위 행정기관, 행정부, 입법부, 사법부 및 국민들에게 표시할 수 있다. 이러한 과정을 통해 공무원단체와 정부(행정부, 입법부, 사법부)는 서로의 입장을 원활하게 파악하고 전달할 수 있어서 쌍방의 정책 결정에 도움을 줄 수 있다. 이러한 기능은 사실상 정치사회에서 압력단체와 유사하다.

둘째, 공무원단체는 공무원집단의 욕구 충족 기능을 수행한다. 공무원의 복지 증진, 정책 결정 과정 참여, 집합적인 의사 표시, 오락 및 친목활동 등을 추구함으로써 공무원의 참여 의식, 인간의 가치 인정, 귀속감, 성취감, 연대 의식 등의 사회적 욕구를 충족시켜 준다. 이러한 과정과 활동을 통해 공무원의 사기를 높일 수 있고 행정 능률의 향상에 도움을 줄 수 있다.

셋째, 공무원단체는 행정의 민주화 기능을 수행한다. 공무원단체는 공무원과 관리층 간에 쉽게 접근할 수 있는 경제적이며 쌍방적인 의사전달 통로를 제공할 수 있다. 이론적으로 관리층과 노동조합은 공공 업무를 수행할 때 공평성과 효과성을 증진하기 위해 동맹 관계를 형성할 수 있는 것이다. 즉, 공무원단체는 관리층과 대화와 협상을 통해 상호 이해의 증진과 관리층의 횡포를 통제함으로써 대내행정의 민주화와 행정 발전에 기여할 수 있다.

넷째, 공무원단체는 실적제의 강화와 직업윤리를 확립하는 기능을 수행한다. 실적제는 시대와 상황에 따라 약간씩 변해 왔으며, 공무원단체 활동과 대립되는 측면도 있지만 상호 조화를 이루고 있다.

다섯째, 공무원단체는 공무원들의 올바른 직업윤리 확립과 자질 향상에 기여할 수 있다. 공무원단체는 공무원들이 직업적인 행동규범으로부터 이탈되는 것을 막는 사회적 견제작용을 하고, 직업윤리 확립과 자질 향상을 위한 교화활동을 전개할 수 있다. 또한 부패 방지를 위한 타율적인 통제와 함께 전문직업화를 통한 자율적 통제가 효과를 거둘 수 있게 해 준다.

그러나 공무원노동조합이 이 같은 긍정적 측면만 있는 것은 아니다. 공무원노동조합이 갖는 부정적 측면은 대체로 공직의 특수성에서 논의되고 있다.

첫째, 정부활동의 계속성에 대한 요구다. 정부활동은 사기업체와 달리 그 활동이 정지되면 국민생활에 미치는 효과는 너무나 크다. 정부활동은 독점성이 특징인데 이것이 가동하지 않으면 다른 어느 것도 이것을 대체할 수 없다.

둘째, 공익을 추구하는 국민의 수임자이기 때문이다. 공행정은 그 속성이 사행정과는 달라 공익을 추구하는 것을 그 존재 이유로 삼는다. 그리고 국민에 대한 봉사를 제일의 사명으로 삼고 있으면서도 동시에 때로는 권력기관으로도 행세한다. 따라서 공직이라는 생리가 노동조합과는 거리가 멀다는 것이다. 특히 행정기관이 권력기관으로서 특성을 강하게 띨 때, 여기에 단체행동권까지 부여한다면 특권집단화로 더욱 몰고 간다는 것이다.

셋째, 노사 구분의 모호성이다. 정부조직 안에서는 관리층과 비관리층으로 구분하는 것은 어느 정도 가능하지만, 노사의 관계로 구분하는 것은 거의 불가능하

토론 이슈 9년간 금융권에 3일에 한 명꼴로 '낙하산 임원' 선임

총 1,004명 달해…더민주 제윤경 의원 분석
사법당국 11%·정치권 7% 등 비전문가 수두룩

지난 2008년부터 올해까지 최근 9년간 금융권 등기 임원 중 소위 '낙하산' 인사가 1,000명도 넘는 것으로 드러나 '권력의 사유화' 우려가 제기되고 있다. 특히 이 중 사법당국과 정치권 등 비금융권 출신이 다수를 차지해 전문성 부족까지 지적되는 상황이다.

19일 국회 정무위원회 소속 더불어민주당 제윤경 의원에 따르면, 최근 9년간 전 금융회사(대부업 제외)의 등기 임원 중 공직경력자가 총 1,004명으로 집계됐다. 제 의원은 "3일에 1명꼴로 낙하산이 내리꽂히는 셈"이라고 지적했다.

출신별로는 한국은행, KDB산업은행, 금융연구원 등 공공기관 출신이 381명(37.9%)으로 가장 많았다. 이어 기획재정부, 금융위원회, 금융감독원 등 금융당국 출신이 334명(33.3%)으로 그 뒤를 바짝 쫓았다.

금융권과 큰 관련이 없는 사법당국 출신도 117명(11.7%), 정치권 출신은 71명(7.1%), 행정부 공무원 출신은 67명(6.7%), 감사원 출신은 34명(3.4%)을 차지했다. 금융업권별는 자산운용사가 213명으로 제일 많았다. 이어 보험사 179명, 증권사 168명, 여신전문금융사 136명, 은행은 96명, 금융지주사 57명 순으로 나타났다.

제 의원은 "이런 '낙하산 등기 임원'들이 정부의 정책에 적극 협조하거나 로비 창구로 활용되는 등 권력의 사유화 현상이 우려된다"며 "'대우조선해양 사태' 등도 이로 인한 부작용이라 볼 수 있다"고 비판했다. 그는 "또한 전문성 없는 '낙하산 인사'들이 금융사의 상위권을 점령해 경영 효율성을 저해하고, 금융사 내부 출신의 사기까지 저하시킨다"며 "공직자윤리법을 더 강화해야 한다"고 주장했다.

[세계일보, 2016년 12월 19일자에서 발췌]

이슈 제기

1. '공직자윤리법'의 내용을 조사해 보고, 이 사례의 경우 문제점에 대해 토론해 보시오.
2. 이 사례를 통해 볼 때 소위 낙하산 인사의 범위는 어디까지 통제해야 하는지에 대해 생각해 보시오.
3. 다른 국가의 '공직자윤리법'과 우리의 '공직자윤리법'을 비교하고, 우리의 경우 보완해야 할 내용에 대해 토론해 보시오.

다. 공무원은 누구나가 국민에 대해 피사용자의 입장에 있는데, 그 안에서 누가 사용자이고 누가 피사용자인가를 구분하기가 대단히 어렵다. 그리고 또 구분이 가능하다고 할지라도 사용자는 피사용자의 요구를 자기 마음대로 들어 줄 수 없는 경우가 많다.

넷째, 실적주의 원리에 위반된다. 공무원은 직급별로 단체행동이 용인되지 않기도 하며, 또한 노동조합에 가입하는 것도 자유다. 단체행동이 용인되는 사람은 대우를 잘 받고 그렇지 못한 사람은 대우를 덜 받는다면 형평과 공평성의 원리에 위배된다. 공무원의 단체행동은 승진 등의 인사문제를 처리할 때 능력이나 실적보다는 근무 연한을 더 중요시한다. 이러한 연공 순서는 인사관리에서 나름대로 객관적인 기준이 되기는 하나, 실적을 중시하는 실적제의 원리와는 조화되지 않는다는 것이다.

다섯째, 조직 내에서의 계층 간의 갈등 조장 가능성이다. 노동조합이 탄생됨으로써 관리계층과 비관리계층 간의 갈등과 대결이 더욱 조장된다. 이들은 동업자로서 행동하기보다는 이해관계를 달리하는 사람으로 상대방을 인식하게 된다. 조합구성원은 자기네들을 채용한 정부보다는 노동조합에 더욱 충성심을 발휘함으로써 늘 갈등의 씨앗을 지니고 있다(백완기, 2010: 618－621).

2 한국 행정과 공무원의 규범

1) 한국 행정과 공직윤리/부패

공직자의 부정을 방지하고 공무 집행의 공정성을 구현하기 위한 공직윤리제도는 민주화가 진행되기 이전부터 마련되어 왔다. 다만 민주화가 진행되기 이전의 정책이나 제도가 주로 정통성이 취약한 체제 안정을 유지하기 위한 수단적 성격이 강했다면, 민주화 이후에는 국정 운영의 우선 과제로 공직사회의 신뢰 확보와 투명성을 확보하고자 하는 목적으로 이뤄졌다. 예컨대 '공직자윤리법'이 민주화가 진행되기 이전인 전두환 정부에서 1981년 12월 31일에 제정된 것이 그것이다.

그러나 공직윤리와 관련한 다양한 제도는 민주화가 진행되면서 집중적으로 구축되기 시작했다. 김영삼 정부는 어느 정부보다도 국정 운영의 최우선 과제를 부패 방지에 두고 심혈을 기울였다. 예컨대 '공직자윤리법'의 개정, '금융실명거래법', 부동산실명제, '공직선거 및 선거부정방지법' 제정, '정보공개법' 제정, '정치자금법' 개정, '특별범죄처벌가중법'의 강화 등이 그것이다.

이후 유사한 노력은 김대중 정부에서도 강화되었다. 예컨대 '부패방지법'의 제정, 공무원행동강령의 제정, 부패방지위원회의 설치, 내부고발자보호제도의 운영, 공공기관청렴도의 측정, 국민감사청구권, '인사청문회법' 제정, '범죄 수익 은닉의 규제 및 처벌 등에 관한 법률', '돈세탁방지법' 제정 등 공무원의 공직윤리를 강화하기 위한 다양한 법과 제도가 실시되었다.

노무현 정부에 이르러서도 국가청렴위원회 설치, 주식백지신탁제도, '불법정치자금 등의 몰수에 관한 특례법', 신고자 신분 강화 등과 같은 노력이 있었다. 그리고 이명박 정부에 들어서는 '특정범죄가중처벌법' 강화, '공직신고자 보호법', 고위공직자 청렴도 평가모형 개발 등이 이뤄졌다(윤태범, 2011).

박근혜 정부가 들어서도 이러한 노력의 일환으로 '부패방지 및 국민권익위원회의 설치와 운영에 관한 법률'과 '청탁금지법'이 제정되었고, '국가공무원법'과 '공익신고자 보호법' 그리고 '공직자윤리법'이 개정되었다. 그리고 공공재정 낭비를 예방하고자 '공공재정 허위·부정청구 등 방지법'의 제정을 추진하고 있다. 이외에도 청렴한 조직문화 정착을 위해 청렴활동 내용에 따라 인센티브를 부여하는 청렴 마일리지제도가 마련되었다.

하지만 역대 정부에서 이처럼 공직의 윤리 제고와 부패를 방지하기 위해 많은 법과 제도가 시행되었지만, 아직도 공직사회에 대한 윤리적 수준은 그리 높지 않은 실정이다. 예컨대 국제투명성기구(IT)가 발표한 2014년도 우리나라의 부패인식 지수는 56점으로 전 세계 175개국 중 43위로, 지난 10년간 계속해서 40위권을 벗어나지 못하고 있다. 그것은 제도가 지닌 불완전성에도 한 원인이 있겠지만, 정치권의 확고한 의지 결여와 사회문화적인 측면에서 그 원인을 찾을 수 있다.

<표 4-2-22>에서 보듯이 한국 공공 부문의 부패 실태에 대한 추이 분석을 보면, 고위공직자에 대한 부정부패에 대한 체감률은 노무현 정부 3년차인 2005년에 다소 낮아지다가 말기에 이르러서는 다시 증가했다. 그리고 이명박 정부의 초기에는 역시 낮아지다가 점차 증가하는 양상을 띠고 있다. 이처럼 부패 인식을 중심

표 4-2-22 고위공직자에 대한 부정부패 정도

(단위: %)

연도	2000	2001	2004	2005	2006	2007	2008	2009	2010
응답률	80.6	85.3	83.4	76.4	76.6	85.0	83.0	76.9	86.5

참고: 부패 정도가 심하다고 응답한 비율을 의미.
자료: 한국행정연구원(2010).

으로 한국 관료들의 부패 실태의 특성을 보면, 정권 초에는 다소 낮아지는 듯하다가 정권 후반기에 이르면 부패가 다시 증가하는 양상을 보이고 있다.

이를 입증하듯 공직부패는 해마다 증가하고 있다. [그림 4-2-8]에서 보듯이 공금 유용과 횡령, 금품 및 향응 수수 등 부정부패로 징계를 받은 공무원의 수가 현격하게 감소하고 있지 않다는 점에서 문제의 심각성이 있다.

그림 4-2-8 공무원 징계 사유별 추이 현황

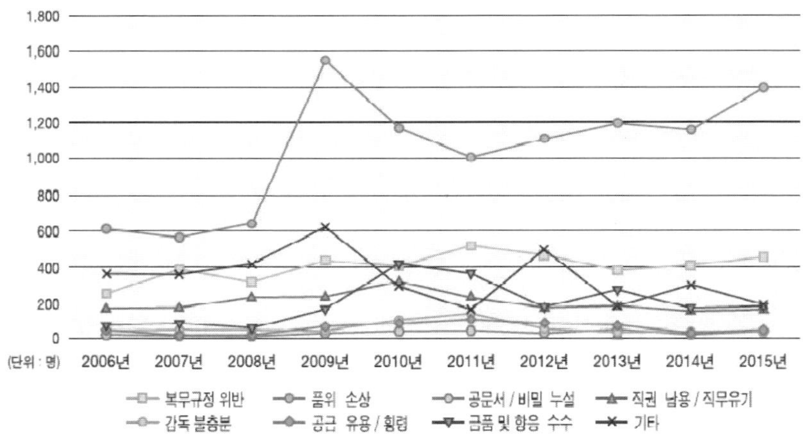

자료: 인사혁신처(2016). 「2016인사혁신통계연보」.

한국 행정에서 공직윤리와 부패는 좀 더 과감한 개선이 마련되어야 할 상황인데, 여기서는 범위를 다소 좁혀 '공직자윤리법'에 한정해 공직윤리에 대한 한국 행정의 변화 과정을 살펴보고자 한다. '공직자윤리법'은 전두환 정부 때인 1981년 12월 31일에 제정되어, 2016년 1월 19일 개정을 거쳐 현재에 이르고 있다.

첫째, 김영삼 정부 때인 1993년 6월 11일에 개정을 거치면서, 공직자 및 공직후보자에 대해 보유재산을 등록·공개하도록 했다.

둘째, 김대중 정부 때인 2001년 1월 26일 개정으로 공직자가 퇴직 후 유관 기업체에 취업함으로써 발생할 수 있는 부당한 사례를 예방하고자 했다.

셋째, 노무현 정부 때인 2005년 5월 18일 개정을 통해 공직자가 공직을 이용해 주식의 부정한 증식을 할 수 없도록 함으로써 국민을 위한 봉사자로서 요구되는 공직윤리를 확립하는 데 목표를 두었다.

넷째, 이명박 정부 때인 2009년 2월 3일 개정을 통해 재산등록 의무자의 범위와 등록 대상 친족 범위를 현실에 맞게 조정하고자 했다. 즉, 제도의 실효성을 확보하고 공직 유관 단체를 법령이 정하는 바에 따라 지정하며, 구속 수감자 등 신고 의무를 이행하지 못할 사유가 있는 경우 신고 의무를 면제할 수 있도록 하는 등 제도 운영상에서 나타난 미비점을 보완했다.51)

표 4-2-23 행정부 소속 재산등록 의무자 현황

(단위: 명)

연도	계	공개	비공개
2002	74,643	695	73,948
2004	79,164	686	78,478
2006	84,607	762	83,845
2008	106,546	820	105,726
2010	106,229	765	106,464
2011	111,604	787	110,817
2012	122,407	818	121,589
2013	125,444	787	124,657
2014	133,150	791	132,359
2015	135,456	794	134,662

참고: · '공개'는 공직자윤리법 제10조 및 동법 시행령 제24조에 의해 재산등록 사항을 관보에 공개하는 고위직 공직자.
· '비공개'는 재산등록 사항을 공개하지 않는 공직자.

자료: 인사혁신처(2016). 「2016 인사혁신통계연보」에 의거 재작성.

51) 2008년 12월 31일에 통과된 '국가공무원법' 개정안에 따라 공무원 징계령에서 징계 종류 중 '해임'과 '정직' 사이에 '강등'을 신설했다.

다섯째, 박근혜 정부에서는 2014년 12월 30일에 일부 개정을 통해 퇴직공직자의 취업 제한 및 행위 제한의 범위가 수정되었다. 이에 따라 한국철도시설공단과 한국무역보험공사의 재산등록 의무자를 2급 직원까지 확대했다. 그리고 2016년 1월 19일 개정에 따라 고위공직자 본인이 소유한 주식과 관련한 직무에 관여할 수 없게 되었다.

2) 한국 행정과 공무원노동조합

한국 행정에서 공무원노동조합의 발전 과정은 민주화의 진행과 맥을 같이해 왔다. 공무원노동조합에 대한 최초의 규정은 '제헌헌법' 제18조에서였다. '제헌헌법'에서는 공무원과 민간 노동자의 구분 없이 노동자의 단결, 단체교섭과 단체행동권의 자유를 법률의 범위 내에서 보장하도록 규정했다. 그리고 '노동조합법' 제66조에서는 노동자가 자유롭게 노동조합을 조직하거나 이에 가입할 수 있도록 규정했다. 다만 현역 군인, 군속, 경찰관리, 형무관리와 소방관리는 예외로 규정했다.

그러나 공무원노동조합에 대한 형식적인 규정 내용마저도 군사정부가 들어선 1962년 12월에 이뤄진 제5차 '헌법' 개정에서는 공무원의 경우 법률로 인정된 자를 제외하고는 단결권, 단체교섭권, 단체행동권을 가질 수 없도록 금지했다. 이 법은 이후 큰 변화 없이 골격을 유지해 왔고 공무원노동조합의 활성화는 거의 유명무실한 상태로 지속되었다.

이후 한국의 공무원노동조합과 관련한 제도는 민주화의 진행 과정과 함께 커다란 변동을 맞이한다. 그동안 한국 공무원의 노동권은 현업 부서에 근무하는 단순노무자들에게만 단결권과 단체교섭권이 인정되는 수준이었다. 그러다가 노태우 정부가 들어서면서 1991년에 국제노동기구(ILO)에 가입하게 되자, 공무원에게 단결권을 보장하도록 요구하는 국제적 압력이 가해지기 시작했다. 그 결과 동년에는 '교원 지위 향상을 위한 특별법'이 제정되었고, 한국교원단체총연합회에 단체교섭권이 부여되었다.

한편 공무원단체의 3권 중의 하나인 단체행동권의 제한에 대한 시각은 김영삼 정부 때부터 변화되기 시작했다. 1993년 3월 헌법재판소는 공무원의 노동쟁의행위를 전면적으로 금지하는 현행 '노동쟁의조정법' 제12조는 일부 공무원의 단체행동권을 인정한 '헌법' 제33조 2항에 합치되지 않으므로 개정해야 한다는 헌법 불합치 결정을 했다. 이에 따라 철도노조원의 경우 쟁의행위가 가능하다는 1991년의 대법원 판결과 함께, 공무원단체의 단체행동권 제한에 대한 기본 시각이 변화되는 조짐을 보이기 시작했다.

이에 더해 세계무역기구(WTO) 체제의 출범과 함께 1995년 1월에 한국 정부도 이에 가입하게 됨에 따라, 국제적 환경은 한국의 공무원단체를 둘러싼 각종 제도에 새로운 압력으로 작용하기 시작했다. 그 흐름이란 국제 사회에서 노동 조건과 무역 규제를 연계하기 위해 블루 라운드(Blue Round)에 관한 논의가 진행되는 등, 노동 문제 개선을 위한 세계적 차원의 움직임이 가시화되고 있었다.

그 결과 공무원노조의 단체행동권을 제약해 온 법적 근거인 '노동쟁의조정법'이 1996년 12월 3일 폐지되었다. 이에 후속법적 성격을 갖는 '노동조합 및 노동관계조정법'이 1997년 3월에 제정되었다. 관련 조항에서 쟁의행위를 할 수 없는 근로자의 범주로 '국가 · 지방자치단체에 종사하는 근로자'가 제외됨으로써 '국가공무원법' 제66조에 규정된 사실상 노무에 종사하는 공무원은 쟁의행위가 가능한 것으로 해석될 수 있게 되었다.

이러한 국내외적인 상황 속에서 집권한 김대중 정부는 1998년 2월 6일 노사정위원회에서 공무원의 노동기본권을 단계적으로 보장하기로 한 합의에 따라, 1999년 1월에 '공무원직장협의회의 설립 · 운영에 관한 법률'을 시행했다. 이 법에 따라 6급 이하의 일반직 공무원 등이 근무환경 개선 · 업무 능률 향상과 고충처리 등을 위해 직장협의회를 설립할 수 있도록 허용되었다. 그리고 동년 7월에는 '교원의 노동조합 설립 및 운영 등에 관한 법'이 시행됨에 따라 국 · 공 · 사립학교 교원이 노동조합을 설립할 수 있도록 허용되었다.

직장협의회법 시행 이후 공무원노동단체에 대한 급격한 환경 변화 속에 들어선 노무현 정부는 2006년 1월에 교원들에 이어 공무원의 단결권 및 단체교섭권 보장을 주요 내용으로 하는 '공무원의 노동조합 설립 및 운영 등에 관한 법률'을 제정했다. 이에 따라 비록 6급 이하의 일반직 공무원에 한정된 것이기는 하지만 공무원노동조합을 결성할 수 있는 제도적 장치를 마련함으로써 공무원의 노동기본권을 보장하는 역사적인 초석을 놓게 되었다.[52)]

'공무원노동조합법' 시행 이후 전국적으로 공무원 노조의 설립 신고가 이뤄짐은 물론, '공무원노동조합법'에서 정한 절차에 따라 각급 기관에서 노조와의 단체교섭이 시작되었다.[53] 그리고 2007년 12월 14일에는 정부와 공무원노조 간에 최초로 단체협약을 체결했다. 즉, 6급 이하 공무원의 정년 연장 등 주요 쟁점에 대한 합의를 도출하면서 공무원 노사관계의 새 지평을 열게 되었다.

이명박 정부가 들어서면서 논의된 전국공무원노동조합, 전국민주공무원노동조합, 법원공무원노동조합의 3개 노조 통합문제와, 통합노조의 상급단체로 민주노총 가입을 추진함에 따라 새로운 노사 갈등이 야기되기 시작했다. 노조측은 2009년 9월 전국공무원노동조합, 전국민주공무원노동조합, 법원공무원노동조합 등 3개 노동조합의 통합 및 상급단체로의 민노총 가입을 위한 총투표를 실시해 민주노총 가입 등 2개 안건 모두를 가결시켰다. 이에 따라 민주노총을 상급단체로 두는 통합노조에 대해 정부 측이 정치적 중립을 요구하면서 마찰을 빚었으나 현재는 해소되었다.

그러나 박근혜 정부에 들어서면서 2013년에는 정부와 전국공무원노동조합 간에 노조 설립신고를 둘러싸고 갈등이 야기되어, 법원의 판결에 의해 설립신고를 반려함에 따라 정부와 노조 간에 갈등이 재연되고 있는 실정이다. 이 밖에 2016년에는 '노동조합 및 노동관계조정법' 일부 개정이 있었을 뿐 제도적 변화는 크게 없었다.

이에 따라 2014년 현재 총 121개의 노조가 설립되어 있으며, 노조 가입 대상 공무원은 노조 가입 대상 공무원 중 60.9%에 해당하는 총 179,606명이 가입해 높은 조직률을 유지하고 있는데 가입 대상자는 감소하는 추세다. 이 같은 공공 부문의 노조조직률은 공무원이 60.9%, 교원이 16.8%, 공공기관이 59.8%로 민간 부문 9.2%(2012년 기준)보다 훨씬 높은 수준이며, 조합원 수도 총 457,209명(공무원 179,606

---

52) 동법 시행 이전인 2002년에 이미 출범한 전국공무원노동조합(전공노)은 단체행동권이 확보되지 않았다는 등의 이유로, 출범 후 5년간 법외단체로 머물면서 파업을 벌이는 등 적지 않은 사회적 파장을 불러일으켰다. 그렇지만 2007년 7월 전공노가 출범 5년 만에 합법 노조로의 전환을 선언한데 이어, 동년 12월 14일 정부와 공무원노조가 '정부교섭 단체협약서'를 체결함에 따라 공무원 노조활동의 범위를 둘러싼 갈등은 일단락되었다.

53) 1999년 7월 시행된 '교원의 노동조합 설립 및 운영 등에 관한 법'과 2006년 1월 시행된 '공무원의 노동조합 설립 및 운영 등에 관한 법률'에서는 공무원노동조합과 그 조합원은 파업 · 태업, 그 밖에 업무의 정상적인 운영을 저해하는 일체의 행위를 해서는 안 된다고 규정해 공무원노조의 단체행동권을 부정하고 있다. 그리고 이 법들은 교원과 공무원 노동조합의 정치활동을 금지하는 규정도 담고 있다.

명, 교원 68,748명, 공공기관 208,855명)으로 우리나라 전체 조합원(2012년 1,781,339명)의 25.6%에 이른다. 특히 공무원 노조의 경우 높은 조직률, 구성원 간의 동질성, 안정된 재원 등을 기반으로 노조의 영향력은 지속적으로 확대되고 있다(고용노동부, 2014).

표 4-2-24 공무원노조 설립 신고 현황

(단위: 개, 명)

	합계	연합	전국	헌법기관	행정부	지자체	교육청
조합 수	121	11	4	2	2	77	25
조합원 수	179,606		64,250	8,388	24,181	55,336	27,451

참고: 20014년 8월 4일 현재.
자료: 고용노동부(2014), 고용노동백서.

생각할 문제

■ 한국 행정과 인사제도

1. 한국 행정에서 엽관주의와 실적주의가 적용되는 경우를 조사해서, 그와 같은 현상이 발생하는 이유에 대해 생각해 보시오.
2. 한국 행정에 도입된 대표관료제의 유형을 조사하고, 그에 따른 순기능과 역기능에 대해 생각해 보시오.

■ 한국 행정과 공직분류제도

1. 한국 행정에 도입된 직위분류제의 실태를 살펴보고, 이의 적실성에 대해 생각해 보시오.
2. 한국 행정에서 국가공무원과 지방공무원으로 나뉘어 있는 공무원의 신분에 대한 실익에 대해 생각해 보시오.
3. 한국 인사행정에서 채택하고 있는 개방형과 폐쇄형의 실태를 조사하고, 이에 따른 장단점에 대해 생각해 보시오.
4. 한국 인사행정에 도입된 고위공무원단제도의 정착 과정을 조사하고, 이의 실익에 대해 생각해 보시오.

■ 한국 행정과 인적자원관리

1. 한국 인사행정에서 실시하고 있는 임용제도에 대해 생각해 보시오.
2. 한국 인사행정의 가장 큰 문제라고 할 수 있는 승진의 적체 현상을 해소할 수 있는 대안에 대해 생각해 보시오.
3. 한국 인사행정에서 실시되고 있는 평가제도에 대해 조사해 보고, 평가제도의 도입에 따른 효과성에 대해 생각해 보시오.

4. 한국 인사행정에서 이뤄지고 있는 교육훈련의 실태를 조사해 보고, 그에 따른 대안에 대해 생각해 보시오.
5. 각국에서 공무원에게 지급하고 있는 보수와 연금의 실태를 조사해 보고, 우리의 경우 가능한 개선점이 무엇이 있는지 생각해 보시오.

■ **한국 행정과 공무원 규범**

1. 한국 행정에서 관료의 부패가 현저하게 감소하지 않는 이유에 대해 생각해 보시오.
2. 한국 행정에서 공무원노동조합의 도입 과정을 조사해 보고, 이의 효과성에 대해 생각해 보시오.
3. 한국 행정에서 관료의 윤리성을 강화할 수 있는 대안을 조사해 보고, 이들의 현실적합성에 대해 생각해 보시오.

제 3 장

한국 행정과 예산

제 1 절 한국 행정과 예산의 종류/분류

예산은 정부나 조직이 살아가는 데 미래에 대한 계획이다. 다시 말해, 예산은 정부나 조직이 목적 달성을 위해 금액으로 표시한 계획서인 것이다. 그래서 예산은 정부의 재정 상태를 표시한 정보이자 계획이며, 국민과의 계약의 일부로서 정책적 성격을 갖는다.

예산은 다양한 기능을 수행한다. 정치적으로는 사회집단의 이해를 조정해 예산에 반영하는 기능을 하며, 행정적으로는 정부의 목적을 달성하기 위해 공무원을 통제하기 위한 수단적 기능을 하고, 법적으로는 법령을 시행하는 기능을 하며, 경제적으로는 경제 성장과 안정을 위한 도구적 역할을 수행한다.

이에 더해 한국의 경우는 외환위기를 겪으면서 예산을 포함한 재무행정의 역할이 그 어느 때보다 중요해지고 있다. 그 결과 예산에 대한 성과관리와 평가제도가 도입되고, '국가재정법'의 개정을 거치면서 전통적인 예산관리 방식에 일대 변화가 초래되었다. 여기서는 행정이 추구하는 가치 실현을 위한 관리 체제의 한 요소로서 예산의 목적과 기능에 주목해 특히 민주화가 진행된 이후 변화된 내용을 중심으로 한국 행정과 예산과의 관계를 살펴보고자 한다.

1 행정과 예산의 종류/분류

정부의 활동과 예산 규모를 정확하게 이해하기 위해서는 예산의 종류와 분류에 대한 이해가 필요하다. 예산의 종류와 분류는 정부나 행정기관이 자신의 활동과 세입세출의 구성 및 규모를 제시하는 방법과 관련이 있다. 이런 측면에서 보자면 예산의 종류와 분류는 예산 운영의 정치적 수용성이나 책임성과 밀접한 관련이 있다. 따라서 예산의 종류와 분류는 단순하게 보면 기술적이고 형식적인 문제이지만, 고도의 정치적이고 정책적인 문제라는 측면에서 그 중요성이 있다(신무섭, 2010: 60-61).

1) 예산의 종류

예산의 종류는 보는 시각에 따라 다양하게 나뉜다. 여기서는 예산의 종류 가운데 일반회계와 특별회계, 본예산, 수정예산, 추가경정예산 및 종합예산을 중심으로 그 특징을 간략히 살펴보고자 한다.

(1) 일반회계예산 · 특별회계예산 · 기금

일반적으로 세입의 성질에 따른 종류로는 일반회계와 특별회계로 나눌 수 있다. 이에 반해 기금은 예산의 심의 절차에 따른 종류라고 볼 수 있다.

① 일반회계예산

일반회계예산(general account budget)은 국가재정의 중심적인 예산으로, 조세수입을 주재원으로 해서 일반적인 국가활동에 사용되는 예산을 말한다(박영희, 1983: 101). 흔히 예산을 지칭하는 경우 일반회계를 의미한다. 정부가 기업을 운영하거나 특별기금을 보유하고 운영할 때, 자동적으로 일반회계예산은 기업 운영의 예산이나 기금과는 별도로 성립하게 된다. 일반회계예산의 주된 수입원은 조세수입이 대부분이다.

이와 함께 세출구조를 기능별로 살펴보면, 일반행정비 · 방위비 · 교육비 · 사회개발비 · 경제개발비 · 지방재정교부금 · 재무상환비 등으로 나뉜다.

② 특별회계예산

특별회계예산(special account budget)은 사업적 성격이 강하거나 일반회계와 분리하는 것이 예산 운영에 효율성이 있을 것으로 판단되는 경우에 사용되는 예산이다. 세입은 주로 자체수입이나 일반회계로부터의 전입금 등으로 구성된다. 다시 말해, 특별회계는 특별한 사유에 따라 설치되는 것으로 일반회계예산에 비해 임시적인 성격이 강하다.

다만 원칙적인 측면에서 정부예산은 전체를 용이하게 파악하기 위한 예산단일주의가 적용된다. 그래서 정부의 기본적이고 주된 재정활동은 일반회계에서 계리되어야 하며, 일반적으로 예산이라고 할 때에는 일반회계예산을 의미한다.

③ 기금

국가는 특별한 사업을 위해 법률로써 기금(funds)을 설치할 수 있도록 하고 있다. 기금은 일반회계나 특별회계와는 달리 세입·세출예산에 의하지 않고 예산 외로 운용될 수 있다. 다만 우리의 경우 '국가재정법'에 따라 기금운용계획안과 결산은 매 회계연도마다 국회에 제출해야 한다.

이는 과거에 비해 중앙예산기관과 국회가 기금에 대한 통제를 강화한 결과로서, 기금에 대한 예산 과정은 일반회계나 특별회계의 그것과 거의 유사하다. 따라서 국회는 기금운용계획서를 심사할 수 있고 기금에 대한 국정감사를 할 수 있다. 기금의 재원 조달은 자체수입·차입·일반회계 예산 지원 등을 통해 이뤄진다. 기금 중에는 양곡관리기금이나 조달, 군인연금과 같이 특별회계예산과 중복되는 것도 있고 독립된 것도 있다.

(2) 본예산·수정예산·추가경정예산

이들 예산의 종류는 예산의 편성 절차 즉, 성립 시기를 기준으로 한 분류다.

① 본예산

본예산은 행정부가 편성해 회계연도 개시 전에 의회에 제출해 회계연도 개시 전에 의회가 의결한 예산이다. 본예산은 당초예산이라고도 한다.

② 수정예산

수정예산은 행정부가 편성한 예산안이 의회에 제출되면 의회는 예산안을 심의·결정하게 되어 있다. 그런데 국회의 심의 과정 속에서 국내의 정세 변동으로 예산안을 수정할 필요가 발생하게 된다. 이렇게 심의 중에 있는 예산안을 정부가 수정하는 것을 수정예산이라고 한다. 정부는 국무회의의 의결을 거쳐 대통령의 승인을 얻어 수정예산안을 국회에 제출할 수 있다.

③ 추가경정예산

예산이 국회의 의결을 거쳐 성립된 이후에, 이를 다시 변경할 필요가 있을 때 변경시킨 예산을 추가경정예산이라고 한다. 본예산과 추가경정예산은 별개로 성립해 집행되나, 본래 추가경정예산은 본예산을 추가하거나 삭감하는 것이므로 통산해 집행한다. 따라서 특정 연도의 예산 총액은 본예산과 추가경정예산을 합친 것을 의미한다.

(3) 종합예산

국가의 모든 예산은 예산 단일의 원칙에 따라 한데 모아 놓아야 한다. 그러나 별도로 특정 사업을 운영하거나 기금을 보유할 필요가 있을 때에는 여러 개의 예산을 갖게 된다. 그런데 예산이 이렇게 여러 개의 형태로 분리된 채로 존재하게 되면 국가의 재정활동을 종합적으로 파악하기가 어렵다. 또한 전체 예산이 국민경제에 미치는 효과도 체계적으로 파악하기가 어렵다. 따라서 국가재정에 포함되는 모든 예산을 한데 묶어놓을 필요가 발생하는데, 이를 종합예산이라고 한다.

종합예산의 개념은 1970년대에 들어오면서 거의 모든 나라에서 보편화되었다. 그 결과 종합예산의 개념을 사용함에 따라 국가재산의 전체적인 규모와 재정이 국민경제에 미치는 효과를 체계적으로 파악할 수 있게 되었다. 한국도 1979년부터 종합예산 개념을 사용하기 시작했다. 결론적으로, 국가재정과 지방재정의 전모를 파악할 수 있는 예산을 종합예산이라고 한다.

2) 예산의 분류

예산의 분류란 예산의 편성·심의·집행·회계검사를 용이하게 하기 위해 항목화(項目化)하는 것이다. 따라서 구체적인 목적에 따라 예산의 분류도 다양하게 나뉜다.

(1) 품목별 분류

품목별 분류는 가장 오래되고 보편화된 방법으로, 급여·여비·시설비 등 지출의 대상을 중심으로 하는 분류다. 그래서 어떤 예산제도를 채택한다고 하더라도 품목별 분류를 병용하지 않을 수는 없다. 그것은 어떠한 예산이든 간에 지출할 때에는 구체적인 품목별로 이뤄져야 하기 때문이다. 품목별 예산은 예산 사용을 통제하고 회계 책임을 명확하게 하는 데 이점이 있다(Schick, 1971: 19-20). 다시 말해, 품목별 분류는 회계 책임에 대한 명백한 기준을 제공한다는 측면에서 가장 기초적인 예산 분류이기도 하다.

(2) 기능별 분류

기능별 분류는 국가의 주요 기능에 따라 세출예산을 분류하는 방법으로, 행정수반의 정책 수립과 국회의 예산 심의를 용이하게 한다. 그래서 기능별 분류는 정부가 하는 일을 개괄적으로 이해하기 쉽게 국민에게 알려 줄 수 있기 때문에 시민을 위한 분류라고도 한다. 미국에서 매년 발행되는 예산개요는 기능별 분류의 대표적인 예다.

그런데 기능별 분류는 국가의 기능을 대항목으로 분류한 것이기 때문에 한 부처의 예산 그 이상을 포함한다. 따라서 일반행정비 하면 각 부의 일반행정비를 모두 포함한다는 의미다. 아울러 하나의 사업이나 활동에 여러 개의 기능이 포함될 수도 있다. 예컨대 해외에 주둔하는 군인의 자녀교육비는 방위비에 포함될 수도 있고 교육비에 포함될 수도 있다.

(3) 사업별 분류와 활동별 분류

기능별 분류를 세분하면 사업별 분류가 되고, 사업별 분류를 다시 세분하면 활동별 분류가 된다. 그래서 사업별 분류는 각 부처의 예산요구서 작성에 기틀을 제공할 뿐만 아니라, 이를 달성하는 데 필요한 재정 소요와 사업 진도를 분석하는 데 도움을 준다(유훈, 1983: 131).

활동별 분류는 사업계획별 분류를 다시 세분한 것인데, 예산편성이나 회계 책임을 더욱 용이하고 명확하게 한다는 데 의의가 있다. 그러나 지나치게 세분하면 편성이나 심의 또는 분석을 오히려 복잡하게 한다는 문제를 안고 있다. 이런 측면에서 사업별 분류는 계획예산(PPB)과 성과관리예산(performance based budgeting)

과 관련이 깊은 반면, 활동별 분류는 1950년대에 주로 채택되었던 성과주의예산(performance budgeting)과 밀접한 관련을 맺고 있다.

(4) 경제 성질별 분류

예산의 경제적 기능 가운데 하나가 국민경제의 내용과 규모를 결정하는 데 중요한 역할을 한다는 것이다. 이런 측면에서 예산이 경제 성장과 안정에 기여하도록 예산을 분류・편성하는 것이 경제 성질별 분류다. 다시 말해, 예산이 소비 목적보다는 투자 목적에 얼마나 사용되고 있는가를 알고자 하는 것이 경제 성질별 분류라고 할 수 있다. 경제 성질별 분류에서는 세입・세출 모두가 경상계정과 자본계정으로 나뉜다.

그런데 경제 성질별 분류는 정부가 국민경제의 내용과 수준에 영향을 미치고자 할 때 필요한 자료이지 경제정책에 대한 자료는 아니다. 그래서 경제 성질별 분류와 관련 있는 것이 국민경제예산이다. 이는 한 나라의 경제 성장이나 안정을 어떠한 방향으로 이끌고 갈 것인가를 홍보하기 위해 국민소득・소비・저축・투자의 경제 총량을 사회회계의 형식으로 나타낸 것이다(Burkhead, 1956).

2 한국 행정과 예산의 종류/분류

1) 한국 예산의 개괄적 현황

(1) 한국 재정의 회계구조

우리나라의 재정은 <표 4-3-1>에서와 같이 회계구조가 2017년 1월 현재 1개의 일반회계, 18개의 특별회계, 그리고 65개의 기금으로 구성되어 있다.

일반회계는 국세 등 일반세입으로 경제 개발, 복지, 교육, 국방 등에 필요한 일반 지출을 충당하는 회계다. 일반회계는 다시 세입과 세출로 나뉜다. 그리고 특별회계는 특정 사업 운영, 특정 자금 운영, 기타 특정한 세출에 충당하기 위한 회계라고 할 수 있다. 특별회계는 기업특별회계와 기타 특별회계로 나뉜다.[1)]

1) 특별회계에는 농어촌구조개선특별회계, 교통시설특별회계, 등기특별회계, 교도작업특별회계, 에너지 및 자원사업특별회계, 환경개선특별회계, 우체국보험특별회계, 주한미국기지이전특별회계,

표 4-3-1 우리나라 재정의 회계구조(2016년 예산 기준)

구분	예산		기금
	일반회계	특별회계	
개수	1개	18개	65개
규모	총지출 기준 386.4조 원		
내용	**세입** • 내국세 • 관세 • 교통세 • 교육세 • 종합 부동산세 • 세외수입 **세출** • 사회복지 • 교육 • 교통 및 물류 • 국방 • 일반 공공행정 • 농림수산 식품 등	**기업 특별회계 (5개)** • 양곡관리 • 조달 • 책임운영 기관 • 우편사업 • 우체국 예금 **기타 특별회계 (13개)** • 교통시설 • 농어촌 구조 개선 • 광역지역 발전 • 에너지 및 지원사업 등	**사회 보험성 (6개)** • 국민연금기금, 고용보험기금 등 **금융성 (8개)** • 신용보증기금, 수출보험기금 등 **계정성 (5개)** • 공공자금관리 기금, 공적자금 상환기금 등 **사업성 (46개)** • 국민주택기금 남북협력기금 등

이에 반해 기금은 사회보험료나 부담금 등과 같은 특정 자금을 운용해 특정 목적을 달성하기 위해 설치하는 것으로, 예산에 비해 탄력적으로 운용되는 특성을 갖는다. 기금의 경우는 성격상 사회보험성, 금융성, 계정성, 사업성으로 분류한다.

(2) 한국 재정의 규모

한국 정부의 재정 규모는 포괄 범위와 회계 기준에 따라 통합재정 규모, 총지출 규모, 일반정부 재정 규모의 측면에서 살펴볼 수 있다.

첫째, 통합재정 규모는 정부 부문(일반회계, 특별회계, 기금)의 지출 규모에서 내부거래와 채무 상환 등을 차감한 순수한 재정활동의 규모다. 총계 개념이 아닌 순계 개념으로 파악한다는 특성을 가지고 있다. 그래서 통합재정 규모를 통해 정부

행정중심복합도시건설특별회계, 국방·군사시설이전특별회계, 혁신도시건설특별회계, 아시아문화중심도시조성특별회계, 지역발전특별회계, 양곡관리특별회계, 책임운영기관특별회계, 조달특별회계, 우편사업특별회계, 우체국예금특별회계 등이 있다.

부문의 재정 규모 파악이 가능하고, 내부거래와 보전거래를 차감함으로써 순수한 재정활동의 규모를 파악할 수 있는 이점이 있다. 통합재정 규모는 국제통화기금(IMF)의 정부재정 통계 데이터베이스(Government Finance Statistics: GFS) 기준에 따라 작성한다. 요약하면, 통합재정 규모=경상지출+자본지출+순융자(융자지출−융자 회수)로 나타낸다.

둘째, 총지출 규모는 국민 입장에서 느끼는 정부의 지출 규모로 2005년부터 재정운용계획 수립 시 우리 정부의 재정 규모로 사용하고 있다. 다시 말해, 정부가 국민에 대해 재정적 측면에서 미치는 영향을 여과 없이 전달할 수 있는 개념이다. 총지출 규모는 통합재정 규모가 순수한 재정활동 규모를 측정하기 위해 융자거래와 기업특별회계를 순계 개념으로 파악하는 것과 달리 총계 개념으로 파악하므로 통합재정 규모보다는 항상 규모가 크다. 통상 총지출 규모는 국가재정 운용계획 수립 시 재정 규모 통계로 공식 사용하고 있다. 이에 따라 총지출 규모=경상지출+자본지출+융자지출로 산출한다.

셋째, 일반정부 재정 규모는 경제협력개발기구(OECD)의 국민계정 작성 기준(System of National Accounts: SNA)에 따라 작성한다. 우리나라는 한국은행이 통계를 작성하고 있으며, 경제협력개발기구에서 각국의 공식적인 통계를 취합·발표하고 있다. 우리나라는 기존에 한국은행이 1993년 SNA기준에 따라 자체적으로 일반정부 통계를 작성해 왔으나, 재정통계 개편안을 2011년 9월에 국무회의에서 마련해 정부의 국제기구 제출용 재정통계와 한국은행 통계 기준을 일치시켰다. 개편안에 따르면 정부 포괄 범위는 일반정부가 기준이 되며, 제도 단위 여부[2]와 시장성 기준[3] 등에 따라 정부 기능을 수행하는 민간관리기금과 비영리공공기관이 포함된다.

이상에 따라 한국의 재정 규모 현황을 살펴보면 <표 4-3-2>와 같다. 그간 중앙정부의 통합재정 규모는 국내총생산(GDP) 대비 18~20% 수준에서 안정세를 유지해 왔다. 그러나 외환위기 이후 경제 회복을 위한 재정의 적극적 역할에 따라 상승하기 시작했다. 이후 경제 회복이 어느 정도 이뤄진 2002년에는 19%대까지 하락했다가 다시 2009년에는 25.7% 수준까지 올라갔다 2011년 이후부터는 23%대를 유

2) 자율적인 의사 결정 체계 및 독리적 자금 운용 계정을 보유한 것을 의미한다.
3) 원가보상률(판매액÷생산원가)이 50% 이하이면 일반정부, 초과하면 공기업으로 분류한다.

표 4-3-2 한국의 재정 규모 현황

(단위: 조 원)

	2003년	2005년	2007년	2009년	2011년	2013년	2015년	2016년
통합재정 규모	164.3	187.9	209.8	272.9	279.5	315.1	377.7	
GDP 대비 (%)	21.4	21.7	21.5	25.7	22.5	23.7	–	
총지출 규모		209.6	237.1	301.8	309.1	349	384.7	386.4
일반정부 재정 규모		230.1	279.4	–				

참고: 총지출은 예산 기준임.
1999년 이전 자료는 구계열(2000년 기준), 2000년~2009년은 신계열(2005년 기준) 적용.
자료: 기획재정부(2016). 2010년~2015년 국가재정운용계획. GDP통계(한국은행 ECOS).
http://www.index.go.kr/potal/main/EachDtlPageDetail.do?idx_cd=2739

지하고 있다.

중앙정부의 총지출 규모는 2005년부터 국가재정 운용계획을 수립하면서 공식적으로 사용되기 시작했다. 중앙정부의 총지출 규모는 2015년에는 384.5조 원에 달했는데, 이는 2005년의 209조 원에 비해 10년 사이에 거의 두 배가 증가했다. 끝으로 재정 규모는 어느 회계 기준을 적용하느냐에 따라 약간씩의 차이가 있기는 하나, 대략 일반정부 재정 규모나 총지출 규모가 2016년 말 400조 원에 달하는 것으로 나타났다.

2) 한국 행정과 예산의 종류/분류

한국의 예산제도는 민주화가 진행되기 시작한 1980년대 말을 기점으로 뚜렷한 변화 과정을 보여 주고 있다. 다시 말해, 민주화가 진행된 이후 한국의 예산제도는 투명성과 건전성이라는 측면에서 많은 변화가 나타나기 시작했다. 그러나 한국의 예산제도가 특히 민주화 이후에 큰 변화를 맞고 있다고 해서 문제가 없다는 것은 아니다. 여전히 한국의 예산제도가 갖는 문제점은 투명성과 건전성이 부족하다는 것이다. 이 같은 관점에서 여기서는 그간 한국의 예산제도가 안고 있는 문제점과 그에 따른 변화 과정을 투명성과 건전성의 측면으로 나눠 살펴보고자 한다.

(1) 한국 예산제도의 투명성

예산제도의 투명성이라는 측면에서 볼 때 한국의 예산제도가 갖는 문제는 재정

세제가 복잡하다. 그리고 예산제도가 국민의 입장에서 이해하기 어렵고, 개인이나 기업의 경제활동을 효율적으로 지원하는 데 한계가 있다. 예컨대 재정구조는 1개의 일반회계 외에 18개의 특별회계, 65개의 기금 등으로 복잡하게 구성되어 있다. 또한 조세 체계도 세목이 31개(국세 14개, 지방세 17개)나 되며, 부담금도 103개나 되는 등 복잡한 체계를 가지고 있다. 특히 특별회계와 기금의 정비는 시급한 실정이다. 그것은 이로 인해 재원 배분이 왜곡되고 있어, 영점 기준에서 이들의 설치 당위성에 대한 검토와 통폐합 등을 추진해야 할 필요성이 있다. 그리고 재정의 투명성을 확보하기 위해서는 이 밖에도 재정과 회계 인프라를 대폭 정비해야 하는데, 이를 위해서는 과학적 예측이 가능한 정보 시스템을 구축해야 한다.

현재 기본적인 재정정보관리 시스템은 구축되어 있으나 성과관리 기능이나 지방재정과의 연계 체계가 미흡한 실정이다. 따라서 시급히 성과정보의 분석과 세입·세출 예측 등이 가능한 고급 시스템으로 조정하고 지방재정정보 시스템과의 연계도 강화해야 한다. 여기서는 예산제도의 투명성 측면과 관련해 기금의 현황과 투명성을 강화하기 위해 도입된 정부회계 방식의 변화 가운데 대표적인 복식부기에 대해 살펴보고자 한다.

① 기금의 현황

한국의 예산제도에서 기금의 정비는 시급한 실정이다. 그것은 재원 배분이 왜곡되고 있어 영점 기준에서 새롭게 통폐합할 필요성이 있다. 그럼에도 불구하고 기금의 경우는 오히려 증가 추세에 있다. 여기서는 기금이 안고 있는 개괄적 현황을 중심으로 기금의 현황과 향후 전망을 살펴보고자 한다.

재정구조적 측면에서 2017년 1월 현재 기금은 모두 65개가 존재하는데, 기금의 총괄적 내용은 <표 4-3-3>과 같다. 기금 운용 규모는 통상 현금주의 원칙에 따른 당해 연도 기금의 총수입 또는 총지출을 의미하는 개념으로 기금의 총수입과 총지출은 일치한다.[4)]

---

4) 기금의 내용에서 사업비는 기금의 설치 목적에 따른 지출로서 사실상의 재정지출 개념(민간 또는 지자체에 대한 보조, 융자 및 경상지출 지원 등)을 의미한다. 기금운영비는 기금의 사업 수행을 위해 필요한 인건비, 경상경비 등을 의미한다. 여유자금 운용은 당해 연도 총수입에서 사업비, 기금운영비, 내부거래 등을 제외한 것을 의미한다. 내부거래는 정부 내부의 회계·기금 간, 기금 상호 간 거래 등을 의미한다.

표 4-3-3 기금의 내용과 변화 과정(2016년 기준)

(단위: 조 원)

연도	2005년	2007년	2009년	2010년	2011년	2013년	2015년	2016년
기금 운용 규모	331.9	308.6	442.1	476.9	369.3	497.5	504.7	620.0
사업비	87.7	84.7	114.8	119.8	85.6	114.4	128.7	
GDP 대비(%)	10.9	10.0	9.8	10.6		–	–	
기금운영비	2.2	2.2	2.5	2.1	2.4	2.1	2.2	
여유자금 운용	123.4	111.1	149.1	145.5	129.2	181.8	172.8	166.0
내부거래	118.6	110.6	175.7	209.5	152.1	209.2	200.1	

기금 운영 규모의 추이를 살펴보면 기금 운용 규모는 2016년 현재 620조 원으로 2005년 이래 262조 원이 증가했다. 변화 내용은 사업비, 여유자금 운용, 내부거래 등의 증가에 따라 운용 규모가 확대된 것으로 볼 수 있다. 따라서 기금 운영 규모는 국내총생산(GDP) 대비 10%대를 유지하고 있는 것으로 나타났다.

다만 국회에서 확정된 총 65개의 기금운용계획상의 기금 수입(기금 운용 규모)은 2016년 현재 620원이나 통합재정 관점의 총수입은 141.1조 원인데, 그 이유는 이러하다(2016 나라살림 예산개요).

첫째, 기금운용계획상의 수입에는 정부 내부간 거래, 민간차입금, 이미 기금으로 전입되어 여유자금으로 운용되던 것을 회수하는 여유자금 회수 등 실질적인 의미에서의 수입으로 보기 어려운 항목들이 있어 이를 제외해야 하기 때문이다.

둘째, 금융성기금 및 외평기금은 순수 재정활동이라기보다는 금융활동으로 분류하는 것이 합리적이므로 통합재정 관점에서의 총수입에서는 제외한다. 이에 따라 예산과 기금을 합한 정부 전체 총수입은 이러한 항목들을 제외하고 56개 기금의 자체수입만을 총수입으로 산정한다.

기금 운영 규모가 이와 같이 최근에 급격하게 증가한 원인으로는 첫째, 실질적 재정지출인 사업비가 연금보험성기금의 사회보장성 급여 및 국민주택기금의 사업 확대에 따라 증가했다. 둘째, 여유자금 운용의 증가 원인으로는 국민연금 등 연금기금의 기여금 납입이 증가 요인으로 보인다. 셋째, 다른 기금과의 거래 등을 포함한 정부 내부 거래의 증가로 운용 규모가 확대된 것으로 추정할 수 있다.

결론적으로 기금 운영 규모는 향후 첫째, 사업비의 경우 정부의 재정기조가 확

토론 이슈 재정건전성 부각에 통일재원 '험로' 예상

통일부가 통일재원 조달 방법을 담은 정부안(案) 마련에 고심을 거듭하고 있다. 통일부는 20년 후인 2030년 통일이 이뤄진다는 '중기형' 시나리오에 따라 초기 1년간 통합비용으로 55조~249조 원이 필요하고, 이를 사전 적립할 필요가 있다는 자체 발주 연구용역 결과를 심포지엄을 통해 지난 11일 발표했다. 통일부는 후속작업으로 55조~249조 원 조달 방안을 담은 정부안 초안을 마련 중이다 …(중략)…

그러나 미국의 신용 등급 하락과 유럽발 재정위기 부각이라는 뜻밖의 악재를 만났다. 통일재원 사전 적립 필요성에 대한 사회적 논란이 가시지 않은 상황에서 거센 '외풍'을 만났다 …(중략)… 특히 이명박 대통령이 광복절 경축사에서 "글로벌 재정위기를 타산지석으로 삼아야 한다"면서 "임기가 끝나는 2013년까지 균형재정을 달성하도록 최선을 다하겠다"고 밝힌 점도 부담이다 …(중략)… '균형 재정'이 화두로 던져진 상황에서 재정 당국과의 협의 환경이 더 어려워질 수도 있다. 이 같은 상황 악화에 통일부 당국자들의 한숨 소리가 공공연하게 들리고 있다 …(중략)…

정부안이 미뤄지는 배경에 재원 마련안의 하나로 거론되는 세금을 두고 재정 당국과의 불협화음이 있는 것 아니냐는 관측이 제기되고 있다. 통일재원은 일단 남북협력기금 불용액 적립과 세금이라는 2개의 축으로 구성될 것으로 전망된다 …(중략)…남북협력기금 불용액을 적립하는 방안은 현재 국회에 의원입법 형태로 발의된 만큼 현실성이 높은 것으로 판단하고 있다.

세금과 관련해서는 법인세나 상속세, 증여세 등 기존 과세에 추가하는 방안을 저울질하는 것으로 알려졌다 …(중략)…그러나 소비재 품목에 대한 과세는 서민들의 직접적인 부담으로 이어진다는 점에서 정부 당국이 부담을 느끼고 있다 …(중략)…

일각에서는 정부가 비교적 손쉬운 남북협력기금 불용액 적립은 입법화하고, 세금 부분은 중장기적 과제로 돌리는 것 아니냐는 조심스러운 관측도 나오고 있다.

[연합, 2011년 8월 17일자에서 발췌]

이슈 제기

1. 우리나라의 재정에서 운영되고 있는 기금의 종류에 대해 조사해 보고, 그와 같은 기금이 조성된 과정에 대해 토론해 보시오.
2. 남북협력기금은 사업성 기금에 포함되는 기금인데, 그 이유에 대해 생각해 보시오.
3. 이와 같이 기금을 활용하는 경우 기금이 증가할 가능성은 없는지에 대해 토론해 보시오.

장세를 유지할 갈 것인가, 아니면 긴축적으로 갈 것이냐에 따라 변동될 수 있다. 다만 연금 지급 등 의무적 재정지출 소요는 지속적으로 증가할 것으로 보인다.

둘째, 여유 자금 운용의 경우 수입은 크게 증가하지 않을 전망이다. 그것은 기

업 규제 완화 등으로 부담금 수입이 늘어나지 않을 전망이고, 자산 운용 수익 등 여타 수입도 증가세는 둔화가 예상되기 때문이다. 그러나 지출 소요는 크게 증가할 전망이다. 예컨대 신혼부부 주택 공급, 신재생 에너지 확대, 일자리 확대 등 국정 과제에 소요가 크게 증가할 것으로 보인다. 그리고 국민연금 지급의 본격적 개시에 따른 법정 급여도 증가할 전망이다. 따라서 전반적으로 여유자금 운용 규모는 감소할 것으로 보인다.

② 정부회계 방식의 변화: 복식부기

1990년대 중반부터 한국의 재정 수요가 급증함에 따라 재정 여건이 급속하게 변화하기 시작했다. 이로 인해 재정건전성의 점검과 성과평가가 가능한 선진 재정 운영 시스템을 구축해야 할 필요성이 꾸준히 제기되어 왔다. 이에 정부는 국가재정의 종합적·체계적 관리와 재정 운영의 투명성 및 효율성을 제고하기 위해 민간 기업에서 사용해 온 발생주의·복식부기 회계제도를 도입하게 되었다. 국가재정에 기업식 회계제도가 도입됨에 따라 다양한 긍정적 효과가 기대된다.

첫째, 국가 전체의 재정 현황을 종합적·체계적으로 파악해 재정에 관한 유용한 정보를 생산·제공할 수 있다. 그 결과 재정관리의 건전성을 제고할 수 있고, 장기적·미래 지향적인 재정관리가 가능해진다.

둘째, 중앙관서별·정책사업(프로그램)별 결산 방식의 도입으로, 정책사업별 원가정보 산출을 통해 성과 중심의 재정 운영 체계를 구축할 수 있는 기반을 마련할 수 있다. 국가의 자산과 부채를 포함한 활용 가능한 모든 자원을 결산에 포함해 관리함으로써 국가자원에 대한 효율적인 관리 체계가 구축되는 한편, 회계 기록의 자동검증 기능의 강화로 국가 회계의 투명성이 제고될 수 있다.

정부회계 방식이 갖는 의미로 인해 노무현 정부는 2007년 10월에 발생주의 회계를 도입하기 위해 '국가회계법'을 제정했다. 그리고 이명박 정부에 들어와서는 2008년 12월에 결산보고서의 체계적 정비 등을 위한 '국가회계법'의 개정이 이뤄졌다.[5] 이에 따라 2009회계연도부터 일반회계, 특별회계 및 모든 기금에 그동안의 현

---

5) 발생주의 회계에 따른 기초가액의 확정을 위해 2008년 결산상 국가 자산과 부채를 토대로 개시재정상태표 작성을 추진했다. 그리고 디지털 예산회계 시스템(dBrain)을 통한 예산과 회계의 연계 체계를 구축해 예산 거래 유형에 따라 예산회계 정보가 재무회계 정보로 전환될 수 있도록 했다.

그림 4-3-1 결산보고서의 구성

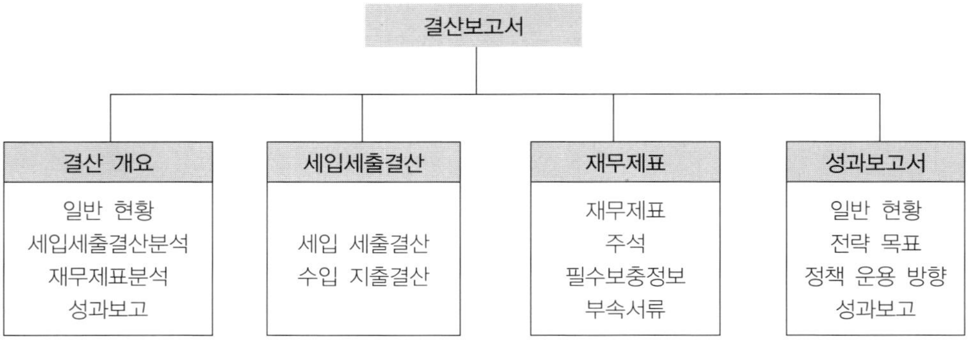

금주의·단식부기 회계 방식의 세입세출 결산에 추가해 발생주의·복식부기 회계 방식에 따라 국가재무제표를 작성하도록 했다.

다만, 발생주의 회계에 따른 국가재무제표는 신뢰성 확보를 위한 검증 절차를 거쳐 2011회계연도 결산부터 국회에 제출하도록 했다.[6] 이로써 한국의 재정도 운영의 투명성이 제고되고, 국제 기준에 부합하는 재정정보를 산출할 수 있는 기반을 갖추게 되었다(기획재정부, 2009b; 2010b).

(2) 한국 예산제도의 건전성

한국의 예산제도가 지닌 문제점으로 투명성과 함께 건전성의 문제 또한 지속적으로 제기되어 왔다. 역대 정부도 예산제도의 건전성을 높이기 위한 노력을 기울여 왔으나 효과는 그리 높지 않았다. 이에 따라 예산제도의 건전성을 시급히 신장시켜야 한다는 논의들이 지속적으로 제기되어 왔는데, 다양한 주장의 요지를 살펴보면 다음과 같다.

첫째, 단년도 위주의 재정 운영에 따른 문제점이 그것이다. 이로 인해 재원 배분의 우선순위 설정이나 중장기적인 재정건전성 관리문제가 심각하다는 것이다. 따라서 중장기 시각에 의한 재정 운영 체제가 마련되어야 하는데, 이를 위해 5년 단위의 국가재정 운용계획을 수립하고 매년 연동 보완하는 체제를 갖춰야 한다. 이

6) 지방자치단체는 2007년부터 복식부기를 시행하고 있으며, 중앙정부는 '국가회계법'이 국회를 통과(2007년 10월 17일)해 2009년 1월 1일부터 복식부기가 시행되고 있다.

에는 일반회계, 특별회계, 기금이 모두 포괄되고, 분야별 재원배분계획과 중기재정수지 등의 정책 목표가 포함되어야 한다는 주장이다.

둘째, 개별적인 재정건전화 노력의 강화에도 불구하고 종합적이고 체계적인 채무관리 시스템이 부재하다. 특히 세계잉여금의 국가채무 우선 상환, 중장기 국가채무관리계획의 수립 운영 등에 대한 법적·제도적 장치를 마련하는 등 국가 채무관리 시스템을 구축해야 한다.

셋째, 재정건전성의 유지를 위해 사회보험재정의 안정화가 무엇보다도 필요하다. 특히 현재의 공적연금제도는 부담에 비해 큰 혜택 때문에 구조적으로 적자가 발생하게 되어 있다. 따라서 장래 인구고령화, 수급구조의 불균형 등으로 건강보험과 공적 연금의 재정 불안은 계속 악화될 것이므로 이에 대한 대책 마련이 요구된다. 이를 위해 공적 연금을 현재의 저부담-고급여 구조에서 출료율의 인상과 혜택의 축소 등을 통해 적정 부담-적정 급여 구조로 개편하고, 건강보험 지출을 억제하는 방안을 강구해야 한다(정부혁신지방분권위원회, 2008b).

이상과 같이 한국의 재정건전성은 많은 문제점을 안고 있으며, 이에 따라 시급한 해결을 요구하나 쉽지만은 않은 실정이다. 여기서는 이러한 한국 재정이 안고 있는 건전성의 문제점을 인식하면서, 다만 그간 재정건전성을 높이고자 시도해 온 노력들을 살펴보고자 한다. 이러한 노력 가운데는 통합재정의 도입, 재정분권을 강화하기 위한 국가균형발전특별회계의 신설, 국가재정 운용계획의 도입 등을 들 수 있다.

그러나 국가재정 운용계획의 경우 성격상 재정의 건전성을 확보하기 위한 수단으로도 볼 수 있지만, 예산 과정의 개혁 방안으로도 간주할 수 있기에 이는 다음 절에서 살펴보고자 한다.

① 통합재정

가. 통합재정의 의미와 도입 현황

통합재정이란 일반회계·특별회계·기금을 모두 포괄한 정부 전체의 재정활동을 의미한다. 이런 관점에서 통합재정은 재정이 건전하게 운용되었는지를 판단하는 데 유용한 지표로 활용되고 있다. 통합재정은 정부 부문의 전체적인 재정 규모에 대한 파악이 가능하고, 내부거래와 보전거래를 제외함으로써 순수한 재정활동의 규모 파악이 가능하다.

통상적인 예산에서는 세입과 세출이 균형을 이뤄 재정 운용의 건전성을 파악하기 곤란하나, 통합재정에서는 재정적자의 보전 또는 흑자 처분을 위한 거래는 제외되므로 재정의 건전성 판단이 가능하다.[7] 다만, 통합재정에서는 융자 지출도 재정수지의 적자 요인으로 파악된다는 한계를 가지고 있다. 융자 지출은 회수되는 시점에서는 흑자 요인이 된다는 점에서 순환적인 적자의 성격을 가지고 있음에도 불구하고, 이를 당해 연도의 적자 요인으로 보고 이를 기초로 재정 운용의 건전성을 판단하는 것은 다소 무리가 있다.

통합재정은 국제통화기금(IMF)이 1974년에 재정통계 작성 기준인 「정부재정통계편람(A Manual on Government Finance Statistics)」을 발간하면서 활용되기 시작했다. 이에 따라 각국은 국제통화기금의 권고에 따라 매년 통합재정 편제의 재정통계를 작성·제출함으로써, 각국의 재정 운용 결과를 국제적으로 비교하는 것이 가능해졌다. 그렇지만 통합재정의 포괄 범위는 실질적인 국가 재정활동의 범위와 관련된 문제로 각 나라의 역사적 배경, 경제구조 및 재정 운영 체계 등이 상이함에 따라 차이가 있다.

우리나라는 국제통화기금의 권고에 따라 박정희 정부 때인 1979년부터 연도별로 통합재정수지를 작성해 왔다. 김영삼 정부 때인 1994년부터는 분기별로, 김대중 정부 때인 1999년 7월부터는 월별로 작성·공표하고 있다. 그런데 그동안 통합재정에는 지방정부의 예산편성과 결산 작성의 시차 및 회계 과목의 상이 등의 문제로, 기업특별회계를 포함한 중앙재정만을 포함하고 지방재정은 제외한 채 작성해 왔다.

그러나 정부재정의 투명성 향상과 정부재정 전체의 포괄적 이해를 위해 통합재정에 지방재정을 포함시켜야 할 필요성이 제기되어 왔다. 이에 따라 김대중 정부 때인 2001년부터 지방예산 과목 구조개편과 회계별 전산 시스템을 구축했고, 노무

---

7) 재정수지가 적자가 되면 보전재원은 '+'로 표시되며, 이는 재정적자를 차입이나 국채 발행 등으로 보전했음을 의미하게 된다. 또한 정부의 수입·지출이 경상 및 자본 거래로 구분되어 파악되므로 통합재정을 통해 정부 소비, 저축, 총고정자본 형성 등의 추정이 가능하며, 거시계량모형을 이용한 정부 재정활동의 국민경제적 효과에 대한 분석을 가능하게 한다. 특히 재정 운용에 따른 금융 거래를 금융기관, 기타 민간, 해외 등 경제 부문별로 구분 파악함으로써 재정 부문이 통화효과에 미치는 영향을 분석할 수 있다.

현 정부 때인 2005년도에는 '지방재정법'을 개정해 통합재정의 도입 근거를 마련했다. 그 결과 2005년 회계연도부터는 지방재정과 지방교육재정까지를 포괄하는 통합재정 통계를 작성하고 있다.

2017년도 1월 현재 우리나라의 중앙정부 통합재정의 포괄 범위는 1개의 일반회계, 18개의 특별회계, 금융활동을 수행하는 외국환평형기금과 금융성 기금(11개)을 제외한 65개의 기금으로 구성되어 있다.

나. 통합재정의 기본 구조

통합재정에서는 정부의 거래를 세입과 세출, 그리고 보전재원 등의 세 부분으로 구분해 파악하고 있다. 그런데 여기서 세입과 세출은 통상적인 정부회계상의 세입이나 세출과는 그 개념이 다르다.

정부 회계(예산서 및 결산서)에서는 <표 4-3-4>에서 보듯이, 회계연도 내의 모든 수입과 지출을 세입과 세출로 파악한다. 그러나 통합재정에서는 정부의 수입을 세입, 보전수입, 융자 회수로, 그리고 지출은 세출, 보전지출, 융자지출로 구분한다. 통합재정의 세입에서는 정부로 유입되는 수입 중 비상환성 수입만이 세입으로 기록되고 상환성 수입인 국채 발행 수입, 차입 등은 세입으로 분류되지 않고 보전수입으로 분류된다.

세입은 다시 경상수입과 자본수입으로 구분된다. 자본수입에는 자본재를 매각함으로써 발생한 수입금이 포함되고, 경상수입에는 조세수입과 재산수입, 수수료 등 세외 수입이 포함된다. 통합재정의 세출과 순융자는 정부의 모든 비상환성 지출을 포함하며 경제 성질별, 기능별로 나눠 작성된다. 경제 성질별 분류에서는 정부 세출이 거래의 경제적 성격에 따라 경상지출, 자본지출 등으로 구분된다. 기능적 분류에서는 정부 지출 목적에 따라 일반 공공행정, 국방, 교육, 경제 사업 등으로 구분된다.

보전 재원의 크기는 세입에서 세출과 순융자를 뺀 차와 같으며, 유동성 목적의 상환성 수입·지출 거래가 포함된다. 따라서 정부의 예금과 현금 보유, 화폐 발행이나 정부 예수금 이외의 정부 채무, 정책적인 목적보다는 유동성 관리의 목적을 위해 정부가 보유하고 있는 금융자산 등의 거래는 보전 거래에 해당된다. 보전재원의 조달은 국내 자금 수요와 여타 경제 부문이 사용할 수 있는 자금 규모에 영향을

표 4-3-4 통합재정 통계

(단위: 십억 원)

구분		일반회계	특별회계	세입 세출외	비금융성 기금	기업 특별회계	합계
수입 (A)		191,449	9,810	91	83,513	1,505	286,369
	경상수입[8]	191,397	9,257	91	81,480	1,496	283,722
	자본수입[9]	52	553	0	2,033	9	2,646
지출 및 순융자 (B)		176,549	31,588	49	68,053	1,944	278,183
	경상지출[10]	169,725	13,254	49	61,141	1,782	245,952
	자본지출[11]	4,991	17,269	0	2,587	161	25,008
	순융자[12]	1,832	1,065	0	4,326	0	7,222
통합재정수지 (A-B)		14,900	21,778	42	15,460	439	8,186

참고: 2016년 9월 누계/잠정 기준.
자료: 기획재정부 홈페이지(2016).

미친다.

② **국가균형발전특별회계**

역대 정부는 국가의 균형 발전을 도모하고자 중앙의 기능과 재원을 지방에 이양하기 위한 많은 노력을 실시해 왔으나, 지역 간의 격차는 크게 해소되지 않은 실정이었다. 이에는 여러 이유가 있겠지만 특히 예산제도의 건전성과 관련해 지방보다는 각 부처의 투자 우선순위에 따라 재원이 배분되는 것이 큰 문제점으로 지적되었다. 이에 따라 지방의 자율적인 사업 추진이 제약되었다. 특히 비판의 핵심은 국고보조금의 증가, 지방예산편성지침 등으로 인한 지방의 재정자율성의 심각한 제약과 국세에 비해 취약한 지방세에 집중되었다. 이에 따라 예산제도의 건정성 측면에서 마련된 대안이 국가균형발전특별회계의 신설이었다.

8) 경상수입은 조세수입과 세외수입으로 이뤄진다. 이때 조세수입에는 사회보장기여금이 포함된다. 그리고 세외수입에는 임대료, 이자수입, 수수료, 벌금 및 몰수금, 공무원연금기여금 등이 포함된다.
9) 자본수입에는 고정·재고자산, 토지 및 무형자산 매각수입 등이 포함된다.
10) 경상지출에는 인건비, 임차료, 이자지급, 보조금 및 지방정부 등에 대한 경상이전 등이 포함된다.
11) 자본 지출에는 고정·재고자산 매입비, 지방정부 등에 대한 자본이전 등이 포함된다.
12) 순융자는 융자 지출에서 융자 회수를 뺀 것을 의미한다.

가. 국가균형발전특별회계의 전개 과정

국가의 균형적 발전을 위한 노력의 일환으로 시작된 수도권 집중 억제는 이미 박정희 정부 때인 1970년부터 정책적 관심의 대상이었다. 그러나 다양한 정책에도 불구하고 수도권 인구 집중이 심화되자 1977년에는 매우 강력한 내용을 담고 있는 '수도권 인구 재배치계획'이 발표되었다. 이때부터 다양한 수도권 억제정책이 시행된 끝에, 김영삼 정부가 들어선 1994년에는 '수도권정비계획법'을 개정해 현재의 수도권정비계획의 골격이 만들어졌다.[13]

수도권 인구억제정책이 오랜 역사를 가지고 있듯이, 균형 발전을 위한 중앙정부의 이전재원제도 역시 균형특별회계가 처음은 아니다. 균형 발전과 관련해 가장 오래된 제도는 노태우 정부 때인 1990년에 지역균형발전기획단이 건의해 1991년에 도입한 지방양여금을 들 수 있다. 이 제도는 국세수입의 일부를 지방자치단체에 양여해 지방자치단체의 재정 기반을 확충하고 도로정비사업 등을 추진함으로써 지역 간의 균형 있는 발전을 도모하고자 하는 데 있었다.

균형 발전을 위한 이전재원을 강화하는 구상은 지방양여금이 도입된 이후에도 지속되었다. 김대중 정부 때인 2000년에는 청와대 소속의 지역균형발전기획단이 지역균형발전특별회계의 설치 방안을 모색한 바 있다. 그러나 이러한 당시의 구상은 실현되지는 못했다. 이후 국가균형발전특별회계의 신설은 탄력을 받아 강하게 추진되었다. 국가균형발전특별회계의 신설을 위한 법 제정 작업은 국가균형발전위원회의 주도로 이뤄져 2004년 1월 1일부터 '국가균형발전특별법'이 발효함으로써 출발하게 되었다. 동법은 이후 여러 차례의 개정을 거쳐 2016년 1월에 개정 공포되었다.

나. 국가균형발전특별회계의 내용과 한계

국가균형발전특별회계는 그간 중앙부처가 일반회계 등 7개 회계로 나눠 추진하고 있던 지방균형발전 관련 사업 예산을 한 개의 특별회계로 통합한 제도다. 2004년도부터 발효된 국가균형발전특별회계는 기존의 예산편성과 재정 운용 방식과는 상당히 개선된 내용을 담고 있는데 이를 살펴보면 다음과 같다.

첫째, 예산편성 과정에서 지방자치단체의 사업 우선순위 결정 권한을 강화하

13) 새로운 수도권정비계획법에 의하면 수도권 관리를 위한 기존의 5개 광역권이 과밀억제권역, 성장관리권역, 자연보전권역이라는 3개의 권역으로 축소했다.

고, 예산의 이용·전용·차년도 이월 등 집행상 지방자치단체의 자율성을 대폭 개편하고자 했다. 즉, 종래에는 지방자치단체의 예산요구안을 각 부처별·사업별로 검토 조정 후, 예산 당국에서 이를 다시 조정 편성하는 방식이었다.

그러나 특별회계를 도입함에 따라 지방자치단체의 우선순위를 토대로, 국가균형발전위원회와 예산 당국이 지방자치단체별로 일괄 조정·편성하는 방식으로 전환했다. 이에 따라 각 지역의 예산편성 시 중앙의 사업 부처보다는 지방자치단체 입장에서 지역사업 예산의 우선순위를 결정하게 함으로써 일정 부분 문제점이 해소되었다. 또한 집행 과정에서 지방자치단체의 자율성이 대폭 제고되어 비효율을 감소시킬 수 있게 되었다.

둘째, 각 부처에 흩어져 있던 지역개발사업이 국가균형발전특별회계로 통합되고 예산 편성의 주체가 지방자치단체가 되었다. 이에 따라 각 지역별 투자사업이 큰 틀의 지역발전 전략에 따라 유기적이고 통합적으로 추진할 수 있게 되었다.

한편 지방자치단체의 재정 상황과 사업 시행 실적 등에 따라 차등 지원할 수 있는 근거 조항이 마련되었다는 것을 들 수 있다. 이와 같이 지방자치단체 간의 격차를 고려하면서 경쟁을 유도해 좀 더 효율적인 재정이 이뤄지는 데 그 목적을 두었다(정부혁신지방분권위원회, 2008b).

그런데 국가균형발전특별회계는 추구하고자 하는 목적과는 달리 운영상 다음과 같은 문제가 야기된다는 점에서 제도로서의 한계를 안고 있다.

첫째, 국가균형발전특별회계와 기존의 국고보조금제도 간의 차별성이 부족하다. 국가균형발전특별회계가 지방자치단체에 예산 편성과 관련해 전권을 주는 방식인 포괄보조금이 아니라는 비판이 그것이다. 다시 말해, 국가균형발전특별회계는 국고보조금과 유사하게 사업별로 예산을 주는 방식의 한 유형인 특정보조금이라는 비판이다.

둘째, 행정 절차는 오히려 더 복잡해졌다. 기존 국고보조금은 시·도에서 관할 중앙부처에 예산을 신청하면, 중앙부처가 타당성을 검토하고 예산 당국과 협의해 예산을 확정했다. 그러나 국가균형발전특별회계 사업은 시·도가 주무부처, 예산 당국, 국가균형발전위원회 등 세 곳에 신청을 하도록 해 업무의 과다·중복이 발생하고 있다.

셋째, 국가균형발전특별회계 예산의 지출 내역이 해당 지방자치단체의 발전이나 낙후 정도와는 상관 관계가 부족하다. 이와 함께 집행 실적도 부족하고, 회계 공

개가 불투명한 것 등이 문제점으로 지적된다(한국지방재정학회, 2008).14)

넷째, 정권의 변화에 따라 지역과 균형의 개념이 모호해지고 있다. 예컨대 이명박 정부에 들어서는 광역경제권 추진을 특징으로 하는 전면 개정이 이뤄졌고, 박근혜 정부에서는 지역희망 프로젝트를 특징으로 하는 성격의 지역정책으로 변모함으로써 초기의 국가균형발전전략에서 의미하는 균형 개념이 달라지고 있다는 점이다(오마이뉴스, 2013.10.9).

제 2 절 한국 행정과 예산 과정

예산 과정은 일반적으로 예산의 편성, 심의, 집행, 결산 그리고 회계검사 등의 네 단계로 이뤄진다. 여기서는 현행 '국가재정법'과 '국회법', 그리고 '국고금관리법' 등의 규정을 고려해 다음과 같이 살펴보고자 한다.

1 행정과 예산 과정

1) 예산편성의 과정

예산편성이란 정부가 다음 회계연도에 수행할 정책이나 사업계획을 재정적 용어나 금액으로 표시해 예산액을 작성하는 행위로, 예산안 편성지침의 작성에서 예산안의 확정에 이르는 일련의 과정을 의미한다. 그래서 예산편성의 과정은 예산을 사용해야 할 부서들 간에, 한정된 예산을 놓고 더 많은 예산을 확보하기 위한 협상과 타협의 과정이기도 하다. 예산편성의 과정은 대체로 다음과 같이 네 단계로 이뤄진다.

---

14) 국가균형발전특별회계 사업 중 집행률이 30% 이하인 사업이 2005년엔 14.4%, 2006년에는 10.1%나 돼 예산 집행도 저조한 것으로 드러났다. 그리고 5억 원 이하 소규모 사업이 전체 사업의 50.7%나 돼, 낙후된 지방을 적극 지원해 균형 발전을 이룬다는 제도의 취지에도 충실하지 못한 것으로 나타났다.

(1) 예산안 편성지침과 기금운용계획안 작성지침 및 한도액의 통보

기획재정부 장관은 매년 4월 30일까지 예산안 편성지침과 기금운용계획안을 국무회의의 심의를 거쳐, 대통령의 승인을 받아 각 중앙관서의 장에게 통보하도록 되어 있다. 동시에 기금별 지출 한도를 통보해 준다.

(2) 부처의 예산 요구와 기금관리 주체의 기금운용계획안 제출

각 부처는 예산안 편성지침을 접수하면, 매 회계연도 소관에 속하는 세입세출예산, 계속비, 예비비, 명시이월비 및 국고채무 부담행위요구서를 작성해 6월 30일까지 기획재정부 장관에게 제출하도록 되어 있다. 기금관리 주체는 운용 총칙, 자금운용계획 등을 포함한 기금운용계획안을 기획재정부 장관에게 6월 30일까지 제출해야 한다.[15]

(3) 기획재정부 예산실의 예산사정

부처의 예산요구서가 기획재정부에 송부되면 이때부터 예산에 대한 사정작업이 시작된다. 그러나 기획재정부 예산실 담당 부서들은 그 이전부터 행정자치부 등 관계 부처와 협의해 공무원의 정원과 봉급, 경상비 등을 검토한다. 특히 인건비와 기준 경비는 기획재정부가 예산편성지침으로 시달한 기준에 비춰 심사하며 대개는 기계적으로 예산안이 작성된다. 예산사정의 실무작업은 7월부터 8월까지 그리고 포괄적인 조정은 장차관 수준에서 9월까지 지속된다.

기획재정부는 예산안을 편성하는 과정에서 정당을 대상으로 설명하는 기회를 가진다. 연찬회 형식으로 주로 국회에서 예산안을 설명하고 이해를 구하는데, 물론 여당과도 당정 협의를 하고 광역지방자치단체장과도 협의를 한다.

---

15) 작성 과정에서 부처의 예산 요구가 몇 가지 면에서 과거와 달라졌다. 첫째, 국가재정 운용계획과 부처의 예산 편성이 연계되어 이뤄진다. 이에 따라 증액 요구하는 경향이 여전하지만, 과거와 달리 예산요구액이 크게 증가하지는 않는 것 같다. 둘째, 프로그램 예산 도입과 관련, 부처는 프로그램 및 단위 사업별 중기 예산액, 프로그램 및 단위 사업별 성과 자료, 기대 효과, 주요 사업 지표 등을 제출해야 한다. 프로그램 예산은 분야(장) – 부문(관) – 프로그램(항) – 단위사업(세항) – 세부사업(세세항) 순으로 구분된다. 이에 따라 요구액을 명시하게 되어 있는데 일반회계, 특별회계, 기금의 과목 구분이 동일하다는 점이다. 셋째, 성과를 매우 강조한다. 부처와 기금관리 주체는 전년도 성과보고서와 다음 연도 성과계획서를 기획 재정부에 제출해야 한다. 넷째, 예산과 기금의 편성 단계가 유사하다. 다섯째, 예산 요구를 할 때 디지털 예산회계 시스템을 이용해 정해진 예산안 제출 양식과 프로그램 예산구조를 사용해야 한다.

(4) 예산안과 기금운용계획안의 확정과 국회 제출

기획재정부의 예산 조정이 종결되면 대통령에게 보고하고 이어서 재정정책자문회의를 거쳐 국무회의의 심의를 받고 대통령의 결재를 받은 뒤 국회에 제출한다. 정부예산안과 기금운용계획안은 회계연도 개시 90일 전까지 국회에 제출된다. 국가재정 운용계획도 90일 전까지 국회에 제출한다. 이러한 절차를 통해 거시예산 운영과 미시예산 운영이 통합된다고 볼 수 있다.[16]

그림 4-3-2 정부의 예산안 편성 과정

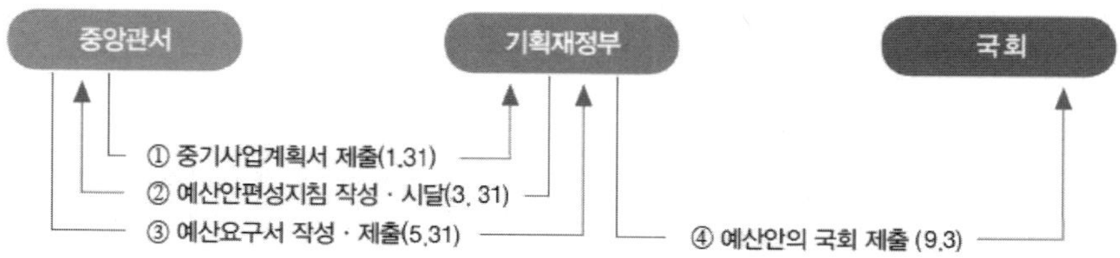

2) 예산 심의의 과정

예산 심의는 행정부가 작성한 예산안을 국회가 심사하는 입법 과정이라고 할 수 있다. 따라서 예산 심의 과정은 의원이나 국회 또는 행정부에 의해 지대한 영향을 받는다. 또한 예산 심의는 사업 수준의 확정, 예산 총액의 결정, 그리고 행정통제 등의 기능을 수행한다(Burkhead, 1956: 306-316).

그런데 이런 기능은 예산 심의 과정을 통해 이뤄지는데, 기능들이 원만히 이뤄지기 위해서는 국회가 정책분석 능력을 갖춰야 하나 행정부에 비해 능력이 떨어지는 것이 각국의 실정이다. 일반적으로 예산 심의 과정은 다음과 같이 이뤄진다.

---

16) 정부가 국회에 제출하는 예산안에는 예산 총칙, 세입세출 예산, 계속비, 명시이월비, 국고채무부담행위가 포함되고, 예산안 이외의 세입세출 예산사업별 설명서, 예산정원표와 예산안 편성 기준단가, 성과계획서, 성인지 예산서, 조세지출 예산서, 국가채무 관리계획 등이 첨부된다. 기금운용계획안은 운용 총칙과 자금운용계획으로 구성되고, 국회 제출 시에는 기금조성계획, 성과계획서, 기금과 회계 간 또는 기금 상호간 여유 재원의 전입전출 명세서 등이 첨부된다.

(1) 대통령의 시정연설

예산안이 국회에 제출되면 본회의에 상정되어 예산안과 관련해 대통령이 시정연설을 한다. 시정연설이 끝나면 예산안은 각 상임위원회에 회부된다.

(2) 예비심사

상임위원회로 회부된 예산안에 대해 소관 부처별로 예비심사를 하게 된다. 현재 국회에는 국회 운영, 법제사법, 정무, 재정경제, 통일외교, 국방 등 16개 상임위원회가 있다. 이들 상임위원회에서 예산안과 기금운용계획안에 대한 예비심사가 이뤄진다. 그러나 예비심사를 하기 전에, 즉 본회의 다음날부터 국회는 상임위원회별로 국정 전반에 관한 감사를 먼저 실시한다. 이후 역시 상임위원회별로 소관 부처에 대한 예비심사가 진행된다.[17)]

(3) 종합심사

예비심사가 끝난 예산안은 예산결산특별위원회에 회부된다. 예산결산특별위원회에서는 국무총리의 인사말과 기획재정부 장관의 예산안 제안 설명을 들은 이후, 예산에 관계되는 사항뿐만 아니라 국정 전반에 걸쳐 종합 정책 질의를 한다. 부별 심의는 각 상임위원장으로부터 예비심사의 결과를 보고받은 다음 부분별 질의 응답을 하는 것으로 진행된다. 다음으로 소위원회에서 계수 조정을 하며, 이것이 끝나면 예산결산위원회에 그 결과가 보고되어 승인을 받는다. 종합심사는 대체로 각 상임위원회의 수정안을 토대로 행해진다.

(4) 본회의 의결

예산결산특별위원회의 종합심사가 끝나면 국회 본회의에 상정되어 심의를 하게 된다. 본회의에서는 정부측의 제안 설명과 예산결산특별위원회의 예산안심사보고가 행해진다.

---

17) 예비심사에서는 먼저 소관 장관의 예산안 제안 설명이 있고, 이어서 전문위원의 예산안 검토 보고가 있다. 검토 보고는 해당 부처 예산안에 대한 개요, 주요 문제점, 사업별 또는 예산 성질별 삭감 의견 등이 포함되며, 의원들에게 정보를 제공해 준다. 이어서 장관을 상대로 정책 질의가 있다. 그 다음 예산안에 대한 심사에 들어간다. 대개 예산심사는 소위원회를 구성해 이뤄지며 그 결과는 전체회의에서 보통 이의 없이 채택된다. 전체회의에서 이의가 있는 경우에는 소수 의견을 첨부해 예산결산특별위원회에 회부한다. 이른바 조건부 통과가 되는 셈이다.

그림 4-3-3 국회의 예산안 심의 절차

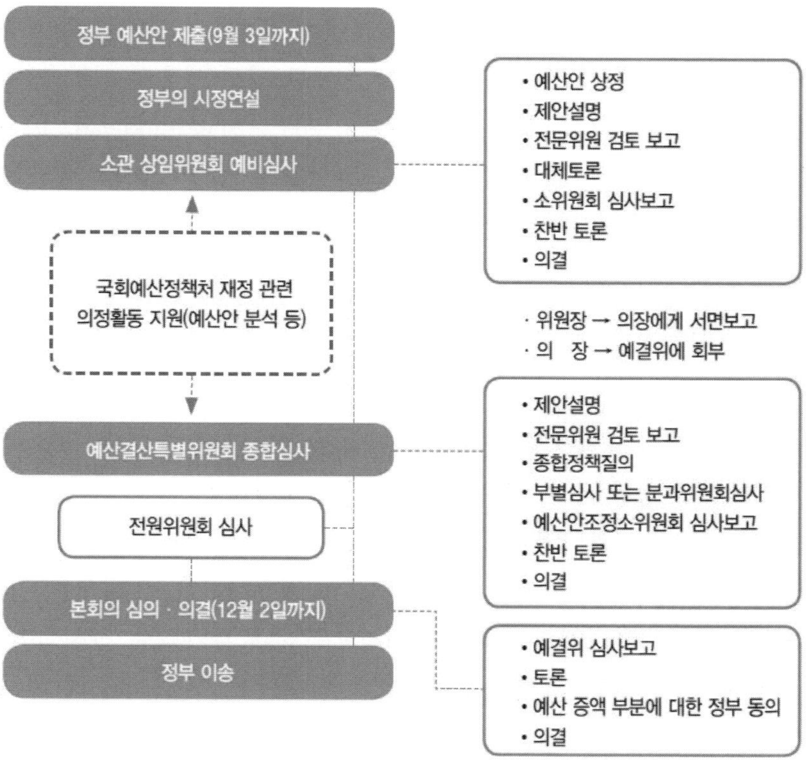

이 과정에서 정부에 대한 질의와 토론을 거친 다음, 예산결산특별위원회의 수정안과 정부 원안을 부문별로 토론 · 표결한 후 예산 총액을 의결하게 된다. 본회의의 심사 과정에서 수정될 수도 있으나, 거의 대부분의 경우에 예산결산특별위원회안이 받아들여진다. 예산안의 심의는 회계연도 개시 30일 전까지 종결되어야 하며 확정된 예산안은 행정부에 이송된다.

3) 예산집행의 과정

예산의 집행이란 의회에서 예산이 심의 · 확정된 후, 정부의 수입과 지출을 실행하는 모든 행위를 의미한다. 따라서 예산집행은 예산에 정해진 금액을 국고에 수

납하고 국고로부터 지불하는 것뿐만 아니라, 국고채무부담행위의 실행·지출원인 행위의 실행도 모두 포함된다.

예산의 집행에는 두 가지 목표가 있다. 첫째는 입법부의 의도를 구현하고 재정적인 한계를 엄수하고자 하는 것이며, 둘째는 예산 성립 이후의 상황 변동에 대처하기 위해 신축성을 유지하려는 것이다(유훈, 2007: 245; Burkhead, 1956: 342-348). 그런데 이 두 가지 목표는 상호 모순되는 것으로, 예산 과정의 어느 단계보다 공무원의 책임성이 강조되어야 할 부분이기도 하다.[18)]

예산 배정에는 정기배정, 긴급배정, 조기배정, 수시배정 등 여러 종류가 있다. 다만 여기서는 정기배정을 중심으로 그 절차를 살펴보고자 한다(강신택, 2006: 306-309).

(1) 예산의 배정과 자금계획

① 기획재정부 장관의 예산 배정

국회에서 예산이 통과되면 중앙관서의 장은 사업운영계획서, 이에 의한 세입세출 예산, 계속비, 국고부담행위를 포함한 예산배정요구서를 기획재정부 장관에게 제출한다. 이때 사업운영계획서와 예산배정요구서는 분기별로 작성되어야 한다. 그리고 기획재정부 장관은 중앙관서장이 제출한 예산배정계획서에 따라 분기별 예산배정계획을 작성해 국무회의 심의를 거친 후 대통령의 승인을 받는다. 이에 따라 기획재정부 장관은 각 중앙관서의 장에게 예산을 배정하고 감사원에 통지를 한다. 기획재정부 장관은 필요한 경우 회계연도 개시 전에 예산을 배정할 수 있다.

② 기획재정부 장관의 자금계획

중앙관서의 장은 수입과 지출의 전망과 그 밖에 자금의 출납에 관한 사항을 종합적으로 고려한 월별 자금계획서를 기획재정부 장관에게 제출하고, 기획재정부 장관은 이 계획서를 종합해 월별 자금계획을 작성한다.

이때 중앙관서의 장은 이월별 자금계획에 따라 월별 세부자금계획서를 작성해

18) 예산이 국회를 통과했다 하더라도 기획재정부에 의해 예산이 배정되지 않은 상태이거나 자금이 공급되지 않은 상태에서는 부처가 예산을 집행할 수 없다. 예산배정 계획은 회계연도 개시 전에 이뤄지며 예산편성을 위해 기획재정부 예산실에서 예산편성지침을 제공하듯이, 예산집행을 위해서도 예산실에서 예산집행지침을 제공한다. 예산집행지침에는 일반지침은 물론 경비별·비목별 적용 범위와 세부지침이 제시되어 있다.

매월 기획재정부 장관에게 제출하고, 기획재정부 장관은 이를 종합해 월별 세부자금계획을 작성해서 이를 중앙관서의 장 및 한국은행에 통지한다. 물론 기획재정부 장관은 자금의 수급상 필요하다고 인정되는 경우에는 중앙관서의 장이 제출한 월별 세부자금계획을 조정할 수 있다.

기획재정부 장관은 배정계획에 따라 회계연도 초에 매분기별 배정액을 명시해 연간 예산을 일괄 배정한다. 그리고 월별 지출한도액을 중앙관서의 장에게 통지한다. 기획재정부 장관은 한국은행에 있는 중앙관서의 장의 계정에 월별로 자금을 입금시켜 주고, 중앙관서의 장은 그 범위 내에서 예산을 지출할 수 있다. 이 같은 과정을 거쳐 배정이 끝나야 비로소 중앙관서의 장은 지출할 수 있게 된다.

(2) 예산의 재배정과 자금계획의 통지

중앙관서에 대한 예산 배정과 자금계획이 끝나면, 중앙관서의 장은 예산 배정의 범위 내에서 예산 지출 권한을 하급기관에 위임하는 절차를 이행한다. 이것을 예산의 재배정이라고 한다. 또한 중앙관서의 장은 기획재정부 장관으로부터 월별 세부자금계획을 통지받은 때에는 그 소속 지출관별로 월별 세부자금계획을 통지하게 되어 있다. 이러한 절차를 통해 하급 기관장은 재배정받은 예산의 범위 내에서 지출을 할 수 있다.

(3) 수입

수입이란 조세 기타의 세입을 법령에 의해 징수하거나 수납하는 것을 뜻한다. 기획재정부 장관은 세입의 징수와 수납을 총괄하고 각 중앙관서의 장은 소관 세입의 징수와 수납을 관리한다. 그리고 각 중앙관서의 장은 소관 공무원에게 소관 세입의 징수에 관한 사무를 위임할 수 있다. 끝으로 출납이 완결된 연도에 속하는 수입과 기타 예산 외의 수입은 모두 현 연도의 수입에 편입되며, 지출된 금액의 반납은 각각 지출한 과목에 반납해야 한다.

(4) 지출

국가의 지출을 총괄하는 기관은 기획재정부이고, 각 소관 부서의 지출을 관리하는 기관은 각 중앙관서의 장이다. 이들 기관을 지출관리기관이라고 한다. 지출은 예산 지출의 원인이 되는 지출원인행위와 수표 발행을 뜻하는 좁은 의미의 지출로

그림 4-3-4 예산의 집행 과정

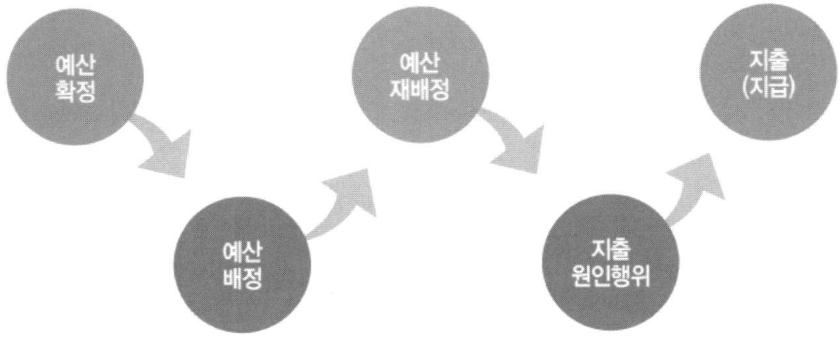

구성된다.

기관장이 지출관리를 혼자서 하는 것은 사실상 불가능한 까닭에, 기관장은 소속 공무원을 재무관과 지출관으로 임명·위임 처리한다. 재무관은 지출원인행위를, 그리고 지출관은 채권자의 금융기관 계좌로 입금되도록 조치를 한다. 지출관은 원칙적으로 국가 재정정보 시스템을 이용해서 지급기관인 한국은행을 통해 채권자에게 지급한다.

(5) 기록과 보고

기획재정부 장관, 중앙관서의 장, 한국은행 등은 장부를 비치하고 필요한 사항을 기록해야 한다. 각 중앙관서의 장은 수입과 지출에 관한 내용을 장부에 기록 보관함과 동시에 월별로 기획재정부 장관에게 재정보고서를 제출해야 한다. 또한 중앙관서의 장은 매분기마다 사업집행보고서와 예산에 관한 보고서를 기획재정부 장관에게 제출해야 한다. 특히 기록과 보고는 모두 디지털 예산회계 시스템(d-Brain)을 이용하는 것이 원칙이다(신무섭, 2010: 143-146).

4) 예산결산의 과정

결산이란 한 회계연도에서의 국가의 수입과 지출의 실적을 확정적 계수로 표시하는 행위를 의미한다. 이는 정부의 사후적 재정보고이며 정부는 결산에 의해 사후적 감독을 받는 것이다. 예산집행의 결과 입법부의 의도가 충실히 구현되고 재정적 한계가 지켜졌느냐 하는 것은 결산에 의해 확인될 수 있다. 결산의 기능은 두 가지로 요약할 수 있다.

첫째, 정부가 예산의 범위 내에서 재정활동을 했느냐를 확인하는 기능을 한다. 이와 같은 확인을 위해서는 결산서가 객관적 사실에 입각해 정확한 계수로써 작성되어야 하며 회계검사기관의 확인을 받아야 한다.

둘째, 장래에 예산의 편성·심의와 재정계획의 좀 더 효율적인 운영을 위한 정보·자료로서 기능을 한다. 그것은 결산의 내용을 검사함으로써 얻은 과거의 경험을 토대로 효율적인 재정 운영의 참고 자료로 활용할 수 있기 때문이다(Burkhead, 1956: 357－359). 결산과 회계검사가 이뤄지려면 관련 장부와 관련 거래 내용에 대한 기록이 있어야 한다. 그리고 일단 거래와 기록이 정지되어야 그것을 대상으로 결산이 시작된다.

(1) 부처의 결산 보고와 기획재정부 장관의 총세입부와 총세출부 마감

회계연도의 예산은 1월 1일부터 12월 31일까지 효력을 가진다. 따라서 이 기간 동안에 수입 지출이 완결되어야 그 결과를 토대로 결산을 할 수 있다. 그러나 현실적으로 수입 지출이 회계연도 내에 완결되지 못하는 경우가 발생하게 된다. 우리나라는 이 경우 다음 연도 2월 10일까지 세입세출의 출납에 관한 사무를 완결하도록 규정하고 있다. 이 기간을 출납 기한이라고 한다.[19]

실질적인 예산집행의 행위는 대개 다음 연도 1월 15일까지 완수되어야 한다. 중앙부처는 이러한 거래 내용을 정리해 세입세출결산보고서, 계속비결산보고서, 국고채무부담행위명세서 등의 결산보고서 등을 작성해서 2월 말까지 기획재정부 장관에게 제출해야 한다.

그러나 각 중앙관서의 수입과 지출 상황은 디지털 예산회계 시스템에 의해 기록되고 비치되고 있기 때문에, 재정 운용에 관한 정보통신 매체와 프로그램을 이용해 관련 보고서를 주고받을 수 있다. 이에 따라 기획재정부 장관은 2월 10일 감사원장이 지정하는 감사위원이 참석한 가운데 총세입부와 총세출부를 마감해야 한

19) 출납 기한이란 장부의 정리 등 기타 사무적인 업무가 완결되는 기간을 뜻하고, 실제 세입금의 수납 기한 및 세출금의 지급 기한은 회계연도의 연말까지이며, 세입금의 수납, 세출금의 지출 및 지급, 지출된 세출금의 반납 기한은 예외적으로 다음 연도 1월 15일까지다.

다. 이로써 정부 수준에서 출납사무가 완결된 것이다.

(2) 기획재정부 장관의 결산 작성과 국무회의 심의 및 대통령의 승인

각 중앙관서의 장은 해당 회계연도의 세입세출결산보고서, 계속비결산보고서, 국고채무부담행위명세서, 성인지결산서, 통합재정수지보고서, 국가채무관리보고서 등의 서류를 작성해 다음 연도 2월 말까지 기획재정부 장관에게 제출하도록 규정되어 있다. 기획재정부 장관은 이를 기초로 세입세출의 결산을 작성해 국무회의의 심의를 거쳐 대통령의 승인을 받아야 한다. 기획재정부 장관은 이를 다음 연도 4월 10일까지 감사원에 제출하도록 규정되어 있다.

(3) 감사원의 결산 확인

감사원이 기획재정부로부터 결산에 관한 서류를 제출받으면 회계검사가 실시된다. 그리고 그 결과는 다음 연도 5월 20일까지 기획재정부 장관에게 송부된다. 감사원은 매년 결산검사보고서를 발간하는데, 그 보고서에는 결산과 회계에 대한 감사 결과와 그 처리 내용이 수록되어 있다.

(4) 결산의 국회 제출

정부는 감사원의 검사를 걸친 결산과 첨부 서류를 다음 연도 5월 31일까지 국회에 제출한다.

(5) 국회의 결산 심의 · 의결

국회는 예산 심의와 동일한 절차를 밟아 결산을 심의 의결한다. 결산도 예산과 마찬가지로 상임위원회, 예산결산특별위원회, 본회의 등의 심의와 의결을 거쳐 행정부의 예산집행에 대한 책임을 검토한다(신무섭, 2010: 147-149).

국회의 결산심의는 예산안심의와 동일하게 이뤄진다. 결산의 심사 결과 위법하거나 부당한 사항이 있는 경우 국회는 본회의 의결 후, 정부 또는 해당 기관에 문제되는 재정지출액에 해당하는 변상 또는 책임에 대한 징계 조치 등 시정을 요구한다. 시정 요구를 받은 기관은 그 사항을 즉시 처리해 국회에 보고해야 하고, 또한 결산 결과 문제가 있는 특정 사안에 대해서는 국회가 감사원에 감사를 요구할 수 있다.

그림 4-3-5 정부의 결산 과정

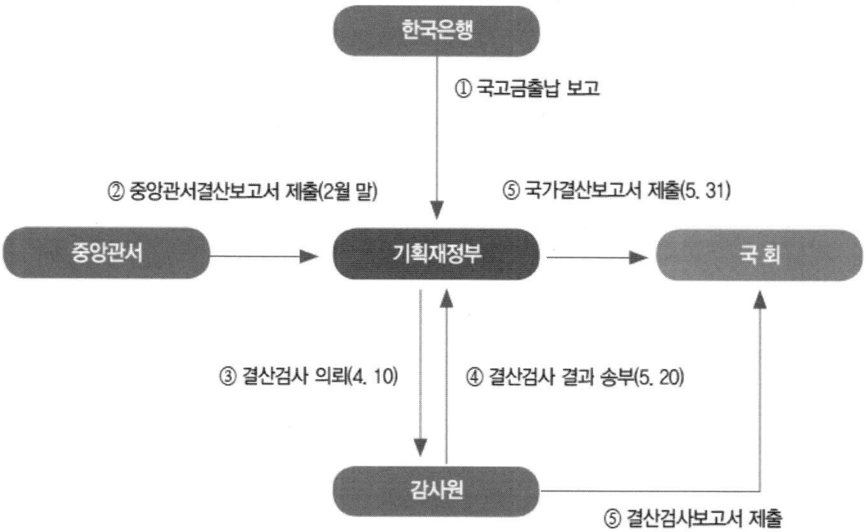

2 한국 행정과 예산 과정

일반적으로 예산 과정은 일정한 기간을 단위로 이뤄지며 환경에 민감한 특징이 있다. 이런 측면에서 한국의 예산제도들은 여러 단계를 거치면서 변화에 대응해 왔다. 그러나 그간의 변화에 대한 대응에도 불구하고 급격한 환경 변화와 기존 제도가 갖는 한계로 인해 문제점이 드러나기 시작했다. 예컨대 재정 운용 시스템의 대응 능력과 재정 운용 방식이 한계에 도달한 것이 그것이다. 이에 따라 종래 한국의 예산제도와 과정과는 다른 새로운 제도가 등장하게 되었다.

여기서는 한국의 예산제도와 운용상 새로운 제도들로 볼 수 있는 국가재정 운용계획과 총액배분·자율편성예산제도를 중심으로 예산 과정의 변화 과정을 살펴보고자 한다.[20]

20) 이 밖에도 성과관리제도, 디지털예산회계시스템(d-Brain) 등을 도입해 제도적인 측면에서 선진 재정 운용 시스템을 구축하게 되었다.

1) 국가재정 운용계획

(1) 제도의 대두와 의미

기존 재정 운용 시스템은 급격한 환경 변화에 대응하는 데 능력의 한계를 드러내 왔다. 그 이유는 기존의 예산제도로는 투자의 일관성을 확보하기가 어려울 뿐만 아니라, 1년 단위로 세입·세출을 맞추는 데 중점을 두어야 하기 때문이었다. 그에 따라 호황기에는 세입과 지출이 많아져 경기를 과열시킬 수 있고, 불황기에는 세입과 지출이 줄어 경기를 더욱 위축시킬 개연성이 높았다. 그 결과 재정의 경기 자동조절 기능이라는 재정 본연의 기능이 취약해지게 되었다.

이에 대한 새로운 대안으로 등장한 것이 국가재정 운용계획이다. 국가재정 운용계획은 단년도 위주의 재정 운용 방식을 보완하고, 중장기적인 시각에서 재정 운용이 이뤄지도록 한 것이다. 즉, 향후 5년 동안 국가재정의 기본적인 운용 방향, 주요 분야별 재원 배분, 그리고 투자계획 등 국가재정 운용의 청사진을 제시하는 데 주된 목적이 있는 제도다.

(2) 제도의 정착 과정

1년 단위의 회계연도만을 대상으로 하는 단년도 예산안 편성작업에서는 국가적 차원의 정책 방향과 중장기 재정 전망을 심도있게 검토하는 데 현실적인 어려움이 많았다. 이에 따라 2004년부터 국가재정 운용계획 수립을 통해 중장기적 전망하에서 국가재원을 전략적으로 배분하고, 재정수지·국가채무 등 총량 목표를 제시함으로써 재정건전성을 체계적으로 관리하고자 했다.

정부는 정부 수립 이후 최초로 2004년 10월 12일에 '2004~2008 국가재정 운용계획'을 국회에 제출했다. 그리고 2007년도부터는 새로 제정된 '국가재정법' 규정에 따라 매년 국가재정 운용계획을 회계연도 개시 90일 전까지 국회에 제출하도록 했다(정부혁신지방분권위원회, 2008b).

이와 함께 2010년 5월에는 '국가재정법'의 개정으로 2010~2014년 국가재정 운용계획부터는 국가재정 운용계획의 실효성이 강화되었다. 예컨대 수입은 세입·세외수입 기금수입으로, 지출은 2012년부터 의무재량 지출로 세분하고 산출 근거를 제시하도록 했다. 그리고 통합재정수지도 근거와 관리계획을 제시하도록 보완했다.

또한 중장기 기금재정 관리계획, 국가채무관리계획, 전년도 계획 대비 변동 사항 등에 대한 평가・분석 보고서를 첨부서류로 제출하도록 했다. 이러한 개선 조치로 인해 중장기 재정의 건전 성과를 위한 국가재정 운용계획의 역할이 강화되었다(기획재정부, 2010b). 국가재정 운용계획은 이후 2014년에 '국가재정법' 개정에 따라, 중장기 조세정책 운용계획도 첨부해 국가재정 운용계획을 국회에 제출하기 30일 전까지 수립 방향을 국회에 보고하는 것을 의무화하도록 했다(2016~2020년 국가재정 운용계획).

끝으로 국가재정 운용계획의 수립 절차는 각 부처에 계획 수립지침 통보→분야별 작업반 운영 및 공개토론회 개최→국가재정 운용계획 수립 방향에 대한 국회보고→새해 예산안과 함께 국회 제출의 순으로 이뤄지고 있다(2016~2020년 국가재정 운용계획).

(3) 제도의 한계

국가재정 운용계획이 기존의 재정 운용 시스템의 한계를 보완하기 위해 등장했다는 점에서 한국의 예산제도에 큰 변화를 가져온 것은 분명하다. 그러나 이 제도는 몇 가지 특징적인 면을 제외하고는 역대 정부에서 실시해 온 일종의 중기재정계획의 변형이라고 볼 수 있다.

이와 유사한 제도는 <표 4-3-5>에서 보듯이, 이미 박정희 정부 때인 1967년 제2차 경제개발 5개년계획을 실시하면서 도입한 총자원예산(overall resources budget)과 유사한 면이 많다. 총자원예산은 5개년계획과 예산을 일치시키기 위한 연차계획(annual plan)의 일종으로 국가재정 운용계획의 전신이라고 할 수 있다. 이후 박정희 정부 말기와 전두환 정부 초기에 채택되었던 국민경제 운용계획이라는 3개년 연동계획(rolling plan)도 유사한 성격으로 운영되었다.

표 4-3-5 한국에서 기획과 예산을 연계한 유사 제도

제도	시기
기본운영계획	1962~1982년
총자원예산	1967~1967년
국민경제 운용계획	1977~1981년
중기재정계획	1982~2003년
국가재정 운용계획	2004년~현재

자료: 신무섭(2010: 274).

특히 전두환 정부 때인 1982년에는 예산과 계획을 연계시키기 위한 중기재정계획을 제5차 경제개발계획이 시작된 1982년부터 이용하기도 했다. 따라서 중기재정계획과 같은 예산제도는 재정 운용정책을 수립하고, 이에 따라 재정 동원과 재정 배분을 계획해 예산과 계획을 일치시키고자 할 목적으로 도입되어 왔다.

그런데 중기재정계획은 특히 김영삼 정부가 집권하면서 이른바 사회주의적 색채가 강하고 시장경제의 자율성을 훼손한다는 이유에서 관심의 대상에서 벗어났다. 그러다가 1997년 외환위기를 겪으면서 다시 그 중요성이 강조되기 시작했다는 점에서 의미가 있다.

한편 국가재정 운용계획은 여러 장점에도 불구하고 중기재정계획이 갖는 문제점을 그대로 드러내고 있다는 데 한계가 있다. 이런 한계로는 중기 재정관리의 대상이 모호하고, 계획의 전제가 되는 경제 전망과 세입 전망의 객관성이 부족하다는 점 등이 지적된다(김성태, 2008: 288－292). 이외에도 재정운용기관의 자율성과 책임성을 강화할 필요가 있으며, 평가 체계의 효율성을 제고할 방안의 마련이 요구된다. 끝으로 환류 체계를 내실화할 필요가 있다(2016~2020년 국가재정 운용계획).

2) 총액배분 · 자율편성제도

한국의 예산제도에 가해지고 있는 변화 가운데 또 다른 측면은 재정 당국이 예산 과정의 모든 부문을 통제하는 데서 오는 재정 운용 방식의 한계에 대한 것이다.

(1) 제도의 등장 배경

한국의 경제 규모가 커짐에 따라 재정 규모도 급격히 증가했고, 또한 사회가 복잡해지고 전문성이 증가하면서 정부 부처의 수도 급증했다. 이에 따라 재정 당국이 종래와 같이 모든 부문을 통제하는 상향적(bottom－up) 방식의 예산편성으로는 부처의 전문성과 창의성을 살리지 못할 뿐만 아니라, 재정 당국이 중점을 두어야 할 정책적 검토가 오히려 부족해지는 왜곡된 모습을 드러내기 시작했다

이와 함께 재원 투입에만 관심을 두는 재정 운용 방식은 재정의 효율성을 저하시켜 왔다는 데 문제가 있었다. 종래 재정 운용 방식은 재원을 투입해 얼마나 성과를 나타냈는지는 관심이 없이, 특정 분야나 사업에 대한 재원 투입의 필요성만을 강조하는 방식이었다. 환경의 변화가 이런데도 한국의 예산 과정은 단년도와 상향적

방식으로 예산을 편성해 왔다. 물론 기존의 예산편성 방식도 나름대로의 장점을 지니고 있다.[21] 그러나 장점에도 불구하고 기존의 재정 운영 방식은 국가재원을 합리적이고 효율적으로 운영하는 데 여러 한계를 드러냈다.[22]

그 결과 재정 당국에 대한 집권적이고 미시적인 통제를 기초로 이뤄지는 상향식 예산편성 방식은 정책과 예산의 연계를 어렵게 해 왔다. 그래서 국가 발전의 장기 비전과 국정 우선순위에 입각한 전략적인 재원 배분을 곤란하게 하고, 재정 당국과 각 부처 간 정보의 비대칭으로 인한 효율성 저하 등의 문제를 야기해 왔던 것이다.

(2) 제도의 의미

환경의 변화로 인해 중앙정부의 예산 과정에서 이뤄진 변화 가운데 하나가 총액배분·자율편성(top-down) 제도다.[23] 이 제도는 노무현 정부 때인 2003년에 시범 실시를 거쳐 2005년부터 정착된 것으로서, 사전 재원배분제도의 한 유형으로 볼 수 있다(www.mpb.go.kr>4대 재정혁신>총액배분·자율편성제도, 2006).[24]

총액배분·자율편성제도란 재정 당국인 기획재정부가 총량(재정 규모, 국채 발행 규모 등)과 분야별(복지, SOC, 농림 등) 재원 배분에 집중하는 대신, 부처는 부처별 총량 내에서 사업별 예산 규모를 결정할 수 있게 한 제도다. 총액배분·자율

21) 기존의 예산편성 방식이 지닌 장점으로는 첫째, 예산 당국은 당해 예산 연도 이후의 지출에 대해 일선 부처에 어떤 약속도 하지 않음으로써, 불규칙한 세입 여건의 변화 속에서 재정지출의 신축적인 대응을 가능하게 한다. 둘째, 상향식 예산편성을 통한 예산 당국의 미시적 통제는 예산 낭비를 억제하는 기능을 수행한다.

22) 기존 재정 운용 방식의 단점으로는 첫째, 예산을 편성하는 관계 부처나 재정 당국 그리고 예산을 심의하고 승인하는 국회 모두가 단년도 중심의 근시안적 사고를 가진다는 점이다. 그래서 중장기적 우선순위에 입각한 전략적 재원 배분이 어렵다는 점을 들 수 있다. 둘째, 재정 당국이 집권적·미시적으로 통제하는 상향식 예산편성 방식 하에서 야기하는 정보의 비대칭의 문제다. 이로 인해 각 부처는 관례적으로 필요 이상으로 예산을 과다 요구하게 되고, 재정 당국은 대폭 삭감하는 악순환이 반복되곤 했다. 셋째, 예산 운영의 초점은 주로 투입 측면에 집중되었고, 예산집행 및 사업 수행 결과에 대한 사후적인 성과관리에 대해서는 관심이 부족했다.

23) 총액배분·자율편성제도는 스웨덴의 'Spring fiscal plan,' 네덜란드의 'Coalition agreement,' 영국의 'Spending review'를 참고해 마련된 제도다.

24) 총액배분·자율편성예산제도를 위한 시범 실시는 2003년도에 이뤄졌다. 이후 2005년도부터 이 절차에 의해 예산을 편성하고 있다. 2005년도 예산편성 시에 53개 전체 중앙관서 중 국회, 대법원, 헌법재판소, 중앙선거관리위원회, 감사원 등 5개 독립기관을 제외한 48개 기관을 대상으로 전면 실시되었다. 특히 2005년부터는 총액배분·자율편성예산제도를 국가재정 운용계획과의 전면적 연계를 통해 실시하게 되었다.

편성예산제도의 도입을 추진하게 된 배경은 언급한대로 기존 예산제도가 지닌 여러 문제에 기인했다. 예컨대 국가 재원 배분의 비효율성, 부처의 자율성 제한, 과도한 예산 요구에 대한 대폭 삭감이라는 예산 과정의 비합리적 관행, 재정적자와 국가채무 증가 등과 같은 이유에서 출발했다.

이를 위해 노무현 정부에서는 전 국무위원이 참석한 국가재원배분회의를 통해 회의 내용을 반영한 지출 한도를 각 부처에 통보했다. 이후 이명박 정부에서는 국가재정전략회의로 명칭을 바꿔 개최되고 있다. 현재 국가재정전략회의에서는 지출한도에 대한 본격적인 논의보다는 재정정책의 목표와 방향, 분야별 및 부처별 주요 재정개혁 과제와 세출 구조조정 방안에 대한 논의에 중점을 두고 있다(기획재정부 · 서울대학교, 2015).

(3) 제도의 특징

총액배분 · 자율편성제도와 기존의 예산제도(bottom－up)는 다음과 같은 측면에서 차이점이 있다.

첫째, 재원 배분의 순서가 달라졌다. 기존 예산제도는 부처가 먼저 사업별 예산을 요구하면, 기획재정부가 이를 심사해 최종 규모를 결정하는 상향식으로 예산편성이 이뤄졌다. 그러나 총액배분 · 자율편성제도에서는 기획재정부가 총지출 규모와 분야별 · 부처별 지출한도를 우선 결정한 후에, 부처가 사업별 지출 규모를 결정하는 하향식(top－down)으로 이뤄진다는 점에서 차이가 있다.

둘째, 지출 한도를 도입했다. 총액배분 · 자율편성예산제도에 의한 예산 결정은 국가재원배분회의를 거쳐 결정된 예산의 지출 한도(expenditure ceiling)를 기획재정부가 예산집행기관에 통보해 주고, 예산집행기관이 각 사업별로 예산을 배정함으로써 이뤄지는 제도다.

이에 반해 기존의 예산제도는 각 사업별로 예산집행기관이 예산을 요구하면, 중앙예산기관인 기획재정부가 정부 예산안을 결정하는 방식이었다. 따라서 거시적 측면의 전략적 판단인 국가 재원 배분은 중앙에서 실시하고, 그 지출 한도 내에서 미시적 측면의 예산은 부처가 자율적으로 계획한다는 점에서 기존 제도와 차이가 있다.

셋째, 재원 배분의 우선순위를 사전에 결정한다는 점이다. 기존의 예산제도는 개별 사업별로 판단을 하게 되나, 새로운 제도는 국가 차원의 전략적 재원 배분을 우선적으로 고려하게 된다. 기획재정부가 전략적 관점에서 분야별 재원 배분과 재정 총량 등을 집중적으로 우선 결정하고, 이어서 각 부처는 전문성과 현장 경험을 활용해 지출 한도 범위 내에서 자율적으로 사업별 재원 배분을 하는 방식이다. 따라서 재원 배분의 우선순위를 결정함으로써 예산의 효율성을 강화할 수 있게 되었다.

넷째, 예산편성의 시간적 범위와 재원 사용의 통제 방식이 다르다. 기존 예산제도는 점증주의 원칙에 바탕을 두고 단년도 예산을 편성하나, 총액배분·자율편성 예산제도는 중기재정계획을 통한 사전적 추정을 기반으로 해서 다음해 예산을 편성한다는 점에서 차이가 있다. 또한 재원 사용의 통제 방식 측면에서 기존 예산제도는 예산편성 시 사전적 통제가 중요시되나, 새로운 제도는 부처의 자율적 편성을 근간으로 하기 때문에 사후적 통제가 중요시된다.

다섯째, 예산 결정에 자율성을 부여했다. 기존 예산제도는 인건비, 기본 사업비, 주요 사업비 등을 구분하지 않고 기획재정부가 결정했으나, 총액배분·자율편성예산제도는 인건비 등 일부 항목을 제외하고는 부처가 자율적으로 결정하게 했다. 심의와 구조조정 측면의 경우도 기존에는 기획재정부가 전권을 가지고 사업별 심의를 해서 삭감을 하거나 구조조정을 했으나, 새로운 제도에서는 부처의 자율성을 최대한 존중했다.

여섯째, 절차적 측면에서 지출한도를 미리 설정해 통보한다. 기존 예산제도에 비해 총액배분·자율편성예산제도의 가장 큰 특징은 4월 말에 국가재원배분회의를 통해 분야별·부처별 지출한도를 설정하고 통보한다는 점을 들 수 있다. 또한 기존 제도에서는 신규 주요 사업계획을 2월 말에 제출했으나, 새로운 제도에서는 중기사업계획으로 포괄적으로 작성해 1월 말에 기획재정부에 제출하도록 했다. 이 밖에도 기회재정부에서는 기존과 달리 1월부터 재정 총량과 지출 한도에 대한 검토·분석작업을 시작한다.

(4) 제도의 효과

총액배분·자율편성예산제도를 도입함에 따라 예산 과정에서 나타난 변화 과정은 이러했다.

첫째, 예산편성 체제상의 변화로는 부처 예산담당자의 역할이 강화되었다는 것을 들 수 있다. 부처의 예산담당자는 지출 한도 내에서 부처 예산을 총액배분 · 자율편성(top-down)으로 해야 하기 때문에 예산심사자로서 역할이 강화되었다.

둘째, 부처 내에서 예산 담당조직의 조정 과정 역할이 강화되었다.

셋째, 새로운 제도를 통해 재정 당국의 전략적 시각과 부처의 전문성 · 자율성이 조화를 이루게 되었다.

넷째, 재정지출 관리에서도 부분적인 점검 방식에서 벗어나 재정사업 성과관리 시스템을 구축해 성과에 따른 재원 배분을 실현할 수 있게 되었다(기획예산처, 2004; 정부혁신지방분권위원회, 2008b).

총액배분 · 자율편성예산제도를 도입한 이후 가장 큰 변화는 전년 예산 대비 예산 증가요구율이 현격하게 감소했다는 것을 들 수 있다. 그렇지만 아직은 총액배분 · 자율편성제도가 완전히 정착되었다고 보기는 어렵다. 일선 부처에서는 새로운 제도가 도입되었음에도 불구하고, 현재까지도 통제가 과도하다고 생각하는 경향이 있다. 또한 기획재정부는 일선 부처의 책임감이 확립되지 않고 있다고 판단하고 있으며, 우선순위 설정 능력도 미흡하다고 생각하는 경향이 있다.

특히 지출한도 설정 및 운용 방식의 측면에서 볼 때, 여전히 세부사업별 예산을 편성하는 것과 유사하게 상향식(bottom-up) 방식으로 설정하고 있는 실정이다. 또한 각 부처는 할당된 분야별 및 부처별 지출한도를 엄격하게 준수하고 있지 않고 외형적으로만 지출한도를 준수하는 경향이다. 따라서 자율을 편법으로 활용해 외형적으로만 지출한도를 준수하고 실질적으로 위반하는 도덕적 해이 현상이 발생하고 있다(기획재정부 · 서울대학교, 2014). 결국 새로운 제도가 정착하기 위해서는 다소 시간의 경과와 함께 예산 담당자들의 의식 변화가 요구된다.

제 3 절 한국 행정과 예산제도

1 행정과 예산제도

예산제도란 이미 논의한 예산의 종류와 분류라든지, 예산 관계 법률이나 조직 또는 과정 등을 지칭한다. 따라서 예산개혁이라고 하면 예산제도의 개혁을 의미하는 것으로 특별회계의 설치, 예산관계법의 제정과 개정, 통합예산제도의 도입, 회계연도의 변경, 계획예산제도의 도입, 예산 과정의 개선 등 그 포괄 범위가 넓다. 그래서 여기서 살펴보고자 하는 예산제도의 변화 과정도 일종의 예산개혁의 과정이라고 볼 수 있다.

그런데 예산제도의 변화 과정을 살펴보는 데 유의해야 할 사항은 대개의 예산제도가 미국에서 유래된 것들이라는 점이다. 따라서 새로운 제도가 정착하려고 하면 다시 새로운 제도가 이식되는 과정을 거치다 보니, 최근의 제도가 가장 좋은 것으로 생각하는 경향이 있다. 그러나 예산제도는 나름대로의 장단점이 있다는 관점에서 살펴보아야 할 필요성이 있다.

이와 함께 새로운 예산제도가 도입되면 법률의 개정이 이어져야 하고, 일하는 방식이 바뀌어야 한다. 또한 예산 관계 공무원에 대한 훈련도 이어져야 한다. 따라서 새로운 제도의 도입은 예산 운영 전반에 영향을 미친다는 사실이다. 특히 새로운 예산제도의 도입은 한정된 재원의 배분 방법에 영향을 미치므로 정치적 성격이 농후하고, 행정 및 정치 과정의 변화를 전제로 한다는 것이다(신무섭, 2010: 426-428). 여기서는 이런 관점에서 예산제도의 변화 과정을 살펴보고자 한다.

1) 품목별 예산제도

(1) 품목별 예산제도의 의미

품목별 예산제도(Line Item Budgeting System: LIBS)는 예산의 통제 기능을 충족시키기 위해 고안된 예산제도다. 품목별 예산제도는 선진국의 경우 대체로 1920년대에 완성되었다. 즉, 이 시기부터 예산의 규모가 늘어나고 예산을 횡령하거나 목적 외로 지출하는 사례가 발생하자, 각국의 의회는 품목별 예산제도를 요구하게 되었다. 예산에 대한 통제라는 관점에서 보면 품목별 분류는 상당히 효용성을 지니고 있다. 따라서 이 제도는 예산 지출을 통제할 목적으로 지출 대상을 세분화하는 예산이라고 할 수 있다.

(2) 품목별 예산제도의 특성

품목별 예산제도는 지출 대상을 급여 · 수당 · 임차료 · 연료비 · 시설비 등으로 세분해 그 지출 대상과 금액을 규정함으로써, 행정부의 예산집행에서 유용이나 부정을 방지하는 데 크게 기여했다. 예컨대 예산편성을 지출 대상(품목)별로 함으로써 품목별로 책정된 금액만큼 지출했는가를 회계검사 때 쉽게 알 수 있도록 한 것이다.

품목별 예산제도의 장점으로는 첫째, 기본 이념이 예산에 대한 통제에 있기 때문에 예산의 유용이나 남용을 방지할 수 있다. 또한 행정권을 제한함으로써 상대적으로 입법권이 강화될 수 있다. 둘째, 인건비, 수용비 등과 같이 지출 항목을 명백히 할 수 있다. 지출해야 할 금액이 명확하기 때문에 회계 책임을 명확히 할 수 있다. 셋째, 통제는 통일적·종합적으로 치밀하게 이뤄진다. 넷째, 다음 회계연도의 예산안을 삭감할 수 있는 기준을 마련해 준다. 이는 세출액 범위 내에 들 때까지 품목의 수를 줄이기가 쉽기 때문이다.

이에 반해 품목별 예산제도가 지닌 단점으로는 첫째, 예산 항목을 지출 대상별로 세분해 지출 항목을 엄수해야 한다. 그러므로 예산집행 때 예기치 못한 사태에 적절히 대응할 수 있는 신축성이 크게 제약을 받는다. 둘째, 정부가 무슨 사업을 하고 있는지는 알 수 없으므로, 예산이 국민경제에 주는 전략적 수단으로 적극적인 역할을 이해하는 데 도움을 주지 못한다는 한계가 있다.

그러나 품목별 예산제도는 이러한 단점에도 불구하고 기본적으로 예산 운영에 대한 공무원의 책임을 강조하고, 재정정책이나 정책을 수행하는 데 기본 요소가 된다는 데 있다. 어느 나라에서나 사용되고 있으며 앞으로도 계속 사용될 것이다. 그 이유로는 어떠한 예산제도보다 예산을 운용하는 과정에서 공무원의 권한과 재량을 확고히 해 주는 성질이 품목별 예산제도에 내재되어 있기 때문이다(Wildavsky, 1978: 501－509).

2) 성과주의 예산제도

(1) 성과주의 예산제도의 의미

성과주의 예산제도(Performance Budgeting System: PBS)는 정부가 수행하는 기능·활동·사업계획에 기초해 편성하는 예산을 의미한다. 종래의 전통적인 품목별 예산제도는 정부가 구입하는 물품에 치중하므로 어떠한 물건을 얼마만큼 구입한다는 것인지, 정부가 그것을 왜 구입하는지를 알 수가 없었다. 따라서 정부 사업계획의 내용이라든지 혹은 그 사업계획을 시행함으로써 달성될 수 있는 성과 등은 제시해 주지 못했다.

그러나 성과주의 예산제도는 예산이 사용되는 목표를 설정하고, 이를 이룩하는 데 필요한 성과 단위의 단위당 단위원가에 따라 예산을 편성하게 했다. 그렇게 함으로써 정부가 구입하는 물품과 정부사업과의 관계를 명백히 나타낼 뿐만 아니라, 이러한 기능·사업의 소요경비까지 밝혀 주게 된다.[25] 이와 같이 성과주의 예산제도는 각 사업마다 가능한 한 업무 측정 단위를 선정해 업무를 양적으로 표시하는 것이므로, 예산집행의 성과를 측정하고 평가함으로써 효과적인 재정통제를 가능케 한다(Mosher, 1964: 81-82).

(2) 성과주의 예산제도의 특성

성과주의 예산제도도 여타 제도와 마찬가지로 장단점이 존재한다. 성과주의 예산제도의 장점으로는 첫째, 입법부와 국민이 정부의 사업과 목적한 바를 쉽게 이해할 수 있게 해 준다. 둘째, 행정부의 정책이나 계획의 파악을 용이하게 해 주며, 입법부의 예산 심의를 간편하게 한다. 셋째, 예산편성에서 자금 배분을 합리화할 수 있다. 넷째, 예산집행에서 신빙성을 부여한다. 다섯째, 사업별 통제가 가능하며, 행정 성과의 향상을 기할 수 있다.

요약컨대, 성과주의 예산제도는 행정부의 사업계획과 집행 조정, 입법부의 예산 심의, 그리고 사업집행의 책임을 명백하게 할 수 있다는 점에서 의미가 있다(Seckler-Hudson, 1978: 80-93).

이에 반해 성과주의 예산제도의 단점으로는 첫째, 업무 단위를 선정하기가 곤란하다. 이런 점에서 업무 단위의 선정은 성과주의 예산제도의 핵심적인 작업이다. 둘째, 정부사업의 능률을 측정하는 장치로는 훌륭하지만 그 효과성을 측정하는 데는 어려움이 있다. 그 이유는 행정 업무 중에는 계량화하기 어려운 목표나 최종 산물이 많기 때문이다. 셋째, 정책이나 사업계획에 중점을 두므로 품목별 분류에 비

---

25) 성과주의 예산제도는 예산 과목을 사업계별·활동별로 분류한 다음 각 세부 사업별로 다음과 같이 예산을 편성한다. 즉, 단위원가×업무량=예산액이다. 이때 단위원가란 사업측정 단위 또는 성과 단위 하나를 산출하는 데 소요되는 경비를 말하고, 업무량이란 달성하고자 하는 단위의 수를 의미한다(Burkhead, 1956: 153-155).

해 입법부의 엄격한 통제가 곤란하다.

3) 계획예산제도

(1]) 계획예산제도의 의미

계획예산제도(Planning Programming Budgeting System: PPBS)란 장기적인 계획 수립과 단기적인 예산편성을 유기적으로 결합시킴으로써 자원 배분에 관한 의사 결정을 일관성 있게, 그리고 합리적으로 행하려는 생각을 제도화한 것이다. 따라서 계획예산제도가 가장 강조하는 측면은 효과성이다.

이는 정부가 정해진 목표를 달성하기 위해 각종 정책이나 사업을 수행하는 데 절약과 능률을 기하는 것도 중요하지만, 이보다는 예산사업을 수행해 소기의 목표를 달성하는 효과성이 무엇보다 중요하기 때문이다. 그 이유는 정부 예산을 운영할 때 핵심적인 과제는 한정된 재원을 어떤 사업에 사용하느냐 하는 재원 배분의 문제이기 때문이다.

(2) 계획예산제도의 요소와 과목구조

계획예산제도의 기본적인 요소로는 일반적으로 다음과 같은 사항이 지적된다(Zwick, 1968: 18). 첫째, 사업 목표가 명확히 제시되어야 한다. 둘째, 이러한 목표를 달성하는 데 가장 능률적인 대안의 선택에 관한 체계적인 검토를 할 수 있어야 한다. 셋째, 장기적인 시계(時界)를 가져야 한다. 계획예산은 보통 5년 정도의 시계를 가지고 있으며 이를 뒷받침하는 것이 사업재정계획이다.

다음으로 계획예산제도의 과목구조로는 다음을 들 수 있다. 즉, 사업계획에서 구성 요소로는 사업 범주(program category), 하위 사업 범주(subcategory) 및 사업 요소(program element)의 순으로 계층적 구조를 이루고 있다. 그리고 분석의 측면을 중시해 가능한 한 의사결정자의 주관적인 편견을 배제하고자 하므로, 각종 자료에 대한 정보와 그에 대한 보고가 중시된다.

(3) 계획예산제도의 특성

계획예산제도가 지닌 특징은 대체로 절약과 능률, 효과성, 조정, 과학적 객관성 등을 강조한다는 데 있다.

첫째, 절약과 능률은 일정한 자원을 투입해 최대의 효과를 얻거나 일정한 효과를 얻기 위해 최소의 자원을 투입하는 것을 말한다. 이런 점에서 계획예산제도를 도입하려는 근본적인 이유의 하나는 이 절약과 능률을 기하자는 데 있다.

둘째, 효과성은 당초 목표의 달성도를 말한다. 효과성을 위해 계획예산제도에서는 비용효과분석이 사용된다.

셋째, 계획예산제도는 비교와 조정의 과정이 초점이라고 할 수 있으며, 여러 부분의 조화와 균형을 중시한다.

넷째, 계획예산제도는 체계분석 · 비용효과분석 등을 사용해 의사 결정에서 결정자의 주관적 편견을 가능한 한 배제한다는 데 있다.

이 같은 특성을 지닌 계획예산제도도 다른 제도와 유사하게 장단점을 지니고 있다. 계획예산제도가 지닌 장점으로는 다음을 들 수 있다.

첫째, 국가 목표를 좀 더 정확하게 계속적으로 파악할 수 있다.

둘째, 목표들의 우선순위를 결정할 수 있다.

셋째, 목표를 달성하는 효율적인 수단의 분석을 가능하게 한다.

넷째, 예산 1년주의의 폐단을 제거하고 장기적인 안목을 제공해 준다.

다섯째, 계획의 실시를 측정 · 평가할 수 있다.

여섯째, 계획과 예산상의 불일치를 제거하고 유기적인 연관성을 갖게 한다.

그러나 계획예산제도 또한 장점에도 불구하고 제도로서 다음과 같은 한계를 드러내고 있다.

첫째, 계획예산제도는 국가 목표의 다원성과 목표 선택에서 정치적 합리성과 목표 사이의 상호연관성 등은 명확한 목표 설정을 어렵게 한다.

둘째, 경제적 계량화의 곤란성이다. 즉, 행정활동의 영역 중 계량화할 수 있는 범위는 한정되어 있으며, 설사 가능하다 하더라도 이에 관한 많은 양의 정확한 자료와 통계가 있어야 한다.

셋째, 집권화에 대한 우려다. 계획예산제도는 모든 정보를 최고책임자나 주변의 막료에게 집중하게 하므로 집권화의 우려가 있으며, 입법부의 권위가 상대적으로 저하될 가능성이 있다.

넷째, 기술상의 곤란성이다. 계획예산제도의 운영에는 분석 업무를 담당하는 숙련된 요원이 필요하다. 또한 계획예산제도 사업구조의 예산 품목상 이의 환산작업은 컴퓨터의 사용 없이는 불가능하며 많은 노력을 소모하게 된다.

다섯째, 정치적 합리성이 무시된다는 점이다. 정부활동에서 목표 설정은 경제적·계량적이라기보다는 가치판단적 성격을 띠고 있다. 그런데 계획예산제도가 주로 사용하고 있는 비용편익분석 등의 과학적 분석기법은 정치적 합리성을 도외시하고 경제적 합리성만을 추구하는 한계성을 가진다(Wildavsky, 1978: 364-365).

4) 일몰예산제도와 감축관리

(1) 일몰예산제도

① 일몰예산제도의 의미

일몰예산제도(sunset budget systeam)는 일몰법에 기초를 두고 있다(Chandler & Plano, 1982: 101). 일몰법(日沒法)이란 수행되고 있는 모든 행정활동을 일정 기간(예컨대 5년 혹은 3년) 후에 평가해 일몰(sunset)에 이르렀다고 판단되면 활동을 중지하고 새로(sunrise) 시킬 필요가 있다고 판단되는 행정활동은 다시 제안해 법률로써 강제하려는 것이다.

일몰법의 일반적인 형태는 사업계획이나 법률을 조사하기 위한 일정표를 작성하는 형식을 취한다. 이들은 만약 법령에 의해 재승인을 받지 못하면 그 설정된 일자에 자동적으로 종식된다. 따라서 이 제도는 행정의 평가 체제 기능을 촉진·강화시킨다.

일몰법은 불필요한 지출을 제거하기 위한 효과적인 수단으로서, 그리고 입법부가 행정기관을 형식적이 아니라 실질적으로 감시할 수 있도록 하는 효과적인 수단으로서 간주된다. 일몰법은 행정기관의 증대와 영속화 경향을 억제하는 역할도 한다. 그래서 일몰법의 지지자들은 일몰법을 입법부와 행정부 사이에 존재하는 동반자로서 역할을 수행하는 제도적 장치로 간주하기도 한다.

② 일몰예산제도의 한계

행정평가는 입법부와 행정부가 공동으로 져야 할 책임이고, 이러한 책임을 일몰법이 보조·지원해 주고 있음은 사실이다. 그러나 일몰법은 정부의 활동과 서비스를 억제하고 저해할 가능성이 있으며, 또한 그것은 민중을 회유하고 조종하는 데 사용될 위험성도 있다는 비판이 있다.

(2) 감축관리

① 감축관리의 의미

감축관리(cutback management)란 조세나 공급요금의 증가를 방지하기 위해 조직원과 조직활동의 수준을 가능한 낮추기 위한 방향으로 조직을 변화시키는 일종의 관리전략이다(Chandler & Plano, 1982: 112). 감축관리는 세입 기조의 감소, 인구통계학적 패턴의 변형 및 공공 서비스에 대한 기대의 증가로 인해 나타난 행정에서 새로운 주요 방향 중의 하나다.

오늘날 행정에서는 무조건적인 성장과 팽창 및 업적을 추구해 어떤 새로운 공공문제가 제기될 때마다 기존의 기관과 사업계획을 단순히 확대시킴으로써 예산의 증대를 가져오기보다는, 기존의 것을 활용하거나 또는 최소한의 자원과 활동으로 새로운 요구를 충족시킬 수 있는 행정이 요구되기 때문이다.

② 감축관리의 절차와 수단

감축관리는 감축 필요성의 인식과 감축에 대한 사전적 고려, 그리고 조정과 감축 목표의 설정과 감축 적용의 단계를 걸쳐 실시된다. 감축관리에 사용되는 기술적 도구로서는 고용 동결 · 생산성 기준 · 작업 표준 · 영기준 예산제도(ZBB) 등을 들 수 있다. 감축관리를 적용할 때는 기관 내 모든 조직 단위에 횡단적으로 공평하게 그 감소를 배당하거나 문제점을 야기하지 않도록 해야 한다. 그래서 종결 내지 절감이 가능한 단위활동을 선택적 · 단계적으로 행함으로써, 조직 내 사기와 집단정신을 유지하도록 유의해야 한다.

③ 감축관리의 문제점

감축관리는 위로부터의 통제가 증가되고 조직구성원들의 창의성과 승진 기회를 감소시킴으로써 조직구성원의 사기를 위축시킬 가능성이 있다. 또한 감축관리로 인해 수익자에 대한 서비스가 감소될 가능성도 크다.

5) 영기준 예산제도

(1) 영기준 예산제도의 의의

영기준 예산제도(Zero Base Budget: ZBB)는 예산을 편성 · 결정할 때 전 회계연도에 구애받지 않는다는 점에서 의의가 있다. 따라서 조직에 필요한 모든 사업과 활동에 대해 영기준을 적용해 각각의 효율성과 효과성 및 중요성 등을 체계적으로 분석하고, 이에 따라 우선순위가 높은 사업이나 활동을 선택해 실행예산을 결정하는 예산제도를 말한다(Pyrr, 1977: 8).

영기준 예산제도가 지닌 특징으로는 다음을 들 수 있다.

첫째, 예산편성 기준에서 점증적 예산은 전년도 예산의 수준을 기준으로 작성하지만, 영기준 예산제도는 영(zero) 수준에서 새로 출발한다.

둘째, 비용 편익이나 비용 효과분석의 대상에 점증적 예산은 신규 사업을 대상으로 하지만, 영기준 예산제도는 신규 사업은 물론 계속사업도 분석 대상으로 한다.

셋째, 예산 결정 과정에서 점증적 예산은 화폐 중심적인데 비해, 영기준 예산제도는 목표와 활동 중심적이라고 할 수 있다.

넷째, 예산 운영 방법의 개발에서 점증적 예산은 소극적이나 영기준 예산제도는 적극적이다.

다섯째, 사업 수행 방법에서 점증적 예산은 해당 사업에 관한 예산은 전부 받아들이거나 전부 기각하지만, 영기준 예산제도는 사업 목표의 수준을 달리해 예산을 융통성있게 편성한다는 데 있다.

(2) 영기준 예산제도의 특성

영기준 예산제도는 다른 예산제도에 비해 다음과 같은 효용성을 갖고 있다.

첫째, 조직의 모든 사업과 활동을 전면적·전체적으로 분석 평가하고 그에 따라 수행해야 할 사업과 활동을 결정하므로 자원의 합리적인 배분이 가능하다는 데 있다.

둘째, 사업 우선순위의 결정을 토대로 경제 상황에 따라 그 가치가 낮은 사업이나 활동을 축소하거나 폐지함으로써, 흔히 나타나기 쉬운 재정의 경직을 사전에 방지하는 데 도움이 된다.

셋째, 결정이 하위계층으로부터 상향적으로 이뤄지기 때문에 모든 계층의 관리자에게 참여의 기회를 제공한다. 이것은 모든 관리자에게 관리 업무의 개선과 조직 활동의 효과성을 추구하도록 자극한다.

넷째, 자원 배분에 필요한 정보를 동원 분석하고 이를 유효적절하게 활용할 수 있다.

그렇지만 영기준 예산제도도 제도로서 다음과 같은 한계를 지닌다.

첫째, 관료들이 자기의 사업이나 활동에 대한 성과를 분석 평가하는 과정에서 위험을 느끼고, 왜곡된 자료를 제시할 우려가 있다.

둘째, 사업활동의 분석 평가와 대안의 개발 중 고도의 전문적인 지식과 기술을 필요로 한다. 영기준 예산제도의 과정에 참여하는 관리자에 대한 교육훈련이 뒤따라야 한다.

셋째, 시간과 노력 및 서류 작성 시에 부담이 과중해 일선 관리자로부터 저항이 발생하기 쉽다.

넷째, 소규모 조직은 우선순위의 결정 과정에서 희생되기 쉽다.

다섯째, 매년 전면적인 분석 평가를 행한다는 것은 사실상 어렵고, 3~5년에 한 번씩 실시할 수밖에 없다(서휘석 외, 2003: 239－273; 신무섭, 2010: 433－463).

표 4-3-6 주요 예산제도의 특성 비교

특성 \ 구분	품목별 예산제도 (1921~1939)	성과주의 예산제도 (1940~1964)	계획 예산제도 (1965~1971)	영기준 예산제도 (1977~1980)	성과관리 예산제도 (1993~현재)
주요 정향	통제	관리	기획	의사결정	관리
주요 정보	지출 대상	부처의 활동	부처의 목표	부처 및 사업 목표	부처의 활동
정책 결정 유형	점증적	점증적	총체적	점증적 참여적	점증적 참여적 분권적
기획 책임	없음	분산	중앙집중	분산	중앙예산기관과의 연계
중앙예산 기관의 관심	지출의 적격성	능률성	능률성, 효과성	정책의 우선순위	능률성, 효과성, 책임성
시계	1년	1년	5년	4년 정도 다만 불투명	1~5년
분류 체계	예산구조와 일치	예산구조와 일치	불일치	불일치	일치
분석의 초점	지출 대상	지출과 성과와의 관계	대안평가와 계량적 분석	대안분석과 예산 증감	성과측정 지표

자료: 신무섭(2010).

2 한국 행정과 예산제도

예산제도의 변화 과정은 <표 4-3-6>에서 보듯이 시기별로 다양한 제도가 발전되어 왔다. 예산에 대한 통제가 강조되던 시절에 등장했던 품목별 예산제도에서부터 재정의 성과적 측면을 강조한 성과주의 예산제도에 이르기까지, 예산제도의 발전은 시대적 요구와 흐름에 따라 다양한 발전을 거듭해 왔다.

특히 1980년대부터 강화되기 시작한 신공공관리론의 영향에 힘입어 각국은 재정에서 성과적 측면을 더욱 강조하기 시작했다. 성과 중심의 재정 운용을 위한 최근의 재정개혁 방향은 국가 자원을 사용하는 정부기관에 자율과 책임을 부여해 재정 운용의 효율성을 도모하자는 데 있다. 이 같은 재정개혁을 위해 세계적으로 채택되는 재정개혁제도는 성과주의예산, 프로그램 예산, 발생주의 회계, 총액배분·자율편성제도 등이 있다(정유훈·안태훈, 2013: 165-184).

그 결과 <표 4-3-7>에서 보는 바와 같이 주요 각국은 성과 중심의 재정 운영을 시도하고 있다. 이 같은 추세는 우리의 경우도 예외가 아니어서 김대중 정부 때인 2000년에 성과주의 예산제도가 시범적으로 도입되었다. 그렇지만 성과주의 예산제도가 의도한 효과는 그리 높지 않았다. 이에 노무현 정부에 들어서면서 본격적으로 성과주의 예산제도에 대한 실질적인 정착을 위한 노력을 기울이기 시작했

표 4-3-7 주요 국가들의 성과 중심 재정 운영 사례

국가	내용
미국	• 1993년 '정부성과관리법(Government Performance and Result Act)' 제정 • 5년간 시범사업을 실시한 후 2000과 2001년에 성과계획서와 보고서 공개 • 2002년 사업평가기법(Program Assessment Rating Tool) 지침 마련
영국	• 1988년 사업소제도(next steps agency) 도입을 통해 성과 중심의 예산 개념 도입
호주	• 1988년 사업별 예산편성 및 관리제도(program management and budgeting) 도입 • 성과측정 및 평가 결과를 예산편성의 기초자료로 활용
뉴질랜드	• 1988년 '공공재정법(The Public Finance Act)' 제정 • 예산과 산출물을 연계하는 산출예산제도(output budgeting) 도입

다. 그러나 제도가 도입된 지 10여년이 지난 지금에도 성과 중심의 재정 운용이 실무적 차원에서 많은 한계를 노출하고 있고, 성과 중심의 재정 운용에 대한 무용론까지 대두하고 있는 실정이다.[26)]

1) 재정성과관리제도의 도입

정부는 재정을 성과 위주로 운용하기 위해 성과목표관리제도와 재정사업자율평가제도를 두 축으로 하는 재정성과관리제도를 도입해 운영하고 있다.

첫째, 성과목표관리제도는 부처별로 임무와 비전에 부합하는 성과 목표를 설정해 사업을 수행하도록 하고, 그 성과를 재정 운용에 활용하기 위한 제도로서 2003년부터 시행하고 있다. '국가재정법'에 따라 성과계획서는 예산안 첨부서류로, 성과보고서는 결산보고서 구성서류로 각각 국회에 제출하도록 하고 있다.

성과 중심의 재정 운영 측면에서는 각 부처가 자율적으로 예산을 편성할 수 있는 기반을 2003년부터 2004년까지, 우선 시행기관을 대상으로 재정성과목표관리제도를 실시했다. 그리고 2006년에는 성과목표관리 대상 기관을 정부업무 평가 대상 기관인 48개 기관으로 확대했으며, 48개 기관은 2006년 말까지 2007년도 성과계획서를 작성했다.

이후 2007년 1월 시행된 '국가재정법'에서 성과목표관리 대상기관이 모든 중앙관서로 확대되면서, 중앙관서 59개 기관이 모두 2008년도 성과계획서를 작성했다. 또한 2009년 10월에는 2008회계연도 성과계획서를, 2010년 5월에는 2009회계연도 성과보고서를 최초로 국회에 제출했다.

둘째, 재정사업자율평가제도는 성과평가 결과를 직접적으로 예산편성에 연계시키는 수단으로 2005년부터 실시하고 있다.

2) 재정성과관리제도의 문제

김대중 정부 때부터 도입되어 운영되어 온 성과관리제도는 노무현 정부를 거쳐

26) 성과주의 예산제도의 문제점으로는 사업특성에 대한 고려, 집행상의 문제, 성과 부진 사유 등에 대한 구체적인 정보를 성과지표만으로 얻을 수 없기에 파생되는 정보 부족, 정보 부족에 따른 예산편성에의 낮은 활용도, 일부 실국의 재정사업만을 대상으로 하기 때문에 발생하는 기관장의 관심 부족, 예산 연계 미흡 등이 지적되고 있다.

이명박 정부에 이르면서 어느 정도 정착 단계에 이르고 있다. 성과 평가 결과가 미흡한 사업의 경우 예산을 삭감하는 등 성과와 예산의 연계 강화를 통해 재정 운용에 성과 마인드를 확산시키고 궁극적으로 효율성을 제고하는 데 일정 부분 기여했다. 그러나 이 제도는 아직도 다음과 같은 문제를 안고 있는데, 이는 성과관리 예산제도가 안고 있는 한계와 유사하다(Joyce, 1999: 597-619; Gilmour & Lewis, 2006: 742-751).

첫째, 성과계획서 작성 단계에서 성과지표와 목표치 설정이 부적절해 성과보고서 내용의 부실로 연결되는 경우가 발생하고 있다.

둘째, 재정사업 자율평가의 경우 대부분의 부처가 '미흡' 사업예산의 삭감 회피에만 관심이 있고 실질적인 성과관리 개선 노력이 부족하다. 특히 평가 결과를 활용한 제도 개선과 이에 대한 점검 기능도 미흡하다.

셋째, 예산 체계와 성과관리 체계 사이에 연계가 미흡해 성과정보를 재정 운용에 활용하는 데 한계가 있다. 이에 더해 아직도 성과관리제도 전반에 대한 기관장과 사업담당자의 이해가 부족해, 제도가 다소 형식적으로 운용되고 있다는 비판이 있다.

이에 따라 재정성과관리제도의 효과성을 높이기 위해서는 다음과 같은 대안을 고려해야 한다.

첫째, 상위 총괄기구가 부재한데 이를 개선해야 한다. 미국과 같은 성과관리 총괄관을 신설하는 것도 대안이 될 수 있다.

둘째, 평가제도 간 연계가 부족하고 중복되는 현상을 개선해야 한다.

셋째, 평가관리의 전문성과 객관성을 보완해야 한다.

넷째, 개별 부처의 역량을 강화할 수 있는 지원 체계가 마련되어야 한다.

다섯째, 재정부처의 관리 수단이 현재 예산 삭감 위주로 이뤄지고 있는데 이를 인센티브 중심의 사기 제고 방향으로 전환해야 한다.

여섯째, 개별 부처에서 담당조직의 위상이나 담당 인력의 역량이 미흡한데 이를 위한 개선과 함께 평가 관련 예산을 확대해 역량을 강화해야 한다(조선일, 2015).

생각할 문제

■ 한국 행정과 예산의 종류/분류

1. 한국 재정의 회계구조에 대해 조사해 보고, 그 특징에 대해 생각해 보시오.
2. 한국에서 예산제도의 투명성을 확보하기 위해 도입된 제도에 대해 조사해 보고, 그 성과에 대해 생각해 보시오.
3. 한국에서 재정건전성을 높이고자 도입된 제도에 대해 조사해 보고, 그 성과에 대해 생각해 보시오.

■ 한국 행정과 예산 과정

1. 한국의 예산제도와 운용상 새로운 제도들이 도입되었는데, 이 중 국가재정 운용계획의 특징과 성과에 대해 생각해 보시오.
2. 한국의 예산제도와 운용상 새롭게 도입된 총액배분·자율편성예산제도의 성과에 대해 생각해 보시오.

■ 한국 행정과 예산제도

1. 한국에 도입된 예산제도의 종류와 그 정착 과정에 대해 조사해서 비교해 보시오.
2. 성과 위주로 재정을 운용하기 위해 도입된 재성성과관리제도의 효과성에 대해 조사해 보시오.
3. 주요 예산제도의 특성을 비교해 보시오.

제 5 편

한국 행정과 정책

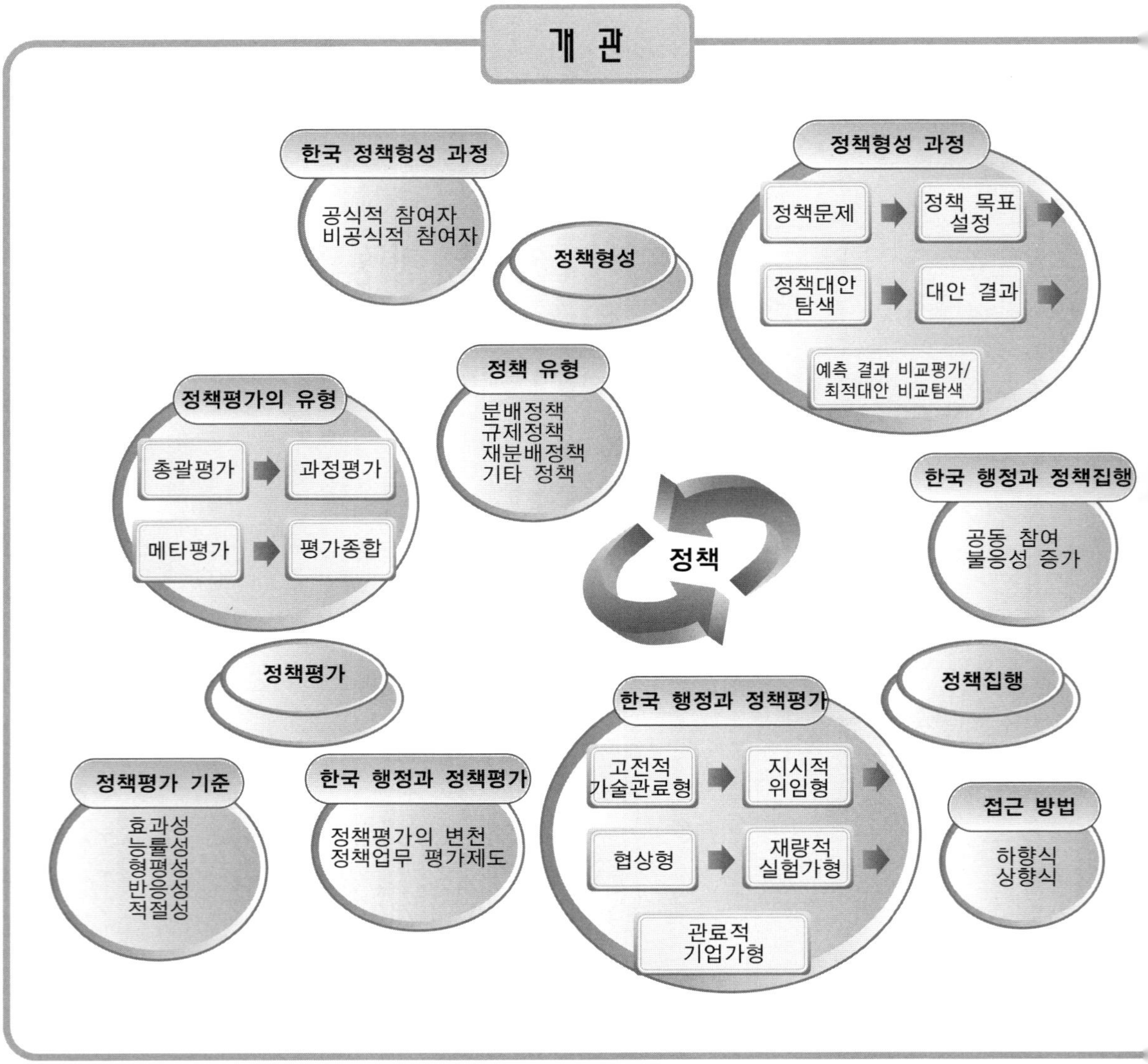
개 관
한국 정책형성 과정
공식적 참여자
비공식적 참여자
정책형성
정책형성 과정
정책문제
정책 목표 설정
정책대안 탐색
대안 결과
예측 결과 비교평가/
최적대안 비교탐색
정책 유형
분배정책
규제정책
재분배정책
기타 정책
정책평가의 유형
총괄평가
과정평가
메타평가
평가종합
정책
한국 행정과 정책집행
공동 참여
불응성 증가
정책평가
정책집행
한국 행정과 정책평가
고전적 가술관료형
지시적 위임형
협상형
재량적 실험가형
관료적 기업가형
정책평가 기준
효과성
능률성
형평성
반응성
적절성
한국 행정과 정책평가
정책평가의 변천
정책업무 평가제도
접근 방법
하향식
상향식

제 5 편 한국 행정과 정책

제 1 장 한국 행정과 정책형성

일반적으로 정책이란 행정이 추구하는 가치나 목표를 달성하기 위해 권위있는 정부기관이 결정한 기본 방침이다(정정길, 2002). 다시 말해, 정책은 조직, 인력, 예산 등과 같은 관리 수단을 통해 미래 지향적인 목표를 설정하는 행위라고 할 수 있다.

그렇지만 정책이 정책 목표와 수단을 충족했다고 해서 자동적으로 바람직한 정책으로 산출되는 것은 아니다. 그것은 정책 자체가 다양한 참여자와 이해관계자들 간의 협상과 타협에 의해 산출되는 정치적 산물로도 보아야 하기 때문이다.[1)]

바람직한 정책 목표를 달성하기 위해서는 정책형성 과정의 합리성이 높아야 하고, 정책집행 과정에서는 갈등을 최소화하는 한편 순응성을 높여야 한다. 그리고 정책평가 과정에서는 정책 대상집단의 만족감을 충족시켜 줄 수 있어야 한다. 이런 관점에서 보자면 바람직한 정책 과정의 첫 단추는 정책형성의 합리성을 높이는 길이라고 할 수 있다.

---

1) 정책 과정을 둘러싼 환경과 참여자에 대한 논의는 제2편 한국 행정과 환경에서 개괄적으로 다뤘기 때문에 여기서 구체적인 논의는 생략한다.

제 1 절 행정과 정책

정책 과정의 맥락 속에서 살펴보아야 할 요소는 대단히 많다. 그렇지만 그 가운데서도 정책 목표와 정책 유형에 대한 고찰은 무엇보다 중요하다. 그 이유는 정책 목표는 정책이 지향하는 바를 의미하기에, 그리고 정책 유형은 정책 목표의 궁극적 성격이나 정책 산출로 나타난 정책의 성격을 밝힐 수 있다는 점에서 의미가 있다. 따라서 이 두 요소는 정책 과정에서 정책의 방향과 성격, 그리고 정책 성과를 결정짓는다는 점에서 중요하다.

1 정책 목표

정책 목표는 정책이 지향하고자 하는 방향을 의미한다. 정책에서 정책 목표가 중요한 이유는 정책 목표가 다음과 같은 기능을 수행하고 있기 때문이다(박동서, 1984: 105).

첫째, 정책 목표는 정책 과정에 대한 지침(guideline framework)이다. 이는 목표가 정확해야만 집행이나 수행이 가능하기 때문이다.

둘째, 정책 목표는 행정활동이나 존립에 정당성(legitimacy)의 근거가 된다. 정책 목표는 행정 체제가 생존하는 데 중요한 정당성을 제공해 준다는 데 의미가 있다. 다시 말해, 행정 체제가 언명한 정책 목표를 달성하면 체제의 정당성은 유지되나, 목표를 달성하지 못했을 경우에는 체제 위기가 도래할 수 있다는 점에서 정책 목표의 중요성이 있다.

셋째, 정책 목표는 성과(performance) 측정의 기준이 된다. 정책평가 과정에서 정책 목표를 초과했는지 아니면 미달했는지를 평가하는 데 정책 목표는 중요한 성과 측정의 요소다.

정책 목표가 갖는 기능과 함께 정책 목표가 지녀야 할 요건으로는 합법성, 명확성, 합리성이 있다(이철규, 2007: 84-87).

첫째, 정책 목표는 합법적이어야 한다. 이는 법률에 의한 행정의 원칙상 당연한 귀결이기는 하다. 그러나 행정에서 어느 것이 합법적인 목표인지가 항상 분명한 것은 아니라는 데 문제가 있다. 그것은 불법적인 목표도 때로는 합법성을 가장하고 있기 때문이다. 예컨대 법원을 상대로 무효나 취소를 구하는 소송이 잇따르고 헌법재판소를 상대로 헌법소원이 이어지는 것을 보면, 정책의 합법성 여부를 가리는 작업이 쉽지 않음을 알 수 있다.

둘째, 정책 목표는 명료해야 한다. 목표가 명료하지 않으면 정책 과정상 갈등을 유발하고 정책의 효과성이 저하된다는 점에서 그렇다.

셋째, 정책 목표는 합리적이어야 한다. 이때 합리적이라는 의미는 사회 통념을 받아들일 수 있는 목표를 의미한다.

정책 목표는 이처럼 정책 과정 전반에 걸쳐 중요한 기능을 수행한다. 그러나 모든 조직 목표가 그러하듯 정책 목표 또한 처음부터 끝까지 유지되면 문제가 없으나, 환경이나 여건의 변화로 수정을 요하게 된다. 정책 목표가 수정되는 것은 체제가 끊임없이 환경과의 교호작용을 하는 한 부득이한 현상이라고 볼 수 있다. 따라서 정책 목표의 변동을 부정적으로만 볼 필요는 없다. 오히려 개방 체제를 지향하는 행정 체제의 경우 환경의 변화에 정책 목표가 탄력적으로 운용되는 것도 중요한 측면으로 보아야 한다. 이러한 정책 변동에는 여러 유형이 있으나 그 중 몇 가지만을 살펴보면 이러하다.

첫째, 정책 목표의 전환(displacement)이다. 이는 당초 목표보다 수단적 가치를 더 중시하는 경우다. 다시 말해, 본래 설정한 일차적인 목표, 즉 종국적 가치를 2차적인 수단적 가치로 대체하는 것을 의미한다. 행정에서 합법성을 지켜야 한다는 것 때문에 비현실적인 여비 규정을 고수함으로써 출장의 목표를 달성하지 못하는 것이 단적인 예다.

둘째, 정책 목표의 승계(succession)다. 이는 하나의 목표가 완성되거나 완성되지 못할 것이 분명한 경우 새로운 목표를 발굴해내는 것이다. 조직의 생존 시나리오상 항상 발생 가능성이 높은 경우라고 볼 수 있다.

셋째, 정책 목표의 중복(overlapping)이다. 이는 하나의 정책 목표가 두 군데 이상에서 추진되는 경우다. 예컨대 인기 없는 정책은 누구도 하려 하지 않지만, 인기 있는 정책은 너도 나도 하려 한다. 이 경우 동일한 정책 목표가 여러 부처에서 이뤄지게 된다.

2 정책 유형

정책 과정에서 정책 유형이 갖는 의미는 중요하다. 이는 정책의 성격을 이해하는 데도 중요할 뿐만 아니라, 정책 과정에서 사용되는 정책 수단의 차이를 가져오기 때문이다. 특히 정책 유형에 따라 이해관계자들이 달라지게 되면, 정책집단의 행위 유형도 달라질 수 있다는 점에서 더욱 그러하다. 정책 유형도 학자마다 분류 기준마다 매우 다양하다.

여기서는 정책의 성격에 기초해서 가장 많이 활용되고 있는 로위(Lowi, 1972: 298-310)의 분류 기준을 중심으로 하되, 유용한 다른 정책 유형을 추가적으로 살펴보고자 한다.

1) 분배정책

분배정책(distributive policy)은 다수의 국민에게 재화와 서비스를 제공하기 위해 배분하는 정책을 의미한다. 정부가 수행하는 정책 가운데 가장 일반적인 정책 유형이다. 예컨대 가장 보편적이고 일반적인 것으로는 국방이나 교육, 그리고 사회간접시설 등과 같은 정책이 이에 속한다. 분배정책의 일반적 특징은 이러하다.

첫째, 민간 부문 등에 대한 지원 형태가 현금이나 현물 또는 권리 등에 이르기까지 매우 다양하게 이뤄진다.

둘째, 일반적으로 개인이나 집단의 급부에 대한 반대급부로 이뤄진다.

셋째, 정책 결정 단계에서는 정책 수혜자들이 경쟁 관계에 있지 않으나, 정책집행 단계에서는 경쟁 관계에 위치한다는 특성을 갖고 있다(Ripley & Franklin, 1982: 69-76).

분배정책에 따른 혜택은 대체적으로 전체 국민을 대상으로 하는 경우가 일반적이다. 그러나 사회간접시설과 같이 특정 지역에 직접적인 편익이 돌아가는 경우도 많다. 이런 경우 정책 대상집단(policy target group)은 분배정책을 둘러싼 정책 결정 과정에서 더 많은 편익을 배분받으려고 다투게 되는데, 이 과정에서 심각한 정책 갈등이 야기되기도 한다.

2) 규제정책

규제정책(regulative policy)은 공익적 차원에서 개인이나 기업의 특정한 권리행사를 제약하는 정책이다. 예컨대 환경오염과 관련된 규제, 독과점 규제, 공공요금 규제, 기업활동에 대한 규제 등이 그것이다. 규제정책은 정책에서 가장 많은 영역을 차지하고 있고, 관련 집단들 사이에 갈등이 가장 많이 나타나기도 한다.

특히 규제정책은 국민의 권익을 제한하는 내용을 담고 있고, 국가 공권력을 통해 국민의 순응성을 확보해야 하기 때문에 행정권의 남용 가능성이 농후하다. 따라서 자의성을 막기 위해 법에 의해 엄격하게 규정하고 엄정하게 집행하는 것이 대단히 중요하다(Ripley & Franklin, 1982: 69－76).[2)]

3) 재분배정책

재분배정책(redistributive policy)은 정부가 부(富)나 재산, 소득, 권리 기타 여러 가치를 사회 내의 개인이나 집단 간에 재분배하는 정책을 의미한다. 다시 말해, 많이 소유하고 있는 집단에서 그렇지 못한 집단으로 이전시키는 정책이다. 재분배정책은 분배정책과 달리 비용의 부담 주체는 고소득층이고, 수혜 대상은 저소득층으로 구분된다.

이는 고소득층의 일부 소득을 저소득층에게 이전시키는 것으로, 누진소득세를 통해 재원을 확보하고 이를 영세민의 소득 보전을 위한 정책에 재분배하는 것이다. 예컨대 누진소득세는 부자로부터 세금을 많이 거둬 가난한 사람들에게 혜택이 가도록 하는 재분배정책의 일종이다. 영세민 취로사업이나 임대주택의 건설, 세액 공제나 감면 등의 정책이 여기에 속한다.

재배분정책의 특징은 시장기구가 원활하게 작용할 수 있게 하고, 저소득층의

---

2) 규제정책은 성격에 따라 다시 세 유형으로 분류할 수 있다. 첫째는 경쟁적 규제정책이다. 이는 통상적으로 분배정책과 보호적 규제정책의 혼합형이라고 볼 수 있다. 둘째는 보호적 규제정책이다. 이의 특징은 정책의 형성 단계에서는 규제의 신설이나 강화를 주장하는 개인이나 집단과 피규제 산업은 적대 관계에 위치하게 되며, 집행 단계에서는 규제기관과 투쟁하거나 자신의 편으로 끌어들이도록 노력한다. 대표적으로 최저임금제 등을 들 수 있다. 셋째는 자율정책이다. 이는 어떤 집단이나 활동에 통제를 가한다는 점에서, 규제정책이나 규제를 받는 집단이 자기 이익의 보호나 증진을 위해 스스로 그 정책을 지지한다는 점이다. 예컨대 농업조합이 농산물 가격통제를 지지한다든지 생산을 통제하는 것을 예로 들 수 있다.

요구를 정치경제 체제가 충족시켜 줄 수 있게 한다는 데 있다. 특히 저소득층을 시장기구에 적응시키고 저소득층의 고통을 덜어 주기 위한 것이라는 데 의미가 있다(Lampman, 1971: 8–12). 다만, 이 정책은 특정 집단의 희생 위에 다른 집단에 가치를 이전하는 것이므로, 이념적인 차원에서 불 때 무엇보다도 갈등이 발생할 개연성이 높다.

4) 기타 정책

정책 유형은 이 밖에도 다양한데, 몇 가지만 추가적으로 살펴보면 이러하다.

토론 이슈 포퓰리즘에 기반한 재분배정책은 좌파의 영향

정부가 대기업과 중소기업 간의 상생 협력 등을 강조하고 있는 가운데 대중영합주의, 즉 포퓰리즘에 기반한 재분배정책은 좌파의 영향력에서 비롯된 것이라고 비판한 보고서가 전경련 부설 한국경제연구원(한경연)에서 나왔습니다.

한경연은 「대중영합주의의 경제정책에 대한 영향 분석」이라는 제목의 보고서에서 "대중영합적 재분배정책 채택은 좌파 이념의 영향력 때문"이라고 밝혔습니다.

보고서는 한국 사회에서는 김대중 정부 때 노사정위원회, 종업원지주제 강화 등을 통해 대중영합적 재분배정책이 나타났고, 전교조와 민주노총의 합법화를 통해 사회주의 이념 전파에 용이한 제도적 환경이 조성됐다고 밝혔습니다.

이 보고서는 시장 친화적 정책을 내세운 이명박 정부가 최근 대중영합적인 친서민 정책을 채택한 원인을 분석할 필요가 있다고 하면서 "김대중, 노무현 정부를 거치면서 우리 사회에 좌파적 대중영합주의의 영향력이 높아졌고 보편적 복지를 지향하는 재분배정책의 확대는 한국 경제를 저성장의 늪에 빠뜨리는 치명타가 될 수 있다"고 주장했습니다.

[연합, 2010년 8월 18일자에서 발췌]

이슈 제기

1. 재배분정책의 의미에 대해 토론해 보고, 다른 정책 유형과 비교해 보시오.
2. 재배분정책이 사례에서 보듯이 계층 간의 갈등을 유발할 개연성이 있는 이유에 대해 토론해 보시오.
3. 사례에서 보듯이 재배분정책을 시행할 때 갈등을 최소화할 대안에 대해 토론해 보시오.
4. 한국 행정에서 시도되고 있는 재분배정책의 사례를 조사해 보고, 그의 순기능과 역기능에 대해 조사해 보시오.

첫째, 구성정책이다. 이는 정부기관의 신설이나 변경 또는 선거구의 조정 등과 같이, 정치 체제의 구조와 운영에 관련된 정책이라고 할 수 있다.

둘째, 추출정책(extractive policy)이다. 이는 국가의 정책 목표에 따라 일반 국민에게 인적・물적 자원을 부담시키는 정책이다. 예컨대 조세, 병역, 노역 등과 같은 것을 추출하는 정책이 그것이다.

셋째, 상징정책(symbolic policy)이다. 국민 전체의 자긍심을 높이기 위한 정책이 대체로 이에 포함된다. 통상 상징정책은 정부의 정통성에 대한 인식을 제고하고, 정부정책에 대한 순응을 확보해 정부의 정책활동을 원활하게 하기 위해 활용된다.

넷째, 자본축적정책(capitalization policy)이다. 이는 생산력을 향상시키기 위한 정책의 한 유형으로서, 분배정책에 포함될 수도 있다. 그렇지만 이를 구분하는 것은 자본축적정책이 복지사업과 같이 소비적 분배가 주된 특징을 이루고 있는 분배정책과 달리, 주로 생산력을 향상시키는 성격을 지니고 있기 때문이다. 예컨대 특정 산업 육성을 위한 조세 혜택이나 특정 도시의 공공사업을 지원하기 위한 저리대부 등이 이에 속한다(Frohock, 1979: 11－15; 박성복・이종렬, 2005: 146－152).

제 2 절 한국 행정과 정책형성

정책형성(policy formulation)이란 정책을 만들어내는 과정을 의미한다. 그런데 정책을 만드는 과정이 반드시 과학적인 분석만으로 이뤄지지는 않는다. 그 이유는 정책이 본질적으로 정치적 속성을 띠고 있기 때문이다. 그래서 정책이 형성되는 과정은 다수의 이해관계자가 서로 자신들의 이해관계를 반영하기 위해 각축하는 장이 되기도 한다. 그에 따라 가장 효율적인 대안보다는 때로는 정치적으로 수용 가능한 대안이 정책으로 입안되는 경향이 있다는 것을 의미한다.

일반적으로 정책이 만들어지는 과정은 정책문제와 욕구의 파악 → 정책 목표의 설정 → 정책대안의 수립과 분석 → 최적 대안의 선택이라는 네 단계를 거치면서 이뤄진다. 이와 같이 정책 결정이 이뤄지는 과정을 과학적・합리적 측면에서 살펴보면 이러하다.

1 행정과 정책형성

1) 정책 결정이 이뤄지는 과정

정책의제로 선정된 문제는 해결 대안을 찾기 위한 단계로 들어가게 되는데 이 과정을 정책 결정 과정이라고 한다. 따라서 정책 결정 과정은 본격적으로 정책 목표와 수단을 설정하는 과정으로서, 향후 정책 과정과 정책의 산출물에 지대한 영향을 행사한다. 따라서 합리적인 정책 결정은 정책 과정 전반에서 가장 중요한 부분이기도 하다.

일반적으로 합리적인 정책 결정이 이뤄지는 과정은 문제의 인지와 정의, 이를 바탕으로 한 정책 목표의 설정, 정책 목표를 달성하기 위한 정책대안의 탐색, 정책대안의 결과 예측, 예측된 결과에 대한 비교와 평가, 최적 대안의 선택 등의 순으로 진행된다.

(1) 정책문제의 인지와 정의

합리적인 정책 결정을 위한 첫 단계는 정책문제에 대한 정확한 인지와 그에 대한 정의를 시도하는 데서 출발한다. 이때 문제라는 것은 어떤 사항에 대해 관련있는 사람들로 하여금 해결의 필요성을 느끼게 하는 것을 의미한다. 특히 문제 중에서 많은 사람과 관련되어 있는 것이 공공문제이고, 그런 것들 중에 정부에 의해 정책적으로 해결해야 한다고 여겨지는 것이 정책문제라고 할 수 있다.

정책문제에 대한 인식은 문제 해결의 대안 개발이나 선택은 물론이고, 집행 단계까지 영향을 미치는 중요한 요소다. 처음 문제를 잘못 판단하면 아무리 좋은 대안을 잘 집행하더라도 문제는 고쳐지지 않은 채, 오히려 자원만 낭비하는 결과를 가져올 수 있기 때문이다. 따라서 문제를 정확히 인식하는 것은 좋은 정책을 만드는 데 중요한 선결 조건이 된다.

그런데 정책문제는 통상 단순하지 않고 매우 복잡한 성격으로 이뤄져 있다. 예컨대 정책문제는 대체적으로 공공성이 강하다든지, 주관적이고 복잡성이 높다든지, 상호의존적이고 동태적 성격을 강하게 띠고 있다는 것이 그것이다. 이로 인해 정책문제에 대한 인식 과정은 대단히 주관성을 띨 확률이 높다.

정책문제에 대한 인지 과정이 이뤄지고 나면 정책문제에 대한 정의가 이뤄져야 한다. 다시 말해, 인지 과정이 해결의 필요성이 있느냐를 판단하는 과정이라면, 정의 과정은 무엇이 문제인가를 밝히는 과정이라고 할 수 있다. 따라서 정책문제를 정확하게 정의하기 위해서는 무엇보다도 관련 요소를 정확히 파악해야 한다. 그리고 이해당사자 간의 대립하는 가치들에 대한 판단을 통해, 관련 요소 간의 정확한 인과관계와 이에 함축되어 있는 역사적 맥락을 정확하게 고찰해야만 한다.

(2) 정책 목표의 설정

정책문제에 대한 인지와 정의 과정이 이뤄지고 나면, 이를 해결하기 위한 바람직한 정책 목표를 설정하는 과정으로 진입하게 된다. 이때 정책 목표는 미래에 도달하고자 하는 바람직한 상태를 의미하므로, 당연히 정책 목표는 미래 지향적인 성격을 가지게 된다. 또한 무엇이 바람직한 상태인가를 판단하는 가치판단에 의존하기 때문에 주관적이며 타당성과 규범성을 가지고 있다. 이 같은 정책 목표는 두 가지 기준을 고려해 설정하는데 통상 적합성과 적절성을 통해 판단한다.[3)]

그런데 정책 목표를 구체화하는 과정에서 다음과 같은 문제가 발생할 개연성이 생겨나게 된다. 일반적으로 정책 목표가 구체화되면 될수록 결정 기준의 설정은 쉬워지기 마련이다. 하지만 정책 목표는 단수가 아니라 다수이며, 이들 목표 간에 불일치가 발생할 가능성이 높다. 특히 개별 목표와 이해당사자의 이해가 결합할 때, 목표의 충돌은 바로 이해집단 간 갈등을 의미하기도 한다.

따라서 현실에서는 목표나 결정 기준을 앞 단계인 문제 인식이나 다음 단계인 정책대안 개발과 독립적이고 순차적으로만 이해하지 않는다. 오히려 대안 개발이나 분석이 이뤄지면서 다시 목표나 결정 기준을 거꾸로 정교화하는 등, 각 단계를 순차적이면서 중복적이고 동시에 진행시키는 경우가 많다.

(3) 정책대안의 탐색

정책 목표를 설정한 후에는 이를 제대로 달성할 것으로 예상되는 정책 수단을

---

3) 정책 목표의 적합성이란 달성할 가치가 있는 여러 가지 목표 중에서 가장 바람직한 것을 목표로 채택했는가 하는 것을 의미하는 것으로서, 결국 정책문제의 여러 가지 요소 중에서 가장 중요한 문제 요소를 선택했는지의 여부를 의미한다. 정책문제의 적절성은 정책 목표의 달성 수준과 관련된 것으로서 목표의 수준이 지나치게 높거나 낮지 않고 적당한 수준인지의 여부를 의미한다.

개발하고 탐색하는 작업이 필요하다. 이를 정책대안의 탐색이라고 한다. 여기에서 정책대안이란 정책 목표와 정책 수단을 포함하는 개념이다. 즉, 정책 목표를 설정하고 이를 달성하기 위한 정책 수단을 탐색할 때, 서로 다른 정책 수단을 채택하게 되면 이에 따라 정책 목표의 내용도 조금씩 변화하게 된다.

이와 같이 서로 다른 정책 목표와 정책 수단의 배합을 각각의 정책대안이라고 부른다.4) 정책대안에는 현존의 정책을 유지하는 것도 포함되지만, 바람직한 상태로의 변화를 추구한다면 새로운 대안을 찾아야 하기 때문에 정책 결정의 그 어느 단계보다도 창의적이고 혁신적인 사고를 요구한다.

(4) 정책대안의 결과 예측

정책대안이 집행되거나 실현되었을 경우 나타날 결과를 미리 예상해 보는 것을 정책대안의 결과 예측이라고 한다. 합리적 결정에서는 정책 수단 중에서 어느 것이 최선인지를 알아내는 것이 가장 중요하다. 이를 위해서는 개발·탐색된 정책 수단이 집행될 경우 어떠한 결과가 나타나게 될 것인지를 예측하는 것이 필요하다.

예측작업은 합리적·분석적 정책 결정에서 가장 어려운 단계다. 동시에 정책분석이 정책결정자에게 가장 큰 도움을 줄 수 있는 부분이기도 하다. 이와 같은 정책대안에 대한 결과를 예측하는 방법에는 다음과 같은 것이 있다.

첫째, 주관적 판단에 의한 예측 방법이다. 이에 속하는 구체적인 예측기법에는 개인적인 판단이나 델파이, 패널 토의, 자유 토론, 유추, 비계량적 시나리오 작성 등이 있다.

둘째, 기존 자료를 통해 일정한 경향을 파악함으로써 미래를 예측하는 통계적 방법으로 시계열 자료에 의한 예측 방법이 있다. 시계열 예측에서는 자료의 충분성이 우선적으로 필요하고 아울러 그 자료가 어떤 경향성을 띠고 있어야 바람직하다. 여기서 경향성은 자료가 순환, 증가, 감소, S자의 성장곡선 형태를 보임을 말한다.

셋째, 인과관계를 통한 예측 방법이 있다. 이는 예측 대상 분야와 관련이 있는

4) 정책대안의 원천으로는 다음을 고려해 볼 수 있다. 첫째, 과거의 정책 사례나 선례를 통해 정책대안을 마련하는 데 참조하는 방법이다. 둘째, 다른 나라의 정책 경험도 중요한 정책대안의 원천이 된다. 셋째, 우리가 이미 알고 있는 지식, 이론, 기술 등을 바탕으로 모형을 설정하고 이를 통해 정책대안을 도출하는 방법이다. 넷째, 전혀 경험이나 지식이 없는 경우에는 브레인스토밍(brainstorming)이나 정책 델파이(policy delphi) 같은 주관적 또는 직관적인 방법을 사용하는 것이다.

변수를 알고 이들 사이의 관계를 안다고 할 때 이를 토대로 미래를 예측하는 방법이다. 이들 인과관계는 비교적 정교한 수학적인 모형일 경우도 있지만 때로는 비계량적인 이론일 경우도 있다. 이에 속하는 예측기법에는 회귀모형, 투입-산출 분석, 상호영향 분석, PERT, CPM, 계량적 시나리오 작성, 경로분석 등이 있다.

(5) 예측 결과의 비교평가와 최적 대안의 선택

탐색된 정책대안이 어떠한 결과를 가져올 것인지를 예측한 다음에는 이 결과를 일정한 기준에 따라 비교 평가해 최선의 대안을 선택하는 작업을 해야 한다. 정책결정 과정에서 마지막에 속하는 이 단계에서는 소망성(desirability)과 실현 가능성(feasibility) 등의 평가 기준이 활용된다. 정책대안의 비교 기준은 정책평가의 기준으로도 사용된다.

정책대안의 비교 평가 기준은 정책이 집행되기 전에 탐색된 여러 대안이, 만일 집행되었을 경우에 어떤 결과를 가져올 것인가를 예측해 이를 비교 평가하는 기준을 말하는 것이다. 따라서 이는 채택된 정책이 집행되고 난 이후, 실제로 나타난 결과를 평가할 때 사용하는 정책평가 기준과 논리적으로 동일하다.

그런데 이 과정에서 활용되는 소망성과 실현 가능성의 경우, 문제는 이들 기준이 평가하고자 하는 사람에 따라 강조되는 부분이 달라질 수 있다는 점이다. 다시 말해, 기준에 따른 구분이 명료치 않다는 점에 있다.

예컨대 정책대안의 소망스러움을 평가하는 데 사용되는 소망성 기준은 사람에 따라 그리고 강조하는 바가 무엇이냐에 따라 다양할 수 있다. 넓게는 정책윤리에 입각해 평가해 볼 수 있으며, 또한 구체적인 지표에 의해 평가해 볼 수도 있다. 이러한 기준은 대개가 명확히 구분되는 것은 아니며 상호관련성이 있다(Nakamura & Smallwood, 1980: 146-151).[5)]

---

5) 평가 기준으로서 소망성에서 중요하다고 생각되는 기준으로는 다음을 살펴볼 수 있다. 첫째, 노력을 들 수 있다. 이는 결과를 고려하지 않고 투자될 질적·양적 투입이나 에너지를 의미한다. 앞으로 무엇을 하려고 하며, 얼마나 그 일을 잘 수행할 수 있는가에 관한 대답을 얻기 위한 평가다. 둘째, 능률성과 효과성이다. 능률성은 비용과 관련시켜 본 대안에 대한 평가로서 투입과 산출의 비율을 의미한다. 효과성이 목표 성취에 초점을 두는 반면에 여기서는 수단 극대화를 강조한다. 셋째, 형평성이다. 능률성과 효과성에서는 비용과 편익이 사회 전체적으로 어느 정도 발생하는가를 측정하지만, 형평성은 정책 효과나 정책비용이 누구에게 돌아가는가 하는 문제를 고려하는 기준이다. 넷째, 대응성이다. 이는 조직 외부집단의 만족도와 관련시켜 효과성을 평가하는 기

이와 함께 또 다른 평가 기준인 정책대안의 실현 가능성은 그것이 정책으로 채택되고 내용이 충실히 집행될 가능성을 의미한다. 그래서 정책으로서의 채택 가능성과 채택된 후의 집행 가능성이 그 내용이 된다.6)

끝으로 중요한 정책대안이 탐색·검토되고 이들이 집행되었을 경우에 나타날 것으로 예상되는 결과가 예측되고, 이들을 비교 평가할 수 있는 기준까지 검토되고 나면, 최선의 정책대안의 선택은 다음과 같은 간단한 논리에 따라 진행된다. 먼저 정책대안의 실현 가능성을 검토해 실현 불가능한 대안들을 제외시킨다. 그 다음 단계로 실현 가능한 대안 중에서, 소망성 기준에 비춰 가장 바람직한 대안을 선택하는 것으로 과정이 이뤄진다.

그런데 이 과정에서 다양한 이해당사자의 불만을 잠재우기 위해, 구체적인 내용을 대안에 담지 않고 모호한 상태로 대안을 결정하는 경우가 있다. 일단 선택까지의 단계에서 문제 소지를 없애자는 것이다, 하지만 이러한 방식은 문제의 증상이 나타날 시점을 정책집행 단계로 점시 미룬 것이지 문제를 해결한 것은 아니다. 오히려 집행 과정에서 문제가 되는 경우, 그동안의 매몰비용 때문에 결정을 더욱 어렵게 만든다.

정책 결정은 시간이 걸리더라도 이해당사자의 의견을 충분히 수렴하고 타협하고 조정하는 자세가 졸속한 결정보다 민주적일 뿐만 아니라 경제적일 수 있음을 인식해야 한다.

한편 정책대안의 선택으로 정책 결정이 종결된 것은 아니다. 정책 결정은 다음 정책집행과 연결되는 연속 과정으로 집행이 실제 이뤄지기까지의 모든 준비 과정을 포함한다. 따라서 선택은 내부적인 행사가 아니라 정책 대상집단에 대한 지지를

준이다.

6) 정책대안의 실현 가능성으로는 다음과 같은 것을 고려해 볼 수 있다. 첫째, 기술적 실현 가능성으로 정책대안이 현재 이용 가능한 기술로서 실현이 가능한 정도를 말한다. 둘째, 재정적 실현 가능성으로 정책대안이 실현되는 데 소요되는 비용을 현재의 재정적 수준 또는 이용 가능한 자원으로 부담할 수 있는 정도를 의미한다. 셋째, 행정적 실현 가능성으로 정책대안의 집행을 위해 필요한 행정조직, 인력 등의 이용 가능성을 의미한다. 넷째, 법적·윤리적 실현 가능성이다. 법적 실현 가능성은 정책대안이 다른 법률의 내용과 모순되지 않을 가능성을 의미하며, 윤리적 실현 가능성은 정책의 실현이 도덕적·윤리적 제약을 받지 않을 가능성을 의미한다. 끝으로 정치적 실현 가능성으로 정치 체제에 의해 정책 결정 과정에서 정책으로 채택되고 이것이 집행될 가능성을 의미한다.

얻는 과정이며, 선택한 정책의 내용을 홍보하고 순응을 확보하는 노력을 동반한다.

특히 정책을 집행하기 위해서는 담당 부처의 세부 시행지침이 정비되어야 하고, 인적·물적 자원이 확보되어야 한다. 이러한 후속 조치가 따를 때 정책의 정당성이 강화되고 궁극적으로 정책의 성과를 기대할 수 있다(유민봉, 2006: 229－237; 이종수·윤영진 외, 2008).

2) 정책 결정을 위한 다양한 모형

이상으로 정책 결정이 이뤄지는 과정을 살펴보았다. 다시 말해, 정책이 결정되는 과정은 합리적·분석적 관점에서 보자면 이와 같이 이뤄진다는 것이다. 이렇게 이뤄지는 결정모형을 합리모형(rational model)이라고 부르기도 한다.

그런데 문제는 실제 정책 결정 과정에서는 정책 결정이 이렇게 이뤄지는 경우가 많지 않다는 데 있다. 그것은 재원의 희소성과 인간의 능력 한계에도 문제가 있겠지만, 기본적으로 정책 결정 과정이라는 것이 대단히 정치성이 농후하고 이해관계자의 이익들이 첨예하게 대립하고 있어 합리모형으로 정책을 결정하는 것이 용이하지 않다.[7] 이에 따라 합리모형이 갖는 한계를 극복하기 위한 다양한 정책 결정을 위한 모형이 개발되었다. 여기서는 이러한 대안모형을 중심으로 이들의 특성을 간략하게 살펴보면 이러하다.

(1) 만족모형

만족모형(Satisfying model)은 합리모형이 안고 있는 한계를 보완하기 위해 사이먼(Herbert A. Simon)에 의해 제안된 모형이다. 의사 결정 과정에서 가장 문제가 되는 부분은 사실판단상의 어려움 때문인데, 이로 인해 합리성이 제약을 받고 있다는 것이다. 따라서 의사 결정은 차라리 제한된 합리성(bounded rationality) 하에서 이뤄지는 것이 오히려 보편적이라는 입장을 견지하는 것이 만족모형이다(Simon, 1947).

7) 합리모형에 대한 비판은 무수히 많다. 그 가운데서도 가장 특징적인 한계는 불가능한 일을 정책결정자에게 강요함으로써 바람직한 의사 결정에 도움을 주지 못하고 있다는 비판이다. 즉, 인간의 부족한 능력을 전제로 해서 불확실한 상황을 극복할 수 있는 방법은 알려 주지 않고, 모든 대안을 탐색하고 모든 결과를 예측하게 함으로써 엄청난 분석비용과 시간만을 낭비하게 하고 있다는 것이다.

만족모형의 특징은 사실주의를 추구하는 심리학과 조직이론에 기반을 두고 있다는 데 있다. 실제로 정책결정자는 자신들이 만족하는 대안 이상의 것을 추구하기 위해 노력하지 않으며, 만족할 만한 질이 정책을 결정하는 데 중요한 기준이 된다는 것이다. 따라서 만족할 만한 질의 변화야말로 정책 결정을 개선시키는 주요 수단이라고 할 수 있다.

만족모형도 합리모형과 마찬가지로 한계를 갖고 있는데 첫째, 만족할 만한 질을 주어진 것으로 간주하고 있다는 점과 둘째, 만족의 질을 형성하는 변수가 무엇이며 이들 변수가 어느 정도까지 의식적으로 통제될 수 있는가에 대해 대답을 내놓지 못하고 있다는 점이 가장 큰 문제다.

(2) 점증모형

점증모형(incremental model)은 린드블롬(Charles E. Lindblom)과 윌다브스키(Aaron B. Wildavsky) 등에 의해 제시된 모형이다. 점증모형은 상황의 불확실성과 인간 능력의 부족을 전제로, 실행 가능하면서도 합리모형이 해결하지 못하는 약점을 극복하기 위한 전략으로 등장했다. 점증모형의 특징은 현존의 정책에서 소폭적인 변화만을 대안으로 고려해 정책을 결정하고, 시간이 흐름에 따라 환류되는 정보를 보아 잘못된 점이 있으면 수정·보완하는 방식으로 연속적인 정책 결정을 하자는 데 있다(Lindblom, 1959: 517－518).

점증모형은 합리모형에 대한 비판을 통해 좀 더 현실성 있는 정책 결정을 수립하는 기초가 되었다는 점에서 높이 평가받고 있다. 하지만 과거의 정책이 바람직한 것이 아니거나, 급격한 사회 변동의 결과 새로운 정책의 토대가 될 과거의 정책을 발견할 수 없을 경우에는 실효성을 상실하게 된다는 데 문제가 있다. 이런 측면에서 점증모형이 다분히 보수주의적이라고 비판받는 근거가 이에 있다(Dror, 1964: 154－155).

(3) 혼합주사모형

혼합주사모형(mixed scanning model)은 에치오니(Amitai Etzioni)가 제시한 것으로 합리모형과 점증모형을 혼합시켰다는 데 그 특색이 있다. 혼합주사모형은 합리모형과 점증모형의 두 요소를 적용시킨 이중적 접근 방법으로 볼 수 있다. 그 결과 점증모형이나 합리모형보다 더 넓은 범위의 대안과 선택을 제공하도록 고안되었을 뿐만 아니라, 근본적인 결정과 세부적인 결정을 구별할 것을 강조하고 있다는 점에서 특색이 있다.

에치오니에 따르면, 혼합모형은 결정 권한이 집중되어 있고 통제·계획 지향적인 속성을 가진 전체주의 사회 체제에 적합하며, 점증모형은 다원적이고 합의 지향적인 민주주의 사회 체제에 적합한 모형이라고 한다. 나아가 혼합주사모형은 그가 주장하는 이른바 능동적 사회(active society)가 갖춰야 할 전략이라고 강조했다(Etzioni, 1967: 385-392).

혼합주사모형은 합리모형이 지나치게 강조한 이상적 합리성을 현실화시키는 동시에, 세부적 점증모형이 갖는 보수성을 극복함으로써 장기적 전략과 단기적 변화를 동시에 이룰 수 있다는 장점을 지닌다. 그러나 혼합주사모형은 전혀 새로운 모형이 아니라, 기껏해야 기존의 것을 절충하는 데 지나지 않는다는 비판에 직면해 있기도 하다(이해영, 1997: 250).

(4) 최적모형

드로(Yehezkel Dror)는 점증모형이 타성을 조장하고 쇄신을 저해하는 정책 결정 방법이라고 비판한 바 있다. 따라서 정책 결정의 문제를 합리모형과 점증모형 중에서 하나를 선택하는 문제로 설명하는 것은 커다란 위험을 초래한다고 주장했다.

이에 드로는 현실에 적합하면서 개선을 도모하는 모형, 즉 현실주의와 이상주의를 결합시킨 모형이 절실히 요구된다고 보고 에치오니와 유사하게 합리모형과 점증모형을 종합했다. 그러나 최적모형(optimal model)이 혼합주사모형과 다른 점은 단순히 합한 혼합이 아니라, 합리성과 초합리성을 동시에 고려한 최적치 중심의 규범적 최적모형을 제시하고 있다는 점에 있다.

드로에 따르면 최적모형의 특징으로 첫째, 최적모형은 양적 모형이 아니라 질적 모형이라고 주장했다. 둘째, 초합리성의 개념을 강조했다. 정책 결정 과정의 질적 적정화를 위해서는 정책결정자의 지적 합리성만을 정책 결정의 유일한 투입 요소라 할 수는 없고, 직관·판단·창의와 같은 초합리적 요인들을 더 중요시해야 한다는 입장이다. 셋째, 최적모형은 경제적 합리성의 원칙을 강조하고 있다. 넷째, 넓은 의미의 정책 결정 단계를 크게 세 가지로 나누고, 이들을 다시 세분해 18개 국면으로 나눴다(정정길, 2000: 500).

드로의 최적모형은 이러한 특징들로 인해 가치의 존재를 중시하고, 직관 · 판단 · 창의와 같은 초합리성의 개념을 도입함으로써 합리모형을 한층 체계적으로 발전시키는 데 공헌했다고 할 수 있다. 또한 사회적 변동 상황 속에서 혁신적 정책결정이 거시적으로 정당화될 수 있는 이론적 근거를 제시해 주었다는 점도 간과할 수 없는 공헌이다.

그러나 이 역시 정책 결정에서 사회적 과정에 대한 고찰이 불충분하며, 이른바 초합리성이라는 것의 구체적인 달성 방법이 명확하지 않다는 데 있다. 특히 너무나 유토피아적인 모형이라는 비판을 받고 있으며, 여전히 합리모형의 틀 속에 있다는 약점을 함께 지닌 모형이다.

(5) 쓰레기통모형

쓰레기통모형(garbage can model)은 사회 내의 신념 체계나 가치 체계가 바뀌거나 정치 체제가 바뀌는 등의 좀 더 복잡하고 혼란한 상태, 다시 말하면 조직화된 무정부 상태나 변동 상황 속에서 조직이 어떠한 결정 형태를 보여 주는가를 설명하기 위한 집단적 의사결정모형이라 할 수 있다. 쓰레기통모형은 코엔(Michael Cohen) 등이 주장했다.

쓰레기통모형은 합리성을 극도로 제약하는 세 가지 기본 전제 조건 하에서, 결정의 네 가지 요소가 우연히 결합되면서 이뤄진다고 한다. 따라서 이 경우에 발생하는 결정에는 과거의 정책결정모형에서 볼 수 없었던 방식이 많이 있음을 지적한다. 이때 세 가지의 기본 전제 조건이라고 할 수 있는 조직화된 혼란 상태의 속성을 살펴보면 다음과 같다.[8)]

첫째, 선호의 불명확성(problematic preferences)이다. 이는 결정에 참여하는 사람들 간에 무엇을 선택하는 것이 바람직한 것인가에 합의가 없다는 점과, 참여자 중 어느 개인 한 사람을 두고 보더라도 스스로 자신이 무엇을 좋아하는지조차 모르면서 결정에 참여하는 경우가 많다.[9)]

8) 합리모형은 개인이 특정한 목적을 가지고 있고, 또 자신이 무엇을 선호하는가를 안다는 가정에서 출발한다. 그러나 실제로 결정에 참여하는 사람들은 자신이 무엇을 선호하는지 모르고 있는 경우가 많다는 것이다.

9) 예컨대 국무회의에서 각 부처와 관련 없는 안건이 논의되는 경우, 처음에는 자신의 선호를 모르고 참여하다가 합의가 진행되는 과정에서 자신의 선호를 발견하거나 형성하게 된다는 것이다.

둘째, 불명확한 기술(unclear technology)이다. 결정에 참여하는 사람이 목표를 명확히 알아도 무엇을 수단으로 선택해야 하는가를 잘 모르고 있는 경우가 많다. 이 경우 시행착오를 통해 운영되는 것이 보통이다.10)

셋째, 일시적 참여(fluid participation)다. 결정 과정에 참여하는 사람들은 계속적으로 참여하는 것이 아니라, 문제의 성질과 자신의 시간적 제약 때문에 어떤 경우에는 결정에 불참하기도 한다.

쓰레기통모형은 이 같은 전제 하에서 마치 쓰레기가 우연히 한 쓰레기통 속에 모여지듯이, 다음에 제시하는 네 가지 구성 요소가 서로 다른 시간에 통 안으로 들어와서 우연히 모여지게 될 때 결정이 이뤄진다고 보는 것이다.

첫째, 결정을 요하는 문제(problem)의 흐름이다. 일상생활에서 발견되는 무수한 사회문제가 여기에 해당한다. 이때 중요한 것은 언제부터 문제로 나타나는지, 문제 해결에 드는 자원은 어느 정도인지, 문제의 흐름이 선택 기회에 접근할 수 있는 구조는 무엇인가 등이 중요한 사항이다.

둘째, 문제의 해결책(solution)의 흐름이다. 결정을 위해서는 문제의 해결책이 있어야 하는데, 현실 사회에서는 해결책이 먼저 발견되고 이것이 오히려 해결해야 할 문제를 찾으려고 하는 경우가 있다(Newman, 1998: 187-212).

셋째, 결정의 참여자(participation)의 흐름이다. 결정을 할 수 있는 지위에 있거나 회의 같은 결정 과정에 참여하는 모든 사람을 말한다. 참여자들은 의사 결정의 모든 과정에 참여하는 것은 아니고 문제의 성격, 자신의 관심도, 시간의 제약 등에 따라 참여하기도 하고 불참하기도 한다.

넷째, 의사 결정의 기회(opportunity)다. 의사 결정의 기회란 개인의 경우에는 결정의 순간을 의미하고 집단적 결정의 경우에는 기회를 가지는 것을 의미한다. 즉, 참여자에 의해 여러 가지 문제와 해결책들이 통 속에 뒤섞이게 되는데, 이때 상호 관련되는 요소끼리 만나게 되는 상태를 말한다.

그런데 의사 결정이 이뤄지려면 네 가지 흐름이 합쳐져야 한다. 이처럼 의사 결정이 이뤄지기 위해서는 네 가지 요소의 흐름이 합쳐지는 경우는 다음과 같은 경우다. 여기에서 나타날 수 있는 유형으로는 다음과 같은 세 가지 유형이 있다.

---

10) 예컨대 잘해 보자 또는 잘살아 보자라는 목표는 분명해도, 이를 달성할 수단을 모르는 경우와 같다. 이것은 목표가 분명해도 나타날 수 있는 것으로 이미 여러 가지 모형에서 밝히고 있다.

첫째, 순수한 무정부 상태(pure anarchy)다. 이는 네 가지 요소의 흐름에 대해 인위적 규제가 가해지지 않은 순전히 우연한 때 이뤄지는 경우다. 즉, 네 가지 흐름이 서로 다른 시간의 우연적 동시성 때문에 만나게 된다.

둘째, 완전한 통제(organized control)다. 이 유형은 네 가지 흐름이 등장하면 즉시 해결되는 경우다. 다시 말해, 네 가지 구성 요소가 모두 등장한 시점이 바로 문제를 위한 결정의 시점이 된다.

셋째, 조직화된 무정부 상태(organized anarchy)다. 이런 상태는 쓰레기통모형이 가장 잘 어울리는 경우라고 할 수 있다. 조직화된 무정부 상태에서는 다음의 두 가지 결정 방법이 대표적으로 나타난다. 하나는 진빼기 작전(choice by flight)이다. 이는 해결해야 할 주된 문제와 관련된 다른 문제가 있어 결정이 이뤄지지 않을 때, 관련된 문제들이 스스로 다른 결정 기회를 찾아서 떠날 때까지 기다려 결정을 하는 것이다. 다른 하나는 날치기 작전(choice by oversight)이다. 이는 다른 문제가 제기되기 전에 중심적인 해결 문제들을 재빨리 결정해 버리는 작전이다. 예를 들면, 어떤 문제를 주장하는 참여자가 참여하기 전에 결정을 하는 것이다. 그러나 이러한 의사 결정이 기존의 조직문제를 해결한 것이라기보다는, 단지 기존의 문제가 새로운 선택의 국면을 맞았다고 볼 수 있다.

이상에서 보듯이 쓰레기통모형은 조직화된 무정부 상태를 전제로, 현실의 결정 문제를 더 적실성있게 분석했다는 점에서 의미가 있다. 또한 쓰레기통모형은 사회 내의 가치나 신념의 무정부 상태 내지 변동 상태 속에서 결정 행태를 분석해 주는 데 도움을 준다고 할 수 있다.

그러나 조직화된 무정부 상태가 모든 조직에서 나타나는 것은 아니다. 오히려 하나의 조직체에서 여러 가지 상태, 일방적인 조직의 성격, 조직화된 무정부 상태가 존재한다는 점에서 모형의 적용에는 제약이 따른다(백승기, 2010: 337－347; 박연호 외, 2010: 145－155).

2 한국 행정과 정책형성

정책형성(policy formulation)은 정책을 만들어내는 과정이라 할 수 있다. 정책을 만드는 과정은 이론적으로는 합리적 모형에 의해 이뤄진다. 그렇지만 합리적 모형이 지니고 있는 한계와 함께, 정책 결정에 참여하는 다양한 이해관계자의 선호나 가치관 등으로 인해 실제로는 다양한 결정모형이 활용된다. 이는 정책을 만드는 과정이 반드시 과학적인 분석만으로 이뤄지지는 않고, 정책이 본질적으로 정치적 속성을 띠고 있기 때문이다.

여기서는 참여자를 중심으로 정책 결정 과정의 절차와 그에 따른 특성을 살펴보고자 한다.[11] 다만 한국 행정에서 정책 결정의 참여자를 모두 살펴보는 대신, 공식적 참여자에서는 결정의 주도권을 행사하는 행정부를 중심으로 보고자 한다. 그리고 비공식적 참여자에서는 민주화가 진행되면서 그 영향력을 확대해 가고 있는 시민단체와 시민을 중심으로 정책 결정 과정의 특징을 살펴보고자 한다.

1) 한국 정책형성 과정의 공식적 참여자

정책에 참여하는 공식적 참여자로서 한국 행정부의 권한은 막대하다. 그것은 대통령 중심제를 채택하고 있는 체제 특성상에 이유가 있겠지만, 상대적으로 다른 공식적 참여자의 능력이나 전문성 또는 정책정보 능력 등이 행정부에 뒤져 있기 때문이기도 하다.

그렇지만 민주화가 진행되면서 입법부나 사법부의 정책 결정에 대한 영향력이, 민주화 이전에 비해 비교할 수 없을 정도로 신장되고 있는 것도 한국 정부를 둘러싼 정책환경의 새로운 모습이다. 다만 아직까지는 행정부의 영향권을 넘어서고 있다고 보기는 어렵기 때문에, 정책참여자로서 한국 행정부의 정책 결정에 대한 참여 실태와 특성을 중심으로 살펴보고자 한다.

(1) 대통령

오늘날 행정국가 현상은 정책 결정 과정에서 행정부 수반인 대통령의 권한을 더욱 강화시키고 있다. 특히 우리와 같이 권위주의적·가부장적 정치문화에서는

---

11) 일반적으로 정책 결정의 참여자는 공식적 참여자와 비공식적 참여자로 나눌 수 있다. 공식적 참여자에는 대통령, 입법부, 행정기관, 사법부 등이 있고, 비공식적 참여자로는 이익집단, 정당, 언론기관, 시민단체(NGO), 시민, 전문가를 들 수 있다. 이 가운데 특히 입법부의 경우는 제6편 제1장에 있는 한국 행정과 통제 부분에서 상세하게 다루기 때문에 여기서는 구체적 기술은 생략하고자 한다.

정책 결정 과정에 대한 대통령의 영향력은 매우 크다. 대통령은 정책 결정 과정에서 정책문제와 관련된 정보의 수집과 분석 단계에서는 그 영향력이 대단치 않으나, 대안의 작성과 선택 단계에서는 영향력이 강화된다. 그리고 대안의 창도 단계와 공식적 선택 관계에서는 핵심적인 기능을 수행하기도 한다.

그런데 대통령은 시간과 정보의 부족 때문에 중요하지 않은 안건이나 자신의 전문지식이 부족한 분야는 하위 행정기관에 결정을 위임하는 경향이 많다. 대신에 국가적으로 중요한 사항이나 행정부처 간에 의견 조정이 이뤄지지 않은 사항에 대한 최종적 결정에 주로 관여한다.

정책 결정 과정에서 대통령의 역할과 관련해 빼놓을 수 없는 것이 대통령의 보좌기구인 비서실이다. 대통령 비서실의 비서는 대통령 주변에서 대통령을 보좌하는 막료들로 대통령과 직접 접촉하면서 정책 결정에 영향을 미친다. 이들은 자기 담당 분야별로 중요 사항을 대통령에게 수시로 보고하며, 대통령 또한 정책 결정에 앞서 이들에게 개별적으로 의견을 구하는 경우가 많다.

정책 결정에 대한 이들의 영향은 주로 간접적이라 할 수 있으나 그 영향의 정도는 매우 크다. 이에 따라 행정부처의 장관이나 국장은 이들의 지지를 얻기 위해 노력하는 것이다. 더욱이 이들은 행정부처의 업무 추진 상황이나 장·차관의 실적에 대해 수시로 평가·점검해 대통령에게 보고할 수 있기 때문에 비서관의 영향력은 더욱 커진다(정정길 외, 2003: 457-464).

① 대통령의 보좌기구

가. 대통령 보좌기구의 특성

대통령의 보좌기구로서 청와대 비서실의 정책 결정 과정에서의 역할은 대단히 중요하다. 이처럼 그 중요성에 비춰볼 때 우리의 청와대 보좌기구는 시대적 변화에 적응하지 못하고 있는 실정이다. 민주화가 진행되면서 대통령이 정기적으로 교체되고 있고, 새로 취임한 대통령은 새로운 정책 목표와 업무 스타일 및 나름대로의 개인적인 장단점을 지니고 청와대에 들어간다.

그러나 역대 정부의 대통령과 참모는 행정부의 개편과는 달리, 대통령 비서실의 개편 문제를 심각하게 고려해 오지를 않았다. 그 결과 현재에 이르기까지 대통령 비서실의 조직도는 [그림 5-1-1]에서 보는 바와 같이, 박정희 대통령 때에 구

그림 5-1-1 대통령실 조직도(2017년 1월 현재)

축된 비서실의 기본 구조와 충원 방식을 거의 그대로 답습하고 있다.

현재의 청와대 비서실은 독일의 총리실과 유사하다. 계층적으로 조직화되어 있고, 일부 고위직을 제외하고는 대부분 공무원으로 충원되고 있다. 또한 하위 조직 단위가 각 부처를 분담하고 있다. 이러한 단위가 관할 부처 고위공무원으로 충원되고 있다는 것, 각 부처에 대한 지휘 감독에 치우쳐 있는 등 여러 측면에서 독일의 그것과 비슷하다.[12)]

대통령에게 권력이 과도하게 집중되어 있는 우리의 경우, 이러한 시스템은 행정부처를 강력하게 통제함으로써 국가 발전에 모든 역량을 동원하는 데 효율적이

12) 독일 총리실은 권위주의적인 아데나워(Konrad Adenauer) 총리가 행정 각 부처를 강력히 지휘 통제하기 위해 만든 시스템이다. 미군정에 의해 분권화되고 총리 권한이 대폭 축소되어 원심력이 크게 작용하는 독일 정치 체제 하에서, 독일 총리실의 이러한 시스템은 국정 운영에 크게 공헌했다. 즉, 각 부처를 강력히 통합함으로써 국정 운영의 구심력을 만들어 왔던 것이다.

었다는 긍정적인 측면이 있다. 예컨대 정책이나 행정이 각 분야 간에 서로 중첩되어 있지 않은 개발 초기에는 국가 목표를 향해 밀어붙이기식 국정 운영을 해도 되는 경우에는 특히 그러했다. 그러나 이 시스템은 시간이 갈수록 다음과 같은 병폐를 야기하고 있다는 데 문제의 심각성이 있다.

첫째, 정책조정의 부실화를 초래하고 있다. 과거의 경험에 비춰볼 때 이러한 시스템으로 인해 부처 간 갈등이 비서실 내의 하위 단위 간 갈등으로 비화되어 조정을 어렵게 해 왔다. 그리고 이러한 갈등 조정에 대통령을 자주 끌어들여 그의 부담을 가중시켜 왔다. 또한 각 부처들은 청와대에 파견된 고위비서관을 통해 대통령에게 접근해 자신들이 추진하는 정책에 대해 사전 내락을 받아내 관련 부처나 집권당의 의견을 배제하고 밀어붙이는 경우도 많았다.

그러나 이런 정책들은 대부분 충분한 검토 조정이 이뤄지지 않은 졸속적인 것들로서, 단기적으로는 나름대로 의미있는 변화를 가져와 대통령의 칭찬을 수반했으나 장기적으로는 아무도 책임지지 않는 부작용과 폐해를 가져온 경우가 많았다.

둘째, 전략적 국정 운영이 소홀해지는 원인이 되고 있다. 대통령 비서실과 각 부처가 지나치게 밀접한 연계를 맺고 있어, 비서관들이 각 부처의 일상적인 업무와 활동을 지나치게 간섭하고 동시에 휘말리고 있다. 그 결과 각 부처의 일상적인 업무에서 어느 정도 초연해 국정 운영 전반을 전략적으로 생각하고 이끌어 나갈 역량을 구축하기가 쉽지 않다. 자칫하면 비서실이 대통령의 성공적인 국정 운영을 위해 전략적으로 기획하고 조정하고 통제하기보다는 각 부처의 주장과 요구에 끌려다닐 수 있다.

셋째, 이권과 인사권에 대한 정권 실세들의 손쉬운 접근이다. 현재의 시스템으로는 정권 실세가 각 부처 내의 내막을 잘 알고 있는 공무원 비서관을 통해 각 부처의 인사권과 이권에 비밀리에 간여하기 쉽다. 따라서 정권 실세들은 청와대 내에 부처들의 내막을 잘 모르는 외부 충원 비서관보다, 내막을 잘 아는 공무원 출신 비서관을 통해 각종 이권과 청탁에 용이하게 개입할 수 있다.

나. 대통령 보좌기구의 개선 방안

대통령 보좌기구가 중요한 정책 결정 기구로서 역할을 새롭게 수행하기 위해서는 이 같은 부작용을 완화하고 시급히 새로운 방향을 모색해야 한다.

첫째, 청와대 비서실의 역할은 지휘 통제에서 조정 통합과 전략기획으로 전환되어야 한다. 현재와 같이 각 부처의 업무를 세세하게 지휘 감독하기보다는 방향 제시, 부처 간 갈등 조정, 집행 점검과 성과평가에 치중해야 할 것이다.

예컨대 전략기획은 정부의 정책 프로그램을 소수의 대통령 프로그램과 다수의 부처 프로그램으로 구분하되, 비서실은 대통령 프로그램에 대한 지지 유도나 추진 전략 작성에 치중해야 함을 의미한다. 특히 대통령 프로그램에 너무 많은 정책을 포함시키면 에너지가 지나치게 분산되어 국정 운영에 장애를 초래하게 된다.

둘째, 정책 주창 업무와 정책 과정 관리 업무를 별도로 전문화해야 한다. 우리나라 비서관은 대부분 대통령을 설득해서 자신들의 아이디어를 정책으로 전환해 관철시키려는 정책주창자가 주류를 이루고 있다. 이와 같은 유형의 비서관도 중요하기는 하나 그 방향을 선회해야 하는 이유로, 보좌기구는 대통령에게 조언과 함께 국정 운영 방향을 정하고 부처 간의 갈등이 어느 쪽으로 해결되어야 하는지 결정해야 하기 때문이다.

셋째, 비서실 내 연락기구의 정비다. 현재 대통령은 여당의 총재로서 공천권 등을 통해 여당 의원에게 강력한 영향력을 행사할 수 있다. 또한 국정원, 검찰, 국세청, 경찰 등 주요 권력기관을 견제 없이 지휘 통제할 수 있어 사실상 제왕적 권력을 휘두를 수 있다. 그래서 최근에 권력을 분산시키기 위한 방안으로 당권과 대권의 분리, 상향식 공천, 감사원의 국회 이관 등이 다양하게 거론되고 있기는 하다.

이런 모든 제안이 실현되면 대통령의 제왕적 권력이 갖는 폐해를 확실히 축소할 수는 있다. 그러나 부작용으로 국정 운영의 구심력과 통합력이 크게 떨어져 국정 운영이 방향을 잃고 표류할 가능성도 있다. 따라서 구심력과 통합력 약화를 방지할 수 있는 보완책이 비서실 내 연락기구들을 확대 강화하는 것이다. 즉 의회, 지방정부, 언론, 사회단체 등 사회 각계각층과 대통령 간에 상호 협력 관계를 구축하는 하위기구를 확대 전문화하는 것이다.

넷째, 비서실 운영이 폐쇄적 · 권위적 방식에서 개방적 · 민주적 방식으로 전환되어야 한다. 우리의 비서실은 개방적이고 민주적으로 운영되다가, 어느 순간에 폐쇄적 권위적인 방식으로 바뀌면서 고질적인 병폐를 반복적으로 초래하는 경우가 많다. 따라서 비서실 운영에서 가장 중요한 것은 수평적 대화와 협조다.

주요 수석비서가 횡적 협조를 기피하고 대통령과 독대해 직접 보고하고 지시를 받기 시작하면, 서로 간 정보가 공유되지 않아 국정이 잘 조율되지 않을 뿐만 아니라 비상시나 예상치 않은 업무 폭주에 신축적으로 대응할 수가 없다. 더욱 문제가 되는 것은 검증되지 않은 정보나 편파적인 의견이 제공되어 대통령의 현실 인식과 판단을 그르칠 수 있다.

다섯째, 비서실은 전시적인 축소 지향에서 필요한 일 중심의 적정 규모를 유지해야 한다. 지금까지 인(人)의 장막을 쳤다거나 비용 절감을 솔선수범한다는 이유로 비시설의 규모를 축소하려는 경향이 강하다. 인(人)의 장막과 월권행위는 분명히 경계해야 할 것이다.

그러나 비서실은 일반 정책 부서나 집행 부서와는 다르다. 비서실의 실패는 국정 전반에 미친다. 대통령의 성공적인 국정 운영에 필요한 비서실 조직과 인력을 적정 규모로 확보해야 한다. 다만, 각 부처에서 담당하는 것과 동일한 업무를 수행하기 위해 조직과 인력을 확대해 옥상옥(屋上屋)을 만드는 것은 경계해야 한다(이송호, 2002: 623－628).

(2) 행정부처

우리의 행정부처는 소관 분야의 정책 결정에서 핵심적인 기능을 수행한다. 장관을 정점으로 한 계층제의 원리에 의해 구성되어 있는 행정부처는 정책문제의 인지, 정보의 수집 및 분석, 정책대안의 작성을 주도한다.[13] 이와 함께 각급 행정기관이 정책 결정 과정에서 중요한 역할을 담당한다.

행정부처가 정책 결정에서 이처럼 핵심적인 기능을 담당하고 있는 것은 오늘날의 정책문제가 기술적으로 복잡해 전문성을 요하기 때문이다. 따라서 국회에서는 개괄적이고 광범위한 지침만을 정하고, 세부적이고 구체적인 사항은 행정기관이 결정하게 된다. 그렇지만 사회가 다원화되어 감에 따라 한 부처의 정책 결정이 다른 부처에도 영향을 미치기 때문에, 다른 부처와의 의견 조정이 필요한 경우가 많다.

통상 정책 결정 과정에서 최초의 정책발안은 행정부처에서 시작된다. 우리의 행정부처나 기관의 내부 의사 결정 절차에서 가장 기본이 되는 것은 품의제도다. 품의제도는 부하가 의견을 제시하고 상관이 그 의견을 검토하되 부하와 상의해 최

---

13) 2017년 1월 현재 중앙행정기관은 17부 5처 16청으로 구성되어 있다. 이에 대해서는 제4편 제1장 참조.

종 결정을 내리는 제도다.

다시 말해, 행정부처 내의 실무책임자가 기안을 통해 공식적인 의견을 제시하게 되면, 부처 내의 계층제를 통해 여러 단계의 검토와 조정을 거쳐 부처안으로 결정된다. 이 과정에서 만일 다른 부처와 관계되는 사항이 있으면 실무자 간의 협력과 조정이 이뤄진다. 그러나 부처 간에 관계되는 사항이 실무자 수준에서 조정되지 않으면, 그것은 부처 간의 의견 조정 과정을 거치게 된다.

행정부처 간의 의견 차이는 결정해야 할 안건이 여러 부처에 관련되어 있을 때 발생하는데, 이것은 부처 간의 갈등과 대립으로 이어지는 경우가 많다. 만일 부처 간의 의견 조정 단계에서 조정이 이뤄지지 않으면 최종적으로 대통령에 의해 조정이 이뤄진다. 부처 간에 의견 조정이 필요 없는 경우에는 직접 행정부처에서 대통령에게 보고되어 대통령이 이를 재가하는 과정을 거친다. 또 부처 간의 의견 조정 과정을 거쳐 행정부처들이 정책에 합의한 경우에도 대통령이 최종적으로 재가를 행한다.

① 행정부처 내의 정책 결정 과정: 품의제도

한국에서 행정기관의 내부 의사 결정 과정은 품의제도가 바탕이 되고 있다. 이러한 과정은 계층제를 통해 여러 단계의 검토와 조정을 거쳐 부처안으로 결정하게 된다. 담당자로부터 계장, 과장, 국(실)장, 차관보, 차관, 장관에 이르기까지 최하층부로부터 상층부로 올라가면서 결재를 통해 부처안이 결정되는 것을 말한다. 따라서 이 제도는 하의상달제도로 매우 민주적인 제도라 할 수 있다.

품의제도 하에서는 실무책임자의 의견이 중요한 역할을 하나, 실제로는 상층부의 의견을 반영하기 위한 여러 가지 장치가 마련되어 있다. 즉, 실무책임자가 외부로부터 공문을 접수하거나 또는 조직 내부에서 어떤 개인에 의해 정책 결정의 필요성이 제기되면, 미리 상급자에게 보고해서 상급자의 지시를 받는 경우가 많다.

이 경우 상급자는 기본 방침을 정해 지시하거나 또는 실무책임자가 기안을 작성해 보고하면, 상급자는 자신의 의견에 따라 수정・보완을 지시하는 경우가 많다. 따라서 품의제도 하에서는 실무책임자들이 조직 상층부의 의견에 의해 크게 영향을 받게 됨으로써, 상급자 중심의 정책 결정이 이뤄지는 경우가 많다. 그렇지만 실무책임자의 의견이 완전히 무시되는 것은 아니다. 실무책임자는 해당 분야의 전문가로 이들의 전문성은 정책 결정에서 필수적이기 때문이다.

우리의 경우 계급제를 바탕으로 하고 있기 때문에, 직위분류제를 바탕으로 하는 미국에 비해 관료의 전문성이 약하기는 하다. 그렇다고 하더라도 행정관료는 재임 기간이 짧은 장관이나 차관에 비해 상대적으로 상당한 전문성을 지니고 있다. 그래서 국·과장은 전문성에 의거해 상당한 영향력을 행사하고 있다고 보아야 할 것이다(정정길, 1997: 423-429).[14)]

(3) 행정부처 간 정책조정 담당기구

① 행정부처 간 정책조정 과정의 발생 원인

행정부의 최고 수준에서 이뤄지는 정책 결정에서 가장 어려운 것은 부처 간의 의견이 대립되었을 때다. 이러한 의견 대립은 결정해야 할 안건이 여러 부처에 관련되었을 때 발생하게 된다. 대체적으로 국무회의나 경제장관회의의 안건 중 절반 이상이 두 개 부처 이상에 관련되어 있는 경우가 많다. 이렇게 두 개 이상의 부처가 관련된 정책 결정에서는 부처 상호간의 조정이 필요하게 되는데, 이 조정 과정에서 대립과 갈등이 일어나기 쉽다.

부처 간의 대립과 갈등이 일어나는 근본적인 원인은 부처할거주의에 비롯된다. 할거주의는 부처 내에서보다는 부처 간에 더욱 심하게 발생한다. 부처 간 할거주의의 원인과 폐해, 그리고 그에 따른 부처 간 정책조정 방법을 살펴보면 이러하다.

가. 부처 간 할거주의의 원인과 폐해

부처할거주의(sectionalism)란 하위 조직이 자신들의 중요성만을 강조하고, 경우에 따라서는 조직 전체에 대항하려는 경향을 의미한다. 부처할거주의의 원인으로는 다음과 같은 것을 지적할 수 있다.

---

14) 일반적으로 품의제의 장점으로는 다음을 들 수 있다. 첫째, 상급자는 업무를 자세하게 파악해 통제할 수 있다. 둘째, 관련 직원이 참여의식과 단체정신을 가질 수 있다. 둘째, 관련된 국·과 등 사전심사·합의를 거치므로 사안에 관한 의견의 조정·협의가 이뤄질 수 있다. 셋째, 하급자에게 의견을 제안할 수 있는 기회를 부여하고, 신규 직원의 훈련 기회로 이용할 수 있다. 넷째, 상급자와 하급자 사이의 의견 소통을 원활히 하고 일체감을 갖게 할 수 있다. 이에 반해 품의제의 단점으로는 첫째, 의사 결정 과정이 너무 길어서 능률이 저하되고 행정이 지체된다. 둘째, 형식상 하급자가 기안하는 형식을 취하므로 하급자의 지식, 능력, 사고방식에 부합되는 발의가 이뤄지므로 이른바 주사행정의 폐단을 가져온다. 셋째, 실무자 선에서 처리할 사안까지 장관의 결재를 거치게 되어 있어 문서 과다 현상을 초래하며, 최고관리층은 중요 문제에 대해 충분히 검토할 수 없다.

첫째, 공식조직의 분절적 성격 때문에 부처할거주의가 발생한다. 부처할거주의가 발생하는 가장 큰 원인은 정부조직의 능률화를 위한 분업화와 전문화에 있다. 분업화된 하위 조직은 특유의 규범을 생성·발전시켜 조직구성원의 의식을 통일시키는데, 이는 자기 조직의 중요성을 강조하는 경향을 강화시킨다. 그리고 전문화된 조직에서도 담당자가 자신의 업무가 전체 조직에서 가장 중요하다는 생각을 하게 되고, 자신이 소속된 하위 조직이 중요하다는 생각을 하게 된다.

이러한 현상은 행정부처 간에 인사 교류가 적고 직원 간에 상호 접촉이 적은 것과도 밀접한 관련이 있다. 따라서 부처는 국·과에 비해 독자성이 훨씬 강하고 폐쇄적이어서 부처할거주의를 심화시킨다.

둘째, 수혜집단의 차이 때문에 부처할거주의가 발생한다. 대부분의 행정부처는 수행하는 업무의 특성에 따라 그들이 대표하고 지지하는 정책 대상집단이 있다. 이들 집단을 수혜집단이라 한다. 수혜집단은 행정부처의 정치적 지지 세력이면서 동시에 그 존립 기반을 형성한다.

행정부처는 그들의 존립 근거가 되는 이해관계 집단들의 이익을 대표하기 위해 정부에 각종 정책대안을 제시할 뿐만 아니라, 자신의 부처에서 입안하고 지지하는 정책대안이 최종적으로 채택되도록 노력하는 과정에서 부처 간의 할거주의는 심화된다. 보통의 경우 부처 내의 국(局) 수준에 이르면 수혜집단이 달라지나 이 차이는 각 부처 간 수혜집단의 차이보다 적다. 또한 수혜집단 간의 이해관계가 상충하는 경우는 국 수준에서는 극히 드물고 부처 수준에서는 첨예하게 대립하는 경우가 있다.

셋째, 관할 영역권의 확장 경쟁 때문에 부처할거주의가 발생한다. 행정부처는 정책대안에 대한 이견을 상호 조정하는 과정에서, 종종 자기 부처의 위상을 강화하고 조직의 영역을 확장시키려고 노력하게 된다. 부처 간의 업무에 대한 관할권이나 영역권의 싸움에서 승리한 부처는 부처의 예산과 인력을 확충할 수 있는 데 비해, 패한 부처는 부처의 인력 감소와 예산 감축을 감수해야 된다. 이 때문에 부처 간 싸움은 치열하게 전개되어 행정부처 간의 할거주의는 더욱 심화된다.

부처할거주의는 따라서 정부의 효율성을 제고하는 데 심각한 부작용과 폐해를 양산한다. 가장 큰 부작용은 부처할거주의로 인해 정책 결정 과정에서 합리적·분석적 결정이 제약을 받는다는 점이다. 대체적으로 분업과 전문화에 따라 특정한 업무를 담당하는 조직은 그 업무에서 가장 훌륭한 지식과 정보를 소유하고 있는 것으로 간주된다. 이 때문에 모든 조직은 다른 조직의 업무에 관여하는 것을 금기로 생각하는 경향이 있다.

부처할거주의로 인해 관료들은 자신이 파악하고 있는 정보에만 의존하게 되고 이들과 반대되거나 새로운 것은 고려하지 않는 경향이 있다. 우리의 경우 행정부처의 조직이 대체로 산하단체나 집단의 이익을 대변할 수 있도록 짜여 있다. 그리고 부처 간에 권력 배분이 편향성을 지니고 있기 때문에, 정부부처가 특정 집단에 유리한 정책을 추진할 수 있다는 점에서 또 다른 문제를 야기할 수 있다.[15]

나. 부처 간 정책조정 방법

부처 간에 갈등이 발생했을 때 부처 상호간에 조정이 필요하게 된다. 상호 조정이 이뤄지는 방법은 크게 두 가지가 있다. 하나는 공식적인 방법을 통한 조정이다. 이것은 앞에서 살펴보았듯이 행정부처 간의 의견을 조정하기 위한 공식적인 기구, 즉 '정부 내의 정부'를 통해 부처 간 의견 조정을 하는 것이다. 다음으로는 비공식적 방법을 통한 조정이다. 비공식적 방법을 통한 조정 방법으로는 협상, 직접적인 조작, 제3자를 통한 조정, 적응적 조정, 정치적 개입 등이 있다.

일반적으로 부처 간의 의견 조정은 비공식적인 방법을 통해 그 내용을 결정한 후 공식적인 방법, 즉 '정부 내의 정부'를 통해 이를 확정하는 것이 보통이다. 부처 간 정책조정을 위한 공식적인 기구들은 다음에서 살펴보기로 하고, 여기서는 비공식적인 방법을 통한 조정을 살펴보기로 한다(Rodgers & Mulford, 1993: 328-343).

첫째, 협상을 통한 방법이 있다. 부처 간 의견 조정을 위한 가장 보편적인 형태는 협상을 통한 방법이다. 행정부처가 행한 협상으로는 크게 설득과 위협 및 상호 간의 타협이라는 세 가지 방법이 존재한다.[16]

---

15) 부처할거주의는 이 밖에도 정책 결정 과정에서뿐만 아니라 정책집행과 평가 과정에서도 합리성을 저해한다. 대체적으로 하나의 정책을 집행하는 과정에는 다수의 과나 국 또는 부처가 관련되는데, 이처럼 다수의 조직이 관련되어 정책을 집행할 경우 부처할거주의는 정책 내용을 변질시킨다거나, 집행 과정을 지연시키거나 또는 집행 절차를 복잡하게 하는 등의 문제를 발생시켜 합리적인 정책의 집행을 어렵게 한다. 이에 더해 부처할거주의는 정책평가 과정에서도 많은 문제를 발생시킨다. 할거주의가 존재할 경우 관료들은 정책평가 과정에서 자기가 소속된 부서에 유리한 정보나 자료만을 제공하고, 상대편 부서에 대해서는 불리한 자료나 편향된 정보만을 제공해 정책평가가 올바로 이뤄지는 것을 방해하게 된다.

둘째, 제3의 행정부처에 의한 조정 방법이다. 이는 이해관계가 없는 다른 부처가 조정에 관여하는 방법이다. 그런데 부처 간에는 자기 분야와 관련이 없는 영역에 간섭하지 않으려는 경향이 강하므로 이 방법에 의한 조정은 극히 드물다. 그런데 김대중 정부가 들어서기 전까지는 당시 경제기획원(현 기획재정부) 장관이 정부조직법상 다른 부처보다 직급이 높은 부총리로 되어 있어서, 경제정책에 대해 부처 간 의견 대립이 있을 경우에는 경제기획원에 의해 조정된 경우가 많았다.[17)]

셋째, 환경 조작을 통한 방법이다. 이는 한 부처가 환경을 조작해 다른 부처로 하여금 자기 부처의 의견에 동조하도록 만드는 방법이다. 우리의 경우 정책 결정에 대한 대통령의 영향력이 막강하기 때문에, 각 부처는 대통령이 자기 부처의 의견에 호감을 갖도록 하기 위해 많은 노력을 기울인다. 그러한 방법의 하나로 대통령 비서실의 비서관을 자기 편으로 만들려고 노력할 뿐만 아니라 대통령의 측근을 최대한 이용하려고 한다. 그리하여 대통령 주위에는 어느 부처를 지지하는 연합전선이 형성되고, 이에 대응하는 다른 부처 지지의 연합전선도 형성된다(조석준, 1984:

16) 협상을 통한 방법으로는 다음과 같은 것이 있다. 첫째, 설득은 부처 간에 의견 차이가 있을 경우 가장 먼저 행해지는 조정의 방법이다. 즉, 합리적인 이유를 들어 다른 부처의 의견이 문제가 있음을 지적하고 자기 부처의 의견이 정당함을 주장함으로써 다른 부처가 자기 부처의 의견을 수용하도록 하는 것이다. 그런데 한 부처가 다른 부처를 설득하기 위해서는 일정한 논리적 근거가 필요한데, 이때 논리적 근거로 사용되는 것이 능률성, 형평성과 같은 행정 이념이다. 일반적인 부처 간 설득 과정을 살펴보면, 한 부처가 다른 부처를 설득하는 경우 설득을 당하는 부처가 이를 거부하기 위해서는 나름대로의 논리적 근거를 제시하게 된다. 이처럼 각 부처마다 정책대안에 대해 나름대로의 논리적 근거를 가지고 있기 때문에 설득에 의해 부처 간 의견 조정이 이뤄지는 경우는 극히 드물다. 둘째, 위협은 정책에 대해 조정을 필요로 하는 관계 부처 중 한 부처가 다른 부처에 대해 압력을 가함으로써 조정을 이루려는 방법이다. 우리나라에서 이 방법에 의한 부처 간 조정은 예산권을 가지고 있는 기획재정부와 다른 부처 사이의 의견 대립이 있는 경우 흔히 행해져 왔다. 셋째, 상호간의 타협은 우리나라 부처 간 의견 조정 방법으로 가장 많이 행해지는 방법이다. 어느 한 부처의 주장이 일방적으로 관철되는 것이 아니라, 부처 상호간에 양보를 통해 적정선에서 의견이 조정되는 것이 보통이다.

17) 제3의 행정부처에 의한 조정 방법의 하나로 볼 수 있는 부총리제도는 1963년 12월에 신설된 이래 여러 차례 존폐의 과정을 겪어 왔다. 1990년까지는 경제부총리만 존재했으나, 노태우 정부가 들어선 1990년에 통일원 장관을 부총리급으로 상향 조정했다. 그러다가 김대중 정부가 출범한 1998년 2월에 부총리제도는 모두 폐지되었다. 이후 2001년 2월 교육인적자원부 장관을 부총리로 하면서 재정경제부 장관과 함께 두 명의 부총리가 존속하게 되었다. 노무현 정부 때는 부총리가 증가해 과기부총리까지 3명의 부총리제도를 운영했다. 그러나 부총리제도는 이명박 정부에서 다시 폐지되었다가, 2013년 박근혜 정부에서 다시 부활해 기획재정부 장관과 교육부 장관이 경제부총리와 사회부총리를 겸임하는 체제로 운영되고 있다.

288; 이송호, 2002: 624).

넷째, 적응적 조정을 들 수 있다. 이는 부처 간에 권력의 차이가 많이 존재할 때, 한 부처가 다른 부처와 의견 대립이 있음에도 불구하고 다른 부처의 의견에 자신을 적응시키는 것이다. 이러한 현상은 부처 간 권력의 차이가 있을 경우에 발생한다. 다른 부처와 의견 조정을 통해 자기 부처의 의견 반영이 어렵다고 판단되면 적응적 흡수를 행하게 된다. 대체적으로 우리의 경우는 예산을 장악하고 있는 경제부처의 영향력이 강했기 때문에, 힘없는 부처가 이들 부처와 의견 대립이 있을 경우 적응적 흡수를 감수해야 하는 경우가 많았다.

다섯째, 정치적 개입에 의한 조정이다. 우리나라는 행정이 정치를 이끄는 위치에 있어 왔기 때문에, 정치적 개입에 의한 부처 간 조정은 그다지 많지 않았다. 그러나 당정협의체가 활성화되면서 이 기구를 통한 부처 간 정책조정이 이뤄지는 경우가 있다. 이것은 정치인들 가운데 상당수가 과거 행정부처의 장을 지낸 사람이거나 관료 출신인 경우가 많고, 또한 정부 측에 참여하는 국무위원의 상당수가 국회위원 출신인 경우가 많기 때문이다. 이러한 정치적 개입에 의한 조정은 여당의 힘이 크면 클수록 강화되나, 반대로 행정부처 장관의 힘이 크면 클수록 그 기능은 약해진다.

이상에서 살펴본 바와 같이 부처 간의 정책조정 방법으로는 여러 가지 형태가 있다. 일반적으로 부처 간 의견 대립이 있을 경우 부처는 이들 방법 중의 하나 또는 여러 개를 복합적으로 사용해 부처 간 정책조정을 시도하게 된다. 결국 우리나라 행정부의 정책조정은 일차적으로는 행정부처 상호간의 개별적인 조정에 의해 실질적인 의견 조정을 하고, 2차적으로는 공식적인 정부 내의 조정기구를 통해 이를 수정·보완한 다음 대통령이 최종적으로 조정하게 된다.

다. 부처 간 정책조정에 영향을 미치는 요인

정책문제에 대해 행정부처 간에 이견이 있을 경우, 행정부처들이 어떤 방법을 동원해 의견 조정을 시도하느냐 하는 것은 부처가 처한 입장에 따라 다르다. 일반적으로 행정부처는 가능한 모든 방법을 동원해 자기 부처의 의견이 정책에 많이 반영되도록 시도한다. 부처 간 정책조정에는 다양한 요인이 영향을 미치나 가장 대표적인 것만 살펴보면 다음과 같다.

첫째, 정책대안의 합리성 요인을 들 수 있다. 이는 해당 부처가 제시한 정책대안이 얼마나 합리성을 갖느냐 하는 것이다. 일반적으로 한 부처의 정책대안이 다른 부처의 정책대안에 대해 합리성이 강하면 강할수록 그 부처의 의견이 부처 간 정책조정 과정에서 더 많이 반영된다. 여기서 정책대안의 합리성이란 기술적 합리성, 경제적 합리성, 법적 합리성, 정치적 합리성 등을 의미한다(백완기, 1986a: 135-137).[18)]

과거 우리의 경제정책은 경제 성장과 경제 안정을 위해 법적으로 문제가 있거나 특정 계층으로부터 지지를 받지 못하더라도, 경제적 합리성이나 기술적 합리성 면에서 좋은 효과를 거둘 수 있다면 정부의 정책으로 채택되는 경향이 있었다. 이에 반해 사회정책의 경우는 그 목적이 사회적 약자를 보호하는 것이기 때문에, 정치적 합리성이 경제적 합리성이나 기술적 합리성보다도 중시되었다.

그 결과 경제정책을 담당하는 기획재정부 같은 부처에서는 경제적 합리성이나 기술적 합리성이 강조되는 경향이 강하다. 이에 반해 고용노동부나 보건복지부 같은 부처는 경제적 합리성이나 기술적 합리성보다는, 법적 합리성이나 정치적 합리성이 상대적으로 강조되는 경향이 있다. 이처럼 행정부처들은 부처별로 나름대로의 합리성을 지니고 있으므로, 한 부처가 합리성을 근거로 다른 부처를 설득하는 것이 쉬운 일은 아니다.

둘째, 부처의 영향력 요인을 들 수 있다. 해당 부처의 영향력은 부처 간 의견조정에 커다란 영향을 미친다. 그런데 부처의 영향력은 정부조직법상의 지위나 장관의 능력, 이해관계 집단의 영향력 등에 의해 결정된다.

박정희 정부에서는 경제 발전을 추진하는 과정에서 경제계획의 통합과 조정을 위해 1963년 12월 정부조직을 개편해 경제기획원 장관을 부총리로 격상시켰다. '정부조직법'상 경제기획원의 이러한 우월한 지위는 부처 간 의견 조정에서 유리한 위치를 점하는 계기가 되었다.

또한 부처의 영향력은 장관의 능력에 의해서도 좌우된다. 장관의 영향력이 큰

18) 기술적 합리성이란 부처의 정책대안이 그 정책 목표의 달성에 적합한 정도를 의미하고, 경제적 합리성이란 정책대안의 비용에 대한 효과의 크기를 의미한다. 또한 법적 합리성이란 법률에 대한 적합성의 정도를 말하고, 정치적 합리성이란 어떤 부처의 정책대안이 사회 내의 여러 집단으로부터 받아들여질 수 있는 정도를 의미한다.

부처는 부처의 영향력도 커지고 독자적인 정책 영역이 확대되지만, 반대로 장관이 영향력이 약한 부처는 부처의 영향력도 저하되고 독자적인 정책의 영역도 줄어들게 된다. 일반적으로 장관이 얼마나 영향력을 가지고 있느냐의 여부는 장관이 대통령으로부터 얼마나 신임을 받고 있느냐에 따라 결정된다. 대통령의 장관에 대한 신임은 전통적으로 대통령과 일차적인 집단적 연고가 있느냐의 여부가 중요한 요인으로 지적되었으나, 점차로 장관의 전문성이 중요한 요인으로 지적된다.

특히 해당 부처의 이해관계 집단의 영향력이 크면 클수록, 부처의 영향력은 증대되는 경향이 있다. 우리나라에 전통적으로 영향력이 큰 집단으로는 기업인·금융인·군인 등을 들 수 있고, 최근에는 노동자·농민이 조직화됨에 따라 노동자·농민도 강한 집단으로 변모하고 있다. 이에 따라 경제인을 대상집단으로 하는 외교통상부·기획재정부, 그리고 군인을 대상집단으로 하는 국방부는 전통적으로 강한 영향력을 가진 부처로 인식되어 왔으며, 노동자·농민을 대상집단으로 하는 고용노동부·농림수산식품부도 최근 영향력이 커지고 있다.

셋째, 환경적 요인을 들 수 있다. 대통령, 국회, 언론, 정당 등 환경적 요인이 부처 간 정책 조정에 영향을 미친다. 그런데 행정부 밖의 국회·언론·정당 등은 우리나라 정책 결정 과정의 특수성 때문에 부처 간 정책조정에 큰 영향을 미치지 못했다. 전두환 정부 이래 정부와 여당 간에 당정협의가 활성화되기는 했지만, 부처 간 의견 조정에 영향을 미치는 가장 중요한 환경적 요인은 행정부 내에 위치하는 대통령이라고 할 수 있다.

왜냐하면 부처 간에 이견이 존재하는 경우 이에 대한 최종적인 결정권은 공식적으로 대통령에게 귀속되어 있기 때문이다. 그러므로 대통령이 부처 간 의견 조정에 미치는 영향력은 행정부 밖의 어떠한 기관보다도 강하다. 이 때문에 개별 부처가 자기 부처의 정책대안을 최종적인 정부정책에 더 많이 반영시키기 위해서는 그 부처의 정책대안이 설득력 있는 합리성을 지녀야 할 뿐만 아니라, 대통령의 신념이나 특정 문제에 대한 인식과도 일치해야 한다. 여기서 대통령의 신념이란 대통령이 가지고 있는 정치철학으로서 민주주의와 같은 통치 이념을 말한다.

② 행정부처 간 정책조정 담당기구

우리나라 행정부에서 부처 간 의견 조정은 관계 부처의 실무자 간의 협의로부터 시작된다. 실무자 수준에서 의견 조정은 흔히 합의 또는 협조라는 이름으로 진행된다.

이때 실무자 간에 합의 또는 협조가 이뤄지지 못한 경우 차관이나 장관이 개입하게 되고, 장관 간에 이견이 존재하는 경우에는 대통령의 결정을 얻어야 한다. 대통령의 결정을 받게 될 경우에는 부처 간에 의견 조정을 담당하는 '정부 내의 정부'인 국무회의, 차관회의, 경제장관회의, 경제차관회의, 국가안전보장회의 등의 의결을 얻어야 한다. 국무회의를 중심으로 이들 기구에 대한 내용을 간략히 살펴보면 이러하다.

가. 국무회의

가) 국무회의의 의미

국무회의란 장관 등 국무위원으로 구성된 행정부의 최고위 합의제 의사 결정기관으로서, 국가의 중요한 정책문제를 심의하거나 의결하는 기능을 담당하는 기구라고 할 수 있다. 일반적으로 의원내각제 국가에서는 의결 기능을, 대통령중심제 국가에서는 심의 기능을 주로 갖는다.

우리의 국무회의라는 명칭을 일본에서는 내각회의, 대만은 행정원회의로 부른다. 서양에서는 Committee of Ministers, Council of Ministers, Council of States, Government Council 등 다양하게 부르고 있으나 대다수 국가에서는 Council of Ministers라는 용어를 사용한다.

국무회의의 제도화 수준은 대체로 높은 편이다. 대부분의 국가에서는 국무회의라는 기구를 헌법이나 법률로 규정함으로써 정부조직 중에서 독특한 지위를 갖고 있다. 이에 따라 국무회의의 의결 사항은 헌법에 직접 열거하면서 명시하거나,[19] 개괄적으로 권한을 부여하는 경우로 나뉜다.[20] 한편 국무회의에 관한 규정이 없이 대통령의 권한이나 국무위원의 권한만 나열하는 국가로는 브라질이 있다.

국무회의의 권한을 제약할 때는 헌법에서 제한 조건을 규정하기도 한다. 그리고 국무위원의 수와 자격 요건을 헌법에 규정하고 있다. 또한 국무회의의 의사정족수와 의결정족수도 헌법에 명시하고 있는 경우가 보편적이다(Laver & Shepsle,

19) 한국, 일본, 엘살바도르 등이 대표적이다.
20) 프랑스, 덴마크, 스웨덴 등이 대표적이다.

1994; 민진, 2000).

나) 한국 국무회의의 성격

한국의 국무회의는 의원내각제 하의 의결기관인 각의나 미국의 대통령제 하에서의 단순 자문기관인 장관회의와는 구별되는 독특한 형태를 취한다. 한국의 국무회의는 의결기관인 각의와 자문기관인 장관회의를 절충한 자문적 기능을 가진 심의기관의 형태를 취하고 있다. 이에 따라 헌법이 특정하는 심의 사항은 국무회의의 심의를 거칠 뿐, 대통령에 대해 법적 구속력은 없으므로 국무회의가 의결하더라도 대통령은 이에 구속받지 않는다.

한국의 국무회의의 변천 과정을 살펴보면, 제1공화국 헌법 하에서는 대통령제를 취하면서도 대통령을 견제하기 위해 국무원을 의결기관으로 했다. 이후 제2공화국 헌법 하에서는 의원내각제를 채택했기에 국무원은 성질상 당연한 의결기관이었다.

그러나 제3공화국 헌법 하에서는 미국식 대통령제에 내각책임제적인 요소를 가미한 국무회의 제도를 둠으로써, 헌법상의 필수적인 최고의 종합적 정책심의기관으로 그 성격을 변모시켰다. 이후 현행 헌법에 이르기까지 이러한 국무회의의 성격을 지닌 제도를 계속 유지하고 있다.

다시 말해, 3공화국 헌법부터 국무회의의 성격을 국정의 종합적 심의기관으로 규정함으로써, 한국의 국무회의는 의원내각제에서의 의결기관인 내각과는 다르고 또한 대통령제에서의 자문기관인 내각이나 국무원과도 다르다. 이에 따라 한국의 국무회의는 정부의 권한에 속하는 중요 정책을 심의하는 헌법상의 기관으로 변모했다.

그러나 국무회의는 대통령과는 별도로 존재하는 헌법기관으로서, 반드시 국무회의의 의결을 거쳐 대통령의 재가를 얻어야 하는 중요한 정책들이 있다. 헌법에 규정되어 반드시 국무회의의 의결을 거쳐야 하는 사항으로는 국정의 기본정책과 정부의 일반정책, 선전 및 강화 등 중요 대외정책, 대통령의 긴급명령 · 긴급재정경제처분 및 명령, 계엄과 그 해제, 헌법개정안과 그 법률안, 예산안 및 결산안, 국회의 해산, 정당 해산의 제소 등 18개 항이 있다.

국무회의는 대통령 및 국무총리와 15명 이상 30명 이하의 국무위원으로 구성되고, 대통령은 국무회의의 의장이 되며 정부의 권한에 속하는 중요한 정책을 심의하도록 되어 있다. 국무회의는 정기적으로 열리며 필요에 따라 임시국무회의를 소집하기도 한다. 심의를 요하는 각 부처의 안건은 원칙적으로 차관회의의 심의를 거쳐야 하며, 여러 부처가 관련된 안건은 관련 부처가 사전 협의를 한 후에 상정하도록 되어 있다. 국무회의에서 국무위원의 권리상 자격은 동등하며 다수결에 의한 합의 의결을 원칙으로 하고 있다. 전체 구성원 2분의 1 출석으로 개의하고, 출석한 구성원 3분의 2 이상의 찬성으로 의결하도록 하고 있다.

다) 한국 국무회의의 한계

한국의 국무회의는 제도화된 국가 의사 결정 기관으로서 정책의 조정 기능을 행사한다. 그것은 국가 의사결정의 정당성을 부여하는 하나의 기제이며 부처 간 갈등이나 이견을 좁힐 수 있는 장치다. 국무회의가 기능하기 위해서는 구성원이 부처의 책임자인 장관으로서 입장과 아울러 국무회의의 국무위원으로서 지위를 어떻게 조화시키는가와, 국무회의를 주관하는 행정수반의 국무회의에 대한 인식과 운영 노력에 달려 있다.

그럼에도 불구하고 한국의 국무회의의의 기능에 대해서는 여러 비판이 제기되어 왔다. 형식적이라는 지적이 그것이다. 적극적으로 부처 간의 조정에 기여하는 것이 아니라, 이미 부처 간에 조정된 내용을 공식적으로 확인하는 소극적인 역할에 그치는 경향이 그것이다. 이와 같이 국무회의의 조정 기능이 약한 이유는 국무회의 이전 단계에서 이뤄지는 조정이 많다는 점도 있지만, 국무회의가 안고 있는 다음과 같은 문제점으로부터도 기인한다(백완기, 1984b: 426-427).

첫째, 모든 안건이 국무회의에 상정되어 심의·통과되어야 하기 때문에 안건의 수가 많고 업무량이 과다하다. 따라서 국무회의에서 부처 간 의견을 조정할 수 있는 실질적인 논의가 이뤄지기 어렵다.

둘째, 국무위원들이 자신의 소관 분야 외의 안건에 대해서는 내용도 잘 모르는 경우가 많고 관심 수준 역시 낮다. 국무위원은 국무위원의 자격으로서보다는 소관 부처의 장관으로서 자기 부처의 사항이나 관련된 사항에 대해서만 관심을 갖는 경향이 있다. 그리고 국무위원이 원만한 인간관계의 유지를 위해, 자신의 소관 분야 안건 이외의 다른 안건에 대해서는 관심을 표명하지 않는 경향이 강하다. 국무위원의 이러한 행태는 정책의 조정을 담당해야 할 국무회의의 조정 능력을 저하시킨다.

셋째, 국무회의의 구성 인원이 과다한 편으로 문제를 진지하게 토의하고 의견을 교환해 부처 간의 의견 조정을 행하는 것이 불가능하다. 이로 인해 국무회의는 행정부의 최고 의결기구로서 행정부의 정점에서 부처 간의 의견 조정을 행할 수 있는 공식적인 권한을 가지고 있음에도 불구하고, 행정부의 최고 결정기구로서 또한 최고 정책기구로서의 기능을 수행하지 못하고 있다. 이에 따라 실질적인 부처 간의 의견 조정은 국무회의 개최 전에 이뤄지고 있다.

나. 차관회의

차관회의는 국무회의를 위한 사전 심의기관이다. 국무조정실장이 의장이 되어 회의의 사무를 총괄해 주재한다. 차관회의는 국무회의에 제출된 의안과 국무회의로부터 지시받은 사항을 심의하는 역할을 하는데, 보통 안건의 실무적인 검토를 통해 국무회의의 부담을 덜어 주는 역할을 한다. 이러한 의미에서 차관회의는 실무적이며 전문적인 성격이 짙은 하나의 예비 심의기관이라 할 수 있다. 차관회의의 의결이 국무회의를 구속하는 것은 아니나 실제로는 차관회의에서 부결된 안건이 국무회의를 통과하기는 어렵다.

그러나 차관회의 역시 부처 간 의견 조정에서 실질적인 역할을 수행하지 못하는 경우가 많다. 차관회의가 지니고 있는 문제점은 국무회의가 지니고 있는 문제점과 유사하다. 차관회의에서 상정되는 안건의 수가 지나치게 많고, 참석 인원도 과다해 실질적인 의견 조정작업이 이뤄지는 경우는 극히 드물다.

다. 경제장·차관회의와 사회관계장관회의의 조정

경제장관회의는 경제 안건에 대한 사전 조정과 협의를 위한 회의로서 구성원은 경제 관련 장관들로 구성된다. 그리고 경제차관회의는 경제장관회의에 상정되는 안건에 대한 사전 심의를 담당하는 기구로, 경제장관회의에 참석하는 행정부처의 차관 외에 행정자치부 차관이 추가로 출석하고 기획재정부 장관이 의장이 된다. 이러한 경제장·차관회의는 경제에 관한 중요한 정책을 결정하는데, 그 과정에서 경제정책을 둘러싼 행정부처 간 의견 조정을 수행하게 된다.

국무회의나 차관회의와 비교해 볼 때 경제장·차관회의는 부처 간 의견 조정에 실질적인 영향력을 행사한다. 그것은 경제장·차관회의가 경제부처의 장·차관으로만 구성되고 경제 안건만을 다루기 때문에, 참석자들이 안건에 대해 흥미와 관심을 가지고 진지하게 토의에 임할 수 있다. 또한 안건의 내용에 대해 잘 알고 있기 때문이다(백완기, 1984b: 428). 실무자 수준에서 부처 간의 의견 조정이 이뤄진 사항도, 대부분 경제문제의 전문가로 구성되어 있는 경제장·차관회의에서 재조정되기도 한다. 경제장·차관회의는 우리나라의 공식적인 부처 간 의견 조정기구 중 가장 실질적인 역할을 수행하고 있다고 볼 수 있다.

경제장·차관회의와 함께 살펴볼 조직으로 사회관계장관회의가 있다. 이는 '정부조직법' 제19조 5항에 따라 교육과 사회 및 문화정책에 대해 국무총리의 명을 받아 관계 중앙행정기관을 총괄·조정하는 역할을 한다. 박근혜 정부에서 사회관계장관회의는 사회부총리가 주재하며 의장인 교육부 장관, 기획재정부 장관, 미래창조과학부 장관, 행정자치부 장관, 문화체육부 장관, 보건복지부 장관, 고용노동부 장관, 여성가족부 장관이 참석한다. 다만 사회관계장관회의는 경제장·차관회의에 비해 그 역할이나 활동이 다소 제한적이며 파급 효과도 크지 않다.

이 밖에도 유사한 기능을 하는 회의체로는 총리-부총리 협의회를 들 수 있다. 박근혜 대통령이 국회로부터 탄핵을 받은 이후에는 이 협의회를 개편·강화해 국정현안 관계장관회의로 명칭이 변경되었지만, 이 협의회도 안보, 경제, 민생, 국민안전 등과 관련한 현안 과제에 대해 조정이나 총괄 기능을 담당하는 국정의 컨트롤 타워 역할을 수행하기 위한 조직으로 볼 수 있다.

라. 국가안전보장회의

국가안전보장회의는 1962년 군사정부에 의해 안보 관련 현안 문제를 논의하고자 처음으로 구성된 기관이다. 이 기구는 원래 1947년 설립된 미국 백악관의 국가안전보장회의(National Security Council)를 모방해서 만들어진 기구다. 이 기구는 '헌법' 제91조에 의거 국가 안전보장과 관련된 대외정책, 군사정책과 국내 정책의 수립과 관련해, 국무회의의 심의에 앞서 대통령에 대한 자문을 목적으로 대통령 직속기관으로 설치되었지만 사실상 사문화되어 있었다. 국가안전보장회의는 김대중 정부가 들어서면서 1998년에 외교·국방·통일정책을 총체적이고 통합적으로 운영하기 위한 정책기구로 상설화해서 재출범했다.

이후 노무현 정부에서는 이 기구를 통일·외교·안보 분야의 최고기구로 기능을 강화했으나, 이명박 정부에 들어서는 사무처와 상임위원회를 폐지하는 등 다시 종전으로 환원했다. 그러다가 박근혜 정부가 들어선 2014년에 '국가안전보장회의법'을 수정해, 폐지된 국가안전보장회의의 상임위원회와 사무처를 재설치하고 조직을 부활시켜 현재에 이른다('국가안전보장회의법', 제7조와 8조).

국가 안전보장과 관련된 사항은 국무회의 심의에 앞서 가능한 대통령 자문기관인 동시에 국무회의의 사전 심의기관인 이 회의의 자문을 거쳐야 한다. 그러나 대통령이 자문을 거치지 않고 바로 국무회의의 심의에 부친 경우에도 효력에는 영향이 없다. 따라서 법적인 면에서는 존재 의의가 별로 없지만 실제로 국가 안전보장에 관해 신중한 검토, 특히 전문적 입장에서 검토할 수 있는 계기를 마련하는 데 의미가 있다.

국가안전보장회의는 국가 안보에 관련된 사항을 심의하기 위해 대통령을 의장으로 하고 국무총리, 통일부, 외교통상부, 국방부 등의 부처와 국가정보원장, 그리고 대통령령으로 정하는 약간의 위원으로 구성된다. 국가안전보장회의의 심의 사항에는 국가 기밀에 관한 사항이 많기 때문에 비밀리에 진행되는 경우가 많다. 대통령이 참석하기 때문에 이 회의에서 의결된 것은 사실상 확정된 것으로 볼 수 있다(노시평 외, 2006: 262－277).

2) 한국 정책형성 과정의 비공식적 참여자

한국의 정책형성 과정에서 비공식적 정책 참여자들인 정당, 이익집단, 시민, 시민단체들은 민주화가 진행되기 시작한 1980년대 후반부터 그 영향력을 확대해 오고 있다. 이 가운데 한국의 정책형성 과정에서 가장 큰 변화는 민주화가 진행되면서 폭발적으로 증가한 시민과 시민단체(NGO)의 역할 증대라고 할 수 있다.

1987년의 민주화운동 이래로 증폭되기 시작한 정책형성 과정에서 시민들의 역할은 헌법을 개정하는 데 결정적인 영향을 끼쳤다. 이후로는 정보화의 진전과 함께 자유무역협정(FTA)의 수정 과정 그리고 박근혜 대통령에 대한 탄핵 과정에서 보듯이, 정부의 정책 결정 과정에 지대한 영향력을 행사하고 있다.

민주화의 진행과 함께 등장한 한국의 시민단체 역시 금융실명제나 '부패방지법'의 제정과 같은 사례에서 보듯이, 정책의제 설정 과정은 물론 정책 결정 과정에 이르기까지 정책형성 과정 전반에 영향력을 행사하고 있다. 여기서는 비공식 정책참여자로서, 특히 민주화 이후 한국 행정에 지대한 영향력을 행사해 오고 있는 시민과 시민단체에 국한해 한국의 정책형성 과정의 특성을 살펴보고자 한다.[21)]

(1) 시민

① **정책 결정 과정에서 시민참여제도**

가. 제도적 참여 방식

한국에서 시민이 정책 결정 과정에 참여하는 방식은 제도화된 시민투표, 시민발의, 시민소환과 같은 직접적·제도적 참여와 함께 정책형성 과정에 개별적으로 참여하는 방식으로 나뉜다.

시민발의는 일정 수 이상의 유권자 서명에 의거, 법령의 제정이나 개폐를 시민이 직접 청구하는 제도다. 이에는 시민의 발의가 있으면 시민투표에 회부해야 하는 직접적 시민발의(direct initiative)와 발의 사항을 입법기관에 회부해 의회 스스로 안을 채택하는 경우에는 시민투표를 시행하지 않는 간접적 시민발의(indirect initiative)가 있다(손재식, 1996).

시민투표는 국가 또는 지방의 중요한 공공문제에 대해 시민이 직접 투표로써 최종적인 결정을 내리도록 하는 제도다. 이에는 법률에 규정되어 있는 강제적·의무적 시민투표(compulsory or obligatory referendum)와 정부 또는 시민 발의에 의한 임의적 투표가 있다(Butler & Ranney, 1978: 23). 끝으로 시민소환은 선거에 의해 공직에 취임한 자에 대한 해직을 청구하거나 의회의 해산을 청구하는 행위를 포함하는 제도다.

이러한 제도들은 정부의 정책 과정에 대해 시민의 직접 통제를 확대하기 위한 것으로, 중요한 문제에 대해 직접적으로 시민의 의사를 물을 수 있다는 장점이 있다. 이 밖에 정부 내부의 갈등으로 인해 외부의 판단이 필요할 때 적용이 가능한 제도다. 이는 민주주의의 이념에도 부합하는 유용한 제도로서 외국에서는 상당한 수준으로 보급되어 있다.

예컨대 미국의 경우 시민투표는 약 90%, 시민발의는 약 50%, 시민소환은 약

---

21) 비공식 참여자로서 정당과 이익집단의 역할이 과거에 비해서는 점증했지만, 시민이나 시민단체에 비해 현격하게 증가한 면이 크지 않다는 점에서 지면 관계상 논의에서 제외했다.

59%의 채택률을 보이고 있다(ICMA, 1993). 우리나라에서는 2004년에 주민투표제, 2005년에 조례제정청구제(조례에 대한 주민발의제), 그리고 2007년에 주민소환제가 법제화됨으로써 도입되었다. 이에 더해 2005년에는 주민이 공적 문제에 대해 소송 주체가 될 수 있게 하는 주민소송제가 채택되어 정부의 정책형성 과정에 참여할 수 있는 제도적 장치가 보완되었다.

나. 비제도적 참여 방식

모든 시민이 평등한 자격으로 정책 결정 과정에 참여해서, 공공문제를 토론해 결정했던 고대 아테네의 민주정치는 오늘날까지도 민주정치의 이상적인 형태다. 그러나 방대한 영토와 인구를 갖는 현대 국가에서는 이러한 정치 체제가 그대로 적용되기는 불가능하다. 그래서 불가피한 차선의 정치 체제로서 대의민주제가 보편화되어 있다.

문제는 이러한 대의제 하에서 정책 결정이 사실상 공직자에 의해 임의적으로 좌우된다는 데 있다. 시민은 공직자를 선출하는 것 외에는 정책 과정에 유의미한 영향을 미치지 못하기 때문에, 시민에 대한 정부의 책임성이 충분히 확보되지 못하는 이른바 대의제의 실패가 발생하고 있다(임혁백, 2000).

이러한 딜레마적 상황에서 대의민주제와 직접민주제를 결합하려는 시도로서 제기되고 있는 토의(또는 심의)민주제(deliberative democracy)에 대해 주목할 필요가 있다. 토의민주제는 시민이 공공문제에 대해 피상적인 관심과 지식만을 소유하고 있더라도, 참여와 심도 깊은 토의를 통해 결정에 이를 수 있다고 보는 것이다(Fishkin, 1995). 토의민주제는 공청회 등 다른 참여 방식에 비해 시민 참여를 안정적으로 일상화할 수 있고, 제도의 운영에 소요되는 비용도 절감할 수 있다는 장점이 있다.

그러나 우리의 경우에는 이러한 유형의 참여제도가 시행되지 않고 있다. 그럼에도 불구하고 반상회가 토의민주제의 방식으로 발전될 여지가 있다는 점에 주목할 필요가 있다. 과거 일방적 홍보의 대상이나 소극적 여론 수렴 장치에 머물렀던 반상회에 대해, 일정 범위의 결정권을 부여하고 회원의 적극적 토론을 유도할 경우 유용한 제도로 발전·정착될 수 있기 때문이다.

이와 함께 정보화의 참여 기반이 확장됨에 따라 정보화 매체를 통한 정책 결정

과정에 직접 참여할 수 있는 외연이 확장되고 있다. 정보화 매체는 시민의 의견 수렴, 고충처리, 정보 제공, 회의의 중개, 정책 토론, 시청자 참여 프로그램(viewer call-in programs), 온라인 직접민주제(시민투표, 시민제안), 온라인 공동체 등 다양하게 정책 결정 과정에 참여할 수 있는 통로를 제공한다.

정보화 매체를 통한 참여의 제도화는 기본적으로 정보화 매체가 일방향적 의사소통 체계를, 양방향 내지는 다자간의 의사소통 체계로 확장시켜 주는 데서 가능하다. 이런 측면에서 향후 정보화 추세의 진전에 따라 정보화에 기반한 참여제도의 실험 내지 확장은 더욱 힘을 받게 될 것이다.

다만 참여제도 하에서 정보매체의 활용 가능성과는 별도로 일반적 현상이기는 하지만, 우리의 경우 정보매체를 통한 정책 결정 과정의 참여에 수반되는 부정적인 측면들을 어떻게 해결할 것인가의 문제가 있다. 예컨대 정보 격차에 따른 불평등, 피상적 · 선동적 참여, 정보의 홍수, 정보 집중에 따른 집권화, 익명성에 따른 무책임한 참여 등의 문제를 어떻게 해결할 것인가가 그것이다(Rimmerman, 1997: 95; 유광수 · 배득종 외, 2000: 154). 따라서 이러한 우려를 해소하기 위한 추가적인 노력의 요구는 참여의 제도화를 추구하는 과정에서 지속적인 부담 요인으로 남게 될 것이다.

② 한국에서 시민 참여의 한계

우리나라의 정책 결정 과정에서 참여의 제도화를 위한 정부의 정책적 노력의 부족은 시민 참여의 질적 측면을 고양하는 데 상당한 문제가 있다. 이에 대한 원인은 여러 가지가 있을 수 있겠으나, 무엇보다도 권력의 이양에 대한 정부의 소극적 태도 때문이다. 이에 따라 정책 결정 과정에서 한국의 시민 참여가 안고 있는 문제점과 특성을 살펴보면 다음과 같다.

첫째, 공익적 영역에서 시민 참여가 다양하게 이뤄지지 못하고 있다. 선거 참여 등 공적 참여의 영역에 비해, 공익을 위한 정책 결정 과정에서 시민들의 참여 수준이 저조하다. 이런 측면에서 우리에게는 참여 의식보다 참여제도의 불비가 더 큰 문제 요인으로 지목되고 있다(박동서 · 김광웅, 1987: 107). 이와 같이 참여제도가 부각되는 것은 장기간에 걸쳐 참여제도가 확충되어 온 선진국에 비해, 참여의 역사가 일천한 우리나라에서는 참여제도의 도입이 미흡하거나 기존의 제도마저 형식적으로 운영되고 있는 경우가 많기 때문이다(이승종, 1995).

둘째, 시민 참여를 둘러싼 내용의 건전성에 대한 문제다. 공공문제에 대한 관심과 참여 의식이 높지 않으며 사적 이기주의가 팽배해 있다. 특히 책임 의식과 권리 의식의 불균형은 문제로 부각되고 있다. 이 같은 참여 의식의 불건전성은 특히 지방자치 실시 이후 현실적으로 나타나고 있다.

지방분권화에 따라 정치적 효능감이 증대하면서 정책 과정에 대한 시민 참여가 신장되기는 했으나 공익보다는 사익을, 전국적 이해보다는 지역적 이익 추구를 위한 참여가 우세하게 나타나고 있다. 예컨대 안면도 핵폐기물 처리시설 설치나 김포 쓰레기 매립지 건설 등과 같은 공공시설의 입지를 둘러싼 집단과 지역 간의 갈등에서 보듯이 참여제도가 무용지물이 될 우려마저 있다.

물론 이러한 상황은 개선되어야 한다. 그것은 1차적으로 참여제도의 확충을 통해 2차적으로는 참여 의식의 제고를 통해 참여가 적정화되도록 정책적 노력을 기울여야 한다. 이 가운데 특히 정부의 책임성 강화를 위한 노력은 대단히 중요하다. 그 이유는 정책 결정 과정에 대한 참여의 활성화를 위한 정부의 정책적 노력이 취약한 상황에서는, 참여가 실질적으로 신장되기 어렵고 정부의 책임성이 담보되기 어렵기 때문이다.

시민 참여 없이도 정부가 높은 책임성에 기초해 공평하게 자원을 배분하는 정책을 구사하면 굳이 시민 참여가 필요하지 않을 수도 있다. 그러나 외적 압력이 없는 상황에서 정치적 책임성을 확보한다는 것은 어디까지나 수사(修辭)에 지나지 않음을 우리의 경험은 가르쳐 주고 있다(김태룡 외, 2009: 263-280).

(2) 시민단체[22)]

① 한국 시민단체의 등장 배경

한국의 정책 과정에서 시민단체의 역할은 급속하게 확대되어 왔으며, 또한 시민단체가 정책 과정에 관여하는 폭도 대단히 넓어지고 있다. 특히 1990년대 이후부터는 시민단체의 활동 범위가 이전과는 달리 환경·복지·소비자 분야 등 다양한 정책 영역으로 팽창하기 시작했다.

---

22) 여기서 사용하는 시민단체는 광의의 의미로 사용하고자 한다. 시민단체에 대한 용어와 유형은 다양하나 구분에 따른 실익이 별로 없기에, 편의상 NGO(non-government organization)와 동일한 개념으로 사용하고자 한다.

시민단체가 수적으로나 질적으로 성장하게 된 계기는 한국 정부가 사회문제를 해결하는 데 시민에게 만족할 만한 대안을 제시해 오지 못했기 때문이다. 이로 인해 시민단체는 정부가 해결하지 못한 영역에 관심을 갖게 되었고, 활동 영역 역시 확대하게 된 것이다. 이 같은 현상은 특히 1987년 6월 민주화운동 이후 민주화와 분권화가 진행되면서 폭발적으로 야기되기 시작했다.

이에 따라 시민단체는 시민사회와 관련된 사회문제의 해결을 내세우면서 사회 변화를 주도하는 주요한 사회 세력으로 성장하기 시작했다. 시민단체는 한정된 역할에서 벗어나 각종 정부정책에 개입하고 있으며, 정책 과정에서 적극적인 영향력을 행사하고 있다. 시민단체의 영향력은 수적인 성장과 함께 정책 과정에서 정책 조언자로서 정보 제공, 정부위원회에 참여해 의견 제출, 입법 청원, 시위·고발·언론을 통한 여론 압력 등 다양한 전략을 통해 행사되고 있다.

시민단체는 문제 해결을 위한 대안적 분쟁 해결기구, 정부나 시장에 대한 견제 역할, 정부 서비스의 전달자, 시장실패에 대한 조정자, 이익 갈등 조정자로서 역할 등을 담당해 나가고 있다. 나아가 정책 결정 과정에서 대안의 제시자로서 활동과 정책 결정 및 평가 과정에서 주요한 파트너로 요청을 받고 있다. 다시 말해, 한국에서 시민단체는 국가의 정책 결정과 자원 분배 등에 참여함으로써 지속적인 인간·사회 발전의 동반자가 되어가고 있다.

② 한국 시민단체의 역할

일반적으로 시민단체는 정책 결정 과정에서의 역할로 첫째, 사회에서 무엇이 잘못되어 있고 그 원인이 무엇인가 견해를 밝힐 수 있다. 둘째, 문제에 대한 예측 또는 해결책으로 바람직한 청사진을 제시할 수 있다. 셋째, 사회의 지배적인 가치와 사회운동이 추구하는 가치를 연결시킴으로써 공익집단의 활동을 통해 정책 방향의 정당성을 확보할 수 있다는 점에서 의미를 지닌다(김영평, 1995).

한국의 정책 결정 과정에서 시민단체의 정책 참여 형태는 매우 다양하다. 대체적으로 이런 형태로는 공식적 참여, 비공식적 참여, 비합법적 참여로 구분할 수 있다(김수석 외, 2002).

첫째, 공식적 정책 참여는 시민단체의 참여가 법적으로나 제도적으로 보장되도록 함으로써 시민단체가 참여자의 하나로 직접 정책 과정의 파트너로 참여하는 것을 의미한다. 이와 같은 공식적 참여는 정책 결정 과정에서 가장 빈번하게 발생하는 것으로 주로 민감한 이슈를 다룰 때 등장하는 경향이 많다. 예컨대 문제의 사안이 국민이나 정책 대상집단에 매우 민감하게 작용되는 경우 관료나 의회 의원의 독자적 결정이 부담스러울 때가 있다. 이러한 경우 시민단체를 제도적 장치에 참여시켜 위험 부담을 줄이고자 사용하는 방법이다.

이런 맥락에서 한국의 경우 민주화의 진행에 따라 정부의 각종 위원회나 정부 주도의 공청회에는 거의 예외없이 시민단체를 참여시키고 있다. 따라서 한국의 시민단체는 의제 설정에서 정책 결정에 이르기까지 과거와는 비교할 수 없을 정도로 영향력이 확대되어 왔다. 이와 같이 시민단체가 정부정책에 영향력을 확대할 수 있었던 것은 운동 방식에서도 기인하지만, <표 5-1-1>에서 보듯이 시민단체가 갖는 전문성에서도 그 이유를 찾을 수 있다.

시민단체에 참여하는 전문가집단은 단체의 설립에 직접 관여하거나, 설립 이후 단체의 활동에 주도적으로 참여하는 지원집단으로 주요한 역할을 하고 있다. 전문가집단은 시민단체가 성장하는 데 상근활동가 다음으로 중요한 공헌을 하고 있다. 전문가집단의 경력 분포를 살펴보면 교수집단이 가장 많이 참여하는 것으로 나타났고, 그 밖에 전문직 종사자나 종교단체 관계자 등이 참여하고 있다. 따라서 이들의 참여는 시민단체가 정책 과정에서 전문성을 확보하는 데 일조하고 있다.[23)]

둘째, 비공식적 참여는 시민단체가 다양한 경로를 통해 정부의 정책 결정에 간접적으로 영향을 미치는 것을 말한다. 이러한 경우 주로 문제 인식, 의제 설정, 정

표 5-1-1 환경운동연합의 전문가 배경 비율

배경	인원(명)	비율(%)
교수	44	32.1
언론출판인	20	14.6
문화예술인	19	13.9
변호사	13	9.5
시민운동가	10	7.3
종교인	7	5.1
정치가	1	0.7
기타	23	16.8

책 결정 · 집행 · 평가 과정에 시민단체가 비공식적으로 의견을 개진하는 수준의 참여를 의미한다.

비공식적 참여는 한국의 시민단체가 정책 과정에서 가장 많이 활용하는 것이기도 하다. 시민단체에서 발의한 대부분의 법안은 사전에 이 같은 비공식적 참여를 통해 그 효과를 극대화하고 있다는 점이다. 예를 들어 시민단체가 직접 해당 의회 의원을 상대로 의견을 개진하거나, 관료를 상대로 의견을 사적으로 개진해 정책에 의사를 반영하는 것이 일반적인 비공식적 참여 형태다.

셋째, 비합법적 참여는 넓게 보면 비공식적 참여의 형태에 속한다. 하지만 비합법적 참여는 법의 범주를 벗어난 것으로, 여론 동원과 정책결정자의 주의를 환기시키기 위한 불법적 운동이나 시위 등 집단행동을 통한 참여를 의미한다. 이러한 참여는 비합법적이지만 여론을 환기시킴으로써 정책 당국의 대응을 촉구하기 위한 유효한 수단으로 활용된다.

<표 5-1-2>에서 보듯이 경실련의 활동전략별 사업구조를 살펴보면 비합법적 참여에 해당하는 적극적 항의나 시위가 전체 활동에서 11% 정도를 차지한다. 따라서 이러한 전략은 의제 설정과 결정 과정을 포괄하는 정책형성 과정에서 지대한 영향을 미칠 수 있다는 점에서 의미가 있다. 예컨대 시민단체의 요구로 제정된 '부패방지법'의 경우를 볼 때, 초기에는 정부나 입법부에서 전혀 관심도 기울이지 않았다. 그러나 시민단체들이 이 같은 비합법적 참여 내지는 비공식적 활동을 통해 '부패방지법'을 제정하기에 이른 것이다.

그런데 시민단체의 비합법적 참여는 민주화의 진행과 '집회 시위에 관한 법' 등

표 5-1-2 경실련의 활동전략별 사업구조

(단위: 건, %)

활동 전략	적극적 항의 · 시위	정책 대안적 정책	합리적 의사표시 전략	캠페인	연대활동
건수 비율	223 (11.1)	821 (41.0)	699 (34.9)	12.2 (6.1)	139 (6.9)

23) 경실련은 기독교운동집단과 학자 · 지식인집단을 중심으로 출발했다. 경실련 회원의 직업별 분포를 보아도 사무직 24.2%, 자영업 13.0%, 학계 11.5%, 학생 10.6%, 법조계 6.3%, 언론계 3.7%, 의약계 2.5% 등으로 분포되어 있어 개혁 · 진보적 성향의 사람들이 많이 포함되어 있음을 알 수 있다.

법적용의 현실화에 따라, 최근에는 거의 이뤄지지 않고 있다. 따라서 시민단체가 활용하는 전략 가운데 적극적 시위나 항의의 경우도 대부분 '집회 시위에 관한 법' 등의 법절차에 따라 이뤄지고 있어, 비합법적인 참여로 분류하기에는 무리가 있다. 다만 주민조직이나 비제도화된 단체 수준에서 이 같은 전략들이 활용되기는 한다.

한국에서 시민단체의 정책 과정에 대한 영향력을 평가하기에는 다소 성급한 감이 있기는 하다. 그러나 짧은 역사에 비해 한국의 시민단체들이 정책 결정 과정에 끼쳐온 영향력은 매우 크다. 따라서 시민단체가 정책 결정 과정에서 영향력을 확대해 나가기 위해서는 끊임없는 전문성의 확보와 함께 효율적인 전략의 모색이 병행되어야 할 것이다(김태룡 외, 2010: 212-230).[24)]

생각할 문제

■ 행정과 정책

1. 정책 목표의 중요성에 대해 생각해 보시오.
2. 정책 유형 간의 차이점을 비교하고, 한국 행정에서 가장 갈등을 유발하고 있는 정책 유형에 대해 생각해 보시오.

■ 한국 행정과 정책형성

1. 한국의 정책 결정 과정에서 활용되고 있는 징책결정모형에 대해 조사해 보고, 이의 적실성에 대해 생각해 보시오.
2. 한국의 정책형성 과정에 참여하고 있는 공식적 참여자의 역할에 대해 생각해 보시오.
3. 한국의 정책형성 과정에 참여하고 있는 비공식적 참여자의 역할에 대해 생각해 보시오.
4. 한국의 정책형성 과정에 참여하고 있는 공식적 참여자와 비공식적 참여자 간의 역할 관계는 어떠해야 하는지에 대해 생각해 보시오.

24) 시민단체에 대한 정부의 태도가 관용과 자율 관계로 변화하자 시민단체는 폭발적으로 증가했다. 이로 인해 질적 저하, 헤게모니 쟁탈전, 내부 비리 등이 나타나기 시작했다. 또한 시민운동이기보다는 사회적 명망가 중심의 엘리트운동의 성격이 강한 결과, 시민의 참여가 미흡한 결과를 초래했다.

제 2 장

한국 행정과 정책집행

제 1 절 행정과 정책집행

1 정책집행의 의미

정책집행이란 정책형성 과정에서 만들어진 정책을 특정한 시간과 공간에서 구체화하고 특정하는 것을 의미한다. 이러한 정책집행은 그 의미가 확장되면서 더욱 관심의 대상이 되고 있다. 전통적인 의미에서는 정책집행을 잘 정해진 정책의 단순한 이행이라고 생각했다. 그러나 복잡한 환경 속에서 예기치 못한 변화가 보편적이 되어버린 현대 사회에서, 집행은 계획의 단순한 이행이라는 의미를 넘어 정책의 계속적인 재해석이라는 의미로 확장되었다(남기범, 2009: 321－322).

2 정책집행의 접근 방법

정책집행의 유형은 크게 두 가지로 나눌 수 있다. 하나는 하향적 집행으로서, 이는 정책집행을 주어진 정책 목표의 달성을 위한 수단적 행위로 파악하고 있다.

다른 하나는 상향적 집행으로, 정책집행을 다수의 참여자 사이에서 발생하는 상호작용으로 이해하는 접근 방법이라고 할 수 있다.

1) 하향적 접근 방법

하향적 접근 방법은 정책결정자가 집행 과정에 대해 절대적인 영향력을 가지며, 집행 참여자의 구성이나 행동을 통제할 수 있다고 보는 관점이다. 따라서 효과적인 집행을 위해서는 엄격한 통제가 필요하다는 입장이다. 이 관점에서 집행은 비정치적·기술적 성격을 띠며 정책 과정은 계층적 조직구조를 거쳐 가는 단선적 특성을 갖는다.

하향적 접근 방법은 이런 시각으로 인해 중앙의 정책결정자 입장을 취하게 됨에 따라 다른 참여자의 전략은 무시되는 경향이 높다. 특히 일선관료나 대상 집단의 전략에 대한 관심이 상대적으로 낮고, 명확한 정책이나 법령이 존재하지 않는 경우 집행에 따른 효과가 낮다.

2) 상향적 접근 방법

상향적 접근 방법은 일종의 상호작용모형이라 할 수 있다. 이 접근에서 정책 결정은 중앙의 정책결정자가 아니라 일선관료라고 인식하고, 정책결정자의 의도보다는 일선기관이나 일선관료의 행태에 중점을 둔다. 그래서 상향적 접근 방법은 상호작용, 분권화, 협상과 집행자의 전문적 경험을 중요시한다. 그리고 집행을 참여자

표 5-2-1 정책집행의 접근 방법 비교

구분	하향적 접근 방법	상향적 접근 방법
성공 요인	결정자의 리더십	집행관료의 재량권
결정과 집행	정책 결정과 집행의 분리	정책 결정과 집행의 통합
관리자의 참여	참여의 제한, 충실한 집행	참여의 필요성
정책 상황	안정적·구조화된 상황	유동적·동태적 상황
정책 목표의 수정	수정의 필요성은 낮음.	수정의 필요성은 높음.
집행자의 재량	불인정	인정

자료: 권기헌(2009: 320).

간의 갈등과 협상으로 이해한다.

상향적 접근 방법은 문제점으로 첫째, 주변의 참여자를 과대 평가하고 중앙의 직·간접 영향을 과소 평가한다는 데 있다. 둘째, 참여자의 선호나 행태의 상당 부분이 정책이나 법령에 따라 좌우된다는 점을 과소 평가한다는 것이다. 그 결과 참여자의 인식과 행태에 초점을 두다 보니, 이에 영향을 미치는 요인은 소홀하게 다뤄진다는 문제가 있다.

3 정책집행의 유형

정책집행에 대한 체계적인 연구는 윌다브스키(Aaron B. Wildavsky)와 프레스먼(Jeffrey L. Pressman)으로부터 시작되어 오늘에 이른다. 여기서는 나카무라(Robert T. Nakamura)와 스몰우드(Frank Smallwood)가 정책집행자와 정책집행자와의 관계를 기준으로 한 분류 내용을 중심으로 다음과 같이 살펴보고자 한다(Nakamura & Smallwood, 1980).

첫째, 고전적 기술관료형(classical technocrats)이다. 고전적 기술관료형은 정치·행정이원론에서의 비정치적인 집행 유형으로서 집행자에게 재량적 결정권이 허용되지 않는 모형이다. 정책결정자는 명확한 목표를 제시하며 정책집행자는 그 목표를 지지한다. 또한 정책결정자는 계층제적 명령구조를 확립하고 자신의 목표 달성을 위해 특정의 정책집행자에게 기술적 권위를 위임하며, 정책집행자는 목표를 달성할 수 있는 기술적 역량을 지니고 있다. 정책의 평가 기준은 능률성과 효과성이다. 다른 유형에 비해 결정자의 통제권이 가장 크다.

둘째, 지시적 위임형(instructed delegates)이다. 지시적 위임형은 결정자가 목적을 제시하고 집행자도 목적을 지지한다는 측면에서 고전적 모형과 유사하다. 그러나 집행자가 수단을 결정하는 데 더 많은 재량권을 가지며, 집행이 복잡해지고 정치적 갈등 가능성이 크다는 점에서 차이가 난다.

이 유형에서 정책결정자는 명백한 목표를 제시하며 정책집행자는 목표가 바람직한 것이라는 데 의견을 같이한다. 정책결정자는 정책집행자에게 재량적 행정 권한을 비교적 광범위하게 위임하며, 정책집행자는 목표를 달성하는 데 필요한 기슬적·행정적 협상 능력을 갖추고 있다. 정책의 평가 기준은 능률성과 효과성이다.

셋째, 협상형(bargainers)이다. 협상형은 집행에서는 정책결정자와 집행자 사이에 반드시 정책 목적이나 수단에 대한 합의가 존재하지 않는다. 정책결정자가 정책 목표를 제시하나, 정책 목표의 바람직성 여부에 대해 정책결정자와 정책집행자 간에 의견이 항상 일치하지는 않는다. 따라서 정책은 결정자와 집행자 간의 협상과 타협에 의해 이뤄진다. 중요시하는 정책평가 기준은 주민 만족도다.

넷째, 재량적 실험가형(discretionary experimenters)이다. 재량적 실험가형은 정책결정자가 정책 수립 능력이 없고 집행자에게는 광범한 재량을 위임하는 유형이다. 이 유형에서 정책결정자는 지식의 결여와 불확실성 때문에 그 목표를 명백히 표명하지 못한다. 따라서 정책결정자는 목표를 명료하게 하고 그것을 달성하는 데 필요한 수단을 개발하도록 하기 위해, 정책집행자에게 광범위한 재량권을 위임한다. 즉, 집행자의 고도의 전문성이 전제된다. 정책평가의 기준은 수익자 대응성이다.

다섯째, 관료적 기업가형(bureaucratic entrepreneurs)이다. 관료적 기업가형은 집행자가 정책결정자의 권한을 장악하고 정책 과정의 통제권을 획득한다. 이에 따라 정책집행자 자신이 정책 목표를 세우고 정책결정자가 목표를 채택하도록 권력을 동원해서 설득한다. 정책집행자는 목표를 달성하는 데 필요한 수단을 확보하기 위해 정책결정자와 협상을 벌이며, 정책집행자는 자신의 목표를 수행할 의지와 능력을 가지고 있다. 정책은 결정자보다는 집행자에 의해 주도된다. 정책평가의 기준은 체제 유지도다.

4 정책집행의 성공 요인

성공적인 정책집행이 무엇을 의미하는지에 대해 아직까지 명확한 개념이 정립되어 있지는 않다. 일반적으로 정책실패는 집행 과정에서 원래 의도한 정책 목표가 달성되지 못한 상태를 의미한다. 이런 측면에서 권기헌(2009: 297－298)은 정책집행의 성공 기준으로 목표 달성의 정도, 목표 달성의 원활성, 소요 시간과 예산을 들고 있다. 다시 말해, 목표 달성의 정도와 원활성이 떨어지거나 소요 시간이나 예산이 많이 들었다면 그 정책은 성공했다고 보기 어렵다.

성공적인 정책집행을 위해 고려해야 할 사항으로는 다음을 생각해 볼 수 있다.

첫째, 내적 고려 사항이다. 이에는 정책 목표의 명확화, 내·외적인 조직구조, 집행자의 가치관과 태도, 표준운영절차(SOP), 자원 확보 등이 있다.

둘째, 외적 고려 사항이다. 이에는 이익집단의 특성, 문화적 특성, 정책 결정 기관의 지원, 대중매체의 관심과 여론, 사회경제적 여건과 기술 등이 있다.[1]

한편 정책집행의 제약 요인으로는 정책 자체 요인, 집행 체제 요인, 환경적 요인 등으로 고려해 볼 수 있으나 일반적인 요인을 살펴보면 이러하다.

첫째, 정책의 불명확성과 지식의 불완전성에 기인한다. 이는 정책의 내용이 불명확하거나 집행을 위한 지식이 불완전한 경우 정책의 효과적인 집행은 곤란하거나 어려워진다.

둘째, 자원의 부족을 들 수 있다. 이는 정책 목표가 아무리 명확하더라도 정책집행을 뒷받침할 경제적·시간적 자원이 수반되지 않으면 집행은 효과적인 정책결과를 만들어낼 수 없다.

셋째, 정책집행기관 상호 간의 관계다. 정책의 집행은 다양한 집행기관의 협조에 의해 이뤄지는 것이 일반적이다. 그런데 이 상황 속에서 할거주의 등으로 원만한 협조가 이뤄지지 못할 경우 정책집행 자체가 불가능해지거나 지체될 수도 있다.

넷째, 정책집행자의 성격이다. 아무리 정책이 명확히 규정되어 있다고 할지라도, 정책집행자가 능력 부족 등으로 정책 목표에 적극 찬동하지 않거나 목표 달성에 수동적인 태도로 대응하면 집행이 좋은 결과를 거둘 수 없다.

다섯째, 표준운영절차(SOP)의 탄력성 여부다. 표준운영절차는 정책집행 과정에서 발생하는 환경 변화에 융통성 있게 적응하는 것을 가로막아 경직적·기계적인 집행을 초래하게 된다.

여섯째, 의사 전달의 비효율성을 들 수 있다. 위로부터의 명령·지시나 아래로부터의 보고 등이 잘 이뤄지지 못해서 정책집행이 예상치 못한 결과를 초래한 경우가 있다(하상군·장문학, 2009: 188-192).

---

1) 유사한 맥락에서 이론의 타당성, 지침의 명확성, 집행담당자의 능력과 헌신 여부, 지지의 확고함, 환경의 안전성 등이 정책 성공에 영향을 끼친다(Sabatier & Mazmanian, 1990).

제 2 절 한국 행정과 정책집행

한국의 정책집행 과정에는 과거와는 달리 두 가지 특징적인 면이 나타나고 있다. 하나는 정책집행의 주체가 종래에는 주로 공무원이었으나, 최근에 이르러서는 시민단체와 같은 광의의 시민사회 조직이 공동집행자로 참여하고 있다. 또 다른 특징으로는 정책집행에 따른 불응성이 높아지고 있다는 것이다. 특히 이 과정에서 시민단체가 정책 불응에 주도적인 역할을 담당하고 있다는 점도 특징으로 볼 수 있다.

1 정책집행의 공동 참여

정책의 집행 과정은 주로 공무원을 통해 이뤄지는 경우가 일반적이다. 그것은 정책이 지닌 특성상 권위있는 정부에서 행해진 것으로 규정하고 있기 때문이다. 그러나 정부 서비스의 제공에 따른 비용의 과다와 특히 외환위기 이후 복지 영역 등에서 정부의 서비스를 전달하는 데, 시민과 시민단체들의 공동 참여는 한국의 집행 과정에서 새로운 특징으로 부각되고 있다. 이러한 현상은 거버넌스적 협력 체제가 공고히 되면서, 집행과 관련된 이해집단과 민간기관이 개입하는 사례가 증가하고 있기 때문이다.

시민단체가 정책집행 과정에 참여하는 방식에는 여러 가지가 있다. 사회복지기관이나 행정 업무에 주민들이 개별적으로 자원봉사를 하는 것에서부터, 행정의 서비스 공급을 대행하거나 공공시설을 위탁받아 관리·운영하는 집단적 참여 방식까지 매우 다양하다.

한국에서 시민단체가 정책집행에 참여하게 된 원인은 무엇보다 김대중 정부 이래로 민영화와 민간위탁의 확대에 힘입은 바 크다. 특히 사회복지 서비스 부문에서는 기존 정부 기능의 상당 부문이 민간위탁의 형태로 시민단체에 의해 제공된다. 이 경우 비용의 일부를 시민단체가 부담하기도 함으로써, 행정비용의 절감은 물론 시민이 만족할 수 있는 다양한 서비스를 제공할 수 있다는 장점이 있다.

예컨대 정책집행에서 정부는 재원을 지원하고 계약을 통해 시민단체가 서비스를 공급하는 이원적 체계가 이뤄지고 있다. 시민단체는 수탁기관으로서 정부가 발주한 계약에 대한 내역과 프로그램 운영에 관한 기준 그리고 재정회계 운영의 기준을 준수하도록 하고, 이에 따라 시민단체는 서비스를 대신 공급하는 수직적 관계가 이뤄지고 있다. 이런 경우는 특히 사회복지 프로그램이나 교육 프로그램, 문화·예술 등의 정책 분야에서 많이 나타난다.

정책집행 과정에서 시민단체의 역할은 일정 기간 행정의 업무를 대행하는 경우도 있지만, 더 나아가 정부와 같은 종류의 서비스를 제공해 정부의 활동을 보충하기도 한다. 그리고 정부가 공급하는 서비스와 다른 질의 서비스를 제공해 시민의 만족도를 높임으로써 정부활동을 보완하기도 한다.

한편 특정 분야에서는 정부가 제공하지 않는 서비스를 시민단체가 유일하게 제공하는 경우도 있다. 예를 들어 장애인이동봉사대, 129응급구호서비스 등은 시민단체와 정부 모두가 시민에게 제공되는 복지 서비스와 비교할 때, 질적인 측면에서 행정 서비스의 보완 관계에 있다고 할 수 있다(조석주, 2004).

그러나 한국의 정책집행에서 시민단체의 참여는 많은 논란거리를 제공한다. 특히 행정이 효율화를 위한 각종 공공사업의 위탁, 복지사업의 세분화에 따른 지원, 그리고 도시문제 해결을 위한 지역공동체 지원사업 등에서 정부와 시민단체 간의 협조적인 관계는 시민단체의 자율성 침해에 대한 문제를 불러오고 있기 때문이다. 특히 시민단체의 재정이 정부의 지원과 사업 참여 등에 지나치게 의존적일 경우, 정책 과정에서 시민단체의 독립성이 문제가 될 수도 있다(김준기, 2006).

2 정책집행의 불응성의 증가

한국의 정책집행 과정에서 또 다른 특징 가운데 하나는 정책집행의 불응성이 종래와는 달리 증가하고 있다는 것이다. 예컨대 새만금사업이나 '국민기초생활보장법'과 같은 정책의 집행 과정에서 나타난 시민들의 정책집행에 따른 불응성은 정책 체제를 위태롭게까지 했다.

정책집행에 대한 순응성이 감퇴된 것은 민주화의 진행 과정과 무관하지는 않다. 그것은 과거 권위주의적 체제 하에서는 정책집행에 대한 불응이 체제에 도전으로 비춰지거나 아니면 불법적인 행위로 처벌을 받았지만, 민주화가 진행되면서 정책집행의 불응성은 의사 표시의 한 유형으로 간주되고 있기 때문이기도 하다. 이러한 과정에서 특히 시민단체의 역할이 강화되고 있는데 그 이유를 살펴보면 다음과 같다.

첫째, 시민단체가 정책집행 과정에서 감시자의 역할을 하기도 한다. 이러한 역

토론 이슈 천정산 사드 배치 저지, 그 3일간의 분노

급박하게 돌아간 3일이었다.

한 중앙지의 갑작스러운 '사드 양산 배치 유력설' 보도에 양산 전역은 혼비백산(魂飛魄散)이 됐다. 남 일로 알았던 '사드'가 더 이상 남 일이 아니게 된 것이다. 아닌 밤중에 된서리를 맞고 혼란에 빠진 양산은, 차츰 냉정을 찾기 시작했다.

한 국회의원은 국방부 장관과 외교부 장관을 찾아가 따졌고, 한 국회의원은 자신의 직을 내걸었다. 냉전 중이던 시의원들도 사드 배치를 막기 위해 뜻을 모았다. 양산의 시민사회단체들이 저마다 반대 성명을 내고, 불지 종가 통도사와 내원사 스님들도 천성산에 올라 사드 배치 반대를 외쳤다. 기장군수와 군민들까지 합세해 사드 배치 저지에 팔을 걷어붙였다.

민과 관이 하나가 되어 한마음, 한뜻으로 '사드 양산 배치 결사반대'를 외쳤다. 사드 양산 배치를 반대하는 뜨거운 불꽃은 결국 지난 13일 정부가 '경북 성주'를 사드 배치지로 공식 발표하고 나서야 사그라들었다. 양산 시민들은 비로소 안도의 한숨을 쉬며 일상으로 돌아갔다.

이번 사태를 겪으면서 양산 시민들은 천성산을 관광지든 자연레저타운이든 두 번 다시 군사시설로 사용되지 않도록 활용할 때가 왔다고 목소리를 높였다.

유례없이 불꽃처럼 타올랐던 양산의 3일, 그날을 되짚어본다

[양산신문, 2016년 7월 19일자에서 발췌]

이슈 제기

1. 이 사례인 사드 배치와 관련한 구체적 내용을 조사해 보시오.
2. 이 사례와 같이 정책집행의 불응성이 발생하는 이유들에 대해 토론해 보시오.
3. 이 사례에서 보듯이 정책집행의 불응성에 시민들이나 시민단체들의 활동이 현저하게 영향을 미치는데, 이들의 활동 방식에 대해 토론해 보시오.
4. 정책집행의 불응성이 야기될 경우, 정부는 어떤 대응을 해야 효율적인 집행이 가능한지에 대해 토론해 보시오.

할을 통해 정책집행 과정에서 정책에 동의하지 않을 경우 불응 세력으로 등장한다.

둘째, 시민단체가 정책집행 과정에서 보완 및 정보 제공자의 역할을 하기도 한다. 예를 들어, 환경정책의 경우 지역적인 특수성을 바탕으로 해야 하는 경우가 발생하면, 전국적인 통일성에 대한 필요성과 함께 지역의 특성 및 오염원의 특성 등을 반영할 필요를 고려해야 한다. 그러나 이 과정에서 정책집행 체제가 이러한 것들을 수용하지 않을 경우, 시민단체는 오히려 정책집행에 대한 불응의 주체로 등장하는 경우가 많아졌다. 예컨대 새만금사업에서 이러한 정책집행에 대한 불응성이 상징적으로 나타났다. 정부의 최종 방침이 발표된 2001년 5월 25일부터 방조제 완공 직후인 2006년 5월 말까지, 환경시민단체들은 잇달아 시국선언문을 발표하고 1천만인 서명운동과 함께 정권 퇴진운동으로 저항의 강도를 높였다. 이로 인해 새만금사업은 정책집행 과정에서 수년간 표류되는 악순환을 반복하게 되었다. 따라서 한국의 정책집행에서 이러한 정책불응성은 민주화의 진행 과정에 따라 증가할 것으로 보인다.[2)]

생각할 문제

■ 한국 행정과 정책집행

1. 한국 행정에서 정책집행의 효율성이 높지 못한 이유에 대해 생각해 보시오.
2. 한국 행정에서 정책집행에 따른 불응성이 증가하고 있는 이유에 대해 생각해 보시오.
3. 한국 행정에서 최근 정책집행에 대한 공동 참여가 증가하고 있는 이유에 대해 생각해 보시오.
4. 한국 행정에서 정책집행의 효율성을 높이기 위한 대안에 대해 생각해 보시오.

---

2) 예컨대 2003년 노무현 정부가 출범하자 새로운 정치적 기회를 포착한 환경시민단체들은 종교단체와 함께 삼보일배를 진행하는 한편 서명운동, 단식 투쟁, 삭발 시위 등 강도 높은 대중 동원 방식으로 국민적 관심을 고조시키는 전략을 구사했다. 이 시기에는 새만금사업의 대안을 제시하는 공청회·토론회와 기자회견 개최, 성명서·선언문 발표 등 정보제공형도 활발했지만 저항의 강도와 대중 동원의 규모, 전략적 차원을 종합적으로 검토하면 대중동원형에 비중을 두고 있음을 알 수 있다. 삼보일배를 정점으로 2003년 6월 이후에는 새만금소송이 본격적으로 진행되면서 법률적 대응과 국제연대활동에 치중하게 된다. 행정소송이 진행되는 동안 극단적인 투쟁 방식이 완화되고 일반인이 직접 참여하는 시민생태조사단과 같은 행사가 급증했다(정정화, 2006).

제 3 장 한국 행정과 정책평가

제 1 절 행정과 정책평가

1 정책평가의 의미

정책평가(policy evaluation)란 국민에게 미치는 영향이나 효과를 검토해 바람직한 정책 과정을 전개하려는 활동으로서 평가 결과를 정책 과정에 환류해 정책 과정을 개선하려는 행위다. 다시 말해, 원래 의도와 결과를 정책이 얼마나 효과적으로 달성했는지를 측정하는 행위라고 할 수 있다. 이 같은 정책평가의 주요 기능으로는 ① 정책 성과에 대한 정보의 제공, ② 정책이 추구하는 가치의 명료화와 가치에 대한 비판, ③ 정책문제를 분석하는 방법에 대한 기여 등을 들 수 있다(Dunn, 1981: 341-342).

2 정책평가의 유형

정책평가의 유형은 평가의 관점, 목적, 시기, 대상 등에 따라 학자마다 다양한 논의가 있다. 예컨대 평가 주체에 따라 내부평가와 외부평가, 그리고 성격에 따라 과정평가와 총괄평가로 나눌 수 있다. 일반적 의미에서 정책평가는 총괄평가를 의미하며, 과정평가는 총괄평가에 대한 보완적 성격을 갖고 있다. 그리고 양자를 합친 맥락에서 종합평가가 있다(Nachmias, 1979: 5-6).[1)]

1) 총괄평가

총괄평가(summative evaluation)는 정책이 집행되고 난 이후에, 정책이 사회에 미친 영향을 추정하는 것으로 정책의 영향과 결과에 대한 평가를 의미한다. 일반적으로 정책평가라고 하면 총괄평가를 의미하며 가장 널리 활용되고 있는 방법이기도 하다. 총괄평가는 정책이 집행된 후 사회에 미친 영향을 추정하거나 확인하려는 사실판단적 활동이기 때문에, 정책 영향에는 정책 효과뿐만 아니라 부수 효과나 부작용도 포함된다.

총괄평가의 종류로는 평가 대상과 목적에 따라 효과성 평가, 능률성 평가, 공평성 평가 등으로 나눌 수 있다(이진주 외, 1996: 73).[2)] 효과성 평가는 단순히 의도했던 정책 목표의 달성 정도만을 파악하는 데 그치지는 않는다. 이에 더해 문제가 어느 정도나 해결되었는가와 함께, 문제가 완화 또는 악화되었는지와 같은 정책문제의 파악과 분석이 동시에 이뤄진다.

능률성 평가에 포함되는 것으로는 정책의 직접적 소요비용, 부작용이나 사회적 충격을 포함한 사회적 소요비용, 정책 효과는 비용을 상쇄시킬 정도의 정책 효과 등을 판단한다. 공평성 평가에서는 정책집행 이후에 나타난 정책 효과와 비용의 사회집단 간의 배분이나 지역 간의 배분 등에 대한 공평성 정도를 분석한다.

2) 과정평가

과정평가(process evaluation)는 형성평가(formative evaluation)라고도 부른다. 과정평가는 정책이나 프로그램이 공식화된 지침에 따라 집행된 정도를 평가 대상

1) 류지성(2009: 488-496)은 정책평가의 유형을 사회적 요구 혹은 결핍에 대한 평가, 평가성 사정, 과정평가, 영향평가, 능률성평가, 프로그램 모니터링, 메타평가와 평가종합으로 나눈다.
2) 총괄평가의 종류는 또한 진실험적 설계에 의한 평가, 준실험적 설계에 의한 평가, 그리고 비실험적 설계에 의한 평가로 나눌 수 있다.

으로 하는 활동이다. 과정평가가 중시되는 이유는 총괄평가의 경우 사전에 충족시켜야 할 세 가지 전제 조건이 있는데, 이를 무시하고 체계적인 검증도 거치지 않고 총괄평가가 이뤄지는 경우가 있기 때문이다. 따라서 과정평가를 통해 정책이 제대로 작동되지 않는 원인을 찾아내어 이를 수정함으로써 정책이 제대로 운용될 수 있도록 하는 데 있다. 과정평가에서는 프로그램 투입이 결과에 어떻게 영향을 주고, 무엇 때문에 그런 결과가 초래되었는지를 분석하는 데 초점을 두고 있다. 이 같은 인과 경로나 인과관계에 대한 정보는 집행 절차를 개선케 함으로써 정책 효과를 높일 수 있게 한다. 이를 구체적으로 살펴보면 첫째, 정책 효과는 어떠한 경로를 거쳐서 정책 효과가 발생하게 되었는가를 점검한다. 둘째, 정책 효과가 발생하지 않는 경우에 어떤 경로에 잘못이 있었는지를 점검한다(백승기, 2010: 418).

3) 메타평가와 평가종합

평가연구의 결과가 프로그램에 미치는 영향을 증가시키기 위해서는 평가 자체의 질적 수준을 높여야 한다. 메타평가(meta-evaluation)는 평가의 질적 수준을 고려하기 위해 평가를 검토하는 것이다. 메타평가는 평가를 위한 방법론의 질적 향상에 크게 이바지할 수 있다. 또한 메타평가의 방법론은 발전의 여지가 많은 분야이기도 하다.

이와 함께 평가종합(evaluation synthesis)은 기존의 프로그램에 대한 평가연구 결과를 종합해서 정책 과정에 필요한 정보를 제공하는 것을 의미한다. 메타평가를 형성적 메타평가와 총괄적 메타평가로 구분해 설명하는 것과 같이, 평가종합에 의한 평가 역시 진행되고 있는 프로그램에 대한 수정과 보완을 목적으로 사용되기도 한다. 그리고 과거의 프로그램 결과에 대한 평가정보를 종합해 새로운 프로그램의 효과성을 높이는 방법으로 사용되기도 한다(류지성, 2009: 495-496).

3 정책평가의 절차와 설계

정책평가는 결과의 활용 목적, 평가 방법 등에 따라 평가 절차가 달라질 수 있다. 다만 일반적인 정책평가의 절차를 살펴보면 정책평가의 목적을 확인·결정→

정책 목표·수단과 정책구조의 파악→평가 대상의 구체화→평가 방법의 결정→ 자료의 수집과 분석→평가 결과의 제시의 순으로 이뤄진다(노화준, 2001: 76-80; 백승기, 2010: 420).

1) 정책평가의 목적 확인과 결정

정책평가를 시작하기 전에 평가를 담당할 평가자와 평가 결과를 활용할 의뢰인들은 평가 결과를 통해 무엇을, 어떻게 그리고 왜 해야 하며 제약 요인은 무엇인지 등에 대해 충분히 이해해야 한다. 이 단계에서 주로 고려해야 할 사항으로는 사업 활동의 목적과 성격, 평가 결과를 활용할 것으로 예상되는 자, 평가 유형, 평가를 수행하는 데 소요되는 비용, 평가의 실행 가능성, 평가 과정에서의 자료나 평가 결과에 따른 제약 등이 있다.

2) 평가 대상의 구체화

평가 대상에 대한 구체화 작업이라고 할 수 있는 평가설계에서는 윤리적 또는 정치적 및 재정적 요인과 함께, 방법론적 요구 사항 등에 대한 충분한 검토가 수반되어야 한다. 평가의 설계 단계에서는 조사 활용을 논리적으로 배열하는 방법과 자료를 수집하는 방법 등 평가를 계획하는 과정에서 필요한 모든 결정을 하게 된다. 이 단계에서 고려해야 할 사항으로는 접근 방법의 명료화, 측정 방법과 측정 도구, 측정 절차와 방법에 대한 정당성, 평가에 대한 이해관계자의 협조 등이 있다.

3) 평가 방법의 결정

이 단계에서 평가자는 사업을 관찰하고 자료를 수집해 측정해야 한다. 측정에 따른 신뢰도와 타당도를 높이기 위해 척도와 방법을 활용한다. 일반적인 자료의 원천으로는 면접조사, 설문조사, 관찰조사, 그리고 2차 자료조사가 활용된다.

4) 자료의 수집과 분석

자료가 수집되면 체계적으로 분석하고 결과를 해석해야 한다. 자료의 분석 방법에 대해서는 평가문제의 성격, 연구설계, 이용 가능한 자료 등을 종합적으로 고려해 결정해야 한다. 결과의 해석 단계에서는 분석 결과를 설명하고 결과의 일반화 가능성 여부 등을 검토해야 한다.

5) 평가 결과의 제시

평가 결과는 활용 중심적 평가가 되어야 한다. 이를 위해 평가 결과는 정책결정자가 의사 결정을 내리기 전에 항상 이용 가능토록 해야 한다. 특히 평가결과서가 정치적 요인과 대립하게 되는 경우도 있을 수 있기 때문에, 평가 결과에 대한 해석과 그에 따른 악용 가능성에 대비해야 한다.

4 정책평가의 논리와 방법

1) 정책평가의 기준

정책이 초래한 결과를 평가하기 위해서는 평가 기준을 마련해야 한다. 정책평가의 기준 또한 학자마다 다양한데, 일반적으로 다음과 같은 기준이 제시되고 있다 (Dunn, 1981: 343).

첫째, 효과성(effectiveness) 기준이다. 이는 목표의 달성도를 의미하는 것으로, 정책이 의도한 본래의 목표를 달성했는가를 평가하는 것이다.

둘째, 능률성(efficiency) 기준이다. 이는 목적을 달성하는 데 따른 투입과 산출 간의 비율을 의미한다. 비용·편익분석이 정책평가의 능률성을 평가하는 기준으로 활용된다.

셋째, 형평성(equity) 기준이다. 이는 비용과 편익이 상이한 집단 간에 공정하게 분배되고 있는가를 평가하기 위한 기준이다.

넷째, 대응성(responsiveness) 기준이다. 이는 정책이 특정 집단의 욕구나 선호 등을 정책이 얼마나 충족시키고 있는가를 평가하는 기준이다.

다섯째, 적절성(appropriateness) 기준이다. 이는 실제로 정책의 결과가 유용성과 가치가 있는 것인가를 평가하는 기준이다. 그런데 적절성 기준은 목표를 실현하기 위한 수단이라기보다는 오히려 목표의 본질을 내포하고 있어 실질적 합리성과 밀접하게 관련되어 있다.

2) 정책평가의 논리와 방법

(1) 정책평가의 논리

① 정책평가의 타당성

정책평가에서 타당성(validity)이란 측정하고자 하는 변수의 내용을 얼마나 정확하게 측정할 수 있도록 조작되었나를 의미한다. 일명 정확성이라고 한다. 다시 말해, 측정이나 절차가 목표로 내세운 것을 얼마나 제대로 달성했느냐 하는 것을 의미한다. 이 같은 타당성은 내적 타당성, 외적 타당성, 구성적 타당성, 통계적 결론의 타당성으로 다시 나눠진다.

가. 내적 타당성

내적 타당성(internal validity)은 정책이 집행된 이후 결과 변수에 변화가 일어났을 때, 이 변화가 정책 때문에 발생한 것인지 아니면 다른 요인에 의해 발생한 것인지를 밝히는 것이다. 내적 타당성을 높이려면 가능한 독립변수에 의한 효과만을 정확히 추출해낼 수 있는 실험설계가 중요하다. 이를 위해서는 내적 타당성의 저해 요인에 대한 통제를 철저히 해야 한다(노화준, 2001: 213－215).[3]

나. 외적 타당성

외적 타당성(external validity)이란 실험 결과를 어떤 다른 상황에서도 적용할

---

3) 첫째, 역사(history) 요인이다. 평가 실험을 수행하는 기간 동안에 실험자의 의도와 관계없이 발생하는 사건으로 인해 타당성을 저해하는 경우다. 둘째, 성숙 효과(maturation) 요인이다. 이는 실험 대상집단이 시간의 경과에 따라 자연히 성숙함으로써 발생하는 현상을 말한다. 셋째, 상실(mortality) 요인이다. 이는 정책 실시 중에 우연히 실험집단의 구성원이 탈락하는 경우를 말한다. 넷째. 회귀인공(regression) 요인이다. 이는 극단적인 점수를 받은 사람을 선발해 다시 측정하면 그들의 평균 점수가 덜 극단적인 방향으로 이동하는 효과를 의미한다. 다섯째, 측정(testing) 요인이다. 이는 정책이나 프로그램의 실시 전과 후에 유사한 측정을 반복할 경우, 정책 대상자가 측정 방법에 익숙해져서 측정값이 영향을 받는 것을 의미한다. 다섯째, 측정 도구(instrumentation)의 변화다. 이는 정책 실시 전과 정책 실시 후에 사용하는 효과 측정의 방법이 변화한 경우를 의미한다. 여섯째, 선발과 성숙의 상호작용이다. 이는 실험집단과 통제집단을 선발하는 경우도 다르고, 선발 후의 성숙 효과도 차이가 있는 경우다. 여섯째, 처리와 상실의 상호작용을 들 수 있다.

수 있는가에 대한 일반화를 의미한다. 다시 말해, 특정한 상황에서 내적 타당성을 확보한 정책평가가 다른 상황에도 그대로 적용될 수 있는 정도를 의미한다. 이러한 외적 타당성을 저해하는 요인으로는 다음을 들 수 있다.

첫째, 일반화가 가능할 수 있는 대상 집단의 범위 문제다. 특정한 대상 집단에 대해 실시한 정책평가의 결과를 다른 모집단에 일반화할 수 있을 것인가 하는 문제다. 둘째, 일반화가 가능할 수 있는 시기에 관한 것이다. 특정한 시기에 집행된 정책의 효과에서 얻은 결론을 다른 시기에 실시해도 유사한 결과를 얻을 수 있을 것인가 하는 것이다. 셋째, 일반화가 가능한 상황이나 환경에 관한 문제다(남궁근, 2003: 201-202).

다. 구성적 타당성

구성적 타당성(construct validity)이란 측정 도구가 실제로 무엇을 측정했는가, 또는 조사자가 측정하고자 하는 추상적인 개념이 실제로 측정 도구에 의해 적절하게 측정되었는가를 의미한다. 따라서 이는 측정의 기초가 되는 이론적 구성이 제대로 측정되었는가를 의미한다. 즉, 평가에 사용된 이론적 구성 개념과 이를 측정하는 측정 도구나 측정 수단 간의 일치성 정도를 의미한다.

라. 통계적 결론의 타당성

통계적 결론의 타당성(statistical conclusion validity)은 연구의 설계가 처리 효과를 찾아내기에 충분할 정도로 정확한가를 의미한다. 따라서 이는 자료와 측정자의 타당성을 의미한다.

② 정책평가의 신뢰성

정책평가의 신뢰성(reliability)이란 동일한 대상에 대해 유사한 측정 도구를 사용해 반복적으로 측정할 경우 유사한 결과를 얻을 수 있는 정도를 의미한다. 신뢰성을 측정하는 방법에는 일반적으로 재검사법(test-retest method), 복수양식법, 반분법 등이 있다.

일반적으로 신뢰성을 저해하는 요인들로는 코딩(coding)이나 기계적 오류도 비체계적인 경우 신뢰도를 떨어뜨린다. 또한 낮은 수준의 측정 도구는 신뢰도를 낮출 수 있다. 이 밖에도 정책 대상자의 일시적 상태에 따라 정책에 관한 행태에 영향을 미쳐 오차가 발생할 수 있다(백승기, 2010: 431-432).

(2) 정책평가의 방법

객관적이고 타당성 있는 정책평가를 위해 사회실험을 하게 되는데, 그 이유는 허위변수나 혼란변수 같은 제3의 변수를 통제해 정책평가의 타당성을 높이고자 하는 데 있다. 이러한 타당성있는 정책평가를 하는 방법에는 크게 실험적 방법과 비실험적 방법이 있다. 전자는 진실험(true experiment)과 준실험(quasi-experiment)으로 구분한다. 이때 양 집단의 동질성을 확보해서 하는 실험을 진실험이라고 하고, 동질성을 확보하지 못한 실험을 준실험이라고 한다.

① 진실험적 방법

진실험적 방법은 실험집단과 통제집단의 동질성을 확보하면서 실시하는 실험적 평가 방법을 의미한다. 다시 말해, 평가 대상을 두 집단에 무작위로 배정해 두 집단의 동질성을 확보한 후, 한 집단은 비교를 위해 사용하고(통제집단) 다른 집단(실험집단)에게만 일정한 처치(treatment)를 가해 일정한 시간이 지난 후, 두 집단의 결과 변수에서 나타나는 차이를 처치의 효과로 추정하는 실험 방법이다.

진실험이 준실험과 다른 것은 실험집단과 통제집단의 완전한 동질성을 확보한다는 데 있다. 그래서 실험집단과 통제집단을 서로 동질적인 것으로 구성하기 위해서는 평가 대상을 두 집단에 무작위적으로, 즉 어떤 대상이 실험집단이나 통제집단에 배정될 확률을 동일하도록 하는 조건 하에서 배정해야 한다.4) 그런데 진실험도 한계가 있기 마련이다. 진실험은 실험집단의 비동질성으로 인한 내적 타당성의 문제를 극복해 주는 데는 도움이 되지만, 외적 타당성과 실행 가능성에서는 심각한 문제가 제기된다. 이러한 한계를 극복하기 위한 방법은 다음과 같다.

첫째, 모집단을 크게 하는 엷은 표본(thin sampling) 전략을 사용할 수 있다. 이 경우 실험집단과 통제집단 간의 상호작용으로 인해 발생하는 문제의 상당 부분이 제거될 수 있다.

---

4) 이때 동질성은 다음의 세 요건을 충족해야 한다. 첫째, 동일한 구성으로 두 집단은 유사한 대상이나 단위가 혼합되어야 한다. 둘째, 동일한 경험으로 두 집단은 관찰 기간 동안 동일한 시간과 관련된 과정을 경험해야 한다. 셋째, 동일한 성향으로 두 집단은 정책에 대해 동등한 경향을 가져야 한다. 즉, 자기선택(self-selection)의 경향이 동일해야 한다.

둘째, 집단 수준의 무작위 추출을 시도한다. 만약 한 자연집단에 속하는 모든 가능한 대상자를 실험집단에 포함시키고 통제집단의 구성원은 이와 절연된 다른 자연집단에서 구한다면, 진사회실험이 갖고 있는 내적 타당성 상의 문제점은 거의 없어지게 될 것이다.

셋째, 무작위 설계(random design)의 범위를 넘어서서 두 개 또는 그 이상의 집단을 실험집단 속에 포함시키고 다른 몇 개의 비등질 자연적 집단을 통제집단으로 이용하는 방법이다. 이는 진실험이 갖고 있는 내적 타당성의 문제는 물론이고 가능성(feasibility)의 문제도 해결하는 데 도움을 준다.

② 준실험적 방법

진실험적 방법에서와 같이 실험집단과 통제집단의 동질성을 확보하는, 즉 무작위 배정에 의한 통제에 의해 평가하기 어려운 경우에 준실험적 방법에 의한 정책평가를 하게 된다. 준실험적 방법은 무작위 배정 방법이 아닌 짝짓기(matching) 방법 등을 사용해 두 집단이 비동질적일지라도, 잠재적인 혼란변수나 허위변수의 측면에서 가능한 한 유사한 실험집단과 비교집단을 구성하려고 노력한다.

정책평가 연구에서 진실험에 의한 방법이 이상적이기는 하나, 여러 문제점 때문에 현실적으로 준실험이 많이 사용되고 있다. 준실험적 평가 방법에는 비동질적 통제집단 설계에 의한 평가, 사후측정 비교집단 설계, 회귀불연속 설계, 그리고 단절적 시계열설계 등이 있다.

③ 비실험적 설계 방법

비실험적 설계(non-experimental design) 방법은 진실험과 준실험설계를 제외한 인과관계의 추론 방법을 의미한다. 즉, 진실험적 방법과 준실험적 방법의 경우와 같이 비교집단이 구성되지 않은 인과 추론 방법이라고 할 수 있다. 사실상 대다수의 정책 효과에 대한 평가에서 비실험적 방법이 많이 활용된다.[5)]

이러한 비실험적 설계 방법으로는 통계적 통제에 의한 평가, 인과모형에 의한

5) 정책평가를 위한 비실험적 설계 방법은 다음과 같다. 첫째, 인과경로모형을 작성하기 위해 우선 정책평가와 관련된 변수들을 선정한다. 둘째, 변수들 간의 관계를 규정하고, 이들 간의 관계에서 변수의 위치를 결정하고 모형을 작성해 도표 형태나 기호로 표현한다. 셋째, 분석 대상이 되는 변수 간의 관계는 인과적 흐름이 일방적인 비대칭적 관계, 쌍방적 관계, 인과관계를 구분하기 어려운 대칭적 관계로 구분한다.

평가, 포괄적 통제와 잠재적 통제에 의한 평가 등이 대표적이라고 할 수 있다(노화준, 2003; 박성복·이종렬, 2005: 409-410).

5 정책평가의 한계

1) 일반적 문제

정책평가가 갖고 있는 일반적인 한계나 문제는 많다. 그것은 정책평가가 갖는 짧은 역사성에 한 원인이 있다. 하지만 정책평가가 과학적이고 전문적인 면에서 질이 낮다는 것이 가장 일반적인 한계로 지적된다. 특히 평가의 중복, 평가 기준의 자의성과 과다, 평가 절차의 복잡성과 평가 시기의 중첩 등으로 인한 피평가자의 업무 과중의 문제 또한 한계로 보인다. 이 밖에도 정책평가는 정치적·실제적 측면에서 문제를 지니고 있다.

첫째, 평가 연구는 광범위하고 복잡한 문제에 대해 다만 제한된 해답만 제시할 뿐이다. 그리고 평가 결과의 판단 및 해석 과정에서 주관적인 판단이 개입될 여지가 많다. 이로 인해 동일한 현상에 대해 긍정과 부정의 의견이 존재할 수 있다.

둘째, 정책실무자는 문제에 대처하기 위해 정보를 즉시 원하지만 평가자는 자신의 연구 표준을 고집한다. 따라서 평가자들이 문제를 규명하고 정교한 기법에 따른 자료 수집과 분석을 하는 동안 의사 소통의 문제가 제기된다.

셋째, 정책평가에서 얻은 정보가 정책의 질을 개선하고 방향을 제시하는 데 적절히 사용되지 못하고 있다. 평가 결과가 정책 개선에 활용되지 못하는 이유로는 관리자의 무능, 평가자와 관리자 간의 갈등, 비합리적인 정치적 요인의 개입, 정책실무자가 원하는 정보의 제공 미흡 등을 지적할 수 있다.

넷째, 정책 효과의 인과관계를 밝히기가 쉽지 않다. 이에는 여러 원인이 있겠지만 무엇보다 관련 자료를 획득하는 데에 어려움이 있고, 평가가 형식적 행위에 그치는 경우가 많고, 평가에 필요한 자금이나 시간, 그리고 인원 등의 부족이 그 이유라고 할 수 있다.

다섯째, 공식적 저항으로 관료들은 평가가 가져올 정치적 결과에 대해 걱정한다는 것이다. 만일 평가 결과가 나쁘게 나타나면 그들의 위치가 불리해지므로 평가 연구를 기피하고 자료의 접근을 봉쇄하려고 한다.

여섯째, 정책문제 채택을 둘러싸고 수많은 이해관계자 간의 갈등이 발생할 때 정책결정자는 정책 목표를 불확실하고 모호하게 설정한다. 이 경우 정책 목표의 모호성으로 인해 효과성을 평가할 때 혼란이 야기되고 상이한 결론에 도달할 수도 있다.

2) 평가방법론상의 문제

정책은 속성상 영향 범위가 광범위해 직접적인 대상 집단 외의 다른 집단에도 영향을 미친다. 또한 정책 효과는 장기간에 걸쳐서 발생하며 이에 미치는 영향 간에는 상호관련성이 있다. 이처럼 복잡한 속성을 지닌 정책 효과를 객관적인 방법을 사용해 정확하게 평가한다는 것은 힘든 일이다. 정책평가에서 방법론상 상이한 접근을 사용하면 이는 성과평가에 영향을 미치게 된다. 그래서 실제로 어떻게 정책을 평가하느냐에 대해서는 상당한 불일치가 존재한다.

사업평가에 대한 방법론상 가해지는 비판으로는 ① 방법론의 기본 철학에 대한 불일치, ② 방법론의 유용성에 대한 불일치, ③ 방법론의 적용성에 대한 불일치, ④ 방법론에 의해 강조된 의문점에 대한 불일치 등이 있다. 이러한 비판은 제안된 평가 체계에 의해 강조된 문제점과 관련이 있으며, 제시된 방법론이 현실 세계의 상황에 적응하지 못하는 것과도 관련이 있다.

3) 평가자의 능력과 윤리성의 문제

평가자와 관련된 문제로는 평가자의 능력과 평가와 관련된 윤리적 문제를 들 수 있다.

첫째, 평가자에게 요구되는 능력과 관련해 정책에 대한 지식, 논리적 분석 능력, 평가 기준과 절차 등에 대한 이해가 요구된다. 하지만 전문 능력이 부족할 수 있고, 특히 외부 평가자인 경우 실제 문제에 대한 답변보다는 전문직업적인 성격과 학문적인 것에 더 관심을 지니는 경향이 있다.

둘째, 평가자에게 가해지는 윤리적 측면으로서 정보 왜곡, 성과의 과대 해석,

비용과 폐해의 의도적 축소, 평가 결과의 의도적 유출 등 윤리적 책임성 문제에 직면하는 경우가 있다.

셋째, 평가자에게는 중립성이 요구되지만 학문적 정향, 특정 사상이나 가치, 선호 체계 등에 따라 평가 결과가 변질될 수 있다.

4) 평가 대상과 기준 및 방법상의 문제

평가 대상과 기준 및 방법론상의 문제점으로 다음을 지적할 수 있다.

첫째, 평가는 목적, 시간, 비용의 범위 안에서 평가 대상이 선정되어야 한다. 그렇기 때문에 정책평가의 대상을 무엇으로 하고 어디까지로 한정할 것인가는 매우 중요하다. 평가 대상이 광범위할 경우 평가의 실효성이 저해될 수 있다.

둘째, 평가 기준은 정책 일반에 공통적으로 적용할 수 있는 것도 있고 정책 영역별로 차별화될 수 있는 것도 있으므로 평가 기준의 설정도 매우 중요하다. 정책평가지표는 정책대표성, 적절성, 인과성, 비교 가능성, 구체성, 기한성, 측정 가능성 등의 요건을 충족해야 한다.

셋째, 평가 방법에서는 양적 지표와 질적 지표의 적절한 배분, 인과적 추론의 타당성 문제, 질문지 조사의 타당성과 신뢰성 문제, 주관적 판단의 효용과 한계 등과 같은 문제가 정책평가 과정에서 제기될 수 있다.

5) 공식적 저항

정책평가는 정책의 효과성에 대한 판단을 내포한다. 이에 따라 조직 내 관련된 관료들은 평가가 가져올 정치적 결과에 대해 불안을 느끼게 된다. 만일 평가 결과가 불리하게 나타나면 그들의 위치는 매우 불리하게 된다. 그러므로 그들은 평가연구를 기피하고 자료의 접근을 봉쇄하려고 한다.

이에 반해 기관 내에서의 평가연구는 고위 관료에 의해 강력히 지지를 받는다. 왜냐하면 이들은 프로그램 간의 자원 배분에 관한 결정을 내려야 하기 때문이다. 일반적으로 조직은 변화 저항적인 반면, 평가연구는 변화 지향적이라 할 수 있다. 따라서 조직의 저항을 극복하고 평가의 관심을 불러일으키기 위한 개선책의 마련이 요구된다(박성복 · 이종렬, 2005: 426–430; 이종수 · 윤영진 외, 2008).

제 2 절 한국 행정과 정책평가

정부의 업무나 정책을 평가하는 주된 목적은 성과관리 체계를 구축해 자율적인 평가 역량을 강화해 국정 운영의 능률성과 효과성 및 책임성을 확보하고자 하는 데 있다. 이를 통해 정책의 품질을 제고함으로써 공공기관이 수행하는 정책의 최종 수혜자인 국민의 만족도를 향상하고자 하는 것이 목적이라 할 수 있다.

정부업무평가를 도입하게 된 배경은 제한된 예산과 인력으로 추진되는 정부정책의 목적과 수단의 적절성, 시행 과정의 효율성, 집행 결과 달성하고자 하는 목표의 실현성 등에 대한 면밀한 분석과 평가를 통해 정부 부문의 경쟁력과 국가 경영의 효율성을 제고하고자 한 데 있다. 이런 측면에서 여기서는 한국의 정책평가제도의 변천 과정, 관련 법제와 기구, 그리고 한국의 정책평가가 지닌 한계 등을 중심으로 살펴보고자 한다.

1 한국 정책평가제도의 변천

우리나라에서 정부정책에 대한 성과평가 시스템이 도입된 시기는 학자마다 다소 견해 차이가 있기는 하다. 그렇지만 군사정부가 들어선 1961년 9월에, 내각수반 하의 기획조정실이 심사분석이라는 업무를 추진하게 된 시점으로부터 보는 것이 일반적이다.

이때부터 정부정책에 대한 성과평가 시스템은 다양한 변화를 보여 왔다. 현재의 성과평가 시스템이 마련된 때는 노무현 정부 시기인 2006년 4월에 '정부업무평가기본법'이 마련된 시점으로 볼 수 있다. 우리나라의 정부업무평가제도는 2006년 4월 통합정부업무평가제도가 도입되기까지를 도입 단계, 과도기 단계, 재정비 단계, 발전 단계로 구분할 수 있고, 이후 통합 단계의 다섯 단계로 나눌 수 있다.

1) 도입 단계

도입 단계(1961년 9월~1981년 10월)는 정부 업무에 대한 평가 개념이 우리 정부에 처음으로 도입된 시기로, 당시 내각수반 하의 기획조정실에서 심사분석이라는 업무로 추진되었다. 매년 정부 업무의 전반에 관한 기본운영계획을 수립하고 집행 결과에 대해 분석·평가를 했다. 그리고 평가교수단 등을 활용해 예산사업을 중심으로 사업 추진의 관련 진도를 분석하고, 추진상의 문제점 및 대책 중심의 과정평가 기능을 수행했다.

운영 절차를 살펴보면, 각 부처는 기본운영계획을 수립하고 계획에 명시된 모든 사업에 대해 자체심사분석을 실시한 뒤 기획조정실에 심사분석보고서를 제출했다. 제출된 심사분석 결과는 기획조정실에서 종합해 분기별로 국무회의를 거쳐 대통령에게 보고하는 방식이었다.

그러나 당시의 심사분석제도는 각 부처의 무관심, 특히 소관 업무에 관한 문제점의 노출 기피 현상으로 형식적인 운영에 그쳐 심사분석 본래의 기능을 원활히 수행하지는 못했다. 이러한 상황에서 기획관리실의 주된 역할은 국·과의 진도 분석을 종합 정리하는 데 불과했다. 그리고 심사분석에 대한 법적 뒷받침도 미비했다. 1972년에 '정부의 기획 및 심사분석에 관한 규정'이라는 대통령령만으로 추진하게 됨으로써 합법성을 추구하는 관료들이 이를 경시하는 원인이 되었다.

그렇지만 무엇보다 큰 문제는 담당기구의 이원화였다. 초기에는 각 부처도 기본운영계획을 예산의 확보 수단으로 적극적으로 활용했기 때문에 심사분석제도가 상당히 활성화되었으나 점차 국무총리 기획조정실이 각 부처가 제출한 기본운영계획 초안을 단순 취합하는 형식적 수준을 벗어나지 못했으며, 일단 완료된 심사분석의 결과도 차기 5개년계획이나 예산편성에 환류되지 못하는 경우가 많았다. 예컨대 심사분석과 기본운영계획은 기획조정실에서 관장한 반면에, 중장기 계획과 예산편성은 경제기획원의 기획국과 예산국에서 관장했기 때문이다(문영세, 2001: 2).

2) 과도기 단계

과도기 단계(1982~1994년)에서는 정부평가제도가 경제기획원의 심사분석(1981년 11월~1994년 12월)과 국무총리 행정조정실의 정책평가(1990년 4월~1994년 12월)로 이원화되어 있었다.[6] 이를 구체적으로 살펴보면 1981년 11월의 기구 개편에

6) 경제기획원에서 수행한 심사분석은 주로 첫째, 사업 진도 위주의 분석 및 공기업 등 투자기관의

서 국무총리 기획조정실이 폐지됨에 따라, 심사분석 업무는 경제기획원으로 이관되어 신설된 심사분석국에서 주관했다. 심사분석국에서는 형식화된 기본운영계획제도를 폐지하는 대신에, 주요 업무계획제도를 도입했고 심사분석지침을 작성해 각 부처에 시달했다.

당시의 심사분석 운영 체계를 보면 부처 업무에 대한 심사분석은 부처로 하여금 스스로 수행케 하고, 경제기획원은 각 부처 심사분석 결과를 취합해 조정하는 데 주력했다. 그리고 심사분석은 크게 집행관리와 성과분석으로 구분되었다. 전자는 연초에 수립된 분기별 추진 계획과 추진 실적을 비교한 후, 미달 사업에 대해서는 부진 사유를 분석하고 대책을 수립하는 것으로 주요 업무 시행계획의 심사분석이 이에 해당한다. 후자는 특정 사업의 추진 실적을 분석해 향후 사업 추진 효율성의 제고 방안을 수립하는 것이었다(문영세, 2001: 3).

심사분석은 사업의 진도 파악이나 단기적 실적 분석에의 치중, 심사분석 대상 선정 및 평가 기준의 합리성 결여 등으로 인해 실질적 효과는 다소 부정적이었다. 도입 단계와 마찬가지로 심사분석은 절차와 내용이 법률에 규정되지 않고, 정부조직법에 의한 직제와 대통령령에 의거해 수행되었다. 따라서 법률적 사항에 비해 심사분석을 경시하게 되었다(문영세, 1995: 285). 이러한 상황에서 노태우 정부 때인 1990년 4월에 총리실에 정책평가제도를 도입했는데, 이는 주요 국정 현안에 대해 총리의 내각 총괄 기능을 강화하려는 데 있었다.

3) 재정비 단계

재정비 단계(1994년 12월~1998년 2월)의 특징은 국무총리 행정조정실에서 심사평가를 전담하게 되었다는 점이다. 1994년 12월의 정부조직 개편에 따라 경제기획원과 재무부를 통합해 재정경제원을 발족시키면서, 경제기획원의 심사분석 기능이 국무총리 행정조정실로 이관되었다. 그리고 1990년부터 국무총리실이 가지고 있던 정책평가 기능을 통합해 심사평가 업무를 국무총리 행정조정실에서 담당하도록 했다.

경영평가에 역점이 주어졌다. 둘째, 부처 업무에 대한 심사분석은 부처 자율로 수행하도록 하고, 경제기획원은 각 부처의 심사분석 결과를 종합·조정하는 기능을 주로 수행했다.

이는 종래 이원화되어 있던 것을 일원화시킨 것으로 국무총리 행정조정실의 조정 기능을 강화한 조치로 평가할 수 있다. 이에 따라 당해 연도 평가 대상으로 선정된 주요 시책에 대한 정기평가와 국정 운영과 관련해 필요하다고 인정되는 사안에 대한 수시평가로 구분하기 시작했다.

이 시기에 심사평가를 위해 '정부 업무의 심사평가 및 조정에 관한 규정'을 새롭게 마련했다. 그렇지만 이 규정은 과거의 심사분석 방식을 다소 개선해 평가의 외형적 틀을 만드는 데 중점이 두어졌을 뿐이다. 그러다가 1998년 김대중 정부는 기관평가제도를 도입하게 되지만, 이 또한 정책평가로서보다는 오히려 관리평가제도에 더욱 기울어지는 양상을 보였다(구광모, 2003: 1-18).

4) 발전 단계

발전 단계(1998년 3월~2006년 3월)에서의 가장 큰 특징으로는 두 가지 측면을 들 수 있다. 첫째, 김대중 정부에서 장관급 기관으로 격상된 국무조정실에서 심사평가 기능을 강화시켜 나갔다. 둘째, '정부 업무 등의 평가에 관한 기본법'이 2001년 1월 8일에 공포되어 2001년 5월 1일부터 시행에 들어갔다는 것이다.

'정부 업무 등의 평가에 관한 기본법'을 제정하게 된 필요성은 평가 관련 법령이 다기화되어 있어, 평가의 기본 원칙 정립과 효율적인 평가 체제 구축이 요구되었기 때문이다. 이에 따라 법 제정의 필요성이 대두되었고 평가 결과의 활용을 법률적으로 제도화함으로써 평가의 실효성을 확보하고, 지방자치단체에 대한 평가에 필요한 법적 근거 확보가 제정의 취지였다.

노무현 정부 때인 2006년에는 통합적 정부업무평가제도와 성과관리제도의 도입을 목적으로 '정부업무평가기본법'이 도입되었다. 그리고 각 부처의 업무 추진 성과와 추진 의지 등 기관 역량, 그리고 국민의 만족도 등을 종합적으로 평가할 수 있는 기관평가제가 도입되었다.

5) 통합 단계

통합 단계(2006년 4월~현재)에서는 '정부업무평가기본법'에 의해, 통합 정부업무평가제도를 도입해 정착시켜 나가는 시기라고 할 수 있다. 이 법은 이후 2017년

1월 현재 모두 여섯 차례에 걸쳐 개정되었으나, 내용상 큰 변화는 없었다.

통합 단계에서 이뤄진 정부업무평가의 특징으로는 그간 개별적·중복적으로 실시되던 각종 평가를 통합 실시함으로써 평가 대상기관의 부담을 경감하고, 자체 평가 중심의 평가를 통해 자율적 정책 개선이 이뤄지도록 했다. 또한 평가 결과를 예산, 조직 및 인사관리 등에 의무적으로 반영하도록 함으로써 평가의 실효성을 확보해 나가는 단계로 볼 수 있다(김태룡, 2008; 백승기, 2010: 451-454).

예컨대 평가 업무를 줄이기 위해 전자통합평가시스템(eipses)을 구축해 이를 통한 평가활동이 이어졌다. 그리고 관리 과제들의 점수 즉, 정부업무 평가점수에 따라 각 부처에서 부서의 성과급에 대한 차등을 통해, 부처의 경쟁력 제고를 위한 여러 가지 평가정책이 추진되었다. 이에 따라 제도에 대한 공무원들의 수용성도 많이 향상되었다. 특히 특정평가는 매년 국정기조의 목표를 달성하기 위해, 평가 부문의 신설과 폐지가 신속하게 이뤄지도록 많은 노력이 수반되었다.

다만 이런 노력에도 불구하고, 성과관리 및 평가제도가 아직도 실질적인 정책 내용의 개선이나, 평가 결과와 예산과의 높은 연계를 통한 사업 중심의 경제적 완성으로 연결되는 부분이 적다는 것은 문제로 지적된다. 이런 측면에서 우리의 경우도 평가제도의 획기적인 변화와 이를 원활하게 하기 위한 평가총괄기관의 일원화 등, 평가 및 성과관리제도 운영의 기반을 더욱 효율적으로 제구축할 필요가 있다. 끝으로 평가제도에 대한 국민의 이해를 높이기 위해 성과 지향적 지표의 구축이 요구되며, 평가 과정에서 시민 참여가 부족하다는 측면도 개선해야 할 영역이다(김주환, 2013; 황혜신 외, 2014).

2 한국의 정책평가와 제도

1) 한국 정부의 정책평가

2006년 3월 24일 법률 제7928호로 '정부업무평가기본법'이 제정되고 2016년 3월에 6차 개정을 통해 정부평가와 관련해 제기되었던 많은 문제가 해소되었다. 아직은 평가와 관련한 능력과 문화, 그리고 예산상 문제가 있기는 하지만 이 법의 제정으로 한국의 정책평가제도는 진일보했다고 평가할 수 있다. 여기서는 한국의 정책평가제도에 대한 개괄적 내용을 '정부업무평가기본법'을 중심으로, 주요 내용을 간략하게 살펴보고자 한다.

(1) '정부업무평가기본법'의 제정 목적

이 법은 정부 업무평가에 관한 기본적인 사항을 정한 것이라고 할 수 있다. 이를 위해 중앙행정기관・지방자치단체・공공기관 등의 통합적인 성과관리 체제의 구축과 자율적인 평가 역량의 강화를 통해, 국정 운영의 능률성・효과성 및 책임성을 향상시키는 것을 목적으로 한다.

(2) 평가와 관련한 용어의 정의

'정부업무평가기본법'에서 규정하고 있는 평가와 관련한 용어에 대한 정의는 다음과 같다.

첫째, 평가라 함은 일정한 기관・법인 또는 단체가 수행하는 정책・사업・업무 등에 관해 그 계획의 수립과 집행 과정 및 결과 등을 점검・분석・평정하는 것을 의미한다.

둘째, 정부업무평가라 함은 국정 운영의 능률성・효과성 및 책임성을 확보하기 위해, 다음의 기관・법인 또는 단체(이하 "평가 대상기관")가 행하는 정책 등을 평가하는 것을 의미한다.[7]

셋째, 자체평가라 함은 중앙행정기관 또는 지방자치단체가 소관 정책 등을 스스로 평가하는 것을 의미한다.

넷째, 특정 평가라 함은 국무총리가 중앙행정기관을 대상으로 국정을 통합적으로 관리하기 위해 필요한 정책 등을 평가하는 것을 의미한다.

다섯째, 재평가라 함은 이미 실시된 평가의 결과・방법 및 절차에 관해 평가를 실시한 기관 외의 기관이 다시 평가하는 것을 의미한다.

여섯째, 평가와 관련해 성과관리라 함은 정부 업무를 추진할 때 기관의 임무, 중・장기 목표, 연도별 목표 및 성과지표를 수립하고 집행 과정 및 결과를 경제

7) 이에 속하는 기관으로는 첫째, 중앙행정기관(대통령령이 정하는 대통령 소속기관 및 국무총리 소속기관・보좌기관, 둘째, 지방자치단체, 셋째, 중앙행정기관 또는 지방자치단체의 소속기관, 그리고 공공기관 등이다.

성 · 능률성 · 효과성 등의 관점에서 관리하는 일련의 활동을 의미한다.

(3) 성과관리의 전략계획

성과관리를 전략적으로 계획하도록 하기 위해 중앙행정기관의 장은 소속기관을 포함한 당해 기관의 전략 목표를 달성하기 위한 중 · 장기계획을 수립하도록 했다. 이 경우 중앙행정기관의 장은 성과관리 전략계획에 이와 관련이 있는 다른 법령에 의한 중 · 장기계획을 포함할 수 있다. 이와 함께 중앙행정기관의 장은 성과관리전략계획에 당해 기관의 임무 · 전략 목표 등을 포함해야 하고, 최소한 3년마다 그 계획의 타당성을 검토해 수정 · 보완 등의 조치를 하도록 했다.

특히 이 과정에서 중앙행정기관의 장은 성과관리 전략계획에 '국가재정법'의 규정에 따른 국가재정 운용계획을 반영하도록 했으며, 성과관리전략계획을 수립한 때에는 이를 지체없이 국회 소관 상임위원회에 보고해야 한다.

(4) 성과관리 시행계획

중앙행정기관의 장은 성과관리 전략계획에 기초해 당해 연도의 성과 목표를 달성하기 위한 연도별 시행계획(이하 "성과관리 시행계획")을 수립 · 시행하도록 했다. 이때 성과관리 시행계획에는 당해 기관의 임무 · 전략 목표, 당해 연도의 성과 목표 · 성과지표 및 재정 부문에 관한 과거 3년간의 성과 결과 등이 포함되어야 한다. 이 경우 성과지표는 가능한 한 객관적 · 정량적으로 성과 목표를 측정할 수 있도록 설정하되, 객관적 · 정량적으로 설정하기가 어려운 경우에는 다른 형태로 작성해야 한다.

2) 한국의 정부업무평가제도

정부업무평가를 실시할 때 자율성과 독립성이 보장되도록 했다.

(1) 정부업무평가 기본계획의 수립

국무총리는 정부업무평가 기본계획에 포함해야 할 사항을 규정했고, 최소한 3년마다 그 계획의 타당성을 검토해 수정 · 보완 등의 조치를 하도록 했다.[8] 또한

8) 기본계획의 수립에는 다음의 내용이 포함되어야 한다. 첫째, 정부 업무 성과관리 및 평가에 관한 정책의 기본 방향에 관한 사항, 둘째, 정부업무평가 제도의 발전 방향에 관한 기본적인 사항, 셋

국무총리는 정부업무평가 기본계획에 기초해 전년도 평가 결과를 고려하고 평가 대상기관의 의견을 들은 후, 위원회의 심의·의결을 거쳐 매년 3월 말까지 정부업무평가에 관한 연도별 시행계획을 수립하고 이를 평가 대상기관에 통지하도록 했다. 끝으로 국무총리는 정부업무평가 기본계획 및 정부업무평가 시행계획을 수립한 때에는 국무회의에 보고해야 한다.

(2) 정부업무평가위원회의 설치 및 구성

정부업무평가의 실시와 평가 기반의 구축을 체계적·효율적으로 추진하기 위해 국무총리 소속 하에 정부업무평가위원회를 두었다.[9] 위원회는 위원장 2인을 포함한 15인 이내의 위원으로 구성하며, 위원장은 국무총리와 대통령이 지명하는 자가 된다.[10] 그리고 위원회의 회의는 재적 위원 과반수의 출석으로 개의하고 출석 위원 과반수의 찬성으로 의결하도록 했다.

3) 정부업무평가의 종류와 절차

(1) 중앙행정기관의 자체평가

중앙행정기관의 장은 그 소속기관의 정책 등을 포함해 자체평가를 실시하도록 했다. 그래서 중앙행정기관의 장은 자체평가조직 및 자체평가위원회를 구성 운영

째, 정부업무평가와 관련한 연구·개발에 관한 사항, 넷째, 각종 평가제도와 평가 방법 등의 실효성 확보에 관한 사항, 다섯째, 평가 관련 인력의 전문성·독립성 확보에 관한 사항, 여섯째, 전자통합평가 체계의 구축·운영 및 개선에 관한 사항, 일곱째, 평가 관련 예산·조직 등의 지원에 관한 사항, 여덟째, 그 밖에 대통령령이 정하는 평가 업무의 발전에 관한 주요 사항 등이 포함되어야 한다.

9) 위원회의 심의 의결 권한은 다음과 같다. 첫째, 국가 차원의 중장기 평가 기반의 구축·운영계획의 수립 및 추진에 관한 사항, 둘째, 정부업무평가 기본계획 및 정부업무평가 시행계획의 수립에 관한 사항, 셋째, 정부업무평가의 기획·조정·총괄에 관한 사항, 넷째, 정부업무평가제도와 관련된 성과관리에 관한 사항, 다섯째, 정부업무평가 결과의 활용 및 평가제도 간 연계 방안에 관한 사항, 여섯째, 정부업무평가 결과의 보고에 관한 사항, 일곱째, 평가 관련 기관 간 협조 및 평가 업무의 조정에 관한 사항, 여덟째, 특정 평가계획의 수립 및 시행에 관한 사항, 아홉째, 자체평가 제도의 운영·개선에 관한 사항, 열째, 자체평가 계획의 조정, 자체평가 결과의 확인·점검에 관한 사항, 자체평가 결과에 대한 재평가에 관한 사항, 평가제도 운영 실태의 점검에 관한 사항, 새로운 평가제도의 도입에 관한 사항, 이 법 또는 다른 법률에 의해 위원회의 업무로 규정된 사항, 그 밖에 위원장이 정부업무평가제도의 발전을 위해 위원회의 심의·의결이 필요하다고 인정하는 사항 등이다.

10) 주요 위원으로는 행정자치부 장관·기획재정부 장관·국무조정실장 등이다.

해야 한다. 이 경우 평가의 공정성과 객관성을 확보하기 위해 자체평가 위원의 3분의 2 이상은 민간위원으로 구성해야 한다. 그리고 중앙행정기관의 장은 '책임운영기관의 설치 · 운영에 관한 법률' 제12조의 규정에 의해, 소속 책임운영기관에 대한 평가를 하는 경우에는 그 결과를 자체평가에 활용할 수 있게 했다.

(2) 중앙행정기관의 자체평가 절차

중앙행정기관의 장은 당해 연도의 주요 정책 등에 대한 자체평가계획을 수립해 매년 4월 말까지 위원회에 제출하도록 했다. 그리고 위원회는 필요한 경우 중앙행정기관에 자체평가계획의 보완 또는 자료의 제출을 요청할 수 있다. 이와 함께 중앙행정기관의 장은 전년도 정책 등의 추진 실적을 기준으로 자체평가를 실시하고, 그 결과를 매년 3월 말까지 위원회에 제출해야 한다. 그리고 중앙행정기관의 자체평가의 절차 등에 관해 필요한 사항은 대통령령으로 정했다.

(3) 자체평가 결과에 대한 재평가

국무총리는 중앙행정기관의 자체평가 결과를 확인 · 점검해야 한다. 이후 평가의 객관성과 신뢰성에 문제가 있어 다시 평가할 필요가 있다고 판단되는 때에는 위원회의 심의와 의결을 거쳐 재평가를 실시할 수 있다.

(4) 지방자치단체와 공공기관에 대한 평가

지방자치단체의 장은 그 소속기관의 정책 등을 포함해 자체평가를 실시하도록 했다. 지방자치단체의 장은 자체평가조직 및 자체평가위원회를 구성, 운영하도록 했다. 그리고 평가의 공정성과 객관성을 담보하기 위해 자체평가위원회의 3분의 2 이상은 민간위원으로 하도록 했다.

이때 행정자치부 장관은 평가의 객관성 및 공정성을 높이기 위해 평가 지표, 평가 방법, 평가 기반의 구축 등에 관해 지방자치단체를 지원할 수 있다. 이와 함께 공공기관에 대한 평가는 공공기관의 특수성 · 전문성을 고려하고, 평가의 객관성 및 공정성을 확보하기 위해 공공기관 외부의 기관이 실시하도록 했다.

4) 평가 결과의 활용

국무총리 · 중앙행정기관의 장 · 지방자치단체의 장 및 공공기관평가를 실시하는 기관의 장은, 평가 결과를 전자통합평가 체계와 인터넷 홈페이지 등을 통해 공개해야 한다. 그리고 국무총리는 매년 각종 평가결과보고서를 종합해 이를 국무회의에 보고하거나 평가보고회를 개최하게 했다. 또한 중앙행정기관의 장은 전년도 정책 등에 대한 자체평가 결과(위원회에서 심의·의결된 것을 말한다)를 지체없이 국회 소관 상임위원회에 보고해야 한다.

중앙행정기관의 장은 평가 결과를 조직·예산·인사 및 보수 체계에 연계·반영해야 하며, 중앙행정기관의 장은 평가 결과를 다음 연도의 예산 요구 시 반영하도록 했다. 그리고 기획재정부 장관은 평가 결과를 중앙행정기관의 다음 연도 예산 편성 시 반영하는 것을 규정했다.

끝으로 중앙행정기관의 장은 평가의 결과에 따라 우수 사례로 인정되는 소속 부서·기관 또는 공무원에게 포상, 성과급 지급, 인사상 우대 등의 조치를 하고 그 결과를 위원회에 제출하도록 했다.

생각할 문제

■ 정책평가의 의미

1. 정책평가의 유형을 조사하고, 그에 대한 특징들에 대해 생각해 보시오.
2. 정책평가가 갖는 한계에 대해 생각해 보시오.

■ 한국 행정과 정책평가

1. 한국의 정책평가제도가 어떻게 변천되어 왔는가를 조사하고, 각 단계별 특징에 대해 생각해 보시오.
2. '정부업무평가기본법'의 내용을 검토해 보고, 문제점과 개선 방안에 대해 생각해 보시오.
3. 정부업무 평가기관에 대해 조사해 보고, 기관의 효과성에 대해 생각해 보시오.
4. 정부업무평가위원회의 구성이나 기능을 조사하고, 이의 적실성에 대해 생각해 보시오.

제 6 편

한국 행정과 미래

개 관

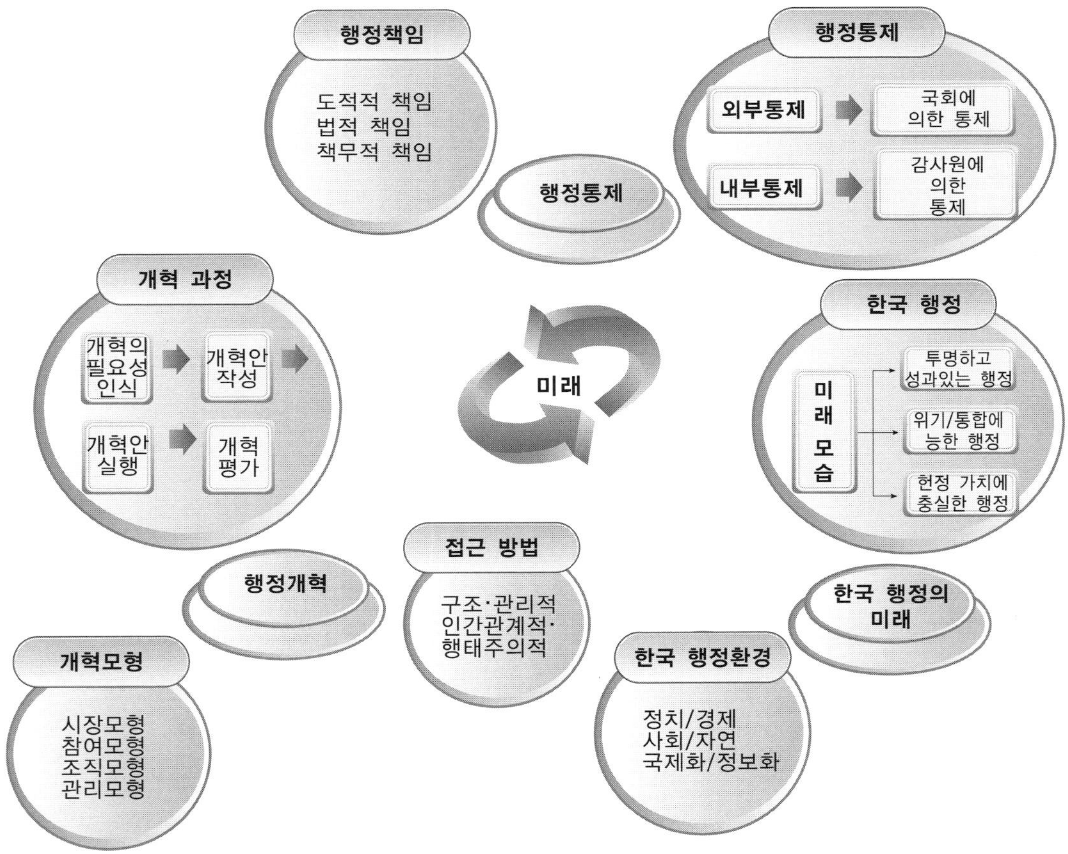

제6편 한국 행정과 미래

제 1 장 한국 행정과 통제

행정이 환경과의 바람직한 관계를 유지하면서 인적·물적 자원을 효율적으로 사용해 최상의 가치인 공공성을 무난하게 달성한다면 시민들은 행정의 역할에 무한한 지지와 성원을 보낼 것이다. 행정의 이러한 역할이 무사히 수행될 수 있도록 시민사회는 정부조직에 끊임없는 책임성을 요구하고, 그래도 문제가 발생할 경우를 대비해 내적·외적인 통제장치를 마련한다. 따라서 행정에서 책임과 통제는 행정이 본래의 역할을 수행하는 데 발생할 개연성이 있는 이탈을 방지하기 위한 교정 장치라고 할 수 있다.

제 1 절 행정과 책임

1 행정책임의 의미

행정책임이란 공무원이나 행정조직이 윤리적·기술적 또는 법적 기준에 따라 행동해야 하는 의무다. 이때 공무원이 행하는 직무나 의무는 책임의 전제가 된다. 그리고 행정책임은 자기 주관 하의 생활 영역에서 일어나는 모든 사태에 대해 책임을 지기 때문에 책임은 행위의 주체자에게 한정되지 않는 속성을 지닌다(백완기, 2010: 328-329).

다시 말해, 공무원에게 행정책임이 요구되는 이유는 국민의 대리인으로서, 주어진 행정 업무를 충실히 수행해서 국민의 욕구를 충족시켜야 할 의무가 있기 때문이다. 따라서 국민의 기대를 충족시키고 행정의 미래를 보장하기 위해 공무원의 책임성의 문제가 중요하게 부각되는 이유다.

그렇다면 국민의 대리인으로서 책임이란 무엇인가? 대리인의 책임은 주인의 책임과 대조적인 것으로, 주인의 책임이 도덕적 책임(moral responsibility)임에 대해 대리인의 책임은 계약상의 책임(contractual responsibility)이다. 그리고 이 책임에는 세 가지 요소가 포함되어 있다. 일반적 의무, 재량권 및 사후에 해명할 수 있어야 한다는 것이다.

대리인인 공무원은 계약상의 의무를 지게 된다. 그러나 모든 대리인이 의무를 진다고 해서 책임을 지는 것은 아니다. 대리인이 책임을 지기 위해서는 의무뿐만 아니라 결정권을 갖지 않으면 안 된다. 부여된 의무를 책임지고 수행하기 위해서는 그에 합당한 최저한도의 재량권이 인정되어야 한다. 이 경우 주인은 사전에 또는 상황마다 개입해 대리인의 재량권 범위를 제한하는 일이 있을지도 모른다. 그러나 이러한 것이 책임의 본질은 아니다. 개입과 제한이 있는 경우에는 그만큼 책임이 감소될 뿐이다.

이에 반해 주인이 사후에 대리인에게 해명을 요구하는 것은 책임의 본질적인 요소다. 대리인은 자기의 판단 하에 재량권의 행사를 했다면, 그 행동에 대해 명백한 해명을 할 수 없으면 책임을 다했다고 할 수 없다. 주인과 대리인의 관계에서 책임을 완수한다는 것은 대리인 측의 주체적 행위다. 그것은 책임에는 주체적인 책임감과 자기규율이 불가피하기 때문이다. 특히 우리의 관료제에서에서 보듯이, 전통적으로 민주적 책임에 대한 감각이 결여된 상황에서는 이러한 점이 크게 강조되어야 한다. 이를 위해 관료제의 민주화를 위해 외재적 책임, 즉 통제 체제를 확립하고 공무원의 내재적 책임을 확립한다는 것은 주요한 과제다.

이와 같이 책임을 주체적 행위로서 고려한다는 것은 책임의 문제를 행정인 측에서 이해한 것으로, 이것은 자율적 책임을 의미한다. 그러나 사실상 책임의 문제는 이러한 행정인 측의 자율의 문제뿐만 아니라 어떻게 해서 책임을 완수하도록 할 것인가, 어떻게 하면 책임을 확보할 수 있을 것인가 하는 문제도 중요하다. 후자는 주인 측으로부터의 통제, 즉 책임 주체에 대한 외부로부터의 통제를 의미한다. 특히 민주주의에 입각한 통치에서는 외부로부터의 책임 확보가 중요하며, 책임의 문제란 곧 통제의 문제로 볼 수 있다(박연호 외, 2010: 440–441).[1]

2 행정책임의 유형

행정책임은 공무원인 대리인과 주인인 국민과의 역할 관계 속에서 발생하는 기대 수준에 대한 이행 요구라고 할 수 있다. 이런 측면에서 볼 때 행정책임은 기대수준에 따라 다양하게 유형화할 수 있다.[2]

1) 도덕적 책임

도덕적 책임(responsibility)은 개인적이고 도덕적 의미를 내포하고 있기 때문에 반드시 공식적 역할이나 지위에 관계될 필요는 없다. 그리고 도덕적 책임이기 때문에 타인이나 부하의 행위에 대해서도 책임을 지며, 법적 요구(legal requirement)에 충족되어도 책임을 지는 경우가 많다. 도덕적 책임의 기준은 주로 국민의 여망이나 여론과 같이 주관성을 강하게 띠기 때문에, 국민의 요구에 대한 대응성(responsiveness)이 핵심을 이루고 있다.

이런 점에서 롬젝(Romzek, 1996)이 분류한 행정책임의 유형 가운데, 정치적 책임(political accountability)은 시민들의 기대에 대한 대응성을 의미한다. 따라서 정치적 책임은 대의민주제라고 하는 정치 기제 속에서 도덕적 책임을 구성하는 핵심적 영역이라 할 수 있다.

1) 박연호 외(2010)는 공무원을 봉사자(public servant)의 입장에서 주인(국민)과 봉사자(공무원)의 관계 설정을 통해 책임론을 설명하고 있다. 그러나 여기서는 공무원을 주인(국민)과 계약 관계에 있는 대리인(agent)으로 하는 관계론을 부각하고자 한다. 따라서 향후 한국 행정에서 공무원을 봉사자로 보아야 하는지 아니면 대리인으로 보아야 하는지에 대한 심도있는 논의가 필요하다.

2) 롬젝(Barbara Romzek)은 통제의 원천과 정도에 따라 행정책임을 법적 책임, 정치적 책임, 위계적 책임, 정책적 책임으로 유형화했다. 이때 기준인 통제의 원천(source of control)은 행정기관에 대한 통제가 내부통제인가 외부 통제인가에 따른 구분이며, 통제의 정도(degree of control)는 통제의 강약을 뜻한다.

2) 법적 책임

법적 책임(accountability)은 법적 추궁의 대상이 되는 책임을 의미한다. 법적 책임은 행위의 결과가 법적 요구도(degree of demand)에 부합되어야 하는 책임이다. 따라서 법적 책임은 공식성(formality)을 강조하는 책임이다. 법적 책임은 행위자가 그 행위로 인해 추궁되었을 때에, 적어도 그 행위의 외면적 결과가 미리 제시된 기준에 부합되어야 한다는 점에서 도덕적 책임과 다르다.[3)]

이런 관점에서 하위 공무원이 자신의 업무 성과에 대한 상급 공무원의 기대에 부응해야 하는 의무인 위계적 책임(hierarchical accountability)은 법적 책임을 확보하기 위한 기능을 한다. 따라서 위계적 책임에서 나타나는 책임 관계는 조직 내의 상사나 고위관료의 기대가 우선권을 가지며, 직접적인 감독이나 명령 이행 등의 준수를 통해 부하의 재량권을 최소화시키려고 한다.[4)]

3) 책무적 책임

도덕적 책임과 법적 책임은 행위의 결과로 제3자에 대해 지는 책임이다. 이에 반해 책무적 책임(obligation)은 직무나 작업을 수행해야 한다는 의미에서 직무에 대한 책임이다. 이는 어떠한 일을 수행해야 할 의무를 말하는데, 책무적 책임은 관료의 가치 판단에 따라 달라질 수 있다. 이런 측면에서 전문적 책임(professional)이라고도 불리는 정책적 책임(policy accountability)은 책무적 책임의 대표적 유형이다. 이처럼 정책적 책임에서는 책무나 의무를 이행해야 하는 책임(responsibility)의 의미가 강하다(Romzek, 1996: 279－296).

제 2 절 한국 행정과 통제

행정책임을 확보하기 위한 수단인 행정통제에 관한 논의로는 프리드리히(Carl

3) 도덕적 책임은 목표의 최대한도의 성취를 위해 최선을 다한다는 의미에서 외면적인 요구 조건뿐만 아니라 내면적인 조건도 중요시한다.
4) 이 유형에서 통제의 원천은 내부에 있으며, 책임자에 대한 통제의 정도는 강하다.

J. Friedrich)와 파이너(Herman Finer)의 이론적 논쟁은 너무나 유명하다. 프리드리히는 행정책임을 확보하기 위한 효율적 방안으로 외부통제의 효과에 대해 회의적인 시각에서, 공무원 스스로의 도덕적 · 자율적인 통제 방식인 내재적 통제(internal control)를 주장했다. 이에 반해 파이너는 공무원의 도덕심에 기초한 내재적 통제의 한계를 지적하면서, 대리인의 주인인 시민이 직접 통제를 가하는 외재적 통제(external control)를 주장했다. 이후 행정에서 책임을 확보하기 위한 통제 수단으로는 이들이 강조한 외재적 통제와 내재적 통제가 어우러지면서 다양하게 발전해 왔다.

행정통제의 방식이나 수단은 통제의 주체가 행정부의 외부에 있느냐 또는 내부에 있느냐에 따라 외부통제와 내부통제로 분류된다. 그리고 통제의 주체가 법제상 강제된 통제 수단인가의 여부에 따라 공식적 통제와 비공식적 통제로 구분된다. 이 밖에도 통제 대상을 중심으로 타율적 통제와 자율적 통제로 구분할 수 있고, 통제 대상의 단위에 따라 개인통제와 조직통제로 구별된다. 또한 통제의 시점을 기준으로 해서 사전적 통제, 동시적 통제, 사후적 통제로 나눠 볼 수 있다. 행정통제를 구분하는 기준은 이와 같이 여러 가지가 있으나, 여기서는 외부통제와 내부통제 및 기타로 대별하고 외부통제와 내부통제는 다시 각각 공식적 통제와 비공식적 통제로 구분해 설명하고자 한다(백완기, 2010: 330−339; 김문성, 2009: 349−378).

1 행정과 통제

1) 외부통제

(1) 외부적 · 공식적 통제

외부적 · 공식적 통제는 공식적 통제 권한을 갖는 외부기관에 의한 통제를 의미한다. 입법부나 사법부에 의한 통제가 대표적인 예다. 외부적 · 공식적 통제는 행정통제 중에서는 가장 기본적인 수단에 해당하며, 통제에 대한 기본 골격은 '헌법'에서 규정하고 있다.

그런데 외부적 · 공식적 통제에서 특히 입법권에 의한 통제의 중요 과제 가운데 하나는 정부가 제출한 법안이나 예산의 수정, 결산 승인을 포함한 의원 입법권을 얼마나 적극적으로 활용할 수 있을 것인가에 달려 있다. 특히 입법부의 행정통제는 법적 책임뿐만 아니라 정치적 책임도 포함되기 때문이다. 따라서 정치성이 강한 영역에서는 정치가와 관료의 전문성, 정보량, 정책 능력, 정권 교체 가능성 등이 중요한 결정 요인이 될 수 있다는 점에서 그 중요성이 있다.

① 의회에 의한 통제

의회는 일반적으로 행정부를 통제하기 위한 기관으로서 성격을 갖는다. 민주적 통제의 근간인 의회에 의한 통제는 행정에 대한 통제 방법 중에서도 중추적 위치에 있다. 통제 방법으로는 입법권, 예산심의권, 국정조사 · 질문권 및 인사권에 의한 통제를 들 수 있다.

가. 입법권에 의한 통제

의회는 법률의 제정과 개정을 통해 행정조직과 절차는 물론, 공공정책의 목표와 대상을 결정함으로써 행정부의 행정 범위를 구속한다. 현대 사회에서 행정에 대한 의회의 통제는 일정한 한계를 지니는데, 이는 위임입법에 의해 행정부의 준입법 기능이 확대됨에 따라 불가피한 현상으로 받아들여지고 있다.

나. 예산심의권에 의한 통제

의회는 국가의 예산을 심의하고 승인하거나 지출을 금지하거나 제한하는 등의 조치를 통해 행정부를 통제한다. 의회에 의한 예산 배정 규모는 행정부의 활동 영역을 한정짓게 되며, 지출 조건의 제시는 행정사업의 성격을 규정하고 세분화된 예산 항목은 행정사업의 실적 내용을 지시하게 된다.

다. 국정조사 · 질의권에 의한 통제

의회는 국정감사와 국정조사권을 통해 국정사안을 조사하고 관련된 서류의 제출, 증인의 출석과 증언 또는 의견 진술을 요구할 수 있다. 또한 의회나 위원회에서는 국정 처리 상황에 관해 질문할 수 있는 질문권을 가지고 있다. 이들의 요구가 있을 때에는 국무총리, 국무위원 또는 정부관료는 출석 · 답변해야 한다.

라. 인사권에 의한 통제

대통령중심제에서 의회는 대통령에 대한 탄핵소추권과 고급공무원의 임명에 대한 동의권을 가지고 집행 권력을 통제한다. 반면 내각책임제에서는 의회가 실질적으로 수상의 임명권을 가지며 또한 내각불신임권도 지니고 있다.

② 사법부에 의한 통제

입법부의 행정통제가 비전문가에 의한 개괄적 통제인 반면, 사법부의 통제는 법률 전문가에 의한 전문적 통제라는 점에서 차이가 있다. 사법부에 의한 통제는 행정부의 행위가 헌법과 법령에 적합한가의 여부와 현저하게 부당한 재량권을 행사하지 않았는가의 여부를 판단해 위헌 · 위법 · 부당한 행위에 대한 시정 조치를 취하는 기능을 말한다.

사법부에 의한 통제는 재판에 의해 이뤄지는데 실제로 행정부의 행위가 사법부에 의해 심사되는 것은 대체로 한정되어 있다. 그렇지만 행정부를 상대로 법원에서 쟁송할 수 있는 제도가 보편화되어 있다는 점에서 행정부에 대한 어느 정도의 통제는 될 수 있다. 사법부의 행정통제는 일반적으로 두 가지 형태로 이뤄진다.

첫째, 행정부로부터 권익을 침해당한 시민이 제기한 소송에 대한 사법적 판단이 그것이다.

둘째, 행정행위의 위헌과 위법 여부를 심사하는 것이다. 예컨대 헌법에서는 법치행정을 구현하기 위해 행정부의 포괄적 위임입법을 금지함은 물론 집행명령도 제한하고 있다. 또한 대법원은 행정부가 발하는 명령, 규칙, 처분이 헌법이나 법률에 위반되는지의 여부가 재판의 전제가 되는 경우에는 이를 최종적으로 심사할 권한을 가진다.

그런데 행정부가 주어진 재량권의 범위에서 행정행위를 한 경우, 이에 대한 사법부의 통제는 다음과 같은 측면에서 한계가 있다.

첫째, 행정기관의 위계적 책임이나 법적 책임에 대한 사법적 통제는 가능하지만 정책적이거나 정치적 책임의 판단은 실제적으로 어렵다. 이는 행정기관의 전문성과 정책적 판단의 적절성을 판단할 수 있는 지식이나 기술을 법원이 겸비하지 못하고 있기 때문이다.

둘째, 사법부는 구체적인 소송을 통해 개별적 · 사후적으로 행정책임을 추구할 수밖에 없다. 행정부에 의해 권익을 침해당한 시민은 먼저 행정기관에 대해 이의신청을 하고, 이에 대해 불복할 경우 소송을 제기하면 비로소 법원이 법적 판단을 하기 때문에 시간과 비용이 많이 소비되고 소송이 끝날 때까지 행정행위는 그대로 인정된다.

③ **옴부즈만에 의한 통제**

의회나 사법부의 행정통제 기능이 효능면에서 의심을 받게 되자, 이를 보완하고 좀 더 적극적으로 국민의 이익을 보호하기 위한 통제 방법으로 등장한 것이 옴부즈만(Ombudsman)제도다. 이는 스웨덴에서 처음 출발한 제도로서, 옴부즈만은 시민의 권리를 지키는 고충조사관을 뜻하는 호민관(citizen defender) 또는 행정감찰관이라고 할 수 있다.

스웨덴에서는 1809년 헌법에 의회 소속기관으로서 옴부즈만의 설치를 규정해 행정과 재판에 대한 의회 통제의 한 방법으로서 제도화되었다. 옴부즈만은 행정관이나 재판관의 직무 수행상의 위법행위나 태만을 발견해 법원에 소추하는 것 외에 일반 국민의 고충을 신청받아 구제하는 기능을 갖는다. 옴부즈만제도는 관료적 형식주의를 타파하고 간결·신속하게 경제적으로 시민의 권리를 구제할 수 있는 유용한 수단으로 널리 확산되고 있다. 우리나라에서는 국민권익위원회가 이와 유사한 역할을 담당한다.

④ **국민투표와 국민발안**

시민에게 국가의 중요 정책 결정에까지 관여하는 길을 열어 주는 국민투표(referendum)나 국민발안(initiative)은 중요한 행정 통제 방법이 된다.

(2) 외부적·비공식적 통제

외부적·비공식적 통제는 일반 국민이 선거, 이익집단, 언론기관, 정당, 여론 등을 통해 행정을 통제하는 것이다. 외부적·비공식적 통제는 전통적인 입법통제나 사법통제가 무력화되어 감에 따라, 책임행정을 효과적으로 확보하기 위한 통제 방법으로서 많은 관심을 받고 있다. 외부적·비공식적 통제 방법에는 다음과 같은 것들이 있다.

① **선거권의 행사에 의한 통제**

일반 국민은 선거권이나 국민투표권의 행사를 통해 행정을 간접적으로 통제한다. 선거권의 행사를 통한 행정 통제의 효과성은 자유민주주의적 정치제도가 확립되어 있느냐에 달려 있다. 이러한 통제 방법의 효과를 기대하기 위해서는 일반 국민이 고도의 정치 의식과 자율적인 참여 의식을 가지고 있어야 한다. 또한 타율적인 간섭을 받지 않고 선거권을 행사할 수 있는 정치 풍토가 마련되어야 한다.

② 시민단체에 의한 통제

시민단체는 자신들의 이념이나 권익을 옹호 · 주장하기 위해 정책 결정, 예산편성, 인사문제 등 행정의 제반 분야에 걸쳐 행정기관을 지원하거나 또는 간섭, 방해, 투쟁을 행한다. 시민단체의 활동이 행정책임과 공익을 확보하는 데 유력한 수단이 되기 위해서는, 각종 사회 기능이 분화되고 조직이 전문화되어야 한다. 특히 이들 집단의 자율성과 독립성이 보장되는 것이 중요하다.

③ 언론에 의한 통제

언론은 국민의 여론을 집약하고 대변함으로써 민의가 정책에 반영될 수 있도록 하는 기능을 담당한다. 사실상 언론은 현대 국가에서 정치적 · 행정적 책임을 확보하는 데 결정적인 역할을 하고 있다. 이와 같이 언론기관이 행정에 대한 효과적인 통제 수단이 되고 있으나 언론기관에 대한 국민의 불신, 상업주의 경향의 증대 등의 이유로 언론의 자율성이 약화되어 행정에 대한 언론의 순기능을 제약하고 있다.

④ 정당에 의한 통제

정당은 국민의 이익을 위해 책임 있는 정치적 주장이나 정책을 추진하고, 공직선거에 후보자를 추천하거나 지지함으로써 국민의 정치적 의사를 형성하는 기능을 담당한다. 즉, 정당은 산재된 민의를 통합해 이를 정치 · 행정 과정에 반영시키는 정치단체라는 것이다. 따라서 일반 국민은 정당을 통해 간접적으로 행정 통제를 행하게 된다.

2) 내부통제

(1) 내부적 · 공식적 통제

내부적 · 공식적 통제는 관료제 내의 계층제적 통제와 행정기관 상호간의 수평적인 통제로 나눠 볼 수 있다. 전자에는 대통령을 포함한 행정 각부와 집행기관 간의 지휘 · 감독, 상관에 의한 직무명령이나 인사권에 의한 통제가 포함된다. 후자에는 감사원에 의한 행정감사나 행정자치부나 인사혁신 등에 의한 각 부처의 정원이나 조직관리 등이 포함된다.

① 행정수반에 의한 통제

행정수반은 행정 전반을 지휘·감독하는 책무와 권한을 부여받고 있다. 행정수반은 정부의 공무원임명권, 기구개편권, 준입법권, 행정개혁권, 정책결정권 및 리더십에 의한 권위 행사를 통해 효과적으로 행정을 통제할 수 있다. 특히 스스로 최고의 행정책임을 지는 지위에 있다.

② 중앙행정기관에 의한 통제

중앙행정기관은 대통령의 통할 하에 있는 행정부의 구성 단위인 동시에 정책집행의 책임을 맡고 있는 최고 행정기관이다. 중앙행정기관은 대통령과 국무총리의 통할 하에 그 소관사무에 관해 하부기관을 지휘·감독하고 소속 공무원을 지휘·감독한다. 또한 중앙행정기관의 장은 지휘권, 재정권, 그리고 인사권을 통해 하부기관의 활동을 통제한다.

③ 감사원에 의한 통제

대통령에 소속된 중앙행정기관인 감사원은 결산 및 회계검사권과 직무감찰권을 가지고 있다. 감사원은 국가의 세입·세출의 결산을 매년 검사해 그 결과를 대통령과 국회에 보고하도록 되어 있다. 대통령의 행정기관에 관한 업무 감독과 국회의 예산 심의 및 결산 검사에서, 감사원의 보고는 중요한 자료가 될 뿐만 아니라 행정기관의 부정 방지에도 크게 기여한다.

또한 감사원은 행정기관과 공무원의 직무에 관한 감찰권을 가지고 있다. 직무감찰에는 행정기관과 공무원의 비위 사실을 밝히기 위한 비위 감찰은 물론이고, 법령·제도·운영상의 모순을 찾아내기 위한 행정감찰도 포함된다. 직무감찰의 결과 처리는 결산과 회계감사의 경우와 같다. 이에 따라 감사원에 의한 통제는 내부 통제기관 중 가장 직접적인 권한을 가지고 통제 기능을 수행하는 경우에 해당한다.

(2) 내부적·비공식적 통제

① 행정인의 자율적 통제

행정책임을 확보하기 위한 통제에서 가장 이상적인 것은 행정인이 스스로 직업윤리(professional ethics)를 확립하고, 그 기준에 의해 자기를 규제하는 자율적 통제라 하겠다. 즉, 행정 통제의 핵심은 바로 내부적·자율적·비공식적 통제라고 할 수 있는 관료에 의한 자기 통제에 있다. 관료 자신에 의한 자율적 통제는 행정 이념이나 절차에 대한 행정관료의 충성심 유지에 가장 궁극적이고 유용한 장치라고 하지 않을 수 없다.

② 전문직업집단의 표준에 의한 통제

사회구조의 분화가 아직도 미흡하고 행정 자체가 폐쇄적인 경향이 짙은 곳에서는 전문직업집단에 의한 통제를 확보하기 위한 기본적 조건이 결여되어 있다. 전술한 행정인의 자각과 자율적 통제는 이러한 기능적 책임을 확립한 위에서 이뤄진 것일 때 비로소 가능하다. 기능적 책임이란 정책을 수립할 때 전문적 표준을 충분히 고려해야 할 책임을 말한다(박연호 외, 2010: 437-448).

2 한국 행정과 통제

행정책임을 확보하기 위한 통제 수단은 살펴본 바와 같이 매우 다양하다. 그러나 책임성을 확보하기 위해 활용되는 통제 수단의 효과성은 국가나 상황에 따라 다를 수 있다. 예컨대 국민의 민도가 높고 의회나 사법부 등과 같은 외부적 기제가 발달한 국가에서는 외부 통제가 더 효과적일 것이다.

우리의 경우 다양한 통제 수단이 활용되고 있지만 모든 수단이 효과적이라고 평가하기에는 무리가 있다. 한국 행정과 이를 둘러싼 환경을 고려해 볼 때, 가장 영향력이 있는 통제 방식으로 외부 통제에서는 입법부에 의한 통제가 그리고 내부 통제에서는 감사원에 의한 통제가 그것이라 할 수 있다. 그것은 여타의 통제 방식이 이들의 제도적 영향력을 넘는다고 보기는 어렵기 때문이다.

여기서는 이 같은 시각에서 모든 통제 수단을 살펴보는 대신, 입법부에 의한 통제와 감사원에 의한 통제를 중심으로 한국 행정에서 이뤄지고 있는 행정 통제의 실태를 살펴보고자 한다.

1) 외부통제기관으로서 입법부

뢰벤슈타인(Karl Loewenstein)은 집행부에 대한 의회의 통제 수단으로 집행부 구성원의 임명, 집행부 기능 수행에 대한 정치적 통제, 집행부 소환의 세 가지를 들고 있다(Loewenstein, 1958: 196－204). 이런 측면에서 우리의 현행 '헌법'은 기본적으로 대통령제를 채택하고 있지만, 대통령을 포함한 집행부의 지위와 권한은 외국 헌법의 대통령제에 비해 강력한 편이다. 그러므로 집행부를 감시하고 통제해야 하는 필요성은 그만큼 더 크다.

현행 '헌법'이 규정하고 있는 행정부에 대한 국회의 통제권으로는 입법을 통한 통제, 재정작용에 대한 통제, 행정부 구성과 관련된 통제, 기타 국정에 대한 통제로 나눠 볼 수 있다(권영성, 2003: 814－815).

(1) 행정부에 대한 입법 통제

입법을 통한 행정부 통제로는 국회가 법률 제정을 통해 적극적으로 정부를 통제하는 방법과 국회가 정부가 제안한 입법을 거부함으로써 소극적으로 통제하는 방법이 있다.

입법권 중에서도 가장 핵심이 되는 것은 법률의 제정과 개정에 관한 권한이다. 법률안 제출권은 국회의원뿐만 아니라 정부도 가지고 있다. 하지만 최종적으로 법률을 심의하고 통과시키는 권한은 입법부의 전속적 권한으로, 정책 과정에서 국회가 행정부에 영향을 줄 수 있는 가장 중요한 수단이다. 그러나 입법권을 통한 행정부 통제력은 매우 미약했으나, 최근에 오면서 대폭 강화되어 가고 있다.[5)]

---

5) 역대 국회별 법률안 제출 건수와 가결된 법률안 수를 살펴보면, 1990년대까지 국회의 정책 결정 역할은 극히 축소되어 왔음을 알 수 있다. 우선 의원(위원회 포함) 발의 법률안 수의 비중은 이승만 정부 때인 제헌국회는 38.0%, 2대 국회는 45.7%, 3대 국회는 41.2%, 4대 국회는 37.2%로 나타났다. 그리고 장면 정부의 5대 국회 역시 46.2%로 정부의 제출 법률안 수보다 적었다. 다음으로 박정희 정부의 6대 국회는 63.2%로 높은 의원 발의 수를 보이다가, 7대 국회가 45.6%, 8대 국회가 31.1%로 점차 감소하는 추세를 보였다. 그러다가 9대 국회는 24.3%, 10대 국회는 3.8%로 의원 발의 입법활동이 가장 저조했다. 이후 전두환 정부 때인 11대 국회는 41.5%, 12대 국회는 55.7%로 다소 증가했다. 이 같은 발의 법률안 수의 비중은 민주화가 진행되면서 다소 호전되는 양상을 보이고 있다. 노태우 정부의 13대 국회는 60.8%까지 증가했다. 그러나 김영삼 정부인 14대 국회에서는 다시 35.6%로 낮아졌고, 여소 야대의 상황이었던 김대중 정부 때인 15대 국회에서는 58.6%로 다소 높아졌다. 노무현 정부 때인 16대 국회는 법률안 수의 비중이 76.3%, 17대 국회는 85.2%로 높아지고 있다. 이명박 정부에 해당하는 18대 국회는 법률안 수의 비중이 94.1%로, 박근혜 정

한국 국회의 저조한 통제 역할은 민주화가 진행되면서 국회 개혁의 가장 시급한 과제로 부상했다. 이를 위해 김영삼 정부 때인 14대 국회에서 의원입법 보좌기구인 법제예산실이 신설되었다가 법제실로 개편되었고, 김대중 정부 때인 15대 국회에서는 법안실명제가 도입되었으며, 노무현 정부의 16대 국회에서는 국회예산정책처를 신설했다.[6] 입법 기능을 간접적으로 활성화하는 조치로서는 연중 상시 개원 체제의 도입, 상임위원회 활동의 활성화, 상임위원회에서 법안 심의 과정의 강화, 기록표결제의 도입 등이 이뤄졌다.

국회 개혁을 통해 국회의 입법활동이 활성화되면서 의원 발의 법안 수는 크게 증가했다. 12대 국회 이후에는 14대 국회만 제외하고 의원 발의안이 정부 제출안을 초과했다. 따라서 민주화와 더불어 입법권을 중심으로 한 국회의 기능은 급속도로 활성화되었다.

다만 민주화가 진행된 이후 국회의 활발한 활동이 과연 효과적이었는지에 대해서는 또 다른 분석이 필요하다. 제출된 법률안의 가결 비율만을 비교하면 정부 제출안이 의원 발의안보다 훨씬 높다. 또한 접수된 의원 발의 법률안의 수는 많지만 가결 비율은 매우 낮다. 특히 이들은 주로 폐기 처리 혹은 회기 불계속 및 임기 만료로 폐기된 것으로 나타나 의원의 입법활동에 따른 효과성은 낮은 것으로 보인다.

예컨대 <표 6-1-1>에서 보듯이, 의원 발의안의 변화를 살펴보면 16대 국회에서 1,651건이던 것이 19대에서는 15,429건으로 거의 10배 가까운 증가를 보이고 있다. 이에 반해 가결률을 살펴보면 16대에서는 15.5%인 반면, 19대에서는 7.%로 낮아졌다. 이는 국회의원이 법안 건수를 늘리기 위한 행태로 보여지는데, 법안 발의 건수의 양적 성장에 법안의 질적 성장이 이에 미치지 못하고 있음을 나타낸다.[7]

부에 해당하는 19대 국회에서는 96.2%로 급증했다(경제정의실천시민연합, 2012; 2016).

6) 국회예산정책처는 2004년 3월 3일 행정부에 대한 견제·감시 기능을 효율적으로 수행하기 위해 재정 분야의 전문인력을 충원·확보해 신설했다. 예산안·결산·기금 운용계획안 및 기금 결산에 대한 연구 및 분석, 법률안 등 의안에 대한 소요비용의 추계, 국가 재정 운용 및 거시경제 동향의 분석 및 전망, 국가의 주요 사업에 대한 분석, 평가 및 중·장기 재정소요 분석 등을 주요 임무로 하고 있다.

7) 일반적으로 발의 형태는 제정법률안, 전부개정법률안, 일부개정법률안 및 폐지법률안으로 구분한다. 제정법률안 및 전부개정안은 공청회 개최와 법조문 작업 등 준비 단계에서 일부 개정법률안 또는 폐지법률안보다, 법안 발의에 노력과 시간이 필요하다고 간주되어 상대적으로 높은 질적 평가를 받는다.

표 6-1-1 제출한 법률안의 가결 비율

	의원 발의			위원장안 포함		
16대	발의 건수	가결 건수	가결률(%)	발의 건수	가결 건수	가결률(%)
	1,651	256	15.5	1,912	514	26.9
17대	발의 건수	가결 건수	가결률(%)	발의 건수	가결 건수	가결률(%)
	5,728	696	12.2	6,387	1,350	21.1
18대	발의 건수	가결 건수	가결률(%)	발의 건수	가결 건수	가결률(%)
	11,191	639	5.7	12,220	1,663	13.6
19대 (2016.3.8)	발의 건수	가결 건수	가결률(%)	발의 건수	가결 건수	가결률(%)
	15,429	1,084	7.0	16,656	2,305	13.8

자료: 경제정의실천시민연합(2016).

행정부에 대한 국회의 입법권을 통한 통제의 또 다른 측면이 정부가 제출한 법안의 수정 비율이다. 급속히 다원화되고 전문화된 사회적 맥락 속에서 정부가 제출한 법안이 압도적 우위를 점하는 것은 현대 국가의 공통적 현상이다. 이런 점에서 국회가 법률안 제출권을 통한 정책 입안 기능보다는 법률안 심의권을 통한 행정부에 대한 통제 기능이 더욱 중요한 이유가 여기에 있다.

권위주의 체제 하에서는 50%에도 못 미쳤던 수정 비율이 노무현 정부 때인 17대 국회에서는 76.5%에 달했다. 그러나 이런 추세는 다시 다소 낮아지기 시작해 18대에서는 46%를, 19대에서는 66%를 차지했다. 정부가 제출한 법안에 대한 국회의 수정 비율이 다소 등락을 보이고는 있지만, 증가 추세에 있는 것은 행정부에 대한 국회의 통제 역할이 점차 강화되고 있다는 것을 의미하며, 대(對)행정부 관계에서 고무적인 현상으로 볼 수 있다.

다만 이 같은 현상에 주목해야 할 부분은 정부가 제출한 법안에 비해 의원발의 법안의 원안 가결률은 18대에서는 77%, 19대에서는 67%를 차지해 수정 가결률보다 높았다는 사실이다(한국정책신문, 2016.12.18).

(2) 행정부의 재정작용에 대한 입법부의 통제

행정부의 재정작용에 대한 입법부의 통제권으로는 ① 예산 심의와 결산심사권,

② 긴급재정경제처분 · 명령에 대한 승인권, ③ 예비비 지출에 대한 승인권, ④ 기채 및 국가에 부담이 될 계약 체결에 대한 동의권, ⑤ 재정적 부담을 지게 하는 조약의 체결 · 비준에 대한 동의권 등이 있다.

이들 입법부의 통제권 중에서 가장 중요한 수단이 예산 심의와 결산심사권이다. 특히 한국 행정부는 예산의 편성과 집행 및 결산 과정을 전적으로 주도하기 때문에, 예 · 결산 심의는 행정부의 재정정책을 국회가 통제할 수 있는 핵심적인 수단이기도 하다.

그러나 국회의 예산 심의를 통한 행정부에 대한 견제는 입법권과 마찬가지로 통제 효과가 제한적일 수밖에 없다(오연천, 1989). 예컨대 여당의 예산안 심의는 정부가 제출한 예산안의 불가피성만을 강조할 뿐, 예산안에 대한 대안적 평가나 예산 규모의 적정성에 대한 독자적인 판단을 제시하지는 못한다. 그 결과 당정 협의를 통한 사전 의견 수렴 과정은 집권당과 여당 의원의 예산 심의에 대한 의욕을 떨어뜨리게 되고, 그에 따른 예산 심의 행태는 형식적인 모습일 수밖에 없다.

이에 반해 참여 동기는 높으나 정보와 전문성 등 자원 동원 능력이 열악한 야당의 경우, 토의 과정에서의 주장과 정부예산안에 대한 대안 제시 사이에 거리가 있다. 이에 더해 전문위원의 검토 보고도 형식적이어서 예산 심의는 철저하게 이뤄지지 못하는 실정이다.

이와 함께 예결위의 구성이나 지위가 예산 심의에 필요한 안정성이나 계속성 및 전문성을 제대로 충족하지 못해, 국회의 예산 심의를 통한 행정부 통제의 효과는 낮은 편이다. 그것은 예결위가 특별위원회로 존속하기 때문에 재정문제에 대한 정보 수집과 분석 자원을 제대로 갖지 못하고, 또한 국회의원의 재선율이 낮아 예산 심의에 필요한 경험과 전문적 지식의 축적이 낮을 수밖에 없다.[8)]

더욱이 심의 보좌 기능도 취약하고 상임위와 행정기관 간의 공생적 이해관계로 행정부에 대한 국회의 효율적인 재정 통제와 예산 심의는 사실상 어렵다. 결국 예산 심의 보좌기구와 의원 보좌기구의 전문성이 취약하고, 국회 행위자의 자원과 기술의 동원 수준이 낮아 재정적 통제는 형식적으로 이뤄질 수밖에 없다.[9)]

---

8) 제15대 국회 말인 2000년 2월 16일 국회법 개정을 통해 예산결산특별위원회는 상설화되었다.

9) 이러한 점을 증명하듯이 1948년부터 2003년도까지 이뤄진 세출예산 심사 결과를 보면 증액 수정은 8번, 규모상 증감 없는 원안 의결이 6번, 삭감은 41번이었다. 삭감한 정도를 살펴보면, 삭감한

상임위원회는 소관 부처의 예산만을 심사하는 관계로 세출예산안의 수정에 중점을 두어 증액 위주로 수정하는 경향을 보여 왔다. 1984년 이후 상임위원회 예산안 수정 현황을 보면, 합의 사항 중 평균 삭감은 15.8%인데 반해 증액은 77.3%로 나타난 것이 이를 증명한다. 한편 야당의 소수 의견을 보면 평균 증액은 9.5%인데 반해, 삭감은 81.3%로 증액보다는 삭감에 중점을 둔 예산 수정안을 내놓아 여당 등 다수 수정안과는 상반된 경향을 보여 주기도 한다(박종민, 1998).

국회의 재정통제권 행사와 관련해 특히 문제가 되는 것은 결산 심사다. 결산 심사는 예산 심의와 달리 여야가 정당을 떠나서 행정부 예산 집행의 적법성과 효율성을 심사하고, 이를 통해 행정부에 대한 감독 및 견제 기능을 수행하는 대표적 부문이다. 그러나 현실적으로는 결산 심사가 단지 정부의 재정 집행이 적법하게 이뤄졌음을 사후 승인해 주는 절차 이상의 의미를 갖지 못한다. 이는 예산 심의와 결산 심사가 동일 위원회에서 행해지고 심의 과정도 중복되기 때문에 결산에 대한 의원들의 관심이 적어지는 데 원인이 있다.[10]

다시 말해, 결산 안건은 그 성격상 국회에서 고칠 수 없는 안건으로 국회의 의결은 정부 원안에 대한 채택 여부만을 결정한다. 그리고 국회는 부수적으로 시정사항이나 대정부 촉구 사항을 결의하는데, 이는 법적으로 강제성이 있는 것이 아니어서 그 실현 여부는 전적으로 정부에 달려 있다. <표 6-1-2>에서 보듯이 국회의 결산 시정 요구에 대한 미조치 비율이 20%에 달하고 있음에도, 의회가 결산심사에서 발견한 위법, 부당한 사항에 대한 시정을 행정부나 해당 기관이 처리하지 않는다 해도 국회가 이를 제재하는 데에는 한계가 있다(하종범 외, 2015).

이와 함께 예결위가 결산심사에 투여한 기간도 민주화기 이후의 투여 기간이 민주화기 이전의 2.44일보다는 다소 늘었지만 겨우 3.4일에 불과한 실정이다(박찬표, 1998: 19-20).

회계연도 가운데서 1% 이상을 삭감한 수정이 6회, 1% 미만을 삭감한 수정이 35회로 나타나 정부 예산안의 70% 이상이 거의 원안대로 의결된 것으로 나타났다. 그뿐만 아니라 상임위원회의 예산안 심사 평균 기간은 위원회당 5~6일, 부처당 1.8일이며, 1980년 이전보다 이후가 오히려 더욱 단기화되어 가는 것으로 나타났다.

10) 각 상임위가 평균적으로 결산 심사에 투여한 기간을 살펴보면, 민주화가 진행되기 전인 1963년에서 1986년 동안에는 2.85일이 소요되던 것이 한국 정부의 민주화기(1987~1995년)에는 1.63일로 오히려 후퇴하고 있는 것으로 나타났다.

표 6-1-2 국회의 결산 시정 요구와 조치 상황

(단위: 건, %)

연도	시정 요구(a)	조치 완료	조치 미완료(b)	미완료 비율(b/a)
2009	1,039	819	211	20.3
2010	1,107	1,010	87	7.9
2011	1,236	1,058	168	13.6
2012	1,215	960	255	21.0
2013	1,514	1,269	272	17.7
2014	1,795	–	–	–

자료: 하종범 외(2015).

결국 국회의 예·결산 심의는 행정부를 상대로 한 재정 감독으로서 기능을 제대로 수행하지 못하고 있다고 할 수 있다. 예산 심의의 경우 의회 대(對)행정부가 아니라, 여야 대립 양식이 지배적이기 때문에 원내 대립이 격화되는 것이 문제다. 이에 따라 예산 심의는 왜곡될 수밖에 없고 결산 심사의 경우는 사실상 무관심의 대상이 되어 왔다.

(3) 행정부 구성과 관련된 입법부의 통제

행정부 구성과 관련된 국회의 통제권으로는 ① 대통령선거에서 최고 득표자가 2인 이상인 경우에 대통령을 선출할 권한, ② 국무총리 임명에 대한 동의권, ③ 감사원장에 대한 임명동의권 등을 들 수 있다. 또한 ④ 대통령·국무총리·국무위원 등에 대한 탄핵소추를 의결할 권한, ⑤ 국무총리 또는 국무위원의 해임을 건의할 권한 등이 있다.

인사청문회 제도는 미국 연방헌법 제2조에 따라 상원의 동의를 필요로 하는 고위직 공무원(primary officer)에 대해 소관 상임위원회에서 인사청문회를 실시한 것에서 비롯되었다. 한국에서도 김대중 정부 때인 2002년 2월과 6월의 '국회법' 개정과 '인사청문회법'의 제정을 통해 국회의 임명 동의가 필요한 대법원장, 헌법재판소장, 국무총리, 감사원장 및 대법관과 국회에서 선출하는 헌법재판소 재판관 및 중앙선거관리위원회 위원에 대한 임명동의안 등을 심사하기 위해 인사청문특별위원회를 두게 되었다.

또한 2003년 1월에는 '국회법'과 '인사청문회법'의 개정을 통해 대통령이 국가정

보원장, 국세청장, 검찰총장 또는 경찰청장의 후보자에 대한 인사 청문을 요청한 경우에는 그 인사 청문을 실시하기 위해 소관 상임위원회별로 인사청문회를 실시할 수 있도록 했다.[11] 이후 '인사청문회법'은 여러 차례의 개정을 거쳐 2012년 3월부터는 현재의 법체계를 유지하고 있다. 이때 개정을 통해 인사 청문 대상의 범위가 확대되었는데, 대상자로는 헌법재판소 재판관·중앙선거관리위원회 위원·국무위원·방송통신위원회 위원장·국가정보원장·공정거래위원회 위원장·금융위원회 위원장·국가인권위원회 위원장·국세청장·검찰총장·경찰청장·합동참모의장 또는 한국은행 총재 등이다('인사청문회법' 제6조).

한편 국회의 임명 동의가 필요한 공무원에 대한 인사 청문과 임명 동의가 필요하지 않은 공무원에 대한 인사 청문은 그 법적 효력이 상이하다. 이 중 국회의 임명 동의가 필요한 공무원에 대한 인사청문회의 결과는 국회의 임명동의안 의결로 연결된다. 그렇지만 국회의 임명 동의가 필요하지 않은 공무원, 즉 국가정보원장, 국세청장, 검찰총장, 경찰청장 등에 대한 인사청문회는 인사청문특별위원회가 아닌 소관 상임위원회에서 실시하며 임명동의안 표결은 하지 않는다.[12] 그 이유는 '헌법'상 이들에 대한 임명은 대통령의 고유 권한이며 국회가 관여할 수 있는 근거 규정이 없기 때문이다.

이에 따라 국회의 임명동의권이 없는 공무원에 대해 국회에서 임명이 부적절하다는 의견을 제시한다고 해도 대통령의 임명권을 제약하지는 못한다.[13] 이러한 결과는 인사청문회제도의 미비로 인한 것이라고 할 수 있다. 미국 상원의 인사청문회는 '헌법'과 판례를 통해 인정된 인준권을 근거로 실시되지만, 한국의 경우는 이러한 권한 없이 실시되고 있기 때문이다.

고위공직자에 대한 대통령의 임명권을 국회의 인준권으로 견제한다는 의미에

---

11) 국무총리 임명동의권과 관련해 김대중 정부 말기인 2002년 7월 말과 8월 말 두 차례에 걸쳐 국무총리 후보자 두 사람이 국회의 인사청문회 후 국무총리직의 임명 동의를 받지 못한 사례를 들 수 있다. 이처럼 국회가 대통령의 공무원 임명행위에 관여하는 것은 대통령의 국정 수행에 중대한 견제 기능을 하는 것이며, 그 과정에서 인사청문회제도가 핵심적 역할을 수행하고 있다.

12) 인사 청문에 따른 소관 상임위원회로 국정원장은 정보위원회, 검찰총장은 법사위원회, 국세청장은 재정경제위원회, 경찰청장은 행정자치위원회에서 실시하고 있다.

13) 예컨대 국가정보원장 후보자 고영구에 대한 국회 정보위원회의 인사청문 결과보고서에서 "…… 국가 최고정보기관인 국가정보원장으로서 부적절하다는 의견이 다수였음"이라고 밝혔음에도 노무현 대통령은 고 후보자를 국가정보원장에 임명한 바 있다.

서, 법적 구속력이 없는 인사청문회는 대통령의 행정부 구성에 대한 국회의 견제가 아직 충분하지 못하다는 것을 반영하는 것으로 행정부와 입법부가 균형을 유지하지 못하는 주요한 요인이 되고 있다.

국회는 탄핵소추를 통해 행정부를 통제할 수 있다. 탄핵제도는 일반적인 사법 절차나 징계 절차에 따라 소추하거나 징계하기가 곤란한 집행부의 고위직 공무원이나 법관 또는 선거관리위원회 위원과 같이 신분이 보장된 공무원이 직무 집행 시에 헌법이나 법률을 위배했을 경우에, 국회가 이를 소추하고 헌법재판소가 심판하는 것이다. 탄핵제도는 탄핵소추와 탄핵심판으로 구성되며, 탄핵소추는 국회의 권한으로, 탄핵심판은 헌법재판소의 권한으로 규정하고 있다.[14)]

한국의 현행 '헌법'은 국회의 탄핵소추 대상자로 ① 대통령·국무총리·국무위원·행정 각부의 장, ② 헌법재판소 재판관과 사법부의 법관, ③ 중앙선거관리위원회 위원·감사원장·감사위원, ④ 기타 법률이 정한 공무원을 들고 있다('헌법' 제65조 제1항). 기타 법률이 정한 공무원은 검찰총장을 비롯한 검사, 각 처장·정부위원·각 군 참모총장·고위 외교관, 그리고 정무직 또는 별정직 고급 공무원이 이에 포함된다.

탄핵 사유는 직무 집행 시에 '헌법'이나 법률에 위배했을 경우로서, 법률과 같은 효력을 가지는 조약·긴급명령·긴급재정명령 등을 포함한다. 그러나 직무의 행위와 단순한 정치적 실책이나 부당한 행위는 해당하지 않으며 해임 건의의 사유가 될 뿐이다.

탄핵소추는 국회 재적 의원 1/3 이상의 발의가 있어야 하며, 그 의결은 재적 의원 과반수의 찬성이 있어야 한다. 다만 대통령에 대한 탄핵소추는 '헌법' 제65조 제2항에 의거, 국회 재적 의원 과반수의 발의와 재적 의원 2/3 이상의 찬성이 있어야 한다. 탄핵소추가 의결된 피소추자는 소추의결서가 본인에게 송달된 때로부터 헌법재판소의 탄핵심판이 있을 때까지 권한 행사가 정지된다. 또한 소추의결서가 송

14) 행정부에 대한 통제 수단으로서 탄핵소추권은 일정한 한계가 있지만 고위공직자의 비위와 부정을 통제하기 위한 탄핵제도는 매우 큰 효과가 있다. 영국에서는 70여 건의 탄핵소추가 이뤄졌으며, 미국에서도 13건의 탄핵소추가 이뤄졌고, 유죄의 결정으로 피소추자들이 공직에서 파면된 경우도 4건에 이른다(권영성, 2003: 855－856). 예컨대 1974년 미국 제37대 대통령인 닉슨(Richard M. Nixon)은 하원에서 탄핵소추가 발의되자 사임했으며, 제42대 대통령인 클린턴(Bill Clinton)에 대해서는 1998년에 연방 하원에서 탄핵소추가 의결되었지만 연방 상원에서 부결된 경우가 있다.

달되면 임명권자는 피소추자의 사직원을 접수하거나 해임할 수 없다.

그러나 탄핵 결정 선고 이전에 파면되면 탄핵심판 청구를 기각해야 한다. 탄핵 결정은 재판관 6인 이상의 찬성이 있어야 하며, 탄핵의 효과는 공직에서 파면하는 데 그친다. 그러나 파면이 되었다고 해서 민사·형사상의 책임이 면제되는 것은 아니다. 그리고 탄핵 결정으로 파면된 자는 결정 선고일로부터 5년이 경과하지 않으면 공무원이 될 수 없도록 '헌법재판소법' 제54조 제2항은 규정하고 있다.

한국에서도 2004년 3월 10일에 헌정 사상 처음으로 국회의원 159명에 의해 노무현 대통령에 대한 탄핵소추가 발의되었다. 그리고 3월 12일에 국회 본회의에서 재적 의원 271명 중 195명이 투표에 참여해 찬성 193표, 반대 2표로 탄핵소추 의결이 이뤄졌다. 동시에 대통령 직무 권한이 정지되고, 고건 국무총리가 대통령 직무를 대행했다. 이후 헌법재판소에서 탄핵심판 절차가 진행되었으나 전원재판부에서 탄핵심판 청구를 기각했다.

이후 12년이 지난 2016년 12월 3일, 국회의원 171명에 의한 박근혜 대통령에 대한 탄핵소추가 발의되었다. 이에 따라 12월 9일에 국회 본회의에서 노무현 대통령에 대한 탄핵소추에 이어 두 번째로, 박근혜 대통령에 대한 탄핵소추 의결이 찬성 234표, 반대 56표, 기권 2표, 무효 7표로 이뤄졌다. 동시에 대통령 직무 권한이 정지되고 황교안 국무총리가 대통령 직무를 대행하고 있으며, 헌법재판소에서 탄핵심판 절차가 진행되고 있다.

(4) 기타 국정에 대한 통제

국정에 대한 그 밖의 통제권으로는 ① 국정감사·조사권, ② 국무총리·국무위원에 대한 국회 출석 요구 및 질문권, ③ 조약의 체결·비준에 대한 동의권, ④ 계엄 선포·국군의 해외 파견 등에 대한 동의권 등이 있다.

국정감사권은 국정조사권과 함께 국회가 행정부의 국정 운영에 대한 감시와 비판을 수행할 수 있도록 하는 장치다. 국정감사제도는 1948년 '제헌헌법'에서 처음으로 채택된 후, 1972년 '유신헌법'에 의해 폐지되었다가, 1987년 헌법 개정으로 부활되었다. 이에 반해 특정한 국정 사안에 대해 본회의 의결로 조사할 수 있는 국정조사제도는 헌법상 명문 규정이 없었다. 그러나 헌법상 국회의 고유한 권한이라는 해석에 따라 1948년 제정된 '국회법' 제72조와 제74조 근거 규정을 두었다가 1980년

'헌법'에 근거 규정을 마련했다.

국정감사와 국정조사는 '국정감사 및 조사에 관한 법률'에 따라 모두 국회의 입법활동이나 예산 심의에 필요한 정책자료를 획득한다든가, 정부의 잘못을 찾아내어 이를 비판하고 책임을 추궁하며 개선책을 도모하는 등 대정부 통제 수단으로 기능하는 것이다. 하지만 대상 범위, 실시 시기, 실시 주체, 실시 기간 등 몇 가지 점에서 차이가 있다.

국정감사는 매년 국회가 국정 전반에 관한 조사를 행하는 것으로, 이것은 국회가 입법 기능 외에 정부를 감시 비판하는 기능을 갖기 위해 인정된 것이다. '헌법'과 국정감사 및 조사에 관한 법률에서 정하는 국정의 개념은 의회의 입법작용뿐만 아니라 행정·사법을 포함하는 국가작용 전반을 뜻한다. 다만 개인의 사생활이나 신앙과 같이 순수한 사적 사항은 제외된다.

국정감사는 소관 상임위원회별로 매년 정기국회 다음날부터 20일 동안 시행하는데, 본회의 의결에 의해 그 시기를 연장할 수 있다. 국정감사의 대상기관은 국가기관, 특별시·광역시·도, 정부투자기관, 한국은행, 농수축협중앙회, 그리고 본회의가 특히 필요하다고 의결한 감사원의 감사 대상기관이다.

국정감사가 국정의 전반을 대상으로 하는 반면, 국정조사는 국정의 특정 사안을 대상으로 한다. 국정조사는 특별위원회 또는 상임위원회가 주최하며, 재적 의원 1/4 이상이 서명한 국정조사요구서를 제출해 국회 본회의 의결을 거쳐 국정조사권이 발동된다. 그러면 국회의장은 각 교섭단체 대표들과 협의, 교섭단체 비율에 따라 국정조사위원회를 구성한다. 조사위는 활동 시한과 조사 목적, 조사 대상 및 범위 등이 포함된 국정조사 계획서를 작성한다.

조사위원회가 가동되면 관련 기관에 자료를 요청하거나 관련 기관의 보고를 들은 뒤 증인과 참고인 등을 출석시켜 증언을 듣는다. 조사위원회의 활동 결과는 국정조사보고서 형태로 작성되어 본회의에 제출된다. 국정조사는 국정감사와 달리 국정의 특별한 분야에 한해 개별적으로 해당 상임위원회나 특별위원회의 조사만이 가능하고, 국정 전반에 관한 일반 조사는 인정되지 않는다.

국정감사가 중요한 국정 통제장치의 하나이지만 매년 정기회에서 실시하는 것으로 감사 건수의 비교가 큰 의미는 없으나, 국정조사는 국회의 국정 통제활동의 활성화를 나타내는 지표로 간주할 수 있다. 예컨대 노태우 정부 때인 제13대에서

토론 이슈 이러니 국감 무용론… 국감 백태

'국정감사(國政監査)', 입법부가 국정을 감사하는 고유 권한이다. 현실은 참담하다. '국정'은 여야 정쟁에 가렸고, '감독과 검사(監査)'는 형식 논리에 매몰됐다. 매번 반복되는 '국감 무용론'을 이대로 방치할 순 없다. 올해 국감 현장의 문제점, 전문가의 조언 등을 통해 국감 무용론의 현실과 대안을 모색해 본다.

"국감을 시험으로 치면 의원들은 '벼락치기'로 공부한다…평소엔 안 하다가 국감 때 몰아서 하니 제대로 그림 그릴 수가 없다…피감기관장들이 굽실거리는 건 그 때문이다. 더러워도 꾹 참고 그때만 넘기면 국회의원은 그림이 완성되지 않아도 붓을 놓는다."

한 전직 공무원이 최근 소셜네트워크 서비스에 올려 회자가 된 글이다. 냉정한 현실이다. 국회는 국감 일정과 형식, 여야 정쟁에 허덕이고, 피감기관은 적당히 시간만 때우면 끝이다. 시민단체 '국정감사NGO모니터단'은 올해 국감에 'F학점'을 줬다. 낙제점을 받아도 국감은 또 변함없이 돌아간다.

국감의 권한과 범위부터 문제다. 일정에 맞춰 급하게 자료를 요청하고, 자료 제출을 하지 않아도 달리 방도가 없다. 그러니 국감장마다 자료 제출 여부를 두고 입씨름이 끊이지 않는다. 국감 시간 상당분은 여기부터 허비된다…(중략)… 김세연 새누리당 의원은 "전반적으로 보면 국감을 앞두고 행정부가 거의 한 달 이상 마비된다"고 했다.

한정된 시간 내에 의원의 질의 응답을 모두 소화해야 하니 '짧게 자극적으로' 갈 수밖에 없는 구조다. 7분에 답변 시간까지 포함돼 있어 충실한 답변을 들으면 의원의 발언 시간이 줄어든다…(중략)… "의원은 언론이 중요하고 질문 시간이 짧으니 정책에 초점을 맞추기 어렵다"고 지적했다.

증인 출석이 국감을 지배하는 일도 반복된다. 교문위는 9월 26일부터 10월 7일까지 8차례 국감 중 4차례가 하루를 넘겨 새벽 1~2시에 산회했다. 증인 출석을 놓고 여야가 대결하면서 낮에는 파행하고 저녁에 국감을 시작하는 게 반복된 탓이다. 국감을 위한 증인 채택인데, 오히려 증인 채택이 국감을 파행으로 몰고 가는 악순환이다.

정작 어렵사리 출석한 증인도 앵무새 답변을 반복하기 일쑤다…(중략)… 국감 일정이 20일로 한정되니 정쟁에 휘몰리면 국감 자체가 무용지물화된다. 여권이 불참한 1주차에선 대법원, 기획재정부, 국세청, 경찰청 등 주요 국가기관 98개가 국감을 받지 않았다. 또 같은 기간 137개 기관은 야권 반쪽 국감으로 진행됐다.

[헤럴드경제, 2016년 10월 13일자에서 발췌]

이슈 제기

1. 국정감사가 지닌 통제장치로서 의미에 대해 생각해 보시오.
2. 국정감사가 중요한 행정 통제장치임에도 효과가 크지 못한 이유를 토론해 보시오.
3. 국정감사의 절차와 법적 권한을 조사해 보고, 이의 적실성에 대해 토론해 보시오.
4. 형식적 절차로 변질된 국정감사의 효과성 제고를 위한 방안에 대해 토론해 보시오.

노무현 정부 때인 제17대 국회 동안 국정조사권 발동 요구는 53차례나 있었지만, 실제로 본회의 의결을 거쳐 조사활동이 실시된 것은 14회에 불과하다. 특히 조사결과보고서가 본회의에서 채택된 것은 6회에 불과하다는 것은 국정조사가 정치 공방의 수단으로 활용되었을 뿐, 행정부 통제 수단으로서 의미는 상당 부분 퇴색했다는 것을 나타낸다.

국회의 행정부 감독을 위한 또 다른 수단으로 대정부 질문을 들 수 있다. 대정부 질문은 본회의 또는 위원회에서 일정한 기간을 정해 국정 전반이나 국정의 특정 분야를 대상으로 정부에 대해 질문을 하는 것을 말한다. 대정부 질문은 내각제 국가에서 발전한 제도로 대통령제인 미국에는 질문제도 대신 청문회제도가 발달되어 있다.

한국은 대통령제임에도 불구하고 '제헌헌법'에서 국회의 국무위원 출석요구권과 국무위원의 출석·답변 의무를 규정했다. 전두환 정부 때인 11대 국회에서는 구두 질문 외에 서면 질문제도가 새로이 인정되었으며, 김영삼 정부 때인 14대에서는 긴급 현안 질문이 새로 도입되어 기존의 대정부 질문을 보완하고 강화했다.

국회의 대정부 질문은 국회의원뿐 아니라 일반 국민에게도 행정부 견제·감독을 위한 주요한 수단으로 간주되고 있다. 그러나 대정부 질문제도는 행정부의 사후 시정 조치를 담보할 제도적 장치가 결여되어 있다는 문제가 있다. 다시 말해, '국정감사 및 조사에 관한 법률' 제16조에서는 국정감사나 조사에서 지적된 사항에 대한 필요 조치를 행정부에 촉구할 수 있으며, 행정부에서는 처리 결과를 국회에 보고하도록 규정하고 있다. 그렇지만 대정부 질문에 대한 결과를 확인하고 점검할 제도적 장치는 마련되어 있지 않다(김태룡 외, 2009: 204－226).

2) 내부 통제기관으로서 감사원

우리나라는 영·미 제국과는 달리 근대적인 시민혁명을 경험하지 않았고 전통적으로도 행정권이 강해, 현실적으로 국회의 통제는 여러 이유로 제약되어 있는 실정이다. 또한 마르크스주의와는 상반된 자유민주주의의 이데올로기를 채택하고 있어 통제장치를 작동시키기는 데 많은 제약이 따른다. 그럼에도 행정통제는 주로 입법부와 사법부 등에 의한 외부 통제가 많이 강조되어 왔다.

그렇지만 외부 통제의 한계에 대한 인식과 함께 워터게이트(Watergate)사건을 계기로 내재적 통제의 일환으로 행정윤리가 강조되기 시작했다. 그러나 행정윤리는 제도화가 특히 곤란하며 개인적·주관적 특성을 띠기 때문에 이에 의한 통제의 실효성 확보가 어려운 실정이다. 이에 따라 행정에 대한 내부 통제장치의 필요성이 점증하는 경향이 있는데, 감사원에 의한 통제는 대표적인 행정의 내부 통제장치라고 할 수 있다(기영석, 1988: 250).

이런 관점에서 한국 행정에서 내부 통제기관으로 감사원이 지닌 역할과 영향력은 대단히 크다. 그것은 감사원이 헌법기관으로서, 공무원에 대한 직무감찰과 회계감사를 할 수 있는 직접적 통제장치를 가지고 있기 때문이기도 하다. 예컨대 2016년 기준으로 감사원의 감사 대상기관은 국가기관, 지방자치단체, 공공기관, 그리고 기타 단체를 합해 모두 97,953개 기관이고, 필요적 감사 대상기관의 인원은 1,324,899명에 달한다.

이 같은 역할에도 불구하고 최근에는 감사원에 가해지는 역할에 대한 회의와 함께, 성과감사의 영역까지도 포괄해야 하는 상황에서 감사원은 통제 기능의 변화를 요구받고 있다.

표 6-1-3 감사원의 감사 대상기관과 인원

		국가기관	지방자치단체	공공기관	기타 단체	합계
감사 대상 기관	필요적 감사 대상	8,501개	27,671개	954개	309개	37,435개
	선택적 감사 대상	–	–	–	670개	30,518개
필요적 감사 대상 기관 인원		337,316명	840,738명	88,913명	60,932명	1,324,899명

자료: 「감사연보」(2016).

(1) 감사원의 변천 과정

감사원의 출발은 '제헌헌법'으로 거슬러 올라간다. 현행 감사원의 모태가 되는 심계원은 1948년 '제헌헌법'에서 기관의 명칭과 역할을 제7장(재정) 제95조에서 국가의 수입·지출에 대한 결산 검사는 심계원에서 하도록 했고, 이 검사에 대해 정부는 심계원의 보고와 함께 결산을 차년도 국회에 제출하도록 규정했다.

또한 감찰위원회는 1948년 제정된 '정부조직법' 제6장(감찰위원회) 제40조 및 제43조에 공무원의 위법행위 또는 비행에 대해 감찰사무를 장리하기 위해 대통령 소속 하에 설치했다. 이후 1955년 사정위원회로 개명해 대통령 소속 하에 설치되었다가, 군사정부가 출범한 1961년에 대통령 소속 하에 국무총리 소속의 감찰위원회로 재변경되었다.

그후 1962년 제5차 '헌법' 개정에서 국가의 세입·세출의 결산, 국가 및 법률에 정한 단체의 회계검사와 행정기관 및 공무원의 직무에 관한 감찰을 하기 위해 대통령 소속 하에 감사원을 두도록 했다. 이에 따라 1963년 대통령 소속으로 감찰위원회가 감사원에 통합되었다. 이렇게 심계원과 감찰위원회 업무의 한계와 중복 등을 고려해 감사원으로 통합한 것은 국가기관의 효율적 운영의 측면에서 볼 때 적절한 조치였다.

그러나 두 기구를 통합해 헌법상 기관인 감사원으로 하면서, 국가의 예산 집행에 대한 회계감사권과 공무원의 직무감찰권을 담당하는 감사원을 대통령의 직속기관으로 하는 것은 집행부 수반으로부터 영향이나 압력에 의한 코드 감사 등의 우려를 내포할 수밖에 없었다. 감사원이 독립성과 정치적 중립성을 확보해야 하는 본래의 목적에 비춰볼 때 잠재적 문제로 남는 것이었다. 또한 현행 '헌법'에서도 집행부형으로 감사원을 대통령 소속으로 하여, 직무상의 독립성과 정치적 중립성을 새롭게 확보하려는 개선의 여지는 별로 없었다.

(2) 감사원의 지위와 권한

현행 '헌법'상 감사원은 제4장 정부 제2절 행정부 제4관 감사원의 제97조에서 국가의 세입·세출의 결산, 국가 및 법률이 정한 단체의 회계검사와 행정기관 및 공무원의 직무에 관한 감찰을 하도록 규정하고 있다. 이를 위해 대통령 소속 하에 감사원을 두고 있다. 감사원을 집행부 형태인 대통령 직속기관으로 정하고 있는 것이다. 또한 제98조에서는 감사원의 구성과 임기, 제99조에서는 권한과 의무, 제100조에서는 감사원의 조직 등에 대해 '헌법'으로 규정을 두고 있다.

감사원은 '헌법'에 의해 설치·운영을 해야 하는 헌법상 필수적 기관이다. '헌법'상 필수적 기관이기 때문에 그 설치·운영은 헌법의 절대적 명령인 것으로, 임의적 헌법기관인 국가원로자문회의 등과는 다르다. 따라서 '헌법'에 의해 그 권한과 의무의 내용과 범위가 분명히 정해진 필수적인 '헌법상' 기관으로서 지위를 갖는다.

① 국가의 결산과 회계검사권

감사원은 국가의 세입·세출의 결산과 국가 및 법률이 정한 단체의 회계를 검사하는 권한을 갖다. 이 권한은 필요적 검사의 권한으로 국가의 회계, 지방자치단체의 회계, 한국은행의 회계와 국가 또는 지방자치단체가 자본금의 2분의 1 이상을 출자한 법인의 회계, 다른 법률에 의해 감사원의 회계검사를 받도록 규정된 단체 등의 회계 등을 감사하도록 법 제22조에서 당연 규정으로 정하고 있다. 또한 선택적 검사 사항은 감사원이 필요하다고 인정한 때 또는 국무총리의 요구가 있는 때에는 '감사원법' 제23조의 제1호부터 제10호까지에 대해 임의적으로 검사를 할 수 있다.

감사원은 국가의 세입·세출의 결산을 매년 검사해 그 결과를 대통령과 차년도 국회에 보고해야 한다. 감사원의 결산 검사보고는 대통령의 업무 감독과 국회의 예산 심의 및 결산 검사에 중요한 자료가 될 뿐만 아니라 국가, 지방자치단체, 다른 법률에 의해 회계검사를 받도록 규정된 단체 등의 부정 방지에도 큰 역할을 담당하는 권한을 갖고 있다. 감사원이 '감사원법'에 따라 감사 결과의 처리에서 위와 같은 업무를 추진하기 위해 변상책임의 판정, 징계 요구, 시정 및 개선 요구, 권고, 고발 등을 할 수 있도록 권한을 준 것도 그 이유다.

② 직무감찰권

감사원은 헌법상 행정기관 및 공무원의 직무에 관한 감찰을 할 수 있는 권한을 갖고 있다. 감사원의 직무감찰은 '정부조직법', 기타 법률에 의해 설치된 행정기관의 사무와 그에 소속한 공무원의 직무, 지방자치단체의 사무와 그에 소속한 지방공무원의 직무를 감찰하도록 규정하고 있다.

이 밖에도 '감사원법' 제22조 제1항 제3호 및 제23조 제7호에 규정된 자의 사무와 그에 소속한 임원 및 감사원의 검사 대상이 되는 회계 업무와 직접 또는 간접으로 관련이 있는 직원의 책무, 법령에 의해 국가 또는 지방자치단체가 위탁하거나 대행하게 한 사무, 기타 법령에 의해 공무원의 신분을 가지거나 공무원에 준하는 자의 직무에 대해 비위감찰은 물론 법령·제도·운영 등의 문제도 감찰할 수 있도록 규정하고 있다. 그러나 직무감찰에도 국가 기밀 등에 대해서는 한계가 있다(허전 · 송석록, 2009: 171－173).

한편 우리나라의 감찰제도는 '감사원법' 제20조에도 행정기관 및 공무원의 직무를 감찰해 행정 운영의 개선 향상을 기한다고 함으로써 위의 두 기능을 아울러 규정하고 있다. 따라서 감사원에 의한 직무감찰은 행정기관 및 공무원의 직무와 관련해, 행정의 합법성과 효율성을 확보하기 위한 내부 통제장치의 하나로서 행정수반에 소속된 막료적 기능으로 정의할 수 있다.[15)]

(3) 감사원의 성과감사

① 성과감사의 의미

한국의 감사원은 행정 통제기관으로서 국가의 결산과 회계검사권 및 직무감찰권이라는 기능을 수행해 왔다. 그 결과 행정이 추구하는 이념 가운데 합법성의 추구라는 측면에서는 어느 정도 효과가 있었으나, 행정의 합목적성이라든지 능률성의 제고라는 측면에서는 논란의 여지가 많았다.

이런 가운데 2006년 3월 24일 법률 제7928호로 '정부업무평가기본법'의 제정과 2007년의 '국가재정법' 그리고 '국가회계법'의 개정으로 인해 한국의 감사원의 통제기능은 새로운 전기를 맞게 되었다.[16)] 그것은 감사원의 직무감찰 기능에 새로운 성과감사(performance audit) 기능이 추가됨으로써 감사원에 대한 그간의 비판을 많은 부분 종식시킬 수 있게 되었다.

감사원에 새로이 강화된 성과감사 기능은 다음과 같은 의미를 지닌다. 정부의 각종 업무와 활동은 정부 서비스의 수혜자인 국민이 제공한 세금을 주요 재원으로 한다. 따라서 누군가는 세금 가치(value for money)에 대해 제3자의 중립적 위치에서 독립적 · 비판적인 검토 분석을 실시하고 그 결과를 공개해야 하는 책무성(accountability) 요구를 충족시켜야 한다. 감사원의 성과검사가 갖는 본질적인 의미와 이유가 이에 있다.

감사원의 성과검사는 예산 당국이 평가제도 운영기관으로서 자신에게 필요한

15) 이런 측면에서 우리나라의 감사원의 직무감찰 기능은 중국의 사찰원이나 스웨덴의 옴부즈만제도와 같이 고급 공무원에 대한 비행의 규찰 기능과, 일본이나 이스라엘의 감사기관과 같이 현대적 의미의 관리 개선과 행정의 능률화를 위한 행정감찰 기능의 상이한 두 기능을 포함한다.

16) 감사원은 '국가재정법' 제60조의 규정에 따라 국가결산보고서를 검사한 후, 그 결과를 기획재정부에 송부하도록 했다. 국가결산보고서는 '국가회계법'에 따라 성과검사를 실시해야 한다.

정보를 얻기 위해 수행하는 기능과는 본질적으로 그 의미를 달리할 뿐 아니라, 그에 따른 검사 범위 내용 또한 차별화되어야 한다. 이에 따라 감사원의 성과검사가 갖는 본질적인 이유를 충족하기 위해 적극적인 성과감사와 함께, 관련 기관과의 협조를 통한 성과관리 현실과 역량 개선에 기여할 수 있는 역할 분담은 가능할 것이다.

② 성과감사의 현황

노무현 정부 때인 2005년에 대통령 연두 업무보고 방식의 개선에 따라 부처별로 성과지표를 개발·설정해 관리하도록 한 바 있다. 그렇지만 정부 내에 본격적인 성과관리 체계가 구축되어 법적 근거에 따라 성과관리 전략계획과 시행계획을 수립해 시행하기 시작한 것은 2007년 회계연도부터다. 이에 따라 중앙행정기관은 성과보고서를 작성해 기획재정부와 감사원에 제출하고 있다.

감사원에서는 2010년부터 시행된 성과관리제도의 안정적 운영에 기여하고자, 성과보고서 검사 대상 일반회계 50개와 특별회계 18개, 그리고 순사업 규모가 큰 6개 부처를 표본으로 선정했다. 그리고 2008회계연도 성과계획서상의 계획 수립의 적정성, 성과보고서상의 성과정보의 진실성 등을 시범적으로 검사 실시한 후 그 결과를 공개했다. 이후 기관별로 성과감사를 실시해 2015년의 경우에는 국가기관 15개를 포함해서 32개 기관에 대한 성과감사를 실시했다.

성과관리라는 현실에서 각 국가의 감사원이 갖는 성과관리에 대한 관심 영역이 일치하는 것은 아니다. 그러나 성과관리 도입 이후 각국의 감사원에서는 정부 내에 성과관리가 안정적으로 운영되는 데 요구되는 기본적 사항들에 대해 관심을 갖고 있음을 알 수 있다.[17)]

각국의 감사원들이 성과감사에서 고려하고 있는 기본적 사항은 <표 6-1-4>에서 보듯이 성과계획서상의 성과 목표 체계의 검토로부터, 성과보고서상의 성과 목표치 및 성과측정 방법, 성과정보의 신뢰성 검토 및 활용 등과 같은 성과관리의 체계화를 구축하는 데 치중한다.

우리나라의 성과관리는 이런 측면에서 보자면 초기 시작 단계에서 학습 경험이 전부라 해도 과언이 아니다. 가장 큰 문제점인 성과관리의 형식화는 향후 안정적인

---

17) 미국의 GPRA(Government Performance Result Act), 영국의 PSA(Public Service Act), 호주의 FMA(Financial Management Act) 등 법제도적 시행에 따른 서구 선진국의 성과관리 경험은 10년을 넘고 있다(감사원, 2007: 76).

표 6-1-4 각국 감사원의 역할 비교

국가	성과관리 도입 시기	역할 시기와 범위	검사의 초점
미국	1993년	• (1999년) 성과관리계획 검토 보고서 작성 • 외회 제출과 성과관리계획 개발 지침 제공	• 성과목표 체계의 명확성 • 전략과 자원의 충분성 • 성과평과 정보의 신뢰성
캐나다	2000년	• (2002년) 성과보고 검사보고서 작성 의회 제출	• 조직 맥락과 전략적 효과의 명확성 • 성과 기대의 명확성 및 구체성 • 핵심 성과 기대를 반영한 핵심 결과 도출 • 성과정보의 신뢰성 • 성과정보의 활용
영국	1998년	• (2001년) 성과보고서 작성 기준 공동 개발 및 의회보고서 작성	• 성과 목표와 성과 데이터 포함 • 성과측정 시스템 개선
호주	1999년	• (2003년) 성과보고서 검사 기준 개발 및 성과보고서 검토	• 성과정보 틀의 적정성 • 성과 데이터의 신뢰성 • 결과 표현의 타당성

자료: 공병천(2009).

성과관리 체계 정착에 심각한 장애 요인으로 작용할 수 있다. 예컨대 우리나라의 감사원의 성과감사 비중을 살펴보면 2005년에서 2010년에 이르는 6년간, 감사 유형별 실시 건수 가운데 성과감사의 비중은 4.7%로 대단히 미미한 실정이다.[18] 최근 사례를 <표 6-1-5>에서 보더라도, 2015년의 경우 전체 감사 사항 수 140개 가운데 성과감사는 3개로 2.15%에 머물고 있다.

이와 함께 감사원의 성과감사에 대한 실시 내용이 기존에 행하던 합법성 감사와 별 차이를 보이지 못하고 있을 뿐만 아니라, 성과감사의 효과를 보기에는 여전히 미흡한 부분이 많다는 점을 고려한다면 이 비중은 더욱 낮다(조형석, 2009; 김난영, 2012). 하여 감사원이 이를 극복하기 위해서는 과거 적발과 지적 위주의 소극적인 감사자로서가 아닌, 정부 현실에 기반한 성과관리 수준 개선과 역량 제고를 위한 적극적 조언자(consultant)로서 역할과 기능을 다한 성과감사를 해야 한다.

향후 한국의 감사원은 정부성과 개선을 위한 주요 기관으로 자리매김해야 한

18) 참고로 영국 감사원은 성과감사가 차지하는 비율이 69%, 스웨덴 감사원은 38%, 핀란드 감사원은 48%에 이른다.

표 6-1-5 감사원의 실지감사 현황

(단위: 개)

구분	감사 사항 수	기관 수
재무감사	17	50
기관운영감사	24	33
성과감사	3	32
특정감사	96	1,086
합계	140	1,201

자료: 감사연보(2016).

다. 이를 위해서는 현재의 성과관리 수준에 대한 정확한 이해를 토대로, 정부의 성과관리 역량을 제고할 수 있는 현실 적합한 성과검사 방안을 마련해야 한다는 새로운 환경에 직면해 있다(공병천, 2009: 295－319).

생각할 문제

■ 행정과 책임

1. 행정책임의 유형을 비교하고, 각각의 장단점을 비교해서 생각해 보시오.
2. 한국 행정에서 요구되는 행정책임의 유형으로는 어떤 것이 필요한지에 대해 생각해 보시오.

■ 한국 행정과 통제

1. 외부 통제와 내부 통제의 차이점과 유형을 비교해 장단점을 생각해 보시오.
2. 한국 행정에서 외부 통제의 효과성에 대해 생각해 보시오.
3. 한국 행정에서 내부 통제의 효과성에 대해 생각해 보시오.
4. 한국 행정에서 가장 효율적인 통제 유형에 대해 생각해 보시오.

제 2 장 한국 행정과 개혁

제 1 절 행정과 개혁

1 행정개혁의 의미

행정개혁이란 행정 체제를 더 나은 다른 상태로 변화시키는 인위적인 노력을 의미한다. 행정개혁은 다양한 측면에서 제기되는 대내외의 변화 압력에 대한 대응 차원으로 이뤄지는 행정 체제의 바람직한 변동을 의미한다. 따라서 행정개혁은 행정 체제의 내부로부터 끊임없이 혁신해, 낡은 구성 요소를 창조적으로 파괴함으로써 새로운 행정 체제를 만들어내는 일련의 과정으로 묘사할 수 있다(김정렬 · 한인섭, 2008: 3).

결국 행정 체제는 끊임없이 사회적 · 환경적 변화와 요구에 따라 새로운 적응 양태를 요구받고 있는데 이에 대한 대응 양식이 행정개혁이다. 이와 같이 환경에 대한 대응 양식의 하나로 볼 수 있는 행정개혁은 다양한 요소를 고려해야 하는데, 다음은 성공적인 행정개혁을 위해 반드시 고려되어야 할 것들이다.

첫째, 행정개혁에서 가장 고려해야 할 요소는 목표에 대한 명료한 설정이다. 행정개혁의 기본 요소에서 가장 중요한 것이 목표의 설정이다. 이는 행정개혁의 방향을 제시할 뿐만 아니라, 이후의 전략 설정과 평가 과정에서 중요한 역할을 하기 때문이다.

행정개혁이 추구하는 목표로는 정부조직의 업무 간소화, 정부기관의 합리화와 행정 과정의 단순화, 규제와 형식화된 업무의 폐지, 관료제에 대한 과잉 의존의 축소, 공공관료제에서 주민대표성의 증대, 행정인의 능력 개발, 행정 성과로서 효과성의 향상, 행정수반의 관리 능력의 강화, 예산의 절약과 능률성 제고, 환경 변화에 대한 대응 능력의 향상 등이 고려되어야 한다(Caiden, 1969: 37).

둘째, 행정개혁의 정치 과정적 속성이 반드시 고려해야 한다. 행정개혁은 관료제와 정치·사회 요소 간의 관계나 관료제 자체 내의 여러 관계를 조정해야 한다는 점에서 정치 과정의 성격을 지니고 있다. 따라서 개혁의 목적과 대상은 정치적 환경에 따라 달라질 수 있다는 것이다. 특히 행정개혁은 다양한 정치 세력 간의 투쟁과 타협 등이 전개되는 과정의 결과로 이해될 수 있는데, 행정개혁이 단순한 행정 과정 이상으로 다양한 이해집단에 대한 고려가 선행되어야 하는 이유다.

2 행정개혁의 접근 방법

행정개혁의 접근 방법은 크게 대상을 무엇으로 할 것인가에 따라 두 유형으로 나뉜다. 제도나 구조에 대한 개혁과 사람에 초점을 둔 개혁 방식이 그것이다.

1) 구조적·관리적 접근 방법

행정개혁에 대한 접근 방식에서 구조적·관리적 접근 방법은 주로 과학적 관리 방법이나 신과학적 관리 방법에 근거를 둔다. 이에 따라 이 접근 방법은 주된 개혁의 대상이나 초점을 행정의 수행 과정에 두고 있다. 대체로 관리과학이나 운영연구 또는 체제분석 등의 방식을 활용해, 행정의 기술이나 수단을 개선하고 행정 성과의 향상을 도모하고자 하는 데 치중한다.

구조적·관리적 접근 방법은 구조와 관리 또는 기술적 측면의 개선을 통해 행정의 효율성을 향상시키는 데 초점을 두고 있기 때문에 다음과 같은 한계가 있다.

첫째, 인간적 측면과 환경적 요인을 충분히 고려하지 않는다는 것을 들 수 있다. 주로 조직구조나 기술 등의 변화에만 중점을 두고 있기 때문에 개혁이 행정의 형식주의를 초래할 가능성이 높다.

둘째, 행정개혁이 고도의 정치 과정적 성격을 내포하고 있다는 사실을 간과하고 있다.

셋째, 접근 방법에서 주된 개혁 대상을 구조나 기술 또는 관리적 측면의 개선에 초점을 둔 결과 구성원의 행태적 측면은 간과한다는 지적이 있다.

2) 인간관계적 · 행태주의적 접근 방법

인간관계적 · 행태주의적 접근 방법은 인간의 가치관이나 태도의 변화를 통해 행정개혁의 목표를 달성하고자 하는 방식이다. 이에 행정개혁의 목표를 조작적 전략과 가치 변화 전략을 통한 인간 행태의 변혁에 두고 있다. 이 방법은 인간관계론, 행태론 및 조직발전론 등에 근거를 두고 있다. 특히 이와 관련해 집단토론 · 감수성 훈련 등의 조직발전 기법들을 활용하며, 조직구성원의 자발적 참여를 무엇보다도 강조한다(유종해, 1996: 8-13).

그러나 인간관계적 · 행태주의적 접근 방법은 구조적 · 관리적 접근 방법이 소홀히 한, 집단적 방법과 대인 관계 및 집단 관계와 같은 인간적 측면을 강조하고 있다는 점에서 장점이 있다. 반면에 여러 문제점을 지니고 있다.

첫째, 이 접근 방법은 공식적 · 구조적 측면보다는 비공식적 · 감정적 측면을 지나치게 강조하고 있다. 이로 인해 인간 행태를 변화시키는 데 시간이 너무 많이 소요되고, 법적 규제에 영향을 받는 행정조직의 개혁 방법으로는 적합하지 않다.

둘째, 이 접근 방법은 행정구조 속에서 존재하는 개혁자와 피개혁자 간의 권력 문제를 회피하고 지나치게 피상적으로 접근하고 있다.

셋째, 이 접근 방법은 개혁 과정에서 요구되거나 적용하고자 하는 개혁 기법이 지나치게 어려워 활용상의 난점이 크다. 특히 관리과학이나 행태과학에 대한 충분한 연구와 지식의 요구된다는 점에서 한계가 있다.

이에 따라 최근에는 두 접근 방법을 혼합한 이른바 종합적 접근 방법이 많이 활용되고 있다. 다시 말해, 개혁의 접근 방법으로는 인간주의 · 행태주의적 접근이 각광을 받고 있기는 하나, 이 방법 또한 개혁에 소요되는 시간이나 기법의 어려움 등으로 인해 두 방식을 혼용한 종합적 접근 방법이 활용된다(오석홍, 1995: 46-47).

3 행정개혁의 모형

행정개혁의 모형은 행정개혁의 접근 방식에 따라 나타난 각국의 행정개혁의 현상들을 모형화한 것이다. 행정개혁의 모형은 여러 형태가 존재하지만 시장모형, 참여모형, 조직모형, 관리모형으로 유형화할 수 있다.

1) 시장모형

시장모형(market model)은 지난 20여 년 동안 가장 많은 관심을 받아온 유형이다. 이 모형의 기본 가정은 정부와 공공조직을 민간조직처럼 운영함으로써 효율적이고 효과적으로 만들 수 있다는 데 있다. 이에 따라 정부실패의 원인이 분명한 만큼 행정개혁을 위한 시장모형의 처방도 명확하다는 입장을 견지한다. 그러나 시장과 경쟁에 기초한 개혁이 성공적으로 보이기는 하지만, 시장 지향적 개혁모형이 확산되는 데 대해서는 많은 비판이 존재한다.

첫째, 가장 주된 비판은 규범적 측면으로 정부와 시장의 성격이나 목적이 다르다는 것이다.

둘째, 공공 부문에 대한 시장모형의 적용 가능성은 매우 제한적이며 특히 사회복지 분야 등의 영역에 시장 지향적 개혁모형을 적용하는 데에는 근본적인 한계가 있다는 것이다.

셋째, 민영화를 포함한 시장모형은 민간 부문의 우월성을 전제한 것인데 이런 비교가 합리적이지도 않고 비교 자체가 불가능하다는 것을 간과했다는 것이다.

넷째, 관료와 민간기업 관리자들의 동기 유발(incentives)에 관한 것으로, 이 두 집단의 동기는 매우 다르다는 점이다. 예컨대 관료의 경우 자기 이익만을 추구하는 존재가 아니라, 공익을 추구하는 데 따른 동기 유발이 관료조직의 특성이라는 사실을 간과하고 있다는 지적이다.

2) 참여모형

시장모형이 경제적 관점에서 기초한 것이라면, 참여모형(participatory model)은 정치적 관점에 근거한 접근 방법이라 할 수 있다. 참여모형에서 인간의 본질에 관한 가정은 인간관계론적 접근 방법까지 거슬러 올라간다. 그래서 정부실패의 원인을 시민의 불만에서 찾는다. 이에 따라 시장모형이 경제적 유인을 강조하는 데 반해, 참여모형에서는 사람들이 자기가 하는 일에 관심을 가지고 있으며 기회가 주어진다면 가능한 최선을 다해 업무를 수행한다고 가정한다.

예컨대 사람들이 높은 급여를 바라는 것은 사실이지만 돈이 유일한 유인(誘因)은 아니라고 본다. 그보다는 관여(involvement)와 직무에 관심을 갖는 것이 잠재적으로 훨씬 중요하다고 보는 시각이다. 공공조직의 경우는 가치와 헌신을 창출하는 것이 훨씬 중요하며, 공공관료는 자기들이 집행하는 정책과 공공 서비스에 대한 헌신을 통해 강력하게 동기부여가 된다.

그럼에도 불구하고 조직 내에서 참여와 관여가 이뤄지지 않고 있는 것은 관료제의 억압과 통제 중심적 조직문화 때문이라고 보고 있다. 그래서 몰개인적 규범에 대한 책임이나 절차의 고수 등과 같은 관료조직의 특성은, 불확실성의 시대에 관리 가능하고 지속 가능한 미래를 보장할 수 있는 기술과 감각(sensibility)을 개발하는 데 역행하는 것으로 보고 있다. 따라서 관료제가 지닌 규범적 통치(normative regime)와 제도적 관행(disciplinary practices)을 종결시키고 참여를 조정함으로써 정부조직을 개혁할 수 있을 것으로 보고 있다. 결론적으로 참여모형에서는 행정개혁을 위해 억압과 통제 중심적 조직문화를 지양하고 표현과 관여의 문화를 창출할 것을 주장한다. 참여모형도 한계를 갖고 있기는 마찬가지다.

첫째, 참여의 진정성 문제다. 이는 시민들이 정책형성이나 집행에 실질적인 권한이 없음에도 불구하고 자기들이 정책형성에 참여했다고 믿는 경우다. 이의 근본적 원인은 시민 참여가 형식적으로 이뤄지는 데 있다.

둘째, 참여모형에서는 조직의 구성원과 시민들에게 모두 권한을 부여할 것을 강조하는데, 이들이 상이한 이해관계를 가질 경우에는 집단 간의 갈등을 야기할 수 있다.

3) 조직모형

조직모형(organizational model)은 공공 부문의 문제점이 과도한 계층제(excessive hierarchy)에 있는 데서 출발한다. 계층제는 정부조직을 안정적으로 운영하게 하는 역할을 하지만, 사회경제적 환경이 급변하는 상황에서 지나치게 안정적인 계층제는 오히려 환경 변화에 신축적으로 대응할 수 없는 통치 유형을 제도화시킨다.

나아가 정부조직에 할당된 업무들이 매우 엄격하게 정의되어 있기 때문에, 환경으로부터 새로운 문제가 제기될 경우 이를 둘러싼 조정문제를 더욱 어렵게 만든다. 그래서 행정개혁에 대한 조직모형의 처방은 조직 감축(downsizing), 수평화(flattening), 최적 규모(right sizing), 계층 축소(delayering) 등이다. 이런 노력은 모두 정부부처의 규모를 감소시키는 데 초점을 둔다. 그러나 조직모형도 문제점을 지니고 있다.

첫째, 외견상으로는 조직 형태를 개선한 것으로 보이지만 사실상 실질적인 내용은 과거와 다를 바 없이 형식적인 변화에 그치는 경우가 많다는 것이다.

둘째, 이들은 환경 변화에 대응하기 위해 신축적인 조직으로 전환해야 하며 이를 위해 상업적 조직을 선호한다. 그러나 조직과 환경 간의 관계는 조직 형태에 따라 차이가 있으며, 각각의 조직이 처한 구체적인 맥락은 조직마다 다를 수밖에 없다.

셋째, 신축적인 정부조직을 창출하고자 할 경우에는 전통적인 정부구조에 심각한 도전이 야기될 수 있다. 안정성이 높던 정부조직에서도 정부활동에 대한 점검과 책임성 확보가 용이하지 않았던 점을 고려한다면, 신축성과 대응성이 높은 정부조직의 경우는 이런 점검과 책임성 확보의 문제가 더욱 어려워질 수 있다. 이런 점은 책임성을 요구하는 정치인과 시민들이 대응적인 정부에 대해 회의적일 수 있음을 시사한다.

4) 관리모형

관리모형(management model)은 정부실패의 원인으로, 공공 부문의 종사자들이 업무를 효율적이고 효과적으로 수행할 수 없도록 방해하는 규칙(rules)과 규제(regulation)에 의해 제약을 받기 때문이라고 본다. 이러한 규정들은 과거에 이뤄진 행정개혁의 산물이지만, 지금에 이르러서는 역기능적으로 변화된 것들이라는 주장이다. 예컨대 관료제는 20세기 초반의 당파적 정실주의의 문제에 대응하고자 민주적 책임성을 확보하기 위해 고안된 산물이었다. 그러나 오늘날 개혁론자들의 관점에서는 정부관료제가 좋은 관리(good governance)에 대한 장애물로 인식되고 있는 실정이다.

관리모형에서는 규칙이나 규제에 의한 제약을 정부실패의 원인으로 인식하기 때문에 개혁을 위한 처방도 지출계획, 재정관리, 노사관계, 구매, 조직과 방법, 감사와 평가 등 정부조직 내부의 규칙이나 관행을 개선하는 방식으로 행정개혁을 추구하고자 한다. 따라서 여기서는 과도한 규정이나 규칙을 핵심적 문제로 간주하기 때문에, 개혁을 위한 노력도 규정과 규칙으로 인한 제약을 완화하고 관리자의 자율성과 신축성을 제고하는 데 초점을 둔다.

관리모형 역시 한계를 지니고 있는데 첫째, 관리적 자율성과 관리 능력의 조화에 관한 문제다. 다시 말해, 관리 능력이 뒷받침되지 않는 경우에는 자율권과 신축성이 증가할수록 비효율성과 방만성은 더욱 커지는 문제를 안고 있다. 둘째, 관리모형에서는 자율성에 따른 책임성을 강조하지만 정부활동의 통합적인 성격 때문에 성과에 대한 관리자의 책임성을 확보하기가 쉽지 않다(김정렬 · 한인섭, 2008: 44-53).

4 행정개혁의 과정

행정개혁의 과정은 일반적인 과정 절차와 유사하게 개혁의 필요성 인식 → 개혁안의 작성과 결정 → 개혁의 실행 → 개혁의 평가의 순으로 이뤄진다.

1) 개혁의 필요성 인식

개혁의 필요성에 대한 인식 측면은 객관적 · 주관적 측면으로 나눠 볼 수 있다. 객관적 측면에서의 필요성으로는 ① 권력의 변동으로 인해 발생하는 행정 수단의 변화에 대한 요청, ② 사회적 요청으로서 행정 수요의 발생, ③ 행정제도에 내재하는 관행적 · 팽창적 경향의 교정 등이 있다. 그리고 주관적 측면에서의 필요성으로는 정치 주체가 객관적 필요성을 개혁 목표로 인정하는 것을 의미한다. 따라서 행정개혁은 이와 같은 객관적 필요성과 주관적 필요성이 동화될 때 시작된다.

그런데 개혁의 필요성을 인식하는 과정에서 사전에 고려해야 할 사항은, 개혁에 따른 저항 세력에 대한 완화나 처리에 대한 방안을 미리 고려해야만 개혁의 집행을 용이하게 한다는 사실이다.

2) 개혁안의 작성과 결정

개혁안의 작성과 결정 과정에서는 주로 개혁의 범위, 개혁의 수준, 개혁에 따른 전략, 개혁의 방법, 개혁의 참여자와 이에 수반되는 제약 등과 관련된 내용 검토와 결정을 하게 된다(이한빈, 1968: 85－86). 그런데 이 같은 개혁안을 마련하는 데 개혁안의 작성 주체가 중요한 문제로 대두된다. 그것은 개혁안의 작성 주체가 누구인지에 따라 개혁의 내용이나 수준 또는 개혁과 관련된 여러 제약 요인이 영향을 받기 때문이다.

통상 개혁안은 조직의 내부 구성원에 의해 작성되는 경우, 조직의 외부인에 의해 작성되는 경우 또는 양자의 협력에 의해 작성되는 경우로 나눌 수 있다. 조직 밖의 국외자가 개혁안을 작성하는 경우 일반적으로 정치인이나 민간 전문가가 참여함으로써 좀 더 객관적·종합적이기 때문에 국민의 지지를 얻기가 용이하다. 그리고 개혁의 정치적 측면을 충분히 고려할 수 있으나, 건의안이 다소 극단적이고 과격해지는 경우가 많다.

이에 반해 내부에서 개혁안을 작성하는 경우 보고서가 간명하고 중점적이며, 실재적인 정책·사업계획에 더욱 관심을 두게 된다. 다만, 공익보다 관료의 이익을 우선시할 가능성이 있으며, 개혁안의 실행과 조직 변동이 직원의 복지에 미치게 될 영향에 더 중점을 둔다는 특징이 있다. 따라서 개혁안에 입각한 행정개혁이 성공적으로 이뤄지려면, 개혁안을 작성할 때에는 가능한 한 참여의 범위를 확대시키는 것이 바람직하다.

개혁안의 작성이 완료되면 최고관리층에 제출되어 개혁안의 내용과 실행 가능성 등을 검토해 최종안을 결정한다. 최종적 결정은 관계 전문기관이나 막료기관의 자문을 거치게 되는데 이 과정에서 내용의 일부가 수정되기도 한다.

3) 개혁의 실행

개혁의 실행은 많은 시간과 노력이 요구되는 과정이다. 이 과정에서는 법령안의 작성, 새로운 규정이나 편람 등의 작성, 예산과 인사의 조치, 관계 공무원에 대한 교육훈련, 세부적인 시행계획의 수립 등이 수반되어야 한다. 또한 개혁안 자체에 실행 문제가 충분히 반영되어 있지 못할 경우에는 실행계획부터 수립해야 한다. 개혁의 실행 과정은 개혁 과정에서 가장 저항과 혼란이 많은 부분이기도 하다. 따라서 이 과정에서는 개혁 대상에 대한 충분한 이해와 설득 기술이 요구된다.

4) 개혁의 평가

개혁의 실행이 이뤄지고 나면 개혁의 목표 달성도를 평가해야 한다. 그러나 행정의 속성상 개혁에 따른 평가가 용이하지는 않다. 이 같은 개혁의 평가에 따른 문제점들로는 첫째 개혁 자체가 목적이 아니기에 성공 여부를 평가하기가 쉽지 않다. 둘째, 개혁의 효과가 숙성 효과로 인해 효과를 측정하는 것이 바람직하지 않을 경우가 많다. 셋째, 평가자의 주관성과 평가 기준의 혼란으로 평가 결과가 달라진다는 점이다.

5 행정개혁과 저항

1) 행정개혁에 따른 저항

개혁에는 저항이 수반되게 마련이다. 그것은 현상 유지에 안주하려는 인간의 속성상 부득이한 결과일 수도 있다. 개혁에 따른 저항 원인을 살펴보면 이러하다.

첫째, 현상 유지를 원하는 기득권자의 유지 욕구다. 이는 현재의 조직 상태에서 기득권을 유지하고 있는 자가 이를 계속 유지하려는 욕망 때문에 새로운 변혁에 저항하게 된다.

둘째, 개혁 과정에 대한 참여 부족이다. 개혁안의 작성이나 실행 과정에서 개혁자가 일방적 · 강압적인 태도를 취하는 경우, 피개혁자는 소외감을 느끼게 되고 개혁에 무관심한 태도를 갖게 한다.

셋째, 개혁안의 불확실성이다. 이는 개혁안의 내용이나 실행계획이 피개혁자에게까지 확실하게 전달되어 있지 않거나 또는 그 성과에 대한 전망이 불확실한 경우, 그에 따른 불안감과 초조감으로 인해 개혁에 대해 저항적인 태도를 갖게 된다.

넷째, 피개혁자의 능력 부족과 행태다. 이는 피개혁자가 개혁에 따라 요구되는 새로운 지식이나 기술을 가지고 있지 못해, 개혁사업을 감당할 능력이 부족한 경우에 저항이 일어나게 된다. 특히 관료제는 보수적인 성향을 지니고 있기 때문에 관료제 구조 하에 있는 행정인들은 변혁에 저항하는 경향이 많다.

2) 저항에 대한 대책

행정개혁에 따른 저항은 개혁안의 수립 과정에서 충분한 고려가 있어야 하며, 그에 따른 대책도 마련해 두어야 한다. 그럼에도 예측하지 못한 불만이나 저항이 발생하게 되는데, 일반적으로 저항에 대한 대책으로 다음을 고려해 볼 수 있다.

첫째, 일괄적 개혁이 아닌 선택적 추진을 고려해 볼 수 있다. 이 대책은 가능한 이해관계자들이 기득권을 덜 침해하도록 기술적 · 혁신적인 것부터 먼저 개혁의 대상으로 한다. 그리고 관계자들의 기득권과 관련된 변혁은 가급적 피하되 부득이한 경우에는 그들이 적응할 수 있도록 점진적으로 실시한다.

둘째, 개혁과 관련된 이해관계자에게 광범위한 참여 기회를 제공하는 것이다. 개혁에 대한 이해와 협조를 얻기 위해서는 개혁안 작성이나 실행 과정에 조직의 간부 · 계선기관 · 막료기관은 물론 여야의 정치인, 민간인 등이 참여할 수 있는 기회를 주어야 한다. 또한 개혁의 목표와 필요성 등을 이해시키며, 참여자로 하여금 자신의 견해를 밝힐 수 있는 기회를 제공해야 한다.

셋째, 개혁안을 명확히 하고 개혁의 공공성을 강조한다. 피개혁자들이 개혁에 관해 확실한 인식과 이해를 갖도록, 개혁안의 내용과 예상되는 결과를 객관적 · 계량적인 것으로 명확하게 제시해 주어야 한다. 그리고 가능하면 과거 또는 다른 조직의 성공적인 개혁을 예시해 주어야 한다.

특히 관료제의 역기능 현상을 극복하기 위해서는 개혁의 가치가 피개혁자의 가치와 이념에 합치됨을 느낄 수 있도록 하고, 그 목적이 공공복지나 행정의 전체적인 효율성을 높이는 데 있음을 납득할 수 있도록 해야 한다. 아울러 적절한 인사 배치를 통해 저항 세력을 사전에 분산시키는 것도 개혁의 효과성을 높이는 방법이다.

넷째, 피개혁자가 개혁에 적응할 수 있도록 능력을 개발시켜 주어야 한다. 개혁 업무의 수행 능력을 갖출 수 있도록 하기 위해서는 개혁을 추진하기에 앞서, 피개혁자에 대한 교육훈련을 실시해 그들의 능력을 향상시켜야 한다(박연호 외, 2010: 484-485).

제 2 절 한국 행정과 개혁

1 한국 행정개혁의 변천과 내용

한국 행정에서 진행되어 온 행정개혁은 정부가 교체될 때마다 단행되어 왔다. 그 결과 개혁의 동인(動因)이나 그에 따른 내용은 정부의 변천에 따라 상이하다. 여기서는 각 정부에서 시도한 행정개혁의 동인과 그에 따른 내용을 중심으로 다음과 같이 살펴보고자 한다.[1)]

1) 민주화 이전 시기의 행정개혁

민주화가 진행되기 이전에 이뤄진 행정개혁의 내용은 주로 다음과 같은 특성을 지닌다. 즉, 건국 초기에는 국가기구의 형성에 초점이 두어졌는데 반해, 점차 권위주의적 정치 체제가 강화되면서 체제의 안정과 효율성을 높이는 방향으로 초점이 변화되었다.

(1) 이승만 정부의 행정개혁

이승만 정부의 행정개혁 목표는 두 가지 측면으로 나뉜다. 첫째, 건국 초기에는 국가의 건설이나 국민 통합을 위한 국가기구의 형성과 기능의 정립을 위한 방향에서 이뤄졌다. 둘째, 집권이 강화되면서부터는 행정의 간소화를 위한 개혁 내용이

1) 행정개혁의 내용 가운데 상당 부분은 신승춘 외(2009: 455-470)와 박중훈 외(2016)의 논의에 의존했음을 밝혀둔다.

표 6-2-1 이승만 정부 행정개혁의 주요 내용

시기	중앙정부조직					
	원	부	처	(외)청	위원회	기타
1948년 7월 17일 (11부 4처 3 위원회)		내무부, 외무부 국방부, 재무부 법무부, 문교부 농림부, 상공부 사회부, 교통부 체신부	총무처 공보처 법제처 기획처		대통령 소속: 고시위원회, 감찰위원회 국무총리 소속: 경제위원회	
1949년 3월 25일		보건부 설치				
1949년 12월 15일			외자 구매처 신설			
1949년 12월 19일				임시외자 관리청 신설		
1950년 4월 24일				관세청 신설		
1955년 2월 7일		부흥부 설치 보건사회부 출범(보건부와 사회부 통합)	기획처 폐지	외자청 해무청 전매청 신설	부흥위원회 설치 경제위원회 폐지 감찰위원회 폐지 (대안기관인 감찰원은 미설치)	공보실 법제실 설치
1956년 2월 1일		외무부 의전국 설치 내무부에 건축 기능 등 추가				
1958년 3월 11일	원자력원 설치					

자료: 박중훈 외(2016)에 의거 재작성.

추가되었다. 특히 장기 집권을 위한 내무와 치안 등 억압적 사회 질서 유지 기능과 반공을 빌미로 한 국방 기능이 6·25 전쟁 이후 강화되었다. 이승만 정부의 이 같은 행정개혁의 목표와 동인에 따라 크게 3차에 걸쳐 정부구조가 개편되었다(김운태, 1996: 281-290).

제1차 개편에 따라 1949년 3월에는 보건부가, 동년 12월에는 '외자구매처임시

조치법'에 의해 대통령 직속 하에 외자구매처가 신설되었다. 동년 12월에는 귀속재산처리법에 의해 국무총리 직속 하에 귀속재산의 관리처분기관인 관재청이 설치되고, 임시관재총국은 폐지되었다. 또한 동년 12월에는 국무총리 직속 하에 임시외자관리청이 설치되었다. 한편 1950년 4월에는 '구황실재산처리법'에 의해 대통령 직속 하에 임시황실재산관리위원회가 신설되었으며, 1952년에는 재무부 전매국을 전매청으로 승격시켰다.

제2차 개편은 1954년 11월의 제2차 헌법 개정에 의해 국무총리제가 폐지되고 대통령 책임제를 강화했다. 1955년 2월에는 '정부조직법'의 개정으로 대폭적인 기구 개편이 있었다. 이 개혁은 규모 면에서나 중요도 면에서 큰 의미를 갖는데, 주요 특징은 국무총리제의 폐지에 따른 대통령 중심 권력 체제로의 정비, 행정수반의 막료와 보조기관의 재정비, 그리고 전쟁 이후의 부흥과 경제정책의 종합적 기획 조정을 위한 기구로서 부흥부의 신설 등을 들 수 있다. 이로 인해 중앙행정기관은 12부 2실 3청 1위원회가 되었다.

이승만 정부의 마지막 개편에 해당하는 3차 개편은 1958년 3월 '원자력법'에 의해 원자력원이 대통령 직속기관으로 설치되었다. 그리고 감찰원을 다시 감찰위원회로 개칭했다.

(2) 박정희 정부의 행정개혁

박정희 정부의 행정개혁은 집권 기간의 장기화로 인해 시기별로 개혁의 내용이 특징적으로 구분되는 양상을 띠었다.

① 군사정부 시기의 행정개혁

1961년 5월 16일 박정희 소장을 중심으로 한 군부는 군사혁명위원회를 국가재건최고회의로 개편하고, 5월 20일에는 혁명내각을 조직함으로써 2년 7개월 간에 걸친 군정이 시작되었다. 따라서 박정희의 군사정부는 정당성의 결여로 인해 정치적 기반은 처음부터 취약할 수밖에 없었다.

그로 인해 정치와 행정은 점차 권위주의를 지향해 나갈 수밖에 없었으며, 이는 헨더슨(Gregory Henderson)이 말한 소용돌이 정치(policy of vortex)의 서막을 알리는 신호탄이었다(Henderson, 1968: 4－6). 이러한 과정 속에서 군사정부는 대규모 행정개혁으로 국민들이 공감하는 성과를 창출해 국민들의 지지를 이끌어내고자 하는 전략을 구사했다.

5·16 이후 군사정부는 권력기구와 통치 방식의 기본적 변화, 경제발전 5개년 계획의 착수, 군의 현대화된 조직관리 방식의 도입 등을 통해 1961년 10월 2일 대규모의 정부기구 개혁인 '10·2 개혁'을 단행했다. 10·2 개혁의 핵심은 ① 행정의 능률화, ② 기획과 집행의 분리, ③ 통제 기능을 제도화, ④ 부서 통폐합, ⑤ 행정 체계의 단일 집중, ⑥ 사업 관청의 관리 강화, ⑦ 국토개발사업의 촉진, ⑧ 중간관리기관의 강화에 두었다. 또한 이 개혁에서는 대통령중심제를 채택하면서도 부통령을 두지 않고, 내각책임제적 요소인 국무총리를 두었다.2)

② 박정희 전기정부

박정희 군사정부가 민간으로 탈바꿈한 1963년부터 1972년 유신 체제가 들어서기 전까지의 행정개혁이 그것이다. 이 시기에 박정희 정부는 행정개혁의 초점을 정치보다는 행정적·경제적 효율성에 두었으며 강력한 통치 체제를 구축하는 데 치중했다. 이 시기 행정개혁의 특징을 살펴보면 이러했다.

첫째, 정부조직 기구 개편의 합목적성 성격을 띠었다. 이에 따라 행정공약과 정책 목표에 따라 기구 개편이 추진되었다.3)

둘째, 행정개혁의 참여자에 관한 특징적인 것으로 법률적 배경을 가진 사람은 제외되고 대신 군인이나 행정학자, 그리고 실무 공무원 등이 주로 참여했다.

셋째, 기존 행정관리국과 함께 행정조사위원회가 설치됨으로써 행정개혁이 전문성과 제도화를 구축하게 되었다. 아울러 고도 경제 성장을 통한 목표 달성을 위해 많은 기구가 설치되었다. 예컨대 경제기획원의 신설을 들 수 있다.

넷째, 국가 발전에서 행정의 주도적 역할이 강조되었으며 행정기구와 기능이 다원화되고 전문화되었다. 특히 정책의 기획 입안과 계획 수립을 위한 참모조직이 많이 설치되고 그 기능이 강화되었다. 따라서 이 시기의 행정개혁은 발전 행정적·집권 지향적이면서, 정보가 중앙정보부 등에 의해 통제되는 경향을 보여 주었다.

2) 국무총리에 직접 소속되는 중앙행정기관으로는 부총리, 경제기획원, 총무처, 법제처, 원호처, 원자력원 등이었다.

3) 반공을 위해 중앙정보부를 국민 도의 향상을 위해 국민재건운동본부를, 구악(舊惡) 일소를 위해 혁명경찰부와 혁명재판소를, 국가 경제 발전을 위해 경제기획원, 국토건설청, 건설부, 철도청, 노동청, 울산계획개발본부 등을 설치했고, 행정관리 효율화를 위해 조달청, 기획통제관실, 행정관리국을 설치했다.

표 6-2-2 군사정부와 박정희 전기정부 행정개혁의 주요 내용

시기	중앙정부조직					
	원	부	처	(외)청	위원회	기타
1961년 5월 26일 (1원12부1처 3청 위원회)		건설부 신설* 부흥부 폐지		• 외자청 (건설부 소속)		
1961년 6월 22일		공보부 신설				
1961년 7월 22일	경제기획원 설치	건설부 폐지		국토건설청** 외자청*** 신설	중앙경제 위원회****	
1961년 7월 29일				군사원호청 신설		
1961년 10월 2일			법제처 신설	외자청 해무청 폐지		
1962년 3월 12일				농촌진흥청 신설		
1962년 5월 12일			원호처 설치			
1963년 8월 26일				노동청 철도청 신설		
1963년 12월 14일	감사원 신설			전매청, 조달청 검찰청, 노동청 농촌진흥청, 철도청		중앙정보부 국민운동본부 신설
1964년 8월 14일						국민운동본부 폐지
1966년 2월 28일				국세청 수산청 설치		
1966년 8월 3일				산림청 설치		
1967년 3월 30일	원자력원 폐지		과학기술처 신설	원자력청 신설		
1968년 7월 24일	통일원 신설	공보부를 문화공보부로 명칭 변경				
1970년 8월 3일				관세청 병무청 신설		무임소장관제 설치

주: *당시의 건설부는 현재의 재정경제부와 유사한 기능 수행.
**경제기획원 산하, ***재무부 산하 설치, ****경제기획원 산하 설치.
자료: 박중훈 외(2016)에 의거 재작성.

다섯째, 행정개혁이 고도의 중앙집권화를 지향함으로써 외부통제 장치의 기능은 약화되었다. 또한 이익집단과 언론의 투입 기능 역시 상당 부분 제약되었다.

여섯째, 개혁의 초점이 경제 부문에 치중됨으로써 여타 부분에 대해 소홀할 수밖에 없었다. 이로 인해 파생된 빈부 격차, 주택난, 가치관의 혼란, 산업화 초기 단계에서 나타나는 도시의 빈민가 형성 등은 박정희 정부에 크나큰 부담을 안겨 주었다.

표 6-2-3 박정희 후기정부 행정개혁의 주요 내용

시기	중앙정부조직				
	원	부	처	(외)청	위원회 기타
1973년 1월 15일 (2원13부4처13청5외국)				공업단지 관리청 신설	행정개혁위원회 설치*
1973년 3월 3일		농림부를 농수산부로 개칭		산림청 소속 변경**	
1973년 5월 14일					중화학공업추진위원회 설치***
1974년 12월 24일		내무부 치안국을 치안본부로 확대			
1975년 12월 31일				항만청 신설	
1976년 12월 31일				특허청 신설****	
1977년 11월 15일					전자개발통신위원회 신설
1977년 12월 16일		동력자원부 신설		항만청을 해운항만청으로 개칭	
1978년 12월 15일					특정지역개발위원회 신설

주: *국무총리 소속, ** 내무부 이관, ***국무총리 소속 설치.
*조달청 소속을 경제기획원으로 변경.
자료: 박중훈 외(2016)에 의거 재작성.

③ 박정희 후기정부

유신 체제가 후반으로 갈수록 박정희 정부는 장기 집권 체제의 유지로 인해 행정개혁의 추진력은 감퇴될 수밖에 없었다(오석홍, 1995: 259－260). 그로 인해 행정개혁의 초점은 주로 행정권의 강화와 체제 유지적인 방향에서 전개되었다.

첫째, 정부 주도형의 개발정책을 추진하기 위해 전반적으로 행정기구와 예산, 공무원 규모의 증가가 이뤄졌다. 그 결과 강력한 중앙집권화, 기획 기능의 강화, 각종 규제의 설치 및 시장 개입, 지방자치의 유명무실화 등의 현상이 나타났다.

둘째, 행정개혁위원회가 정부의 정식 기구로 설치되었다. 이로 인해 행정개혁의 집권화, 과학화 그리고 제도화의 가능성을 제시하게 되었다.

셋째, 행정부에 대한 국회의 견제 기능이 약화됨으로써 청을 비롯한 국의 수가 대폭 증가했다. 그리고 정부 위원에 실장과 국장도 포함시켰고, 보조기관도 위탁받은 범위 내에서 행정기관이 될 수 있도록 했다.

넷째, 행정기구에 융통성과 전문성을 기하기 위해 도입된 담당관 제도와 차관보제도는 인식 부족으로 인해 점차 계선기관으로 바뀌는 본말이 전도되는 현상을 가져왔다(김종찬, 1983: 248－249).

다섯째, 새마을운동과 유신 이념에 대한 정신교육을 중심으로 공무원 교육훈련은 지속적으로 강화되었다. 특히 행정 전반에 걸친 서정쇄신운동은 관료제의 강화에 따른 반대급부적 성격을 띠고 이뤄졌다.

(3) 전두환 정부의 행정개혁

박정희 대통령의 서거 이후 비상계엄 하의 정부는 1980년에 7년 단임제의 대통령 간선제를 규정한 개헌안을 작성해, 동년 10월 22일 국민투표를 거쳐 10월 27일 제5공화국 '헌법'으로 공포함과 동시에 국회와 정당을 해산시켰다. '헌법'에 따라 국회를 대신한 국가보위입법회의가 구성되어 '정치풍토쇄신법', '언론기본법', '정치자금법', '국가보안법', '집시법', '사회보호법', '노사협의회법', '대통령선거법', 그리고 '국회의원선거법' 등 215건의 법률을 제정・개정함으로써 제5공화국의 제도적 기반을 구축했다(이신행, 1987: 460). 이 법에 따라 1981년 2월 시행된 제12대 대통령 선거에서 전두환 대통령이 당선되었다.

그러나 전두환 정부는 출범 초기부터 헌법과 체제의 정통성에 대한 도전 가능성을 안고 있었다(한승주, 1992: 24-26). 전두환 정부는 체제의 취약을 보완하기 위한 목적으로 1981년 10월 15일 '10·5 행정개혁'을 단행했다. 개혁의 목표는 1980년대 행정환경에 능동적으로 대처하기 위해 간소한 정부와 깨끗한 정부를 구현해 정부 역할을 재정립하는 데 있었다(총무처, 1982: 26-183).

개혁의 기본 방향은 ① 정부 간의 범위를 축소해 자율적이고 민주적인 행정을 구현하고, ② 행정의 절차를 간소화함으로써 행정의 능률화를 도모하며, ③ 불요불급한 상위 기구를 축소·조정함으로써 예산의 낭비적 요소를 제거해 국민 부담을 경감시키고, ④ 대국대과제의 구현으로 조직 규모를 적정화함으로써 결재 단계를 축소하며, ⑤ 인력의 소수 정예화로 행정의 전문화를 기하는 데 두었다.

개혁의 주요 내용으로는 첫째, 국가기획과 심사분석 기능의 통합, 행정 개선에 관한 조사·연구 기능과 집행 기능의 통합을 통해 유사·중복된 기능을 합리적으로 배분·조정했으며, 상위직이 과다한 상위 기구를 정비했다.

둘째, 계선기관화된 차관보 제도의 운영 실태를 점검하고 무분별하게 설치되어 파행적으로 운영되던 담당관제도를 선별적으로 정비함으로써 제도의 취지와 실제 운영 간의 괴리를 해소했다.[4)]

셋째, 부처 내부조직에 소국소과 현상을 개선했다.[5)]

넷째, 특별지방행정기관이 중간 감독기구를 광역화 또는 대표 지청제(支廳制)로 개편·운영함으로써 불필요한 중간층을 없애고 일선기관의 자율성과 책임성을 동시에 제고했다. 이에 따라 5개 지방원호청과 8개 지방체신청이 폐지되었으며, 11개 지방병무청, 7개 지방국토관리청, 22개 전매지청으로 광역화·통합되었다.[6)]

---

4) 각 부처 차관보의 수를 2인 이내로 조정해 당시 20명의 차관보를 12명으로 축소했다.

5) 이로써 201국 중에서 41국(20.4%)이 감축되어 160국으로 조정되었으며, 부처별 평균 국의 수는 5.7개에서 4.6개로 축소되었다.

6) 이 밖에도 기관의 규모, 관할구역과 담당 직무에 비해 직급이 과도한 지위 또는 다른 소속기관의 유사한 직위에 비해 직급이 심히 불균형한 직위와 관련되는 기관장의 과도한 직급은 하향 조정하고 인사 교류의 원활을 위해 부처 내 기관장 등 2, 3급 직위 간의 직급을 합리적으로 배분했다. 적정한 통솔 범위가 없거나 단순한 형식적 기능 수행으로 설치의 필요성이 희박한 부기관장은 폐지했다. 특히 지방자치단체의 조직 정비를 통해 본청과 구청, 시·도와 시·군, 군과 읍·면·동 간의 조직 계층구조 상호간에 권한과 사무를 적정 배분하고 일선기관을 중점적으로 보강해 현지성과 봉사성을 크게 신장했다.

표 6-2-4 전두환 정부 행정개혁의 주요 내용

근거	중앙행정기관 수							변경 주요 내용
	원	부	처	실	청	외국	위원회	
1981. 4. 8 (법률 제3422호)	2	15	4		14	4	2	• 노동부 신설, 노동청 폐지 • 무임소 국무위원을 정무장관으로 개칭, 그 소속을 국무총리 소속으로 하여 그 수를 3인 이내로 함.
1981. 9. 18 (대통령령 제10479호)	2	15	4		14	4	1	• 특정지역종합개발추진위원회 폐지
1981. 12. 31 (법률 제3518호)	2	15	4		14	3	1	• 전파관리국을 폐지해 체신부 내국으로 개편 • 기획조정실 및 행정개혁위원회 폐지
1982. 3. 20 (법률 제3540호)	2	16	4		14	3	1	• 체육부 신설 • 정무장관 수를 3인에서 2인으로 조정
1983. 1. 27 (대통령령 제11032호)	2	16	4		14	3	2	• 부총리 소속하에 해외협력위원회 신설
1983. 12. 30 (법률 제3688호)	2	16	4		14	3	2	• 보건사회부의 해외이주 업무를 외무부 소관으로 이관
1984. 7. 25 (법률 제3734호)	2	16	4		14	3	2	• 원호처의 명칭을 국가보훈처로 변경
1986. 3. 8 (대통령령 제11864호)	2	16	4		14	3	1	• 해외협력위원회 폐지하고 경제기획원 대외경제조정실로 개편
1986. 12. 20 (법률 제3854호)	2	16	4		13	3	1	• 전매청 폐지 • 산림청의 소속을 내부부에서 농수산부로 이관 • 농수산부의 명칭을 농림수산부로 변경

자료: 행정자치부(1998상: 126–168, 361)에 의거 재작성.

전두환 정부가 추진한 10·15행정개혁이 지닌 주요 특징으로는 다음을 들 수 있다(안문석, 1995: 41–42).[7]

7) 전두환 정부의 행정개혁은 박정희 정부의 행정개혁과 매우 유사하다. 그것은 군사 쿠데타의 일반적 속성에 기인하는 것이지만 특히 전두환 정부의 주체 세력이 바로 박정희 정권에 의해 육성되고 성장해 온 후계자적 성격을 띠고 있다는 점에서 더욱 그렇다. 예를 들면 개혁 과정이 숙청에서 시작해 관료조직의 통폐합으로 이어진다는 점, 그리고 행정개혁이 비슷한 기능과 권한을 가진 국가보위비상대책위원회와 국가재건최고회의를 중심으로 시작되었다는 점, 끝으로 모든 행정조정이 권력기관 또는 정보기관을 통해 이뤄졌다는 점 등이 그것이다.

첫째, 박정희 정부 이래로 지속적으로 팽창되어 온 조직과 인원을 처음으로 축소·정비시켰다는 데서 의미가 있다.

둘째, 권력 기반의 구축이라는 정치적 동기가 내재하고 있었으나 강력한 정치적 리더십이 개혁 목적의 달성을 가능케 했다.

셋째, 개혁안의 작성과 개혁작업의 추진에 특별위원회나 외부의 참여 없이 행정관리국을 중심으로 하는 총무처 관료가 담당했으며, 각 부처의 행정관리 담당관이 참여했다.[8)]

넷째, 정부 기능의 합리적 분석에 입각한 중앙행정기관의 재편성은 이뤄지지 않았다.

2) 민주화 이후 시기의 행정개혁

민주화가 진행되면서 이뤄진 행정개혁의 특징은 이전과는 달리 시대적 환경에 부응하거나, 전 세계적으로 풍미하기 시작한 신자유주의적 개혁 흐름에 따라 성과와 경쟁을 강조하는 데 초점이 두어지기 시작했다.

(1) 노태우 정부의 행정개혁

노태우 정부는 집권 초기 여소야대로 인해 정국 운영에 어려움을 겪게 되자 1990년 2월에 인위적인 정계 개편을 추진했다. 이에 따라 정당 체제는 여대야소 체제의 양당 체제로 변화되었으며, 이를 계기로 노태우 정부는 개혁의 주도권을 잡을 수 있게 되었다. 노태우 정부는 행정개혁의 주된 논거를 새로운 행정 수요에 대한 대응, 과거 권위주의의 청산, 민주화, 환경의 변화에 신축적으로 대응하지 못하는 기구의 폐지 등에 두면서 개혁을 시도했다.

이에 따라 제한적이나마 정치 과정의 민주화와 다원화가 싹트기 시작했다. 그런가 하면 민간 기업을 도외시한 기존의 국가 주도적 국가 발전전략에 대해서도 점차 회의가 일기 시작했다. 이런 국가-사회 관계의 재편 과정에서 한국 관료제는 적지 않은 충격에 휩싸이면서 전환기적 상황을 맞게 되었다(김호진, 1996: 317-

8) 이는 박정희 정부에서 존속했던 행정개혁위원회가 개혁의 추진 세력이 되지 못하고 폐지되면서, 그 업무가 총무처 장관 소속 하의 행정조사연구실로 축소·이관되는 현상이 발생한 데서 기인하기도 했다.

321).

다만 노태우 정부가 처한 시대적 상황과 맥락을 같이하는 것이기는 하지만, 노태우 정부에서 이뤄진 행정개혁은 확고한 짜임새를 보이지도 못했고 가시적 효과가 크지는 않았다. 노태우 정부는 행정개혁을 시도하기 위해 1988년 5월 폐지되었던 행정개혁위원회를 다시 설치해 1년 2개월간 활동했지만 별 성과를 거두지는 못했다.9) 이 같은 노태우 정부에서 이뤄진 행정개혁의 특징으로는 다음을 들 수 있다.

첫째, 행정부 내의 개혁을 이끌어갈 개혁 주체 세력이 존재하지 못했다. 또한 과거 정권에서 행정의 원동력이었던 정보기관의 조정이 거의 사라졌으며, 청와대의 조정도 현저하게 축소된 것도 원인이었다.

표 6-2-5 노태우 정부 행정개혁의 주요 내용

근거	중앙행정기관 수						변경 주요 내용
	원	부	처	실	청	외국	
1989. 2. 28 (대통령령 제12630호)	2	16	4		13	3	• 사회정화위원회 폐지
1989. 12. 30 (법률 제4183호)	2	16	6		12		• 문화공보부를 문화부와 공보처로 분리 개편 • 중앙행정기관인 위원회 설치 규정을 삭제 • 환경청을 환경처(국무위원)로 개편
1990. 12. 27 (법률 제4268호)	2	16	6		14	2	• 국토통일원의 명칭을 통일원으로 개칭, 통일원 장관을 부총리로 격상 • 문교부를 교육부로, 체육부를 체육청소년부로 명칭 변경 • 조사통계국을 통계청(1급)로 개편 • 중앙관상대를 기상대(1급)로 개편 • 내무부 치안본부를 경찰청으로 개편 • 건설부의 일부 기능을 해운항만청으로 이관
1991. 7. 23 (대통령령 제13431호)	2	16	6		15	2	• 내무부 치안본부를 경찰청으로 개편

자료: 행정자치부(1998상: 126-170, 1295-1296)에 의거 재작성.

9) 위원회 구성상의 문제, 구조개혁에 치중한 나머지 형태 개혁이 도외시된 점, 행정의 민주화를 위한 노력이나 적극성이 결여된 점, 개혁안 마련에의 시간적 단기성, 대통령의 국정 전반에 관한 이념과 비전의 결여 등에 대한 비판이 그것이다.

둘째, 행정기구 개편의 취지는 새로운 행정 수요에 대한 대응, 시대에 맞지 않은 기구의 정비 외에 과거 청산 및 행정의 민주화를 포함해 사회의 민주화를 반영하는 시대적 사명감을 띠고 있었다. 그러나 개편 취지와 결과는 상당히 유리되는 결과를 보였다(안문석, 1995: 44).[10]

넷째, 민주 발전을 위한 제도 개선과 공정·균형 발전을 위한 제도 개선 등 행정관리 개선사업은 민주화와 지방화를 지향해 이뤄졌다. 지방행정 차원에서 지방자치의 물꼬를 트는 부활 조치가 이뤄진 것도 이의 영향으로 볼 수 있다.

다섯째, 행태 변화에 초점을 둔 새질서·새생활운동은 민간 주도의 국민운동으로 승화되지 못하고 정부 차원의 운동으로 끝나고 말았다.

(2) 김영삼 정부의 행정개혁

김영삼 정부의 개혁 초점은 주로 군부 권위주의의 유산을 청산하고 민주화와 세계화의 물결 속에서, 한국 사회의 틀과 규범을 재구성하거나 재창조하는 데 역점을 두었다. 당시의 정국 운영 역시 이러한 개혁 논리에 따라 이뤄졌으며, 그 여파로 한국 정치의 내포와 외연이 크게 확장되는 계기를 맞았다(김호진, 1996: 324).

김영삼 정부에서 이뤄진 개혁은 1960년대의 정부 주도형 개발전략으로서는 국가 경쟁력을 강화할 수 없다는 명분에서 이뤄졌다. 그리고 과거의 정부기구 개편이 확대 지향적이었다는 것과 대조적으로 축소 기조 위에서 이뤄졌다는 점이 특징적이다. 김영삼 정부에서 시도된 행정개혁의 주요 내용을 보면 다음과 같다.

첫째, 1993년 4월 20일 대통령 직속기관으로 행정쇄신위원회를 설치해 조직개편을 포함한 행정개혁 전반을 주도하는 개혁기구를 마련했다. 1차 조직개편은 작고 강력한 정부의 구현을 위한 개혁 의지를 조기에 가시화한다는 차원에서 이뤄졌다. 행정환경의 변화로 존치 필요성이 현저히 감소한 동력자원부와 상공부를 통합해 상공자원부를 신설했으며, 문화부와 체육청소년부를 통합해 문화체육부를 신설했다.

둘째, 2차 기구 개편의 특징은 부처별 자율 개편 방식에 따라 추진되었다. 부처

---

10) 행정개혁위원회가 정부기구 축소를 권고했고 정부 역시 이에 대한 화답으로 작은 정부를 지향한다고 언론에 홍보했지만, 노태우 정부에서 정부기구와 인력은 오히려 팽창하는 현상이 발생했다. 노태우 정부 5년간 16만 명의 공무원이 증가되었으며, 상위직 증설 비율은 하위직의 경우보다 높았는데 1급 직위가 60여 개나 증설되었음은 작은 정부를 지향하겠다는 공언과는 상반된 결과다.

통폐합 등 대규모로 조직 체계를 개편하기보다 조직 내부 사정을 잘 아는 각 부처가 스스로 문제점을 진단해 감량 개편을 마련하도록 했다.[11]

셋째, 1994년 12월에 단행한 중앙행정기구 개편은 대폭적이고 획기적인 것이었다. 국정 전반에 걸친 세계화의 실현을 위해서는 정부 부문부터 생산성을 높여나가는 것이 무엇보다 중요하다는 판단 아래 정부조직 개편을 단행했다(박동서, 1995: 118–120).[12]

김영삼 정부의 행정개혁은 역대 정부의 행정개혁과 비교해 여러 면에서 높은 평가를 부여할 수 있다. 이에는 개혁의 과감성과 개혁 과제의 선정 시에 상향식 접근법을 택해 고객 중심의 행정개혁을 시도했다는 점을 들 수 있다. 이에 따라 김영삼 정부의 행정개혁은 행정규제 완화와 국민 편의 위주의 행정 개선, 부패 방지, 행정관리, 지방자치를 통한 분권화 및 개혁 등의 분야에서 가시적 성과를 거둔 것이 사실이다.

그러나 김영삼 정부의 조직개편 또한 외과적 수술의 차원을 넘어서지 못했고, 규제 완화를 통한 작은 정부의 이상 구현은 관료제의 기득권 수호라는 본능에 부딪쳐 사실상 좌절되었다(김호진, 1996: 332).[13]

---

11) 2차 개편에는 28개 부처가 참여해 1실, 3국, 11심의관, 35개 과의 하부조직을 감축하고 정원 212명을 축소했다.

12) 개혁 내용을 살펴보면 첫째, 민간 주도의 경제 운용 기조 아래 경제기획원과 재무부를 통폐합해 재정경제원을 신설했다. 둘째, 사회간접자본 부문의 상호 연계 체제의 구축을 위해 건설부와 교통부를 통합해 건설교통부를 신설했다. 셋째, 세계무역기구(WTO) 체제의 출범에 따라 상공자원부를 통상산업부로 개편했다. 넷째, 21세기 정보화 사회에 대비해 체신부를 정보통신부로 개편했다. 다섯째, 국민 복지정책 기능의 강화를 위해 보건사회부를 보건복지부로 개편했다. 여섯째, 녹색사회의 도래에 따른 환경 기능을 강화하기 위해 환경처를 환경부로 격상시켰다. 이 밖에도 경제기획원 산하의 공정거래위원회를 총리 직속의 준중앙행정기관으로 독립시켜 위상과 기능을 강화했으며, 국무총리 행정조정실의 정책조정 기능을 강화시켰고, 농림수산부의 경우 세계무역기구 체제에 대비한 농업의 개방 대응 능력 강화를 위해 기능을 조정·보강했다. 본격적인 지방자치 시대를 맞이해 내무부의 지방 통제 기능을 축소하는 등 각 부처의 내부구조를 축소·조정했다. 이러한 일련의 기구 조정에 따라 3급 이상 장관까지의 고급공무원 35명을 포함한 1천여 명의 공무원이 감축되었다. 1부 1처의 폐지 등에 따라 중앙행정기관은 2원 13부 5처 15청 2외국이 되었다.

13) 집권 초기의 개혁정책에 대한 평가와 그 이후의 평가 사이에 존재하는 극단적인 양극화 현상은 김영삼 정부의 개혁 실체를 확연하게 드러내 보였다.

표 6-2-6 김영삼 정부 행정개혁의 주요 내용

시기	중앙부처의 수	주요 내용
1992년 12월 31일	2원 16부 6처 15청 2외국	
1차 개편 (1993년 2월 23일)	2원 14부 6처 15청 2외국 (대통령령 제4541호)	• 2부 축소 · 문화부와 체육청소년부, 문화체육부로 통합 · 상공부와 동력자원부, 상공자원부로 통합
2차 개편 (1994년 12월 3일)	2원 13부 5처 15청 2외국 (대통령령 제4381호)	• 1처 1부 2청 축소 · 경제기획원과 재무부를 재정경제원으로 통합 · 경제기획원의 기획조정 및 심사평가 기능을 행정조정실로 이관, 교통부의 관광 기능을 문화체육부로 이관 · 건설부와 교통부를 건설교통부로 통합 · 상공자원부를 통상산업부로, 체신부를 정보통신부로, 보건사회부를 보건복지부로 각각 개편 · 환경처를 환경부로 개편 · 경제기획원 장관 소속하의 공정거래위원회를 국무총리 소속기관으로 개편
3차 개편 (1996년 2월 9일)	2원 13부 5처 15청2외국 (대통령령 제5150호)	• 공업진흥청 폐지, 중소기업청 신설
4차 개편 (1996년 8월 8일)	2원 14부 5처 14청 1외국 (대통령령 제5153호)	• 2부 증가, 2청 1외국 축소 · 수산청, 해운항만청, 수로국 통합, 해양수산부 신설 · 해양경찰청을 중앙행정기관으로 외청화 · 농림수산부를 농림부로 개편

자료: 행정자치부(1998상)와 박중훈 외(2016)에 의거 재작성.

(3) 김대중 정부의 행정개혁

김대중 정부의 개혁환경은 역대 정부와는 달리 외환위기라는 환경적 여건을 극복해야 하는 상황에서 출발했다. 그 결과 외환위기를 조기에 수습해야 하다는 절박감과 당시 풍미하기 시작한 신자유주의의 영향에 따라 행정개혁의 초점은 이와 관련한 시장 경제, 민간 주도, 기업가적 관리, 경쟁과 개방 등 능률성 위주에 두어질 수밖에 없었다. 김대중 정부가 추진한 행정개혁의 주요 방향과 내용은 다음과 같다.

첫째, 공기업의 민영화를 포함한 공공 부문의 개혁을 핵심 과제로 선정했다. 또한 공공 부문의 개혁을 전담하는 기획예산위원회[14]를 신설해 공기업 민영화를 공

공 부문 개혁의 핵심 과제로 추진했다.15)

둘째, 개혁의 초점을 규제 개혁에 두었다. 김대중 정부는 출범 이후 효율적이고 일관성있는 규제개혁을 추진하기 위해 이전 정부에서 다원화되어 있던 규제개혁 추진기구를 일원화해 1998년 4월 대통령 직속으로 규제개혁추진위원회를 설치했다. 규제개혁추진위원회는 행정 규제의 분류 및 판단 기준을 마련하고, 이 기준에 따라 각 중앙행정기관이 운용 중인 법령상 기존 규제에 대한 건수 조사를 실시해 상당 부분을 개선하는 효과를 거뒀다.16)

셋째, 정부산하기관의 개혁에 큰 관심을 기울였다. 정부산하기관은 법적 근거, 수행 내용, 조직 규모 등에 따라 형태가 매우 다양하고 기관의 수도 매우 많았다.17) 이에 따라 정부는 정부산하기관에 대한 종합적 관리 체계를 마련하고 경영 효율성과 책임성을 높이기 위해 '정부산하기관관리기본법(안)'의 제정을 추진했다. 이 법률은 이후 노무현 정부에서 국회를 통과해 2004년부터 시행되었다.

넷째, 기금 개혁에 초점을 맞췄다. 기금제도가 국가 재정의 투명성을 저하시키고 재원의 효율적 배분을 저해한다는 문제점이 지적됨에 따라, 공공 부문 개혁의 일환으로 기금제도 개선의 필요성이 제기되었다. 이에 따라 1999년도와 2001년도에 2차에 걸쳐 '기금관리기본법'을 개정해, 기금도 예산과 마찬가지로 국회의 심사를 받도록 제도화했다(정정길 외, 2008: 134-137).18)

---

14) 기획예산위원회는 김영삼 정부 때 폐지된 경제기획원의 역할을 다시 부활시킨 것으로 볼 수 있다. 다시 말해, 김영삼 정부가 초래한 외환위기가 경제기획원 같은 기획 조정을 담당할 기구의 부재로 인해 발생했다고 김대중 대통령은 판단한 것으로 보인다. 이 위원회는 1999년에 기획예산처로 개편되었고 현재 기획재정부로 변모되었다.

15) 김대중 정부는 1998년 7월에 108개 공기업 가운데 38개의 기업을 즉시 민영화하고, 34개는 점차적으로 민영화하며, 9개는 합병, 그리고 21개는 구조조정을 거칠 것이라고 발표했다. 이에 따라 공기업의 구조조정에서는 매각(11개 대상, 매각수입 24조 3,000여억 원), 인력 감축(4만 2천 명), 업무의 민간위탁(1.500건), 자회사 정리(77개 대상) 등이 이뤄졌다

16) 이 조사 결과에 따르면, 1998년 4월 당시 기존 규제의 수는 총 1만 1,125건이었다. 또한 모든 규제를 전면 재검토한다는 방침에 따라 제1단계 조치로 기존 규제에 대한 일제 정비작업에 착수했다. 규제 한 건 한 건에 대해 전문가, 심사소위원회, 분과위원회, 본회의 3단계 심사를 거쳐 전체 규제 1만 1,125건 중에서 5,430건(48.8%)를 폐지하고 2,411건(27.7%)을 개선했다.

17) 기획예산처가 발표한 자료에 따르면, 2002년 말에 약 50여 개의 정부산하기관이 있었다. 그러나 수많은 정부산하기관을 부처가 개별법에 따라 산발적으로 관리함으로써 예산 운용 등에서 기관 간 형평성의 문제가 제기되고 방만한 경영 사례도 지적되어 종합적·통일적 관리 체계가 필요했다.

18) 목적 달성 등으로 인해 존치의 필요성이 낮거나 사업이 중복되는 기금을 정비하고, 기존에 개별

표 6-2-7 김대중 정부 행정개혁의 주요 내용

시기	중앙부처의 수	주요 내용
1998년 2월 28일	17부 2처 16청 1외국	• 부총리제를 폐지하고 재정경제원을 재정경제부로, 통일원을 통일부로 개편 • 총무처와 내무부를 행정자치부로 통합하고 과학기술처를 과학기술부로 개칭, 문화체육부를 문화관광부로 통상산업부를 산업자원부로 개칭 • 외무부를 외교통상부로 개편하고, 외교통상부 장관 밑에 통상교섭본부를 설치 • 국무총리 밑의 행정조정실(차관급)을 국무조정실(장관급)로 개편하고, 국무총리 밑에 공보실을 설치 • 방송행정, 출판, 간행물, 해외 홍보 기능은 문화관광부로 이관하고 공보처를 폐지 • 대통령 소속하에 기획예산위원회를 설치, 재정경제부 소속 하에 예산청을 두며, 대통령 소속하에 여성특별위원회와 중소기업특별위원회를 신설 • 장관급인 법제처와 국가보훈처를 차관급으로 축소 개편 • 보건복지부 장관 소속 하에 식품의약품안전청을 신설 • 정무장관 설치 근거 삭제
2차 개편 (1999년 5월	17부 4처 15청 4위원회	• 기획예산위원회와 예산청 폐지, 기획예산처 신설 • 행정자치부에서 인사와 조직 기능을 분할해 중앙인사위원회 신설 • 공보실을 폐지하고, 문화관광부에서 홍보 기능을 분할해 국정홍보처 신설 • 철도청은 2001년 민영화 예정
3차 개편 (2001년 1월)	18부 4처 16청	• 여성특별위원회 폐지, 여성부 신설 • 재정경제부와 교육부 장관을 부총리급으로 격상

자료: 행정자치부(1998상)에 의거 재작성.

김대중 정부가 추진한 행정개혁의 특징은 다음과 같다. 우선 신자유주의적인 개혁을 추진하면서도 복지주의를 강조해 정부－시장 관계에서 상충적인 이해와 요구가 정책 과정에 동시에 투입되었다. 그러나 정부의 행정개혁에 영향을 미친 것은 특히 영국의 신자유주의 모형이라고 할 수 있다. 이것은 무엇보다도 김대중 정부가 신자유주의적 정책을 대변하고 있는 국제통화기금(IMF)의 요구를 구제금융의 대가로 그대로 받아들였다는 데서 엿볼 수 있다.[19]

적으로 이뤄지던 각 기금의 운용에 대한 점검 및 평가 체제를 강화하기 위해 기금정책심의회와 기금운용평가단을 신설했다.

다음으로는 공공 부문의 경우 행정조직의 간소화, 공기업 민영화, 경영혁신 등을 개혁의 핵심으로 삼고 전력산업과 철도 및 통신사업에서 개혁이 이뤄졌다. 구조조정은 중앙정부뿐 아니라 지방정부와 공기업과 같은 곳에서도 광범위하게 진행되었다. 특히 정부산하기관에 대한 개혁이 이뤄졌다.[20]

끝으로 공무원 수의 감축, 공기업의 민영화, 정부산하기관의 축소를 통해 작은 정부를 구현하고자 했다. 그러나 외환위기 이후 초기에 감축된 인력이 다시 증가하는 현상이 발생했다(정정길 외, 2008: 137－139).[21]

(4) 노무현 정부의 행정개혁

노무현 정부는 지역의 균형 발전이라는 정책 기조 속에서 행정개혁을 추진했다. 노무현 정부가 추진한 행정개혁의 내용을 살펴보면 다음과 같다.

첫째, 2003년 4월에 개혁기구로서 정부혁신지방분권위원회를 설치하고 이를 중심으로 행정조직 개편을 추진했다. 조직개편안은 2003년 7월 정부혁신지방분권위원회가 단계별 전략, 추진 과제, 일정 등을 담은 '행정개혁 로드맵'을 발표함으로써 구체화되었다. 노무현 정부는 대대적인 조직개편보다는 일을 중심으로 한 개편을 통해 정부의 효율성을 높이는 것이 효과적이라고 판단해 정부 개편은 필요에 따라 소폭으로 했고 개편 내용의 대부분은 정부 규모의 증가로 이어졌다.[22]

둘째, 재정개혁의 일환으로 사업별 예산제도를 도입했다. 지난 50여 년간 예산

---

19) 이러한 기조에 따라 김대중 정부가 추진한 4대 부문, 즉 노동, 금융, 기업, 공공 부문의 개혁은 한국 사회를 급격하게 신자유주의적 모형으로 편입하게 했다.

20) 개혁 과정에서 노동자들이 불만이 증대해 파업이 일어났지만, 대부분의 노조가 실리를 택함으로써 민영화는 정부안대로 진행되었다. 그 결과 노동 세력 간의 분열이 초래되었으며 실업이 증가했다.

21) 정부와 시장 관계의 측면에서 재벌에 대한 구조조정 압박을 강화했다. 즉, 대기업 업종 간 빅딜(big deal), 계열사의 축소, 기업의 재무구조 개선, 소유와 경영의 분리 등과 같은 정책을 추진했던 것이다. 그러나 이러한 대기업의 구조조정 과정에서 불가피하게 많은 실직자가 양산되었고, 미국식 개혁 모형에 따르면서 노동시장의 유연성을 강조했기 때문에 노동계의 불만이 커지게 되었다. 결과적으로 김대중 정부의 정부－시장 관계는 자본과 노동 양측 모두로부터 저항을 받는 상황에 직면하게 되었다.

22) 노무현 정부에서 이뤄진 주요 행정부처의 개편은 법제처 및 국가보훈처가 장관급으로 격상되었으며, 행정자치부의 외청으로 재난관리 전담기구인 소방방재청이 신설된 것, 과학기술부 장관이 부총리로 격상된 것, 재정경제부·외교통상부·행정자치부·산업자원부 등 4개 기관에 복수 차관제가 도입된 것, 방위사업청이 신설된 것, 그리고 여성부가 여성가족부로 확대 개편된 것 등을 들 수 있다(정정길 외, 2008: 179－180).

의 편성·집행·결산에 사용하던 품목별 중심의 예산제도에서 개혁 방향에 부합하는 사업별 예산제도의 도입을 추진했다. 이와 함께 고위공무원단제도를 도입해 공무원 인사제도를 개혁했다.[23)]

노무현 정부의 행정개혁에 대한 특징을 살펴보면 다음과 같다.

첫째, 정부조직 개편은 기구 개혁보다는 다면평가제의 실시, 고위공무원단의

표 6-2-8 노무현 정부 행정개혁의 주요 내용

구분	중앙행정기관 수							주요 내용
	원	부	처	실	청	외국	위원회	
2004년 3월 11일		18	4		17		1	• 소방방재청 신설* • 법제처, 국가보훈처를 장관급 기구로 격상 • 문화재청을 차관급 기구로 격상
2004년 9월 23일		18	4		17		1	• 부총리 1인을 신설해 과학기술부 장관이 겸임
2004년 12월 30일		18	4		16		1	• 철도청 공사화
2005년 3월 24일		18	4		16		1	• 국무조정실에 차장제 도입 • 여성부를 여성가족부로 개편 • 문화관광부의 청소년 관련 기능을 청소년위원회로 이관
2005년 7월 22일		18	4		16		1	• 재정경제부, 외교통상부, 행정자치부 및 산업자원부에 복수차관제 도입 • 통계청, 기상청을 차관급기구로 격상 • 방위사업청 신설**
2005년 3월 18일		18	4		17		1	• 행정중심복합도시건설청 신설

주: *행정자치부 장관 소속, **국방부 장관 소속.
자료: 박중훈 외(2016)에 의거 재작성.

23) 2005년 12월에 '국가공무원법' 개정을 통해 도입된 고위공무원단제도는 2006년 7월 중앙부처 및 지방의 실·국장급 국가공무원 1,582명으로 구성되었다. 각 부처 장관은 이들 가운데 적임자를 직급 및 부처에 관계없이 임용하도록 대통령에게 제청할 수 있도록 했다.

구성, 성과주의에 대한 강조 등과 같은 조직의 기능과 운영 시스템에 중점을 두었다. 노무현 정부가 조직의 기능과 운영 시스템의 개선에 중점을 두게 된 것은 역대 정부가 조직의 신설이나 폐지라는 기구 개편을 중심으로 한 행정개혁에 치중했다는 점에 대한 반성에서 나온 것이다.

둘째, 노무현 정부는 작고 효율적인 정부를 지향한 역대 정부의 조직개편 방향과는 달리 감축 지향적인 조직개편은 별로 고려하지 않았다. 오히려 조직의 내부 개혁과 참여를 중시해 일 잘하고 봉사하는 정부를 강조했으며, 규모 감축보다는 적정 규모라는 입장을 견지했다.

셋째, 노무현 정부가 추진한 행정개혁의 이념적 측면은 참여와 지역 균형 발전을 강조했다는 점에서 다소 뉴거버넌스적 측면에서 이뤄졌다고 볼 수 있다(신승춘 외, 2009: 455-470).

(5) 이명박 정부의 행정개혁

이명박 정부는 노무현 정부와는 달리 행정개혁의 초점을 시장 지향적 관점에서 정부조직의 축소에 초점을 둔 개혁을 단행한 점이 특이하다. 다만 이명박 정부도 예외 없이 세계화, 지식정보화, 고령화 등 사회구조적 변화, 지구 온난화에 따른 환경위기에 대응해야 했다. 이로 인한 세계의 정치, 경제, 안보문제와 사회 양극화와 복지 수요 증가 등은 행정환경의 변화를 야기했다. 따라서 대외적인 환경 변화에 정부조직을 어떻게 적응시킬 것인가에 대한 고민에서 비롯되어 대대적인 조직개편을 단행했다. 중요한 조직개편 철학은 정책 대상과 영역별로 각 부처로 흩어져 있는 유사하거나 연관된 기능을 모아 광대역화해 대부처주의 정책의 수요자 입장에서 재정비하는 데 초점을 두었다.

이명박 정부의 행정개혁의 목표는 첫째, 앞날에 미리 대비하고 기회를 선점하는 유능한 정부로 중장기적 관점에서 미래 대비 기능을 내실화하는 능력 있는 정부, 둘째, 국민에게 봉사하는 정부를 구현하는 정부, 셋째, 중앙정부의 간섭과 개입을 최소화하는 작지만 강한 정부, 넷째, 칸막이 없이 유연하고 창의적으로 일하는 실용정부의 구현에 두었다(김성배 외, 2016).

이에 따라 이명박 정부에서 단행된 두 차례의 큰 행정개혁 가운데 1단계는 정부조직 개편이 주로 중앙행정기관과 기관별 직제나 하부조직에 대해 이뤄졌고, 2

표 6-2-9 이명박 정부 행정개혁의 주요 내용

근거	중앙행정기관 수						변경 주요 내용
	원	부	처	실	청	위원회	
2008년 2월 29일 (법률 제8852호)		15	2		17	3	• 재정경제부와 기획예산처를 통합해 기획재정부 신설 • 산업자원부, 정보통신부 일부, 과학기술부 일부를 통합해 지식경제부 신설 • 농림부와 해양수산부 일부를 통합해 농림수산식품부를 신설 • 문화관광부, 정보통신부 일부, 국정홍보처를 통합해 문화체육관광부를 신설 • 건설교통부와 해양수산부의 일부를 통합해 국토해양부 신설 • 교육인적자원부와 과학기술부 일부를 통합해 교육과학기술부 신설 • 중앙인사위원회와 비상기획위원회를 통합해 행정자치부의 명칭을 행정안전부로 변경 • 국민고충처리위원회와 국가청렴위원회 및 법제처의 행정심판위원회를 통합해 국민권익위원회를 신설 • 대통령비서실과 대통령경호실을 대통령실로 통합하고, 대통령경호실을 대통령실 소속의 경호처로 변경 • 국무조정실과 국무총리비서실을 국무총리실로 통합 • 국정홍보처, 중소기업특별위원회, 국가청소년위원회 폐지 • 부총리제도의 폐지
2010년 1월 18일 (법률 제9932호)		15	2		17	3	• 보건복지가족부의 청소년과 가족 기능을 여성부로 이관해, 보건복지가족부는 보건복지부로 여성부는 여성가족부로 개편
2010년 6월 4일 (법률 제10339호)		15	2		17	3	• 노동부를 고용노동부로 개편
2010년 12월 27일 (법률 제10412호)		15	2		17	3	• '과학기술기본법'에 의거 국가과학기술위원회 신설
2011년 7월 25일 (법률 제10912호)		15	2		17	4	• 원자력안전위원회 신설

자료: 행정자치부 정보조직관리정보시스템(2016)에 의거 재작성.

단계는 주로 정부 기능 수행 체계의 효율화를 제고하기 위한 개편이 지방과 공공기관을 아우르는 차원에서 이뤄졌다.

이 가운데 제1차 정부조직 개편은 2008년 2월 29일 '정부조직법' 개정안이 공포됨에 따라, 중앙행정기관을 18부 4처 17청에서 15부 2처 17청으로 축소 개편했다. 이는 집권 초기 소관 책임 주체(accounting entities) 기준으로 총 11개 기관이 감축되었다. 또한 각 기관별 하부조직도 유사 기능 수행부서를 통합해 55개의 실·국, 93개의 과를 줄이고, 총 3,427명의 인원을 감축했다(박정수 외, 2014). 이와 함께 공기업 선진화추진위원회를 통해 공기업의 민영화와 통폐합 그리고 기능 조정 등의 개혁 조치를 추진했다. 이명박 정부에서 단행된 행정개혁의 주요 내용은 <표 6-2-9>와 같다.

이명박 정부의 행정개혁에 대한 평가는 긍정적 측면과 부정적 측면으로 나눠 볼 수 있다. 긍정적 측면에서 볼 때 이명박 정부의 행정개혁은 중앙행정기관의 개편작업이 정부 출범 이전에 입법을 완료했다는 것이다. 직제 개편 작업도 행정안전부 중심으로 신속히 진행되어, 외환위기에 따른 경제살리기 국정 기조에 상응하는 '큰 시장 작은 정부', 축소 지향의 정부조직 통폐합, 대부주의(大部主義) 조직설계, 대국대과주의에 따른 직제 개편 등이 일관되게 적용되었다.

그 결과 조직 통폐합에 따라 정무직과 고위직 정원이 감축되었고, 지속적으로 늘어났던 정부 인력 규모의 증가 추세를 크게 완화했다. 특히 정부 초기에 장차관급 16명, 고위공무원단 62명의 감축, 대통령실의 인력 감축은 3급 이하 직급 감축에 강한 압력으로 작용했다.

이에 반해 부정적 측면으로는 대규모 조직 통폐합에 따라 그동안 축적된 조직 경험과 지식이 무용지물이 되고, 조기 조직 융화를 위한다는 명목으로 전보인사가 진행되면서 공직자들의 전문성이 약해졌다. 특히 여러 부처가 통합된 조직의 경우 국과장이 출신 부처 업무가 아닌 타 부처 업무로 전보되면서, 전문성 없이 의사 결정을 하거나 집행을 제대로 하지 못하는 경우가 발생했다. 또한 큰 부처의 장관의 경우 부분적인 경험과 전문성을 가진 인사로 충원되면서 해당 부처의 적지 않은 기능과 업무가 경시되어 정책 추진의 어려움이 발생했다(박중훈 외, 2016).

(6) 박근혜 정부의 행정개혁

2013년 2월 출범한 박근혜 정부도 전임 정부들과 유사하게 조직개편을 중심으로 한 행정개혁을 단행했다. 국민 행복과 희망의 새 시대라는 국정 비전에 따라 일자리 중심의 창조경제, 맞춤형 고용복지, 창의교육과 문화가 있는 삶, 안전과 통합의 사회, 행복한 통일 시대의 기반 구축이라는 5대 국정 목표를 설정했다. 이에 정부조직을 개편하기 위한 개혁의 원칙을 다음과 같이 설정했다.

첫째, 대통령 당선인의 공약 사항을 이행하고 국정철학을 구현하는 데 중점을 두었다.

둘째, 새 정부의 조기 출범과 안정적 국정 운영을 위해 정부조직 개편은 최소화하도록 했다. 특히 과도한 기능 조정이나 대규모 인력 감축을 지양하는 개편을 했다.

셋째, 정부조직과 기능의 성격에 따라 단기와 장기로 구분해 추진하는 단계별 조직개편 방식을 취했다. 하여 부처간 기능 조정 사항으로 다양한 견해가 존재하는 경우 의견 수렴을 거쳐 추후에 개편을 단행하기로 했다(행정안전부, 2013).

이에 따라 박근혜 정부가 추구하는 국정 목표와 이전 정부들에서 나타난 조직개편의 문제점을 보완하는 차원에서 제1차 행정개혁이 단행되었다. 이후 2014년 세월호 사건에 대한 국면 전환 차원에서, 제2차 행정개혁이 단행됨으로써 두 차례의 조직개편을 통한 행정개혁이 이뤄졌다.

2013년 3월 23일 법률 제11690호에 의해 통과된 조직개편의 방향 가운데 상당 부분이, 이명박 정부 등 전임 정부에서 단행된 개편을 복원하는 방향에서 이뤄졌다. 그 결과 중앙행정기관은 17부 3처 17청 2원 5실 6위원회가 되어, 중앙행정기관은 종전 47개에서 50개로 늘어났고 정무직은 종전 121명에서 119명으로 2명이 감소했다. 아울러 복수차관제를 운영하는 부처는 종전 8개에서 7개로 축소되었는데, 주요 내용은 이러했다.

첫째, 과학과 정보통신기술(ICT) 분야가 전임 정부에서 여러 부처로 나뉘어 효과가 없었다는 관점에서, 합의제 형태를 독임제 형태로 전환하려는 의도에서 미래창조과학부를 신설했다.[24] 그리고 복수차관제를 두어 제1차관은 과학을 제2차관은

24) 이명박 정부에서 과학은 교육과학기술부와 후에 신설된 국가과학기술위원회가 담당하였다. 그리고 정보통신기술(ICT) 분야는 방송통신위원회(방송통신), 지식경제부(연구개발 및 산업진흥), 행

정보통신기술(ICT)을 담당하도록 했다.

둘째, 김대중 정부 때 개편된 외교통상부의 기능을 이전으로 환원하는 개편을 단행했다. 이에 통상교섭 기능은 지식경제부로 이관하고, 명칭을 외교부와 산업통상자원부로 개편했다.

셋째, 이명박 정부에서 폐지된 해양수산부를 부활했으며, 식품의약품의 중요성을 감안해 식품의약품안전청을 식품의약품안전처로 격상했다.

넷째, 이명박 정부에서 대부주의에 의해 통폐합된 국무총리실의 기능을 복원했다. 개편 사유는 대통령실로 업무가 과중하게 집중되는 현상을 방지하고 각 부처를 통괄하는 역할을 강화하기 위해, 국무총리실에 국무조정 기능을 강화하는 방향으로 국무조정실이 부활되었다.

다섯째, 부총리제도를 부활했고, 민생치안을 강화한다는 차원에서 행정안전부를 안전행정부로 개칭했다.

한편 2014년 11월 19일에 단행된 2차 조직개편은 세월호 사건에 대한 대응으로 이뤄졌다. 그 결과 국민안전처와 인사혁신처가 신설되었다.

박근혜 정부가 단행한 조직개편 위주의 행정개혁이 지니는 특색은 개편 과정과 개편에 따른 내용이라는 두 측면에서 살펴볼 수 있다.

정부조직의 개편 과정에서의 특징으로는 개편에 따른 소요 시간이 지나치게 길어짐에 따라 정부 운영에 지장이 초래되었다. 다시 말해 역대 어느 정부보다 정치적 요인이 많이 작용했다. 이런 현상이 발생하게 된 원인은 첫째, '국회법' 개정으로 국회 다수당이 과거처럼 일방적 처리를 할 수 없게 되었고, 둘째, 여당과 대통령의 선호 불일치로 인해 과거에 비해 거부점과 거부권자가 하나 더 추가되었으며, 셋째, 야당이 과거 정권에서 피해를 보았다는 의식이 강했다는 점 등을 들 수 있다. 이로 인해 신속한 조직개편이 이뤄지지 않았다는 사실이다(하태수, 2015; 박수경, 2013). 이외에도 정부조직 개편 과정에서 사회구성원들의 다양한 합의와 이해를 수렴하는 절차와 의사전달 통로가 마련되지 않은 것도 큰 문제였다.

정부조직의 개편에 따른 특징으로는 첫째, 이명박 정부에 비해서는 큰 정부의 기조를 유지했고, 둘째, 경제와 안보를 강조하면서 과거로의 회귀 부처가 많았으

정안전부(정보보안 및 정보화 기능), 문화체육관광부(콘텐츠) 등으로 분산되어 있었다.

표 6-2-10 박근혜 정부 행정개혁의 주요 내용

근거	중앙행정기관 수						변경 주요 내용
	원	부	처	실	청	위원회	
2013년 3월 23일 (법률 제11690호)		17	3		17	4	• 대통령실을 대통령비서실과 대통령경호실로 개편 • 대통령의 국가 위기 상황 관리 기능을 효과적으로 보좌하기 위해 대통령 밑에 국가안보실을 신설 • 특임장관을 폐지 • 국무총리실을 국무조정실과 국무총리비서실로 확대·개편 • 식품의약품안전청을 식품의약품안전처로 승격 신설 • 미래창조과학부를 신설하고 교육과학기술부는 교육부로 개편 • 외교통상부의 통상교섭 기능을 지식경제부로 이관하고, 명칭을 외교부, 산업통상자원부로 개편 • 안전관리 총괄부처로서 행정안전부를 안전행정부로 개편 • 해양수산부를 신설하고, 농림수산식품부 및 국토해양부를 각각 농림축산식품부 및 국토교통부로 개편
2014년 11월 19일 (법률 제12844호)		17	5		16	4	• 교육·사회·문화 분야 정책결정의 효율성과 책임성을 제고하기 위하여 교육·사회·문화 부총리 신설 • 국가적 재난관리를 위한 재난안전 총괄 부처로서 국민안전처를 신설 • 공직개혁 추진 및 공무원 전문역량 강화를 위해 공무원 인사 전담조직인 인사혁신처 설치

자료: 행정자치부 정보조직관리정보시스템(2016)에 의거 재작성.

며, 셋째, 정부조직 개편을 위한 치밀하고 세밀한 사전 진단은 거의 이뤄지지 않았고, 넷째, 기관 간 권한의 편중이나 기능의 혼재 등의 문제 등은 여전히 해결되지 않았으며, 다섯째, 다른 개혁 추진기구와의 유기적인 연계 부족으로 조정과 협력 기능에서 약화된 모습을 보였다는 것 등을 들 수 있다(박수경, 2013: 129－152).

2 한국 행정개혁의 특징과 방향

1) 한국 행정개혁의 특징

한국의 역대 정부에서 이뤄진 행정개혁의 특징에는 대체적으로 정부 간에 공통점과 차이점이 있다.

공통점으로는 첫째, 행정개혁의 구성 요소에서 개혁의 참여자가 대체로 내부자인 공무원은 배제된 채 거의 외부자에 의해 이뤄져 왔다. 따라서 이는 한국의 행정개혁에서 공무원은 항상 개혁의 대상이었지 개혁의 주체가 되지를 못했다는 것을 의미한다. 그 결과 개혁에 따른 저항은 클 수밖에 없거나 내재화됨으로써, 개혁에 따른 효과성은 항상 낮을 수밖에 없다는 문제점을 낳았다. 다시 말해, 개혁의 모형에서 참여모형이 극히 부족한 모습의 개혁이었다.

둘째, 대부분의 국가에서 단행된 개혁에서 보듯이 우리의 경우도 행정개혁의 내용 가운데 주를 이루는 것이 조직기구의 개편이나 인력 감축에 초점을 두는 경향이 농후했다. 이는 특히 민주화가 진행된 이후 더욱 뚜렷하게 나타나는 현상으로, 대통령의 임기가 5년이라는 제한된 시간 속에서 개혁에 따른 효과성을 국민들에게 보여 주어야 한다는 강박 관념에 따른 결과로 보인다.

셋째, 역대 정부에서 행정개혁을 단행하면서 나름대로의 개혁 이유나 근거를 가지고 추진했지만 이런 논리들이 지나치게 행정이 추구해야 하는 수단적 가치에 치중되어 있었다. 행정개혁이라는 것이 협의의 관점에서 보자면 일리가 없는 것은 아니지만, 상위 가치인 공공성 가치와의 연계 속에서 이뤄지지 못했다.

이에 반해 차이점이라면 첫째, 행정개혁의 목표가 민주화가 진행되기 이전과 민주화가 진행된 이후 간에 뚜렷한 구분을 보이고 있다. 예컨대 민주화 이전 단계인 전두환 정부까지는 주로 행정개혁이 체제의 안정이나 효율성에 치중한 개혁 내용들이 주를 이뤘다. 반면에 민주화 이후 시기에는 세계적 흐름에 따라 자율성의 강조라든지 성과지향성을 강조하는 개혁 내용들이 증가했다.

둘째, 민주화가 진행된 이후에는 노무현 정부만을 제외하고는 대체로 정교한 이론적 토대에 바탕을 두지 않은 작은 정부모형이 지나치게 선호되었다. 이에 따라 감축과 축소에 바탕을 둔 조직모형이 지배하는 양상을 보였다. 다만 박근혜 정부는 다소 큰 정부 지향적이라고 평가할 수 있다.

2) 한국 행정개혁의 방향

한국의 역대 정부들이 시행해 온 행정개혁의 특성을 토대로 향후 한국의 행정개혁이 지향해야 할 방향을 모색하면 다음과 같다.

첫째, 개혁의 참여자에 대한 개선 방안이다. 현상 유지를 선호하는 공공 부문의 관리자를 대상으로 한 행정개혁은 변화에 대한 저항이 심하다는 점에서 대화적 접근을 적극적으로 활용해야 한다. 예컨대 민주화 이후 대통령의 임기가 5년 단임제로 정착됨에 따라 개혁의 동력은 임기 초반에 한정되어 임기 후반부에 이르면 개혁은 거의 유명무실해지는 현상이 이를 반증한다.

변화에 대한 저항의 이면에는 나름의 합리성이 존재하기 때문에, 특정한 개혁 대안의 당위성을 충분히 설득할 수 있는 시간과 노력이 전제되어야 한다. 관료사회의 생존 논리에 포획당하지 않기 위해 취임 초기에 속전속결로 밀어붙이기식 개혁을 해야 한다는 주장은 구시대의 유산에 불과하다. 따라서 향후 정부의 개혁 과정에는 개혁의 참여자로 공무원들을 배제하는 악순환이 반복되어서는 아니 된다.

둘째, 행정개혁이 수반하는 손해와 이익을 적절하게 조절하지 못하는 제로섬 방식의 개혁전략은 조직구성원의 자발적인 동참을 기대하기 어렵다. 다시 말해, 특정한 개혁 대안의 과실에만 급급한 성급한 개혁 추진 방식으로는 중장기적 효과를 기대하기 어렵다. 대신 행정개혁의 블루 오션(blue ocean)을 창출하는 일에 최고의 우선순위를 부여해야 한다.

선진국의 경험을 통해 알 수 있듯이 규제개혁, 전자정부, 부패 통제, 거버넌스 등과 같은 대다수의 행정개혁 대안은 시행에서 효과 발생까지 상당히 오랜 기간의 시차를 수반한다. 하지만 임기가 제한된 행정개혁의 주도자들은 단시일 내에 가시적인 성과가 창출되기를 기대한다. 따라서 행정개혁이 수반하는 정치적 유혹을 최대한 자제할 수 있어야 한다.

셋째, 작은 정부에 대한 과도한 집착은 행정개혁에 대한 불신 조장과 직결된 문제다. 국내의 사례를 통해 알 수 있듯이 공무원 정원 감축이 현실적으로 불가능한 상태에서 이뤄지는 대외홍보용 조직개편은 득보다 실이 많기 때문이다. 따라서 기

토론 이슈 ‘철의 삼각 엘리트주의’ 일(日) 원전 사고 불렀다.

‘철의 삼각’으로 원자력 사업에서 서로의 기득권을 지켜온 일본 국회의 의사당, 도쿄전력 본사, 경제산업성 청사. 전 세계를 핵 공포로 떨게 한 일본 후쿠시마(福島) 원전 사고가 발생한 지도 세 달이 다 돼 가고 있다. 그러나 상황은 여전히 긴박하고 수습 전망도 쉽게 보이지 않는다.……(중략)……

일본 최대 경제지 니혼게이자이신문(日本經濟新聞)은 최근 관련 심층기사를 통해 원전 사고 전후의 난맥상의 배경에는 외부로부터 견제를 받지 않는 이른바 ‘원자력 집단’이 있다고 지적했다. 이 집단의 중추인 경제산업성, 전력회사, 정치인 등 ‘철의 삼각’이 지금까지 서로 에너지 정책의 주도권 다툼을 하면서도 기득권을 나눠 가지며 암묵적 카르텔을 지켜왔다는 것이다.

우선 ‘철의 삼각’의 한 축인 경제산업성은 현 마쓰나가 가즈오(松永和夫) 사무차관을 비롯해 대부분의 고위직이 도쿄대(東京大) 법학부 출신이다. 마쓰나가 차관은 원전 운영을 감독하는 원자력안전보안원의 수장을 지낸 바 있다.

아울러 일본 최대 전력회사 도쿄전력은 지난 1961년 이후 50년 동안 역대 사장 8명 가운데 7명이 도쿄대 출신이다. 이론적 뒷받침을 하는 원자력 학계의 주류 역시 도쿄대의 원자력공학과다.……(중략)……

◇ 46년간 손 못 댄 전기사업법=일본에선 원자력 사업이 본격화된 지난 1990년대 이후 국민의 편의 향상 등을 위한 여러 번의 큰 개혁적 전환점이 있었지만 ‘철의 삼각’이 기득권을 지키면서 개혁이 좌초되고 국민들이 소외돼 왔다.

전력회사에 안정적인 전력 공급을 의무화하는 한편 지역 독점 체제를 인정한 전기사업법의 개정은 원자력 정책과 행정, 업계의 개혁과 연결되지만 지난 1965년 시행 이후 제대로 손봐진 적이 없다. 정치력이 막강한 전력업계의 반발이 만만치 않기 때문인데다 관료와 정치인 역시 이권이 얽혀 있기 때문이다.……(중략)……

문제의 경제산업성은 지난 2001년 정부 체제 개편 때부터 원자력 행정을 독점하려 했다. 당시 원자력 ‘추진기관’으로 경제산업성 에너지청과 내각부 원자력위원회가, ‘안전규제기관’으로 경제산업성 원자력안전보안원과 내각부 원자력안전위원회가 탄생했다. 이전 통산산업성 때보다 역할이 크게 강화된 것이었다.……(생략)……

[중앙일보, 2011년 6월 7일자에서 발췌]

이슈 제기

1. ‘철의 삼각 엘리트주의’가 한국 행정에서는 존재하지 않는지를 조사해 보시오.
2. 이와 같은 사례로 한국 행정에서 개혁이 진행되지 않는 부분을 조사해서, 그 원인에 대해 토론해 보시오.

존의 유휴 인력과 조직을 새로운 분야로 전환 배치한다는 전제 하에서, 성과관리의 원칙을 철저하게 준수하는 조직인력 개편의 기준과 청사진을 제시하는 것이 바람직하다(김정렬 · 한인섭, 2008: 370).

넷째, 행정개혁의 목표와 가치에 대한 방향 전환이 요구된다. 행정개혁의 최종적 목표는 개혁을 통해 행정이 추구하는 목적 가치인 공공성과 수단 가치인 민주성, 효과성, 효율성 등을 추구하는 데 도움이 되는 것이어야 한다. 이런 측면에서 우리의 개혁 목표는 지나치게 수단 가치들에 초점을 두어온 결과, 목적 가치인 공공성의 확보에 어떤 영향을 미쳤는가에 대한 논의가 전혀 없었다는 점이다. 따라서 향후 행정개혁의 방향은 행정의 추구 가치와 밀접한 상관성을 가지고 진행되어야 한다.

다섯째, 한국의 행정환경을 고려한 개혁 수단이 채택되어야 한다. 특히 민주화가 진행되면서 신자유주의의 영향으로 우리의 개혁모형은 영 · 미식의 개혁 수단으로 충원되었다고 해도 과언이 아니다. 굳이 행정문화의 차이와 이식에 따른 난제를 언급하지 않더라도 무분별한 영미식의 개혁모형을 답습하는 행태는 지양되어야 한다. 이는 환자의 병명이 다른데도 불구하고 동일한 약으로 처방을 강행하려는 잘못을 범하는 것과 같은 이치이기에 그러하다.

생각할 문제

■ 행정과 개혁

1. 행정개혁에 따른 모형들의 특징을 비교해 보시오.
2. 행정개혁의 접근모형들의 장단점을 비교해 보시오.

■ 한국 행정과 개혁

1. 한국 행정에서 이뤄진 개혁 내용을 정부별로 비교해 그 차이점에 대해 생각해 보시오.
2. 한국 행정에서 이뤄진 개혁의 특징적 성격에 대해 생각해 보시오.
3. 한국 행정에서 이뤄진 개혁의 효과성이 낮은 이유에 대해 생각해 보시오.
4. 한국 행정에서 향후 바람직한 개혁 방안에 대해 생각해 보시오.

제 3 장 한국 행정과 미래

제 1 절 한국 행정과 현재 모습

정부 수립 이래 70여 년이 다 된 현재 한국 행정의 변화 과정은 경이적이라고 할 수 있다. 양적인 면에서의 변화는 말할 것도 없거니와 질적인 면에서의 변화 또한 그러하다. 한국의 전자정부는 유엔에서 가장 모범적인 행정 사례로 소개되고 있고, 한국의 개발모형이라 할 수 있는 새마을운동은 발전도상국가들에게 발전을 위한 벤치마킹이 되고 있다. 이처럼 한국 행정은 이제 한국 경제의 성장과 마찬가지로 경외의 표상이기도 하다.

그러나 한국 행정의 이 같은 밝은 이면에 숨어 있는 어두운 그림자는 없을까? 한국 행정에 가해지고 있는 복지부동, 무사안일주의, 부패, 무능력, 권위주의, 근시안적 행정과 같은 비판의 어두운 면은 무엇일까? 여기서는 이러한 측면에서 한국 행정의 현재 모습을 살펴보고, 그에 따른 한국 행정의 미래를 조망해 보고자 한다.

한국 행정을 둘러싼 환경의 변화 과정은 그야말로 상전벽해라 할 수 있다. 일제 식민 통치를 겨우 벗어나 백 달러에도 못 미치는 국민소득으로 국가 형성을 담당해야 했던 한국 행정은 우수한 관리 능력을 바탕으로 한국 정부를 구축하는 데 기여했다. 이후 70여 년 가까운 시간이 지나면서 한국 행정을 둘러싼 환경은 한국 행정에 새로운 임무와 능력을 요청하고 있다.

1 경제환경과 한국 행정

1948년 정부 수립 시기부터 1980년대 말 민주화가 진행되기 이전 시기까지, 한국 행정을 둘러싼 환경은 권위주의 체제의 유지와 개발 지향적인 성장 중심의 정책을 수행하기 위해 체제 유지 기능과 추출 기능에 주력해야만 했다. 그러나 민주화가 진행되면서 한국 행정을 둘러싼 환경적 측면은 성장 중심의 행정 패러다임에 심대한 변화를 요구하기 시작했다.

다시 말해, 행정 기능이 경제 성장과 체제 유지에 초점을 두었던 통제 기능과 추출 기능에서, 배분 기능과 대응 기능으로 전환할 것을 강력히 요구받게 되었다. 한국 행정에게 요구되는 기능이 추출 기능에서 배분 기능으로 전환됨에 따라, 한국 행정은 경제적 측면에서 새로운 기능 변화에 직면해 있다.

2 정치환경과 한국 행정

한국 행정을 둘러싼 정치적 환경 또한 1980년대 말을 기점으로 민주화 이전 시기와 이후 시기 간에 현격한 내용적 차이를 드러내고 있다. 민주화 이전 시기의 권위주의적 통치 체제 하에서 한국 행정의 기능은 체제 안정을 위한 통제 기능 중심과 추출 기능에 주력하면 되었으나, 민주화의 진행으로 인한 참여의 폭발 현상과 다양한 시민의 요구에 직면해 과감한 변신을 요구받고 있다.

특히 민주화가 진행되면서 맞이한 5년 단임제의 대통령제 하에서 한국 행정은 장기적이고 미래 지향적인 국가 목표를 설정하지 못한 채, 변동성이 심한 정치 체제에 순응해야 하는 이중적인 고통에 시달리고 있다. 새로운 대통령이 집권할 때마다 가해져 온 아마추어적 개혁은 관료사회를 더욱 움츠러들게 했으며, 그로 인해 이제는 개혁에 적응한 모습까지도 보여 주고 있다. 따라서 정치환경으로 인한 관료사회가 배태한 역기능은 한국 행정의 미래를 어둡게 하고 있다.

특히 지방자치가 정착되고 강화되면서 야기되는 지역 간의 갈등이나 중앙과 지방과의 새로운 관계모형의 설정 또한, 한국 행정에서 새로운 패러다임의 전환을 요구하고 있다. 그것은 권력의 배분에 인색한 한국 행정에는 새로운 현상이며, 권력 배분을 둘러싼 갈등은 체제의 효과성과 안정성을 추구하는 데 부정적인 효과를 가져올 개연성이 크기 때문이다.

3 사회 · 자연적 환경과 한국 행정

한국 행정을 둘러싼 사회 · 자연적 환경에서 급격한 변화는 한국 행정의 대응성이라는 차원에서 심각한 도전을 부여하고 있다. 예컨대 급속한 사회 발전에 따라 야기되고 있는 급격한 노령화와 인구 감소, 지배적 가치 체계의 해체에 따른 대중주의(populism)의 확산, 빈부와 지역 격차에 따른 사회적 갈등은 한국 행정의 관리 능력을 벗어난 양상이다.

이에 더해 사회적 갈등이 과거의 모습과는 달리 지역 간 수준에서 이제는 세대 간, 계층 간을 포함해 무차별적으로 발생하고 있는 것도 한국 행정이 지닌 능력을 초월하는 수준이자 그에 따른 관리 능력도 위기에 처한 상태다.

특히 전 세계의 이상 기후로 인한 자연적 재해는 기존의 한국 행정이 관리할 수 있는 위기관리 능력을 위협하고 있다. 이와 함께 정부 수립 이래로 한국 행정에 변함없는 상수로 작용해 왔던 남북한 간의 첨예한 대치 현상 또한 별로 호전된 것이 없이 부정적인 방향으로 치닫고 있는 점도, 한국 행정의 위기관리 능력을 벗어나 있는 영역으로 볼 수 있다.

4 국제화 · 정보화와 한국 행정

정보화의 영향과 함께 국제화 또는 세계화(globalization)가 한국 행정에 미치는 영향은 과거와는 비교할 수 없을 정도로 그 범위가 크고도 깊다. 민주화 이전 시기까지는 전 세계가 자본주의를 대표하는 미국과 사회주의를 상징하는 소련이라는 양극 체제(bi-polar system) 하에서, 미국이라는 강대국의 입장만 고려하면 되었다. 하지만 소련이 몰락하고 다극 체제(multi-polar system)로 전환된 민주화 시기 이후부터 한국 행정에 대한 국제화의 영향은 참으로 지대하다. 이에 더해 한반도를 둘러싼 강대국들의 치열한 대결은 구한말을 연상시킬 정도로 긴장감을 더해 가고 있다.

예컨대 1990년대 초에 세계무역기구(WTO)에 가입한 것을 기점으로, 세계화의 영향은 주로 신자유주의에 기반을 둔 무한대의 경쟁 체제라는 가치 체계를 한국 행정에 강요하기 시작했다. 그러나 사실 무한대의 경쟁 체제라고 하는 것이 이론상으로는 그럴듯해서 일등 국가에게는 좋겠지만, 그렇지 못한 한국 행정에게는 버거운 요구이자 고통적인 환경일 수밖에 없었다. 세계화의 영향으로 한국 행정이 다소 성과 지향적 · 경쟁 지향적인 행정 모습으로 탈바꿈한 것은 사실이다. 그렇지만 그에 따른 부작용도 만만치 않은 실정으로, 예컨대 한국 행정에서 강화된 형식주의의 증가는 큰 문제가 아닐 수 없다.

또한 다극 체제의 등장과 한반도를 둘러싼 강대국 간에 재현된 대결로, 한국 행정을 둘러싼 국제적 환경은 그야말로 악화일로에서 한 발짝도 내디디기가 어려울 지경이다. 특히 고고도 미사일 방어 체계(THAAD) 배치를 둘러싼 한국, 미국, 중국 간의 치열한 신경전은 급기야 중국의 무역 보복으로 비화할 상황에 이르렀다. 게다가 새로이 미국 대통령으로 당선된 트럼프 행정의 행로마저 불투명한 상황에서, 한국 행정은 표류하고 있는 실정이니 설상가상이라고밖에는 표현할 방법이 없다.

이와 함께 정보화의 영향이 한국 행정에 미친 영향은 부연할 필요성조차 없다. 그런데 한국 행정에서 다행인 것은 일찍이 정보화에 적응적 태도로 정책 대응을 한 결과, 한국 행정에 미친 정보화의 영향은 다른 환경에 비해 다소 우호적이었다고 볼 수 있다. 그렇지만 정보화의 영향은 한국 행정에 과거와는 다른 대응 양식을 요구한다. 과거 한국 행정의 지배적 양식인 하향식(top-down)의 관리 형태를 상향식(bottom-up)이나 쌍방향식의 대응 양식으로 전환할 것을 요구받고 있다.

또한 정보화의 가속화에 따라 시민사회에 확산되고 있는 행정정보의 공유에 대한 폭발적 요구는, 그간 비밀주의로 일관해 온 한국 행정의 행태 양식에 큰 영향을 미칠 것으로 보인다. 따라서 이 같은 정보 공개에 대한 강력한 공유나 공개는 향후 한국 행정의 독점성 근원을 무너뜨리면서 관료 행태에 새로운 양식을 요구할 것이며, 정책 결정 방식에 지대한 영향을 행사할 것이다.

5 가치 정향과 한국 행정

건국 이래 한국 행정이 추구해 온 가치정향성(value oriented)은 특히 민주화 이후 시기부터 심각한 정체성의 위기(crisis of identification)에 직면해 있다. 한국 행정을 다룬 대부분의 문헌에서 그간 강조해 온 주된 가치는 행정 이념이었다. 흔히 민주성, 합법성, 효과성, 효율성으로 대표되는 행정 이념이 시대적으로 또는 어느 가치에 중점이 주어져야 하는가에 대한 논의가 주를 이뤘다. 이에 따라 한국 행정에 강조되어 온 행정 이념에 기초한 가치들은 민주화 이전 시기에는 주로 효과성과 효율성 가치가, 그리고 민주화 이후에는 민주성 가치가 주로 강조되는 경향이었다.

그런데 한국 행정의 가치 정향에서 고민해 보아야 할 것은 이런 가치들이 헌정주의(constitutionalism)나 헌법주의라는 본질적 측면과 어떤 의미를 함축하는가에 대한 논의가, 관료나 학계에서 거의 다뤄지지 않았다는 점이다. 이에는 여러 원인이 있을 수 있다.

예컨대 민주화가 진행되기 이전의 정부들이야 정권의 정당성을 상실했던 정부들이었기에, 헌정주의에 관심을 갖지 않은 것은 어찌 보면 지극히 당연한 현상이었을지도 모른다. 그리고 열악한 경제환경이 헌정주의를 추구하기에는 시기상조였는지도 모른다. 더욱이 더해 미국 일변도의 행정이론의 수입에 치중했던 한국 행정이 수단적 가치에 치중했던 것도 한 원인일 수 있었다. 그런 관계로 한국 행정은 지배적인 가치 체계(dominant belief system)를 상실한 채, 행정의 수단적 가치에만 매몰되어 온 실정이었다.

헌정주의에서 강조하는 궁극적 가치인 공공성(publicness)이 한국 행정이 추구해야 할 가장 상위의 가치 체계임에도, 이를 도외시한 채 수단적 가치에만 몰두해 온 한국 행정이 오늘날 직면한 위기의 한 원인이라고 할 수 있다.

이에 더해 한국 행정에 주어진 이 같은 환경과 가치정향성으로, 한국 행정의 관리 능력은 제한적인 영역에서는 상당한 수준에 이르렀으나 새로운 환경에 적응해야 하는 데는 상당한 장애에 직면해 있다. 다시 말해, 권위주의 체제를 거치면서 행정의 관리 능력이나 통제 능력은 어느 정도 성숙되었다. 그렇지만 갈등관리, 배분관리, 위기관리, 상징관리 등과 같은 측면에서 관리 능력은 새로운 문제로 대두되고 있다.

제 2 절 한국 행정과 미래

1 행정에 가해지고 있는 세계적 조류

세계화의 급속한 진행과 정보화의 진전으로 인해 각국의 행정은 새로운 모습을 강요받고 있다. 정도의 차이만이 있을 뿐 선진국이나 개발도상국이나 거의 같은 수준의 변혁을 요구받고 있는 실정이다. 예컨대 경제 위기에 대한 행정적 관리의 문제는 모든 국가가 직면해 있는 상태이고, 개발도상국들의 경우는 아프리카와 중동에서 번지고 있는 이른바 '재스민 혁명'에서 보듯이 경제 위기에 더해 체제의 변화까지 요구받고 있다는 측면에서 문제의 심각성이 있다.

각국이 정도상의 차이를 제외하고는 거의 유사한 행정 체제의 변화에 직면해서, 경제협력개발기구(OECD)는 다음과 같은 진단과 처방을 내어놓았다. 각국의 행정에 대한 진단 내용은 이러했다. 각국의 행정이 20세기 후반의 급격한 기술 진보와 경제 성장, 그리고 사회 발전의 변화를 따라가지 못하고 있다고 진단했다. 다시 말해, 각국의 행정 능력이 다소 향상된 것만은 사실이지만, 아직도 사회가 정부에 대해 제기하는 근본적이고도 다양한 도전에 성공적으로 대응하지 못하고 있음을 지적했다.

이에 따라 경제협력개발기구 공행정위원회(Public Government Committee)에서는 공공 부문 혁신의 주요 과제로 개방형 정부, 공공 부문의 성과 향상, 책임과 통제의 현대화, 기능 재배분과 조직 재구성, 시장형 메커니즘의 활용, 인적자원관리의 현대화 등을 새로운 방향으로 제시했다(OECD정부혁신아세아센터, 2006: 10－17).

한편 미국 행정부에 국한된 정향성이기는 하지만, IBM 정부연구센터(IBM Center

for The Business of Government)에서는 정부혁신에 관한 일련의 전문가 포럼을 거친 뒤 「미국의 차기 정부: 21세기의 성과를 위한 도전(The Next Government of the United States: Challenges for Performance in the 21st Century)」이라는 보고서를 펴냈다.[1] IBM보고서는 이와 함께 21세기를 위한 미국 정부의 성과를 위한 절대명령(imperative)을 다음과 같이 제시했다(이종수, 2010).

첫째, 구조보다는 문제에 초점을 두는 정책 의제가 수립되어야 한다. 둘째, 정치적 책임이 과정보다는 결과에 놓여야 한다. 셋째, 경직적인 계서제 구조보다는 유기적으로 기능하는 수평 지배구조에 의한 행정이 이뤄져야 한다. 넷째, 정치적 리더십이 주어진 의사결정권에 따라 이뤄지기보다는 행동을 유발할 수 있도록 해야 한다. 다섯째, 더 많은 시민의 참여와 관여가 이뤄지는 시민정신이 작동해야 한다.

비록 이러한 절대명령은 국가가 당면한 심각한 도전을 다루기 위한 미국 정부의 대처가 미흡하다는 인식에서 추론된 것이기는 하다. 그러나 21세기 시민의 요구를 만족시키기 위해, 정부는 누가 무엇을 어떻게 해야 하는지에 관한 영역의 틀을 스스로 바꿔 지식 의존적 학습조직(knowledge-driven learning organizations)이 되어야 한다는 점을 제시했다는 측면에서 음미할 바가 많다.

2 한국 행정의 미래 모습

경제개발기구나 IBM 정부연구센터의 보고서나 또는 학자들이 강조하는 미래 행정의 모습에 대한 요구는 유사하다. 현재 지니고 있는 행정 능력으로는 급변하는 환경에 대처하기 어렵다는 것이 그것이다. 변화되고 새로운 가치로 무장된 행정의 모습으로 변모하지 않으면, 위기에 직면할 수밖에 없다는 것이 공통된 지적이다.

한국 행정도 과연 이러한 지적과 비판으로부터 자유로울 수 있는가? 과연 현재

1) 케틀(Kettl, 2005)이 펴낸 이 보고서는 정부 지도자들이 일상적 긴급 사항을 넘어 장기적 관점에서 국가가 앞으로 직면하게 될 중요한 도전에 대비하도록 상상력을 자극할 목적으로 작성되었다. 9·11 테러 공격, 허리케인과 같은 전례 없는 재앙은 정부의 긴급 대응 체제와 사회적 필수 서비스의 공극 역량을 재평가하도록 했다. 2008년 전 세계 경제를 위기로 몰아넣은 월가(Wall Street)의 금융 시스템 붕괴, 수시로 변종이 나타나는 조류독감(avian flu), 2009년 전 세계에 확산된 신종 인플루엔자도 각국 정부에 중대한 도전이 되고 있으며, 한반도의 경우 핵사용 문제와 권력 승계를 둘러싸고 야기될 북한의 급변 사태도 심각한 도전으로 작용할 것이다.

의 행정 능력으로 급변하는 환경에 직면해서 시민들의 욕구를 충족시킬 수 있는가? 아마도 누구도 그렇다고 대답할 수는 없을 것이다. 이제 한국 행정은 대한민국을 성장시킨 한 축의 주역으로서 역할을 벗고, 새로운 임무와 역할로 재무장해야만 할 시기를 맞이했다.

한국 행정의 미래 모습을 추정하는 작업이 용이한 일은 아니다. 다만 현재의 상황에 대한 진단과 지니고 있는 능력을 기초로 추정할 뿐이다. 어차피 미래는 어느 누구도 예측 가능한 것은 아니기 때문이다. 그럼에도 한국 행정에 대한 진단을 통해 미래의 지향점을 추적해 본다면 최소한 다음과 같은 모습으로 탈바꿈해야 할 것이다.

1) 헌정 가치에 충실한 행정

민주화의 진행으로 채택된 단임제 대통령제가 초래하는 폐해로서, 거시적·상위적(grand-meta)인 행정 가치의 부재와 장기적 비전의 상실을 극복할 대안이 시급히 요구된다. 그간의 수단적 행정 가치에 매몰되어 있던 관행에서 벗어나, 상위적 행정 가치인 공공성을 실현하기 위한 국가적 합의가 도출되어야 한다.

이를 위해 그간 소홀하게 다뤄져 왔던 헌정주의에 대한 탐구와 가치 도출에 대한 합의가 이뤄져야 한다. 그리고 헌정 체제상 단임제 대통령제 하에서 초래하는 단기적이고 대중주의적인 정책 정향을 지양할 수 있는 행정 체제를 구축해야 한다. 이러한 행정의 지향성은 흔히 사명 지향적 책임정부와 비견되는데, 한국 행정이 추구해야 할 지향성은 이를 넘어서는 것이어야 한다.

2) 위기·통합관리에 능한 행정

위기는 자연재해에 따른 위기와 사회가 야기하는 위기로 나눌 수 있다. 이런 측면에서 한국 행정은 과거와는 다른 위기관리 능력을 요구하고 있다.[2] 기후 변동에 대한 위기관리 능력은 과거와는 다른 차원을 요구한다. 이와 함께 한국 행정에 부과된 지정학적 관리 능력은 국제정치의 장에서 대단히 중요하다. 미국의 금융위기

2) 노무현 대통령에 이어 박근혜 대통령에 대한 탄핵 등은 한국 행정이 맞는 대표적인 위기라고 볼 수 있다. 따라서 한국 행정의 위기관리 능력은 그 어느 때보다 중요하다.

에 따라 급박한 위기관리 능력이 요구되었듯이, 이제 위기관리 능력은 때와 장소를 불문하고 전 세계에 영향을 미치고 있다는 점에서 더욱 그러하다.

또 다른 관점에서 과거와 같은 양극 체제가 아닌 다극 체제로 전환된 오늘날 한국 행정은 중국, 일본, 러시아, 유럽권, 미국 등 다극 체제 속에서 모겐소(Hans J. genthau)가 말하는 이른바 힘의 균형축(balance of power)으로서 역할을 담당해야 하는 상황이다. 이에 더해 예측 불가능한 북한이라는 지정학적 변수 또한 한국 행정으로 하여금 새롭고 신속한 위기관리 능력을 요구한다.

이에 더해 한국 행정이 맞고 있는 변화 가운데 급증하는 갈등 요인에 대한 관리 능력이다. 한국 행정이 직면해 있는 지역 간, 계층 간, 세대 간의 갈등은 한국 행정으로 하여금 이전과는 다른 갈등관리 능력을 요구한다. 따라서 갈등의 원인에서부터 해결에 이르기까지 한국 행정이 배양해야 할 관리 능력은 참으로 다양하다.

끝으로 위기에는 또 다른 다차원적인 개념이 함축되어 있는데, 그것은 국가정책이 가져오는 파급 효과를 예측하고 사전에 관리할 수 있는 능력을 포함한다. 다시 말해, 역대 한국 정부들은 대통령이 집권하면 모두가 장밋빛 같은 정책들을 추진한다. 그러나 아무도 그 정책이 가져올 위험성은 예측할 수 없다.

예컨대 김대중 정부에서 시도되었던 햇볕정책이나 노무현 정부에서 행해진 분권정책, 이명박 정부에서 추진한 4대강 정책이나 박근혜 정부가 추구한 3.0정책이 미래의 한국 사회에 어떠한 위기와 위험을 초래할지 현재로서는 알 수가 없다. 한국 행정은 이런 측면에서 객관적이고 과학적으로, 국가적 정책이 가져올 위험분석을 할 수 있는 능력과 이에 대한 대처 능력을 배양해야 한다.

3) 투명하고 성과 있는 행정

미래의 한국 행정은 시민이 쉽게 접근할 수 있고, 품질 높은 서비스를 제공하며, 시민의 증가하는 욕구에 부응하는 대응성있는 개방형 정부(open government)가 되어야 할 것이다. 개방형 정부에서는 투명성의 가치가 중요시되어야 한다. 정부의 의사 결정과 집행 과정 등 다양한 공직활동이 정부 바깥으로 명확하게 드러나야 한다. 정부 안의 정보가 정부 바깥에 존재하는 사람들에게 투명하게 개방된다는 것은 행정의 형평성과 공정성 그리고 정직성을 확보하기 위해, 그리고 부패를 방지하기 위해 중요하다.

특히 전 세계적인 현상이기도 하지만 한국 행정에 대한 시민들의 신뢰도가 감퇴하고 있다는 점에서 투명성의 문제는 매우 중요하다. 따라서 한국 행정과 시민사회 간에 건전한 사회적 자본(social capital)의 구축을 통한 신뢰성 확보는 국가 전체의 생산성을 증가시키는 데 필수적인 요소라고 할 수 있다.

끝으로 성과 있는 정부가 되어야 하는 것 또한 대단히 중요하다. 그것은 자본주의가 발전할수록 시민은 자신이 지불한 세금에 대한 관심이 증가할 뿐만 아니라, 특히 한국 사회가 안고 있는 불균형의 문제나 갈등을 해결하는 데 중요한 요소이기 때문에 그러하다. 결론적으로 성과 있는 정부가 되기 위해 종래의 관료적 구조를 탈피해 뉴거버넌스적 네트워크형 정부를 구축해야 하고 지식행정에 기반한 행정으로 전환해야 한다.

생각할 문제

■ 한국 행정의 현재 모습

1. 한국 행정의 현재 모습에 대해 환경별로 나눠 살펴보고, 그 특징들에 대해 생각해 보시오.
2. 한국 행정이 추구해 온 가치정향성에 대해 생각해 보고, 이의 적실성에 대해 조사해 보시오.

■ 한국 행정의 미래 모습

1. 한국 행정에 가해지고 있는 세계화의 압력에 대해 조사해 보고, 이를 극복할 수 있는 방안에 대해 생각해 보시오.
2. 헌정주의에 대해 조사해 보고, 행정과 헌정주의와의 바람직한 관계에 대해 생각해 보시오.
3. 한국 행정의 미래 모습을 그려보고, 그에 따른 대책을 생각해 보시오.

참고 문헌

국내 문헌

감사원(2014). 「2013회계연도 공공기관 결산검사서」.

______(2016). 「감사연보」.

감사원 평가연구원(2007). 「해외의 성과관리 단계별 검사 초점에 관한 연구」. 연구보고서.

강명구(2009). 공공성의 작동 원리: 허쉬만적 해석으로부터의 교훈. 「2009년도 한국행정학회 동계학술대회 발표논문집」.

강성철 외(2010). 「새 인사행정론」. 서울: 대영문화사.

강신택(2005). 「한국행정학의 논리」. 서울: 박영사.

______(2006). 「재무행정론」. 서울: 박영사.

강윤호(2009). 지방정부에서 토착 행정조직문화와 성과관리제도 도입 효과 간 관계: 한국과 미국 간 비교분석. 「지방정부연구」. 13(2).

강인재 · 이달곤 외(2003). 「한국행정론」. 서울: 대영문화사.

강인재 · 이원희 · 임도빈(1998). 「새로운 제도와 한국 관료문화와의 적합성에 관한 연구」. 한국행정연구원 연구보고서.

강철승(2009). 한국 공공기관의 개혁과 IFRS 도입 방향. 「2009년 한국행정학회 동계학술대회 발표논문집」.

경제정의실천시민연합(2012). 「18대 국회의원 법안 발의 및 가결 분석 평가보고서」.

______(2016). 「18대 국회의원 법안 발의 및 가결 분석 평가보고서」.

고계현(2011). 부패 방지를 위한 정부와 시민단체의 역할 평가: 한국사회 부패 방지 10년의 평가와 앞으로의 과제. 「부패방지법 제정 10년 기념 대토론회」.

공병천(2009). 정부 성과의 관리 실태 및 국가최고감사기구의 역할: 감사원 성과검사를 중심으로. 「한국정책학회보」. 18(4).
구광모(2003). 정책평가와 프로그램 평가의 비교: 우리나라 정부 평가정책의 발전 방향 모색을 중심으로. 「중앙행정논집」. 17(2).
구연원(2005). 「조직문화 유형과 리더십 유형이 조직유효성에 미치는 영향에 관한 연구」. 창원대 대학원 박사학위 논문.
권경득(1996). 한국 행정학의 연구 경향에 관한 실증적 분석. 「한국행정학보」. 30(4).
권기헌(2009). 「정책학」. 서울: 박영사.
권순만 · 김난도(1995). 행정의 조직경제학적 접근: 대리인이론의 행정학적 함의를 중심으로. 「한국행정학보」. 29(1).
권영성(2003). 「헌법학개론」. 서울: 법문사.
권태환 · 이재열(1998). 사회운동조직 간 연결망. 「한국사회과학」. 20(3). 서울대학교 사회과학연구원.
권해수(1999). 시민단체의 조직화 과정과 정책 변화에 대한 영향력 비교연구. 「한국사회와 행정연구」. 10(1).
권혁주(2007). 한국 행정에서 사회적 평등과 발전: 사회정책을 중심으로. 「한국행정학보」. 41(2).
기영석(1988). 행정의 내부통제장치에 관한 연구: 감사원의 직무감찰제도를 중심으로. 「한국행정학보」. 22(1).
기획예산처(2004). 「기획예산처 보도자료: 2004년도 성과관리제도 시행지침」.
기획재정부(2009a). 「2008 회계연도 공기업 · 준정부기관 결산 내용」.
______(2009b). 「경제백서」.
______(2010a). 「경제백서」.
______(2010b). 「재정통계」.
______(2010c). 「2010~2014년 국가재정운용계획」.
기획재정부 · 서울대학교(2014). 「총액배분자율편성예산제도 평가 및 개선 방안 연구」. 연구보고서. 서울: 기획재정부
김광석(2007). 전자정부의 법적 과제. 「미국헌법연구」. 18(1). 미국헌법학회.
김규정(1988). 「행정학원론」. 서울: 법문사.
김근세 · 권순정(2001). 한국 중앙행정기관의 조직구조와 맥락의 정합성 분석: 던리비의 기관 유형을 중심으로. 「한국행정학보」. 35.
김난영(2012). 감사원 감사 경향: 지방재정 투 · 융자사업 심사 제도 및 운영의 주요 문제점과 감사원 지적사항의 비교 분석. 「한국공공관리학보」. 26(2).
김동극(2011). 민간 경력자 등 5급 일괄채용시험 시행 방안. 「공무원 채용제도 선진화 방안 공개토론회」.
김문성(2009). 「행정학.net」. 서울: 박영사.

김병섭(1996). 기업가적 정부혁신의 길. 「한국정책학회보」. 5(2).
김병섭 · 김철(2002). 정부위원회 조직의 개혁: 반복되는 답과 잃어버린 질문. 「2002년도 한국행정학회 추계학술대회 발표논문집」.
김병섭 · 박광국(1999). 행정조직의 조직 발전에 관한 사례연구. 「행정논총」. 37(1). 서울대학교 행정대학원.
김병섭 · 오시영(2005). 정부조직의 팀제. 「행정논총」. 43(4).
김성배 외(2016). 「우리나라 역대 정부 조직개편에 대한 성찰과 전망」. 서울: 한국행정연구원.
김성태(2008). 우리나라 중기재정계획의 실효성 제고 방안. 「재정학연구」. 1(4).
김성호(1997). 농지개혁 연구: 이데올로기와 권력투쟁을 중심으로 하여. 김경림 편. 「한국사연구 논선」. 서울: 아름출판사.
김세균(1996). 신자유주의 정치이론의 연구 경향과 문제점. 「이론」. 15호.
김순양(2000). 지방정부 조직의 혁신을 위한 벤치마킹. 「한국행정학보」. 33(1).
김시윤(2000). 정부, 기업 그리고 경제성장: 한국 정부－기업 관계의 재조명. 「한국행정학보」. 34(1).
김영평(1995). 비정부조직(NGO)과 국가와의 상호작용 연구. 「국제정치논총」. 39(3).
김영화(2002). 교육평등과 불평등. 「교육비평」. 7호.
김영화 외(1993). 「한국의 교육불평등」. 서울: 교육과학사.
김운태(1984). 「조선왕조행정사(근대편)」. 서울: 일조각.
______(1995). 「조선왕조정치행정사(근세편)」. 서울: 박영사.
김운태 외(1996). 「한국행정사」. 서울: 방송대학교출판부.
김유선(2008). 「비정규직의 규모와 노동조건」. 서울: 노동과 사회연구소.
김주환(2013). 정부업무평가제도의 운영 변화에 관한 연구: 관련법 및 제도 운영을 중심으로. 「한국정책연구」. 13(3).
김준기(2000). 정부－NGO 관계의 이론적 고찰. 「한국정책학회보」. 9(1).
______(2006). 「정부와 NGO」. 서울: 박영사.
김정렬 · 한인섭(2008). 「행정개혁론: 국제비교와 실증분석」. 서울: 박영사.
김종찬(1983). 한국 행정기구 개혁에 관한 연구. 「강남논총」. 10.
김철(2008). 공공성 담론의 재정립 필요성: 이명박 정부의 정부조직 개편안을 중심으로. 「2008년도 한국행정학회 춘계학술대회 발표논문집」.
김태룡(1999). 한국과 미국의 행정개혁에 대한 비교. 「한국행정학보」. 33(1).
______(2002). NGO들 간의 영향력 차이와 그에 따른 효과성 연구. 「한국행정학보」. 36(2).
______(2003a). 공무원의 정보격차 구조가 고객지향적 행정에 미치는 영향에 관한 연구. 「한국행정학보」. 37(2).
______(2003b). 「한국의 정부개혁: 이론과 실제」. 서울: 집문당.
______(2004). 정보불평등이 조직효과성에 미치는 영향. 「한국행정학보」. 38(3).

______(2008). 정부정책의 성과평과시스템에 대한 평가. 「경실련 토론회 발표자료」.
______(2013). 박근혜 정부의 국정철학: 적실성과 방향. 새 정부의 국정철학과 운영 방향. 「한국행정학회 기획세미나」.
______(2016). 조직구조와 조직효과성: 관계와 재해석. 「행정논총」. 54(1).
______(2017). 「행정이론: 행정사와 행정이론을 중심으로」. 서울: 대영문화사.
김태룡 · 신률(2002). 「경험을 통해 본 한국 NGO활동의 과제와 개선 방안」. 서울: 한국행정연구원.
김태룡 · 안희정(2006). 팀제가 조직성과에 미치는 영향: 행정자치부에 도입된 팀제를 중심으로. 「한국행정학보」. 40(4).
______(2013). 경력경쟁채용제도의 효과성에 관한 연구. 「한국비교정부학회」. 17(3).
김태룡 외(2009). 「한국정부론」. 서울: 대영문화사.
______(2010). 「현대사회와 NGO」. 서울: 대영문화사.
______(2014). 「대한민국 역대 정부 주요 정책과 국정 운영: 노태우 정부」. 서울: 대영문화사.
김태룡 · 이병헌(1999). 한국 정부에 있어서 기업가적 정부모형의 적실성. 「한국행정논집」. 11(3).
김태일(2000). 우리 나라와 OECD 국가의 공무원 규모 비교 분석. 「한국행정학보」. 34(1).
김택(2011). 이명박 정부의 공직사회와 반부패 윤리. 「2011년 한국행정학회 하계학술대회 발표논문집」.
김판석(2003). 정부산하기관의 실태와 관리효율화 방안. 「한국사회와 행정연구」. 13(4).
김한창 · 황성원 · 권용수(2007). 정부혁신에 의한. 조직문화 변화의 실증 분석: 문화이론을 중심으로. 「한국행정논집」. 19(4).
김항규(1996). 현대 행정과 합법성 이념의 재음미. 「한국행정학보」. 30(2).
______(2008). 「행정과 법」. 서울: 대영문화사.
김해동(1991). 각국의 부패통제: 법과 기구. 「행정논총」. 29(2).
김호섭 · 박천오(2002). 한국 행정문화 연구의 동향과 과제. *Journal of Korean Culture*. 3. 고려대학교 한국학교육연구단.
김호정(2002). 행정조직문화가 조직몰입과 직무만족에 미치는 영향. 「한국행정학보」. 36(4).
김호진(1996, 2003). 「한국정치체제론」. 서울: 박영사.
김희강(2009). 정책과 사회 정의 및 규범이론. 「한국행정연구: 도전과 과제」. 서울: 박영사.
남궁근(2002). 김대중 정부 행정개혁 성과에 대한 교수, 시민단체 활동가, 공무원의 인식. 「한국행정학회 하계학술발표대회 발표논문집」.
______(2003). 「행정조사방법론」. 서울: 법문사.
______(2007). 한국 인사행정 체제의 특징과 참여정부의 인사혁신. 김영기 외. 「정부인사혁신론」. 서울: 대영문화사.
남기범(2009). 「현대정책학개론」. 서울: 조명문화사.

노시평 · 박희서 · 박영미(2006). 「정책학의 이해」. 서울: 비앤엠북스.
노화준(2001). 「정책평가론」. 서울: 법문사.
______(2003). 「정책분석론」. 서울: 박영사.
대한민국정부(2006). 「함께 가는 희망 한국: Vision 2030」. 서울: 대한민국정부.
류지성(2009). 「정책학」. 서울: 대영문화사.
문영세(1995). 「중기개발계획과 예산의 연계성에 관한 연구」. 서울대 박사학위 논문.
______(2001). 정부업무평가기본법에 대한 메타평가. 「정책분석평가학회보」. 11(1).
민진(2000). 국무회의의 보편성과 특수성. 「한국행정학회 조직학연구회 발표 논문」.
______(2009). 「조직관리론」. 서울: 대영문화사.
______(2010). 군대조직의 구조적 특성에 관한 연구. 「국방연구」. 53(3).
박동서(1972). 「한국행정론」. 서울: 법문사.
______(1978). 「인사행정론」. 서울: 법문사.
______(1984). 「한국행정론」. 서울: 법문사.
______(1994a). 「한국행정의 연구」. 서울: 법문사.
______(1994b). 한국에서의 행정이론의 발전. 「행정논총」. 32.
______(1995). 정부조직의 개편. 「행정논총」. 33(1).
______(1999). 「한국행정의 쇄신 사례」. 서울: 법문사.
박동서 · 김광웅(1987). 「한국인의 민주정치 의식: 대중과 엘리트」. 서울: 서울대학교출판부.
박명수(1986). 「한국행정론」. 서울: 대왕사.
박문옥(1968). 「한국정부론」. 서울: 박영사.
______(1969). 행정과 경제. 이한빈 외. 「한국 행정의 역사적 분석(1948~1967)」. 서울: 한국행정문제연구소.
박병련(2007). 「조선왕조 정치 · 행정사」를 통해 본 김운태 교수의 학문세계. 「한국행정학회 동계학술대회 발표논문집」.
박상필(1999). 시민단체와 정부의 관계 유형과 지원 체계. 「한국행정학보」. 33(1).
박성복(2002). 행정의 개념과 행정학의 연구 대상. 「한국행정논집」. 14(3).
박성복 · 이종렬(2005). 「정책학 강의」. 서울: 대영문화사.
박수경(2013). 박근혜 정부조직 개편의 시론적 논의. 「한국공공관리학보」. 27(2).
박연호 · 이종호 · 임영제(2010). 「행정학개론」. 서울: 박영사.
박영원(2011). 역대 정부의 인사형평성에 관한 연구: 정무직 공무원을 중심으로. 「2011년 한국행정학회 하계학술발표대회 발표논문집」.
박영희(1983). 「재무행정론」. 서울: 나남출판.
박우순(2002). 「행정학의 새로운 패러다임」. 서울: 법문사.
______(2005). 팀제의 원리와 성공을 위한 조건. 「지방자치」. 11월호.
박종민(1998). 행정부의 입법부 지배: 변화와 지속. 「의정연구」. 4(2). 한국의회발전연구회.

박정수 외(2014). 「대한민국 역대 정부 주요 정책과 국정 운영: 이명박 정부」. 한국행정연구원. 서울: 대영문화사.
박중훈 외(2016). 「우리나라 역대 정부 조직개편에 대한 성찰과 전망」. 서울: 한국행정연구원.
박찬관(2001). 「조직문화와 리더십 간의 적합성이 조직유효성에 미치는 영향에 관한 연구」. 창원대 대학원 박사학위 논문.
박찬표(1998). 「한국의 국가 형성: 반공 체제 수립과 자유민주주의의 제도화. 1945~1948」. 고려대학교 박사학위 논문.
박천오(2007). 「정부관료제: 이론과 실제」. 서울: 법문사.
박형준 외(2013). 관료의 행정가치 재고찰: 헌법적 가치의 재조명을 중심으로. 「한국정책과학학회보」. 17(3).
백승기(2010). 「정책학원론」. 서울: 대영문화사.
백완기(1981). 공익에 관한 제학설의 검토. 「법률행정논집」. 19.
______(1982). 「한국의 행정문화」. 서울: 고려대학교출판부.
______(1984a). 「행정학」. 서울: 박영사.
______(1984b). 「한국의 행정문화」. 서울: 고려대학교출판부.
______(2005). 「한국행정학 50년: 문헌 검토를 중심으로」. 서울: 나남출판.
______(2007). 한국 행정과 공공성. 「한국사회와 행정연구」. 18(2).
______(2010). 「행정학」. 서울: 박영사.
보건복지가족부(2008). 「통계로 본 건국 60년 보건복지 변화」.
보건복지부(2011). 「보건복지부 연두업무보고서」.
서재호(2008). 환경영향평가와 환경정책의 공공성. 「2009년도 한국행정학회 동계학술대회 발표논문집」.
서휘석 외(2003). 「행정학」. 대전: 대경.
소영진(2003). 행정학의 위기와 공공성 문제. 「정부학연구」. 9(1).
송상호(2005). 미국식 팀제의 도입 운영과 실제. 「임금연구」. 봄호.
신무섭(2010). 「재무행정학」. 서울: 대영문화사.
신병식(1988). 한국과 대만의 토지개혁에 관한 연구. 「한국과 국제정치」. 4(2).
신승춘 외(2009). 「현대행정의 이해」. 서울: 대영문화사.
신정완(2007). 사회공공성 강화를 위한 담론전략. 「시민과 세계」. 제11호.
신진욱(2007). 공공성과 한국사회. 「시민과 세계」. 제11호.
신철우 · 이대응(2002). 한국 기업들의 팀제 실패 요인에 관한 실증적 검증. 「대한경영학회지」. 33.
심덕섭(2005). 행정기관에의 팀제 도입 방안. 「지식 & 정책 포럼」, 177.
안길찬(2002). 팀제조직의 성과평가 모델에 관한 연구. 「생산성논집」. 16(1). 한국생산성학회.
안문석(1995). 문민정부의 행정개혁. 「한국정책학회보」. 4(1).

______(2001). 「정부와 기업 그리고 시민사회: 지식정보화사회의 행정과 규제개혁」. 서울: 박영사.
안병만(1993). 「한국정부론」. 서울: 다산출판사.
안병영 · 정무권(2007). 민주주의, 평등, 그리고 행정: 한국행정 연구를 위한 이론적 · 경험적 함의를 찾아서. 「한국행정학보」. 41(2).
안병영 · 정무권 · 한상일(2007). 「한국의 공공부문: 이론, 규모와 성격, 개혁 방향」. 강릉: 한림대학교출판부.
안해균(1970). 정치 · 행정체계의 분석모형. 「한국행정학보」. 4.
______(1977). 정치 · 행정체계모형의 재정립. 「연구논총」. 건국대학교행정대학원.
______(1981). 위험관리정부의 행정체제분석. 「행정논총」. 19(2).
______(1986). 「한국행정체제론」. 서울: 서울대학교출판부.
양창삼(1990). 「최신조직이론」. 서울: 법경사.
염재호 · 홍성만 · 왕재선(2004). 정부관료제의 역사적 형성과 제도 변화. 중앙행정기관 조직시스템 변화에 대한 역사적 제도주의 접근을 중심으로. 「정부학연구」. 10(1).
오석홍(1995). 「행정개혁론」. 서울: 박영사.
______(1998a). 「행정학」. 서울: 나남출판.
______(1998b). 행정개혁의 현안과 전략, 「한국행정연구」. 7(4). 한국행정연구원.
______(2005). 「조직이론」. 서울: 박영사.
______(2008a). 「한국의 행정」. 서울: 법문사.
______(2008b). 「행정학」. 서울: 박영사.
오연천(1989). 예산 심의를 통한 행정부 통제. 박동서 · 김광웅 편. 「의회와 행정부」. 서울: 법문사.
오재록(2006). 중앙행정기관의 인적자원 비교분석: 2원 4처 18부 16청 5위원회의 인적자원지수. 「한국행정학회 동계학술대회 발표논문집」.
오재록 · 유인영(2009). 노무현 · 이명박 정부의 중앙행정기관 인적자원 비교분석. 「한국인사행정학회보」. 8(1).
위응복(2003). 한국 행정조직문화와 성과급제에 관한 연구: 지방자치단체 사례를 중심으로. 서울대학교 행정대학원 석사학위 논문.
유광수 · 배득종 외(2000). 「정보화시대의 민주주의」. 서울: 나노미디어.
유민봉(2002). 「한국인사행정론」. 서울: 박영사.
______(2006). 「한국행정학」. 서울: 박영사.
유민봉 · 임도빈(2003). 「인사행정론」. 서울: 법문사.
유인호(1975). 「농지제도 연구」. 서울: 집문당.
유종해(1979). 「현대행정학연습」. 서울: 박영사.
______(1996). 「행정학원론」. 서울: 박영사.

유홍림(2008). 조직론 연구의 선구자, 조석준 교수의 학문활동과 공헌.「한국행정학회 하계 학술대회 발표논문집」.
유훈(1983, 2007).「재무행정론」. 서울: 법문사.
윤경준 · 김정해 · 조성한 · 이혜영(2010). 기후변화정책 조정 체계의 대안 모색: 정책조정 체계의 국가 간 비교를 중심으로.「한국행정학보」. 44(2).
윤성식(1995).「공기업론」. 서울: 박영사.
윤영진(2003). 행정과 경제. 강인재 · 이달곤 외.「한국행정론」. 서울: 대영문화사.
윤태범(2011). 우리나라 부패방지 시스템의 평가와 발전 방향: 한국사회 부패방지 10년의 평가와 앞으로의 과제「부패방지법 제정 10년 기념 대토론회」.
이광종(2005).「행정책임론」. 서울: 대영문화사.
이병천 · 홍윤기(2007). 두 개의 대한민국을 넘어서.「시민과 세계」. 제11호.
이상철(2007).「한국 공기업의 이해」. 서울: 대영문화사.
이상철 · 김렬 · 송금주 · 장철영 · 이수창(2006). 준정부조직의 불멸성(immortality)에 관한 실증적 연구.「한국행정논집」. 18(4).
이송호(2002).「대통령과 보좌관」. 서울: 박영사.
이승종(1995).「민주정치와 시민참여」. 서울: 삼영.
이신행(1987). 끝내 풀지 못한 정통성 시비.「신동아」. 12월. 서울: 동아일보사.
이용규 · 정경일 · 이종수(2000). Geert Hofstede의 조직문화 비교 방법의 비판적 고찰.「한국행정학회 동계학술대회 발표논문집」.
이종범(1995). 기업형 정부의 구축 방안.「한국행정연구」. 4(1).
______(1999). 개혁의 딜레마와 조직의 대응: 행정쇄신위원회의 조직화 규칙과 전략.「정부학연구」. 5(1).
______(2006). 한국행정학 50년 서론. 한국행정학회.「한국행정학오십년 1956~2006」. 서울: 조명문화사.
이종수(2003). 행정과 정치. 강인재 · 이달곤 외.「한국행정론」. 서울: 대영문화사.
______(2010).「새 한국의 미래」. 서울: 대영문화사.
이종수 · 윤영진 외(2008, 2009).「새 행정학」. 서울: 대영문화사.
이주하(2009). 민주화 이후의 민주주의와 공공성.「2009년도 한국행정학회 동계학술대회」.
이준구(1989).「소득분배의 이론과 현실」. 서울: 다산출판사.
이진주 외(1996).「정책평가를 위한 새로운 모형」. 서울: 나남출판.
이창원 · 명승환 · 임영제(2004).「정보사회와 현대조직」. 서울: 대영문화사.
이철규(2007).「한국행정론」. 서울: 법문사.
이한빈(1968).「사회변동과 행정」. 서울: 박영사.
이해영(1997).「정책학신론」. 서울: 학현사.
인사혁신처(2016).「2016인사혁신통계연보」.

임도빈(1996). 정치와 행정의 관계에 대한 비교연구: 영국, 프랑스, 독일의 제도를 중심으로. 「한국행정학보」. 30(1).
임석진(2010). 한국 행정조직문화와 신공공관리적 개혁과의 적합성에 관한 연구: 신문화이론의 적용을 중심으로. 「사회과학연구」. 16(1).
임의영(2003). 공공성의 개념, 위기, 활성화 조건. 「정부학연구」. 9(1).
______(2006). 「행정철학」. 서울: 대영문화사.
______(2010). 공공성의 유형화. 「한국행정학보」. 44(2).
______(2015). 공공성의 인간적 토대에 대한 비판적 성찰, 「한국행정학회 하계학술대회」.
임지봉(2008). 우리 전자정부법제의 현황과 개선 방안. 「세계헌법학 연구」. 14(1). 국가헌법학회.
임학순(1993). 준정부조직의 성장 원인에 관한 이론적 논의. 「한국사회와 행정연구」. 4.
임혁백(2000). 「세계화 시대의 민주주의」. 서울: 나남출판.
______(2008). 공공성의 정치학적 접근. 윤수재 · 이민호 · 채종헌 편. 「새로운 시대의 공공성 연구」. 서울: 법문사.
전경련(2001). 정부산하기관 어떻게 운영되나. *CEO Report on Current Issue*.
전수일(2011). 부패방지 제도의 문제점과 개선 방안. 「국회 반부패 세미나」.
정무권 · 한상일(2008). 한국 중앙정부의 학습조직 구조로서 인프라, 시스템, 문화의 상호관계: 구조방정식을 통한 효능감과 만족감에 대한 효과 분석. 「한국행정학보」. 42(1).
______(2009) 공공부문의 다양화와 새로운 연구 영역. 박종민 · 정무권 편. 「한국행정연구: 도전과 과제」. 서울: 박영사.
정부혁신지방분권위원회(2008a). 「참여정부의 인사개혁」.
______(2008b). 「참여정부의 재정세제 개혁」.
정성호(1991). 한국행정 연구에 있어서 문화심리적 접근법의 평가. 「한국행정학보」. 25(3).
정용덕(1995). 한국 중앙국가의 관청 형성에 관한 연구. 「행정논총」. 33(1).
______(1996a). 한국행정학 발전의 동인. 「한국행정학보」. 30(4).
______(1996b). 한국행정학 발전의 동인: 시론적 고찰. 「한국행정학의 회고와 전망」. 1996년도 한국행정학회 국제학술대회.
______(2001). 「현대국가의 행정학」. 서울: 법문사.
______(2007). 박동서 선생님의 생애와 사상: 한국행정론을 중심으로. 「한국행정학회 하계학술대회 발표논문집」.
______(2008). 정부구조, 조직, 인사. 「한국행정학회 세미나 발표자료」.
정용덕 외(1999). 「합리적 선택과 신제도주의」. 서울: 대영문화사.
정유훈 · 안태훈(2013). 성과중심 재정 운용 방향에 대한 고찰. 「예산정책연구」. 2(2).
정정길(2000, 2002). 「정책학원론」. 서울: 대명출판사.
정정길 외(2003, 2008). 「정책학원론」. 서울: 대명출판사.

정정화(2006). 정부와 NGO의 관계 비교 연구: 미국, 일본, 한국의 환경NGO를 중심으로. 「한국사회와 행정연구」. 17(1).
정홍익 · 김호섭(1991). 위원회제도를 중심으로 한 시민참여의 활성화. 「한국행정학보」. 25(2).
제현정(2016). 보호무역주의 확산과 한국의 대응. *Trade Focus*. 8호. 서울: 국제무역연구원.
조대엽(2007). 공공성의 재구성과 기업의 시민성, 기업의 사회공헌 활동에 관한 거시구조 변동의 시각. 「한국사회학」. 41(2).
조석곤(2003). 농지개혁과 한국 자본주의. 유철규 편. 「한국 자본주의 발전모델의 역사와 위기」. 서울: 함께.
조석주(2004). NGO의 지역정책 참여 실태분석과 발전 방안: 군포시 지역 NGO 활동 사례를 중심으로. 「2004년도 하계학술발표회 및 제13회 한일 지방자치 국제세미나」. 한국지방자치학회.
조석준(1984). 「한국행정학」. 서울: 박영사.
조석준 · 박동서 · 유훈 · 김운태 공편(1987). 「한국행정의 역사적 분석(1968~1987)」. 서울: 서울대출판부.
조석준 · 박동서 · 이한빈 공편(1969). 「한국행정의 역사적 분석(1948~1967)」. 서울: 한국행정연구소.
조선일(2015). 재정성과관리 관리체계 효율화. 「한국행정학회 동계학술대회」.
조창현 · 박문수(2011). 준정부조직의 기관 유형별 학습조직 특성에 관한 실증분석: 탈관료제의 맥락에서. 「행정논총」. 49(1).
조택(2008). 준정부기관 경영평가제도의 변천과 개선 방안에 관한 연구. 「한국거버넌스학회보」. 15(3).
조형석(2009). 감사원 성과감사보고서의 내용 분석. 「정책분석평가학회보」. 19(3).
총무처(1982). 「행정개혁사: 10 · 15 행정개혁을 중심으로」.
최성욱(2001). 조직문화의 이해와 연구 논쟁점에 관한 고찰. 「정부학연구」. 7(2).
______(2003). 한국 행정조직의 문화적 프로필: 경합가치모형(competing values model)에 의한 실증분석. 「한국행정학회 동계학술대회 발표논문집」.
______(2005). 한국 행정조직의 문화적 프로필에 관한 연구. 「한국행정학보」. 39(2).
최순영(2013). 경력개발제도의 개선 방안. 「한국정책과학학회보」. 17(1).
최자은 · 박정수(2014). 박근혜 정부의 공공기관 개혁정책 방향과 과제. 「행정논총」. 52(4).
최장집(1989). 민주화 정치연합의 형성과 분해 과정. 「한국 현대정치의 구조와 변화」. 서울: 까치.
______(2005). 「민주화 이후의 민주주의」. 서울: 후마니타스.
최종태(1985). 「현대조직론」. 서울: 경세원.
통계청(2008). 「통계로 본 대한민국 60년의 경제 · 사회상 변화」.

______(2011). 「e－나라지표」.
하상군 · 장문학(2009). 「행정학개론」. 서울: 대영문화사.
하종범 외(2015). 「국회의 예 · 결산심의 개선 방안」. 수시과제 2015－08. 서울: 한국행정연구원.
하태수(2007). 세계화 이후 한국 정부 규모 및 기능 변화에 대한 실증분석. 「한국사회와 행정연구」. 18(1).
______(2008). 국가모형 변화에 따른 정부 규모 변화 탐색. 「서울행정학회 동계 학술발표대회 발표논문집」.
______(2015). 박근혜 정부 출범 시기의 중앙정부조직 개편 분석. 「한국정책연구」. 15(1).
하혜수(2002). 공익과 행정 이념에 관한 시론적 제고: 국가 이익을 중심으로. 「행정논총」. 40(2).
한국개발연구원(2008). 「공공기관 관리체계 개선 방안 연구」. 중간보고서.
한국무역협회(2016). 「2016 세계 속의 대한민국」. 서울: 한국무역협회.
한국산업은행(1955). 「한국산업경제 10년사」.
한국지방재정학회(2008). 「균특회계의 평가 및 개선 방향」. 정책보고서.
한국행정연구원(2008). 「한국행정 60년, 1948~2008 제2권: 국정관리」. 서울: 법문사.
______(2010). 「한국 공공부문 부패 실태 추이 분석」. 연구보고서.
한국행정학회(2006). 「한국행정학오십년」. 서울: 조명문화사.
한봉주(2008). 조직문화와 리더십이 조직몰입과 직무만족에 미치는 영향: A사 사례를 중심으로. 「한국행정학회 하계학술대회 발표논문집」.
한상일(2009). 한국 공공기관의 지배구조와 공공성: 민주적 책임성을 중심으로. 「2009년도 한국행정학회 동계학술대회」.
한승주(1992). 「전환기 한국의 선택: 민주화, 평화통일, 민족 자존 외교의 미래를 향하여」. 서울: 한울.
한영석(1987). 행정조직에 있어서의 보좌기관에 관한 연구. 「건대학술지」. 31.
행정안전부(2010a). 「2009 행정안전백서」.
______(2010b). 「2010 정부위원회 설치 · 운영 지침」.
______(2011a). 「2010 행정안전백서」.
______(2011b). 「2011 행정안전통계연보」.
______(2013). 「2013 정부조직개편 백서」.
행정자치부(1998). 「정부조직변천사 上 · 下」.
______(2016). 「2016 행정자치통계연보」.
허전 · 송석록(2009). 헌법상 기관으로서 감사원의 독립성 제고 방안. 「공법학연구」. 10(4).
허철행(2002). 김대중 정부 개혁 이데올로기 비판. 「행정개혁과 공공 영역의 변화」. 2002년도 한국행정학회 하계학술대회 발표 논문.

홍준형(1993). 행정과 법. 강인재 · 이달곤 외(1993). 「한국행정론」. 서울: 대영문화사.
황창연(2003a). 행정조직에서 조직문화 및 하위문화의 비교. 「한국행정학보」. 37(1).
______(2003b). 행정조직문화와 성과관리의 관계. 「한국정책학회보」. 12(2).
황한식(1981). 미군정 하의 한국 농업. 「농업정책연구」. 8(1).
황혜신 외(2014). 국민 체감 제고를 위한 정부업무평가제도의 개선 과제, *ISSUE PAPER*. 통권 2014-21. 서울: 한국행정연구원.

국외 문헌

Aberbach, Joel D., Daniel B. Mezger, & Bert A. Rockman(1991). Bureaucrats and Politicians: A Report on the Administrative Elites Project. *Australian Journal of Public Administration*. 50(2).
Aberbach, Joel D., Robert D. Putnam, & Bert A. Rockman(1981). *Bureaucrats and Politicians in Western Democracies*. Cambridge, MA: Harvard University Press.
Ackoff, R. L. et al.(1981). *A Prologue to National Development*. Philadelphia: University of Pennsylvania, Social Systems Science Department.
Anderson, E.(1999). What is the Point of Equality? *Ethics*. 109(2).
Arnold, Peri E.(1995). Reform's Changing Role. *Public Administration Review*. 55(2).
Axelrod, Donald(1992). *Shadow Government*. New York: John Wiley and Sons.
Barker, Ernest(1961). *Greek Political Theory*. New York: Barnes & Noble.
______(1969). *The Politics of Aristoteles*. Edited and Translated by Ernest Barker. Oxford: Oxford University Press.
Barnet, J.(1968). *Greek Philosophy*. New York: St. Martin's Press.
Bellone, Carl J. & George Frederick(1992). Reconciling Public Entrepreneurship and Democracy. *Public Administration Review*. 52(2).
Bentley, Arthur(1967). *The Process of Government*. Cambridge, MA: The Belknap Press.
Berkely, George & John Rouse(1984). *The Craft of Public Administration*. Wisconsin: Brown & Benchmark Publishers.
Bozeman, Barry(1987). *All Organizations are Public*. New York: Jossey-Bass Publishers.
______(2007). *Public Values and Public Interest: Counterbalancing Economic Individualism*, Washington DC: Georgetown University Press.
Bozeman, Barry & S. Bretschneider(1994). The "Publicness Puzzle" in Organization Theory. *Journal of Public Administration Research and Theory*. 4(2).

Burkhead, Jesse(1956). *Government Budgeting*. New York: John Wiley and Sons.

Burns, T. & G. M. Stalker(1961). *The Management of Innovation*. London: Tavistock.

Butler, David & Austin Ranney(1978). *Referendums: A Comparative Study of Practice and Theory*. Washington, D.C.: American Enterprize Institute for Public Policy Research.

Callnicos, Alex(2000). *Equality*. Cambridge: Polity Press.

Cameron, K. S. & S. J. Freeman(1991). Cultural Congruence, Strength, and Type: Relationships to Effectiveness. *Research in Organizational Change and Development*. 5.

Cameron, K. S. & R. E. Quinn(1999). *Diagnosing and Changing Organizational Culture: Based on The Competing Values Framework*. Readings. MA: Addison-Wesley.

Campbell, J. P.(1977). On the Nature of Organizational Effectiveness. In P. S. Goodman & J. M. Pennings(eds.). *New Perspectives on Organizational Effectiveness*. San Francisco: Jossey-Bass.

Campbell, S. L., E. R. Fowles, & B. J. Weber(2004). Organizational Structure and Job Satisfaction in Public Health Nursing. *Public Health Nursing*, 21(6).

Caiden, Gerald E.(1969). Administrative Reform: American Style. *Public Administration Review*. 54.

Carino, L. V.(1986). Tonic or Toxic: The Effects of Graft and Corruption. In L. V. Carino(ed.). *Bureaucratic Corruption in Asia: Causes, Consequences and Control*, Quezon City: JMC Press and College of Public Administration, University of the Philippines.

Chandler, Ralph C. & C. Plano(1982). *The Public Administration Dictionary*. New York: John Wiley and Sons.

Common, Richard(1999). The New Public Management and Policy Transfer: the Role of International Organizations. In Martin Minogue, Charles Polidano & David Hulme (ed.). *Beyond the New Public Management: Changing Ideas and Practices in Governance*. Northampton, MA: Edward Elgar Publishing, Inc.

Cook, Brian J.(1998). Politics, Political Leadership, and Public Management. *Public Administration Review*. 58(3).

Coston, Jenniffer M.(1998). A Model and Typology of Government-NGO Relationships. *Nonprofit and Voluntary Sector Quarter*. 27(3).

Cutchin, D. A.(1980). *Guide to Public Administration*. Itasca, Illinois: Peacock.

Daft, R. L.(1998). *Organization Theory and Design*. Cincinnati: South-Western.

Dahl, Robert A.(1961). *Who Governs?. Democracy and Power in American City*. New Haven, Com.: Yale University Press.

Dalton, D. R., W. D. Todor, M. J. Spendolini, G. J. Fielding, & L. W. Porter(1980). Organization Structure and Performance: A Critical Review. *Academy of Management Journal.* 5.

Datta－Chaudhuri, Mrinal(1990). Market Failure and Government Failure. *Economic Perspective.* 4(3).

Denhardt, Robert B. & Janet V. Denhardt(2000). *Leadership for Change: Case Study in American Local Government.* Arlington. VA: Price Water House Coopers Endowment for the Business of Government.

Dimock, Marshall E.(1937). *Modern Politics and Administration.* New York: American Book Company.

Dror, Yehezkel(1964). Muddling Through－Science or Inertia? *Public Administration Review.* 24(3).

Drucker, Peter F.(1973). *Management: Task－Responsibilities Practices.* New York: Harper and Row.

Dubnick, Melvin J.(1994). A Coup against King Bureaucracy. In John J. DiIulio, Jr. (ed). *Deregulating the Public Service: Can Government Be Improved?.* Washington. DC: The Brookings Institution.

Dunleavy, James P.(1985). Bureaucrats, Budgets and the Growth of the State: Reconstructuring an Instrumental Model. *British Journal of Political Science.* 15.

______(1991). *Democracy, Bureaucracy and Public Choice.* New York: Harvester Wheatsheaf.

Dunn, William N.(1981). *Pubic Policy Analysis.* Englewood Cliffs, New Jersey: Prentice-Hall.

Egar, Robert J., Ⅲ.(2005). Casting Light on Shadow Government: A Typological Approach. *Journal of Public Administration Review and Theory.* 16.

Eisman, Milton J. & Norman T. Uphoff(1984). *Local Organizations: Intermediaries in Rural Development.* Ithaca: Cornell University Press.

Etzioni, Amitai(1967). Mixed Scanning: A Third Approach to Decision Making. *Public Administration Review.* 27(5).

Evans, Peter(1995). *Embedded Autonomy: States and Industrial Transformation.* Princeton: Princeton University Press.

Fishkin, James S.(1995). *The Voice of the People: Public Opinion and Democracy.* New Haven: Yale University Press.

Flinders, M. V. & M. J. Smith(eds.)(1999). *Quangos, Accountability and Reform: The Politics of Quasi－government.* London: Macmillan.

Fox, Jonathan(1996). How Does Civil Society Thicken? The Political Construction of Social Capital in Rural Mexico, *World Development.* 24(6).

Frederickson, Horace G.(1990). Public Administration and Social Equity. *Public Administration Review*. 50(2).

______(1997). Comparing the Reinventing Government Movement with New Public Administration. *Public Administration Review*. 56(3).

Friedmann, Wolfgang(1962). The Changing Content of Public Interest: Some Comments on Harold D. Lasswell. In Carl J. Friedrich(ed.). *The Public Interest*. Atherton Press.

Frohock, Fred M.(1979). *Public Policy: Scope and Logic*. Englewood Cliffs, New Jersey: Prentice-Hall.

Gavetti, G., D. A. Levinthal, & W. Ocasio(2007). Neo–Carnegie. *Organization Science*. 18.

Gilmour, John B. & David E. Lewis(2006). Does Performance Budgeting Work? An Examination of the Office of Management and Budget's PART Scores. *Public Administration Review*. 66(5).

Goldstein, S. M. & M. Naor(2005). Linking Publicness to Operations Management Practices: A Study of Quality Management Practices in Hospitals. *Journal of Operations Management*. 23(2).

Gulick, Luther & Lyndall Urwick(eds.)(1937). *Papers on Science of Administration*. New York: Institute of Public Administration, Colombia University Press.

Hage, J.(1980). *Theories of Organizations*. New York: Wiley.

Hage, J. & M. Aiken(1967). Relationship of Centralization to Other Structural Properties. *Administrative Science Quarterly*. 12.

Haggett, P.(1996). New Modes of Control in the Public Services. *Public Administration*. 74(2).

Hall, R. H.(1977). *Organizations*. Englewood Cliffs. New Jersey: Prentice-Hall.

______(1992). *Organizations: Structure and Process*. Englewood Cliffs, New Jersey: Prentice-Hall Inc.

Hampden, C.(1992), *Creating Corporate: From Discord to Harmony*. New York: Addison-Wesley.

Haque, Shamsul M.(1996). The Intellectual Crisis in Public Administration in the Current Epoch of Privatization. *Administration and Society*. 27(4).

______(2001). The Diminishing Publicness of Public Service under the Current Mode of Governance. *Public Administration Review*. 61(1).

Harmon, Michael M.(1975). Administrative Policy Formulation and the Public Interest. In Joseph A. Uveges, Jr.(ed.). *The Dimensions of Public Administration*. Boston: Holbrook Press.

Hays, Steven W. & T. Zane Reeves(1989). *Personnel Management in the Public Sector*.

Dubupue, Iowa: Wm. C. Brown Publishers.

Heidenheimer, Arnold J. (2003). *Political Corruption: Readings in Corruptive Analysis*. New Brunswick: Transaction.

Held, Virginia(1972). The Public Interest and Individual Interests, *Journal of Philosophy*. 69(7).

Henderson, Gregory(1968). *The Politics of the Vortex*. Cambridge: Harvard University Press.

Hilton, T.(2001). Must Egalitarians Choose Between Fairness and Respect? *Philosophy & Public Affairs*. 29(1).

Hofstede, Geert H.(1984). *Culture's Consequences: International Differences in Work-Related Values*. Newbury Park. 1/4/139. SAGE Publications Inc.

______(1995). *Culture and Organizations: Software of the Mind*. Geert Hofstede Institute for Research on Intercultural Cooperation, University of Limburg at Maastricht, The Netherlands.

______(1988). Identifying Organizational Subcultures: An Empirical Approach. *Journal of Management Studies*. 35(1).

Holt, Robert T. & John M. Richardson, Jr.(1970). Competing Paradigms in Comparative Politics. In R. T. Halt & J. E. Turner(eds.). *The Methodology of Comparative Research*. New York: The Dorsey Press.

Hood, Christopher(1991). A Public Management for All Seasons?. *Public Administration*. 69(1).

Howe, Elizabeth & Jerome Kaufman(1980). Social Values in Professional Practice. *Policy Studies Journal*. 9(4).

Hugh, Owen E. (1994). *Public Management and Administration: An Introduction*. New York: St. Martin's Press.

ICMA(1993). *The Municipal Yearbook*. Washington, DC: International City/County Management Association.

Ingraham, P. & D. Rosenbloom(1990). Political Foundations of the American Federal Service: Rebuilding a Crumbling Base, *Public Administration Review*. 50(2).

Isaak, Alan C.(1981). *Scope and Methods of Political Science*. Homewood, Illinois: The Dorsey Press.

Islam, Iyanatul(1994). Between the State and the Market. In Andrew MacIntyre(ed.). *Business and Government in Industrializing Asia*. Ithaca: Cornell University Press.

Jorgensen, Toben B. & Barry Bozeman(2007). Public Values: An Inventory. *Administration & Society*. 39(3).

Jørgensen, Torben Beck & Barry Bozeman(2007). Public Values: An Inventory. *Admin-*

istration & Society. 39(3).

Jørgensen, Torben Beck, Karsten Vrangbæk, & Ditte—Lene Sørensen(2009). The Historical Development of Values in Danish Public Administration Reform Policies. *Annual Conference of the International Research Society*. 13.

Joyce, Phillip G.(1999). Performance—Based Budgeting. In Roy T. Meyers(ed.). *Handbook of Government Budgeting*. San Francisco: Jossey-Bass.

Katzenbach, Jon R. & Douglas K. Smith(2003). *The Wisdom of Teams*. New York: Harper Business Essentials.

Kaufman, Herbert(1976). *Are Government Immortal?* Washington, DC: Brookings Institution.

Kermaghan, Kenneth(1973). Responsible Public Bureaucracy: A Rational and Framework for Analysis. *Canadian Public Administration*. 16(4).

Kettl, Donald F. (1994). Deregulating at the Boundaries of Government: Would It Help?. In John J. DiIulio. Jr.(ed.). *Deregulating the Public Service: Can Government Be Improved?*. Washington. DC: The Brookings Institution.

______(2005). *The Global Public Management Revolution: A Report on the Transformation of Governance*. Washington, DC: Brookings Institution Press.

Kettl, Donald F. & Jon J. DiIulio(eds.)(1995). *Inside the Reinvention Machine*. Washington, DC: The Brookings Institution.

Killick, Tony(1989). *A Reaction Too Far: Economic Theory and the Role of State in Developing Countries*. London: Overseas Development Institute.

Kim, Joong—Yang(2006). *The Korean Civil Service System*. Seoul: Bubwoosa.

Kim, Shinyoung & Byung Soo Kim(2011). State Interests and Welfare Policymaking: Four Major Phases in the Development of the Korean Health Insurance Program. *Korean Social Science Journal*. 38(1).

Kimberly, J. R.(1976). Organizational Size and The Structuralist Perspective: A Review, Critique, and Proposal. *Administrative Science Quarterly*. 21.

Kimberly, J. R. & D. B. Rottman(1987). Environment, Organization and Effectiveness. *Journal of Management Studies*. 24.

Kingsley, J. Donald(1994). *Representative Bureaucracy: An Interpretation of the British Civil Service*, Yellow Springs, OH: Antiock University Press.

Kirlin, John J.(2001). Big Questions for a Significant Public Administration. *Public Administration Review*. 61(2).

Koppell, J. G. S.(2003). *The Politics of Quasi—Government*. Cambridge, UK: Cambridge University Press.

Krasner, Stephen D.(1978). *Defining the National Interest*. Princeton: Princeton University

Press.

Kutter, R.(1998). *Everything for Sale: The Virtues and Limits of Markets*. New York: Alfred A. Knopf.

Lampman, Robert J.(1971). *Ends and Means of Reducing Income Poverty*. Chicago: Markham Publishing Co.

Lamprecht, Sterling P.(1955). *Our Philosophical Traditions: A Brief History of Philosophy in Western Civilization*. New York: Appleton-Century Crofts.

Laslett, Peter & W. G. Runciman(eds.)(1972). *Philosophy, Politics and Society*. Oxford: Basil Blackwell.

Laver, Michael & Kenneth A. Shepsle(1994). *Cabinet Ministers and Parliamentary Government*. New York: Cambridge University Press.

Lindblom, Charles E.(1959). The Science of Muddling Through. *Public Administration Review*. 19(1).

Lipmann, Walter(1955). *Essays on the Public Philosophy*. New York: Little Brown & Co.

Loewenstein, Karl(1958). *Political Power and the Government Process*. Chicago: The University of Chicago Press.

Lowi, Theodore J.(1972). Four Systems of Policy, Politics, and Choices. *World Politics*. 24.

Manz, C. C.(1990). Self－leading Work Teams: Moving Beyond Self－Management Myths. *Human Relations*. 45(11).

Marcoulides, G. A. et al.(1993). Organizational Culture and Performance: Proposing and Testing a Model. *Organization Science*. 4(2).

Mathew, David(1984). The Public in Practice and Theory. *Public Administration Review*. 44(special issue).

McCourt, Willy(1998). Civil Service Reform Equals Retrenchment? The Experience of Right－Sizing and Retrenchment in Ghana, Uganda and the UK. In Martin Minogue, Charles Polidano, & David Hulme(ed.) (1999). *Beyond the New Public Management－Changing Ideas and Practices in Governance*. Northampton, MA: Edward Elgar Publishing, Inc.

Mileti, D., D. Gillespie, & J. Hass(1977). Size and Structure in Complex Organizations. *Social Forces*. 56.

Miller, D.(1999). *Equality and Justice. In his Principles of Social Justice*. Cambridge, Mass.: Harvard: University Press.

Minogue, Martin(1998). Changing the State: Concepts and Practice in the Reform of the Public Sector. In Martin Minogue, Charles Polidano, & David Hulme(ed.)(1999). *Beyond the New Public Management－Changing Ideas and Practices in Governance*.

Northampton, MA.: Edward Elgar Publishing, Inc.
Mintzberg, H.(1979). *The Structuring of Organization.* Englewood Cliffs, New Jersey: Prentice-Hall Inc.
Morris, S. & R. Shekhar(eds.) (2002). India Infrastructure Report 2002: Governance Issues for Commercialization. *Network.* New Delhi. Oxford University Press.
Montgomery, John D.(1962). *Public Interest.* New York: Atherton Press.
Mosher, Frederick(1964). *Program Budgeting.* Chicago: Public Administration Service.
Myrdal, Gunnar(1971). Corruption: Its Cause and Effects. In G. Mydral. *Asian Drama.* New York: Pantheon Books.
Nachmias, Davis(1979). *Public Policy Evaluation: Approaches and Methods.* New YorK: St. Martin's Press.
Nagel, Jack H.(1997). Radically Reinventing Government: Editor's Introduction, *Journal of Policy Anaysis and Management.* 16(3).
Nakamura, Robert T. & Frank Smallwood(1980). *The Politics of Policy Implementation.* New York: St. Martin's Press.
Newman, William W.(1998). Foreign Policy Decision Makin, Garbage Cans, and Policy Shifts. *American Review of Public Administration.* 28(2).
Norman, R.(1998). The Social Basis of Equality. In Andrew Mason(ed.). *Ideas of Equality.* Oxford: Blackwell Publisher.
OECD(2008). *Declaration on Green Growth.*
______(2016). *OECD Economic Survey: Korea 2016.*
Okun, Arthur M.(1975). *Equality and Efficiency; The Big Trade.* Washington, DC: The Brookings Institute.
Onis, Ziya(1995). The Limits of Neoliberalism: Toward a Reformulation of Development Theory. *Journal of Economic Issues.* 29(1).
Osborne, David & Ted Gaebler(1992). *Reinventing Government: How the Entreprenurial Spirit is Transfoming the Public Sector.* New York: Addison-Wesley.
Osborne, David & Peter Plastrik(1997). *Banishing Bureaucracy.* Reading, MA.: Addison-Wesley.
Ostrom, Elinor(2005). *Understanding Institutional Diversity.* New Jersey: Princeton University Press.
Parker, R. & L. Bradley(2000). Organization Culture in the Public Sector: Evidence from Six Organizations. *International Journal of Public Sector Management.* 13(2).
Pennings, J.(1973). Measures of Organizational Structure: A Methodological Note. *American Journal of Sociology.* 79(3).

Perelman, Michael(1998). *Class Warfare in the Information Age*. New York: St. Martin's Press.

Perrow, Charles(1970). *Organizational Analysis: A Sociological View*. Belmont, CA: Wadsworth.

Pesch, Udo(2005). *The Predecaments of Publicness: An Inquiry into the Conceptual Ambiguity of Public Administration*. Delft, the Netherlands: Eburon.

______(2008). The Publicness of Public Administration. *Administration & Society*. 40(2).

Peters, T. J. & R. H. Waterman(1982). *In Search of Excellence*. New York: Harper & Row.

Pfeffer, Jeffrey & Gerald R. Salancik(1978). *The External Control of Organizations*. New York: Harper and Row Publishers.

Pifer, S. (1967). The Quasinon−Governmental Organization in Carnegie Corporation. *Annual Report*. New York.

Pollitt, Christopher(2004). *Agencies: How Governments Do Things Through Semi−Automous Organizations*. London: Macmillan.

Pyrr, Peter A. (1977). The Zero−Based Approach to Governmental Budeting. *Public Administration Review*. 37(1).

Quinn, Robert E. & Kim S. Cameron(1983). Organizational Life Cycles and Shifting Criteria of Effectiveness. *Management Science*. 29.

Quinn, Robert E. & J. R. Kimberly(1984). Paradox, Planning, and Perseverance: Guidelines for Managerial Practice. In J. R. Kimberly & R. E. Quinn(eds.). *Managing Organizational Translations*. Homewood, IL: Dow Jones-Irwin.

Quinn, Robert E. & M. R. McGrath(1985). The Transformation of Organizational Culture: A Competing Values Perspective. In Frost. *Organizational Culture*. Beverly Hills. Cal: Sage.

Quinn, Robert E. & J. Rohrbaugh(1981). A Competing Values Approach to Organizational Effectiveness. *Public Productivity Review*. 5.

Rawls, John(1971). *A Theory of Justice*. Cambridge. Mass.: Harvard University Press.

Redford, Emmette S.(1954). The Protection of the Public Interest with Special Reference to Administrative Regulation. *American Political Science Review*. XLVIII.

Riggs, Fred W.(1964). *Administration in Developing Countries: The Theory of Prismatic Society*. Boston: Houghton Mifflin.

Rimmerman, Craig A.(1997). *The New Citizenship: Unconventional Politics, Activism, and Service*. Boulder, Colorado: Westview Press.

Ripley, Randall B. & Grace A. Franklin(1982). *Bureaucracy and Policy Implementation*. Homewood, Illinois: The Dorsey Press.

Robbins, S. P.(2003). *Organizational Behavior*. Englewood Cliffs, New Jersey: Prentice-Hall

Inc.
Rodgers, David L. & Charles L. Mulford(1993). Interorganizational Coordination: Theory and Practice. *Journal of Planning Literature*. 7(4).
Rohr, John A.(1989). Public Administration, Executive Power, and Constitutional Confusion, *Public Administration Review*. 49(2).
Romzek, Barbara(1996). Enhancing Accountability. In James Perry(ed.). *Handbook of Public Administration*. San Francisco, CA: Jossey-Bass Public Publishers.
Rosenbloom, D.(1994). *The Government Performance and Results Act: Early Implementation, The Context of Management Reforms. Post Symposia Information*. Washionton, D.C.: Institute for Effective Public Management, Washington Public Affairs Center, School of Public Administration, University of Southern California.
Sabatier, Paul A & Daniel A. Mazmanian(1990). Policy Implementation. In Stuart Nagel (ed.). *Encyclopedia of Policy Studies*. New York: Marcel Dekker.
Sappington, David E. M.(1991). Incentives in Principal–Agent Relationships. *The Journal of Economic Perspectives*. 5(2).
Scheffler, Samuel(2003a). What is Egalitarianism? *Philosophy & Public Affairs*. 31(1).
______(2003b). Equality as the Virtue of Sovereigns: A Reply to Ronald Dworkin. *Philosophy and Public Affairs*. 31(2).
Schick, Allen(1971). *Budget Innovation in the States*. Washington, DC: The Brookings Institution.
Schiller, Herbert I.(1996). *Information Inequality: the Deeping Social Crisis in America*. London: Routledge.
Schultze, Charles L.(1977). *The Public Use of Private Interest*. Washington, DC: The Brooking Institution. 정용덕 옮김(1986). 「사익의 공공활용」. 서울: 성균관대학교출판부.
Scott, J. C.(1972). *Comparative Political Corruption*. Eaglewood Cliffs: Prentice-Hall.
Seckler–Hudson, Catheryn(1978). Performance Budgeting in Government. In Hyde & Sharfritz (eds.). *Government Budgeting*. Ork Park, Ⅲ.: Moore Publishing.
Self, Peter(1993). *Government by the Market: The Politics of Public Choice*. London: The Macmillan Press.
Sen, Amartya(1992). *Equality: Reexamined*. Cambridge: Harvard University Press.
Shapiro, Helen & L. Taylor(1990). The State and Industrial Strategy. *World Development*. 18.
Simon, Herbert A.(1947). *Administrative Behavior: A Study of Decision–Making Process in Administrative Organizations*. New York: Macmillan.
Simon, Herbert A., Donald W. Smithburg, & Victor A. Thompson(1973). *Public Admin-*

istration. New York: Alfred A. Knopf.

Sinclair, T. A.(1967). *A History of Greek Political Thought*. London: Routledge & Kegan Paul Ltd.

Skocpol, Theda(1979). *States and Social Revolutions*. Cambridge, MA: Cambridge University Press.

Smith, Howard R.(1960). *Democracy and the Public Interest*. Georgia: University of Georgia Press.

Sorauf, Frank J.(1957). The Public Interest Reconsidered. *Journal of Politics*. XIX.

Sundquist, James L.(1995). The Concept of Governmental Management: Or What's Missing in the Gore Report. *Public Administration Review*. 55(4).

Thoenig, J.(2006). Rescuing Publicness from Organization Studies. *Gestió y Políica Púlica*. 15(2).

Thompson, J. D.(1967). *Organizations in Action*. New Jersey: McGraw-Hill Company.

Thompson, Victor A.(1977). Bureaucracy and Bureaupathology. In B. L. Hinton & H. J. Reitz(eds.). *Groups and Organizations: Integrated Readings in the Analysis of Social Behavior*. Belmont, California: Wadsworth Publishing Co.

Timisit, Gérard(1986). *Théorie de l'administration*. Paris: Economica.

______(1987). *Administrations et Etats: études comparées*. Paris: PUF.

Tocqueville, Alexis de(1984). *Democracy in American*, renewed by Richard D. Helfner. New York: New American Library, A Division of Penguin Books.

Udy, S. H.(1959). Bureaucracy and Rationality in Weber's Organizations Theory. *American Sociological Review*. 24(6).

UNDP(2009). *Global New Deal: An Update for the G20 Pittsburgh Summit*.

Urban, Michael E.(1982). *The Ideology of Administration*. Albany: State University of New York Press.

Varma, S. P.(1977). *Modern Political Theory*. New Delhi: Vikas Publishing House Pvt Ltd.

Ventriss, C.(1989). Toward a Public Philosophy of Public Administration. *Public Administration Review*. 49(2).

Verba, Sidney, Norman H. Nie & Jae-An Kim(1972). *The Model of Democratic Participation: A Cross-National Comparision*. Beverly Hills: Sage Comparative Politics Series.

Wagle, Subldh & Kalpana Dixit(2006). Revisiting Governance: Asserting Citizens Participation and Politics in Public Services. In Daniel Chavez (ed.). *Beyond the Market: The Future of Public Service*. PSIRU.

Waldo, Dwight W.(1955). *The Study of Public Administration*. Garden City. New York:

Doubleday.

Weber, Max(1947). *The Theory of Social and Economic Organizations*. New York: Free Press.

Wildavsky, Aaron B.(1978). *Budgeting*. Boston: Little Brown and Co.

Williamson, John(1990). What Washington, D.C. Means by Policy Reform. In J. Williamson(ed.). *Latin American Adjustment: How Much Happen?* Washington, DC: Institute for International Economics.

Wolch, Jennifer R.(1990). *The Shadow State: Government and Voluntary Sector in Transition*. New York: The Foundation Center.

Woodward, J.(1965). *Industrial Organization: Theory and Practice*. London: Oxford University Press.

Young, Dennis R.(2006). Complementary, Supplementary or Adversarial? A Theoretical and Historical Examination of Nonprofit–Government Relations in the U.S. In Elizabeth T. Boris & C. Eugene Steurele(eds.). *Government and Nonprofit Organizations: The Challenges of Civil Society*. Washington, DC: The Urban Institute Press.

Young, I.(1990). *Justice and Politics of Difference*. Princeton: Princeton University Press.

Young, Oran R.(1968). *Systems of Political Science*. Englewood Cliffs, New Jersey: Prentice-Hall.

Zammuto, R. F. & J. Y. Krakower(1991). Quantitative and Qualitative Studies of Organizational Culture. *Research in Organizational Change and Development*. 5.

Zwick, Charles J.(1968). Budgeting for Federal Responsibilities. *The Annals of the American Academy of Political Social Science*. (Sep).

찾아보기

ㄱ

ㄴ

ㅅ

ㅇ

ㅈ

ㅊ

저자 소개

김태룡(金泰龍)

서울대학교 대학원에서 행정학 박사학위를 취득하고, 현재는 상지대학교 행정학과에서 교수로 재직하고 있다.

주요 학문 관심 분야는 정부개혁, 행정이론, 한국 정부와 행정 등이다.

주요 저서로는 『행정이론』(대영문화사, 2017), 『새 한국행정론』(대영문화사, 2017), 『새 한국정부론』(공저, 대영문화사, 2014), 『현대사회와 NGO』(공저, 대영문화사, 2013), 『사회자본과 자원봉사』(공저, 집문당, 2011), 『한국의 정부개혁: 이론과 실제』(집문당, 2003), 『새행정이론』(공저, 대영문화사, 2002), 『지방정부개혁』(공저, 대영문화사, 2001) 등이 있다. 『한국행정학보』를 비롯한 주요 학회보에 다수의 논문을 발표했다.

학회 봉사 활동으로는 한국행정학회 회장(45대)과 서울행정학회 회장을 역임했다. 사회 봉사 활동으로는 부패방지입법시민연대 공동대표와 경실련 상임집행위원장을 역임하고, 현재는 경실련 아카데미 대표와 유보통합운동본부 공동대표로 있다. 정부와 각종 기구에서 봉사활동으로는 국무총리실과 행정안전부 등에서 자문위원과 채용선진화제도추진위원회 위원장을 역임하고, 현재는 인사혁신처에서 규제심사위원장과 행정자치부 등에서 정책자문위원과 공익기금심의위원회 위원으로 있다. 행정고시를 비롯한 각종 고시에서 출제위원을 역임했다.

개정판

새한국행정론

펴낸날 제 1 판 제1쇄 2012년 1월 5일
제 2 판 제1쇄 2017년 1월 30일
지은이 김태룡
펴낸이 임춘환
펴낸곳 도서출판 대영문화사
주소 서울특별시 용산구 청파로 61길 5(청파동 1가) 제일빌딩 2층
등록 1975년 12월 26일 제3-16호
전화 (02)716-3883, (02)714-3062
팩스 (02)703-3839
홈페이지 http://www.dymbook.co.kr

ISBN 978-89-7644-587-2
값 30,000원